紹興縣年鑑

中共绍兴县委　绍兴县人民政府主办

绍兴县地方志编纂委员会编

浙江人民出版社

图书在版编目(CIP)数据

绍兴县年鉴. 2012 / 绍兴县地方志编纂委员会编.
杭州:浙江人民出版社,2012.12
ISBN 978-7-213-05180-7

Ⅰ.①绍… Ⅱ.①绍… Ⅲ.①绍兴县—2012—年鉴 Ⅳ.①Z525.54

中国版本图书馆 CIP 数据核字(2012)第 262779 号

书　　名	**绍兴县年鉴(2012)**
作　　者	绍兴县地方志编纂委员会　编 浙江省绍兴县柯桥街道寺岔96号 邮编:312030 电话:(0575)85561385　85561398
出版发行	浙江人民出版社 杭州市体育场路347号 市场部电话:(0571)85061682　85176516
责任编辑	吴　华
责任校对	叶　宇
封面设计	王　芸
电脑制版	浙江新华图文制作有限公司
印　　刷	浙江海虹彩色印务有限公司
开　　本	889×1194毫米　1/16
印　　张	28
字　　数	77.2万
插　　页	76
印　　数	1-2000
版　　次	2012年12月第1版 · 第1次印刷
书　　号	ISBN 978-7-213-05180-7
定　　价	280.00元

如发现印装质量问题,影响阅读,请与市场部联系调换。

2011年绍兴县县情快览

2011年是绍兴县“十二五”发展的起始之年，县域经济、城乡、社会转型升级全面推进，经济社会保持平稳较快发展，取得“十二五”发展的良好开局。

综合实力跨越发展

实现地区生产总值920.0亿元，比上年增长10.7%。

人均生产总值126757元，比上年增长10.1%。

财政总收入首次突破百亿元大关，达117.03亿元，比上年增长25.2%，其中地方财政收入63.77亿元，比上年增长23.2%。

实现现价农林牧渔业总产值49.42亿元，比上年增长15.9%。

工业总产值3463.67亿元，比上年增长22.9%，其中规模以上工业总产值2943.10亿元，比上年增长28.9%。

建筑业总产值超千亿，达1157.07亿元，比上年增长37.2%。

完成固定资产投资356.80亿元，比上年增长20.2%，其中房地产投资124.33亿元，比上年增长28.6%。

实现社会消费品零售总额142.23亿元，比上年增长19.1%。

对外经济难中求进

完成进出口总额132.94亿美元，比上年增长22.2%。其中出口总额为96.49亿美元，比上年增长21.8%；进口36.45亿美元，比上年增长23.2%。出口商品结构得到优化，非纺产品出口7.09亿美元，比上年增长20.1%，机电产品和高新技术产品出口分别比上年增长28.5%和36.8%。

全年新批外商投资企业84家，比上年增长68.0%；总投资36607万美元，比上年增长48.7%；注册资本22682万美元，比上年增长55.4%；合同外资15465万美元，比上年增长61.6%；实际利用外资15015万美元，比上年下降31.8%。新批第三产业外资项目81个，占新批外商投资企业的96.4%。

交通旅游事业成绩显著

交通基础设施建设投资力度加大，2011年完成投资5.51亿元。道路通车总里程达1599.30公里，公路密度达133.05公里/百平方公里。全社会公路（水路）客运周转量187345万人公里，比上年增长12.0%；货运周转量606953万吨公里，比上年增长12.0%。

实现旅游总收入86.29亿元，比上年增长19.2%。接待国内游客837.84万人次、境外游客18.20万人次，比上年分别增长12.3%、19.4%。

科技创新有新进展

新增国家重点扶持的高新技术企业10家、国家火炬计划重点高新技术企业2家、省级创新型示范企业和省级创新型试点企业各2家、省级企业研究院1家、省级高新技术企业研发中心3家、省级科技型中小企业19家。

新增专利授权量1928件，其中发明专利授权量100件，比上年增长92.3%。

新增浙江名牌产品13个，其中省级区域名牌1个，实现省级区域名牌零的突破，累计拥有中国名牌产品12个、浙江名牌产品72个。

新增中国驰名商标2件、省著名商标11件，累计拥有中国驰名商标9件、省著名商标122件。

社会事业协调推进

学前教育、义务教育、高中教育入学率分别达100%、100%、99.0%。教育现代化水平显著提高，高考上线5491人，上线率93.0%，比全省平均高出近8个百分点，其中高考重点上线1150人。鲁迅中学成为北大校长实名推荐学校。

共有县级艺术中心1个、文化馆1个、图书馆1个、博物馆1个、镇（街道）文化站19个、县级以上文物保护单位66个，图书馆藏书量50.6 万册，全年书刊发行量667万册。

共有51.96万人参加新型农村合作医疗，其中农业人口参合率97.1%。惠民医疗服务为群众减免医疗费用1259万元。基本药物制度让利群众7996万元，门急诊均次费用和住院均次费用分别下降3.8%和7.4%。新创建1家三级乙等综合医院、2个省级示范社区卫生服务中心、4个省级规范化社区卫生服务中心、7个省级卫生村（单位），省级规范化社区卫生服务中心实现全覆盖。

成功创建省级体育强县。新增4个省级体育强镇、45个省级体育小康村和7个省级农村体育俱乐部。共获国家级金牌9枚、省级金牌21枚。

城乡面貌日新月异

县域空气环境质量优于二级标准的天数达330天，优良率为90.4%。柯桥县城生活垃圾无害化处理率100%，印染行业定型机安装废气净化装置率100%。

城市污水日达标处理能力达到90万吨，垃圾无害化年处理量29万吨。

建成区绿化覆盖面积2035公顷。

完成房屋拆迁面积212万平方米。

新建公共租赁住房1314套、经济适用住房100套，新增廉租住房30户。完成613户“双困户”的住房解困工作。

落实农村宅基地置换农户1640余户，完成农村住房改造建设8773户。

人民生活水平不断提高

城镇居民人均可支配收入36547元，比上年增长13.4%；农村居民人均纯收入19527元，比上年增长17.0%。年末城镇居民人均住房建筑面积39平方米，农村居民人均住房面积59平方米。城乡居民家庭恩格尔系数分别为35.6%和35.1%。

新增城镇就业15610人，下岗失业人员实现再就业6758人。

全县企业职工基本养老保险、医疗保险、工伤保险、失业保险、生育保险参保人数分别新增3.84万人、4.49万人、4.70万人、2.11万人和4.65万人，新增城乡居民社会养老保险1.56万人，被征地农民养老保险“即征即保”率100%。

拥有各类福利院31个，比上年增加7个；床位4210张，新增1471张；供（寄）养对象1473人，新增642人，农村五保和城镇“三无”集中供养率均达100%。

注：以上文字及数据，以《2011年绍兴县国民经济和社会发展统计公报》为参考。

绍兴县地方志编纂委员会

顾　　问	何加顺　吴　晓　孟柏千
主　　任	徐国龙
副 主 任	马芳妹　祝静芝
成　　员	傅青春　李亚根　刘　斌　陈　方　韩春芳
	吴海胜　吴国建　缪水祥　蒋建国　金　强
	高青泉　王张泉　周如生　蒋国洪　陈炳松
	阮建康　孙尧富　喻光耀　王秋珍　钱建明
	章金尧　钱勇军　缪智勇　徐阿幼　何建刚
	陈永建　方优美　王　彪　翁桂珍　徐国娣
	葛梅荣　沈秀娣　寿志平　俞园娟　娄国忠
	黄锡云　何鸣雷
办公室主任	何鸣雷

《绍兴县年鉴》编辑部

主　　编	何鸣雷
副 主 编	徐炳荣　宋如玲　韩　英
编　　辑	（以姓氏笔画为序）
	孙　羽　何鸣雷　宋如玲　陆　杨　陈飞燕
	郑文燕　徐炳荣　董思思　韩兰芳　韩　英
编　　务	柳锦霞　鲁越明

2011年10月3日，中共中央政治局常委、国务院总理温家宝（前排中）到绍兴县考察。（沈浩根摄）

2011年10月25日，全国政协副主席张榕明（前排左二）出席“2011中国柯桥国际纺织品博览会”开幕式。（沈浩根摄）

2011年9月14日，国务委员兼国务院秘书长马凯（左一）到绍兴县调研信访工作。（沈浩根摄）

2011年11月28日～29日，全国人大常委会原副委员长、全国关心下一代工作委员会主任顾秀莲（中）到绍兴县调研企业文化建设及纺织产业发展情况。（沈浩根摄）

2011年8月28日，全国人大常委会原副委员长周光召（前排右一）视察柯岩风景区。（沈浩根摄）

2011年6月17日，浙江省委书记、省人大常委会主任赵洪祝（前排中）到绍兴县调研。（沈浩根摄）

2011年10月23日，中纪委副书记、监察部部长马馼（前排右二）到绍兴县调研。（黄天明摄）

2011年12月8日，香港特别行政区行政长官曾荫权（前排右）到绍兴县考察柯岩风景区。（沈浩根摄）

2011年3月25日，中央统战部副部长、全国工商联党组书记全哲洙（前）到绍兴县调研纺织产业发展情况。（倪霞敏摄）

2011年5月12日，吉林省委副书记、省政协主席巴音朝鲁（左二）率党政代表团到绍兴县考察现代服务业发展情况。（沈浩根摄）

2011年5月15日，外交部驻香港特派员吕新华（前排右二）率美国驻港总领事、科威特驻港总领事、芬兰驻港总领事及欧盟驻港办事处主任等组成的外国驻香港领团一行12人，到绍兴县参观访问。（沈浩根摄）

2011年11月9日，浙江省委常委、秘书长、政法委书记李强（前排左二）到绍兴县安昌镇调研。（朱家宏摄）

2011年8月30日，浙江省政协副主席、省委统战部部长汤黎路（前排右）考察绍兴县柯岩街道统战工作。（钟兴友摄）

2011年5月12日，浙江省副省长毛光烈（前排中）调研绍兴县工业经济和科技工作。（沈浩根摄）

从"十一五"开局之年到"十二五"开局之年绍兴县国民经济成就

国民经济综合实力持续增强

地区生产总值（单位：亿元）

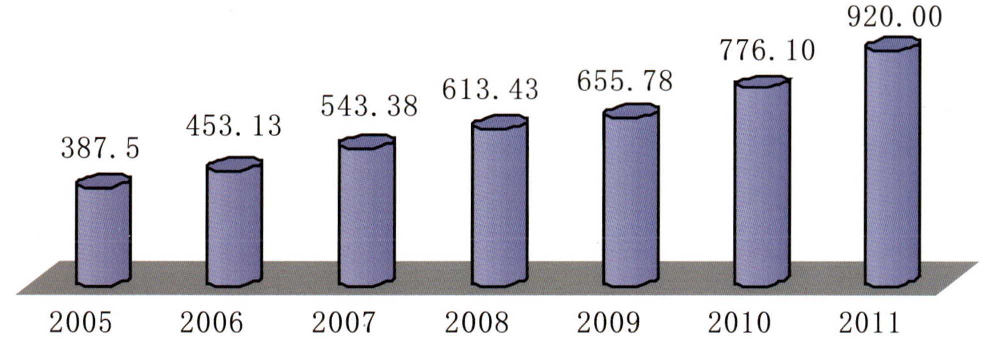

人均生产总值（单位：美元）

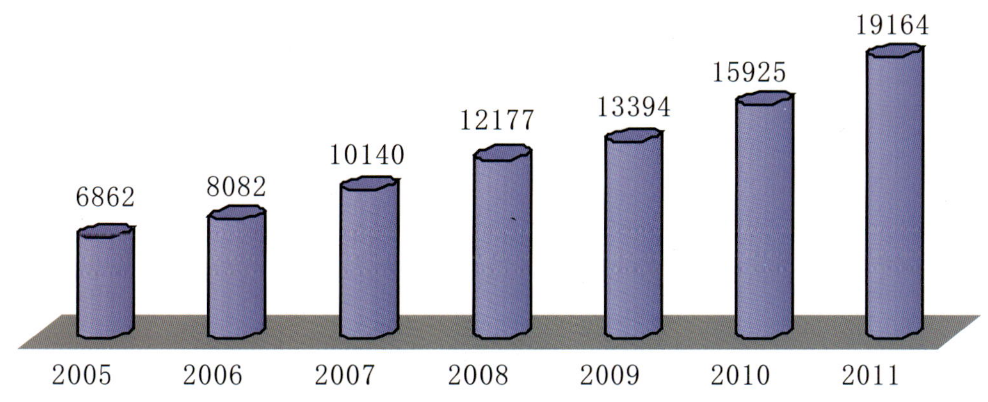

经济规模不断壮大

工业经济（单位：亿元）

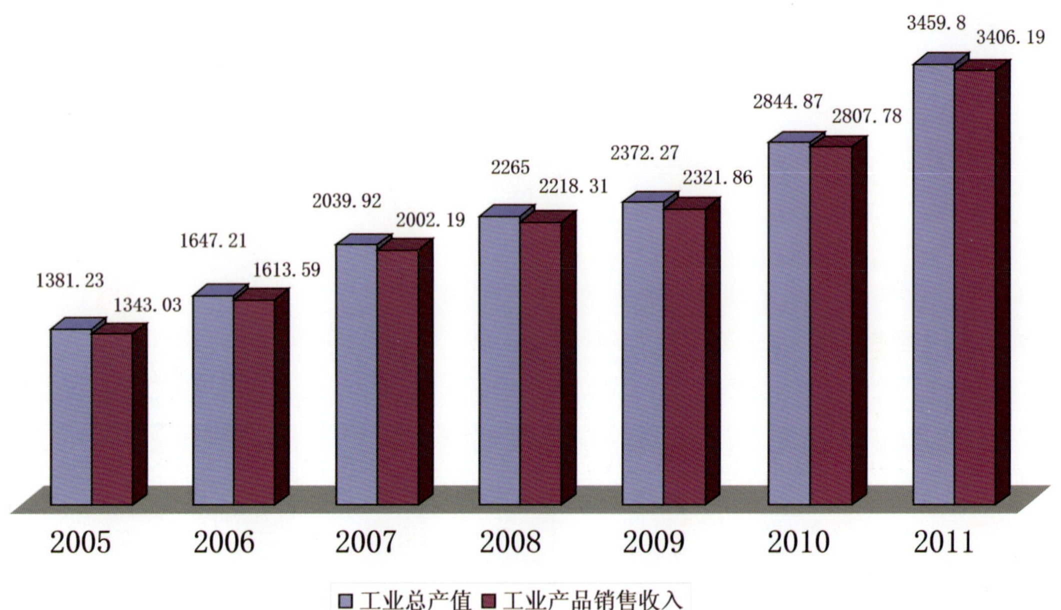

固定资产投资（单位：亿元）

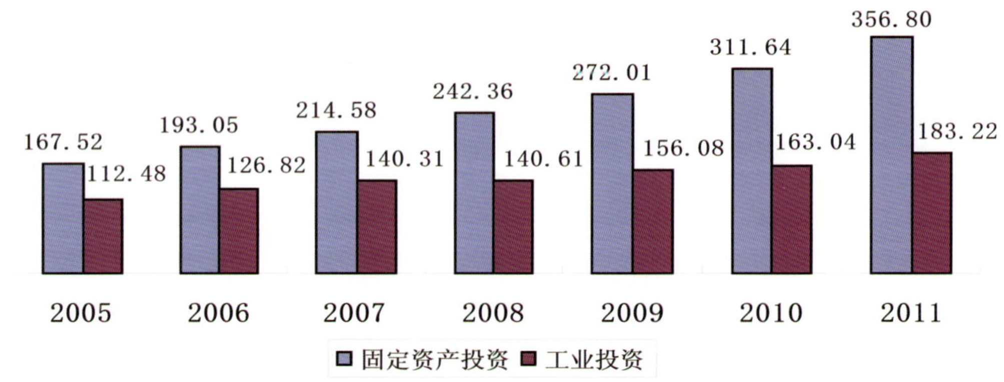

出口额（单位：亿美元）

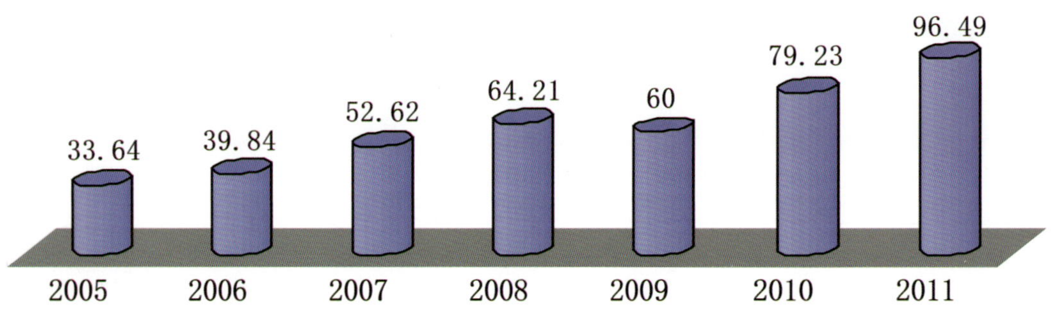

财政收入大幅增长

财政收入（单位：亿元）

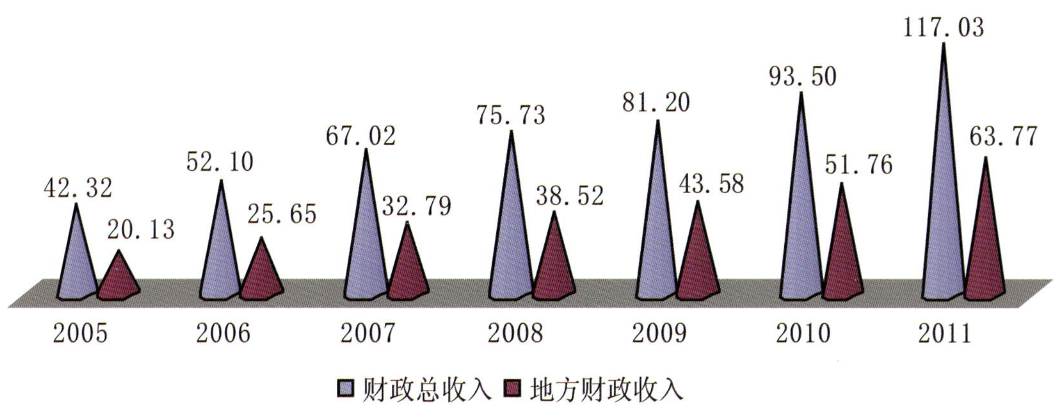

人民生活水平不断提高

城镇居民人均可支配收入（单位：元）

农村居民人均纯收入（单位：元）

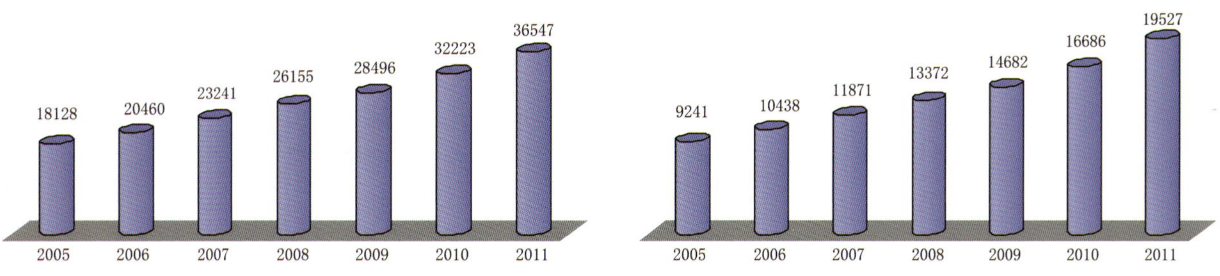

2011年度绍兴县经济社会荣誉榜

2011年度绍兴县县长奖（个人按姓氏笔画排序）

绍兴县国土局　绍兴县商务局　钱清镇人民政府
万爱法　王郎水　孙永根　吴凤花　吴建龙　沈冬云　沈幼生　金良顺　陈林川　庞宝根
赵张夫　胡金莲　徐茂根　徐顺兴　黄伟祥　韩　扬　葛云明　虞兔良　濮黎明

2011年度绍兴县经济发展特别贡献奖

徐茂根（浙江远东化纤集团）

2011年度绍兴县经济发展突出贡献奖

赵张夫（浙江赐富化纤集团有限公司）
金良顺（精功集团有限公司）
虞阿五（浙江日月首饰集团有限公司）
庞宝根（宝业集团股份有限公司）
徐顺兴（浙江南方控股集团有限公司）
沈幼生（索密克汽车配件有限公司）
孙永根（浙江天圣控股集团有限公司）
万爱法（浙江永通染织集团有限公司）
蒋张水（浙江天马实业股份有限公司）

2011年度绍兴县经济发展功臣

孙剑华（浙江越剑机械制造有限公司）
周永利（浙江永利实业集团有限公司）
徐仁良（浙江新中天控股集团有限公司）
赵增强（绍兴美佳热电有限公司）
金关良（浙江稽山控股集团有限公司）
沈子平（绍兴百丽恒印染有限公司）
傅见林（绍兴县盛鑫印染有限公司）
陈林川（浙江新风热电有限公司）
茅木泉（绍兴金昊机械制造有限公司）

陈宇鸣（浙江红绿蓝纺织印染有限公司）
陈永根（中设建工集团有限公司）
杨学夫（中厦建设集团有限公司）
张勤良（浙江勤业建工集团有限公司）
胡柏成（浙江天工建设集团有限公司）
潘吉荣（浙江荣盛建设发展有限公司）
沈冬云（浙江蓝天实业集团有限公司）
钱木水（浙江华通医药股份有限公司）
陈荣夫（浙江普乐迪文化传播股份有限公司）
高月祥（浙江科盛饲料股份有限公司）
葛云明（浙江天天田园控股集团有限公司）
汪三伍（绍兴县科旺纺织有限公司）
叶时平（绍兴好利时布业有限公司）
何锡辉（浙江凤凰庄纺织品有限公司）

2011年度绍兴县农业龙头企业十强

浙江中大饲料集团有限公司
浙江科盛饲料股份有限公司
浙江天天田园控股集团有限公司
浙江亚太粮食批发交易市场有限公司
绍兴御茶村茶业有限公司
绍兴会稽山米业有限公司
绍兴县安昌百顺蛋厂
绍兴县绿源水产开发有限公司
绍兴绿味现代生态农业科技有限公司
绍兴华瀛竹木制品有限公司

2011年度绍兴县建筑业企业十强

浙江宝业建设集团有限公司
中设建工集团有限公司
中厦建设集团有限公司
浙江勤业建工集团有限公司
浙江精工钢结构有限公司
浙江天工建设集团有限公司

浙江裕众建设集团有限公司
浙江林盛建设发展有限公司
浙江永通建设有限公司
浙江中安建设有限公司

2011年度绍兴县自营出口企业优胜单位

浙江纽特克思进出口有限公司
绍兴县铭园纺织有限公司
绍兴县泽浩纺织品有限公司
绍兴滨海石化集团有限公司
浙江南方石化工业有限公司
绍兴县非凡雨纺织有限公司
浙江新星外贸有限公司
浙江凡特思纺织品有限公司
绍兴县凯明纺织有限公司
绍兴县甲富纺织品有限公司
绍兴县清远纺织服饰有限公司
绍兴县和中合纤有限公司
浙江凯利包装材料有限公司
浙江三力士橡胶股份有限公司
浙江墙煌建材有限公司
绍兴杰龙玻璃有限公司
浙江昌祥茶叶有限公司
绍兴县健拓五金机械有限公司
康迈尔机电（绍兴）有限公司
浙江绍兴富茂电镀五金有限公司

2011年度水利“大禹杯”竞赛优胜单位

金杯奖：钱清镇　平水镇
银杯奖：陶堰镇　华舍街道
铜杯奖：孙端镇　安昌镇

2011年度绍兴县政府质量奖获奖企业

浙江中国轻纺城集团股份有限公司
浙江中环铜业有限公司
浙江点金照明有限公司
中设建工集团有限公司
浙江精功科技股份有限公司

2011年度美丽乡村建设先进镇（街道）

柯岩街道　兰亭镇　漓渚镇　稽东镇　湖塘街道　夏履镇

2011年度绍兴县科技强镇（街道、开发区）

柯桥街道　齐贤镇　滨海工业区（马鞍镇）　柯桥开发区
柯岩街道　平水镇　孙端镇　兰亭镇　陶堰镇

编辑说明

一、《绍兴县年鉴》（以下简称《年鉴》），由中共绍兴县委员会和绍兴县人民政府（以下简称县委、县政府）主办，绍兴县地方志编纂委员会主持，绍兴县史志办公室组织实施，各有关部门参与，众人撰写，《年鉴》编辑部编纂出版。

二、《年鉴》具有县委、县政府年度公报的性质，是集地方性、时效性、综合性于一体的资料性工具书。

三、《年鉴》从2001年起，一年编纂一册，全面地、系统地、客观地记述绍兴县上一年度经济、政治、文化和社会生活的基本面貌及发展状况，可为领导决策提供依据，为社会各界了解县情、建设家乡提供资料，为精神文明建设、开展乡土教育提供教材，为研究绍兴县和续修《绍兴县志》积累史料。

四、《年鉴》以邓小平理论和“三个代表”重要思想为指导，按照科学发展观的要求，用辩证唯物主义和历史唯物主义的观点和方法，实事求是地记述一年中的人、事、物，力求思想性、科学性和信息性的统一。

五、《年鉴》记述的区域范围为2011年的绍兴县境。

记述时限为2011年1月1日至12月31日。一些跨年度公布的事物，则于本年鉴截稿时为止。记述内容包括建置、环境、政治、经济、文化、社会、人物等各个方面，重点记述年度内的大事、要事、特事，反映其内在的新变化、新经验、新问题。以记述正面为主，也不回避负面，务求《年鉴》的真实性、实用性。

六、《年鉴》按事物属性和主次，分总情、经济、政治、文卫、建制镇（街道）、国民经济统计资料选刊和索引7块，类目、分目、条目3个层次编辑；类目下一般设综述，分目下设概况，以便记述事物的变化和基本数据；条目为《年鉴》的基本单位，一事一条，动态记述。

七、《年鉴》除专文外，采用记述体。文风力求严谨、朴实、简洁、通畅。文字、称谓、数字、纪年、标点符号等，一般均按国家有关规定书写、应用，有些计量单位如亩等顺从习惯。作者署名在条目文尾，一个分目下连续多条条目均为同一作者，署名于最后条目文尾。

八、《年鉴》所载文字内容及数据，均由县有关职能部门提供，并经各级领导和相关专业部门审核。其中有些数据，由于来源、统计口径等方面的原因，不同部门提供的同项目数字，也可能不尽一致，故正式引用应以本书“2011年绍兴县国民经济统计资料选刊”为准。部分数据、表格，在文尾注明引述来源。

九、《年鉴》所载相关单位、机构名称中涉及的符号、文字，尊重该单位、机构的原设计用法。

十、《年鉴》目录中的类目标题用英文标出。《年鉴》附正文索引、图表索引和正文照索引。索引采用主题分析索引法，按主题词首字汉语拼音字母顺序排列。

十一、《年鉴》编纂工作，在县委、县政府的领导下，得到各部门（单位）、各镇（街道、开发区）的大力支持，广大撰稿人员的通力合作，在此谨表衷心感谢。由于编纂者水平有限，时间仓促，书中难免存在疏漏和失误，敬请广大读者批评指正。

《绍兴县年鉴》编辑部
2012年6月

目 录

特 载

专 辑

2011年大事记

县情概貌

农业经济

工业经济

建筑业

房地产业

商贸业

商务服务

开放型经济

市 场

旅游业

金融业

国土资源管理

环境保护

水　利

经济管理

城镇建设与管理

交通运输

邮政　通信

机　构

中共绍兴县委员会

绍兴县人民代表大会常务委员会

绍兴县人民政府

政协绍兴县委员会

民主党派　工商联

人民团体

外事　侨务　涉台事务

政　法

军　事

教育　体育

文化　传媒

卫　生

外地人在绍兴

县人著述

鉴湖新风

外地媒体话绍兴

人　物

经济开发区

建制镇与街道

2011 年绍兴县国民经济统计资料选刊

索　引

Contents

特　载

在中共绍兴县委员会第十二届十次全体（扩大）会议上的报告（摘要）

中共绍兴市委常委　绍兴县委书记　何加顺

2011 年 1 月 21 日

一、去年工作的简要回顾

刚刚过去的 2010 年，是“十一五”规划的收官之年，也是“十二五”发展的奠基之年。一年来，面对复杂多变的国内外环境，我们在上级党委、政府的正确领导下，紧扣“突出转型升级、致力科学发展”工作主题，全面推进经济、城乡、社会的转型升级，各项工作都取得新进展。全年实现地区生产总值 776.1 亿元，增长 10.6%；财政总收入 93.5 亿元，其中地方财政收入 51.76 亿元，分别增长 15.1%、18.8%；全社会固定资产投资 316.8 亿元，增长 16.4%；社会消费品零售总额 119.4 亿元，增长 17.8%；自营出口 79.23 亿美元，增长 31.2%；城镇居民人均可支配收入 32223 元，农村居民人均纯收入 16685 元，分别增长 13.1%、13.6%。回顾一年来的工作，主要抓了四个方面：

1. 突出转变发展方式，经济质量有新提升。确定“1+5+3”产业导向，扎实推进纺织产业集群转型升级省级试点各项工作，印染产业集聚升级工程取得阶段性成效，先后有 2 批共 89 家印染企业正式签约集聚滨海；积极培育壮大新兴（优势）产业，其其光能科技、远东三期 PTA 项目等一批投资 10 亿元以上重大项目启动建设，工业结构进一步优化。轻纺城“二次创业”深入推进，纺织创意、会展、物流、旅游、金融等现代服务业加快发展，中国轻纺城市场群实现成交额 793.66 亿元，增长 12.1%。金地集团、保利地产、红星美凯龙等一批国内外知名的重大三产项目相继签约落户或开工建设，万达广场开业，笛扬商圈进一步繁荣，柯桥新县城人气、商气加速集聚。现代农业“两区”建设和“兴林富民”工程扎实推进。自主创新能力不断提升，新增省级技术研发中心5家、国家重点支持的高新技术企业12家、授权发明专利52项，新引进各类专业人才7912名，县科创中心成为我县首家省级科技企业孵化器，柯桥经济开发区成功创建为省级高新技术产业园区，亚太药业成功上市。扎实开展“双高”企业控电、“进管达标、处理提标”和环保整治专项行动，印染化工行业专项整治行动通过省环保厅验收，顺利完成“十一五”节能减排目标任务。重点区域、重点企业解困取得实质性进展。

2. 突出区域融合互动，城乡面貌有新改善。围绕加快建设“现代开放的柯桥城、繁荣生机的中心镇和美丽有序的新社区”的城乡建设总体目标，调整完善中心镇和新社区的发展规划，以国际招标方式完成“两湖两轴一线”城市设计。杭甬客运专线、萧甬铁路柯桥段高架改造、绍诸高速以及新县委党校等重点工程建设进展顺利。切实加强城乡管理，完善城管部门联合执法体制，建立健全长效管理机制，深化拓展“数字城管”，扎实开展“清洁柯桥”、“洁净乡村”等城乡环境综合整治活动，钱清、平水等10个镇完成生活污水进管入网工作。农村新社区建设扎实推进，新增流转土地1.2万亩，累计流转率达55.8%，一批农民集中居住区启动建设，新启动农民公寓建设13.1万平方米，农村宅基地置换改革全面启动。完成各类拆迁122.5万平方米。

3. 突出保障改善民生，社会事业有新提升。全年用于教育、社保、医卫、环保、水利等民生投入达35.33亿元，同比增长21.7%。城乡居民社会养老保险、新型农村合作医疗等保障标准进一步提高，“充分就业县”创建深入推进，社会救助、社会福利、慈善事业得到加强。提升发展教卫文体等社会事业，“六名工程”积极实施，县体育中心、档案馆等重点工程启动建设，县滨海医院、县实验中学新校区等公共基础设施投入运行，国家基本药物制度顺利实施，我县体育代表团在全运会中金牌数列全省各县市区首位。启动实施“清水工程”五年计划，全年完成河道清淤100万方、河道护岸40公里，县域38个段面水质达标率同比提高16个百分点。切实抓好平安创建、综合治理、信访维稳和安全生产等各项工作，出色完成“世合赛”安保任务，全县刑事发案数、安全事故数和信访总量分别同比有所下降，没有发生重大群体性事件和重大恶性事件，“大调解”工作体系得到省市肯定和推广，连续第五年创建成为省级平安县。积极推进党管武装工作和国防后备力量建设，连续第七轮成功创建“浙江省双拥模范县”。对口援建青川县凉水镇项目圆满移交。

4. 突出强化作风保障，党的建设有新加强。围绕“两服务一满意”活动主题，扎实开展走进企业“五送”、走进基层“两联”、走进机关“三问”以及转型升级攻坚年“六个一”活动等“深化作风建设年”系列活动，建立服务企业“直通车”以及园区规划国土联席会议制度，深入推进行政审批“三集中三到位”、规范行使行政自由裁量权等工作，积极探索行政审批“多证联办”。建立健全深入学习实践科学发展观活动长效机制，加强干部教育培训，扎实开展以“评星晋级”为主要抓手的创先争优活动和群众观点群众路线教育活动，深化干部人事制度改革，顺利推进政府机构改革，完成村级组织换届试点工作，启动全县廉政风险防控机制建设，党的思想、组织、制度和反腐倡廉建设进一步加强。

一年来，县委常委会重视加强自身建设，认真贯彻落实上级党委的决策部署，切实发挥领导核心作用，致力于出思路、明方向，在深入分析形势的基础上，确立“突出转型升级、致力科学发展”的工作主题，先后召开县委十二届九次全会、县委务虚会等一系列重要会议，对“十二五”及新一年的工作思路、工作重点进行研究和明确；致力于抓重点、破难题，突出经济、城乡、社会的转型升级，修订完善转型升级政策体系和镇街、部门岗位责任制考核办法，大力度推进印染产业集聚升级、企业解困、城乡环境整治、农村住房改造建设、“六名工程”、清水工程等重点难点工作，并取得积极进展；致力于转作风、增合力，建立县委常委工作例会制度，带头开展“深化作风建设年”和“创先争优”活动，加强对重大决策部署和重点工作落实情况的监督检查，严格执行民主集中制和廉洁从政各项规定，全力支持人大、政府、政协开展工作，充分发挥人民团体和其他各类组织作用，努力营造团结干事、务实进取的良好工作氛围。

二、“十二五”发展的总体思路

刚刚过去的“十一五”是绍兴县发展史上极不平凡的五年，是绍兴县改革开放和现代化建设取得新的重大成就的五年。五年来，全县上下坚持以科学发展观为统领，认真贯彻落实上级的决策部署，积极应对复杂严峻的经济形势，特别是国际金融危机的严重冲击，危中求机，攻坚克难，全力保增长、促转型，抓统筹、促协调，重民生、促和谐，经济社会保持平稳较快发展的良好态势。全县综合实力明显增强，地区生产总值、人均生产总值、财政总收入等主要经济指标实现翻番；发展方式加快转变，三次产业协调发展，工业结构有效改善，“亩产论英雄”理念深入人心；城乡一体发展步伐加快，新县城、新城镇、农村新社区建设联动快速推进，城乡面貌有所改善，生态建设成效明显；社会事业全面进步，民生得到新的改善，社会保持和谐稳定。同时我们还积累了不少在复杂环境中保持经济社会持续平稳较快发展的宝贵经验，进一步增强了贯彻落实科学发展观的自觉性和坚定性。所有这些，都为绍兴县“十二五”发展打下了坚实基础。

“十二五”时期，是绍兴县深化改革开放、加快转型升级的攻坚阶段，是全面建成更高水平小康社会的关键时期。今后五年，经济全球化深入发展，经济增长方式面临深度调整，科技创新孕育着新的突破，绿色发展成为世界潮流，我国工业化、信息化、城镇化、市场化、国际化正在加速推进，国内外宏观环境总体趋好；《长江三角洲地区区域规划》的颁布实施，杭州都市经济圈的加快构建，以及我县被列为纺织产业集群转型升级省级试点等，为我县参与区域分工与合作、加快经济转型升级创造了更加有利的条件。总体上，我们仍处在可以大有作为的重要战略机遇期。但我们也应清醒地看到，国际金融危机后续影响还没有彻底消除，我县经济运行仍存在不少不确定、不稳定因素，产业层次不高、投入后劲不足、创新能力不强、要素制约加剧等问题仍十分突出，特别是绍兴县所面临的区域竞争压力、加快发展压力、转型升级压力和节能减排压力可谓前所未有；增强柯桥新县城的吸引力、承载力，缩小城乡差距，实现居民持续增收和满足日益增长的各方面民生需求仍面临较大挑战；少数基层组织带领群众创业致富、维护基层稳定的能力还不够强，一些党员干部的创新意识、进取精神、群众观点、服务效能、业务素质以及抓落实的手段和方法与加快转型升级的新形势新任务还不很适应。为此，我们一定要切实增强机遇意识、忧患意识、责任意识，着力解决发展中所面临的矛盾和突出问题，牢牢把握发展主动权，不断开创县域经济社会科学发展率先发展新局面。

这次全会审议的县委“十二五”发展规划《建议》，是县委集思广益、经过充分研究和反复论证提出来的。总的是要坚持以科学发展观为统领，适应国内外形势新变化，顺应全县人民过上更好生活新期待，以加快转型升级为主线，全面推进县域经济、城乡、社会等各个领域的转型升级，着力建设走在前列的经济强县、转型升级的示范基地、宜居乐业的幸福水乡、现代开放的魅力新城，为率先基本实现现代化打下更加坚实的基础。并力求在以下三个方面取得新突破：

1. *更加重视经济结构战略性调整，致力在加快经济转型升级上取得新突破。*按照“大力发展先进制造业、加快发展现代服务业、提升发展现代农业”的总体思路，强化产业提升和规划落地，重抓经济结构优化和工业经济转型升级，着力提高现代服务业占GDP的比重和新兴（优势）产业占工业经济的比重，加快构建现代产业体系。坚持一手抓纺织产业集群升级，一手抓新兴（优势）产业培育壮大，积极实施纺织产业“4个千亿”计划、优势产业“5个500亿”计划和新兴产业“金种子”计划，要求到“十二五”末非纺产业在工业经济中的比重提高到50%左右，努力把我县建设成为全省工业转型升级的示范区。以深入推进轻纺市场“二次创业”为目标，大力发展物流、金融、风投、创意、会展和总部经济等新兴服务业，提升发展旅游、商贸等传统服务业，力争“十二五”期间第三产业增加值占GDP比重每年提高1个百分点以上。在稳定粮食生产、抓好粮食生产功能区建设的前提下，围绕蔬菜、畜禽、水产、花卉、茶叶、竹笋、干鲜果等七大主导特色产业，加大土地、林地承包经营权流转力度，重点培育提升一批农业精品基地和现代农业经营主体，大力实施农产品品牌战略，不断提升我县农产品的知名度和市场竞争力。围绕现代产业体系建设，加大对龙头骨干企业和创新型成长型企业的政策引导和扶持力度，力争到“十二五”末，全县销售超百亿元、50亿元、10亿元企业分别达到5家、20家、80家以上，销售超亿元创新型成长型企业达到100家以上，上市企业超过30家。

2. *更加重视区域融合互动，致力在加快城乡转型升级上取得新突破。*顺应城镇化趋势，紧紧抓住接轨杭州都市经济圈、融入绍兴中心城市的有利时机，按照建设“现代开放的柯桥城、繁荣生机的中心镇和美丽有序的新社区”的总体目标要求，统筹推进柯桥新县城、中心镇、农村新社区建设，率先构筑城乡一体发展新格局。柯桥县城要以建设和拉大框架为主向建设与管理并重、更加重视内涵提升转变，全力抓好“两湖两轴一线”城市设计的落地，加快县体育中心、柯桥历史文化街区、城市提升工程等建设，扎实开展精细化管理。结合萧甬铁路柯桥段高架改造、杭甬客运专线等重大交通设施建设，积极向南北拓展、向东西延伸。各镇特别是中心镇要由农村集镇型积极向小城市目标要求转变，深化“扩权强镇”，完善体制机制，发展特色产业，加快人口集聚，进一步完善道路、公交、水电、通信及污水、垃圾处理等基础设施和教卫文体等公共服务设施，积极发展满足不同群体需求的房产住宅、休闲娱乐、商业网点等服务业，切实加强城镇管理，着力培育并逐步使中心镇成为产业特色鲜明、规划布局合理、充满发展活力的小城市。农村新社区要按照资源集约利用、产业集聚发展、人口集中居住和基本公共服务均等化的“三集一化”要求，以“美丽乡村”建设为抓手，切实抓好发展社区经济、推进农村住房改造建设和加强农村环境整治等重点工作，力争通过5年左右时间的努力，86个农村新社区粗具规模，农村环境面貌明显改善。

3. *更加重视保障和改善民生，致力在加快社会转型升级上取得新突破。*切实加大对民生事业的投入，深入实施公共服务均等化行动计划，不断增强县域经济社会发展的软实力和柯桥新县城的吸引力、竞争力。深化完善与经济强县地位相适应、覆盖城乡居民的社会保障体系，扎实开展“充分就业县”创建活动，积极推进社会化养老服务体系建设，不断提升社会保险、医疗保障、社会救助等保障水平，确保农民收入和低收入群体收入增长高于全县经济增长，特别是要加大城乡保障性住房建设力度，力争“十二五”期间完成保障性、政策性公共租赁住房5000套以上、农村住房改造建设4.1万户，基本解决住房困难户的住房问题。扎实推进以生态县创建为载体的生态文明建设，把“清水工程”作为今后五年最大的民生工程来抓，力争“十二五”末全县河道水质的主要指标达到四类水体要求，其中鉴湖主体、小舜江等上游河道达到三类水体标准。大力实施“六名”工程，提升发展与经济强县地位和柯桥城市建设相适应的教育、卫生、文化、体育事业，更好地满足不同层次群众在就医就学、文化体育、休闲娱乐等方面的需要。健全党和政府主导的维护群众权益机制，扎实推进民主法治建设，深化基层平安创建，完善“大调解”工作体系，加强安全生产，加强流动人口服务管理，依法打击各种违法犯罪活动，确保社会和谐稳定。

为推进上述三个新的突破，必须重点在四个方面下功夫：

一要在优化发展布局上下功夫。坚持城镇带动、生态优先、集约开发的原则，按照“一主三城三区”（柯桥主城区、钱杨新城、平水新城、福兰新城、北部工业区、东部现代生态经济区、西南生态休闲旅游区）的区域发展布局，确定重点发展区域、优化发展区域和保护发展区域，进一步整合资源、优化规划，重点开发柯桥主城区（柯桥开发区）、滨海工业区、平水新城、钱杨新城和福兰新城，优化开发孙端、陶堰、富盛东部城镇群，保护性开发稽东、王坛、富盛及夏履、湖塘、柯岩等局部区域的生态功能区，为县域经济加快发展和转型升级提供有力支撑。

二要在抓实发展项目上下功夫。认真落实

"项目带动"战略，突出招商引资选资"一号工程"，大力实施"325"重大项目建设计划，即重点实施现代产业培育、社会民生保障、基础设施配套等三大工程，力争"十二五"期间完成投资2500亿元以上，其中工业投资超1200亿元。为实现这一目标，既要充分调动县内企业投资家乡的积极性，又要眼睛向外，加大招商引资选资力度，花大力气引进一批对我县转型升级有较大影响、科技含量高、发展前景好、产业带动力强的大企业、大项目。

三要在增强发展动力上下功夫。不断深化改革开放，加强自主创新，再创发展新优势，增强发展新动力。向改革要动力，全面推进经济、政治、文化、社会等重点领域和关键环节的改革，特别是要继续完善平台建设、产业构建、企业培育、项目引进等政策举措，健全完善城乡互动和区域一体化发展的体制机制等。向创新要动力，深入实施科教兴县、人才强县和质量强县战略，切实加强浙纺院、科创大厦等创新服务平台建设，大力引进大院高校名企共建创新载体，支持企业技术中心和研发机构建设，健全完善产学研相结合的区域创新体系。特别是要加大领军人才、创新团队的引进培育力度，争取"十二五"期间培养和引进适应我县经济社会发展的领军型人才30名左右，要求列入国家"千人计划"领军人才的引进有重大突破。向开放要动力，进一步优化对外贸易结构，提高对外开放水平，着力提高高附加值产品、自主知识产权产品的出口比重，着力提高管理、技术以及新兴产业项目在引进外资中的比重，着力在县内企业中培育一批具有国际竞争力的跨国经营企业。

四要在强化发展保障上下功夫。强化要素保障，在积极向上争取支持的同时，眼睛向内，深挖潜力，加大拆迁和节能减排力度，力争"十二五"期间完成各类拆迁1000万平方米，并注重提高要素资源的利用效率，有效提高项目在投资强度、环境保护等方面的准入门槛，实现土地与环境容量的动态平衡；加强金融对经济社会的支持力度，有效整合政府融资平台，鼓励企业上市及再融资，进一步拓展债券、租赁、BT、BOT等多种筹资渠道。强化政策保障，明确方向，突出重点，加强政策引导，计划"十二五"期间财政每年安排8亿元、5年总计40亿元用于扶持经济、城乡、社会的转型升级，重点投向新兴（优势）产业培育、重大项目引进、自主创新、人才引进等领域。强化服务保障，健全完善干部作风建设长效机制，推进行政审批畅通工程，加大行风效能明察暗访和问责力度，全力为企业和广大群众提供优质、高效、便捷的服务。

三、今年工作的主要任务

新的一年是经济深度调整之年，也是"十二五"发展的起步开局之年。做好2011年工作，意义重大，影响深远。全县工作的指导思想是：**认真贯彻落实党的十七大、十七届五中全会，中央、全省经济工作会议和省委十二届八次全会、市委六届十次全会精神，认真落实科学发展观和省委"创业富民、创新强省"总战略，市委"创业创新、走在前列"战略部署，围绕"突出转型升级、致力科学发展"工作主题，加快推进经济、城乡、社会等各领域的转型升级，进一步加强和改进党的建设，不断开创县域科学发展率先发展新局面，为"十二五"发展起好步、开好局，以优异成绩迎接建党90周年。**

为此，建议2011年全县经济社会发展的主要预期目标为：生产总值增长10%；财政总收入及地方财政收入均增长12%；全社会固定资产投资增长12%；社会消费品零售总额增长15%；城镇居民人均可支配收入、农村居民人均纯收入均增长10%；城镇新增就业人数1万人；城镇登记失业率控制在3.2%以内；万元生产总值能耗、化学需氧量和二氧化硫排放量等节能减排指标完成上级下达的目标任务。

围绕上述指导思想和总体目标，重点抓实抓好以下三方面工作：

1. 抓实抓好构建现代产业体系的各项工作。重点抓好以下八项工作：一是启动实施纺织产业"4个千亿"计划、优势产业"5个500亿"计划和新兴产业"金种子"计划，并要求印染企业集聚滨海有实质性建设启动，创新型成长型企业培育有新发展。二是提升发展现代服务业，着力在发展电子商务、物流、会展、金融、服务外包等生产性服务业上求突破，在发展旅游、商贸、社会服务、房地产等生活性服务业上出精品。中国轻纺城要着力软硬件同步提升，重点推进“网上轻纺城”建设，加快建设电子信息商务平台，争取到年底实现轻纺城所有企业和市场经营户全覆盖、县外注册商户超过1万家；启动并规划建设科技园、创意园、物流园，大力扶持发展总部经济和股权投资类企业；整体谋划全县旅游产业发展，明确目标和举措，加快鉴湖—柯岩旅游度假区的整合提升以及安昌古镇、羊山景区和南部山区等旅游资源的开发建设。三是在扎实推进粮食生产功能区建设的同时，围绕现代农业七大主导特色产业，结合实施“兴林富民”工程，抓紧启动建设王坛玫瑰园、兰亭兰花园等一批现代农业精品基地，争创一批名牌农产品、驰名商标和出口品牌。四是大力推进发展平台建设，按照“一主三城三区”的区域发展布局，优化各开发区（大平台）的功能和产业布局，全面启动柯北二期高新技术产业园规划建设，同时加快提升各镇街工业集聚区和家庭工业集聚点的集聚水平。五是抓实招商引资选资“一号工程”，健全完善招商工作机制、园区规划国土联席会议等制度，全面推行工业项目用地全县统筹制度和一般性工业项目用地招拍挂制度，力争全年完成全社会固定资产投资370亿元，其中工业投资200亿元，20亿元以上或5000万美元以上的新兴（优势）产业项目引进取得突破。六是进一步优化对外贸易结构，积极拓展国际市场，要求全年自营出口超80亿美元。七是积极创建省级生态县，加快推进平原绿化建设，加大生活污水和生活垃圾收集处理力度，严格落实节能减排目标责任制，实施严格的行业能耗标准，确保完成上级下达的节能减排目标任务。八是着力破解要素制约，切实抓好用地、资金、环境容量、电力、劳动用工等要素保障，争取盘活闲置土地2000亩，完成各类拆迁200万平方米以上，政府性融资要求净增贷款30亿元以上，企业上市要求2家争取3家。

2. 抓实抓好推进城乡一体发展的各项工作。坚持县镇村三级联动、规划建设管理并重，统筹推进新县城、中心镇、农村新社区建设。重点抓好以下五项工作：一要按照“一主三城三区”的区域发展新格局，加强与上级区域规划的有效对接，注重与杭州都市经济圈和绍兴中心城市的接轨融入，根据重大基础设施规划建设的新情况，及时修编完善柯桥新县城、中心镇和农村新社区建设的各类城乡规划。二要抓紧研究制定“美丽乡村”建设标准，系统谋划和扎实推进农民公寓、农民集中居住区建设、农村宅基地置换、农村建设用地流转等工作。要求启动建设10个左右农民集中居住区，力争完成农村宅基地置换2000户，新流转土地8000亩。三要按照“两湖两轴一线”城市设计和精细化管理要求，大力实施城市亮化、洁化、绿化、美化工程，完成金柯桥大道绿化提档改造和环瓜渚湖步行道建设，抓好柯桥历史文化街区的保护与开发。四要按照“接轨杭州、融入市区、提升县内”的总体思路，加大基础设施建设力度，在加快推进萧甬铁路柯桥段高架改造、104国道南复线拓宽等续建项目的基础上，抓紧谋划和有序推进交通路网接轨杭州的前期规划、杭甬客专绍兴柯桥站的交通衔接，启动镜水路断面改造、县新客运中心等的规划建设，抓好329国道北移、滨海物流基地等交通配套设施建设。不断完善城市功能，加快县体育中心、档案馆等公共服务设施建设，规划建设一批城乡文体设施。五要建立健全城市管理行业标准体系以及市容秩序、环卫保洁、市政养护、绿化管理等标准细则和流程规范，深入开展“清洁柯桥”、“洁净乡村”竞赛活动，深化“数字城管”，扎实推进城市管理精品创建和村庄整治样板区建设，全面启动城乡农贸市场改造升级工程，加大对违法违章建筑依法处置力度，进一步提升城乡环境管理水平。

3. 抓实抓好保障和改善民生的各项工作。扎实开展“问计于民、问需于民”活动，在抓好劳动就业、养老保险、医疗保障、社会救助等基本公共服务均等化的基础上，重点抓好以下五项工程：一要深入实施“六名工程”。切实抓好与我县经济和产业密切相关的高等院校的前期工作，积极推动县第二医院、中心医院和中医院的提档升级，全力办好第七届中国曲艺节，积极创建省级体育强县以及“浙江省扶残助残爱心城市”。加快引进和培育名师、名医、名家，进一步加大城市教育、卫生、文化优质资源向农村延伸、向外来人员等特殊群体覆盖。加大政府扶持力度，建立健全“小百花”、“莲花落”下乡演出市场化运作机制。二要深入实施“清水工程”。扎实做好产业集聚、截污堵源、清淤疏浚、引水活水、修复整治等工作，做好夏泽水库建设前期准备，启动实施瓜渚湖直江、浙东古运河、南运河治理工程，抓紧实施柯桥城区和安昌古镇活水工程，继续抓好一批重要河道清淤工程，推动县域河道水质不断改善。三要深入实施“安居工程”。扎实推进中心城区城中村住房困难农户提前拆迁安置工作，启动建设一批城市廉租房，落实一批经济适用住房，做好柯桥城区老小区改造扫尾工作，全面解决全县农村“双困户”的住房困难问题。四要深入实施“畅通工程”。抓紧启动建设一批与交通相关的道路、客运站、停车场、物流等配套项目，科学合理制定城区交通组织实施方案和高效能的城市管理体系，切实缓解交通拥堵问题。五要深入实施“平安工程”。以深化“基层基础建设年”为抓手，推广“钱清规则”和“夏履民主程序”，加强农村集体“三资”管理，健全“大调解”工作体系，启动“六五”普法，依法及时处理信访问题。深入推进平安县创建，全面开展平安校园、医院、企业、市场、银行、工地、交通、寺院等系列平安创建活动，健全社会治安动态防控网络，依法严厉打击各类违法犯罪活动。加强和创新社会管理，扎实推进社区矫正工作，完善流动人口服务管理的网络和平台，强化虚拟社会管理，认真落实各项安全制度和工作责任制。强化党管武装工作，加强国防后备力量建设。做好农产品生产和流通、加强对困难群众的及时救助等工作，保障低收入群体不因物价上涨而降低生活水平，确保社会和谐稳定。

四、以改革创新精神加强党的建设

为实现新目标、完成新任务，确保“十二五”发展良好开局，必须不断增强各级党组织的创造力、凝聚力、战斗力，充分发挥广大党员干部的先锋模范作用。

1. 不断提高党建工作水平。扎实推进学习型党组织建设，完善党委中心组学习、领导干部“述学、评学、考学”等制度，深化“鉴湖大讲坛”等学习平台建设，认真学习贯彻党的十七届五中全会精神，进一步加强理论武装工作。着力提高干部人才教育培训的针对性和实效性，在抓好日常性教育培训工作的基础上，积极选派副局级干部、中层正职干部和新生代企业家等到名院高校参加专题培训，不断提升各级干部和各类人才推进转型升级的能力素质。深入推进以“评星晋级”为主要抓手的创先争优活动，认真做好村级组织换届工作，加强“网格化管理、组团式服务”，积极构建城乡统筹基层党建新格局。牢固树立正确的用人导向，把各级领导班子换届摆在加强干部队伍建设的首要位置，进一步深化干部人事制度改革，建立完善“实绩论英雄、作风选干部”的干部动态考核评价机制，深化机关中层干部及副局（镇）职领导干部竞争上岗等制度，真正把德才兼备特别是事业心责任心强、干事有激情有冲劲的优秀干部选拔到领导岗位上来。精心组织纪念建党 90 周年系列活动，大力宣传“十一五”成就和“十二五”规划，突出抓好重大主题宣传，着力营造良好的发展氛围。严格落实党风廉政建设责任制，强化机关效能和勤政廉政建设，深入推进权力运行的监督制约，着力构建风清气正的良好环境。

2. 始终保持昂扬向上的精神状态。站在新的发展起点上，特别是面对“不进则退、小进也是退”这种激烈的区域竞争，我们必须切实增强加快发展的紧迫感，以思想大解放、理念大提升来形成大合力、推动大发展。组织开展“解放思想、提升理念”主题教育实践活动，引导各级干部特别是领导干部，切实增强忧患意识、大局意识、责任意识和创新意识，始终保持干事创业的激情和活力。各级干部特别是领导干部要敢为人先，把自己的工作放到全县、全市、全省乃至全国的大格局中去审视定位、去比学赶超，坚定目标，提升标准，积极抢占发展先机，努力争创一流的工作业绩。要敢于突破，正视前进中的困难和问题，勇于走进各类矛盾，突破条条框框，大胆改革创新，敢闯、敢试、敢为，积极寻求新办法、新途径和新举措，创造性地开展工作。要敢于负责，真正做到在其位、谋其政、履其职、尽其责，只要是有利于绍兴县的发展，就要主动承担责任，敢于动真碰硬、敢于得罪人，对看准了必须干并且经集体决策定下来的事，必须雷厉风行、全力推进，一抓到底、抓出成效。

3. *大力弘扬求真务实的工作作风*。各级各部门要切实增强执行意识，强化效率意识，切实提高工作效能。要紧紧围绕县委、县政府确定的各项目标任务特别是新一年的重点工作，以强烈的事业心和高度的责任感不折不扣地贯彻好、落实好、执行好。要明确工作责任，建立健全抓落实的责任体系，每项工作都要落实责任主体，明确工作要求；要落实工作举措，细化分解各项目标任务，精心设计行之有效的工作载体，按期保质保量完成各项工作；要严格督查考核，加强经常性、跟踪性和阶段性督查，建立健全重点工作定期通报制度，完善镇、街、开发区和县机关部门岗位目标责任制考核办法，加强督促检查特别是加强对招商引资、拆迁征地、产业投资等重点工作的专项考核，切实引导广大干部把心思用到发展上、把功夫下在干实事上。做好“十二五”及今年工作，必须调动各方面特别是充分调动人民群众的积极性、主动性、创造性。县委要切实加强对人大、政协工作的领导，充分发挥工青妇等人民团体的作用，带动广大干部群众齐心协力开展工作。各有关部门要扎实抓好深入推进“三集中三到位”、并联审批、网上审批、招投标限时办结和重点招标项目提前介入以及优化招投标评标办法等行政审批提速增效的各项工作，推广面向社会的公务“三问”网络系统，着力提升服务发展、服务基层、服务群众的效率和质量。各级领导干部要牢固树立群众观点，在思想上尊重群众，在感情上贴近群众，在工作上依靠群众，认真落实好联系村企、蹲点调研等制度，特别是要扎实开展每月一周“进企入村访民情”活动，不断从群众中汲取智慧和力量，把群众工作做深做细做实做到位，真正形成加快发展的强大合力。

在中共绍兴县委员会第十二届十一次全体（扩大）会议上的报告（摘要）

中共绍兴市委常委　绍兴县委书记　何加顺

2011 年 7 月 26 日

一、关于上半年工作的回顾

今年以来，全县上下坚持以科学发展观为统领，认真贯彻落实中央和省委、市委的决策部署，紧紧围绕“突出转型升级、致力科学发展”工作主题，积极应对复杂多变的宏观环境特别是发展中遇到的原材料价格、劳动力成本、融资成本上涨和电力紧缺等问题的严峻挑战，难中求进，奋发有为，县域经济社会呈现平稳较快发展的良好态势，各项主要经济指标和重点工作任务基本实现“双过半”目标，取得了来之不易的成绩。突出表现在以下三个方面：

1. 经济在转型升级中保持较快增长。上半年，全县实现地区生产总值 423.64 亿元，增长 10.9%；财政总收入 68.83 亿元，其中地方财政收入 39.91 亿元，分别增长 35.4%、33.5%；规模以上工业总产值 1304.29 亿元，增长 30.4%；全社会固定资产投资 195.02 亿元，其中工业投资 99.18 亿元，均增长 22.7%；社会消费品零售总额 70.73 亿元，增长 18.1%，轻纺城市场群成交额 388.85 亿元，增长 15.8%；进出口总额 64.18 亿美元，其中出口 45.96 亿美元，分别增长 24.8%、25.7%；城镇居民人均可支配收入 19775 元，农村居民人均现金收入 12101 元，分别增长 12.1%、16.1%，较好地实现了年初提出的“主要经济指标增速高于全市平均”的争取目标，生产总值、财政总收入、规模以上工业总产值等指标增速跃居全市第一位，社会消费品零售总额首次超过市区。与此同时，转型升级步伐明显加快，以发展战略性新兴产业为重点，大力实施纺织产业“4 个千亿”计划、优势产业“5 个 500 亿”计划和新兴产业“金种子”计划，印染产业集聚升级工程有效推进，远东石化 PTA、优创光能科技等一批重点工业项目有序建设，一批战略性新兴产业项目正在洽谈或得到落实，上半年实现战略性新兴产业产值 243.6 亿元，增长 32.1%，高出全县规模以上工业 1.7 个百分点；全面启动科技园、创意园、物流园规划建设，新注册成立股权投资企业 12 家，引进纺织创意机构 27 家，“网上轻纺城”全球上线，“内陆直通关”运行良好，金地自在城、红星美凯龙等一批重点商贸项目进展顺利，希尔顿、喜来登等国际一线品牌酒店落户我县；加大人才引进培育力度，上半年新引进高层次人才 22 名，特别是在引进国家“千人计划”人才上取得了历史性突破。此外，在推进自主创新、节能减排、企业上市以及现代农业“两区”建设等方面也有新的进展和成效。

2. 城乡面貌在统筹推进中明显改善。按照“一主三城三区”总体布局，加大城乡规划、建设、管理的统筹力度，联动推进新县城、中心镇和农村新社区建设。强化规划的龙头地位，成立县规划局，调整完善全县城乡规划管理体制，启动城市总规、控制性详规和特色专项规划修编。杭甬客运专线、萧甬铁路城区高架以及县体育中心、柯桥客运中心等重点工程扎实推进，城区夜景亮化、瓜渚湖及金柯桥大道绿化提档改造等景观提升工程全面开工，“数字城管”深化扩面，“清洁柯桥”整治活动深入开展，城市精细化管理长效机制基本建立，新县城品位不断提升；深化“扩权强镇”，调整完善中心镇功能定位和产业布局，统筹推进城乡一体的规划建设、公共服务和社会管理，钱清省级小城市培育试点扎实推进，中心镇城市化步伐不断加快；以“美丽乡村”建设为总抓手，积极实施“富裕乡村、安居乡村、洁净乡村、文明乡村”四大行动计划，探索建立农村生活垃圾以县为主统一处置新模式，农村环境精品区创建扎实推进，上半年新增流转土地2500亩、平原绿化5710亩，16个镇（街）完成农民集中居住区规划编制，其中6个集中居住区启动建设，落实农村宅基地置换农户630户，613户“双困户”已完成住房解困325户。完成各类拆迁70.59万平方米。

3. 社会在强化民生保障、优化管理服务中保持和谐稳定。组织开展“问计于民、问需于民”活动，全面实施“五大工程”、“十项实事”。“充分就业县”创建深入开展，村级便民服务中心建设全面启动，城乡居民养老、医疗、救助等保障标准稳步提高，上半年新增城镇就业7717人、社会养老参保12091人。提升发展教卫文体等社会事业，深入推进“六名工程”，制定出台教育现代化实施意见，免费学前教育三年行动计划启动实施，县特殊教育学校建成开学，教育品质内涵不断提升；基本药物制度深入实施，县镇村医疗卫生资源统筹配置试点扎实开展，医疗卫生服务体系进一步健全；省级体育强县创建工作有序推进，城乡“欢乐”系列文艺活动全面展开。安置小区建设加快推进，公租房、外来人口公寓启动规划建设。“清水工程”五年计划扎实推进，上半年完成重点河道清淤54.8万方、河岸绿化60公里，4个镇和16个村启动生活污水收集系统建设，切实加大环保执法力度，首次对严重偷漏排责任人实行刑事拘留，县域水质监测达标率同比提高5.9个百分点。顺利完成村级换届选举和镇级换届试点，组织开展农村主职干部培训活动，不断夯实基层基础。启动实施“六五”普法，深入推进系列平安创建，着力完善大防控、大排查、大调解体系建设，杨汛桥锡箔作坊从业人员血铅超标事件得到及时有效处置，全县社会总体保持和谐稳定。

半年来，县委常委会坚持总揽全局、协调各方，充分发挥了领导核心作用。一是立足长远谋思路，先后召开县委十二届十次全会、全县经济工作会议等一系列重要会议，在明确“十二五”发展目标思路、工作举措的同时，提出了开局之年务实可行的必保目标和积极有为的争取目标，较好体现了务实进取的执政理念；二是突出重点抓落实，研究确定20项工作重点，量化落实到分管领导和责任单位，并先后通过全县农村工作会议、产业投资暨招商选资动员大会、省级生态县创建暨城乡环境综合治理动员大会等会议进行专题部署，完善工作机制，强化督查考核；三是合力攻坚破难题，修订完善“1+X”转型升级政策体系和镇（街）、开发区、部门岗位目标责任制考核办法，狠抓行政服务和公共资源交易“提速增效”，全力破解发展要素制约，积极推进印染集聚、企业解困、拆迁征地、环境整治、清水工程等重点难点工作；四是创先争优促发展，深入开展“解放思想、求真务实”主题教育实践活动和以“评星晋级”为抓手的创先争优活动，切实加强自身建设，带头转变工作作风，积极支持人大、政府、政协履行职能，充分发挥群团组织作用，营造了团结和谐、干事创业的良好氛围。

总体来看，上半年我县经济社会保持了良好发展势头并呈现出不少亮点，但我们也必须清醒、冷静地看到，绍兴县经济发展中的结构性、素质性矛盾依然突出，转型升级依然是我们工作的最大难点，特别是服务业在三次产业中的占比和战略性新兴产业在工业中的占比仍然偏低，区域间的竞争、经济社会和城乡的转型升级以及节能减排的压力依然不小；城乡环境综合整治、“美丽乡村”建设等工作还不够平衡；集体访、越级访有所反弹，环境保护、安全生产仍存在不少隐患和薄弱环节，社会稳定形势不容乐观；少数党员干部的能力和作风与加快发展、转型升级的要求还有距离，机关效能还有待于进一步提升，特别是换届之年，个别干部还存在着被动应付、等待观望的消极思想。所有这些，都需要我们高度重视，采取有效措施，切实加以解决。

二、关于下半年工作的要求

回顾上半年工作，成绩令人鼓舞；做好下半年工作，任务依然艰巨。下半年国际国内的宏观经济环境仍面临较大变数，年初以来央行已三次加息、六次上调存款准备金率，预计下半年紧缩政策的力度和节奏可能会有所放缓，但保持经济增长与管理通胀风险的“两难”矛盾依然存在，经济运行中的不确定、不稳定、不健康因素仍然较多，特别是当前物价持续走高，加之土地、资金等要素制约更趋加剧，保持下半年经济平稳较快增长的难度可能会进一步加大。面对复杂多变的经济形势、日益加剧的区域竞争、转型升级的繁重任务，我们一定要振奋精神、正确面对，尤其是我们的思想意识绝不能有丝毫的懈怠，我们的工作举措绝不能有半点的放松，全县各级干部特别是我们的领导干部必须进一步增强忧患意识、责任意识、发展意识和创新意识，继续围绕县委、县政府确定的“十二五”发展目标和今年的20项重点工作，抓紧抓实，抓出成效，全力保持经济社会良好的发展态势，全力完成全年各项目标任务。

1. 重抓标准提升。完成年度目标任务特别是争取目标，既要保“量”，更要求“质”。从“量”上看，半年度各项目标任务完成情况总体良好，基本达到“双过半”要求，但面对下半年更为复杂严峻的经济形势，要实现全年目标任务仍十分艰巨，特别是工业投资、征地拆迁等指标，仍需要我们加倍努力。在追求“量”的同时，要真正按照转型升级的要求，更加注重“质”的提升，既要坚持“工业立县”、大力发展战略性新兴产业，更要重视发展现代服务业，倡导并积极实施“服务业兴县”战略，以加快推动经济结构调整和发展方式转变，确保现代服务业增加值占GDP比重年均提高1个百分点以上，不断增强县域经济综合竞争力。此外，在工业投资、征地拆迁、城镇规划、城乡环境整治等方面也同样，我们不仅要看投入的总量，更要看项目的“含金量”；不仅要看拆了多少面积，更要看拆净多少、交地多少；不仅要看搞了多少规划，更要看规划是否科学并符合民意，能否管长远、真落地；不仅要看环境集中整治的阶段性成效，更要看平时、看长效。只有这样，我们的工作才经得起历史、实践和群众的检验，才能真正对得起全县百姓。

2. 重抓项目投入。投入决定产出，项目支撑发展，加快经济、城乡、社会的转型升级关键靠项目带动。一要突出重点抓项目。坚持转型升级主攻方向，立足“十二五”确定的“325”项目建设要求，集中资源、集中精力抓好一批带有全局性、战略性、影响力的大项目好项目，为县域经济社会加快发展、转型升级提供强大支撑。围绕纺织产业集群升级，突出抓好印染产业集聚升级工程，并重点突破土地空间的约束；围绕培育壮大战略性新兴产业，突出抓好远东石化PTA、其其光能、优创光能、日月新材料等项目，并重点加强此类项目的服务跟踪；围绕发展现代服务业，突出抓好科技园、创意园、物流园“三园”建设进度以及夏威夷风情园、联盛国际广场、天马汽车休闲广场、欧式名品街等项目的尽快开工建设；围绕发展现代农业，突出抓好七大主导特色产业基地建设。围绕城乡转型升级，突出抓好“两湖两轴一线”城市项目以及县体育中心、柯桥客运中心等项目建设，积极推进钱清小城市培育试点，切实加强城乡综合管理，重中之重要全力抓紧谋划并尽快启动中国纺织CBD、连接杭州的轨道交通等事关全县长远发展的重大项目。围绕社会转型升级，突出抓好“清水工程”、“六名工程”、“安居工程”等民生实事工程。二要强化招商抓项目。进一步抓紧抓实招商引资选资“一号工程”，加强招商资源的共享和对接，优化招商工作方法，解放思想，形成合力，跟紧盯牢，力争在引进更多符合产业导向、科技含量高、带动作用强的大项目好项目，特别是战略性新兴产业项目上有新的突破。三要只争朝夕抓项目。围绕项目签约落户、开工建设、竣工投产三大环节，强化要素保障，优化服务管理，着力构建横向到边、纵向到底的项目服务网络和责任到位的项目推进机制，能快则快、能简则简地加以推进，确保项目早出形象、快出成效。在项目推进过程中，政府性投资项目要积极做好表率。对一些历史遗留的项目要综合运用行政、经济、法律等多种手段，在合法合规的前提下，帮助企业解决实际困难，促使项目尽早动工、加快建设。

3. 重抓民生改善。主要抓好三类民生：一是最基本的民生，要进一步健全完善劳动就业、养老保险、住房保障、基础教育、医疗保险、社会救助等社会保障体系，巩固提升基本公共服务均等化水平，同时要积极抓好浙江工业大学之江学院引入柯桥、国家数字卫生项目样板示范区建设、第七届中国曲艺节承办和省级体育强县创建等工作，大力提升发展教卫文体等社会事业；二是最紧迫的民生，要扎实推进以“清水工程”为重点的城乡环境综合整治，深入开展“清洁水源、清洁空气、清洁土壤”专项行动，同步抓好平原绿化、城乡环境整治、省级生态县创建等各项工作，坚持铁腕治理，严格监督考核，不断提高人民群众的生活品质；三是最需要关注的民生，目前全县仍有城乡低保户5911户、人数超过1万人，约有35%的低收入农户人均年收入在6000元以下，要坚持“扶贫与扶智、输血与造血”相结合，深入推进欠发达村和低收入农户奔小康工程，全面完成613户“双困户”住房解困任务，建立健全以最低生活保障为基础的新型社会救助体系，切实加大对因病因灾致贫边缘弱势群体的帮扶救助力度，让更多贫困家庭打开幸福之门。

4. 重抓服务保障。抓发展首先抓环境，比发展首先比服务，加快发展、转型升级更需要在软环境上下硬功夫。一要强化政策保障，切实加大转型升级政策体系的宣传力度，简化操作流程，提高政策绩效，更好发挥财政专项资金的导向、激励作用。二要强化要素保障，在积极稳妥推进拆迁工作的同时，统筹安排使用好有限的土地空间，全力争取省里支持，并综合运用要素配置、税收调节等多种手段，抓紧研究出台鼓励低端产业转移退出的相关政策意见，努力为节能减排和发展战略性新兴产业拓展空间；要发挥政府的激励导向，促使金融机构更多地引入资金支持我县建设和发展，进一步加强银企对接，创新金融服务，加快推进上市、风投、担保、租赁、BT、BOT等金融服务体系建设，有效缓解企业融资难题；坚持有保有压原则，继续抓好有序用电工作。三要强化作风保障，深入开展以“两服务一满意”为主题的“深化作风建设年”活动，扎实推进镇（街）、开发区“进企入村访民情”活动和县机关部门“提能增效促转型”专项行动，完善县领导联系重大项目、园区规划国土联席会议、服务企业“直通车”等一系列制度，着力深化行政审批畅通工程，推行建设工程施工图联合审查，加大重点工作的督查、通报、考核力度，不断提升各级干部服务转型升级的能力和水平。

5. 重抓党的建设。全县各级党组织和广大党员干部要认真学习胡锦涛总书记七一重要讲话，坚持以改革创新精神全面加强党的思想、组织、作风、制度和反腐倡廉建设，自觉地把思想统一到加快发展的决策部署上来，把行动落实到转型升级的各项工作中去。一要以换届为契机，进一步加强班子队伍建设。根据省委、市委统一部署，下半年我县县镇两级将进行集中换届，我们要深刻认识做好换届工作的重要意义，坚持正确用人导向，严肃执行“5个严禁、17个不准、5个一律”的换届纪律，正确对待进退留转，真正把政治坚定、能力突出、作风过硬、群众信任的优秀干部选拔到各级领导岗位上来，确保换届工作平稳有序顺利进行。同时，要以此为契机，进一步深化干部人事制度改革，完善干部选拔任用和考核评价机制，充分发挥县委党校、“鉴湖大讲坛”等平台作用，切实加大干部教育、管理和培训力度，统筹抓好各类人才队伍建设，不断提升基层党组织的战斗力和广大党员干部的执行力。二要以“评星晋级”为抓手，进一步深化创先争优活动。深化拓展“评星晋级”活动，完善发展县镇村三级党组织规范化建设，探索推进“两新”组织党建工作和流动党员管理服务，全面推进窗口单位和服务行业“双亮双创双比”活动以及“党建促发展示范党组织”、“双强”示范企业创建，继续抓好“网格化管理、组团式服务”工作，切实加强基层基础建设，着力构建统筹城乡基层党建工作新格局。三要以完善惩防体系为重点，进一步推进反腐倡廉建设。严格落实党风廉政建设责任制，全面推进廉政风险防控机制建设，大力弘扬廉政文化，加强教育监督管理，扎实推进突出问题专项治理，着力打造“农村基层廉洁工程”，进一步规范基层权力运行和农村集体“三资”管理，加快完善村级便民服务网络建设，严肃查办各类违纪违法案件，坚决纠正损害群众利益的不正之风，以反腐倡廉的实际成效取信于民。

三、关于加强和创新社会管理工作

加强和创新社会管理，是一项事关长远发展的重要战略任务。今年以来，从中央到地方，各级都高度重视，先后召开一系列重要会议进行专题研究和部署，充分说明了这项工作的极端重要性和现实紧迫性。当前，我县正处于转型升级的攻坚期、社会矛盾的凸显期，社会管理面临着前所未有的困难和挑战，既有社会治安、公共安全等共性问题，更有环境污染、企业经营风险、征地拆迁拆违、流动人口管理服务等个性突出问题，并且冲突的群体化、矛盾的复杂化、情绪的非理性化、事件的泛政治化等“四个化”的趋势日益明显，今年6月份发生的杨汛桥血铅超标事件，充分说明了这一点，尽管通过全县上下共同努力，事态得到有效控制和平息，但教训是深刻的，充分暴露出我们在社会管理方面的问题与不足。如何在加快转变经济发展方式的同时，进一步加强和创新社会管理，不断提升社会管理的科学化水平，事关加快发展、转型升级，事关保障改善民生和社会和谐稳定，事关党的执政基础、执政地位，对于我们顺利推进“十二五”规划的各项目标任务，率先全面建成更高水平、惠及全县人民的小康社会，率先基本实现现代化，意义重大。我们一定要以高度的政治责任感和历史使命感，认真贯彻落实好中央、省、市有关会议精神，紧密结合我县实际，创造性地抓实抓好这项工作。

2011年年初，县委根据中央和省、市的决策部署，高度重视加强和创新社会管理工作，在深入调研、广泛听取意见的基础上，结合我县实际，已研究制定了县委《关于加强和创新社会管理的实施意见》，这个实施意见明确了当前和今后一个时期我县加强和创新社会管理的指导思想、基本要求和主要任务，对6方面24项主要工作任务都已落实到有关县领导和相关牵头部门、责任部门，并在安昌、夏履两镇开展社会管理创新试点，希望各级各有关部门按照5月份召开的全县社会管理创新暨维稳与信访工作会议要求，认真对照文件精神、切实抓好贯彻落实。在此基础上，我再强调三个方面意见：

1. 突破重点难点，切实维护稳定的社会秩序。要针对我县社会管理的重点领域、重点区域、重点工作，敢于碰硬，攻坚克难，力求在解决重点难点问题上有新突破。一要高度重视信访工作。坚持用群众工作统揽信访工作，在建立健全科学有效的群众利益协调机制、合理诉求表达机制、矛盾排查化解机制和合法权益保障机制的基础上，严格落实信访工作责任制和领导干部接访、下访、约访等制度，认真做好来信来访、县委县政府公开电话和网上接待受理工作，深化完善“大调解”工作体系，积极探索推广各级党代表、人大代表、政协委员、律师、专业社工人员参与接待来访制度，引导群众依法、逐级、有序、理性反映诉求。要进一步建立健全重点信访问题经常性排查制度和重点信访案件领导包案制，按照“严格政策、有情操作、依法打击”的基本要求，坚持责任到人，集中时间、精力，扎实开展重点信访问题化解工作，力争到9月底交出一份满意的答卷。二要加强外来人口服务和管理。鉴于我县已出现外来流动人口超过本地户籍人口的现象，要进一步完善“以证管人、以房管人、以业管人”的服务管理工作机制和流动人口居住证制度，积极探索并抓紧研究制定流动人口积分制管理模式，逐步实现基本公共服务由户籍人口向常住人口扩展，切实解决好高素质流动人口在子女就学、居住、就医等方面的实际困难和问题，依法保护其合法权益，增强流动人口的归属感，促使其更好地融入当地社会。积极发挥商会、同乡会等社会组织在加强外来人员管理服务中的作用，探索尝试吸收优秀外来工进入公务员队伍、吸收外来工参与基层单位管理、吸收有威信的外来工进入党委、人大、政协，逐步引导外来人员参与本地事务管理。同时，进一步完善特殊人群管理服务、关怀帮扶制度，切实做好未成年人和妇女儿童保护、老龄服务及残疾人、红十字、社区矫正等方面的工作。三要加强轻纺市场管理。针对轻纺市场升级改造过程中因利益调整容易引发社会矛盾，以及境外人员、特殊人员众多的情况，要把轻纺市场作为我县加强和创新社会管理的重点区域来抓。切实加强市场党建，重视商会组织建设，把商会组织建成促进市场繁荣、维护市场稳定的重要力量。加强基础摸排，建立信息网络平台，依法规范对境外人员的服务管理，做好高危人员管控，切实抓好“反恐”工作。加强市场内部管理，高度重视知识产权保护、消防、安全生产、应急处置等事项，确保市场经营平稳、安全、有序，切实维护好“诚信市场”品牌。四要加强社会治安综合治理。进一步完善专群结合、点线面结合、网上网下结合、人防物防技防结合、打防管控结合的立体化社会治安防控体系，深入开展社会治安重点地区、突出问题专项排查整治工作，始终保持严厉打击刑事犯罪活动的高压态势，着力解决突出治安问题和安全隐患。深入开展反渗透、反颠覆、反分裂斗争，严密防范和严厉打击民族分裂势力、宗教极端势力、暴力恐怖势力的捣乱破坏活动，严厉打击“法轮功”等邪教组织的违法犯罪活动，为人民群众营造一个安宁安全的生产生活环境。

2. 夯实基层基础，着力加强基层组织建设和公民思想道德建设。基层是我们党执政的基石，基层组织建设和思想道德建设是社会管理的基础性工程。要大力夯实社会管理的基层组织基础。着力加强农村基层组织建设、非公有制经济组织和社会组织建设。要在巩固已有成果的基础上，深化完善“评星晋级”活动，结合我县“十二五”规划和年初县委、县政府确定的有关重点工作和目标任务、村级换届后出现的新情况以及首批星级创建中暴露出来的薄弱环节，进一步研究完善考核办法，力求更加科学和可操作，并将“评星晋级”活动逐步拓展到机关事业单位、企业、学校、医院、基层站所、新社会组织等其他领域的基层党组织和广大党员，不断赋予“评星晋级”新的内涵和时代特征，不断增强基层党组织的凝聚力和战斗力，努力成为我县强化基层基础、开展“创先争优”活动的亮点和品牌。要加强对非公有制经济组织的服务与监管，指导和帮助非公有制经济组织完善内部治理结构，积极开展“双强争先”活动，加快实现非公有制经济组织党组织和工青妇等群团组织全覆盖，使非公有制经济组织在发展经济的同时，更好地履行社会责任。要坚持积极引导与依法管理并重，大力推进政社分开、管办分离，促进社会组织健康有序发展，特别是要充分发挥县委统战部门的优势和作用，在安昌试点的基础上，进一步建立健全镇村二级商会、侨联组织、天南地北绍兴人分会、少数民族联谊会和台胞台属联谊会等，有效整合和凝聚各类社会群体力量，不断提升协调各方面利益关系和化解各种社会矛盾的水平。要大力夯实社会管理的思想道德基础。以“省级文明县”创建为总抓手，深入推进文化强县建设，加强社会主义核心价值体系建设，大力弘扬以“创业创新创优”为核心的新时期绍兴县精神，扎实开展群众性精神文明系列创建活动，不断提高人民群众的思想道德修养和法制意识，着力培育文明和谐新风尚。坚持以人为本，加强社会心理服务，特别是要针对重点人群、特殊群体，开展心理调节、疏导、干预工作，并真心实意帮助他们解决一些实际困难，着力培育奋发进取、理性平和、开放包容的社会心态。

3. 创新体制机制，不断完善具有我县特色的社会管理体系。加强和创新社会管理，健全体制机制是根本，完善管理体系是保障。一要健全保障改善民生的长效机制。着眼建设与经济强县相适应、与广大人民群众要求相适应的城乡一体化的就业创业、社会保障、基础设施以及教卫文体等基本公共服务体系，深入推进基本公共服务均等化行动计划，完善公共财政体制，努力实现城乡居民收入增长、城乡居民保障水平提高与经济发展同步，确保新增财力的三分之二以上用于民生和各项社会事业，镇一级可用财政重点用于民生事业。二要完善社会风险的防控机制。深化系列平安创建，建立健全社会稳定风险评估制度和社会风险经常性排查制度，切实加强社会风险防控。针对群众反映强烈的环境保护、食品药品安全、违法违章建筑、安全生产等热点难点问题，进一步完善领导体制和工作机制，深入持久地开展各类专项整治行动，加大责任追究和问责力度，切实维护群众生命财产安全。建立健全应急管理机构和突发性事件应急处置预案，加强日常应急演练，大力提升各级领导干部应对公共危机的能力，确保突发性事件第一时间得到有效控制和及时处置。加强信息网络管理，建立网络舆情快速反应机制，确保重大突发事件发生后在最短时间内完成社会舆情信息汇集报送分析工作，为第一时间掌握民情、果断决策提供重要参考信息，牢牢把握网络舆论引导主动权。三要构建政府主导、社会协同的社会管理新格局。注重调动多个积极性，更好地发挥各级党组织在社会管理中的核心领导作用，各级政府在社会管理中的职能作用，人大、政协和各民主党派、工商联以及工青妇等群团组织、社会组织、民兵预备役人员在推进社会管理创新中的协同作用，以及人民群众在社会管理中的主体作用，加快社会管理主体从政府包揽向政府主导、社会共同治理转变，着力构建党委领导、政府负责、社会协同、公众参与的社会管理新格局，真正形成和谐社会建设人人参与、和谐社会建设成果人人共享的良好局面。

绍兴县人民代表大会常务委员会工作报告（摘要）

——在绍兴县第十三届人民代表大会第五次会议上

绍兴县人民代表大会常务委员会主任　徐林土

2011 年 3 月 1 日

2010 年，是我县有效应对国际金融危机影响、攻坚克难、负重奋进、经济建设和社会发展取得重要成果的一年。常委会认真贯彻党的十七大和十七届三中、四中、五中全会精神，紧紧围绕县委“突出转型升级、致力科学发展”工作主题，牢牢抓住全县经济社会发展中的突出问题，认真履行法定职责，积极开展工作。一年来，听取和审议各项工作报告 25 个，作出决议决定 7 个、审议意见 7 个，组织执法检查和代表视察活动 5 次，依法任免国家机关工作人员 56 人次，任命人民陪审员 26 人。较好地完成了县十三届人大四次会议确定的各项任务，为推进社会主义民主法治建设，实现我县全年经济社会发展目标作出了积极努力。

回顾一年历程，主要抓了五方面工作。

一、服务大局，突出重点，推动经济稳健发展

发展是第一要务，转型是发展关键。常委会坚持服务经济发展大局，以推动经济转型升级为重点，加强对全县经济工作的监督。

关注宏观经济运行。常委会听取和审议我县 2010 年国民经济和社会发展计划上半年执行情况报告，要求进一步坚定发展信心，狠抓产业投入和转型，加大招商引资力度，不断优化政府服务，确保完成全年各项目标任务。在“十二五”规划编制之际，主任会议专题听取关于我县国民经济和社会发展“十二五”规划纲要编制情况报告，组织人大代表研讨，力求纲要起点更高、立意更新、重点更重，更加符合我县发展的实际。税收是经济发展的重要基础，常委会拓宽监督面，督查国税工作，提出要坚持依法征税、应收尽收，严厉打击偷税骗税行为，更好地服务全县经济社会发展大局。

促进经济转型升级。投资环境事关经济可持续发展和转型升级，常委会组织专题调研，听取并审议我县改善投资环境工作情况报告，提出审议意见。县政府利用纺博会等知名展会，推介我县投资环境，加快海关、检验检疫等涉外配套服务体系建设，促进了我县投资环境的进一步改善。轻纺城升级改造，是我县经济转型的重要载体，常委会组织代表视察轻纺城“二次创业”，要求进一步加大市场招商隆市力度，不断提高市场管理服务水平，努力扩大市场在国内外的影响力。常委会高度重视第三产业发展，以主任会议、常委会领导视察等形式对我县大香林二期建设、安昌古镇保护开发进行督查，促进我县旅游业发展。为强化经济转型升级中的要素保障，常委会还专题听取我县国土资源管理、标准厂房建设、贯彻实施《浙江省高新技术促进条例》、国际营销网络建设等专项工作报告，促进节约集约用地、科技创新、外向型经济等工作。

加强财政预算审查。常委会专题听取并审议我县2010年上半年财政预算执行情况报告，2009年决算报告以及审计工作报告，批准了2009年县级财政决算；根据预算收入和支出均超额的情况，作出调整2010年部分预算的决定。在预算监督中，充分发挥财政预算咨询小组作用，提出继续大力培育税源，强化税收征管，助推经济转型升级，着力保障法定支出和民生改善。常委会加强对审计整改意见落实的督查，专题听取3个部门审计整改意见落实情况报告，较好地发挥了审计监督的作用。

二、坚持法治，加强监督，努力推进公平正义

推进社会主义法治建设，是常委会的一项重要职责。常委会深入贯彻依法治国方略，加强法律监督，不断促进依法行政和公正司法，维护社会公平正义。

认真开展执法检查。常委会重点开展了上下配合的水污染防治执法检查，组织50多位县人大代表实地视察，听取并审议专项工作报告，提出“水质改善是硬道理”等审议意见。县政府加强了水污染重点区域的巡查监测，启动印染行业集聚升级工程，加大“清水工程”工作力度，严厉查处了一批水污染案件，有效地促进了水质改善。违法违章建筑，严重损害法律尊严和社会公平正义。对此，把整治城乡违法违章建筑作为重点监督内容，跟踪督查前年常委会《关于依法整治城乡违法违章建筑的决议》的落实情况，常委会领导深入基层调研，各镇街开展各种形式的视察和督查，常委会会议进行专题审议，提出继续加大整治力度，建立长效管理机制，堵疏结合解决农村住房困难，坚决制止违法违章建筑行为。县政府及其职能部门加大对违法违章建筑的整治力度，并调整县城管理体制，有效地遏制了违法违章建筑蔓延势头。常委会还认真开展农业执法检查整改落实情况监督，要求加大农业投入，严守耕地红线，保证农产品质量安全。同时，常委会还加强了规范性文件的备案审查工作，一年来，县政府报备规范性文件21件。

努力加强司法监督。针对我县中小企业众多、知识产权民事纠纷案件持续上升的实际，常委会专题听取并审议县法院关于我县知识产权民事审判工作报告，要求法院进一步加强宣传，提高全社会的知识产权保护意识，增强知识产权保护的整体合力，努力打造一支专业化的知识产权审判队伍。渎职侵权检察工作事关改革发展大局和国家机关形象，常委会专题听取并审议县检察院关于我县渎职侵权检察工作报告，要求检察院坚持惩防并举，进一步突出重点，加大查办力度，完善工作机制，提高反渎职侵权工作成效。社区矫正工作事关社会稳定，常委会认真督查社区矫正工作，要求理顺工作机制，强化部门配合，促进矫正人员更好地改造。按照上级人大的要求，对修改村委会组织法、代表法等法律法规进行立法调研。同时，参与“五五”普法的督查和验收，积极推进普法工作。

高度重视信访工作。常委会把信访工作作为联系人民群众的重要途径，坚持人大代表来访接待日和常委会领导下基层接访制度，全年受理群众来访148批181人，处理来信155件，加大重要信访件督办力度，认真开展信访综合分析，发挥了人大信访工作在维护群众利益和化解社会矛盾中的积极作用。

三、以人为本，关注民生，切实维护群众利益

常委会坚持从人民群众最关心、最直接、最现实的利益问题入手，通过专题审议、调研视察等多种形式，促进民生改善，维护群众根本利益。

关注兴林富民工程。“三农”问题一直为社会所关注。常委会专题督查兴林富民工程，要求进一步加强林特基地建设，充实林业队伍力量，着力培育林业主导产业，重视林特产品品牌创建，深化集体林权制度改革，提升林业产业整体水平和效益，帮助农民增收致富。

关注安全生产工作。安全生产事关人民群众生命财产。主任会议专题督查我县安全生产工作，要求强势推进安全生产标准化创建，强化主

体责任考核，加强宣传教育，重视安全生产培训，形成齐抓共管的良好局面。

关注医药卫生改革。常委会关注医药卫生体制改革，要求加快城乡医疗保障一体化建设，不断加大基层医疗卫生设施投入，推进公共卫生服务均等化发展，高度重视并着力解决医药卫生改革中的突出问题，使群众少生病、看得上病、看得起病。县政府加大医药卫生体制改革力度，提高群众医保水平，社会反映较好。

关注大交通建设。常委会专题组织县人大代表视察我县大交通建设，要求加快推进在建项目建设，确保工程质量、进度和安全；加强协调，接轨杭州，更好地接受大都市经济圈的辐射；注重“大交通”和“小交通”的衔接，切实解决人民群众最关心的交通问题。

关注养老保险工作。养老保险关乎民生、惠及百姓，常委会专题督查我县城乡居民社会养老保险工作，要求更加重视参保缴费扩面，适当加大财政缴费补贴力度，逐步提高支付标准待遇；进一步加强养老保险政策宣传，搞好基层工作服务平台建设，不断提高我县社保工作水平。

四、优化服务，强化保障，更好地发挥代表作用

常委会坚持把代表工作作为人大基础工作来抓，不断丰富代表活动形式，积极创建代表履职平台，强化代表履职保障，充分发挥代表的主体作用。

认真督办代表建议。县十三届人大四次会议上，代表共提出建议225件。常委会认真抓好建议督办工作，继续坚持常委会领导分工督办重点建议，组织开展现场督办和代表视察督办。在各承办单位的努力下，所有建议都在规定的期限内答复完毕，其中问题基本解决的106件，占47.1%；部分解决或者计划解决的90件，占40%；作出解释的29件，占12.9%；领衔代表对建议办理的满意率达99.1%。为确保代表在闭会期间更好地提出建议，及时反映民意，常委会还创新实施了代表建议“直通车”制度，主任会议每月听取代表建议“直通车”相关情况报告。去年，有58位代表提交“直通车”建议45件，40件较快得到答复落实，总体反映效果较好。

丰富代表履职活动。坚持常委会领导联系代表、邀请代表列席常委会会议等制度，先后组织300人次代表开展了水环境保护、轻纺城“二次创业”、违法违章建筑整治、大交通建设、代表建议办理等视察活动，扩大代表对常委会工作的参与度。积极推进县人大代表向选民述职活动，柯桥、柯岩、平水等14个代表小组的47名代表当面向选民报告履职情况，增强了代表接受监督的自觉性和依法履职的责任心。受上级人大常委会委托，还多次协助组织省、市两级人大代表的视察活动。

强化代表履职保障。根据县人大代表出缺的实际，常委会精心组织、周密安排，依法有序地组织代表补选工作，10个选区的49657位选民参加投票选举，参选率97.9%，成功补选了10名县十三届人大代表，当选代表平均得票率达97.5%。同时，加强代表履职经费保障，将县人大代表活动经费每人每年1000元，全部发放到各代表小组。

指导镇街人大工作。定期召开全县镇街人大工作会议，总结交流人大工作；坚持县人大机关分片联系镇街制度，加强对镇人大会议、代表小组活动、镇人大代表补选等工作的指导；指导10个镇街组织代表评议基层站所16个，组织新补选的镇街人大干部参加上级部门培训。同时还上下配合开展工作调研，充分发挥基层人大组织作用。

五、增强责任，提升能力，不断加强自身建设

常委会适应新形势新任务的要求，不断加强自身建设，努力增强责任意识，着力提升服务发展、服务代表、服务基层的能力，推进人大工作向前发展。

注重建设学习型机关。组织常委会组成人员和机关干部深入学习科学发展观和党的十七大、十七届五中全会精神，举办全县人大干部读书会，坚持并改进“一月一法”专题讲座制度，先后举办了产品质量法、水污染防治法等9次知识讲座，这些讲座既有法律层面的探讨，又有针对县情的具体政策辅导，实现了理论与实践的结

合，增强了常委会组成人员和机关干部的政治意识、大局意识、法治意识，提高了人大干部的履职能力。

围绕大局服务中心。以县委组织的“千名干部联企促发展”活动为载体，深化“作风建设年”活动，常委会领导带领机关干部深入基层，了解企业发展中的困难，及时反映并帮助协调解决有关问题。

加强调研改进作风。结合常委会、主任会议议题，常委会加强工作调研，先后组织撰写改善投资环境、水污染防治、如何发挥不驻会委员作用等调研报告20多篇，其中多篇调研报告为领导决策提供了依据。发挥县人大工作研究会作用，积极开展人大业务研讨。通过深入调研和业务研讨，人大干部不仅了解了基层情况，提高了业务水平，而且促进了思想作风转变。

坚持工作向社会公开。常委会坚持审议内容提前向社会公告，广泛征询公民意见。继续办好《常委会会刊》、《绍兴县人大》等刊物和《人大办通报》，在《绍兴县报》新开辟“绍兴县人大之窗”专版，每月介绍常委会重要工作、重大活动等，自觉接受人大代表和人民群众的监督。积极向上报送信息，多篇通讯、信息在国家、省、市级媒体刊物发表，我县人大工作的影响力不断提高。

回顾一年来的工作，我们深切地体会到：要充分发挥常委会的职能作用，使人大工作有成效、有作为、有地位，必须坚持党的领导，围绕全县大局，增强政治意识；必须突出重点，把县委希望推进的、政府能够解决的和人民群众渴望解决的问题，作为人大工作的重点，集中力量切实推进；必须加大监督力度，不满足于作出决议或者提出审议意见，而要实行跟踪监督，确保决议的执行和审议意见的落实，提高监督实效；必须紧紧依靠人大代表，拓宽代表参与常委会工作的渠道，更好地发挥人大代表的主体作用；必须不断加强常委会自身建设，提高履职能力和水平。

2010年常委会的工作之所以取得一定的成绩，这是县委正确领导、“一府两院”密切配合、全体代表积极履职和全县人民大力支持的结果。

在肯定成绩的同时，我们也清醒地看到，面对新的形势和任务，常委会工作还存在一些不足，主要表现在：监督工作的广度和深度不够，审议质量有待进一步提高，针对性和实效性还需进一步增强；提升代表履职能力、发挥代表作用尚需进一步深化；常委会及机关自身建设还需进一步加强。对于这些问题，我们将高度重视，认真研究，在今后的工作中努力加以改进。

2011年是我县实施“十二五”规划的开局之年，也是本届人大常委会任期的最后一年，在新的形势和任务面前，今年县人大常委会工作总的指导思想是：**认真贯彻落实党的十七大、十七届五中全会和县委十二届十次全会精神，围绕全县经济社会发展大局，以“突出转型升级、致力科学发展”为主题，以解决民生问题、保障社会和谐为重点，以换届选举、“六五”普法为载体，以发挥代表主体作用为基础，努力提高常委会履职水平，为我县实施国民经济和社会发展第十二个五年规划起好步，为推进民主法治建设、率先建成更高水平的惠及全县人民的小康社会而作出应有的贡献。**

一、以转型升级为主题，促进科学发展。认真贯彻党的十七届五中全会精神，重点支持和加快推进经济发展方式转变，围绕县委转型升级主题，通过听取和审议国民经济和社会发展计划执行情况报告、全县财政预算执行情况报告、审计工作报告、战略性新兴产业发展情况报告、印染产业集聚升级报告、旅游产业发展报告等，督促政府及其相关职能部门加快发展新兴产业，提升发展轻纺业，加强科技进步和创新，加大招商引资力度，建设资源节约型、环境友好型社会，保障经济社会健康发展。

二、以解决民生问题为重点，保障社会和谐。把着力保障和改善民生，建立和完善我县基本公共服务体系、推进基本公共服务均等化作为重要任务，从我县实际出发，致力推进民生实事工程。督查养老保险基金管理工作，进一步提高全县“老有所养”水平；督查农村宅基地置换工作，致力推进“安居工程”实施；督查“美丽乡村”建设工作，加大农村环境整治力度；督查钱清小城市建设，加快钱杨新城的形成和发展；督查全县学前教育工作，提高幼儿教育水平；督查规划工作，更好地发挥规划在经济社会发展中的作用；督查“清水工程”建设和水污染防治执法检查整改意见落实工作，进一步改善水质；督查柯桥县城重点基础工程、交通道路及景观建设工作，改善市民生活环境；督查《浙江省消防条例》实施情况，努力提高我县的消防工作水平。

三、以换届选举、“六五”普法为载体，推进民主法治建设。把提高全民法制意识、推进依法治县作为基本职能。今年是县、镇两级人大代表换届选举之年，要按照“坚持党的领导、充分发扬民主、严格依法办事”原则，认真搞好人大代表换届选举工作，为我县经济建设、社会稳定奠定良好的政权基础。针对2011年是“六五”普法第一年的实际，重点听取和审议县政府关于制定“六五”普法规划工作情况报告，促进我县“六五”普法工作及时启动和正确实施。针对村委会换届选举的实际，加强对村委会换届选举工作的监督，推进基层民主政治建设。针对《人民调解法》新颁布实施的实际，督查人民调解工作，依法化解矛盾促进稳定。同时，要继续加强对人民法院、人民检察院工作的监督，推进司法公正；继续加强规范性文件的备案审查，维护法律尊严和法制统一。

四、以做好代表服务工作为基础，更好发挥代表作用。坚持把服务代表、充分发挥代表作用放在重要议事日程。认真组织代表学习培训，努力提高代表的履职意识和能力；坚持代表列席常委会会议等制度，保障代表的知情权；进一步深化代表建议“直通车”制度，加强代表建议督办，提高办理工作水平。今年，将重点探索和建立“代表接待日”制度，继续实施代表联系走访选民制，鼓励代表深入群众，反映民意；积极组织代表向选民述职活动，增强代表的代表意识、履职意识和接受选民监督意识；进一步加强和完善代表小组活动，更好地发挥代表小组作用。

五、以加强自身建设为抓手，努力提高常委会履职水平。按照新形势下人大工作的要求，切实加强常委会自身建设。要加强学习，继续组织开展“一月一法”专题讲座，虚心学习借鉴外地的先进经验，致力提高监督工作能力和水平。要加强调查研究，切实改进工作作风，讲究工作方法，努力提高常委会审议质量。要完善工作机制，修改和完善常委会各项制度，努力加强人大工作的规范化、制度化建设，不断提高做好新形势下人大工作的水平。

政府工作报告（摘要）

——在绍兴县第十三届人民代表大会第五次会议上

绍兴县人民政府县长　孙云耀

2011年2月28日

“十一五”规划执行情况和2010年政府主要工作

“十一五”时期，是我县发展史上极不平凡的五年。五年来，面对国际金融危机的巨大冲击和环境资源要素的严重制约，全县人民坚持以邓小平理论和“三个代表”重要思想为指导，深入贯彻落实科学发展观，坚定信心、团结奋进，攻坚克难、积极有为，致力经济转型发展、城乡统筹发展、社会和谐发展，胜利完成了“十一五”规划确定的主要目标任务，经济社会在科学发展率先发展的道路上迈出了坚实步伐，为“十二五”发展打下了扎实基础。

——“十一五”是综合实力大幅增强的五年。五年来，我们始终把发展作为第一要务，着力推进经济持续平稳较快增长。2010年实现生产总值776.1亿元，年均增长11.8%。实现财政总收入93.5亿元，年均增长17.2%，其中地方财政收入51.76亿元，年均增长20.8%。完成全社会固定资产投资316.8亿元，年均增长13.6%，其中工业投资168.2亿元，年均增长8.4%。实现中国轻纺城市场成交额794亿元，年均增长12%，市场总面积从2005年的110万平方米扩大到326万平方米，市场经营户和常驻国（境）外代表机构总数分别比2005年增加1.5倍和3.6倍。实现进出口总额108.8亿美元，年均增长19.1%，其中自营出口79.2亿美元，年均增长18.7%。完成建筑业产值840亿元，年均增长19.6%。应对国际金融危机取得阶段性成效，重点区域和重点企业解困工作顺利推进。连续五年进入全国县域经济基本竞争力排名“十强”，被评为“中国全面小康十大示范县”。

——“十一五”是发展质量明显提升的五年。五年来，我们提出并深入实践“亩产论英雄”理念，积极实施纺织集群提升和优化经济结构行动计划，扎实推进以“三创一集”为基本要求的创新型企业培育工作，经济发展的质量效益进一步提升。三次产业结构从4.4∶64.8∶30.8调整到3.7∶61.3∶35。农业产业化水平进一步提高，累计流转农村土地承包经营权7.1万亩、林地15.3万亩，培育形成蔬菜、畜禽、水产、花卉、茶叶、竹笋、干鲜果等七大主导特色产业，先后荣获“中国花木之乡”、“中国香榧之乡”、“中国青梅之乡”等称号。规模以上纺织产业利润从2005年的23.8亿元增加到60.7亿元，年均增长20.6%，成为国家新型工业化纺织印染产业示范基地、国家火炬计划纺织装备特色产业基地。“十一五”期间非纺产业投资占工业投资比重达48.8%，比“十五”期间提高8.2个百分点。旅游总收入从2005年的23.5亿元增加到72.3亿元，年均增长25.2%，成为浙江省首批旅游经济强县。新引进股份制商业银行9家，2010年金融机构存款余额、贷款余额分别为1139.3亿元和893.2亿元，年均分别增长20.1%和22.5%。累计新认定国家重点扶持的高新技术企业46家，新增省级以上名牌产品77只，中国驰名商标36件，国家授权发明专利149件，注册商标2111件，国际注册商标901件，参与制订国际、国内、行业标准150只，创建院士工作站2家，净增各级各类人才5.5万名。要素配置市场化改革深入推进，排污权、商标专用权抵押贷款等新型融资方式探索实施，设立小额贷款公司1家，新增上市公司6家、融资27.8亿元。万元GDP综合能耗和COD、SO_2排放完成“十一五”节能减排目标任务。

——“十一五”是城乡面貌日新月异的五年。五年来，我们坚持“三新”联动，修编完善了县域总体规划，促进城乡一体发展，在全省县（市）城乡统筹发展水平综合评价中连续五年居于首位。柯桥新县城建成区面积从2005年的38平方公里扩大到45平方公里，城市化率从54%提高到65%。实施“611”建设计划，已经建成商务办公大楼和总部大厦63幢，正在建设58幢。杭州大厦、沃尔玛等知名商贸企业落户柯桥。累计完成拆迁569.5万平方米，拆除违法违章建筑44.9万平方米。累计新开工建设商品房820万平方米，完成城区老住宅小区改造76万平方米。启动建设农民公寓2885套，总建筑面积47.7万平方米。在柯桥城区全面实施“数字城管”，成为全国第一个通过国家级验收的数字化城市管理试点县。深入推进“扩权强镇”改革，5个镇被列为省级中心镇，平水镇和杨汛桥镇被列入第二批全国发展改革试点小城镇。杭甬客运专线、萧甬铁路柯桥城区段高架、绍诸高速等重大项目先后开工建设，群贤路、镜水北路等城市主干道全线贯通，钱陶公路改建、柯袍线、日铸岭隧道等工程相继建成，城乡公交、城际公交不断优化。

——“十一五”是社会事业全面进步的五年。五年来，我们扎实推进各项社会事业发展，先后荣获“中国曲艺之乡”、“中国书法之乡”等称号，创建成为首批省级卫生强县、国家园林县城。深入推进绍兴莲花落、越剧等传统文化创新，涌现出《一钱太守》等一批文化精品；实施有线电视数字化改造21.5万户，有线电视数字化实现全覆盖。绍兴县籍运动员共获得4个世界冠军、19个全国冠军。全面实施十五年优质教育，学前教育、义务教育、高中教育入学率分别达到99.6%、100%、99%；义务教育段学校教师绩效工资改革稳步推进，市教育基本现代化示范镇实现全覆盖；新建、改建学校校舍61万平方米，创办外来人员子女学校6所，教学条件显著改善、网点布局不断优化。实施全国重大传染病防治综合示范区项目；第二医院与浙一医院开展紧密型合作，组建县中心医院，县中医院迁址柯桥，新建村级社区卫生服务站62家；新型农村合作医疗参保率保持在96%以上。实施优生促进工程，建成投用“一站式”婚育服务中心，低生育水平进一步巩固。第六次人口普查工作扎实开展。建成投用残疾人康复指导中心。切实加强生态环境保护，累计完成河道清淤546万方，绿化造林2.5万亩，年空气优良天数达到325天；生活垃圾集中收集率和无害化处理率分别达到97%和90%；城区生活污水收集率达到80%，比2005年提高30个百分点；累计创建全国环境优美镇9个、省级生态镇15个。

——“十一五”是人民生活更加富裕的五年。五年来，我们高度重视民生改善，大力实施“六个所有”民生计划，累计用于民生事业的财政支出达123.5亿元。2010年城镇居民人均可支配收入32223元，农村居民人均纯收入16685元，年均分别增长12.2%和12.5%。城镇居民人均居住面积39平方米，农村居民人均居住面积59.8平方米，分别比2005年增长5.8%和12.6%。累计新增城镇就业7.1万人；企业职工月最低工资标准提高到980元，比2005年增加420元。净增城镇职工基本养老保险参保人数11.1万人，被征地农民养老保险做到“即征即保”，城乡老年居民基本生活保障实现全覆盖。大力开展平安创建活动，顺利完成“五五普法”，切实加强安全生产，认真组织开展“十小”行业质量安全整治，手足口病、甲型H1N1等重大疫情防控成效明显，深入推进应急体制机制建设，安全生产事故起数、死亡人数、直接经济损失连续5年保持“零增长”，连续5年创建成为“省级平安县”，被评为首批“全国法治县创建活动先进单位”。国防动员、征兵、民兵预备役、双拥、人防工作不断加强。统计、档案、气象、民族宗教、外事侨务等工作和妇女、儿童、老龄、慈善等事业取得新成绩。支持工会、共青团、妇联、科协等发挥作用。认真组织开展汶川、玉树等灾区救灾援助工作，提前完成青川县凉水镇灾后援建任务。

刚刚过去的2010年，是我县经济社会发展取得积极成效的一年，为“十一五”发展画上了圆满句号。全年生产总值增长10.6%，地方财政收入增长18.8%，研究与试验发展经费支出占生产总值比重达到1.85%，全社会固定资产投资增长16.4%，城镇居民人均可支配收入增长13.1%，农村居民人均纯收入增长13.6%，城镇登记失业率3.0%，人口自然增长率-0.54‰。一年来，我们主要抓好了四方面工作：

一、着力加快经济转型升级

积极开展“转型升级攻坚年”活动，加快经济发展方式转变，促进经济提质增效。

调整优化经济结构。坚持“强工、兴商、优农”基本方针，推动三次产业协调发展。稳固一产。努力稳定粮食生产，着力推进农业产业化，实现农业总产值42.6亿元、增长19.1%，建成3.1万亩省级粮食生产功能区，启动建设19个省、市级现代农业园区，新增省、市级名牌农产品10只，成功承办全省渔业博览会。做强二产。坚持纺织产业提升发展和新兴产业培育壮大并重，实现规模以上工业产值2441.4亿元、增长23.7%，利润111.8亿元、增长51.5%。大力推进纺织产业集群转型升级省级示范区建设，启动实施印染产业集聚升级工程，已有89家企业签约集聚，滨海绿色印染集聚区配套工程建设有序推进。制订出台“5+3”新兴（优势）产业发展导向目录和培育发展实施意见，规模以上非纺产业产值比重提高1.5个百分点。做优三产。实现第三产业增加值271.3亿元、增长15.1%。积极发展商贸、旅游、房地产等生活性服务业，万达广场如期开业，实现房地产销售125亿元、增长52.5%；大力发展金融、会展、物流等生产性服务业，引进银行、证券、保险等金融机构7家，会展中心举办各类展会20次。

强化项目支撑作用，切实加大有效投入力度。加快项目建设，实施“三个一批”项目339只、完成投资217.5亿元，和合玻璃一期等项目建成投产，天圣差别化纤维、优创科技等项目顺利推进，远东石化PTA、其其光能、红星美凯龙等项目启动建设。加强招商引资，引进县外内资46.5亿元、增长14.9%，实到外资2.2亿美元、增长115.1%，新落户工业招商项目72只、总投资195亿元，引进联盛国际广场等一批现代服务业项目。加强土地要素保障，新增建设用地指标3619亩，完成征地7251亩，盘活存量土地2190亩。

立足内外两个市场，致力出口消费稳定增长。认真落实促进消费各项措施，完成社会消费品零售总额119.4亿元、增长17.8%。大力培育外贸主体，积极开拓国际市场，进出口总额和自营出口额均创历史新高，分别增长28.6%和31.2%。

切实加强自主创新。大力开展重点产业科技攻关活动，新上国家级科技计划项目24只，与浙江大学等6所高校签约共建科技成果转移中心。努力培育高新技术产业，柯桥经济开发区创建为省级高新技术产业园区。积极实施质量强县战略，品牌创建取得新成绩，行政认定纺织业国家驰名商标实现零的突破。着力加快企业上市步伐，新增上市公司1家，股改重组企业3家。切实加大科技人才培育引进力度，新引进国际智力项目22只。

推进轻纺城二次创业。突出市场改造升级，加快市场硬件建设，柯北坯布市场落成开业，中国轻纺城仓储物流中心竣工投用，北联地块改造进展顺利；加强市场管理服务，积极建设国际物流平台，设立中国轻纺城绍兴海关柯桥监管点、绍兴检验检疫现场办公点，启动建设“网上轻纺城”；强化市场营销拓展，成功举办春、秋两季纺博会，科学编制发布中国·柯桥纺织指数，在境外设立中国轻纺城迪拜办事处和纽约办事处。突出创意引领作用，培育发展纺织创意产业，科创大厦、创意大厦招商成效明显，新引进创意企业50家、创意设计人才500余人，成功举办“中国轻纺城时尚创意周”、首届纺织面料和花样设计大赛等活动，创意产业经营额达2800万元。

二、着力推进城乡统筹发展

统筹推进新县城、中心镇、农村新社区建设，促进城乡一体发展。

加强新县城建设管理。完成“两湖两轴一线”等城市设计，开展柯桥历史文化街区、杭甬客运专线绍兴柯桥站场周边区块规划编制，新县城规划设计进一步优化。积极推进县体育中心、县档案馆等项目建设，加快城区路网连通和建设，新县城基础设施进一步完善。健全城市管理体制，推进城市精细化管理，大力开展“清洁柯桥”市容环境综合整治活动，新县城市容市貌进一步提升。

深化中心镇扩权改革。深入推进扩权强镇，扩权改革实现全覆盖；强化授权部门的服务指导，促进权力规范有效运行，权责利一致的管理机制进一步建立健全。加强中心镇、小城市培育，新增兰亭、福全2个省级中心镇，钱清镇被列为全省首批小城市培育试点镇。6个省、市级中心镇完成规模以上工业总产值1437.8亿元，财政总收入35.2亿元，全社会固定资产投资127.5亿元，分别占全县的58.9%、37.6%、40.2%。

提升新社区发展水平。加快农村土地使用权流转，新成立土地股份合作社24家，新增土地流转面积1.2万亩、累计流转率达55.8%。规范农村住房改造建设，全面启动农村宅基地置换改革，新开工建设农民公寓13.1万平方米。积极发展农村家庭工业，新建家庭工业集聚点14个，实现家庭工业产值209.8亿元、增长10.2%。加快推进欠发达村和低收入农户奔小康工程，启动实施帮扶建设项目115个。

三、着力加强生态文明建设

切实加强生态环境保护与改善，促进资源节约型、环境友好型社会建设。

全力抓好节能减排。预计万元GDP综合能耗下降2.76%，COD排放下降16.4%，SO_2排放下降2%。严格落实节能减排目标责任制，全面清理规范企业排污许可证，积极发展循环经济与清洁生产，31家重点用能、排放企业通过省清洁生产审核验收。扎实开展重点用能企业有序用电工作，依法淘汰落后产能，坚决关停非法产能，如期完成上级确定的落后产能淘汰任务。深入开展印染和化工行业环保监管专项整治行动，对23家违法企业依法停产整治，对45家企业的908台（套）超核定排放和超环评设备实施限产和查封，顺利通过省环保厅环保监管考核验收。积极实施“进管达标、处理提标”专项行动，97家企业新建成污水预处理设施并正常运行。

大力推进清水工程。启动实施清水工程建设五年计划，推进截污堵源、清淤疏浚、引水活水、全面整治等四大工程建设，封堵219家排污企业清下水排放口，完成河道清淤90万方、河道护岸41公里，柯桥城区活水工程和安昌古镇活水工程有序推进，县域38个断面水质达标率同比提高16个百分点。

努力整治农村环境。全面实施农村环境“五整治一提高”和“千村示范、万村整治”等工程，有效改善农村生产生活环境。10个镇建成生活污水收集系统，166个村开展生活污水收集处理，新创建全国环境优美镇1个，省级绿化示范镇、村11个。

四、着力促进社会和谐稳定

大力推进基本公共服务均等化，全年安排35.3亿元财政资金用于民生事业，增长21.7%。

积极发展社会事业。成功参与承办第六届“世界合唱赛”，中国轻纺城合唱团参赛并获银奖；越剧《李慧娘》获第二届中国越剧艺术节优秀剧目展演金奖，绍兴莲花落《午夜电话》获第十五届“群星奖”。我县运动员在省运会、市运会上取得优异成绩。严格落实校园安全防范措施；加快学校硬件建设，县实验中学新校区等建成投用；推进城乡教育优质均衡发展，对近2

万名外来人员子女实施免费义务教育。推进医药卫生体制改革，率先实施基本药物制度，全面开展县镇村医疗卫生资源统筹配置试点工作；县中心医院滨海分院建成并试运行，第二医院平水分院工程主体竣工。

不断优化民生保障。实施更加积极的促进就业政策，着力做好高校毕业生、农村转移劳动力、城镇就业困难人员就业工作。依法完善社会保险制度，扎实推进社会保险“五费合征”工作，基本养老保险费职工缴费工资低限从40%提高到50%。加大社会救助力度，城镇低保标准、农村低保标准分别从每人每月340元、240元提高到400元、300元。推进残疾人共享小康工程，创建成为全国残疾人社区康复示范县。

切实办好实事工程。去年县政府安排了十个方面的实事工程，全部如期完成。就业方面，新增城镇就业1.8万人，7735名城镇失业人员实现再就业，新开发610个公益岗位安置就业困难人员；教育方面，县特殊学校工程主体竣工，蓝天民工子女学校工程加快建设，县中心幼儿园启动建设，加固改造5.5万平方米中小学校舍；社会保障方面，新参保企业职工基本养老保险3.2万人、工伤保险5.1万人、失业保险4万人、生育保险4.7万人，城乡居民社会基础养老保险金按月足额发放，被征地农民养老保险“即征即保”率保持100%，新增社区居家养老服务中心10家，创建农村“星光老年之家”140家；医疗卫生方面，新增城镇职工基本医疗保险参保8.2万人，农民政策范围内住院补偿率达到58.7%，基本药物制度的实施为群众减少医药费支出8200余万元；文化事业方面，向农村送演出213场、送电影4182场、送书202车次，实施有线电视数字化改造5.7万户，免除5627户低保家庭收视费；住房保障方面，改造建设农村住房4674户，其中危旧房改造229户，经济适用房、廉租住房做到“应保尽保”，改造城区老住宅小区25.9万平方米；农村公共服务方面，安装山区农民饮用水消毒设施100台，改造10个村的供水管网，完成170个村的电气化工程建设，培训转移农民1.3万人；交通出行方面，县域内公交日发班增加130个班次，新增公交线路2条、城区夜公交1条，优化公交线路15条，全面落实公交IC卡惠民措施；公共安全方面，实施小型病险水库除险加固8座，完成山塘整治29座，完成口门丘中、东片3.66公里标准海塘建设，安全生产事故起数、死亡人数、直接经济损失三项指标保持“零增长”；社会救助方面，向1万余名低保家庭发放低保金2194万元，向2400余名特困残疾人和828名重度残疾人提供基本生活保障，为1025名残疾人免费实施复明手术、安装适用器具和康复训练。

深入开展平安创建。以平安创建为载体，大力加强社会治安综合整治，严厉打击各类严重刑事犯罪，扎实推进信访积案办理，全面推行“大调解”工作体系。切实加强安全生产，高度重视产品质量和食品药品安全，保障人民群众生命财产安全。圆满完成第六届“世界合唱赛”和上海世博会“环沪护城河”安保工作。

在推动经济社会科学发展率先发展的同时，我们切实加强政府自身建设，加快建设法治型政府和服务型政府。启动实施新一轮政府机构改革。承办人大代表建议225件、政协委员提案319件，答复满意率均达99%以上。切实加强政府性项目审计和国有资产管理，严格规范建设工程招投标、政府采购、土地矿产出让和产权交易等工作。高度重视行政复议和行政诉讼，深化完善行政处罚自由裁量权工作和政务信息公开工作，健全公务人员行政问责制度。扎实开展“深化作风建设年”系列活动，建立开发区（园区）联席会议和规划国土联席会议制度，实施服务企业直通车制度，推行行政审批“多证联办”，更好服务群众、服务企业、服务基层。

我们十分清醒地认识到，我县经济社会发展还面临不少困难和问题，政府工作还有很多不足。国际金融危机后续影响尚未彻底消除，化解危机还有不少工作要做；经济发展中长期积累的结构性、素质性、体制性矛盾没有得到根本解决，资源要素制约加重，节能减排压力加大；产业结构调整有待进一步加快，现代服务业增加值占GDP比重未能完成“十一五”规划预期目标；缩小城乡差距的任务繁重，改善民生的工作需要继续加强；政府职能转变与发展要求还有差距，政府工作效率不高、作风不实的现象还不同程度存在。我们将高度重视这些问题，采取切实有效的措施，努力加以解决。

“十二五”发展的总体目标和主要任务

根据中共绍兴县委《关于制定绍兴县国民经济和社会发展第十二个五年规划的建议》，县政府认真研究并充分听取各方面的意见，制定了《绍兴县国民经济和社会发展第十二个五年规划纲要（草案)》，提请大会审议。

“十二五”期间，是绍兴县深化改革开放、加快转型升级的攻坚阶段，是全面建成更高水平小康社会的关键时期。今后五年，世界经济有望恢复性增长，但国际金融危机的影响深远，全球需求结构将出现明显变化；我国工业化、信息化、城镇化、市场化、国际化深入发展，经济结构加快转型，国内需求潜力巨大，宏观调控更趋灵活审慎，但发展中的不平衡、不协调、不可持续问题依然突出；长三角一体化进程的加快推进，杭州都市经济圈的加快构建，战略性新兴产业的大力培育，纺织产业集群转型升级省级试点工作的深入推进，为我县经济社会发展提供了新空间、新动力。总体上看，“十二五”期间我县经济社会发展既面临难得的历史机遇，又面临诸多的风险挑战，但仍处于可以大有作为的重要战略机遇期。我们必须进一步增强紧迫感责任感，振奋精神，攻坚克难，全面推动经济社会科学发展率先发展。

“十二五”发展的指导思想是：**以邓小平理论和“三个代表”重要思想为指导，以科学发展观为统领，紧紧围绕“突出转型升级、致力科学发展”工作主题，全面推进经济、城乡、社会转型升级，不断深化改革、扩大开放，加强自主创新，建设生态文明，更好地保障和改善民生，维护社会和谐稳定，努力实现县域经济社会发展在高起点上的新跨越，为率先基本实现现代化打下更加坚实的基础。**

“十二五”发展的总体目标是：**着力打造走在前列的经济强县、转型升级的示范基地、宜居乐业的幸福水乡、现代开放的魅力新城，率先全面建成更高水平、惠及全县人民的小康社会。**为此，我们要加快经济发展从主要依靠资金和要素投入向主要依靠科技进步、管理创新、提高劳动者素质和资源效益带动转变，到“十二五”末，全县生产总值达到1200亿元、年均增长9%，财政总收入达到150亿元、年均增长10%，第三产业增加值占生产总值比重提高到40%，全社会研究与试验发展经费支出占生产总值比重提高到2%以上，上市公司总数超过30家；我们要加快城乡发展从建设为主向建设与管理并重、更加注重内涵提升和功能集聚转变，到“十二五”末，城市化率达到70%，柯桥城区污水集中处理率达到90%，城乡生活垃圾集中处理率达到100%，实施城乡拆迁改造1000万平方米；我们要加快社会发展从解决群众基本公共服务和保障需求向切实提高群众生活质量、更加注重生态环境改善和公共服务水平提升转变，到“十二五”末，城镇居民人均可支配收入年均增长10%，农村居民人均纯收入年均增长10.5%，高等教育毛入学率达到60%，新型农村合作医疗参保率保持95%以上，全县河道水质主要指标达到四类水体标准，森林覆盖率达到55%。

围绕上述指导思想和总体目标，“十二五”期间我们将主要推进三大方面的工作任务：

一、更加注重经济结构调整，致力经济全面转型升级

努力构建现代产业体系。坚持“强工、兴商、优农”基本方针，推进先进制造业、现代服务业、现代农业联动融合发展。牢固树立“工业强县”理念，突出“1+5+3”产业体系导向，实施纺织产业“4个千亿”计划、优势产业“5个500亿”计划和新兴产业“金种子”计划，到“十二五”末非纺产业在工业经济中的比重提高到50%左右，努力建设成为全省工业转型升级示范区。坚持立足实际，突出市场引领，切实抓好科技园、创意园和物流园建设，致力构筑多门类、高增值、有特色的现代服务业发展体系，提高现代服务业对经济发展的贡献率。积极推进现代农业园区和粮食生产功能区建设，提升发展农业主导产业。大力提升建筑行业整体水平和竞争能力，到“十二五”末建筑业总产值达到2000亿元。

大力提升发展轻纺市场。深入推进轻纺城“二次创业”，加快市场发展从市场扩建为主向配套提升为主转变，加强市场功能建设，加大招商隆市力度，加速发展电子商务，构筑品种丰富、门类齐全、配套完善的市场格局，进一步提升市场集群化、现代化、国际化水平。

积极实施创新强县战略。充分发挥科技第一生产力和人才第一要素的作用，健全自主创新体制机制，加强创新人才队伍建设，强化知识产权保护管理，“十二五”期间培养和引进领军型人才30名左右，在列入国家和省“千人计划”领军人才的引进上取得突破。

着力提高经济开放水平。调整优化外贸主体结构、外贸产品结构、外贸市场结构，提高自主知识产权产品出口比重，扩大对外贸易总量。鼓励企业参与国际兼并重组，引导企业深化国际合作，支持企业赴境外建立生产经营基地，培育一批具有国际竞争力的跨国经营企业。

二、更加注重区域融合互动，致力城乡全面转型升级

优化功能布局。按照重点发展区域、优化发展区域和保护发展区域的功能定位，形成柯桥主城区、钱杨新城、平水新城、福兰新城、北部工业区、东部现代生态经济区和西南生态休闲旅游区的“一主三城三区”空间布局，着力构建功能明确、开发有序、优势互补、高效利用的区域发展新格局。

加快内联外接。加快区域之间高速公路、干线公路和公交一体化进程，规划研究接轨杭州的轨道交通，优化完善连接杭州、绍兴市区的快速交通网络；加快水运物流接轨，规划实施杭甬运河与滨海工业区主要航道连通工程；加快县内主要发展平台之间的道路对接与扩建改造，改善山区交通道路条件，提升县内路网建设水平。积极承接、吸纳长三角重点地区制造业、现代服务业等产业延伸和转移，积极参与绍兴市区及周边地区产业重构升级和联动发展。加强资源融合对接，着力促进县内外、县内各重点区域间水电、通信、天然气等基础设施的对接共享。

强化城乡统筹。坚持走新型城市化道路，以城带乡、以乡促城，统筹推进柯桥新县城、中心镇、农村新社区建设。加强城市规划设计，提升城市功能和品位，强化城市建设管理，加快建设现代开放的柯桥新县城。按照小城市、中心镇发展定位，深入推进扩权强镇，完善体制机制，发展特色产业，促进人口集聚，加快建设繁荣生机的中心镇。大力发展社区经济，规范农村住房改造建设，加强农村环境综合整治，加快建设美丽有序的农村新社区。

三、更加注重民生事业改善，致力社会全面转型升级

大力发展社会事业。推进实施“六名工程”建设，提升发展与经济强县地位和柯桥城市建设相适应的教育、体育、卫生、文化事业。贯彻落实《国家中长期教育改革和发展规划纲要》，进一步推进城乡义务教育优质均衡发展，加快发展学前教育、特殊教育，积极发展职业教育、成人教育，重视外来人员子女教育，争取创办与我县经济和产业密切相关的高等院校；加快以体育中心为重点的体育设施建设，整体提升教育体育事业水平。深入实施医药卫生体制改革，健全完善以县为主、镇街补充的卫生公共财政投入机制，积极鼓励医院等级创建，整体提升医疗服务水平。深入开展农民“种文化”等群众活动，推动传统文化传承创新，加强文化遗产保护，鼓励发展文化产业，整体提升文化发展水平。

健全社会保障体系。按照基本公共服务均等化的要求，巩固提升“六个所有”民生计划，努力使全县人民更好地共享改革发展成果，实现幸福指数与发展指数同步提升。千方百计增加居民收入，着力提高低收入群体收入水平、扩大中等收入群体比重。实施更加积极的就业政策。建立健全覆盖城乡居民的社会保障体系和养老服务体系。加强困难群众、残疾人以及外来务工困难人员等弱势群体的社会救助。强化住房保障，“十二五”期间建成公共租赁住房5000套以上，农村住房改造建设4.1万户，基本解决住房困难户的住房问题。

加快建设生态文明。抓好重点行业、重点领域、重点企业节能工作，全面推进节水节地节材，促进各项资源节约利用。大力推进结构减排、工程减排和管理减排，严格控制污染物排放

总量和排放标准。加快发展生态循环农业，积极发展工业循环经济，致力推行清洁生产。全面加强环境保护，深入实施“清水工程”，有效治理大气污染，扎实推进“森林绍兴”建设。大力弘扬生态文化，加强生态文明教育，营造全社会关心、参与生态建设的良好氛围。

推进民主法治建设。完善“大调解”工作体系，有效化解各类矛盾纠纷。深化平安创建，加强安全生产，健全应急体系，着力营造和谐稳定的社会环境。深入推进依法行政，全面建设法治型政府。不断扩大基层民主，深入开展普法教育，着力提高全民民主法治意识。

2011年政府工作的主要安排

2011年是“十二五”发展的开局之年，也是全面推进经济、城乡、社会转型升级的关键之年，做好今年政府各项工作，责任重大、意义深远。

综合分析“十二五”的发展要求与当前的形势条件，建议2011年全县经济社会发展的主要预期目标是：生产总值增长10%；地方财政收入增长12%；研究与试验发展经费支出占生产总值比重达到1.9%；全社会固定资产投资增长12%；社会消费品零售总额增长15%；外贸出口增长10%；城镇居民人均可支配收入增长10%，农村居民人均纯收入增长10%；城镇登记失业率控制在3.2%以内；人口自然增长率控制在1.09‰以内；节能减排完成上级下达的目标任务。

围绕上述目标任务，今年重点抓好六个方面的工作：

一、紧扣结构调整主线，加快构建现代产业体系

推进纺织产业集群升级。围绕打造国际性纺织制造中心目标，加快推动纺织产业集群转型。切实抓好纺织产业集群转型升级省级试点示范区建设。启动实施纺织产业“4个千亿”计划。坚定不移推进印染产业集聚升级工程，加快已签约企业落户和开工建设，全力推进滨海绿色印染集聚区路桥、管网、职工宿舍、配套市场、污水处理厂三期等配套工程建设。围绕打造国际性纺织贸易中心目标，加快市场配套设施建设。按照“国内最权威、国际有影响”的定位，加快建设“网上轻纺城”，到年底覆盖轻纺城全部市场经营户，县外注册商户超过1万家；启动建设中国轻纺城打卷服务中心、中国轻纺城展示中心等配套工程；系统谋划仓储物流、货运站场等配套建设。围绕打造国际性纺织创意中心目标，加快发展创意产业。启动建设创意园，加大创意大厦等创意基地招商力度，积极引进创意机构、创意人才，精心举办高层次创意赛事活动，引进创意设计机构40家。

大力培育新兴（优势）产业。加大新兴（优势）产业培育扶持力度，新兴（优势）产业在工业产值中的比重提高3个百分点以上。坚持“5+3”重点产业发展导向，编制完善新兴（优势）产业发展规划。切实抓好产业规划落地，启动实施优势产业“5个500亿”计划和新兴产业“金种子”计划，启动柯北二期高新技术产业园等新兴产业集聚区规划建设。加快优势产业高新化，引导企业向研发设计、品牌营销等价值链高端延伸。依托现状基础和产业特色，以新能源、生物医药、住宅产业化为重点大力发展战略性新兴产业，努力培育新的经济增长点。加快发展建筑业，总产值达到1000亿元以上。

加快发展现代服务业。坚持以轻纺市场为龙头、城市经济为重点，以柯桥新县城和中心镇为主要平台，大力发展现代服务业。积极发展会展产业。精心办好纺博会，做强做优产业展，做多做特消费展，举办各类展会25次以上，其中国家级、省级展会8次以上。加快发展物流产业。按照国际物流“无水港”的定位，加强资源整合，理顺体制机制，着力打造中国轻纺城现代物流园区和滨海现代物流基地，培育引进4—5家大型物流企业。鼓励发展股权投资，引进股权投资类企业5家以上。大力发展总部经济和服务外包业，加快培育IT软件、研发设计、信息服务等产业。着力发展金融产业，引进银行、证券、保险等金融机构3家以上。巩固发展商贸旅游业。加强招商隆市，培育提升柯桥万达广场、笛扬路商业圈等城市商贸综合体和特色街区；以5A级景区创建为载体，整合提升鉴湖—柯岩旅游度假区，加快大香林二期工程建设，启动建设联盛国际广场、天马汽车休闲广场；高品位、高标准开发建设安昌古镇，加快“两湖”区域旅游开发，拓展南部乡村休闲旅游。稳步发展房地产业。合理规划开发房地产项目，加强房地产市场监测预警，促进房地产业健康稳定发展。

积极发展现代农业。大力推进现代农业园区和粮食生产功能区建设，提升发展七大主导特色产业，加快2个省级现代农业综合区和6个主导产业示范区、8个特色农业精品园建设，新建粮食生产功能区3万亩。加快发展休闲观光农业，启动建设王坛玫瑰园、兰亭兰花园。优化完善土地使用权流转机制，新流转土地8000亩、林地6000亩。积极实施农业品牌战略，大力推进农产品标准化生产，努力创建一批名牌农产品。

二、提升经济运行质量，努力确保经济平稳增长

推进需求协调增长。始终把投入、出口、消费作为经济发展的重要支撑，推进三大需求协调增长。切实加大有效投入。启动实施“325”重大项目建设计划，完成全社会固定资产投资370亿元，其中工业投资200亿元。抓实招商选资“一号工程”，以滨海工业区、柯桥经济开发区等平台为重点，整合招商资源，理顺招商体制，大力做好“腾笼换鸟”、“无中生有”文章，引进一批有重大影响、科技含量高、发展前景好、产业带动力强的大企业、大项目，力争在引进20亿元以上或5000万美元以上的新兴（优势）产业项目上取得突破。着力稳定外贸出口。完成自营出口80亿美元以上。更加重视生产性企业出口，更加重视新兴市场拓展，更加重视高新技术产品出口，加快推进外贸转型；积极组织企业参加各类展会，大力拓展营销网络，切实降低外贸成本。努力扩大消费需求。全面推进低收入农户奔小康工程，提高困难群众收入水平，增强群众消费实力；继续推进家电下乡和以旧换新，积极培育旅游文化、信息服务、教育培训、体育健身、社区家政等消费热点；加快农村便利店、放心店建设，完善农村商业连锁经营和统一配送体系；强化价格监测预警，切实维护生活必需品和重要生产资料价格稳定。

大力加强自主创新。发展高新技术产业。加快传统产业高新技术改造和技术创新，新增国家重点扶持的高新技术企业10家。加强创新平台建设。启动建设科技园，支持浙江省现代纺织工业研究院创建国家纺织产业创新支撑平台，扶持建立纺机、印染行业科技公共服务平台。深化产学研合作。鼓励企业与高校院所共建研发中心，建设好6所高校的科技成果转移中心，新引进2家以上科研院所合作共建创新载体。推进质量强县建设。鼓励引导企业加强品牌创建、商标注册，参与修编、制订国际、国家和行业标准，积极创建省级质量强县。强化知识产权管理与保护。抓好专利示范企业创建、专利技术实施和专利成果转化工作，新增发明专利35项以上。

强化发展要素保障。强化用地保障。实施新一轮土地利用总体规划，积极向上争取增量、向内盘活存量，力争新增用地指标4000亩、盘活闲置土地2000亩；完善土地储备机制，全面实施工业项目用地公开出让制度，提高土地利用效率；加大拆迁力度，全力推进重点区域整体拆迁改造，实施拆迁200万平方米。强化资金保障。规范融资平台，拓展融资主体，创新融资方式，加大政府性项目融资力度；鼓励企业上市、上市公司再融资和发行债券，新增上市公司保2争3；鼓励金融机构加大对企业的支持力度，拓宽融资渠道，优化中小企业融资环境。强化人才保障。拓宽人才引进渠道，完善人才评价机制，创新人才培育模式，组织开展“院士专家绍兴行”等活动，探索设立海外招才引智工作联络站等平台，着力引进和培育一批领军人物、创新团队。继续抓好电力、劳动力等要素保障工作。

三、加大城乡统筹力度，积极推进区域一体发展

加强城乡规划设计。按照“一主三城三区”的区域发展新格局和重点开发区域、优化开发区域、保护开发区域的功能布局，加强与上级区域规划的对接，注重与杭州都市经济圈和长三角城市圈的接轨，修编完善柯桥新县城、中心镇和农村新社区各类城乡规划。理顺规划管理体制，进一步提高规划管理水平。做好“两湖两轴一线”城市设计的深化工作，优化城市功能布局，提升城市整体品位。

加快城乡开发建设。加快实施瓜渚湖环湖步行道及绿化景观工程，启动实施金柯桥大道绿化提档改造工程和“两轴一湖”城区夜景亮化工程，积极推进柯桥历史文化街区保护与开发建设。继续配合做好杭甬客运专线、绍诸高速等项目建设，加快推进萧甬铁路柯桥城区段高架等项目建设，启动实施柯桥新客运中心建设，加快实施城区道路南北连通工程建设，抓紧谋划和有序推进交通路网接轨杭州和衔接高铁站场的相关工作。推进县体育中心等项目建设，加快建设一批中心镇、农村新社区基础设施和公共服务设施。深化“扩权强镇”改革，加快中心镇培育发展，扎实推进钱清省级小城市培育试点工作。以“美丽乡村”工程为载体，启动建设10个左右农民集中居住区，完成1500户以上农户宅基地置换。大力扶持山区发展。加大财政转移支付力度，支持山区发展特色经济，鼓励山区村通过新建或购置物业发展集体经济；加强山区农民创业培训，加快山区农民转移就业，促进农民增收。

提升城乡管理品位。按照精细化管理的要求，建立健全城市管理标准细则，推进城乡管理科学化、制度化、常态化。完善城区配套设施，切实抓好城区广告、绿化小品、车辆停放、城市亮化等关键节点的配套建设和管理。深化扩面“数字城管”，大力加强城市社区管理和老住宅小区、拆迁安置小区物业管理。深入开展“清洁柯桥”活动，建立健全建筑垃圾、马路市场、流动摊点等综合整治长效机制。扎实推进村庄整治样板区建设，组织开展“洁净乡村”竞赛活动，全力抓好道路硬化、污水治理等工作，完成20个村的生活污水整村集中治理。

四、切实加强环境保护，深入推进生态文明建设

深化节能减排。严格执行固定资产投资项目能源评估和审查，加快淘汰高耗能行业和“五小”企业的落后产能。完成30家以上重点用能、重点排放企业的清洁生产审核验收。大力推进工程减排，深化“进管达标、处理提标”专项行动，逐步推进企业排污口电子流量阀安装工作。加强对排污企业的严管严控，坚决杜绝偷排漏排现象。

抓实清水工程。深入开展清水工程建设，大力推进县域水生态环境整治修复。完成河道清淤100万方，全力做好10万亩水面、375公里溪流保洁工作。切实抓好柯桥城区和安昌古镇活水工程。扎实推进夏泽水库建设各项前期工作。启动实施瓜渚湖直江、浙东古运河、南运河治理工程。切实加强农业面源污染整治。

推进生态创建。启动省级生态县创建工作。积极推进省级森林镇、村创建活动。扎实开展“平原绿化实施年”活动，推进“兴林富民”工程，以铁路、主要公路、运河等沿线和鉴湖、大小坂湖周边为重点，新增绿化造林面积1万亩。大力加强城乡生活垃圾资源化利用和无害化处置工作。全面实施“清洁空气行动方案”，开展机动车尾气、工矿企业废气专项整治，推广使用天然气等清洁能源，改善县域大气环境质量。

五、坚持人民幸福为本，促进民生改善社会和谐

全面发展社会事业。以“六名工程”为载体，推动教育、体育、文化、卫生等社会事业加快发展。推进教育管理规范化，深化优质轻负素质教育，健全城乡教师交流机制，加强学前教育和外来人员子女教育，促进城乡教育优质均衡发展。大力开展全民健身活动，积极创建省级体育强县。深入开展文化“五进”和“广场文化月”等活动，全力办好第七届中国曲艺节，加强文艺创作和文化品牌建设，鼓励和支持社会力量发展文化旅游、体育健身等产业。深入推进医药卫生体制改革，完善基本药物制度，深入实施县镇村医疗卫生资源统筹配置试点改革，推动第二医院、县中心医院和县中医院提档升级，加快省级规范化社区卫生服务中心创建、力争全覆盖；实施国家“数字卫生”样板示范区建设，提升医疗卫生服务信息化管理工作。深入推进优生促进工程，提高流动人口计划生育服务水平。

加大民生保障力度。深化“六个所有”民生计划，提升工作标准，加大投入力度，完善政策措施，切实加强劳动就业、养老保险、医疗服务、社会救助、住房解困等民生保障工作，重点安排十个方面事关民生的政府实事工程。

一是就业方面：全面落实促进就业政策，扎实推进“充分就业村”创建工作，新增城镇就业1万人，开发公益性岗位安置就业困难人员1000人，帮助5000名失业人员实现再就业；推进实施集体合同和工资集体协商制度，维护劳动者权益。

二是教育方面：启动实施免费学前教育三年行动计划，今年先对家庭经济困难的3000名幼儿给予免费；继续推进校安工程，加固改造1.9万平方米的中小学校舍；建立普通高中助学金制度。

三是社会保障方面：加强社会保险征缴扩面工作，新增基本养老、基本医疗、工伤、失业和生育保险参保人数各2万人，新增城乡居民社会养老保险参保人数5000人；积极发展养老事业，新增居家养老和民办养老机构8家。

四是医疗卫生方面：城乡居民新农合筹资标准提高到500元，其中县镇财政补助329元；新农合参保人员在县内和绍兴市区定点、特约医疗机构住院医疗费用报销标准提高到80%，最高报销额度提高到17.1万元；启动城镇居民医保“一卡通”；完成第三轮农民健康体检工作，体检率达到70%以上；对农村贫困白内障患者实行免费复明手术。

五是住房改善方面：扎实推进中心城区城中村住房困难农户提前拆迁安置工作，全面解决613户农村“双困户”的住房困难问题；完成农村住房改造建设7100户、90万平方米；开工建设公共租赁住房1000套、6万平方米；完成城区老住宅小区改造10万平方米。

六是文化体育方面：为基层送演出200场以上，送电影4000场以上，送图书180车次以上；在城区建设一批篮球、羽毛球、乒乓球、游泳场等群众性体育健身场所；创建省级小康体育村20个。

七是交通出行方面：全面实施城区“畅通工程”，启动建设一批与交通相关的道路、客运站、停车场等设施，加强城区交通综合治理，着力解决好交通拥堵问题；进一步调整优化公交班次、线路。

八是农贸市场改造提升方面：全面实施农贸市场标准化改造提升工程，今年改造提升城区农贸市场5个，建设农村新社区农贸市场6个。

九是困难帮扶方面：大力推进欠发达村和低收入农户奔小康工程，切实提高低收入农户的收入水平，将家庭人均纯收入低于4000元、符合低保条件的农户和家庭人均纯收入低于5000元、符合低保条件的城镇居民全部纳入低保，努力实现全县各个行政村的村级经常性收入达到20万元；困难群众医疗救助受益面扩大20%以上。

十是公共安全方面：完成口门丘西片2.14公里标准海塘建设、曹娥江海塘13.2公里堤顶整修加固和马山闸除险加固工程，完成58座山塘水库除险加固工程；加强山区农民饮用水水质监测和管理，确保山区农民饮用水安全；安全生产事故起数、死亡人数和直接经济损失三项指标继续保持“零增长”，力争有所下降。

积极创新社会管理。健全“大调解”工作体系，完善信访工作机制，推广社会管理服务网格化、组团化，推行重大事项社会风险评估机制。以深化“基层基础建设年”为抓手，扎实开展平安创建系列活动，实施“六五普法”规划，加强社会治安综合整治，完善流动人口服务管理，推进社区矫正工作，积极预防和严厉打击违法犯罪活动。全力加强安全生产和食品药品安全监管。完善应急管理体制，加强应急队伍建设，提高突发公共事件防范应对能力。平稳有序地做好村级组织换届选举工作。深入开展“全国双拥模范县”、“全国科普示范县”和“浙江省扶残助残爱心城市”等创建活动。努力做好国防动员、征兵、民兵预备役和人防工作。切实加强统计、档案、气象、民族宗教、外事侨务等工作和妇女、儿童、老龄、慈善等事业。

六、全面加强自身建设，全力提高政府工作水平

大力弘扬激情干事。始终保持争先创优、攻坚克难、大干快上的昂扬锐气，自觉增强加快发展的紧迫感、责任感，围绕科学发展主题和转型升级主线，积极抢占发展先机，努力争创一流业绩。始终保持想干事、真干事、干成事的创业激情，不断解放思想，大胆开拓创新，善于用新的理念、新的载体、新的措施破解难题、促进发展，创造性地推进工作。始终保持只争朝夕、锲而不舍、脚踏实地的敬业精神，敢于承担责任，敢于动真碰硬，真正把工作落到实处、抓出成效。

努力转变政府职能。有序完成县政府机构改革，加快政府职能向经济调节、市场监管、社会管理和公共服务转变；进一步简政放权，增强镇街和开发区的活力；健全民主决策机制，提高依法决策水平；严格行政执法程序，规范行政自由裁量权，加强行政调解、行政复议和行政应诉工作，严格落实行政问责制。自觉接受人大依法监督，积极支持政协履行协商、监督和参政议政职能，扎实办好人大代表建议和政协委员提案；认真听取各民主党派、工商联、无党派人士和人民团体意见建议，主动接受群众监督和舆论监督。深化行政审批“三集中、三到位”改革，大力推进行政审批“多证联办”，提高行政服务效率。深化政务公开，整合政府信息资源，努力打造“阳光政府”。

切实加强作风建设。认真落实党风廉政建设责任制，健全惩治和预防腐败体系，深化重点领域和关键环节廉政风险防范机制建设。加强行政监察和审计监督，强化公共资源交易和招投标活动监管，深入开展行风效能明察暗访、群众评议等活动，严肃查处各类违法违纪案件。全面落实厉行节约各项规定，严格控制行政经费和一般性支出，把有限的资金更多地用在民生改善上。牢固树立群众观点，扎实开展“进企入村访民情”等活动，做到问政于民、问需于民、问计于民，努力提升做好群众工作的水平。

《政府工作报告》名词解释

1.“三创一集”：即科技创新、品牌创建、管理和制度创新、资源节约集约利用。

2.“十小”行业：指食品加工小作坊、小食杂店、小餐饮店、小药店、小农资店、小菜场、小美容美发店、小音像店（包括网吧）、农村小客运、小液化气供应点等10个小行业。

3.“5+3”新兴（优势）产业：“5”指装备制造、汽车汽配、皮革塑料、新型建材、金属制品等五大优势产业；“3”指新能源、生物医药、住宅产业化等三大新兴产业。

4.“三个一批”：指一批先进制造业项目、一批现代服务业项目、一批城郊型现代农业项目。

5.“网上轻纺城”：指运用互联网技术及优势，充分整合各种信息化资源，建设一个集纺织行业资讯、贸易信息数据库、产品及企业大全、网上纺织服装交易、公共信息化服务于一身的纺织服装网上市场，有效实现有形市场和网上市场的互动发展。

6.“两湖两轴一线”：“两湖”指瓜渚湖、大小坂湖；“两轴”指金柯桥大道城市景观轴、笛扬路城市商业发展轴；“一线”指104国道柯桥城区段。

7.“五整治一提高”工程：指以畜禽粪便污染整治、生活污水整治、垃圾固废整治、化肥农药污染整治、河道疏浚整治和提高村庄绿化水平为主要内容的农村环境综合整治工程。

8.“千村示范、万村整治”工程：指用五年时间对全省10000个左右的行政村进行全面环境整治，并把其中1000个左右的中心村建成全面小康示范村的建设工程。

9.“大调解”工作体系：指以人民调解为基础和依托，人民调解、司法调解、行政调解和仲裁调解既独立发挥作用，又相互衔接联动的调解工作体系。

10.行政审批“多证联办”：指证照审批“统一地点、统一告知、统一受理、内部流转、资料共享、统一发证”的行政审批服务模式。

11.“1+5+3”产业：指大纺织业、五大优势产业和三大新兴产业。

12.纺织产业“4个千亿”计划：指通过5年发展，力争到“十二五”末，纺织原料、印染、服装家纺面料三大产业产值和轻纺市场交易额均达到1000亿元。

13.优势产业“5个500亿”计划：指通过5年发展，力争到“十二五”末，五大优势产业产值各突破500亿元，总产值达到2500亿元。

14.新兴产业“金种子”计划：指把战略性新兴产业当作金种子来培育，力争到“十二五”末，三大新兴产业总产值突破500亿元。

15. 国家和省“千人计划”：指国家和省提出的，从2008年开始用五到十年时间，围绕经济社会发展需求，面向海外引进一批能突破关键技术、发展高新产业、带动新兴学科的学科带头人、科技领军人才和高层次创业人才。

16. “一主三城三区”：“一主”指柯桥主城区；“三城”指钱杨新城、平水新城、福兰新城；“三区”指北部工业区、东部现代生态经济区、西南生态休闲旅游区。

17. 六名工程：指在不断推进基本公共服务均等化的基础上，实施名师、名校，名医、名院，名家、名品工程。

18. 股权投资：指企业（或者个人）购买其他企业（准备上市、未上市公司）的股票或以货币资金、无形资产和其他实物资产直接投资于其他单位，并通过利润、股利或其他方式获取经济利益。

19. 服务外包业：指为发包企业提供信息技术咨询、运营维护、软件开发测试、数据处理、系统集成、培训租赁等服务的产业，是智力人才密集型的现代服务业，具有信息技术承载度高、附加值大、资源消耗低、环境污染少、吸纳大学生就业能力强、国际化水平高等特点。

20. “325”重大项目建设计划：指重点实施现代产业培育工程、社会民生保障工程、基础设施配套工程等三大工程，力争“十二五”期间完成全社会固定资产投资2500亿元以上，其中工业投资超1200亿元。

21. “两轴一湖”：指金柯桥大道城市景观轴、笛扬路城市商业发展轴和瓜渚湖。

22. “五小”企业：指小冶炼、小印染、小化工、小锅炉、小砖窑等五类小企业。

23. 国家“数字卫生”：指国家数字卫生关键技术和区域示范应用研究项目。该项目通过构建全民个人电子健康档案、远程诊疗等系统，推进卫生改革发展，达到医疗资源整合共享、流程优化等目标。

24. 免费学前教育三年行动计划：指从2011年起，用三年时间分步推进全县免费学前教育。

25. 农村“双困户”：指农村经济困难户、住房困难户。

26. 社会管理服务网格化、组团化：指在行政区划不变的前提下，把镇街、社区划分成若干个单元网格，通过整合基层各类组织资源，组建相应的管理服务团队，全面承担网格内掌握民情、改善民生、解决矛盾、维护稳定、促进发展等职责，并运用现代数字技术搭建信息化管理服务平台，为群众提供更直接、高效的服务。

中国人民政治协商会议第十届绍兴县委员会常务委员会工作报告（摘要）

——在中国人民政治协商会议第十届绍兴县委员会第五次会议上

政协绍兴县委员会主席　李杏芬

2011 年 2 月 27 日

2010 年工作回顾

2010 年是胜利完成“十一五”规划目标任务、科学谋划“十二五”发展蓝图的重要一年，也是推进我县“突出转型升级、致力科学发展”的关键之年。一年来，县政协常委会以邓小平理论和“三个代表”重要思想为指导，以学习贯彻胡锦涛总书记在庆祝人民政协成立 60 周年大会上的讲话精神为强大动力，以贯彻落实省、市、县政协工作会议精神为重要任务，紧紧围绕县委工作中心，坚持“服务发展，关注民生”的工作主题，按照“协商、创新、务实、和谐”的工作要求，积极履行政协职能，努力加强自身建设，较好地发挥了政协协调关系、汇聚力量、建言献策、服务大局的作用，为推动全县经济社会又好又快发展作出了不懈的努力。

一、紧扣中心，努力提高协商建言水平

县政协紧紧围绕县委“突出转型升级，致力科学发展”的工作主题，把促进科学发展作为履行职能的第一要务，精心组织，积极开展协商建言，努力为县委、县政府科学决策提供依据。

1. 把握全县大局进行集中协商。县政协十届四次全会期间，委员们围绕我县经济社会发展的重大问题和人民群众关注的热点问题，以大会发言、分组讨论、撰写提案等形式，积极议政建言。精心准备了 22 份发言材料，涵盖经济发展、社会进步、民生改善等各个方面，其中关于进一步发展家庭工业、加强鉴湖水域保护治理、促进轻纺城持续发展、推进节约集约用地等 8 份作了大会发言，得到了县委主要领导的批示肯定。全体委员认真听取并讨论了《政府工作报告》和会议的其他报告，提出了 40 余条建议和修改意见。部分建议已纳入县委、县政府的决策之中。

2. 围绕两大课题开展重点协商。加快农业转型升级，对于夯实农业发展基础，促进农业增效、农民增收、粮食增产，实现全面持续可协调发展具有十分重要的意义。县政协把推进我县农业转型升级作为 2010 年常委会重点协商的课题，从 5 月份开始，组织相关人员，历时两个多月，赴江苏锡山、浙江余杭、缙云等地学习考察，听取我县相关部门的情况通报，深入 9 个镇，与农业合作社、农特专业经营户座谈交流。在此基础上召开十届十九次常委会议进行重点协商，提出“坚定不移推进‘两区’建设，千方百计加大农业投入，积极创新农业经营方式”的建议，得到

了县委、县政府主要领导的肯定。围绕“十二五”规划的科学编制，县政协组成了11个调研组，由各位副主席带队，深入镇街、村企，走访机关部门，就“十二五”时期我县农业农村问题、经济发展与产业转型升级、生态环境保护和交通公共设施建设、社会法制和民主政治建设、城市建设与管理、“三农”问题、山区发展等方面内容开展集中调研，形成9份调研报告，召开县政协十届二十次常委会议进行专题协商，提出了修编完善“十二五”规划的建议案。

3. 结合县域特色组织专题协商。县政协围绕印染产业集聚、土地节约集约利用、“世合赛”安保工作等课题，召开主席会议，进行专题协商，提出意见建议。如在“清水工程”的协商中，提出“清水工程”建设要与新县城、新城镇、新社区建设结合起来，与改善生态环境结合起来，与完善考核激励机制结合起来，推动我县最大的民生工程真正落到实处，更好地造福于民。在专题协商中，注重把协商与监督、事前调查和视察走访结合起来，努力提高专题协商的质量。各专委会以听取通报、开展视察、联合调研等形式加强与县机关有关部门的对口联系和协商，为委员知情出力搭建平台，也为对口联系单位广开言路、集思广益、推进工作创造了条件。

二、服务发展，切实发挥民主监督作用

县政协着眼于优化经济社会发展环境，坚持督帮结合的原则，以专项监督、专题视察、社情民意等形式，加强对经济社会发展中的重点工作开展民主监督，努力为经济社会发展服务。

1. 提高专项监督实效。2009年，县委出台了《关于2009年绍兴县推进经济转型升级的若干政策意见》。县政协选择其中关于农业经济扶持政策的执行情况开展专项民主监督，组织两个监督小组，走访有关镇（街道）和部分农业企业，了解掌握实情，听取意见建议，召开十届四十六次主席会议进行专题协商监督，对进一步推进政策落实提出了协商监督意见。为推进重点提案的办理落实，用了一个多月时间，对2009年度重点提案办理落实情况开展了专项督查评议。由县政协领导和提案委、各专门委员会负责人组成督查评议小组，将十件重点提案的9家承办单位作为督查评议对象，通过部门自查、各督办评议小组督查、提案委总体情况综合、召开主席会议进行专题协商评议等手段，进一步提高了提案办理的实效。

2. 拓宽视察监督领域。先后就平水副城建设发展、土地节约集约利用、大香林二期工程、宗教场所管理、中国轻纺城“二次创业”等一批重大工程、重点工作进行专题视察监督，了解情况，提出建议，较好地推动了这些工作的开展。同时，积极拓展监督领域，把监督视察与协商建议的视角向开发区、镇街基层延伸。3月份，十届十八次政协常委会议视察平水副城建设，积极为平水副城的开发建设建言献策；4月份，对夏履镇生态建设进行专项视察，提出了根据独特的生态环境和人文、区位、产业等特色优势，加快镇域经济转型升级步伐，努力探索生态保护和经济发展融合共进的意见建议。县政协还高度重视并大力支持委员积极参与各项监督活动，100多名政协委员受聘担任部门行风监督员。

3. 畅通社情民意渠道。充分发挥委员联系广泛、代表性强、群众信任度高的优势，以“委员进社区”活动为主要载体，引导委员深入基层、了解民情，积极为民建言，尽力为民解忧，较好地发挥委员作为维护社会稳定的“减震器”、协调关系的“润滑剂”和密切党群干群关系的“连心桥”作用。扩大社情民意信息收集范围，健全工作机制，完善工作网络，加强队伍培训。抓好信息的统筹、引导和采编工作。一年来，县政协共收到社情民意信息123件，将一大批带有普遍性、综合性、倾向性的问题以及群众生活中的热点难点信息，及时、真实地提供各级领导和有关部门决策参考。其中，12则信息被省、市政协录用。

三、创新方式，积极增强参政议政实效

县政协注重调动各方面的积极性，对我县经济社会发展中的一些重要课题，以及人民群众关心的热点问题，以专项调研、撰写提案、专题约谈等形式，广纳群言，广集民智。

1. 多层次开展调查研究。调查研究是政协履行职能的基础性环节。县政协紧扣转型升级主题，以“党政领导点题、主席会议定题、政协委员献题”为主要选题方式，通过专委会、民主党派人民团体、镇（街道）工委及政协机关多方联动的工作格局，以常委会议重点协商调研、主席会议专题协商调研、重点工作专项调研、对口联系单位联合调研等形式，多层次深入开展调查研究，积极提出意见建议，努力使政协工作思在新处，谋在深处，议在实处。一年来，县政协先后就培育发展战略性新兴产业、深化染整革命、印染产业集聚升级、鉴湖上游源头环境保护等问题开展专题调研，形成调研报告50多份，得到了县委、县政府主要领导的充分肯定，为推动我县经济、城乡、社会转型升级发挥了积极作用。

2. *多途径创新提案工作*。坚持把提案工作作为政协履行职能的重要方式，加强探索创新，认真抓好事前准备、立案交办和事后督查等各个环节，多途径提高提案质量、办理质量和服务质量。为确保提案质量，积极尝试面向社会公开征集提案线索，编印提案汇编和参政议政参考目录，加强对委员提案的引导。十届四次会议以来，共收到提案323件，审查立案319件。通过集中交办、重点提案领衔督办、重点单位试点示范、办理进度通报检查、提案办理面对面二次答复、提案办理工作列入县机关岗位目标责任制考核等措施，抓实提案办理工作。交办的319件提案中，按期办结率达100%，办理满意率达100%。重视提案的办理信息公示，选择2010年的部分重点提案，在新闻媒体公开了办理结果。同时，对2009年的重点提案办理落实情况开展了专项民主督查评议。

3. *多领域组织委员约谈*。发挥政协人才荟萃、联系广泛的优势，围绕有关重点问题，开展专题约谈，为我县经济社会发展聚万众之心，纳八方之策。组织山区委员“谈山区发展”，在充分发动的基础上，组织山区的29位政协委员，围绕山区经济社会发展建言献策。组织城区委员“谈城市管理”，四个街道及相关专委会的委员围绕县城的基础设施建设、交通管理、环境卫生整治、城市文化建设等内容广泛建言。县政协把委员们提出的建议进行梳理形成了《关于加强柯桥县城建设与管理的建议》，报送县委、县政府，为县委、县政府科学决策提供了参考。组织相关委员“谈民生”，15名委员围绕农村养老、社会福利、农村住房保障、社会救助、农村低保对象保障等问题，合力为推进我县民生改善出谋划策。根据委员们提出的意见，县政协向县委、县政府提出了“进一步健全社会养老服务体系、进一步推动农民公寓建设、进一步加强弱势群体社会救助”的建议。

四、把握主题，着力营造民主和谐氛围

县政协坚持团结和民主两大主题，加强与各党派、各团体、各阶层的团结联合，广泛汇聚力量，努力营造社会各界人士齐心协力、共促发展的良好氛围，不断促进社会和谐稳定。

1. *广聚民心促和谐*。坚持“长期共存、互相监督、肝胆相照、荣辱与共”的方针，落实政协党组领导联系各民主党派、人民团体制度，加强与县级各民主党派、工商联、人民团体和无党派人士的联系合作，支持他们开展履职活动。利用新春团拜会、中秋联谊会等活动，广聚各界人士，共叙友情、共商发展、共建和谐。以“天南地北绍兴人”为平台，组建了绍兴县香港同乡会、大庆“天南地北绍兴人联谊会”，加强与海内外各界的联系和交流。做好港澳台、海外人士来绍参加有关活动的接待工作。充分利用工商联这个渠道，联合有关部门，通过建立与轻纺市场商会和重点经营户联系制度，联络感情，增进友谊，促进招商隆市。积极支持政协各社团开展工作，组织富有政协特色的书画交流活动，举办“绍兴县政协迎国庆歌颂祖国大型书画展”。

2. *发扬优势激活力*。界别是人民政协区别于其他政治组织的显著特征。县政协注重以界别活动为载体，发挥界别的专业优势，激发委员的履职活力，通过加强联系、强化激励、提供保障，并把政情通报、专题协商与界别活动相结合，使界别活动更加经常、更合规范、更富成效。一年来，各界别活动小组开展了富有特色的界别活动，如抓住实施新医改的契机，举行“谈医疗卫生事业”专题界别活动，听取全县医疗卫生工作通报，15名医卫界委员围绕建立精神病康复中心、推进我县公共卫生事业转型升级、加快中心医院建设、发展山区卫生事业、加快医疗卫生事业人才引进等问题进行专题发言，提出建议意见。组织经科界委员开展了王坛镇高山蔬菜基地和高山移民安置房建设以及滨海工业区三期区块建设情况的视察，举行了国内外经济形势和我县企业发展现状专题座谈会，结合宏观形势，联系企业实际，踊跃建言。

3. 真情帮困解民忧。始终坚持情为民所系，利为民所谋，言为民所建，计为民所献。在以“关注民生、服务社区”为主题的“委员进社区”活动中，各镇（街道）工委按照“为社区建设服务、为群众生活服务、为经济发展服务”的要求，精心设计了政策宣传进社区、工作调研进社区、委员温暖进社区、排忧解难进社区等一系列活动载体，搭建起了政府、委员、群众沟通的平台，实现了居民、委员、职能部门三方互动，推动了政协工作向基层的延伸和拓展。活动期间，共收集委员意见建议162条，捐赠善款130余万元，举办文化、科技、法律、医疗等活动56场次，兴办实事、好事110余件。继续开展“帮扶工程”、“援助工程”和“光明工程”，大力开展送教、送法、送医和送文化等活动。

五、强化基础，不断提升政协履职能力

县政协着眼于人民政协事业创新发展的需要，积极探索，不断推进思想、组织、作风和制度建设，为更好地履行职能、发挥作用夯实基础。

1. 加强理论学习，强化思想理论基础。坚持把学习摆在重要位置，认真学习胡锦涛总书记在庆祝人民政协成立六十周年大会上的重要讲话精神和全县政协工作会议精神，切实提高对政协性质、地位、作用的认识，不断增强做好政协工作的责任感和使命感，围绕全县发展大局，找准政协工作的切入点和着力点。认真贯彻县委的决策部署，主动落实县委对政协的工作要求，始终与县委、县政府保持目标一致、行动一致。不断丰富学习形式，邀请省政协研究室领导作专题辅导报告，举办政协各参加单位专题读书会和政协理论知识培训班，探讨社会转型时期人民政协如何顺时应势，创新工作的思路和举措。

2. 加强组织建设，强化组织功能基础。强化委员的学习、服务与管理，继续在全体委员中开展以一份提案、一件社情民意、一次调研视察、一项为民实事为主要内容的“四个一”管理措施。以十届“优秀政协委员”评选为抓手，树立委员典型，进一步彰显委员在本职工作中的带头作用、政协工作中的主体作用和界别群众中的代表作用。加强专委会和镇（街道）工委建设，在县委的重视和支持下，充实配备了专委会主任、副主任，在19个镇（街道）落实了政协干事。以“创先争优”活动为载体，推动学习型、服务型、创新型、和谐型机关建设，制订和完善办文、办会、办事等一系列规章制度，进一步规范了政协机关工作。

3. 推进“三化”建设，强化制度保障基础。全面落实《中共绍兴县委关于加强政协工作的意见》精神，进一步规范完善全体会议、常委会议、主席会议及重大活动的办事程序，规范年度、季度、月度工作的计划、执行和总结程序，努力形成有章可循、行为规范、操作有序的工作机制。积极探索政治协商、民主监督、参政议政的新办法新形式，提升了政协履职的实效，形成了群策群力干事业、同心同德谋发展的强大合力。

县政协一年来工作成绩的取得，主要得益于中共绍兴县委的正确领导，得益于县人大、县政府的大力支持，得益于机关部门和镇（街道）、开发区的相互配合，得益于全体政协委员、政协各参加单位和社会各界的共同努力，得益于历届老领导、老同志的关心帮助。

我们也清醒地看到，政协的工作与新形势新任务和县委的要求以及广大委员的期望相比，还存在不少差距，如在更好地发挥委员主体作用、激发界别特色优势、提高协商水平、延伸工作触角加强政协工作统筹等方面，还需要在今后的工作中深入研究，努力提高。

2011年工作意见

2011年是实施“十二五”规划的开局之年，也是绍兴县政协承前启后的重要之年，我们要以邓小平理论和“三个代表”重要思想为指导，以科学发展观为统领，深入贯彻落实县委十二届十次全体扩大会议精神，围绕“突出转型升级、致力科学发展”的工作主题，坚持“服务发展，关注民生”的工作要求，突出“固本强基、建言献策、当好参谋”三大工作重点，切实履行三大职能，为我县“十二五”发展开好局、起好步，为经济社会又好又快发展作出新的贡献。

一、围绕发展大局，推动政协履职工作再创新局面

坚持把推动科学发展作为履行职能的第一要务，充分发挥政协人才荟萃、智力密集的优势，为推动科学发展、促进社会和谐献计出力。

1. 提高协商水平。制订落实好县“十二五”规划，是事关我县长远发展、科学发展、率先发展的大事。围绕“十二五”规划的完善和实施，认真开好全体会议、常委会议、主席会议、专委会议，多层次开展协商活动，为我县“十二五”规划的实施营造氛围、凝聚力量。增强工作的主动性，积极向县委、县政府提出协商议题的建议，重点选择发展城市经济、增强创新能力等事关我县经济转型升级的重大课题，开展专题协商，为县委、县政府决策提供依据。

2. 增强议政实效。坚持少而精、出精品的原则，把握重点，精选课题，围绕县委“大力发展先进制造业、加快发展现代服务业、提升发展现代农业”的总体思路，组织政协各参加单位和全体委员，深入开展调查研究，有的放矢地提出意见建议。通过同步建言、重点课题连续跟踪调研等形式，积极促进调研成果的转化，努力使提出的意见建议真正进入县委、县政府决策的视野并实实在在地推动工作。

3. 发挥监督作用。突出民主监督的针对性，抓住人民群众关注的热点问题，以专项民主监督和专题视察等形式，重点就“清水工程”进展情况和县政协重点提案落实情况开展民主监督。积极选派政协委员担任部门特约监督员，整合发挥集体提案在民主监督中的作用。要扩大视察的范围，围绕柯桥城市管理、大香林二期工程、农民公寓建设、重点建设工程等内容开展视察监督。探索专委会、民主党派、界别活动小组、镇（街道）工委的联合视察，扩大委员的参与面。

二、围绕民生大事，推动政协服务社会再有新作为

把为保障和改善民生服务作为政协工作的出发点和落脚点，拓展工作领域，创新工作载体，增强工作实效。

1. 坚持以人为本的工作理念。以人为本是政协工作的根本要求，是政协工作必须长期坚持的工作理念。县政协要更加重视社会公平正义，重视民生改善，重视利益关系协调和社会矛盾化解，重视扩大公民有序政治参与和协商民主作用的发挥，为促进社会和谐作出更多的努力。

2. 拓展履职为民的工作领域。始终坚持围绕中心、服务大局的原则，坚持履职为民，积极协助县委执好政、协助政府行好政、协助各界人士参好政。要顺应社会转型的新趋势，不断拓展履职领域，延伸工作触角，广泛体察民情、倾听民声、反映民意、集中民智、维护民利。召开专题听政会，组织政协委员就政府有关部门工作开展调研，听取部门工作情况通报，提出意见建议，拓宽委员的知情渠道。围绕清水工程建设、城乡环境整治、住房困难户解困等民生工作，以调研、视察、专项监督等形式，推动相关工作的落实和开展。

3. 做优服务民生的实事工程。充分发挥政协人才荟萃、联系广泛的优势，广泛发动政协各参加单位和全体委员，积极为人民群众特别是困难群众、弱势群体办实事、做好事。在继续深入实施“帮扶工程”、“援助工程”和“光明工程”的同时，探索开展“政协委员结对帮扶工程”，发动一定数量的企业家委员，结对帮扶困难群众。

三、围绕两大主题，推动政协团结联谊再获新进展

1. 加强团结合作。坚持“求同存异、体谅包容、民主协商、平等议事”的原则，进一步加强与参加政协的各党派团体和各界人士的沟通和交流，营造增进理解、和谐议政的合作氛围。坚持县政协领导联系各民主党派、专委会、镇（街道）工委和委员的制度。定期举行政协参加单位负责人座谈会。积极搭建平台，发挥各民主党派、专委会和工委在调研、视察、专项监督中的作用。

2. 拓展联络联谊。要发挥政协作为党和政府联系群众、团结各界的重要桥梁和纽带作用，为我县经济社会又好又快发展凝聚力量。要积极组建“天南地北绍兴人”联谊总会，以此为平台，加强与港澳台侨、县外各界人士的联系交流，吸引绍兴县籍人士回乡创业；要探索建立外来人才联谊会，加强与引进人才的联系和沟通，关心外籍来绍人才的工作生活，要加强与各界人士的广泛联系和合作，扩大团结面，增强凝聚力。

3. 集中民智民意。发挥好专题调研、委员视察、约谈等方式的作用，深化提案办理结果公开、政协委员进社区、公开征集提案线索等载体，积极开展专题界别活动，引导委员深入基层、深入群众，真诚听取群众呼声，了解民情民意。要加强社情民意信息员队伍建设，积极做好收集和反映社情民意信息工作，当好党委政府与人民群众的“连心桥”。

四、围绕“三化”建设，推动政协固本强基再上新水平

1. 突出兼容并包，强化组织建设。要健全界别工作制度，设计界别活动载体，强化界别民意通道的作用。要大力宣传“优秀政协委员”的先进事迹，进一步发挥委员的主体作用。要发挥政协党组在政协委员人事安排中的参谋作用，按照“完善委员推选制度”的要求，严把委员“进口关”，认真做好新一届政协委员的推荐考察工作。要优化配强专门委员会的工作队伍，加强工作力量，切实增强履职能力和水平。积极探索政协工作向基层延伸。要加强对政协干部队伍的培训教育，进一步提高组织协调和后勤保障能力。

2. 突出协商协调，改进工作方式。协商是政协处理问题、开展工作最基本的原则，是政协的特色反映。要进一步强化协商功能，畅通协商渠道，坚持协商原则，运用协商方法，突出协商特色和优势。要探索和运用平等议事、商量办事的民主方法，广泛吸纳各党派、各团体、各界别的意见。要尊重和维护各党派团体和各界人士的民主权利，营造和衷共济的良好环境。要运用教育引导、理顺情绪、化解矛盾的群众工作方法，积极引导各界群众有序、合理、合法表达利益诉求，维护社会和谐稳定。

3. 突出科学规范，健全工作机制。要进一步制订完善有关工作制度，推进政协工作的规范化、制度化、程序化建设。要探索政协文化的引领作用，大力弘扬社会主义核心价值体系，增强参加政协的各党派团体、各界人士团结奋斗的共同思想政治基础。要积极开展政协有关文史研究工作，开展纪念中国共产党建党90周年和辛亥革命100周年有关活动。要认真回顾十届政协的各项工作，总结经验，探索规律，为十一届政协打好基础。

责任编辑　董思思

专　辑

温家宝到绍兴县考察

2011 年 10 月 3 日，中共中央政治局常委、国务院总理温家宝考察绍兴中国轻纺城、绍兴县创意产业基地、绍兴县汇金小额贷款公司，在企业召开座谈会，向企业负责人详细询问中小企业生产经营、小额贷款公司和民间信贷的情况，认真听取大家的意见和建议。温家宝强调，当前，我国经济的基本面是好的，经济运行平稳，就业形势较好，金融体系保持稳定。中央密切关注国内外形势的发展变化，对经济发展趋势和应对之策认识是清醒的。我们既要看到来之不易的好形势，坚定信心，又要认真对待、及时研究解决面临的问题，坚持不懈地努力，把经济发展的良好势头保持下去。中小企业在扩大就业、推动经济增长等方面具有不可替代的作用，支持中小企业发展具有全局和战略性的重要意义。一要认真落实并完善对小微企业贷款的差异化金融监管政策。对符合有关条件的小企业贷款进行专项考核，提高对小企业不良贷款比率的容忍度。二要明确将小微企业作为重点支持对象，支持专为小微企业提供服务的金融机构。要督促各类银行切实落实国家支持中小企业特别是小微企业发展的信贷政策。完善激励约束机制，鼓励各类金融机构改进对小微企业的金融服务，强化银行特别是大中型银行的社会责任。按照新的企业划型标准，明确银行小微企业贷款比例和增速要求，并加强统计和最终用户监测，确保政策落实到位。清理银行不合理收费和保证金存款要求，查处违规行为，切实降低企业信贷资金成本。三要加大财税政策对小微企业的支持力度，延长相关税收优惠政策的期限，研究进一步加大政策优惠力度。四要切实防范金融风险。对中小企业的金融支持，要遵循市场原则，减少行政干预，降低市场风险和道德风险。要加强对民间借贷的监管，引导其阳光化、规范化发展，发挥其积极作用。大力整顿金融秩序，采取有效措施遏制高利贷化倾向，依法打击非法集资，妥善处理企业之间担保、企业资金链断裂问题，努力做到早发现、早处置，防止风险扩散蔓延，防范区域性风险。对已经发生的风险事件，要妥善处置，保护人民群众的合法权益，增强市场信心。

第七届中国曲艺节纪实

2011 年 10 月 19 日至 23 日，第七届中国曲艺节（以下简称七艺节）在绍兴县柯桥举行，期间举办中国曲艺高峰（柯桥）论坛。七艺节由中国文联、中国曲协和浙江省委宣传部、省文联共同主办，绍兴县承办。中国曲艺节第一次在县级城市举办。

全国政协副主席孙家正发信祝贺七艺节召开，十届全国人大常委会副委员长热地、全国政协副主席阿不来提·阿不都热西提出席闭幕式，中国文联党组书记、副主席赵实，中国文联副主席冯远，省委常委、宣传部部长茅临生，省人大常委会副主任徐宏俊，省政协副主席冯明光等分别出席开闭幕式。刘兰芳、姜昆、冯巩等1000多位曲艺家及蒋大为、刘斌、殷秀梅等歌唱家，鞠萍、孙晓梅、张泽群、白燕升等名嘴齐聚七艺节。

第七届中国曲艺节除开幕式晚会“曲水流觞迎客来”、闭幕式晚会“姹紫嫣红总是春”和1个送欢笑下基层演出外，期间有9个专场，包括古越琴声——浙江曲艺专场演出、越来越好——中国广播艺术团说唱团专场、西部曲风——西部曲艺专场、笑语欢歌——小剧场曲艺专场、牡丹新蕊——曲坛新秀专场、幸福快车——中国铁路文工团专场、军旅之星——部队曲艺明星专场、南腔北调——南北曲艺荟萃专场、水乡曲韵——绍兴地方曲艺专场。

开幕式晚会由中央电视台导演汪文华执导，白燕升和孙晓梅主持，姜昆、冯巩、戴志诚等参加。晚会包括鼓曲联唱、相声、绍兴莲花落、少数民族曲艺等13个节目，历时1个半小时。闭幕式晚会由央视节目主持人张泽群和鞠萍主持，曲艺明星牛群、师胜杰、石富宽、张保和、陈寒柏、奇志、大兵等上台表演，蒋大为、李玉刚等参加演出。本土曲艺演员也献上绍兴莲花落、宣卷等绍兴五大地方曲种联唱节目《颂五乡》。闭幕式还进行会旗交接仪式，下届中国曲艺节举办地为江苏连云港。

此外，七艺节集中展演12场包括相声、小品、板书、鼓曲等56个曲种的近120个曲艺节目，刘兰芳、姜昆、冯巩、王汝刚、盛小云、牛群、李金斗、巩汉林、石富宽等老中青三代700多位曲艺家参演。

绍兴县创编的《绍兴名士名酒》、《五女颂五乡》分别在七艺节开幕式和闭幕式上展演。水乡曲韵——绍兴地方曲艺专场集中展示绍兴地方曲艺五大曲种——绍兴莲花落、绍兴平湖调、绍兴鹦哥班、绍兴词调、绍兴宣卷。《百年曲韵歌盛世》、《绍兴名士绍兴酒》、《花名宝卷》、《一只红木箱》、《借大衫》、《范大夫筑越城》、《喜临门》、《莲花之歌》等新创剧目，在第七届中国曲艺节中获优秀节目奖。

2011年10月23日晚，绍兴县创编的《五女颂五乡》在第七届中国曲艺节闭幕式上展演。

（县文广局供稿）

《人民日报》、中央电视台、中央人民广播电台、《光明日报》、《文化报》、《浙江日报》、浙江卫视等20多家主流媒体采访报道七艺节。浙江电视台影视频道对开幕式、闭幕式进行直（录）播。

同期举办中国曲艺高峰（柯桥）论坛，中国文联副主席、中国曲艺家协会主席刘兰芳，中国文联荣誉委员、中国曲艺家协会名誉主席罗扬，中国曲艺家协会分党组书记、驻会副主席董耀鹏，中国曲协副主席吴文科等出席。全国各地的专业曲艺研究者、管理者、教育者、曲艺演员以及高等院校、艺术研究机构、新闻界的专家学者近百人，围绕多元化格局下的曲艺主题，就曲艺发展与价值引领、传统曲艺与曲艺传统、全国曲艺小剧场发展状况、曲艺教育与人才培养等展开讨论。论坛收到论文57篇，其中24篇获得优秀论文奖，绍兴县罗小令论文《绍兴宣卷的音乐》被评为优秀论文。 （沈琛幸 沈建萍）

政府实事工程完成情况通报

表1 2011年绍兴县十方面实事工程完成情况

类别	目标任务	完成情况
就业方面	全面落实促进就业政策，扎实推进“充分就业村”创建工作，新增城镇就业1万人，开发公益性岗位安置就业困难人员1000人，帮助5000名失业人员实现再就业；推进实施集体合同和工资集体协商制度，维护劳动者权益。	全年新增城镇就业1.56万人；开发公益性岗位安置就业困难人员1030人；帮助6758名失业人员实现再就业；推进实施集体合同和工资集体协商制度，92家企业签订集体劳动合同，涉及职工5万人。
教育方面	启动实施免费学前教育三年行动计划，当年先对家庭经济困难的3000名幼儿给予免费；继续推进校安工程，加固改造1.9万平方米的中小学校舍；建立普通高中助学金制度。	对符合条件的低保、残障、特困家庭幼儿给予每生每学期最高1000元入园补助；全年加固改造中小学校舍1.97万平方米；对普通高中符合条件的经济困难学生给予每生每学年1000元国家助学金。
社会保障方面	加强社会保险征缴扩面工作，新增基本养老、基本医疗、工伤、失业和生育保险参保人数各2万人，新增城乡居民社会养老保险参保人数5000人。	全年基本养老、基本医疗、工伤、失业和生育保险参保人数分别新增3.8万人、4.4万人、4.7万人、2.1万人和4.6万人；城乡居民社会养老保险参保人数新增1.56万人。
	积极发展养老事业，新增居家养老和民办养老机构8家。	全年新增社区居家养老机构2家、民办养老机构4家、村办养老机构2家。
医疗卫生方面	城乡居民新农合筹资标准提高到500元，其中县镇财政补助329元；新农合参保人员在县内和绍兴市区定点、特约医疗机构住院医疗费用报销标准提高到80%，最高报销额度提高到17.1万元；启动城镇居民医保“一卡通”；完成第三轮农民健康体检工作，体检率70%以上。	统一城乡居民新农合筹资标准和报销待遇，人均筹资500元，其中县镇财政补助329元，住院最高支付限额17.1万元，全年为250万人次报销医药费3.08亿元；市县新农合“一卡通”全面完成；为44万农民实施健康体检，体检率78.3%。
	对农村贫困白内障患者实行免费复明手术。	全年施行白内障免费复明手术129例。
住房改善方面	扎实推进中心城区城中村住房困难农户提前拆迁安置工作，全面解决613户农村“双困户”的住房困难问题。	采用以房换租、旧房调剂、零星地自建、危旧房修缮等方式，完成全县613户农村“双困户”住房解困工作。
	完成农村住房改造建设7100户90万平方米；开工建设公共租赁住房1000套6万平方米；完成城区老住宅小区改造10万平方米。	全年完成农房改造8773户110万平方米；开工建设公共租赁住房1314套10.7万平方米；完成城区老住宅小区改造10.1万平方米。
文化体育方面	为基层送演出200场以上，送电影4000场以上，送图书180车次以上。	全年向基层送演出269场次，送电影4300场次，流动图书车送书下乡181车次。
	在城区建设一批篮球、羽毛球、乒乓球、游泳场等群众性体育健身场所。	建成室外标准游泳池1个，总投资466万元；规划一批城区群众性健身活动场所。
	创建省级小康体育村20个。	全年创建省级小康体育村45个。

续表

类别	目标任务	完成情况
交通出行方面	全面实施城区“畅通工程”，启动建设一批与交通相关的道路、客运站、停车场等设施。	完成城区交叉口改造、钱陶公路城市道路改造、金柯桥大道改造等工程，柯桥客运中心项目启动建设，城区环岛改造工程按计划推进。
	加强城区交通综合治理，着力解决好交通拥堵问题。	全面实施柯桥城区交警上路，全年查处违规工程运输企业33家，机动车违法行为1.6万余起，交通拥堵问题得到一定程度缓解。
	进一步调整优化公交班次、线路。	新增1条市县公交线路，调整优化17条公交线路，新推出6条一元一票制无人售票线路；建立健全老年人、残疾人乘车优惠政策。
农贸市场改造提升方面	改造提升城区农贸市场5个。	完成轻纺城综合市场、立新、兴越、红丰、顺达等柯桥城区5个农贸市场标准化改造。
	建设农村新社区农贸市场6个。	在陶堰、夏履、福全、湖塘等镇（街道）建设农村新社区农贸市场7个。
困难帮扶方面	大力推进欠发达村和低收入农户奔小康工程，切实提高低收入农户的收入水平，将家庭人均纯收入低于4000元、符合低保条件的农户和家庭人均纯收入低于5000元、符合低保条件的城镇居民全部纳入低保，努力实现全县各个行政村的村级经常性收入达到20万元。	符合条件的低收入群众全部纳入低保，全年新增低保对象495户1005人，发放低保金2357万元。加大财政转移支付力度，经济薄弱村村级经常性收入均达到20万元。
	困难群众医疗救助受益面扩大20%以上。	全年实施医疗救助2345人、金额1471万元，救助受益面扩大38%。
公共安全方面	完成口门丘西片2.14公里标准海塘建设、曹娥江海塘13.2公里堤顶整修加固和马山闸除险加固工程，完成58座山塘水库除险加固工程；加强山区农民饮用水水质监测和管理，确保山区农民饮用水安全。	完成口门丘西片2.14公里标准海塘建设、曹娥江海塘13.2公里堤顶整修加固和马山闸除险加固工程；完成63座山塘水库除险加固工程；完成14处山区农民饮用水工程，安装消毒器88台。
	安全生产事故起数、死亡人数和直接经济损失三项指标继续保持“零增长”，力争有所下降。	全年发生各类上报事故347起，死亡119人，直接经济损失509.3万元，比上年同期分别下降6.22%、4.03%、13.94%，未发生各类重特大伤亡事故，连续七年实现三项指标“零增长”。

2011中国柯桥国际纺织品博览会

2011中国柯桥春季纺博会于5月6日至13日在中国轻纺城国际会展中心举行。

春季纺博会分两期，一期为2011中国柯桥国际纺织品面辅料博览会（春季），举办时间为5月6日至8日，展览面积1.8万平方米，设3个展区，共853个国际标准展位，吸引392家境内外企业参展。二期为2011第二届中国·柯桥窗帘窗纱及布艺博览会，举办时间为5月11日至13日，展览面积1.3万平方米，设616个国际标准展位，121家企业参展。

2011春季纺博会一期展期间，开展面料设计与开发创意论坛、意大利时尚流行论坛、面料企业与服装设计师零距离对接会、海外买家与纺织企业对接洽谈会、2011中国围巾产业发展论坛、“网上轻纺城”全球招商启动暨签约仪式、意大利纺织科技研讨会、中国国际面料设计大赛创新产品展示、2011中国轻纺城“布满全球”围巾产业对接活动等一系列专业配套活动。

2011年5月6日至13日，中国柯桥春季纺博会在中国轻纺城国际会展中心举行。（沈浩根摄）

展会期间开展现场问卷调查。据调查表显示，90%以上参展商对展会整体感到比较满意，特别是对展会宣传和志愿者服务评价较高。80%左右的参展商有意向参加下届纺博会，其中100多家企业提前预订秋季纺博会展位。93%的采购商认为展会整体较好，对展商质量、展会服务、场馆布置、展会宣传、配套设施的满意率均超过90%，比上届有提升。96%的采购商有意向参加秋季纺博会。

春季纺博会实现成交额41.06亿元，较上届增长10.3%。入场的专业采购商26598人，较上届增长8.8%，其中境外采购商3713人，较上届增长25.8%，境外采购商人数前五位的国家和地区是韩国、印度尼西亚、阿联酋、中国香港、俄罗斯。中央电视台、日本纤研新闻社等67家国内外新闻媒体参与春季纺博会现场报道，一期展期间，网上纺博会点击率47万多次。

2011中国柯桥国际纺织品博览会（秋季）于10月25日至28日在中国轻纺城国际会展中心举办。境内外5000多名客商与会。秋季纺博会由浙江省人民政府、中国国际贸易促进委员会、中国纺织工业协会、中国商业联合会主办，浙江省商务厅、中国国际贸易促进委员会浙江省分会、绍兴市人民政府、绍兴县人民政府承办。

全国政协副主席张榕明宣布开幕。省委书记、省人大常委会主任赵洪祝发信祝贺。副省长陈加元，市委书记张金如，市委常委、县委书记何加顺分别致辞。县委副书记、县长孙云耀主持开幕式。原省长沈祖伦，省人大常委会副主任吴国华、程渭山，中国纺织工业协会副会长杨东辉、孙瑞哲，中国商业联合会副会长田元兰，中国纺织品进出口商会副会长江辉，省贸促会会长铁建设；驻沪领事馆官员；绍兴县香港同乡会代表；境内外客商团成员；境内外新闻媒体记者；驻轻纺城境外机构代表；轻纺城各商会会长和市场业主；县内100强工业企业负责人；纺织类协会会长等出席开幕式。

2011年10月25日，中国柯桥国际纺织品博览会（秋季）在柯桥开幕。（沈浩根摄）

纺博会为期4天，期间除专业展览采购、商贸洽谈外，另举办中国国际面料设计大赛颁奖典礼、日本印染新技术及管理交流会、亚洲青年设计师沙龙、海外买家与纺织企业对接洽谈，以及中国职业时装设计师创意设计大赛颁奖等活动。中国轻纺城建设管理委员会获2011年度中国纺织面料设计创意推动大奖。

秋季纺博会展览面积3.1万平方米，共设1295个国际标准展位，532家企业参展。其中意大利、韩国、德国、日本、墨西哥等国家和地区的41家境外企业参展，定购展位200多个。主要展品为纺织面料（辅料）、服装、家用纺织品、纺织机械。展览分4个展区：A区为纺织品特装展区，B、C区为纺织品标准展位区，D区为纺织机械展区（室外）。中国轻纺城传统交易区，中国轻纺城国际贸易区，中国轻纺城服装服饰（辅料）市场、家纺市场，中国轻纺城钱清轻纺原料市场等同时设立分展区。

四天展会期间，登记入场的专业采购商28083人，包括来自93个国家和地区的境外采购商和31个省（直辖市、自治区）的境内采购商，采购商人数较上届增长10.6%，其中境外采购商5791人（人数排名前五位的国家和地区分别是韩国、土耳其、印度、美国、日本），较上届增长3.8%。展会吸引波司登、特步、劲霸男装、博士蛙、阿仕顿男装连锁等境内外知名企业赴展采购。

展会实现成交额54.05亿元，较上届增长10.5%，其中合同成交额16.13亿元，较上届增长0.9%。

2011届秋季纺博会期间，有中央电视台、新华社、《人民日报》、《经济日报》、《光明日报》、《中国日报》、《中国纺织报》、《浙江日报》、《钱江晚报》、香港卫视、浙江卫视、浙江在线以及绍兴市县媒体等85家媒体的127名记者在柯桥集中参与纺博会的全程报道。据不完全统计，关于2011届秋季纺博会的报道有400多篇，其中重点报道90多篇，网上相关咨询173000多条。

参展的39家特装面料企业中，有50%以上在印染生产过程中进行局部技术革新，50%以上企业在2011年与院校或其他科研机构进行技术创新合作。所有特装展位展出的新产品占所有展出产品的70%以上，普通展位新产品比例在40%左右。

秋季纺博会有90%以上的公司展出最新设备，包括针织圆机、棉纺设备、印染设备、数码印花设备等。新设备主要在节能、节水、速度、产能等方面有所创新。其中某参展公司展出的VEGA高速数码喷墨印花系统，打印速度每小时200平方米，墨水成本降至每平方米3元，且无需制网、调浆，可即打即印，节能降耗成绩显著。

（王佰通）

责任编辑　陈飞燕

2011 年大事记

1 月

1 日，第十二届安昌古镇腊月风情节暨 2011 年海峡两岸春节传统节日文化高峰论坛开幕。全国政协常委、中国文联副主席、国家非物质文化遗产保护专家委员会主任冯骥才专门为风情节和高峰论坛发贺信。中国民协分党组成员、副秘书长吕军等出席开幕式。

14 日，绍兴县召开县政府机构改革动员大会。

21 日，中共绍兴县委员会召开十二届十次全体（扩大）会议。

2 月

12 日，绍兴县召开全县经济工作会议。市委常委、县委书记何加顺作工作报告。

2011 年 2 月 12 日，绍兴县召开经济工作会议。
（沈浩根摄）

14 日，绍兴县召开全县村级组织换届选举工作会议，全县新一届村级组织换届选举工作开始全面启动。换届工作到 3 月底结束。

27 日，中国人民政治协商会议第十届绍兴县委员会第五次会议在柯桥蓝天大剧院开幕。县政协主席李杏芬作工作报告。

28 日，绍兴县第十三届人民代表大会第五次会议在柯桥蓝天大剧院开幕。县长孙云耀作《政府工作报告》。

3 月

3 日，绍兴县召开县政府十三届七次全体（扩大）会议。县长孙云耀作报告。

9 日，江苏省副省长何权等一行 20 人，到县考察宝业建设集团有限公司。

15 日，全国科普示范县创建工作验收组到县检查验收全国科普示范县创建工作。县委副书记、县长孙云耀介绍绍兴县创建情况。

4 月

2 日，外交部部长助理胡正跃一行到绍兴县考察调研，并实地走访鉴湖—柯岩旅游度假区。

10 日，全国政协经济委员会副主任张志刚，全国政协常委沈滨义、葛东升率团的全国政协考察组一行 17 人到县考察中国轻纺城。

11 日，由省人大常委会委员、环资委副主任委员周玉根带领的检查组一行到县，跟踪检查水污染防治“一法一条例”贯彻情况。

20 日，“充满生机的文化名城——外国驻华使领馆官员走进绍兴”活动组到县活动，约旦、巴基斯坦、新加坡等 17 个国家的 32 位驻华大使、驻沪总领事及其他官员走访鉴湖—柯岩旅游度假区。县委副书记、县长孙云耀出席招待酒会。

21日，由国家发改委、中国工程院等组织的“循环经济院士·专家行”调研组到县调研。中国工程院院士、清华大学教授金涌等10多位专家，先后到国家循环经济产业园区试点单位——滨海工业区及部分印染企业调研。

22日，卫生部规财司基建装备处处长于世利带领全国部分省卫生厅、卫生监督所领导一行40余人到绍兴县卫生监督所参观并指导卫生监督体系建设工作。

27日，省人大民侨委副主任委员王成云一行到县专题调研城市民族工作。

5月

6日，2011中国柯桥春季纺博会一期展——2011中国柯桥国际纺织品面辅料（春季）博览会在中国轻纺城国际会展中心开幕。中国纺织工业协会副会长孙端哲、中国商业联合会副会长姜明、浙江省贸促会会长铁建设等参观纺博会。

11日，滨海工业区成立全省首个镇级食品安全保障联盟。

同日，春季纺博会二期展——2011中国·柯桥窗帘窗纱及布艺博览会在中国轻纺城国际会展中心开幕。中国纺织工业协会副会长杨东辉、中国针织工业协会会长杨世滨等出席开幕式。

同日，由省人大常委会委员、省人大内司委副主任委员张孝琳带领的省人大常委会执法检查组一行到县，检查老年人权益保障法贯彻实施情况。

12日，由吉林省委副书记、省政协主席巴音朝鲁带领的吉林省党政代表团到县，考察现代服务业发展情况。

同日，副省长毛光烈一行到县调研工业经济和科技工作。

同日，由省高级人民法院主办的强制执行立法研究暨2011中国法学会审判理论研究会执行制度专业委员会年会在绍兴县召开。省高级人民法院院长齐奇、全国人大常委会法制工作委员会民法室副主任扈纪华，全国高校和法学界的100多名专家学者以及全国四级法院代表参加会议。

13日，全省首个流量计量专业实验室在绍兴县滨海工业区投入运作。

15日，由外交部驻香港特派员吕新华带队，美国驻港总领事夫妇、科威特驻港总领事、芬兰驻港总领事及欧盟驻港办事处主任组成的外国驻香港领团一行12人，参观访问绍兴县。

18日，由国家发改委运行局副局长鲁俊岭带队的国家发改委调研组到县，专题调研有序用电工作。

20日，全国政协文史委副主任、省政协原主席、中国国际茶文化研究会会长周国富一行到县考察茶文化。

同日，水利部原部长汪恕诚一行考察绍兴县。

29日，省政协副主席盛昌黎一行到县调研社会保障工作。

同日，全市工业经济转型升级工作现场会在绍兴县举行。

是月，绍兴县被中国科协命名为全国科普示范县。

是月，绍兴县第一所特殊教育学校开学。

6月

2日，全国农村地区基本公共卫生服务工作推进会在绍兴县举行，卫生部农卫司副司长张朝阳及15个省（市）卫生系统的45位代表与会。

11日，省委常委、秘书长、政法委书记李强到县调研政法系统主题教育实践活动开展情况。

15日，全国人大财经委副主任委员储波率领调研组到县，调研防范地方政府债务风险和县级基本财力保障机制建设情况。

17日，省委书记、省人大常委会主任赵洪祝到县调研，并考察绍兴县企业的太阳能多晶硅铸锭炉生产车间、住宅性能检测实验室和遥控器研发生产车间。

26日，县委举行建党90周年纪念大会暨革命传家宝捐赠仪式。

29日，省政协副主席盛昌黎到县调研社会保障工作。

30 日，绍兴县召开庆祝中国共产党成立 90 周年大会，表彰全县先进基层党组织和优秀共产党员。市委常委、县委书记何加顺作报告。

2011 年 6 月 30 日，绍兴县召开庆祝中国共产党成立 90 周年大会。（沈浩根摄）

同日，全市工业经济转型升级工作现场会和全市质量强市建设工作推进暨食品生产质量安全工作会议在绍兴县举行。

是月，在第七届“中国城市品牌大会——中国最佳文化旅游城市公益评选”活动中，绍兴县获得全国优秀生态旅游城市和中国最佳文化旅游城市两项荣誉。

7 月

6 日，省政协副主席、省委统战部部长汤黎路到县专题调研。

22 日，为期两天的 2011 全球纺织服装供应链大会在柯桥开幕，全球 100 多家企业 500 余人参加会议。中国纺织工业协会会长杜钰洲、副会长孙端哲出席。

同日，中国纺织工业协会检测中心绍兴实验室成立。中国纺织工业协会会长杜钰洲，市委常委、县委书记何加顺共同为该实验室揭牌。

26 日，县委召开十二届十一次全体（扩大）会议。市委常委、县委书记何加顺代表县委常委会作工作报告。

28 日，县政府召开十三届八次全体（扩大）会议。县长孙云耀作报告。

30 日，2011 浙江省企业文化建设现场会在绍兴县举行。省经信委正厅级巡视员郑一方等出席，全省 300 余位企业经营者参加。

31 日，绍兴县成立茶文化研究会。中国国际茶文化研究会副会长徐鸿道出席成立仪式。

2011 年 7 月 31 日，绍兴县成立茶文化研究会。（沈浩根摄）

是月，绍兴县被省政府评为“十一五”节能工作先进集体。

8 月

11 日，全省现代林业园区建设现场会在柯桥召开。省林业厅厅长楼国华等出席会议。

23 日，省委召开建设“法治浙江”工作交流电视电话会议。市委常委、县委书记何加顺在杭州主会场参加会议并接受表彰。

24 日 ~25 日，由国土资源部调控和监测司巡视员张婉丽带队的考核组一行，对绍兴县创建全国国土资源节约集约模范县工作进行考核。

26 日，绍兴县举行招待晚宴，欢迎参加香港同胞“故乡行”的绍兴县香港同乡会一行 90 余人。

30 日，省政协副主席、省委统战部部长汤黎路率省委统战部一行 50 余人到县，先后考察宝业集团和柯岩街道河塔村。

31 日，全市农家书屋工程建设工作现场推进会在绍兴县举行。

9 月

1 日，省发改委主任孙景森一行到县调研钱清小城市培育试点工作。

同日，市委副书记谭志桂到县调研“美丽乡村”建设情况。

4 日，科技部党组副书记、副部长王志刚到县调研科技工作。

7 日，省政协副主席陈艳华带领在杭民建、九三学社、无党派人士、科技界等界别活动组委员一行 30 余人到县，考察循环经济发展情况。

8 日，省委第五巡视组进驻绍兴县开展巡视工作。当天下午举行全县领导干部会议，省委第五巡视组组长、正厅级巡视专员陶时梅就巡视工作讲话。

14 日，国务委员兼国务院秘书长马凯到县调研信访工作。国务院副秘书长、国家信访局局长王学军，省委副书记、代省长夏宝龙，省政府秘书长张鸿铭等陪同调研。

15 日，在 2011 年全国田径锦标赛上，绍兴县籍运动员陆敏佳以 6 米 50 的成绩获女子跳远第一名。

19 日，省政府咨询委主任、原常务副省长章猛进到县调研农业发展形势。

20 日，由省教育厅副厅长韩平带领的省教育现代化试点县（市、区）评估专家组一行，开始对绍兴县教育现代化试点工作进行为期 3 天的考察评估。

24 日，农业部副部长陈晓华到县调研减轻农民负担工作。

25 日，由绍兴县和浙江金永玲歌剧院共同创演的浙江省首部原创歌剧《祝福》在省人民大会堂首演。省委书记、省人大常委会主任赵洪祝，省政协主席乔传秀，浙江省原省长、全国人大财经委副主任委员吕祖善等观看演出。

同日，为期两天的全国减轻农民负担工作座谈会在绍兴县召开。农业部副部长陈晓华，省委常委、副省长葛慧君等出席会议。

2011 年 9 月 25 ~ 26 日，全国减轻农民负担工作座谈会在绍兴县召开。（沈浩根摄）

10 月

3 ~ 4 日，中共中央政治局常委、国务院总理温家宝到县，先后视察中国轻纺城、绍兴轻纺城创意园、绍兴县汇金小额贷款公司等，并召开座谈会。

10 日，中国少年先锋队绍兴县第九次代表大会开幕。

14 日，绍兴县召开常委会扩大会议，专题传达学习中共中央政治局常委、国务院总理温家宝国庆期间在浙江考察时的讲话精神。

15 日，柯桥中学举行建校 60 周年庆典。省委常委、常务副省长陈敏尔，市政协主席顾秋麟，北京大学原校长许智宏，清华大学副校长袁驷等分别为柯桥中学 60 周年校庆题词作画。

19 ~ 23 日，第七届中国曲艺节在绍兴县举行。

22 日，绍兴县首个商圈协会——蓝天商贸业协会成立。

23 日，中纪委副书记、监察部部长、国家预防腐败局局长马馼一行到县考察廉政工作。

24 日，市委常委、县委书记何加顺在鉴湖大酒店会见参加秋季纺博会的德国驻上海总领事馆总领事芮悟峰、塞尔维亚驻上海总领事馆总领事左澜、斯里兰卡驻上海总领事馆总领事哈山娣、希腊驻上海总领事馆商务领事福蒂斯和韩国全罗南道灵光郡海外荣誉宣传大使南京太等一行。

25 日，2011 中国柯桥国际纺织品博览会在中国轻纺城国际会展中心开幕。

26 日，全市县乡两级人大换届选举试点工作现场会在绍兴县举行。

28 日，十届全国人大常委会副委员长热地一行参观考察中国轻纺城。

同日，省委常委、省委秘书长、省政法委书记李强到县宣讲党的十七届六中全会精神，并指导绍兴县创先争优活动。

11 月

9 日，省委常委、省委秘书长、省政法委书记李强到县调研，征求绍兴县对省委常委会工作的意见，听取换届工作情况汇报。

10 日，全省立法工作座谈会在绍兴县举行。省人大常委会副主任王永明在会上讲话。

15 日，绍兴县召开县镇两级人大换届选举工作动员会，市委常委、县委书记何加顺讲话。

18 日，中国产业用纺织品集群创新发展论坛在绍兴县举行。夏履镇获中国非织造布名镇技术创新先进集群荣誉。

21 日，绍兴县第十三届人民代表大会常务委员会第三十六次会议审议通过，决定徐国龙为绍兴县人民政府代理县长；决定接受孙云耀辞去绍兴县人民政府县长职务；决定任命徐国龙为绍兴县人民政府副县长。

23 日，绍兴县体育创强工作达到省体育强县标准，通过验收。

24 日，绍兴县召开十二届十二次全体会议，审议通过《关于召开中国共产党绍兴县第十三次代表大会的决议》。

28 日，全国人大常委会原副委员长、全国关心下一代工作委员会主任顾秀莲到县调研企业文化建设以及纺织产业发展情况。

12 月

6 日，全省推进县级统战工作试点经验现场交流会在绍兴县举行。

7 日，省委、省政府在绍兴县召开全省小城市培育试点工作现场推进会。省委书记、省人大常委会主任赵洪祝讲话。

11 日，在四川成都市召开的第六届中国全面小康论坛上，绍兴县获得 2011 中国全面小康十大示范县（市）称号，为浙江省唯一获此荣誉的县（市）。

13 日，全省党员干部现代远程教育工作现场会在绍兴县召开。省委常委、组织部部长蔡奇出席会议并考察绍兴县党员干部现代远程教育工作。

19 日，省政府召开全省建筑业发展大会，绍兴县在会上被省政府命名为建筑强县，成为全省首批获此荣誉的县（市、区）之一。

20 日，绍兴县召开县级公立医院综合改革动员大会，启动公立医院综合改革试点。

是月，绍兴县首个外国专家工作站落户浙江省现代纺织工业研究院，成为全省首批、全市 6 家外国专家站之一。浙纺院特聘流行趋势顾问、法国人蔷德拉奇·依文获得市兰花友谊奖。

责任编辑　陈飞燕

县情概貌

历史沿革

【越族繁衍】 绍兴，历史悠久。新石器时代，境内就有人类繁衍生息。在距绍兴偏西约100公里的建德山地，于1963年、1974年先后发现人类牙齿化石，距今约5万年，命名为“建德人”，人们推测为于越先祖蛰居山地、开辟草莱。偏东69公里的余姚江南、四明山北，于1973年、1977年先后发掘的河姆渡文化遗址，测定距今7000年至6000年，被视为越族创造文明的嚆矢。在北部平原古丘上，1984年发掘出马鞍山寺桥村凤凰墩文化遗址，距今约4500年。1985年又在附近发现仙人山文化遗址，距今约5000年，确认为新石器时代晚期越族祖先的聚落遗存。据传说，在今上虞市离城30里的地方，名姚丘，是舜的出生地。后来舜继承尧的事业，做了华夏民族的首领。他推举鲧的儿子禹治理洪水，才有了大禹治水的神话。传说大禹吸取父亲鲧用“堙”（堵）的办法治洪水失败被杀的教训，改用“疏”、“导”，劳身焦思，居外13年，“三过家门不敢入”，终于把洪水治平。因为这个功劳，舜把位子禅让给禹。相传禹是越族的祖先，生于今之绍兴，在治水时曾“上茅山，大会计，爵有德，封有功”，遂更名茅山为会稽山，“会稽”一名始此。大禹娶妻于涂山，名叫女娇，生子启。大约在公元前21世纪前后，禹死，葬于会稽，故有禹陵。启接禹位，打破禅让制，推行世袭制，建立中国第一个王朝——夏朝，历史进入奴隶社会。启之后过了6世，约公元前19世纪，少康即位，怕禹祀断绝，封其庶子无余于越，以续香火。历史上遂有“于越”的名称。1991年，陶里壶瓶山文化遗址被发掘，该文化形成于公元前17世纪至前16世纪的商周时期，出土有石器、玉器和夹砂红陶器等文物。约公元前11世纪（周成王二十四年），《竹书纪年》记有“于越来宾”，是为于越部族有文献记载之始。约公元前10世纪（周穆王三十七年），周“伐越至于纡”，1981年、1986年两次发掘的袍谷文化遗址证明是这个时期的文化。周定王六年（前601），越开始与楚结盟。周景王元年（前544），吴始伐越。此后吴越两国多有强事小争。周敬王十年（前510），吴王阖闾伐越，败越于槜李；十五年（前505），越王允常乘吴伐楚而入吴，以报槜李之败。自此，吴越之间的战争连绵不断，越打越大。

【越国兴衰】 史载，自无余封越，千有余岁，至句践，越国兴起。周敬王二十三年（前497），允常病卒，句践即位，迁都平水平阳。次年建元，进攻打败吴国，吴王阖闾被射伤而死。句践三年（前494），吴王夫差为报父仇，大败越军。越向吴求和，越王句践携夫人、范蠡等人入质囚吴，几乎灭国。行三年韬晦之计，于句践五年（前492）得释返越，在范蠡、文种、计然等谋士辅助下，于句践七年（前490）立郭树都，构筑小城、大城，作为政治、经济、文化中心，致力发展生产、增长人口、强化军事、安定国家。经过卧薪尝胆，“十年生聚、十年教训”，越国炽富。

句践十五年（前482），句践乘夫差北会诸侯于黄池之机，率兵入吴，败吴师，杀吴太子。十九年（前478），再战笠泽，大败吴师。二十二年（前475），越大举攻吴，败吴军于没（吴地），又败之于郊，再败之于津，围吴城三年，以候时机。句践二十四年（前473），越国灭吴，吴王夫差自杀。越国报仇雪耻之战告终。

句践平吴之后，乃以兵北渡淮，与齐、晋诸侯会于徐州，并派使臣向周王朝进贡，周元王遣使赐句践胙，命为伯。当时，越兵横行于江淮以东。句践二十五年（前472），迁都琅邪，与齐、楚、秦、晋会盟，诸侯毕贺，称为霸主。

句践三十二年〔（前465），一作三十三年〕，句践卒，子鹿郢即位。后越国在不寿、朱句、翳、诸咎、孚错枝、无余、无颛、无彊等代，均称强。但因后代国内频起杀伐，无彊伐楚失败，于周显王三十六年（前333）被楚威王杀死，楚国尽取故吴国至浙江的土地，越国从此四散。诸族子争相自立，或为王、为君，滨于江南海上，服朝于楚。秦王政二十五年（前222），秦将王翦平定江南，越君降，越遂亡。

【秦汉会稽郡山阴县】 秦始皇二十六年（前221）平定天下，分海内为36郡。原越地称大越，隶会稽郡，治吴（吴县）；三十七年（前210）秦始皇南巡，上会稽，祭大禹，刻石颂秦德，更名大越为山阴，山阴县始此。西汉高祖五年（前202），刘邦封韩信为楚王，山阴属楚国。六年并丹阳、会稽两郡为荆国，封刘贾为荆王，山阴隶荆国。十二年荆国除，建吴国，刘濞为王，山阴属吴国。景帝前元三年（前154），刘濞叛，国除，恢复会稽郡，山阴属之。汉永建四年（129），析浙江以西为吴郡，浙江以东仍会稽郡，山阴县为郡治。熹平三年（174），孙坚父子开始在会稽图建国，建制不变。

在这近400年中，山阴人郑吉于甘露年间（前53～前50）数出西域。建武间，上虞王充著《论衡》，反对谶纬迷信。永元间，太守马棱建回涌湖，治绩有声。永和五年（140），太守马臻疏筑鉴湖，溉田9000余顷，造福百姓。

【魏晋南北朝会稽郡山阴县】 东汉建安元年（196），孙策击败严白虎，自领会稽太守。五年，孙策死，孙权领会稽，谋建国。三国吴黄龙元年（229），孙权称帝，建都建业，仍设会稽郡，山阴县为郡治所在地。天纪四年（280），孙皓降晋，山阴仍为会稽郡治。晋太康二年（281），改会稽郡为会稽国，孙秀当国，治山阴县。永宁元年（301），孙秀因参与赵王伦篡位，国除，复郡，治山阴。建武元年（317），司马睿在建康即晋王位，改元，翌年称帝，史称东晋，山阴隶属不变。咸和四年（329），王舒任会稽内史，为避父讳，钦改会稽为郐稽。永初元年（420），晋恭帝禅位，刘裕称帝，建国号宋，翌年复为会稽郡。元嘉三十年（453）析扬州浙东5郡为会州，治山阴，旋罢。孝建元年（454）又析扬州浙东5郡为东扬州，治山阴。后屡有变易，但山阴为会稽郡治不变。建元元年（479），萧道成逼宋帝禅位，立南朝齐，会稽郡仍属扬州，治山阴县。天监元年（502），萧衍逼齐和帝禅位，建南朝梁。普通五年（524），置东扬州，治山阴县。太平元年（556）罢东扬州，还复会稽郡，属扬州，郡治山阴县。永定元年（557）陈霸先废梁自立，是为南朝陈，隶属依旧。陈后主时（583～589），析山阴县东部置会稽县（一说在永定年间），两县同城而治。会稽设县自此始。

在三国吴、西晋、东晋和南朝360年间，除西晋37年外，其他各朝均建都建康（今南京），故史称六朝。六朝期间，贺循疏凿浙东运河，造福百姓；司马睿称“今之会稽，昔之关中”，地位重要；王羲之修禊兰亭，成书法圣地。

【隋唐五代越州山阴、会稽】 隋开皇九年（589），废郡置吴州，并山阴、上虞、始宁、永兴为会稽县，隶吴州。大业元年（605），改吴州为越州，治会稽。越二年仍复会稽郡。唐武德四年（621），李子通克杭州，置越州，治会稽，旋改越州总管府。武德七年（624），改总管府为都督府，析会稽立山阴县。此后，山、会两县时有废复。元和十年（815），山、会两县同城而治遂成定制。开平元年（907），朱温篡位，史称后梁，封钱镠为吴越王，后称吴越国，越州为东府，山、会属之。后虽有后唐、后晋、后汉、后周更迭，山、会隶属不变，直至北宋太平兴国三年（978）。

在隋、唐、五代的388年间，越州为浙江东道之道治所在地，山、会县城为七州之首、钱镠行都。其间，观察使皇甫温、会稽县令李俊之和李左次先后增修百余里东江塘。山阴王叔文主持永贞革新。诗人贺知章告老归故里。李白、杜甫等著名诗人踏歌山阴道上，史称“唐诗之路”。越绫、青瓷闻名遐迩。

【宋元建置变迁和山、会两县】 后周显德七年（960），赵匡胤陈桥兵变，夺取后周政权，建立宋朝。太平兴国三年（978），钱俶降宋，改东府为越州，山、会属之。期间曾设两浙路，统州、县。建炎元年（1127），赵构在南京称帝，史称南宋。绍兴元年（1131），定都临安，改州称府，升越州为绍兴府，山、会隶属不变。至元十三年（1276），元军攻占绍兴，改府为路，山、会属绍兴路，直至元亡。

宋、元400余年间，两宋经济有所发展。开宝四年（971）开广州、杭州、明州市舶司后，越州丝绸、青瓷远销日本、印度、大食等国。纸币“会子”允许与铜钱并行。鉴湖围湖造田兴起，史有争论。州学书院代有所建。大中祥符五年（1012），陆轸建陆太傅书院于牛峰寺；天圣九年（1031），成悦等4任知州建州学于望花桥（今稽山中学）；崇宁二年（1103）间，山、会两县学宫分建于阳堂山和竹园坊。其间，会稽县令杨宪重筑箐江石塘，知府赵彦倓修筑山阴海塘，知府汪纲疏浚西兴运河，拓建贡院、教场，缮治罗城诸城门，为世人称道。元朝是个大逆转大倒退时期，西僧杨琏真伽盗掘宋六陵，民族矛盾加剧，很快激起民变。

【明朝绍兴府山、会两县】 明洪武元年（1368），朱元璋称帝，山、会两县属绍兴府。崇祯十六年（1643）明亡，绍兴处在南明小朝廷控制之下。清顺治三年（1646），多铎部将博洛取绍兴，明鲁王逃亡舟山，绍兴归属清。

明朝统治绍兴近280年，由于前期执行与民休养生息的政策，生产发展，经济繁荣，资本主义因素萌生，绍兴第一家酱园“俞合兴”在城内开张营业。“一条鞭法”的推行，由实物税转入货币税。知府戴琥建麻溪坝，制“山会水则”；汤绍恩建三江闸，最后一次开通碛堰，造福山、会、萧三县。王守仁、刘宗周创阳明心学和蕺山学派，成一代宗师；稽山、阳明、五云、和靖等书院兴旺；古小学重建。张景岳被誉为绍派伤寒之祖。其间，倭寇为患，汤和筑三江、沥海、白洋等所城防倭，姚长子抗倭殉难，均名垂史册。

【清朝绍兴府山、会两县】 清顺治三年（1646），多铎部将博洛定绍兴，绍兴仍为府，山、会两县属之。前期，绍兴经济有所发展，但是由于大兴文字狱，禁用绍兴师爷，停止山、会两县乡试、会试等民族歧视政策，曾多次发生民变。康、乾期间，玄烨、弘历采取到绍祭禹、削除绍兴堕民籍等举措，阶级矛盾有所缓和。知府俞卿修筑城垣和改建玉山斗门。李亨特立“十禁牌”以淳风俗，为世人称道。鸦片战争期间，葛云飞英勇抗击英军，壮烈牺牲。1861年太平天国将领陆顺德占据绍兴，设200多乡官局施政，多次击杀英、法官兵。1863年左宗棠收复绍兴，山、会仍属绍兴府。

19世纪60年代到90年代的洋务运动中，绍兴有识之士奋起救亡，徐树兰、徐友兰兄弟兴办实业，创立绍兴中西学堂。齐贤“益昌佩”绸厂、山阴“公豫源”丝厂相继开业。汤寿潜著《危言》，主张变法。蔡元培、陶成章建立“光复会”。徐锡麟、秋瑾、陶成章为光复中华先后牺牲，成为辛亥革命时期“绍兴三烈士”。1911年11月6日，绍兴光复，废府存县，知府陈赞清为绍兴军政分府都督。10日，王金发率部抵绍，成立绍兴军政分府，自任都督。翌年1月，归属浙江省。

【民国时期绍兴县】 1912年，民国肇元。1月，奉浙江省军政府关于“调整县区，更改县名”令，山、会两县合并，成立绍兴县，直属省，治原会稽县衙。民国3年（1914）6月，省县间设道，绍兴县属会稽道，治绍兴县。16年（1927）4月，取消道制，直隶省。民国24年（1935）6月，设绍兴行政督察区，绍兴县属之，为区治所在地。民国25年（1936）4月，绍兴县改属第三行政督察区，仍为区治。民国37年（1948）4月改名第二行政督察区，绍兴县属之，区治迁至余姚县。1949年3月，中共绍兴县临时工作委员会（临工委）办事处（实为县人民政府）成立。4月6日，中共浙东临工委决定由会稽二支队、四明五支队一部和新越中队、绍兴办事处共500余人联合发起“车头战役”，获胜。

10日，宣布成立南池、越南、漓渚、汤浦4个区人民政府。5月7日，中国人民解放军浙东第二游击中队进驻绍兴城，绍兴解放。11日，中国人民解放军第三野战军21军61师先遣部队抵绍。12日中共浙东临工委建立绍兴军管会。25日成立绍兴市军管会。6月3日，中共绍兴县委成立，同时建立城郊、柯桥、齐贤、漓渚、进化、马山、东皋、汤浦、越南9个区分委。6日，绍兴县人民政府成立，同时建立9个区人民政府。

【中华人民共和国成立后】 1949年10月1日，中华人民共和国成立。是月，析绍兴县城区为绍兴市，市政府驻城区；绍兴县东部为会稽县，县治驻皋埠；西部仍为绍兴县，县治移驻柯桥。两县一市均属绍兴专区。1950年5月9日，两县一市合并为绍兴县，治城区，隶属仍旧。9月15日又析城区复置绍兴市（县级），县、市同城而治，隶属不变。1952年1月撤绍兴专区，绍兴县直属省，1953年2月改属宁波专区。1958年2月21日又撤销绍兴市（县级），并入绍兴县，隶属仍旧。1962年1月11日，再析城区置绍兴市（县属）。1963年1月3日，再撤县属市建制，称绍兴县城关镇。1964年9月恢复绍兴专区，绍兴县属之。1968年5月改绍兴专区为绍兴地区，绍兴县属焉。1978年9月又改名为绍兴地区行政公署，绍兴县隶属之。1981年3月31日，撤绍兴县，建绍兴市，仍县级，隶属不变。1982年2月8日国务院公布绍兴市（县级）为全国第一批24个历史文化名城之一。1983年7月23日，国务院批准实行市管县体制，撤绍兴地区行政公署，设绍兴市（地级），撤县级市，恢复为绍兴县，驻市。是年9月20日，省人民政府办公厅通知，析绍兴县城区和周边亭山、禹陵、灵芝、城东、梅山5乡和东湖1镇建越城区（县级），隶绍兴市，市、县、区同城而治。2000年7月，再析绍兴县之东浦、鉴湖、皋埠、马山、斗门5镇归属越城区，以扩大其地域。是年10月，绍兴县行政中心搬迁柯桥试运行。2001年1月13日，经国务院正式批准，绍兴县治迁至柯桥。是年3月23日举行绍兴县人民政府驻地迁至柯桥揭牌仪式。

绍兴县自1988年起，3次名列全国财政收入“十大财神县”；1991年起多次被评为中国农村综合实力百强县（市），名列10位前后。2000年，绍兴县在划出5个建制镇后，在中国县（市）社会经济综合发展指数排名中，仍名列综合位次第15位。2006～2011年，GDP分别为451.17亿元、541.49亿元、608.27亿元、655.26亿元、776.10亿元、920亿元。在中国县（市）社会经济综合发展指数排名中，连续六年跻身全国十强。

名胜古迹

【概况】 绍兴县为古越先人生息、发祥之地，地上地下保存着大量的文物古迹，至2011年底，境内有国家级文保单位5处，省级文保单位13处、县级文保单位49处、省级历史文化保护区2个、县级文保点101处，有6个正式对外开放的文保单位，被誉为没有围墙的博物馆。

【古纤道】 古纤道位于柯桥街道、湖塘街道、钱清镇、浙东运河南侧。自西晋西兴运河凿成后即现雏形，唐时曾作大规模浚修，明弘治年间改用石砌，古称运道塘、官塘和新堤，依河而建，自西而东穿越绍兴全境。其中，柯桥街道以东上谢桥至湖塘板桥，全长7.5公里的一段为全国重点文物保护单位。随着交通运输事业的发展，古纤道的功能已由单一的行舟背纤而发展成为观光旅游、欣赏水乡景色等多种用途。

【印山越国王陵】 王陵位于绍兴县兰亭镇里木栅村印山，为越王句践的父亲允常的陵寝。印山越国王陵以高超、科学的防腐技术、宏大的规模、豪华的墓室、罕见的巨型独木棺、珍贵文物以及保存完好的隍壕而震惊于世，是浙江省继河姆渡文化和良渚文化后的又一重大考古发现，被评为1998年全国十大考古新发现。

【王守仁墓】 王守仁（1472～1529），字伯安，绍兴府余姚人，明代著名理学家，倡导心学，主张知行合一，世称阳明学派，明中叶后期影响甚大。王守仁墓位于绍兴县兰亭镇花街村鲜虾山南麓，墓地为王守仁生前亲择。

【徐渭墓】　徐渭（1521～1593），字文长，号天池，别号青藤道士、田水月等，明代杰出画家，是中国水墨大写意画的杰出代表，同时也是明代杰出的诗人、书法家、文学家、戏曲家、学者和思想家。徐渭墓位于书法圣地兰亭以东2公里，前立明代文学家袁宏道书墓碑。20世纪70年代，封土被夷平，墓碑遭砸毁，1989年原地重修，前立长方形墓碑，为现代书法家沙孟海所书。

【富盛窑址】　窑址位于绍兴县富盛镇倪家溇村长竹园、诸家山等地，东西宽20米，南北长200米，总面积约4000平方米，散布着原始青瓷器、印纹硬陶器的碎片以及扁圆形垫珠、红烧土块等，窑址结构与器物形饰均具战国时期特征。

【宋六陵】　宋六陵位于绍兴县富盛镇攒宫，是南宋皇家陵园，南宋隆祐皇太后安葬于此，后南宋高宗、孝宗、光宗、宁宗、理宗及度宗相继归葬于此，此外，尚有崩于五国城，后用梓宫归葬的宋徽宗及其皇后、高宗皇后和重臣的陵寝，至元十五年（1278）被盗，明洪武二年（1369）被修葺，重竖碑石。20世纪30年代至70年代，墓冢封土被夷平，圈石及墓碑被移作他用。

【舜王庙】　舜王庙又称大舜庙，位于绍兴县王坛镇双江溪舜王山山巅，始建于南朝，现存建筑为清咸丰、同治年间重建。舜王庙有建筑艺术博物馆之称，整座建筑汇集石雕、木雕、砖雕与建筑技艺于一体，具有典型的清代中晚期风格，对研究民俗学、建筑科学以及雕刻艺术都有重要价值。

【柯岩造像】　柯岩造像始凿于隋唐年间，位于绍兴县柯岩街道柯岩风景区内柯山南麓。佛像雕凿在一巨型孤岩内，通体圆雕，法相慈祥。其东侧又有一孤岩凌空矗立，上刻隶书“云骨”二字。有“天下第一石”、“炉柱晴烟”之称。

【马鞍古文化遗址】　马鞍古文化遗址位于绍兴县马鞍镇寺桥村，由凤凰墩遗址和仙人山遗址两部分组成，距今4000年～3500年。文化层厚度约1米，主要器物有石器和陶器等。

【陶成章故居】　故居位于绍兴县陶堰镇陶堰村西上塘，是辛亥革命时期著名活动家陶成章出生和生前居住的地方。建筑坐北朝南，二进三开间，第一进为平屋，第二进为座楼，间隔天井。东边有侧屋四间，其中南端第一间为陶成章书房。

【秋官里进士牌坊】　牌坊位于绍兴县陶堰镇陶堰村，始建于明弘治年间，共3座，平面呈“凹”字形布局。中间为主牌坊，坐北朝南，楼阁式造型，共4柱3间3楼。正面圣旨牌上端竖刻“赐进士”3字，下端楷书横刻“秋官里”3字及“弘治年间”字样，背面镌刻“湖山毓秀”4字。左右为辅坊，单间单层。额枋上刻凿仙鹤、麒麟等吉祥物，上面分别刻有“弘治乙卯科解元陶谐”和“庚戌科进士陶怿丙辰科进士陶谐”等字。

【绍兴越国贵族墓群】　绍兴越国贵族墓群，大部分位于浙江省绍兴县平水镇范围内，“倒骑垅”墓位于漓渚镇，均为近年来发现的春秋战国时期的越国墓葬，共11处。绍兴越国贵族墓群是继越国王陵之后，越文化考古的又一重大发现，为研究越国的历史提供重要的实物资料，对推动越文化的研究具有重要的意义。（刘迎兵）

名士之乡

【概况】　绍兴自越王句践至当代伟人周恩来，可谓人才辈出，灿若星汉。名闻全国以至世界者，有著名哲学家、思想家、政治家王叔文、王阳明、刘宗周，历史学家谢承、赵晔、范文澜，方志学家袁康、吴平、章学诚，文学家贺知章、陆游、张岱、鲁迅，画家徐渭、赵之谦、任颐，书法家王羲之、王献之，教育家蔡元培，日记大家李慈铭，自然科学家钱三强、陈建功、竺可桢，民族英雄葛云飞，革命志士秋瑾、徐锡麟、陶成章。自隋、唐兴科举至清光绪三十一年（1905），1300余年，会试中式钦赐进士者1400余人，明、清两朝还出现过“绍兴师爷”这人才群体。近代以后，在人民革命中，有为新中国英勇牺牲之在册烈士183人。中华人民共和国成立之后，共有绍籍教授、研究员等正高级知识分子400余人，其中院士25人。（闻　雁）

县域和行政区划

【县域地理位置和面积】 绍兴县位于浙江省中北部，地处杭州湾南岸，会稽山北麓，东与上虞市交界，东南和西南分别与嵊州市、诸暨市为邻，西和西北部与萧山区接壤，北濒海，腹部横亘越城区。全县介于北纬29°42′02″至30°19′15″，东经120°16′55″至120°46′39″，东西宽46.6公里，南北长68.5公里，周边长356.59公里，总面积1202.54平方公里。

【行政区划和各镇街面积】 绍兴县下辖15个建制镇4个街道。县政府驻柯桥。

表2 绍兴县各镇(街道)地域面积

单位：平方千米

地域	面积	地域	面积
柯桥街道	14.77	安昌镇	24.12
柯岩街道	46.48	王坛镇	137.84
华舍街道	23.05	兰亭镇	82.85
湖塘街道	66.31	稽东镇	111.42
齐贤镇	32.48	杨汛桥镇	37.85
钱清镇	54.46	漓渚镇	36.62
孙端镇	31.28	富盛镇	73.90
福全镇	39.83	陶堰镇	25.11
马鞍镇	53.10	夏履镇	51.04
平水镇	173.23		

注：此数系统计数据。

柯桥新县城

【地理位置】 新县城柯桥，距绍兴市区20公里。北有起自西周讫于汉、魏、六朝的后白洋村文化遗址，南有东汉太守马臻浚筑的百里鉴湖和孕于太初、辟于赤乌、讫功于开皇的柯岩，自西而东横贯着晋永嘉年间贺循疏凿的西兴运河和唐元观察使孟简修筑的古纤道。山会平原上第一大湖——瓜渚湖嵌于其中。十里湖塘、青墩江、鱼渎港、南大池、龙池、大小坂等江河湖泊编织其间，管墅、阮社、柯亭、寓园、太平桥、融光桥等名胜古迹灿若群星，是地道的江南明珠，水乡泽国。

柯桥城区新貌　　（柯桥街道供稿）

【建置沿革】 柯桥，东汉时称“高迁亭”，魏、晋间改称“笛里”，东晋、南朝以后，始称柯桥。南宋设柯桥驿；明代称柯桥市；清朝乾隆二十一年（1756）以白洋巡检司移驻西官塘，辟柯桥巡检署，始设城。宣统二年（1910）实行地方自治，建柯镇，为镇治所在地。民国17年（1928），撤乡镇建区，柯桥是第八区区治。1949年10月绍兴县一分为三，为会稽县、绍兴市、绍兴县。绍兴县驻柯桥，是为县治之始，但时间短暂。2001年3月遂真正成为绍兴县政治、经济、文化中心。

地形地貌

【概况】 绍兴县境背靠会稽山，北濒海，故呈西南高、东北低的阶梯形地势，山脉、平原、海岸兼有，山丘与平原间界线明显。西南部为低山丘陵河谷区，占全县总面积约51%，中北部为水网平原区，占全县总面积约30%，平均海拔6~7米，偶有孤山、残丘分布其间，其高度一般不超过200米，史称山会平原。东北部为滨海平原区，占全县总面积的11%，海拔5米左右，系淤涨型滩涂，地势平坦。

绍兴县境内有地望名称并经实测高程的山岗273座，岭24座，为五百岗、木窝尖、独子尖、化山、东干山、秦望山、西干山、香炉峰等，海拔一般在300～400米之间。骆家尖海拔700多米，为境内最高峰。

【西南部低山丘陵河谷】 会稽山脉尾闾进入县境内南部，构成一片崎岖低山、丘陵、河谷地，约形成于1.3亿年前，基本稳定。新石器时代已有频繁农垦活动，现已辟为茶、桑、果等经济作物和旱粮种植地，在绍兴农业史上占有重要地位。

区内群山连绵，山体抬升强烈，地形破碎，溪流短小湍急，一般在海拔300～400米之间，地势向东北急剧倾斜，降至海拔20米左右时，与无数山麓冲积扇和中北部冲积平原相连，坡度以15°～25°和大于25°为主。地貌类型复杂，有丘间谷地、低丘、高丘和低山4类，主要有夏履、型塘、漓渚、兰亭、平水、石泄及小舜江河谷，王坛、平水盆地，其面积较小，山垅较狭，水流湍急，含沙量较高，土壤冲积明显。与水网平原交界处均有大片坡地、阶地，尤以漓渚、兰亭、上蒋一带面积较大。坡度皆在10°以下，土层深厚，适宜农耕。

区域面积占全县总面积的50%左右。

【中北部水网平原】 历史上，山会平原本是一片浅海沼泽，潮汐无常，今之漓渚、平水均为海水直拍的山地和海岸交界处，卷转虫海退之后，海岸北移，海岸线轮廓已与今相似，浅海开始赤裸，加之山丘泥沙来源丰富，溺谷淤浅不畅，浅海逐渐垫高而变成咸潮出没的沮洳沼泽之地。约在公元前21世纪，经过传说中的大禹治水，无余封越，越族居民才开始垦殖。距今约3000年，越族酋长开始把聚落居民从会稽山地向北迁徙，山麓冲积扇和平原中一些较大孤丘及附近坡地被开发，中部冲积扇平原形成。公元前5世纪初，越王句践把驻地迁至今之越城，经过筑城、立郭、围堤、筑塘、拒潮、蓄淡，造就会稽山北麓冲积扇以下的大片耕地。秦汉时，越人迫迁，北人南徙，潮沼地加快开发。东汉马臻浚筑鉴湖，开辟良田9000顷。唐垂拱二年（686），山阴与萧山间25公里界塘筑成，开元十年（722）会稽县令李俊之主持修筑山会海塘，后经大历十年（775）、大和六年（832）两次增修，才形成东起上虞、西至山阴全长50多公里之防海塘，山会平原遂全面形成。

区域面积约占全县总面积的40%，境内除偶有高不过200米的零星火成岩残丘外，皆为冲积、淤积、海积而成。地势平坦，平均海拔6～7米。靠近古海塘北部狭长地带，地势低平，平均海拔4.5米，河流较少，水面狭窄，为向滨海滩涂过渡地带。广阔的平原地区，河流纵横，湖泊星散，以溇、湖、埭、桥、江、墅、葑、塘、渎、堰、岸、港、浦等命名的村落，达226个，农田被切割成大小渡田，阡陌成网，展现出一派水乡特有景观，故称“水乡泽国”。

【东北部滨海平原】 受钱塘江和曹娥江涌潮顶托，江之北岸不断被侵蚀，南岸逐渐淤涨。明永乐至万历年间（1403～1620），钱塘江主槽北移，山、会两县海涂外涨，已有人自发垦殖，植棉、麻，种水稻、瓜果、蔬菜。清咸丰年间（1851～1861），三江口乾、坤两号沙地，面积超过4万亩。清末民初，滩涂曾向杭州湾伸展10公里，有磨盘丘、豆腐畈等垦区。此后，由于钱塘江南股槽游移，滩涂大片坍方，至建国前夕，几乎丧失殆尽。从1969年开始组织大规模人工围涂造地，围垦76平方公里，约占滩涂总面积的47%。2002年10月，启动“九七”丘二期工程，总投资1.58亿元，抢围低滩面积450公顷。2006年10月28日，绍兴县最后一期口门治江围涂（西片）工程动工建设。围涂计划分三阶段实施，共抛筑堤坝2支，其中西堤全长1997米，北堤全长2186米，实际围垦面积为316.67公顷，抛筑石坝4183米，筑堤4130米。至2007年5月11日，口门治江围涂（西片）工程完工。

这块淤涨型滩涂，约占全县总面积的10%，区内地势平展，人工水系纵横交错，海拔5米左右，实为滨海平原，从而奠定绍兴县全境自南而北由山脉——平原——海岸组成阶梯式地貌。

【主要山脉及主峰】 会稽山是曹娥江与浦阳江的分水岭，主峰太白山在诸暨、嵊州交界处，海拔1000多米。其北脉自西南方由诸暨、嵊州边境进入绍兴县，主峰有二：

真如山，在嵊州境内，海拔700多米，延伸到绍兴县王坛镇孙岙，称五百岗，海拔600多米，余脉向东北伸展，达曹娥江畔。主要山峰有雄鹅峰、西峰山、衙堂山、龙塘山，皆在小舜江东岸。

骆家尖，在稽东镇焦坞村西南，海拔700多米。

河流湖泊

【概况】 绍兴县境内河流源于南部会稽山，除小舜江外，均流经中部平原，北注曹娥江、钱塘江。历史时期，经历自然水系、鉴湖水系、运河水系的发展演变过程。现分属小舜江和运河两大水系，又以运河水系为主，总属曹娥江流域。

【小舜江水系】 小舜江是曹娥江中游的最大支流。发源于嵊州竹溪赤藤岗，东北流经谷来、显潭，在五间头流入绍兴县境内。过王城、王坛，到肇湖称为南溪，并与北溪合流，东北流经两溪、塘里，至登岸入上虞境内。过汤浦，在上浦注入曹娥江。流域面积534平方公里，主流长72公里。县境范围的流域面积为317.14平方公里，流经南部山区。主要支流有文山溪、董家塔溪、王化溪、双江溪、北溪和南溪6条支流。

南溪，为小舜江正源，由嵊州南部流入绍兴县。在县境内起于童家泛、王城，经南子口，折东北到肇湖与北溪合流。主流长9.65公里，支流总长34.4公里，境内集雨面积67.47平方公里。

北溪，上游呈扇形，分别源于稽东镇龙峰上王谷雨尖、越峰胡宅、越大山、九曲岭、相岙等，汇合于袁村，过上冯、车头、青坛、王坛至肇湖与南溪合流。主流全长23.15公里，支流总长69.45公里，集雨面积124.51平方公里，是小舜江上游的两大支流之一。

双江溪　源于两溪双岭大青岙，流经罗镇与小舜江合流，折东北过两溪、塘里至登岸，主流全长7.8公里，支流总长25.5公里，集雨面积43.91平方公里。

王化溪，源于平水镇王化上祝杨梅山，向东南流经宋家店、王化、青店，在登岸注入小舜江，主流全长14.4公里，支流总长11.15公里，集雨面积42.63平方公里。

文山溪和董家塔溪，均源于富盛镇文山腰园岭和王流水岩头岭，两条溪相邻平行流向东南，在徐家合流入上虞市，主流共长10.25公里，支流总长2.1公里，集雨面积32.3平方公里。

【运河水系】 西干山脉与化山山脉之间丘陵、平原地区的溪、河、湖泊，总称运河水系，由山区河流、平原河网和平原湖泊三部分组成。县境范围流域面积为1074.9平方公里（包括越城区）。

【山区河流】 古称“三十六源”之水，源出于西干山脉和化山山脉，源短流急，由南向北，下注平原与萧绍运河通连，为平原河湖网的主要水源。自西依次往东的主要河流11条：

夏履江，发源于湖塘黄山岭下凉帽尖，流经华丰、夏履桥、汪家埭后，河道弯曲盘回，称九曲河，至前童、南钱清通连西小江。主流全长32.6公里，支流总长94.6公里，集雨面积148.47平方公里。

陌坞江，发源于湖塘街道陌坞一字岗，流经古城，在西跨湖注入鉴湖大江，主流全长6.75公里，支流总长10.35公里，集雨面积14.03平方公里。

型塘江，发源于湖塘街道俞家山村九岭下，经潜家桥、型塘，出寿胜埠头注入鉴湖大江，主流全长18.65公里，支流总长16.6公里，集雨面积28.61平方公里。

项里江，发源于柯桥街道州山大洋水库冷水弯岗，经项里，在彤山西侧注入鉴湖大江。主流全长4.7公里，支流总长13.85公里，集雨面积13.78平方公里。

秋湖江，发源于福全镇樊迪大雾尖，流经王七墩、秋湖，在彤山东侧注入鉴湖大江。主流全长6.6公里，支流总长16.5公里，集雨面积12.09平方公里。

漓渚江，发源于漓渚镇棠棣刘家村太山岭，流经九板桥、义桥、下溇、徐山，于钟堰汇入鉴湖大江。主流全长20.4公里，支流总长44.15公里，集雨面积57.23平方公里。

娄宫江，又名兰亭江，发源于兰亭镇大庆山，流经谢家桥、花街、分水桥、娄宫、凌江岸，在偏门汇入鉴湖大江。主流全长 21.55 公里，支流总长 98.05 公里，集雨面积 111.31 平方公里。

平水江，又名若耶溪，发源于平水镇上嵋岙茅园岭，流经岔路口，平水江水库、平水、铸铺岙、望仙桥后有上灶溪注入，出龙舌嘴，在稽山门汇入环城河。主流全长 23.55 公里，支流总长 103.95 公里，集雨面积 152.42 平方公里，（含上灶溪）是运河水系中最长的山区河流。

攒宫江，发源于富盛镇五丰岭山坑口，流经旧埠、上蒋，折西过坝口、东湖注入运河。主流全长 5.5 公里，支流总长 50.5 公里，集雨面积 48.98 平方公里。

富盛江，发源于越城区皋埠镇青龙山，流经富盛镇万金、章家溇，在甫前孟入运河，主流全长 9.4 公里，支流为平原水网，集雨面积 41.5 平方公里。

石泄江，发源于富盛镇石泄村后青山，过调马场、青塘，在北山东北经上虞市银山以东注入运河。境内主流全长 6.3 公里，支流总长 4.1 公里，集雨面积 24.43 平方公里。

【平原河网】 会稽山区河流，自南而北，涌入平原，或溢而为江，或潴而为湖，或为沼为池，或为溇为荡，形成纵横密布、四通八达的平原水网。水流总趋西南向东北；水位升降幅度受水闸节制。萧绍曹运河贯穿东西，其径流主要由西小江、直落江等经新三江闸、马山闸、迎阳闸、东江闸等注入曹娥江。

萧绍曹运河　古名漕渠，又名西兴运河，疏凿于晋代，历加浚治而成。今西起萧山西兴，东至上虞曹娥，全长 78.5 公里，与萧甬铁路线基本平行。运河在县境内，西起钱清镇，经柯桥入绍兴城西郭门，出五云门迤东，经皋埠、陶堰镇，于泾口进入上虞市，共长 41 公里，为运河水系的主干河道和连接萧山、上虞的主要航道。运河南面有夏履江、陌坞江、型塘江、项里江、秋湖江、漓渚江、娄宫江、坡塘江、南池江等汇入鉴湖与萧绍运河贯通，又有平水江、攒宫江、富盛江、石泄江等直接汇入绍曹运河。运河北面，与各南北、东西向河道连接，主要经西小江、直落江及马山闸配套河道，由新三江闸、马山闸和红旗闸节制注入曹娥江。

西小江　又名钱清江。宋、明期间，多次成为浦阳江下游干道；明嘉靖十六年（1537）建成三江闸前，为直通杭州湾之潮汐河流。明宣德年间（1426～1435），始筑临浦坝，复开碛堰山口，导浦阳江归复故道入钱塘江；明成化年间（1465～1487），又筑麻溪坝、新河闸，浦阳江与西小江分流，自此，西小江自成系统。上游为进化溪（古称麻溪，今萧山境内），源出今萧山进化螽斯岭。经晏公桥入西小江，在境内杨汛桥镇上坂入境，流经江桥、杨汛桥，在钱清镇附近贯穿萧绍运河，又折东北经南钱清、新甸、管墅、华舍、嘉会，下方桥、狭猕湖、斗门等地，于荷湖与直落江汇合，由西入新三江闸江总干河，注入曹娥江。其中上坂至钱清河段，为绍兴县与萧山之界河；华舍至嘉会主干河道由于垦殖已经消失。西小江全长 91.6 公里，县境内长 58.6 公里（上坂至三江闸），为境内西部主要的灌溉、排涝和航运河流。现为新三江闸西干河。

直落江　修筑鉴湖以前，为若耶溪入平原的下游河道，北出三江口，注入后海，时称山阴江。鉴湖初创时期，在今斗门镇拦江始建玉山斗门以泄洪，直落江成为重要排涝河道。唐开元十年（722）始筑防海塘（会稽海塘），使鉴湖北流注入曹娥江的许多河流，从此都汇入直落江，北出玉山斗门入海，直落江成为山会平原南北流向的干渠。直落江宽阔、顺直，从绍兴城昌安门向北，经城东、梅山、袍谷、狭猕湖，出斗门镇过塘头，与西小江汇合，入新三江闸江总干河，全长 14.2 公里。现为新三江闸东干河。

【平原湖泊】 公元前 2000 年左右海岸线自会稽山麓逐渐北移，至春秋时代出现山麓地带湖泊群，汉代又出现中部地带湖泊群，期间还产生大型人工湖泊古鉴湖，唐代形成沿海地带湖泊群。据史载，境内曾存在稠密的湖泊群，较大湖泊达 54 个。唐代以后，开始围垦湖泊，宋代加剧，湖泊锐减。明清两代，湖泊继续垦废。至新中国成立前，主要湖泊仅存 18 个；新中国成立后，湖泊仍遭局部围垦，20 世纪 90 年代，围湖现象明显抑制。

经历次行政区划调整，现属绍兴县仅10个主要湖泊。以萧甬铁路线为界，分成两大系统。路南以古鉴湖残留湖泊为主，路北属于滨海潟湖。

鉴湖，古鉴湖残留湖泊，属河道式湖泊。西起湖塘街道西跨湖桥，东至越城区亭山东跨湖桥，全长19.2公里，南北均宽108.4米，最宽处300多米，最窄处仅十多米，平均深度2.77米，湖面积294.8万平方米，容积875.9万立方米。鉴湖西通西小江，东连环城河，南有会稽山区河流夏履江、陌坞江、型塘江、项里江、秋湖江、漓渚江、娄宫江汇入，北岸古称南塘即古鉴湖西湖堤，有众多南北向小河与萧绍运河沟通，流域面积357平方公里。

贺家池，位于县东16公里的孙端镇，与上虞相界，南通萧绍曹运河，西贯大坂洋，滨海潟湖。清初，湖周23.5公里。20世纪80年代初，湖面积（含上虞部分）为184.4万平方米（合2700余亩），容积498.99万立方米。1986年，贺家池中1000余亩被当地政府辟为内荡养鱼基地。相邻上虞市也将贺家池用作养鱼。贺家池至今名存实佚。

瓜渚湖，位于县域中心柯桥街道，南濒萧绍运河，滨海潟湖。清初，有前后二湖，广数千余亩，现存一湖，面积为149.2万平方米，容积417.41万立方米。

白塔洋，位于县东17公里的陶堰镇，古鉴湖残留湖泊，绍曹运河主航道，湖面积125.4万平方米，容积339.33万立方米。

大坂荡，位于县西北13公里的华舍街道，滨海潟湖。湖面积91.88万平方米，容积248.63万立方米。

大坂洋，位于县东北15公里的孙端镇，滨海潟湖，东临贺家池，北接马山闸配套河道注入曹娥江。湖面积76.4万平方米，容积206.74万立方米。

百家湖，位于县东17公里的陶堰镇，东临白塔洋，北连绍曹运河，古鉴湖残留湖泊，湖面积66.9万平方米，容积149.94万立方米。

芝塘湖，又称茭塘湖、菱塘湖、芝湖，位于县西北24公里的杨汛桥镇。原为自然湖泊，明洪武二十七年（1394）始筑塘建闸，遂成为滞洪蓄水工程。历有围垦。湖面积40.3万平方米，容积109.05万立方米。

施家荡，位于县西北20公里的钱清镇，滨海潟湖，南接萧绍运河，北通西小江，湖面积23.13万平方米，容积62.59万立方米。

晨石湖，位于城西南9公里的福全镇，古鉴湖残留湖泊。湖面积17.9万平方米，容积50.48万立方米。

自然资源

【土地资源】 绍兴县域，历来变动较多，土地面积又疏于记载。从明朝万历年开始，才有若干年份土地面积记录。

明万历《绍兴府志》载：洪武二十四年（1391），山、会两县合计土地面积2184279亩。万历十三年（1585），山、会两县合计2215007亩。

清乾隆《绍兴府志》载：康熙十年（1671），山、会两县合计2246859亩。乾隆四十九年（1784），山、会两县合计2263086亩。

民国时期，据《重修浙江通志稿》载：18年（1929），绍兴县陈报公私土地面积为2672558亩。24年（1935），《浙江省各县面积分析表》列绍兴县总面积为3124832.26亩。据宁波专署按浙江省统计局刊发《浙江省银行经济年鉴》反馈给县的资料：35年（1946）、36年（1947）、38年（1949），绍兴县土地面积（不含海湾）均为287.35万亩，折合1915.66平方公里。

中华人民共和国成立后，绍兴县域仅20世纪50年代就变动11次，与1949年比，净减土地面积474.6平方公里。1959年土地总面积为1441平方公里，合144100公顷（不含海湾面积）。1983年撤地建市，恢复绍兴县，土地面积减至1392平方公里，合139200公顷。据1991年土地资源详查资料，全县总面积为1492.51平方公里（含海湾面积），合149251公顷。2000年7月，行政区域又作调整，除去划给越城区的东浦、马山、斗门、皋埠、鉴湖5镇，计土地面积239.70平方公里后，全县土地面积减到1252.81平方公里，合125281公顷。2003年，齐贤镇划出15个村，计19.21平方公里，全县土地面积减到1233.6平方公里，合123360公顷。

县境土地后备资源潜力不大，人均耕地已由新中国成立初的人均0.07公顷减至0.04公顷。现有土地面积中仅有6433.33公顷尚未开发利用，其中30%左右的土地在现有条件下无法开发利用。

【水资源】 2011年，全县总降水量为16.5406亿立方米，比2010年降水量减少10.32%，比多年平均降水量17.1848亿立方米偏少0.6442亿立方米，减少3.75%。全年按平均降雨量计算地表径流量为7.4966亿立方米，地下水资源2.1617亿立方米，两者重复计算水量1.4844亿立方米，即全县水资源量8.1739亿立方米，按年末户籍人口72.20万计算，人均水资源占有量1132.1立方米。

【生物资源】 据1998年新编《绍兴县志》载，1993年据本地科研单位、医药卫生部门、学校等有关单位征集的野生鸟兽、农作物、经济昆虫名录整理，全县载有主要野生动植物1521种。其中植物8门187科931种，动物9门2类12纲16目213科59种。

在众多的生物中，属国家级保护的共24种，其中属国家二级保护植物有鹅掌楸、杜仲、银杏、金钱松、天竺桂5种；国家三级保护植物有凹叶厚朴1种；属国家一级保护动物有虎1种，二级保护动物有穿山甲、水獭、豺、白鹇、小杓鹬、鸺鹠、东方蝾螈、虎纹蛙和5种鹰类、2种隼类共15种。属省级保护动物有眉锦蛇、眼镜蛇、蕲蛇、寿带、戴胜、大杜鹃、毛冠鹿7种。

【矿产资源】 境内矿藏资源丰富。自1958年陆续开展地质勘探以来，已探明32个矿种，85个矿点。内生矿有铁、铜、金、多金属、萤石等，是浙江省钢铁、冶金、化工、有色金属原材料及黄金的重要产地之一。外生矿有石煤、泥炭、磷、钾、石英、石灰石、白云石等。境北部第四系地层中有天然气。

金、铜、铁、铅、锌等多金属矿大都分布于元古界双溪坞变质火山岩中，石煤、磷、钾、石灰石、白云石等大多分布于西南部古生代地层中，萤石、墨曜石、珍珠岩则分布于上侏罗火山岩中。

气象特征

【概况】 2011年，绍兴县平均温度较常年偏高，高温日数多；总雨量、雨日比常年偏少，日照时数与常年平均基本持平。年内降水时间分布极不均匀，大部分时段少雨；梅汛期雨量集中，出现连续性暴雨过程，旱涝形势急剧，梅雨形势是自1999年以来最典型、最强的，雨量显著偏多，雨强偏强。台汛期影响的台风有“梅花”和“南玛都”，影响偏轻。灰霾天气影响较严重，灰霾天数明显偏多，酸雨强度继续降低。

1~2月，平均气温比常年明显偏低，雨量和雨日比常年显著偏少，日照时数比常年偏多。3~5月平均气温偏高，雨量和雨日严重偏少，日照时数明显偏多。6~8月平均气温明显偏高，雨量和雨日显著偏多，日照时数偏少。9~11月平均气温明显偏高，雨量、雨日和日照时数均比常年偏少。12月份平均气温接近常年，雨量、雨日和日照时数均比常年偏少。

年平均气温17.5℃，比常年偏高1.0℃，比上年略偏低；全年各月平均气温除1月较常年偏低2.9℃（为近20年来最低值），12月与常年持平外，其余各月均不同程度的偏高，其中11月平均气温偏高达4℃，为绍兴有记录以来历史同期最高值。年极端最低气温为-4.7℃，出现在1月31日；极端最高气温为38.5℃，出现在7月7日。日最低气温低于0℃的天数为25天，接近常年平均，高温（日最高气温≥35℃）天数为36天，比常年偏多16天。

终霜期出现在3月11日，比常年提前17天（常年为3月28日），初霜日为12月3日，比常年晚17天（常年为11月16日）。稳定通过10℃的初日出现在3月24日，回暖比常年偏早5天（常年为3月29日）。连续3天日平均气温≤22℃的秋季低温，出现在9月19日，比常年（9

月10日）偏迟9天，连续3天日平均气温≤20.0℃的秋季低温，出现在9月30日，接近常年（9月28日）。

全年降水量为1215.3毫米，比常年1479.3毫米偏少近两成，也少于上年。全年的雨量时空分布极不均匀，时有暴雨、特大暴雨和阶段性干旱、洪涝出现。降雨量各月差别极大。1～5月持续少雨，总降水量仅266.9毫米，比常年偏少五六成；6月出现连续强降水过程，旱涝形势急转；月雨量420.3毫米，比常年同期偏多1倍，出现全年最大月降水量；7月降水偏少六成；8月阴雨天气较多，总雨量偏多三成；9月雨量偏少近四成；10月到12月比常年偏少两成左右。梅雨期出现1999年以来最为典型的梅雨形势，出、入梅均较常年偏早，梅期短，梅雨量显著偏多，降水集中，雨强大。

全年总雨日为130天，比常年平均171天偏少41天，比上年177天偏少47天。除了6月、8月和11月雨日较常年偏多外，其余各月均比常年偏少。其中2月、3月、4月、5月比常年严重偏少。

全年总日照时数为1910.2小时，比常年1797.4小时偏多，比上年2030.2小时略偏少。各月分布不均匀，其中1月、2月、3月、4月、5月偏多，6月、8月、10月、11月、12月偏少，其余月份基本持平。全年灰霾天数严重偏多。

酸雨率（酸雨日数和降雨日数之比）比较稳定，维持在75%左右，酸雨率较高。降水pH值年平均为4.97，降水酸度已经连续三年趋缓，是近十年酸度最小的一年。

【重要天气事件】 低温雨雪冰冻 1月份持续低温，降雪及冰冻天气偏多，月平均气温仅1.4℃，比常年异常偏低2.9℃，为30多年来最冷的一个月，也是自有记录（1961年）以来的第二低值年，仅次于1977年（0.3℃）。冰冻天数达16天，为近年来最多；降雪日数较多，其中1月18日到20日出现大雪，山区暴雪，全县最大积雪深度普遍达10～14厘米，20日早晨8时绍兴站最大积雪深度达11厘米。给交通运输和农业带来不利影响。

干旱少雨 1～5月降水量异常偏少，不到常年的一半，是自有观测资料以来历史同期最少值，受降水偏少的影响，水库蓄水量明显减少，干旱导致河流水位明显下降，对部分乡镇水质有影响，河床富营养化加剧；土壤出现轻度干旱。

持续暴雨 6月4日入梅，比常年偏早10天，6月26日出梅，比常年偏早11天。梅雨量比常年明显偏多，是自1999年以来最典型、最强的梅雨降水集中期。梅雨特点：梅雨量大，整个梅汛期全县累计雨量406.5毫米，比常年偏多八成；强降水集中期显著，连续性大到暴雨过程，先后出现4轮明显的强降水过程，且每轮强降水过程之间间隔时间较短，强降水落区基本重叠，4次强降水过程分别为6月4日凌晨～7日上午、9日夜里～12日上午、13日夜里～16日、18日下午～19日。

持续强降水天气对各行业均造成严重影响，部分山塘、水库、河流超警戒水位，堤防、护岸、农业灌溉设施部分损坏，农田受淹。

灰霾日数多 全年灰霾天数达248天，平均每3天就有2天是灰霾天气，严重偏多。灰霾天数时间分布不均匀，总体上表现为冬春两季多，秋季次之，夏季最少。有7个月份霾日数超过20天，其中最多为12月份，达28天，最少为6月份，有12天。

高温 极端最高气温≥35.0℃的高温天数严重偏多，为36天，比常年平均偏多16天，37℃以上的天气平均为13天，年极端最高气温为38.5℃，出现在7月7日。主要连续高温时段为7月2日～9日、7月21日～8月3日和8月15日～22日。持续高温给百姓的生产生活带来较大影响，用电量持续上升。

强冷空气多发 2月9日受强冷空气南下影响，气温持续下降，过程降温幅度超过10℃。11月29日至12月1日受强冷空气影响，日平均气温48小时降温幅度达12℃左右，3日早晨最低气温低至2.6℃，并出现7级大风。12月7日～9日受强冷空气影响，有明显降温降水，过程降温幅度9℃左右。由于温度骤降，呼吸道等疾病患者陡增。

表3 2011年度绍兴站气象要素

	气温（℃）			雨量（毫米）			雨日（天）			日照（小时）		
	2011年	2010年	常年	2011年	2010年	常年	2011年	2010年	常年	2011年	2010年	常年
绍兴	17.5	17.7	16.5	1215.3	1494.4	1479.3	130	175	171.2	1910.2	2030.2	1797.9

注：本文采用的气象资料均为绍兴站资料，常年值为1971年~2000年。极值为1960年~2010年。绍兴站2007年由东湖乡迁至绍兴县群贤路，气象资料有一定的区域差别。

（王洪勋）

民族　人口

【概况】 截至2011年末，绍兴县域总户数为254266户，户籍人口为725764人，其中男性358016人，女性367748人，分别占总人口的49.33%和50.67%；农业人口410557人，非农业人口315207人，分别占总人口的56.57%和43.43%。全年出生人口4950人，出生率为6.82‰；死亡人口4575人，死亡率为6.30‰。到年末净增人口375人，自然增长率为0.52‰，比上年上升0.35个千分点。

全县境内人口以汉族为主，人数为720484，占总人口比率的99.27%；少数民族人口5273人，占总人口比率的0.73%，与上年基本持平。全县境内有壮族等34个少数民族人口居住，人口数量呈现增长趋势。少数民族人口较上年增加199人，以女性为主，计4552人，占总数的86.33%；男性721人，占总数的13.67%。男性人口增幅较女性明显，比上年上升9.02%。

表4 2011年绍兴县少数民族人口情况

序号	民族	男	女	序号	民族	男	女
1	蒙古族	13	36	19	佤族	0	3
2	回族	14	45	20	畲族	29	43
3	藏族	1	0	21	拉祜族	0	1
4	维吾尔族	23	10	22	水族	1	11
5	苗族	72	447	23	纳西族	36	321
6	彝族	25	183	24	景颇族	0	2
7	壮族	197	2195	25	柯尔克孜族	0	1
8	布依族	32	249	26	土族	1	0
9	朝鲜族	89	88	27	达斡尔族	1	1
10	满族	39	55	28	仫佬族	5	35
11	侗族	26	139	29	布朗族	0	1
12	瑶族	7	28	30	毛南族	0	22
13	白族	29	199	31	仡佬族	1	22
14	土家族	60	266	32	锡伯族	1	0
15	哈尼族	3	31	33	怒族	0	1
16	傣族	1	14	34	京族	1	1
17	黎族	12	75	35	其他	2	5
18	傈僳族	2	27	36			

（张　剑）

经济和社会发展

【概况】 2011年，绍兴县实现地区生产总值920.0亿元，按可比价计算增长10.7%，比上年提高0.1个百分点。人均生产总值126757元（按户籍人口计算），增长10.1%，按年平均汇率折算为19164美元。第一产业增加值为33.27亿元，增长4.1%；第二产业增加值555.96亿元，增长10.3%，其中工业增加值达到507.66亿元，增长10.9%；第三产业增加值为330.77亿元，增长12.3%，三次占比达36%。

【农业】 2011年，绍兴县实现农林牧渔业现价总产值49.42亿元，增长15.9%。其中农、林、牧、渔各业产值分别达到28.54亿元、3.69亿元、11.32亿元、5.64亿元，分别增长13.1%、13.8%、28.1%、10.3%。

产业化经营稳步推进。全县新增土地流转面积1.02万亩，累计土地流转面积13.86万亩，土地流转率达60.3%，有21个村开展土地股份合作制改革。全县297家农业龙头企业实现产、销、利分别为119.26亿元、112.08亿元、5.13亿元，分别增长10.0%、10.2%、14.7%。农产品自营出口6941.47万美元，增长11.3%。全县新成立农民专业合作社43家，累计292家，其中省级合作社12家，县级规范社176家。

农业“两区”建设取得新进展。在16个镇（街道）启动建设功能区项目100个，新建成3.04万亩；启动建设农业园区50个，建成或基本建成24个。

生态循环农业实现新突破。绍兴县被列入全省第一批生态循环农业示范县创建行列。示范县创建工作扎实推进，城区及曹娥江引水工程平水镇沿线共计79个畜禽养殖场实施关停转迁，城区9786亩河道水域完成水产养殖整治及设施清理，2家养殖企业实施污水进管网排放，建成畜禽粪便收集处理中心1个，完成10家畜禽养殖场排泄物治理。

农业投入持续增长。全县现代农业完成投资5.0亿元，比上年增长8.7%。争取市级以上支农资金4500万元，增长10%。新建蔬菜钢架大棚1012亩，新建养殖大棚1100亩。

【工业和建筑业】 2011年，绍兴县全部工业总产值达到3459.80亿元，增长21.6%，其中规模以上工业总产值达到2939.23亿元，增长28.9%，主要工业产品产量保持较快增长。

工业经济运行质量得到稳步提升。实现主营业务收入3406.19亿元，增长21.3%；利润总额155.46亿元，增长20.9%。其中规模以上工业实现主营业务收入2886.66亿元，增长28.2%，利润137.23亿元，增长26.4%。

企业规模不断壮大。主营业务收入超亿元企业（集团）达453家，比上年增加78家，其中超10亿元企业46家，超50亿元企业（集团）7家，超百亿元企业（集团）1家。

战略性新兴产业发展加快。实现总产值834.79亿元，同比增长33.4%，高出全县规模以上工业平均增速4.5个百分点，其中“5+3”新兴（优势）产业实现总产值546.70亿元，同比增长29.5%。

建筑业整体实力显著提高。建筑业总产值超千亿元，达1132.16亿元，增长34.2%；建筑企业全员劳动生产率26.7万元/人，增长11.7%；实现利润23.58亿元，增长26.1%。年末拥有建筑施工企业219家，其中特级资质4家，一级资质32家。2011年共获省级以上优质工程87项。

【固定资产投资和房地产业】 2011年，绍兴县固定资产投资力度加大。完成固定资产投资356.80亿元，增长20.2%，其中工业性投资183.22亿元，增长18.5%，工业投资结构趋优，非纺占工业投资比重进一步提高，纺织与非纺类投资比例由上年的49.4∶50.6调整为41.0∶59.0。战略性新兴产业投资加快，全县162个“5+3+X”新兴产业项目共完成投资84.22亿元，占到工业投资的46.0%。

房地产业在调整中求发展。房地产投资达124.33亿元，增长28.6%。年末拥有房地产开发企业219家，其中二级及以上资质企业24家，绿城、金地、万达、朗诗等知名房地产公司先后进入柯桥。全年房地产施工面积975.35万平方米，增长38.4%，竣工面积141.98万平方米，增长24.2%。商品房销售面积129.41万平方米，下降20.8%；商品房销售额106.21亿元，下降15.1%。

【国内贸易】 2011年，绍兴县消费市场持续繁荣。全年实现批发零售贸易业商品销售额1752.11亿元，增长32.8%，其中批发业销售额1567.10亿元，增长33.4%；零售企业销售额185.01亿元，增长28.4%。全年实现社会消费品零售总额142.23亿元，增长19.1%。

商品市场交易保持较快增长。年末拥有各类商品交易市场86个，实现商品市场成交额930.75亿元，比上年增长12.1%。中国轻纺城市场和钱清轻纺原料市场成交额双双突破400亿元，达488.43亿元和400.86亿元，增长11.4%和12.9%。

【对外经济】 2011年，绍兴县对外贸易难中求进，在欧债危机蔓延、国际经济低迷的情况下，全年完成进出口总额132.94亿美元，增长22.2%，其中出口总额为96.49亿美元，增长21.8%；进口36.45亿美元，增长23.2%。出口商品结构得到优化，机电产品和高新技术产品出口分别增长28.5%和36.8%。

全年新批外商投资企业84家，增长68.0%；总投资36607万美元，增长48.7%；注册资本22682万美元，增长55.4%；合同外资15465万美元，增长61.6%，实际利用外资15015万美元，下降31.8%。新批第三产业外资项目81个，占新批外商投资企业的96.4%。

【交通和旅游业】 2011年，绍兴县交通事业成绩显著。年末全县道路通车总里程达1599.30公里，公路密度达133.05公里/百平方公里。公路（水路）客、货运输量较快增长。其中全社会公路（水路）客运周转量187345万人公里，增长12.0%；货运周转量606953万吨公里，增长12.0%。交通基础设施建设投资力度加大，当年完成投资5.51亿元。萧甬铁路柯桥城区段高架、杭甬客专、杭长客专、钱江三通道、329国道北移等省市重点工程进展顺利，绍诸高速主线开通，钱陶公路西小江大桥改建完成通车，平陶公路陶堰富盛段、孙端至上虞曹娥公路等工程先后开工建设。绍兴柯桥客运中心前期工作启动，接轨杭州的轨道交通和公路路网等前期工作全面展开。大力推进现代物流业发展，中国轻纺城物流中心正式运行，海关柯桥监管点和商检现场办进驻，绍兴直通关公共信息平台建成运作，物流中心集装箱货运进出口超过3万标箱。城乡公交进一步优化发展，调整优化18条公交线路，更新和新增公交车20辆，增开城乡夜公交线路3条，推行一元一票制无人售票线路28条。新增60至69周岁老人半价乘车、残疾人免费乘公交等惠民政策。建成交通GPS监控系统，将全县451辆公交车辆全部纳入监控。

旅游项目建设加快，游客增加。鉴湖—柯岩旅游度假区引进夏威夷风情园、天马汽车休闲广场、若航绍兴直升机场及游艇俱乐部等一批现代旅游项目，安昌古镇、羊山景区、王坛香雪梅海旅游区提升改造；中国轻纺城服装家纺市场和王坛香雪梅海线创建成国家AAA级旅游景区。旅游配套和综合服务水平不断提升，绍兴港龙国旅评定为四星级旅行社，鉴湖大酒店评为五星级旅游饭店。2011年全县接待国内游客837.84万人次，境外游客18.20万人次，实现旅游总收入86.29亿元,分别增长19.2%、12.3%和19.4%。

【财政　金融　证券】 2011年，绍兴县财政收入首次突破百亿元大关。全县实现财政总收入117.03亿元，同比增长25.2%，其中地方财政收入63.77亿元，增长23.2%。全年财政支出58.64亿元，增长13.1%。民生支出得到重点保障，全年财政用于民生的支出达40.85亿元，增长15.6%。科学技术、医疗卫生、教育、社会保障和就业的支出分别为3.04亿元、3.78亿元、11.04亿元和4.39亿元，同比分别增长21.2%、18.5%、25.4%和13.8%。

银行存贷款平稳增长。年底，金融机构本外币存款余额达1232.01亿元，增长8.0%。其中企事业单位存款余额697.69亿元，增长4.9%；城乡居民储蓄存款余额达513.72亿元，增长10.1%。期末银行业金融机构本外币贷款1000.13亿元，增长12.0%。银行业金融机构全年实缴税费4.72亿元。银行机构队伍不断壮大，年内上海银行落户绍兴县。

保险收入较快发展。全年实现保费收入9.52亿元，增长20.6%；保费赔付支出金额2.30亿元，增长17.0%。

股权投资推进成效初显。新引进设立股权投资企业26家，注册资本30.67亿元；股权投资管理企业18家，注册资本1.51亿元。

上市工作有序推进。明牌珠宝于2011年4月22日在深交所正式挂牌上市，募集资金约19.2亿元。年末拥有上市公司14家，累计募集资金76.9亿元。

【科学技术和教育】 2011年，绍兴县技术创新取得新进展。新增省级创新型示范企业和省级创新型试点企业各2家、国家重点扶持的高新技术企业10家、省级企业研究院1家、省级高新技术企业研发中心3家、省级科技型中小企业10家、省级农业科技型企业2家。科学技术成果再获新丰收，全县获省级科学技术奖6项，其中一等奖1项、市级科学技术奖12项，其中一等奖1项。企业科研攻关能力不断增强。全年列入各级科技计划150项，其中国家级科技计划32项、省级重大科技专项2项、省级农业科技成果转化项目2项、省新产品试制计划114个，获上级2000多万元科技经费支持。创意产业进展顺利。成功举办第三届中国高校纺织品设计大赛、第二届绍兴县纺织面料与花样设计大赛、2011科技时尚创意周活动及第二届纺织创意作品（画稿）交易会。创意产业基地投入使用面积近7万平方米，累计落户的创意设计机构104家，其中开业80家，注册资本6500万元，集聚人才1100人。全年专利申请178件，授权107件，版权登记2290件。科技园和创意园建设全面启动。

制定实施《绍兴县2011年绍兴名牌产品培育计划》、《绍兴县2011年浙江名牌产品培育计划》。新增浙江名牌产品13个、绍兴名牌产品46个，其中新增省级区域名牌1个，实现了省级区域名牌零的突破。新增中国驰名商标2件、省著名商标11件、市著名商标19件。

全年共参与各类标准制订并发布16个，其中国家标准9个、行业标准7个。累计发布国际标准5个、国家标准106个、行业标准91个。

年末拥有普通中学29所，在校学生4.67万人，专任教师3519人；小学74所，在校学生5.84万人，专任教师2807人；中等职业学校4所，在校学生1.56万人，专任教师543人。学前教育、义务教育、高中教育入学率分别达到100%、100%、99.0%。通过全省首个教育现代化县试点评估，90所学校通过省标准化学校验收，创建率达91%。拓展“内涵特色”县域素质教育，大力实施“千名小科学家”、“小三场”行动计划，建立200个社会综合实践活动基地；启动实施地方戏曲进校园活动。将越剧、莲花落等地方戏曲教学列入中小学音乐课教学计划。高考上线5491人，上线率93.0%，比全省平均高出近8个百分点，其中高考重点上线1150人。鲁迅中学成为北大校长实名推荐学校。在各级各类学科竞赛中获省级以上奖项80多个。

【文化　卫生　体育】 2011年，绍兴县加快构筑公共文化服务体系，推进社会公共文化服务均等化发展。全县有县级艺术中心1个、文化馆1个、图书馆1个、博物馆1个、镇（街道）文化站19个、县级以上文物保护单位66个。图书馆藏书量50.6万册，全年书刊发行量667万册，村村建立农家书屋。成功举办第七届中国曲艺节。图书馆完成全市公共图书馆通借通还的“一卡通”工程建设。

年末拥有卫生机构33个，其中医院、卫生院28个；实有床位3087张，其中医院、卫生院床位3022张；卫生技术人员4389人，其中医生1955人；每万人拥有医院床位43张，每万人拥有医生27人。医药卫生体制改革进一步深化，基本医疗保障制度建设逐步加强，新农合保障覆盖面不断扩大。全年有51.96万人参加，其中农业人口参合率达到97.1%。年内为250.6万人次报销金额3亿元，其中政策范围内住院费用报销比例达到70%。实施惠民医疗服务，全年实际减免医疗费用1259万元。基本药物制度稳步推进，实际让利群众7996万元，门急诊均次费用和住院均次费用分别下降3.8%和7.4%。

医疗卫生服务体系健全，绍兴第二医院通过三级乙等综合医院复评，县中心医院创建为三级乙等综合医院，新创建2家省级示范社区卫生服务中心、4家省级规范化社区卫生服务中心，省级规范化社区卫生服务中心实现全覆盖。基本公共卫生服务逐步实现均等化，第三轮参合农民健康体检率达78.33%。新创建省级卫生村（单位）7个、市级卫生村（单位）19个。

创建为省级体育强县。体育设施日益完善，县体育中心建设扎实推进，19个镇（街道）全部建成灯光篮球场和文体活动中心，柯桥主城区室外游泳池、灯光篮球场及新开河健身带建成，新增45个群众体育健身活动场所，新增社区健身场地面积450平方米。创建4个省级体育强镇、45个体育小康村和7个省级农村体育俱乐部。竞技体育取得较好成绩。全年获国家级金牌9枚、省级金牌21枚、市级金牌104枚。

【环境保护与能源消耗】 2011年，绍兴县扎实推进省级生态县建设工作，生态环境质量稳中向好。全年二氧化硫（SO_2）和化学需氧量（COD）排放量同比削减3.2%和2.6%，城区生活污水收集率达到83.0%，县域空气环境质量优于二级标准的天数达330天，优良率为90.4%。深入实施“千村示范万村整治”和农村“五整治一提高”工程，加快推进集镇生活污水处理工程及配套管网建设，有效改善农村生产生活环境。实施城乡生活垃圾统一清运处理，柯桥县城生活垃圾无害化处理率均达到100%，城镇生活垃圾无害化处理率达90%以上。深入实施污水“进管达标，处理提标”和中水回用建设工程，建成污水预处理设施企业210家，在建1家，处理规模达到58万吨/日。实施中水回用工程企业65家，回用能力达20万吨/日。严格控制废水排放总量和全社会煤炭消费总量。扎实开展印染行业定型机废气污染专项整治。全县印染行业已有1462台定型机安装废气净化装置，完成率为100%。

节能降耗稳步推进，规模以上工业万元增加值综合能耗1.74吨标煤，比上年下降8.5%。

【城乡建设】 2011年，绍兴县加快推进城市建设，按照“一主三城三区”的总体空间布局要求，编制完成钱杨新城、福兰新城概念性总体规划和东部现代生态经济区概念性总体规划等城镇总体规划。围绕“现代开放的柯桥城”建设目标，加强对柯桥城市重要道路、重要区块和重要节点的升级改造，着力彰显城市特色个性。金柯桥大道两侧绿化提档工程、瓜渚湖环湖步行道景观改造工程、柯桥城区夜景亮化工程扎实推进。全年完成房屋拆迁面积212万平方米。扎实开展市容环境和卫生整治工作，城市污水日达标处理能力达到90万吨，垃圾无害化年处理量29万吨。建成区绿化覆盖面积2035公顷。

加大对保障性住房的投入，新建公共租赁住房1314套、经济适用住房100套，新增廉租住房30户。完成10.1平方米城区老小区整治改造工作；完成613户“双困户”的住房解困工作。

推进新农村建设，加快城乡一体化发展步伐。推广“异地集中建购物业”的发展新路子，全县累计已有74个村投资建购物业，总建筑面积11.50万平方米，其中41个村异地集中建造物业用房，总建筑面积7.28万平方米。推进宅基地置换城镇房产，规范、改造农村建房，推进镇（街道）大型农民集中居住区规划建设进程，10个大型农民集中居住区启动建设，全县落实农村宅基地置换农户1640余户。完成农村住房改造建设8773户。

【人民生活和社会保障】 2011年，城镇居民人均可支配收入36547元，比上年增长13.4%；农村居民人均纯收入19527元，比上年增长17.0%。年末城镇居民人均住房建筑面积39平方米，农村居民人均住房面积59平方米。城乡居民家庭恩格尔系数分别为35.6%和35.1%，基尼系数分别为0.30和0.32。

全面落实促进就业政策。扎实推进“充分就业村”创建工作，296个村（居委会）开展创建工作，256个村（居委会）创建达标。2011年全县新增城镇就业15610人，下岗失业人员实现再就业6758人，其中就业困难人员1619人，城镇登记失业率为3.0%。完成职业技能培训鉴定13045人，培养高技能人才1514人。

全县全年企业职工基本养老保险、医疗保险、工伤保险、失业保险、生育保险参保人数分别新增3.84万人、4.49万人、4.70万人、2.11万人和4.65万人；新增城乡居民社会养老保险1.56万人，被征地农民养老保险“即征即保”率100%。全面启动企业退休人员社会化管理服务，累计发放社会保障卡24万张。

年末列入最低生活保障人数10254人，比上年增加125人，共发放最低生活保障资金2537万元；1522人得到国家抚恤、补助。及时调整低保标准，城乡低保标准从原来的每人每月400元、300元提高到470元、370元。做好医疗救助工作，全年共发放医疗救助金1469万元。加大临时救济力度，救助突发困难家庭1086户，发放临救金234.42万元。

年末拥有各类福利院31个，比上年增加7个；床位4210张，新增1471张；供（寄）养对象1473人，新增642人；农村五保和城镇“三无”集中供养率均达100%。

责任编辑　郑文燕

农业经济

综　述

2011年，绍兴县实现农林牧渔业总产值49.42亿元，比上年增长15.9%，按可比价计算同比增长4.0%，其中农、林、牧、渔各业产值分别达到28.54亿元、3.69亿元、11.32亿元、5.64亿元，按可比价格计算，分别比上年同期增长3.7%、2.5%、6.8%、1.2%。农民人均纯收入19527元，比上年增长17.03%。

粮油生产继续保持稳定。围绕稳面积、提单产、增效益思路，加强技术指导和服务，稳定粮食播种面积。全年粮食作物播种面积44.61万亩，总产20.68万吨，分别比上年增长0.45%和0.34%。其中稻谷35.11万亩，产量17.67万吨，比上年减少0.85%和1.06%；麦子3.82万亩，产量0.96万吨，分别比上年增长5.52%和11.63%。

畜牧生产方面，全年生猪价格持续上涨并高位运行，肉鸡、禽蛋价格均接近历史高位，养殖利润较高，养殖户和加工企业都得到实惠。全县生猪总饲养量73.76万头，出栏47.07万头，比上年分别增长7.85%、6.90%；年末存栏26.69万头，其中能繁育母猪2.10万头，比上年增长9.56%、6.06%。全年家禽出栏387.61万羽，禽蛋产量1.13万吨，比上年增长8.86%和18.43%。

全县水产养殖7.67万亩，比上年减少8.25%；总产量2.53万吨，比上年增长3.69%。印染产业集聚滨海，征用一些水产养殖塘；清水工程建设，城区部分水域实行禁养，使水产养殖面积缩小。新建白对虾养殖大棚1100亩，累计1255亩，利用设施反季节养殖，使水产品产量比上年增长。

农业龙头企业稳定发展。全县有农业企业297家，产值119.26亿元、销售收入112.08亿元、利润5.13亿元，分别比上年增长10.01%、10.16%和14.68%。其中农产品加工企业146家，产值80.30亿元、销售74.98亿元、利润3.67亿元，比上年增长12.19%、12.32%和18.71%。年销售收入5000万元以上的农业龙头企业46家。

2011年8月29日，绍兴市委书记张金如到绍兴县调研现代农业发展工作。（沈浩根摄）

全县有农民专业合作社291家，其中当年新成立42家，累计入社社员7550余人，带动非成员农户6.5万户，其中县级规范化农民专业合作社176家、省级示范性农民专业合作社12家。农民专业合作社覆盖全县各个产业，农民组织化程度得到进一步提高，合作社知识普及和农民认可程度得到提升。合作社规范提升，带动农业的专业化生产和农民合作。全县新培育认定县级规范化农民专业合作社110家，绍兴县民乐粮油专业合作社、绍兴县山娃子香榧专业合作社、绍兴县大越山农有机茶专业合作社等3家合作社被认定为省级示范性农民专业合作社。按照农民专业合作社规范化建设示范县创建要求，经省农业厅考评，绍兴县被确定为浙江省农民专业合作社规范化建设示范县。

全县有农家乐村（点）64家，其中省级农家乐特色村（点）10个，当年新增4家；市级农家乐特色村（点）15个。农家乐经营户250个，其中三星级农家乐经营户96户。农家乐休闲旅游业年接待游客105.2万人次，经营收入2.87亿元，分别比上年增长25.21%和25.02%。当年投入5000万元，累计投资3.78亿元，吸纳城乡劳动力1656人。

农产品自营出口6941.47万美元，比上年增长11.30%。其中茶叶自营出口2500.17万美元，酒制品1228.87万美元，比上年增长7.15%和18.98%；羽绒594.64万美元，比上年略减少5.01%。上半年因国内茶叶减产等因素，珠茶出口价格比2010年下半年上升20%，比2010年同期上升40%以上。浙江昌祥茶叶有限公司自营出口涨幅较大，自营出口2124.80万美元，比上年增长98.39%。

全县有绿色食品18个，国家级无公害农产品85个，省级无公害农产品基地111个。其中当年新认证国家级无公害农产品21个，省级无公害农产品基地13个。

2011年农产品品牌建设又有新进展，15个农产品品牌获市级以上认定，当年认定浙江名牌产品2个、浙江省著名商标5件、绍兴名牌产品5个、绍兴市著名商标3件。到2011年末，全县已有中国名牌2个、中国驰名商标7件、浙江名牌14个、浙江名牌农产品6个、浙江省著名商标28件、绍兴名牌39个、绍兴市著名商标68件。2011年县农展会期间，还由公众投票产生了2011年绍兴县十佳品牌农产品和十佳农产品包装。

全县22家农副产品专业批发市场交易额为27.37亿元，利润5780.88万元，比上年增长6.44%、6.86%，交易额超亿元的市场5家。外拓企业33家，外拓基地生产农产品3.57万吨，总产值3.30亿元。其中在当地直接加工销售农产品9330吨，产值1.81亿元。　　（李雄高）

农业综合开发

【概况】 2011年，绍兴县农业综合开发面向现代农业、改造传统农业，加大上级财政资金投入扶持力度。全县立项农业综合开发项目5个，争取到省以上财政资金1160万元，比上年增长22.75%。

【投入1280万元改造富盛山河畈万亩中低产田】 2011年，绍兴县列入国家农业综合开发土地治理项目的是富盛山河畈万亩中低产田改造。项目计划投资1280万元，其中中央财政资金400万元、省财政资金400万元、县财政配套资金400万元、镇村投劳折资80万元。该项目实施改造区域涉及富盛镇轺山、夏葑、倪家溇、乌石4个行政村11个自然村，计划投资新建机耕桥21座、机耕路12.46公里、灌溉泵站28座145.54千瓦、灌排渠道1.34公里、灌溉渠道8.8公里、渠系建筑物1073处，营造农田防护林56亩，推广甬优12等水稻良种及科技示范5项，培训农民500人次。

【3家企业获产业化经营流动资金贷款贴息285万元】 2011年，绍兴县3家企业被优选列入农业综合开发财政贴息项目范畴。浙江中大油脂有限公司大豆收购流动资金贷款，绍兴县两溪茶厂茶叶收购流动资金贷款，浙江科盛饲料有限公司饲料收购流动资金贷款，共获得流动资金贷款省级以上财政贴息资金补助285万元。

【实施百合新品种及优质高效切花生产技术示范与推广】 2011年，绍兴县被列入国家农业综合开发科技项目——百合新品种及优质高效切花生产技术示范与推广科技项目实施，省级以上财政资金补助75万元，县级财政配套资金38万元。项目以浙江省农科院为技术依托单位，通过推广实施索邦、西伯利亚等百合新品种和东方百合脱毒种球生产技术、优质百合花栽培技术等先进技术，在漓渚镇棠一村建立示范基地200亩，周边推广面积500亩，培训农户和合作社成员200人次。项目的实施打破了国际百合花巨头的垄断地位，优化了县花卉种植结构。（李法泉）

农业产业化经营

【概况】 2011年，绍兴县把粮食生产功能区和现代农业园区建设作为转变发展方式的主抓手，农业产业化得到较好发展。全县有县级以上重点骨干和优秀成长型农业龙头企业57家，其中当年认定国家级重点农业龙头企业1家、省级骨干农业龙头企业5家、市级重点农业龙头企业32家；省级农业科技企业26家，其中当年认定2家；省级示范性农民专业合作社12家，其中当年新认定3家。到年底，全县有农业企业297家，农民专业合作社291家，农产品专业市场22个。全县农业企业实现产值119.26亿元，销售收入112.08亿元，利润5.13亿元，分别比上年增长10.01%、10.16%和14.68%。其中农产品加工企业146家，实现产值80.30亿元，销售74.98亿元，利润3.67亿元，分别比上年增长12.19%、12.32%和18.71%。年销售收入5000万元以上的农业龙头企业46家，其中年销售额超亿元的农业龙头企业23家，实现销售收入96.81亿元，利润4.18亿元，占全县农业企业的86.38%和81.62%。农产品自营出口（按实到外汇统计）6941万美元，比上年增长11.30%。农产品专业市场交易额27.37亿元，比上年增长6.44%。

【投资4.1亿元建设农业企业】 2011年，绍兴县农业企业项目建设投资41409万元。到年底，全县农业企业总资产为953296万元，其中固定资产312011万元。浙江中大饲料集团有限公司新增投资4100万元，扩建特种水产饲料和专用猪料生产线，并投资设立浙江中泰畜牧科技有限公司和淮安中大饲料有限公司。绍兴县舜裕生态农业开发有限公司在王坛镇南岸村投资3000万元（其中2011年投资1000万元），建成舜裕生态园，进行玫瑰产业化生产。绍兴县老渔翁食品有限公司在安徽池州市投资1.8亿元（其中2011年投资1.2亿元），建成占地面积12万平方米、建筑面积8.5万平方米的农产品批发市场，市场分为蔬菜水产、水果、家禽、副食品、冷库、贸易等六大功能区域，正式投入运营。浙江科盛饲料股份有限公司当年投资7000万元，建成南通科盛海辰饲料有限公司和江苏科盛富邦饲料有限公司，饲料加工业向外拓展。

【2011浙江（绍兴）现代农业展览会在柯桥举行】 2011年12月23日至25日，2011浙江（绍兴）现代农业展览会在绍兴县（柯桥）中国轻纺城国际会展中心举行。农展会由绍兴县人民政府、浙江省优质农产品开发服务中心主办，绍兴县农业局、绍兴县汉威展览有限公司承办，共设展位600个，由中心展示区和优质农产品、花卉、农业装备及生产资料等4个展示展销区组成，中心展示区展示了近年来绍兴县农业成果。县农业企业、农民专业合作社、休闲农庄参加了展示展销，通过招商引进省内外农业企业代表参展，参展单位共450家。展会期间，开展了2011年绍兴县十佳品牌农产品及十佳农产品包装公众投票评选活动。展会总客流量3万多人次，实现销售总额800余万元，意向订货额2000多万元。

【浙江中大饲料集团成为国家级重点农业龙头企业】 2011年12月28日，绍兴县浙江中大饲料集团有限公司被农业部等国家八部门认定为农业产业化国家重点龙头企业，为绍兴县首家国家级重点农业龙头企业。浙江中大饲料集团有限公司的前身是浙江中大饲料有限公司，创建于1993年，2011年7月5日组建成集团公司，主要从事饲料、食用油脂、生物制剂生产和水产养殖、水产品加工、畜牧养殖与繁育，除中大饲料集团公司本部外，还有浙江中大油脂有限公司、绍兴中大生物科技有限公司、绍兴越渔水产品有限公司、绍兴中大水产养殖有限公司、浙江中泰畜牧科技有限公司、淮安中大饲料有限公司等6家子公司，形成跨地区、跨行业、多元化的格局。公司占地面积580亩，总资产8亿元，有员工500余人，拥有先进的饲料、油脂、水产品生产加工流水线，全年销售收入14.53亿元。

【评选出十佳品牌农产品和十佳农产品包装】

2011 年，绍兴县十佳品牌农产品及十佳农产品包装经过单位申报、镇街推荐、专家小组初评、公众投票评选等程序产生。十佳品牌农产品分别是：山娃子牌香榧、会稽牌龙井茶、柏仁牌熟咸鸭蛋、外婆家牌醉鱼、丹家牌家鸡、平水日铸茶、瘦八戒牌猪肉、润露牌蜂制品、绿神牌中华鳖、同康竹笋。十佳农产品包装分别是：山娃子牌香榧礼盒装、会稽牌龙井茶礼盒装、泥娃娃牌藕粉礼盒装、大越山龙牌有机茶礼盒装、山地牌平水日铸茶礼盒装、越州牌香榧礼盒装、仁昌记牌酱品礼盒装、润露牌紫云英蜂蜜礼盒装、九仙草牌铁皮枫斗礼盒装、御茶村牌龙井茶礼盒装。

【15 个农产品品牌获省级以上认定】 2011 年，绍兴县 15 个农产品品牌获市级以上认定。其中浙江名牌产品 2 个、浙江省著名商标 5 件、绍兴名牌产品 5 个、绍兴市著名商标 3 件。全县农产品品牌累计有中国名牌 2 个、中国驰名商标 7 件、浙江名牌 14 个、浙江名牌农产品 6 个、浙江省著名商标 28 件、绍兴名牌 39 个、绍兴市著名商标 68 件。

表 5　2011 年绍兴县获市级以上认定农产品名牌和著名商标

单　位	商标及产品名称	浙江名牌产品	浙江著名商标	绍兴名牌产品	绍兴市著名商标
绍兴县安昌百顺蛋厂	柏仁咸蛋	√			
浙江绿洲生态股份有限公司	园林绿化施工养护服务	√		√	
绍兴县丹家家鸡专业合作社	丹家（家鸡）		√		
绍兴县中大畜牧有限公司	中泰（生猪）		√		
绍兴县绿源水产开发有限公司	绿神（水产）		√		
绍兴县安昌百顺蛋厂	柏仁（咸蛋）		√		
绍兴县福景达农业有限公司	福景达（生猪）		√		
绍兴县大越山农有机茶专业合作社	大越山龙有机龙井茶			√	
绍兴县大畈水产专业合作社	大坂湖甲鱼			√	
绍兴县漓渚农经实业总公司	越兰兰花			√	
浙江塔牌绍兴酒有限公司	塔牌丽春酒			√	
绍兴县齐贤米厂	晶穗（大米）				√
绍兴县中大畜牧有限公司	中泰（生猪）				√
绍兴县越景酒业有限公司	越景（黄酒）				√
合　计		2	5	5	3

【中国鹅业发展研讨会在柯桥召开】 2011 年 4 月 2 日，中国鹅业发展研讨会在绍兴县柯桥富丽华大酒店召开。研讨会由国家水禽产业技术体系、中国农业科学院家禽研究所主办，《中国禽业导刊》编辑部、《中国家禽》编辑部、中国家禽业信息网、绍兴县农业局、浙江省畜牧兽医学会养禽与禽病分会、绍兴县天鸿鹅业有限公司承办，会议主要就客观分析市场形势，正确把握行业脉搏，推动产业转型升级，开创具有中国特色的鹅业新局面展开讨论。有关专家就中国当前鹅业现状、存在的问题与发展策略作专题演讲。国内各省的养鹅企业及养鹅大户近 200 人参加研讨会。全国畜牧总站畜牧禽资源处处长杨红杰、中国畜牧业协会副秘书长宫桂芬、中国农业科学院家禽研究所书记邢进才、浙江省畜牧兽医局局长张火法、国家水禽产业技术体系岗位科学家陈国宏等出席会议。

【注册成立农民专业合作社 42 家】 2011 年，绍兴县注册成立各类农民专业合作社 42 家，全县农民专业合作社总数达到 291 家，入社社员 7550 人，涉及到农、林、牧、副、渔等各个产业，带动农户 6.5 万户。全县新培育认定县级规范化农民专业合作社110家，县级规范化农民专业合作社达176家。全县累计省级示范性农民专业合作社12家。绍兴县被确定为浙江省农民专业合作社规范化建设示范县。（金云来）

【农家乐休闲旅游业接待游客105万人次】 2011年，绍兴县新创建省级农家乐村（点）4家，分别为稽东镇占岙村、富盛镇上旺村、平水镇金渔湾农庄、平水镇家有山庄。市级特色农家乐点3家，分别为孙端镇双湖荡渔庄、湖塘街道金水池农庄、滨海兴昌度假村。市三星级农家乐点（户）22家：湖塘街道香湖山庄，湖塘街道永乐梅苑山庄，杨汛桥镇福林山庄，兰亭镇森林山庄，稽东镇占岙村祝俊晶户，平水镇同康村孙泽良、孙夏美、孙岳荣、孙泽明、黄小元户，湖塘街道香林村金泉荣、金荣根、金家铨、金元森、金永彪、金国民户，富盛镇上旺村许幼青、许金龙、许金康、许金标、许和林、许阿英户。市级精品项目工程2家，分别为杨汛桥镇福林山庄、平水镇家有山庄。市级主题农庄2家，分别为稽东镇山娃子农庄、湖塘街道香湖山庄。农家乐休闲旅游业年接待游客105.2万人次，实现经营收入2.8655亿元，分别比上年增长25.21%和25.02%。当年投入5000万元，吸纳城乡劳动力1656人，接受省级财政补贴23万元、市级财政补贴64万元、县级财政补贴59万元。全县累计农家乐村（点）64家，其中省级农家乐特色村（点）10家，市级农家乐特色村（点）15家。农家乐经营户250户，其中三星级农家乐经营户96户。（徐金星）

种养业

【概况】 2011年，绍兴县粮食生产“二增一平”：全年粮食播种面积44.61万亩，比上年增加0.2万亩，增长0.45%；粮食总产20.68万吨，比上年增加0.07万吨，增长0.34%；平均亩产464公斤，与上年持平。油菜生产“二增一减”：总产6333吨，比上年增338吨；平均亩产136公斤，比上年增加8公斤；种植面积4.67万亩，比上年减少0.02万亩。瓜菜生产“一增二减”：播种面积19.8万亩，比上年增加0.04万亩；总产51.86万吨，比上年减少0.42万吨；平均亩产2619公斤，比上年减少27公斤。其中蔬菜17.41万亩，比上年减少0.05万亩；总产44.83万吨，比上年减少0.72万吨；亩产2575公斤，比上年减少34公斤。果用瓜类实现“三增”，播种面积2.39万亩，比上年增加0.09万亩；总产7.03万吨，比上年增加0.3万吨；亩产2944公斤，比上年增加16公斤，其中西瓜2.05万亩，总产6.22万吨，亩产3039公斤。全年粮食经济作物面积比，由上年的60∶40调整到59.6∶40.4；粮食经济作物产值比，由上年的20.1∶79.9调整到19.5∶80.5；农村居民人均纯收入达19527元，比上年增长17%。全县有16个镇（街道）新建成县级粮食功能区3.04万亩；启动建设农业园区50个，建成或基本建成24个。农业投入持续增长，全县现代农业完成投资5亿元，比上年增长8.7%；绍兴县被列入全省第一批生态循环农业示范县创建行列。2011年，绍兴县农技推广总站被中国技术市场协会评为全国三农科技服务金桥奖先进集体，被浙江省农业厅评为省蔬菜产业提升项目建设先进集体，被浙江省植物保护检疫局评为全省植保专业统计工作先进集体，汪芽芬获全国三农科技服务金桥奖和省蔬菜产业提升项目建设先进个人称号。绍兴县种子管理站被浙江省种子总站评为全省种业信息与统计工作先进集体，王镇被评为全省种业信息与统计工作先进个人。

表 6 2010～2011 年绍兴县农作物播种面积和产量

	2011 年			2010 年			总产量 2011 年为 2010 年%
	面积(亩)	亩产(公斤)	总产(吨)	面积(亩)	亩产(公斤)	总产(吨)	
农作物播种面积	795025			788837			
一、粮食作物合计	446117	464	206810.9	444099	464	206072.6	100.4
1. 春粮	46247	266	12300.9	36209	238	8615	142.8
小麦	33920	256	8696.7	32414	241	7810	111.4
大麦	4257	217	924.5	3795	212	805	114.8
2. 早稻	92668	459	42545.3	90478	450	40743	104.4
3. 秋粮	307202	495	151964.7	317412	493.7	156714.6	97.0
晚稻	258364	519	134138.1	263570	523.2	137912.7	97.3
番薯	18125	452	8191.5	16631	443	7373.4	111.1
玉米	17549	384	6734.6	15924	367	5851.8	115.1
二、经济作物合计	302037			295625			
油菜籽	46695	136	6333.1	46874	128	5995	105.6
蔬菜	174091	2575	448265.1	174569	2609	455487.6	98.4
果用瓜	23877	2944	70294.9	22976	2928	67278	104.5
花卉苗木	51521			45624			
三、其他作物合计	46871			49113			

注：1. 粮食耕地面积不包括大豆面积，也不包括种在非耕地上的粮食面积。
2. 粮食耕地面积计算的总产量不包括大豆产量及种在非耕地上的粮食产量。

2011 年，绍兴县畜牧生产稳中有升，全年生猪饲养量 58.66 万头，比上年增加 6.19%；年内出栏生猪 38.21 万头，年末生猪存栏 20.45 万头，其中能繁育母猪 1.72 万头；年产猪肉 2.61 万吨，比上年增加 3.16%；家禽饲养量 510.76 万羽，比上年增加 6.21%；年内出栏家禽 292.35 万羽，年末存栏家禽 218.4 万羽；禽肉产量 4385.26 吨，禽蛋产量 12850.83 吨。畜牧业养殖的规模化程度不断提高，全县年末共有生猪养殖户 7182 户，比上年减少 727 户；年出栏生猪 50 头以上规模户 663 户，其中年出栏生猪 1000 头以上的大户 42 户，规模场年出栏生猪 35.14 万头，规模饲养率 90.5%；年出栏 2000 羽以上的肉禽规模养殖场 151 个，年出栏肉禽 132 万羽。全年牛养殖量 1063 头，年末存栏 831 头；羊饲养量 42983 只，年出栏 19895 只，年末存栏 23088 只。全年畜牧业产值 8.89 亿元，比上年增长 30.22%，其中生猪养殖业产值 6.7 亿元，比上年增长 32.34%。

表 7 2011 年绍兴县畜牧生产情况

	计量单位	2011 年	2010 年	2011 年为 2010 年%
一、年末生猪存栏量	万头	20.45	19.09	107.12%
其中母猪	万头	1.72	1.58	108.86%
二、年内生猪出栏量	万头	37.21	36.15	102.93%
三、全年生猪饲养量	万头	58.66	55.24	106.19%
四、年末牛存栏量	头	831	805	103.23%

续表

	计量单位	2011 年	2010 年	2011 年为 2010 年%
其中奶牛存栏量	头	522	536	97.39%
五、年末羊存栏量	万只	2.3	1.96	117.35%
六、年末家禽存栏量	万羽	218.41	209.8	104.10%
七、畜禽产品产量				
(1) 肉类	吨	32191	30155	106.75%
其中：猪肉	吨	26049	25307	102.93%
禽肉	吨	4385	4066	107.85%
(2) 禽蛋产量	吨	12851	11597	110.81%

【乘风畈、铬山畈被认定为省无公害农产品产地】 2011 年 12 月，绍兴县富盛镇乘风畈省级粮食功能区面积 5188 亩，铬山畈县级粮食功能区面积 6950 亩，被浙江省农业厅首批整体认定为“两区”无公害农产品产地。此项认定通过定点环境检测机构环境检测评价，市（县）无公害农产品工作机构现场检查及省级无公害农产品工作机构审核。

【验收认定 18 个（片）粮食生产功能区】 2011 年，绍兴县现代农业园区和粮食生产功能区建设工作领导小组办公室组织县有关专家，对 18 个（片）粮食生产功能区进行验收认定。柯岩街道新庙畈、东畈、庙山畈、新开河畈 1562 亩，湖塘街道湖中村 605 亩，漓渚镇朱家坞村 300 亩，福全镇胜利、协兴等 6 村 4086 亩，孙端镇皇甫畈 5118 亩，马鞍镇南片 1172 亩，安昌镇九鼎、盛陵 2 村 1190 亩，华舍街道沙地王等 3 村 670 亩，杨汛桥镇西片 498 亩，夏履镇莲中村 277 亩，陶堰镇工农畈、洋渡畈 5558 亩，王坛镇肇湖、王坛、沙地 3 村 1136 亩，稽东镇大桥、车头 2 村 1010 亩，平水镇上灶片 3833 亩，兰亭镇任家畈片 846 亩、联合片 851 亩、金庄片 430 亩，钱清镇新甸、遗风村 1234 亩，共计 3.0376 万亩农田通过验收认定。

【投资 444.3 万元建设水稻产业提升项目】 2011 年，绍兴县投入资金 444.3 万元，其中中央财政补贴 210 万元、省财政补贴 90 万元、县自筹资金 144.3 万元，用于县水稻产业提升项目建设。项目由陶堰、柯岩、平水、马鞍、孙端、富盛、安昌等 7 个镇（街道）、县农技推广总站、县农技培训学校共同实施。建成 2 个 3171 亩的粮食生产功能区田间基础设施，其中排水渠 2250 米、灌水渠 300 米、机耕路 3245 米、农机下田坡 22 个、农用电线 350 米；建成水稻育秧中心 4 个，其中智能玻璃温室 120 平方米、育秧温室 9845 平方米、育秧用房 661 平方米，年统一供秧 1.02 万亩；硬化机耕路 125 米、渠道 300 米、水泥田塍 600 米；新购育秧流水线辅助机具 2 台（套），育秧温室喷灌、遮阳网、杀虫灯覆盖面 5700 平方米；建成稻谷烘干中心 6 个，其中烘干用房 2288 米，年烘干能力达到 5000 吨；建立水稻高产千亩示范方 6 个，示范面积 1.36 万亩。通过基础设施改善，2 个粮食生产功能区亩增产稻谷 25 公斤，总产增加 79.3 吨；6 个千亩示范片比非示范区亩增产稻谷 30 公斤，总产增加 408 吨，共增产稻谷 487.3 吨，增效 243.65 万元。

【蔬菜产业提升项目通过省级绩效考评】 2011 年 9 月 20 日，2010 年度绍兴县蔬菜产业提升项目通过省现代农业生产发展资金绩效评价组的绩效考评。2010 年度该项目分别由绍兴绿味生态农业科技有限公司、富盛山地蔬菜专业合作社和县农技推广总站三个主体组织实施。项目新建核心示范基地 600 亩，示范带动面积 5000 亩，项目总投资 921.03 万元，完成计划 802 万元的 114.8%，其中省级及省级以上财政资金补助 250 万元，地方财政资金补助 200 万元，业主自筹 471.03 万元。项目新建蔬菜钢架大棚 321 亩，水泥渠道 5216 米，机耕路 3323 米，微灌系统 710 亩；引进优良品种 10 多个，开展技术培训

837人次，分别完成计划的105.3%和104.6%。

【测土配方施肥项目通过省级验收】 2011年10月20日，绍兴县测土配方施肥项目通过省级现场验收。该项目2005年启动，围绕测土、配方、配肥、供肥、施肥指导5个环节开展11项工作。至2011年8月，累计完成土样采集5988个，检测土样4980个，检测项次43777次，开展试验104个，推广测土配方施肥面积463.56万亩，示范面积33.33万亩，配方肥使用面积208.4万亩。累计总增产14.59万吨，减少不合理施肥（纯量）1.53万吨，节本增收2.36亿元。

【引进试种水稻新品种27个】 2011年，绍兴县分别从中国水稻所、浙江省农科院作核所、浙江大学农学系、嘉兴市农科院、宁波市农科院、台州市农科院、金华市农科所、绍兴市农科院引进水稻新品种27个。其中早稻品种12个，分别为中嘉早32、嘉育64、中早39、嘉早311、台早518、嘉早305、嘉育66、甬籼69、甬籼15中、浙农34、甬籼15早、金早47，引试地点设在富盛镇凤凰村。引试结果，中早39为第一位，亩产581.4公斤；中嘉早32、嘉早311分别为第二、三位，亩产分别为510.8公斤和510.2公斤。经县有关农业专家对中嘉早32高产示范方验收，亩产为522.1公斤，比全县早稻平均亩产增加63.1公斤，增长13.7%，为2012年推广种植中早39和中嘉早32提供了科学依据。引进晚粳稻新品种15个，其中6只为杂交晚粳稻，分别为嘉优5号、嘉乐优100、嘉优08—1、秀优378、甬优538、嘉优2号（对照），9个为常规晚粳稻，分别为浙粳88、秀水134、嘉33、秀水114、秀水123、秀水05、绍粳18、秀水321、秀水09（对照），引试地点设在齐贤镇八字桥村。经县良种评选会专家现场综评，确定2012年单季晚稻杂交粳稻以甬优12、浙优12、嘉优5号、甬优8号为主，试种甬优538；常规晚粳稻以秀水134、浙粳88、宁88、嘉33、秀水03、秀水09为主，连晚机插、手插也可搭配杂交晚粳稻甬优8号、嘉优5号和常规晚粳稻宁88、秀水03等品种；山区杂交籼稻仍以中浙优8号为主；晚粳糯以绍糯9714为主。全县引进杂交稻种子8617公斤，播种面积3.28万亩，比上年增加0.53万亩；示范推广甬优12、浙优12、甬优538等新品种5356亩，推广种植省定主导品种25.21万亩，主导品种推广率达到71.8%，其中秀水09种植7.77万亩、浙粳22种植6.46万亩、秀水134种植2.95万亩，良种覆盖率99%以上，增产粮食1260吨，为农民增收378.2万元。

【扩建培育提升蔬菜精品基地项目】 2011年，绍兴县按照蔬菜产业“特色、高效、生态、安全”要求，县财政投入资金899.28万元，培育提升蔬菜精品基地建设。在陶堰镇绿味现代生态农业科技有限公司投资370.8万元，新建GP—825钢管大棚206亩；在富盛镇今品缘现代农业开发有限公司投资125.44万元，新建GP—622蔬菜大棚60亩、冷库342立方米、配送中心管理房704平方米、机耕路327米、渠道754米；在齐贤镇小强蔬菜专业合作社投资121.48万元，新建GP—622钢架大棚70亩、1.6米宽水泥路面810米、水泥渠道220米、生产管理用房194平方米、蓄水池1560立方米；在兰亭镇宏大蔬菜瓜果专业合作社投资124.88万元，新建GP—622钢架大棚45亩、连栋大棚6000平方米、生产管理用房480平方米、渠道200米；在富盛镇山地蔬菜专业合作社投资106.68万元，新建GP—622钢架大棚63.5亩、机耕路896米、U型渠道978米，物理生物防治200亩；在平水镇沈村投入资金50万元，新建蔬菜面积50亩以及沟渠路配套设施。全年全县新（扩）建钢架大棚1012亩，长年蔬菜基地2.256万亩。其中陶堰镇茅洋村，富盛镇乌石村、簩山村，孙端畈里周村、新河村、镇塘殿村，齐贤八字桥村，柯岩先锋村、路南村，稽东裘村等粗具规模、相对集中的长年设施蔬菜基地0.885万亩，季节性蔬菜基地12.23万亩。在县级核心示范基地重点引进浙蒲2号瓠瓜、锦栗南瓜、弄口早椒、浙杂203番茄、津优系列黄瓜等10多个优良品种；全年新增示范推广微灌技术710亩、频振式杀虫灯60台、小菜蛾诱剂50套、性诱捕器500个、穴盘育苗5000张；推广穴盘育苗和嫁接育苗技术，示范嫁接蒲子。

【奖励冬种优秀示范方57方】 2011年，绍兴县投入资金13.8万元（其中冬绿肥奖励8.15万元），继续对冬种粮、经、肥示范方建设项目实行以奖代补政策。经县农业局组织有关专家评比，评选优秀示范方57方，其中小麦、油菜43方，面积5780亩，一、二、三等奖分别给予每方2000元、1500元、1000元的奖励；绿肥14方，面积6955.3亩，每亩分别给予15元、10元、5元的奖励。

【推广测土配方施肥技术70.63亩】 2011年，绍兴县投入资金49.07万元，加大测土配方施肥技术的推广应用。县农技推广总站完成土样采集304个，检测1520项次，对土壤养分数据库进行更新。全县培植20亩以上测土配方科技示范户306个，对其进行培训和个性化施肥指导，举办培训班93次，培训各类主体6218人次，发放资料15209册、施肥建议卡48090份，县、镇两级农技科技指导员上门服务指导。选定富盛、齐贤、孙端、陶堰、稽东5镇及90个村进行推广应用，在富盛镇建立万亩示范片1个，示范面积11464亩；结合粮食高产示范建设，确定孙端镇张家沥村、后双盆村，富盛镇义峰村参与全县水稻测土配方施肥优质示范方竞赛。县农技推广总站向8个标准农田质量提升区提供商品有机肥500吨，水稻专用配方肥1000吨。早晚稻示范区亩节本增收分别达90.91元、118.64元。全县共推广应用测土配方施肥技术70.6万亩，总增产1.75万吨，减少不合理施肥2213.05吨，累计节本增收3258.51万元。

【建立11个病虫观测点】 2011年，绍兴县投入资金35万元，用于农作物病虫灾害测报体系建设。县农技推广总站在全县建立11个病虫观测点、5个苗情观察点，健全测报网络。聘请测报技工、生产栽培用工等4人，开展病虫监测实验基地建设，新建区域站配电房40平方米，埋设地下管线275米，设立测报灯11盏。发布《病虫情报》24期，《苗情动态信息》15期，印发7800份。开展会商及技术培训19次，培训农技推广骨干和农户1100人次，发放植保书籍和技术资料1.85万份。开展褐飞虱抗药性监测，建立观察苗圃。引进国内外新农药13种，开展12项试验，筛选出8种高效低毒农药，完成12项试验报告。发放高效低毒灭鼠药剂3000公斤，春季农田灭鼠14.76万亩，惠及农户8.21万户。建立综合防治示范方80方，示范面积4.37万亩；在福全、齐贤、富盛、柯岩、陶堰等镇（街道）建立农药减量工程示范点10个。

【续建标准农田质量提升工程3万余亩】 2011年，绍兴县财政投入资金523万元，在全县续建30027亩标准农田质量提升工程。其中农田地力培育补助资金439万元，主要用于补助冬绿肥0.9万亩，传统秸秆还田2.4万亩，秸秆快速腐熟还田新技术0.6万亩，商品有机肥推广2.7万亩，规模畜禽养殖场粪便初制发酵还田、农家肥各0.6万亩，客土法改造50亩，耕作强化1.5万亩，配方肥应用4.5万亩，土壤因缺补缺和酸化调整0.75万亩，及数据库维护等；保障体系补助资金84万元，主要用于补助6个监测点、检测仪器设备、肥料配送、统一施肥，检测土样、培训、检查、验收等。项目涉及10个镇（街道），其中孙端镇1204亩、王坛镇2162亩、马鞍镇3614亩、平水镇5808亩、兰亭镇5651亩、柯岩街道2240亩、湖塘街道2133亩、富盛镇4709亩、钱清镇1190亩、福全镇1316亩。

【开展粮食高产创建和水稻优质高产示范竞赛】 2011年，绍兴县继续开展粮食高产创建和水稻优质高产示范竞赛活动，县财政拨付以奖代补资金66.2万元。全县在水稻100亩以上的204个村新建示范户413户，总户数达到721户，面积4194亩。申报参加全县水稻优质高产示范竞赛活动的示范方有62方，涉及农户6874户，总面积23479亩。在各镇（街道、开发区）有关单位申报的基础上，经县农业局实地验收，评选出优质高产示范方45方，优秀示范户11户。其中一等奖7个，分别为陶堰镇茅洋村为民植保合作社，孙端镇张家沥村乐农粮食专业合作社，柯岩街道州山村舜江源粮食专业合作社，湖塘街道会稽粮农专业合作社，富盛镇凤凰村村委、义峰村村委，福全镇兴联村帽山植保专业合作社，早稻每亩各奖30元，示范方各奖2万元。二等奖7个，分别为陶堰镇亭山村为民植保专业合作社、亭山村腾飞农机专业合作社、孙端镇樊浦村绿坪粮油专业合作社、榆林村田汉粮食专业合作社、齐贤镇八字桥村农机专业合作社、富盛镇凤凰村腾龙农机合作社、平水镇会稽村铸铺农机专业合作社，早稻每亩各奖30元，晚稻每亩各奖10元，示范方各奖1万元。优秀示范户农户分别为金银燕、张仁坑、边长根户，各奖1万元；示范户农户陆佰夫、杨才永、卢国海、梁志根、祝建宁、王龙虎、王海荣户等，各奖5000元。

【土壤有机质提升项目通过市级验收】 2011年12月20日，由绍兴县农技推广总站主持承担实施的年度绍兴市农业丰收计划（绿肥种植）技术示范推广项目通过绍兴市农业局验收。该项目于2010～2011年分别在平水、稽东、王坛、富盛、兰亭、湖塘、陶堰、孙端、福全9个镇（街道）实施，实施总面积64478亩。通过项目实施，绿肥亩产均超过1000公斤，还田后土壤有机质平均提升0.31%；每亩化肥用量（纯量）比对照区21公斤节省3.5公斤，节肥率16.7%，每亩节省成本18元；后茬作物（单季晚稻）平均亩产516.2公斤，比对照区483.8公斤，亩产提高32.4公斤，增幅6.7%，每亩增产增收96.98元，除去亩绿肥成本50.76元，亩净收64.22元。项目区共节肥22.57万公斤，共增产209.02万公斤，总增效414.08万元。（谢金木）

【生物治理渔业面源污染18757亩】 2011年，绍兴县水技站采用生物生态方法，通过采用“3+2”净水技术、应用生物制剂、种植空心菜、放养滤食性鱼类等4个生态措施，治理渔业面源污染18757亩。其中外荡开展以鱼洁水，实施面积8200亩；应用生物制剂池塘面积10577亩，推广使用生物制剂26.39万公斤；应用人造水草面积33.1亩；种植空心菜150亩，其中在稻虾轮作基地实行虾稻菜生态模式100亩，在湖面上种植空心菜3万多平方米，实行“鱼—菜—猪”生态循环模式。实施期间取样检测，表明湖面种植空心菜的水质改善明显，化学需氧量指标降低60%多；应用净水布的池塘水质也得到改善与控制，氨氮、亚硝酸、化学需氧量均有下降。池塘水质稳定，换水次数减少，鱼虾浮头现象不发生，成活率提高。富营养化程度降低，水质改善明显，养殖发病情况较少。

【4家水产养殖场通过农业部健康养殖示范场验收】 2011年11月11日，受省海渔局委托，由市农业局组织的专家验收组对绍兴县申报的第六批农业部健康养殖示范场进行验收。验收组看现场、查资料与听汇报质询，现场打分，绍兴水利围垦开发场、绍兴县水江养殖有限公司、绍兴中大水产养殖有限公司与绍兴县贺家池渔场4家单位符合示范场建设要求，通过验收。累计7家水产养殖单位获得农业部健康养殖示范场的称号。

【绍兴绿源南美白对虾渔业主导示范园区通过省级验收】 2011年5月10日，绍兴绿源南美白对虾渔业主导示范园区通过省级验收，为全省第一家省级渔业主导示范园区。园区建设面积1200亩，投入资金2500万元，完成计划投资210%。重点建成480亩设施养殖大棚、2000平方米白对虾苗种淡化培育池、2000平方米综合管理楼（包括三库一室）以及桥路渠电绿化等基础设施。示范区100%达到标准化生态健康养殖，100%达到国家无公害规定标准，100%达到养殖废水排放标准。从2012年起，年生产南美白对虾可达800吨、中华鳖日本品系60吨、淡化优质白对虾苗种5亿尾，可实现销售收入2152万元，实现利润600万元。

【开展“鱼—菜—猪”生态种养】 2011年，绍兴县福全镇福景达农业有限公司在容山湖种植空心菜约4万平方米，放养花白鲢50多万斤。容山湖面积630亩，湖水水质比较肥，存在一定程度的富营养化。福景达农业有限公司在县水技站帮助指导下，尝试“鱼—菜—猪”的生态种养模式，即水中养鱼，水面种空心菜，空心菜用来吸污喂猪，形成简单的循环生物链。能吸污降化学需氧量（COD），这是最主要的，能美化水面，形成一道绿化景观带，能防止外人偷钓，能给鱼类提供栖息遮阴的场所，能用来做猪饲料。

【人工繁育泥鳅首次获得成功】 2011年5月7日，绍兴县富盛青虾专业合作社承担的院地合作项目泥鳅人工繁育，在省淡水水产研究所的技术支持下，进行首次人工催产，并取得成功。此次人工催产共获得产卵量500多万粒，经孵化繁育出水花泥鳅苗250多万尾，出苗率达50%，填补了县泥鳅苗种繁育空白。人工催产持续到6月中旬结束，育出泥鳅水花苗2000万尾。（朱　迪）

【浙江中泰畜牧科技有限公司成为国家级生猪标准化示范场】 2011 年，绍兴县浙江中泰畜牧科技有限公司通过农业部生猪标准化示范场验收,成为县首家国家级生猪标准化示范场。位于富盛镇青马村的浙江中泰畜牧科技有限公司是一家以生猪养殖为主的农业龙头企业,总投资 4500 万元,建有各类猪舍 25000 平方米,应用自动化喂料系统、全漏缝地板、地暖与温控设备、沼气发电等先进设施设备，强化免疫与消毒，科学饲养管理，规范制度与档案管理，在建成省一级种猪场基础上成为国家级生猪标准化示范场。

【打造畜禽养殖精品园】 2011 年，绍兴县围绕现代农业园区建设要求，有 6 家单位申报立项省级以上标准化畜禽养殖基地建设，分别为浙江中泰畜牧科技有限公司，列入国家“菜篮子”建设项目；富盛苗兴生猪养殖场，列入国家发改项目；孙端阿五湖羊养殖场，列入省级标准化推广示范项目；绍兴县美羊羊畜牧有限公司和富盛胖胖生猪养殖有限公司，列入省级现代农业生产发展资金项目；绍兴县科农复合肥有限公司粪便收集中心建设和绍兴县天生农场“鸡—茶—吊瓜”立体农业生态循环示范推广，列入省级生态循环农业示范工程项目，并相继通过项目验收。绍兴县安昌白洋蛋鸭示范区列入省级主导产业示范区创建点;夏履肉鸽、湖塘奶牛、兰亭绿理成生猪、福全福景达生猪,列入省级畜牧精品园创建点。福全福兴种鸭场通过市级现代农业园区的创建认定。中泰畜牧和天鸿鹅业创建通过市级考评。

【推广生态循环畜牧业】 2011 年，绍兴县结合生态循环农业示范县创建和畜禽养殖污染治理，实行农牧结合、沼气治理、纳管排放、生产有机肥料、改进生产设施等方式，推广节水、节能、节地型生态循环畜牧业，使畜禽排泄物减量化、资源化。全县有 92% 的规模畜禽养殖场（小区）使用生猪自动饮水器用以节水、60% 以上的规模畜禽养殖场应用降温湿帘等节能型设施，并应用母猪限位笼、仔猪高架产床节地。浙江中泰畜牧科技有限公司应用全自动喂料系统，利用沼气发电、井水地热设施进行猪舍保温供暖；绍兴县中大畜牧有限公司进行升级改造，将 2 万多平方米猪舍改造成雨污分离，建造无公害处理池、堆粪场所；绍兴天天生态养殖场有限公司在纳管排放基础上，购置 1 台猪粪干湿分离机器，将猪粪脱水后打包作为农田有机肥，提高排泄物的利用率；绍兴县北山牧业有限公司和孙端畈里周阿五湖羊养殖场采用全漏缝式地板养羊，利用秸秆青贮喂养，羊粪作蔬菜基地有机肥，羊尿进入三化废池沉淀处理后灌溉；绍兴县科农复合肥有限公司投资 68 万元新建 3000 平方米畜禽粪便预处理棚和发酵车间、购置翻混机、压滤机等配套加工机械，可年利用 2.5 万头生猪粪便加工有机肥。

【开展畜禽养殖场污染治理】 2011 年，绍兴县根据“禁养区关停，限可养区治理”原则，完成绍兴县建成区 45 平方公里与曹娥江引水工程（平水段）79 家畜禽养殖场（户）清养关停工作。绍兴县中大畜牧、绍兴绿理成农业有限公司 2 个大型猪场按要求建设污水管道，实行纳管排放，主体工程在 2012 年春节前竣工。完成 10 个中小规模养殖场排泄物治理工程，使粪便、污水、沼渣得到资源化利用。

【科学防控重大动物疫病】 2011 年，绍兴县共注射禽流感疫苗 438.69 万毫升，家禽免疫量 562 万羽次；注射猪口蹄疫疫苗 173.02 万毫升，猪免疫量 83 万头次；注射牛羊口蹄疫疫苗 5.85 万毫升，免疫牛羊 4.28 万头次；注射猪瘟疫苗 229.76 万头份，生猪免疫量 94 万头次；注射猪蓝耳病疫苗 150.74 万毫升，免疫注射猪蓝耳病 56 万头次。开展畜禽免疫抗体飞行监测，共监测家禽规模养殖场 53 个、家禽散养户 8 个村、农贸市场 7 个。监测禽流感抗体 1231 份，其中合格 1123 份，合格率 91.2%；新城疫抗体 211 份，其中合格 182 份，监测合格率 86.3%。监测生猪规模养殖场 55 个、生猪散养户 3 户，生猪定点屠宰场 12 个。口蹄疫抗体 881 份，其中合格 728 份，合格率 82.6%；猪瘟抗体 630 份，其中合格 533 份，合格率 84.6%。 （徐国华）

林　业

【概况】 2011 年，绍兴县完成林业总产值 26.86 亿元，较上年增长 8.1%，茶叶、毛竹笋、花卉、干鲜果等四大林业主导产业发展稳健。开展平原绿化，进行林权改革，建设现代林业园区，发展休闲林业。实施林地流转，共流转林地8892亩。承办全省现代林业园区建设现场会。参加在哈尔滨举办的浙江省第六届绿茶博览会，举办平水日铸之夜专场文艺演出。会同镇（街道）组织举办2011年度王坛香雪梅海、稽东峰秀榧香、富盛乡村森林旅游等节会。富盛镇建成市级森林休闲特色镇，5个村建成市级森林休闲特色村。王坛镇香雪梅海森林公园建设成为省级森林公园，舜裕玫瑰林业观光园建设成为省级林业观光园，大山花果林业观光园建设成为市级林业观光园。新增绍兴华绿园林建设有限公司为省级林业龙头企业。绍兴县被命名为重点产茶县。

2011年8月11日，浙江省现代林业园区建设现场会在绍兴县召开。（县林业局供稿）

【平原绿化“3318”工程启动】 2012年，绍兴县制订“3318”平原绿化计划，用3年时间新造林3万余亩，实现平原林木覆盖率18%以上，并着手实施。全年总计投入绿化建设资金3.61亿元，新增平原绿化面积12258亩。全县建成省级森林村庄3个，省级森林村庄累计5个；市级森林村庄11个，市级森林村庄增至26个；县级森林村庄40个。平原林木覆盖率提升至16%。

【新增3个省级森林城镇】 2012年，绍兴县漓渚镇、富盛镇、兰亭镇创建成为省级森林城镇，全县省级森林城镇增加至7个，省级森林城镇创建工作继续走在全省前列。（韩祥 陈萍）

农业服务

【概况】 2011年，绍兴县全面开展农业服务工作，全县19个镇（街道）的农业公共服务中心，明确农技推广员、动植物疫情防控监督员、农产品质量安全监管员，落实工作责任。县农业局通过公开招标，统一为各镇（街道）农业公共服务中心配备农药残留测定仪、体视显微镜、电子天平、土壤养分速测仪、手持GPS、台式电脑。村级农业公共服务站列入新农村建设中的村级便民服务中心。

2011年，绍兴县建立水稻、蔬菜、生猪、绍兴鸭（浙东白鹅）、虾5个主导产业专家组，选拔10名首席专家，选聘102名农业技术指导员，遴选培育1024个农业科技示范户。筛选确定10个农业科技试验示范基地，开展新品种、新机具引进、试验、示范和技术培训工作。全县农业机械总动力34.15万千瓦，其中柴油机20.48万千瓦、汽油机2.85万千瓦、电动机10.82万千瓦。按农机作业功能，有耕作机械3635台，计4.02万千瓦；各类联合收割机559台，计1.76万千瓦；各类排灌机械8264台，计3.39万千瓦；农副产品加工机械4643台，计5.47万千瓦；茶叶加工机械9490台，计0.04万千瓦。绍兴县被农业部列入全国基层农技推广体系改革与建设示范县，成为全省典型。（王勇强）

【清理农村经济合同14977份】 2011年，绍兴县进一步规范农村经济合同管理，全县统一制订印发工程建设合同、资产租赁合同、资源租赁合同等三类合同示范文本，组织开展村级经济合同专项清理活动，农村经济合同清理工作全面完成。全县合计清理农村集体经济合同14977份，涉及金额124041万元。其中未签订合同971份，涉及金额2053万元；补签合同637份，涉及金额1525万元；合同拖欠1237份，涉及金额3909万元；收缴合同拖欠款项393笔，涉及金额1521万元。农业部专门在绍兴县召开现场会，全国各省农业厅副厅长到会并参观齐贤、兰亭两镇现场，听取经验介绍。

【培训农民13620人】 2011年，绍兴县深化农民培训转移，深入开展农民各种文化活动，着力培育有文化、懂技术、会经营、能致富、高素质的现代新型农民。全年完成农民培训13620人，其中农业专业技能培训4400人，转移就业技能培训3050人，务工农民岗位技能培训4800人，预备劳动力和双证制培训1370人。培训转移2506人，占转移就业培训人员的97.9%。获证2580人，获证率85%。农村实用人才培训数4200人，新增转移就业和创业就业人数3050人。

【5267人接受现代农业技术培训】 2011年，绍兴县县、镇（街道）两级共组织开展现代农业技术（绿色证书）培训102期，参训5267人。其中县级培训24期，参训1357人。比上年分别增加522人和319人。培训对象为全县现代农业园区、粮食功能区“两区”建设的农民、农业基地示范户、农业专业合作组织生产和经营管理人员。培训内容为水稻高产节本增效技术、水稻机械化插秧技术、蔬菜设施栽培技术、蔬菜生产实用技术、测土配方施肥技术、动物疫病综合防控技术、畜禽标准化养殖技术、水产健康养殖技术、农作物重大病虫害综合防治技术、农药安全合理使用技术、农产品安全生产技术、农作制度创新技术、现代农业实用技术、冬季农业综合开发技术等14个专业。

【183名农技人员参加继续教育培训】 2011年8月19日，绍兴县农业局举办以生态循环农业建设和农产品质量安全监管为主题的绍兴县农技人员继续教育培训班，各镇（街道）、滨海工业区农发局核定在编农技人员、局属事业单位专业技术人员、全国农技推广体系改革与建设示范县项目农技指导员、局机关相关科室人员等183人参加培训。培训班邀请浙江省农业厅科教处副处长郑水明、农产品质量安全监管处副处长占金荣等两位专家作专题讲座。

【102名农技指导员参加省级集中培训】 2011年，绍兴县分9批组织县、镇（街道）两级的全国农技推广体系改革与建设示范县项目农技指导员到浙江大学培训基地、浙江省农科院科教培训基地、金华职业技术学院培训基地等单位进行集中培训，参加人数102人。其中瓜菜重点班培训2人、农产品质量安全专题培训班10人、畜牧专业培训班二期25人、粮油专业培训班二期37人、果蔬专业培训班7人、水产专业培训班19人、项目管理重点班培训2人。

【144名农民参加农业中专学历教育】 2011年，浙江省农业广播电视学校绍兴县分校结合粮食生产功能区建设，以柯岩、齐贤、福全、陶堰、孙端、富盛6个镇（街道）粮食生产功能区建设的种粮大户为重点，开展现代职业农民现代农艺技术专业中专学历教育。经浙江省农业广播电视学校审核和录取注册，新招收学员144名，进行为期2年、17门课程的农业中专学历教育学习。

【111名村级农技推广员农业中专毕业】 2011年7月，绍兴县111名村级农技推广员经过2年、14门课程的学习教育，学完规定的各项教育内容，经考试（考查）、职业技能培训和鉴定，按期毕业，获得由浙江省教育厅验印、校长程渭山签章的浙江省农业广播电视学校中专毕业证书和农业部职业技能鉴定指导中心验印的国家农业职业技能资格证书。其中农作物生产技术专业71人、蔬菜生产技术专业40人。111名村级农技推广员全部实行免费学习教育，学习费用由省、县两级财政负担。

【254名农业从业人员获得国家农业职业技能资格证书】 2011年，绍兴县有254名农业从业人员通过绍兴县农业技术培训学校（绍兴县农民科技教育培训中心、浙江省农广校绍兴县分校）培训，经国家农业职业技能鉴定，获得由农业部职业技能鉴定指导中心验印的国家农业职业技能资格证书，比上年增加143人。其中中级农艺工78人、中级蔬菜园艺工47人、初级农作物植保员129人。

【1633人参加县级农村实用人才培训】 2011年，绍兴县农业技术培训学校组织以生产技术型（种植能手、养殖能手、捕捞能手和加工能手）、经营管理型（农民专业合作组织带头人和农村经纪人）等为重点的农村实用人才培训33期1633人。其中县级农村实用人才培训22期1041人，县级农村“两创”实用人才培训11期592人。

【1358人参加全国“阳光工程”培训】 2011

年，绍兴县组织全国“阳光工程”培训班27期，8个工种（专业），培训农业从业人员1358人。其中培训病虫专业防治员5期250人、化肥农药经销员2期103人、蔬菜园艺工5期255人、茶叶园艺工3期151人、畜禽养殖人员4期203人、水产养殖人员3期140人、农村专业合作社管理人员3期153人、农村经纪人2期103人。（鲁建国）

【粮食生产综合机械化率68.2%】 2011年，绍兴县有插秧机136台，全年机插水稻3.54万亩，其中早稻1.61万亩、单晚0.72万亩、连晚1.21万亩。有粮食烘干机54台，全年烘干粮食1.82万吨。各类联合收割机559台，机割稻、麦面积36.68万亩。大中型耕田拖拉机3635台，机耕水田41.59万亩。全县粮食生产耕、种、收综合机械化率68.2%。

【培育水稻育供秧中心10个】 2011年，绍兴县重点培育水稻育供秧中心10个，粮食烘干中心10个，以农机专业合作社为依托，开展农机社会化服务。10个育供秧中心，新建改建育秧大棚4800余平方米，新建改建水泥路、渠2100余米，新购育秧播种流水线5套，秧盘5000余只，育供秧规模1.5万余亩。10个粮食烘干中心，新建改建烘干用房1000余平方米，新增烘干机12台，粮食烘干规模1万吨。

【新建农机信息平台】 2011年，绍兴县依托农民信箱，新建农机网络信息平台，主要内容包括农机作业，发布作业需求信息；农机市场，交易农机具；农机资讯，宣传政策、法规等；农机主体，由农机专业合作社、农机维修服务等组成；个人信件，写信、看信、收发送信件等。

【新能源利用率73%】 2011年，绍兴县发展清洁能源利用，主要集中在太阳能、沼气和电力方面，新能源利用率73%。新增沼气池容0.1万立方米，秸秆综合利用率73%，太阳能集热面积推广4000平方米。（王　剑）

农业行政执法

【概况】 2011年，绍兴县推进农业普法宣传活动，全面开展农业行政执法年活动和农业标准化建设，全年新申报无公害农产品11个、绿色食品3个。农产品质量安全水平提升，检测体系完善，蔬菜、生猪、水产品质量监测合格率分别为98.8%、100%、98.5%，全县未发生一例农产品质量安全事件。

【开展多项专项整治行动】 2011年，绍兴县开展多项专项整治行动，包括“瘦肉精”专项整治、生鲜乳专项整治、兽药专项整治、种植业产品专项整治、假劣农资专项整治、水产品禁用药物专项整治。共出动执法人员3344人次，检查生产经营单位954家，查处问题30起，责令整改19起，立案查处15起，涉及金额2.84万元。监督抽检样品11492批次，合格率99.91%。张贴公告2500余份，编发农产品质量安全工作简报17期。（赵　灵）

【开展瘦肉精专项整治工作】 2011年，绍兴县制定畜产品质量安全监管方案，从饲料、养殖、收购贩运和屠宰等各环节深入开展瘦肉精专项整治工作。全年共抽取25094份生猪尿样进行盐酸克伦特罗、莱克多巴胺和沙丁胺醇3种违禁添加剂的检测，其中养殖场4290份，屠宰场和屠宰监督检查18187份，出县境生猪检测2617份。发放告知书等宣传资料1350份，与617家大小畜禽养殖场（户）主签订《无瘦肉精等非法添加承诺书》。

【开展农产品产地准出示范点建设】 2011年，绍兴县共有32家单位参加农产品生产基地质量安全信用等级评定工作，评出农产品生产基地质量安全信用等级A级单位11家，B级单位15家。开展农产品产地准出示范点建设，对产地准出试点单位的无公害农产品（绿色食品、有机食品）认证证书、质量抽查证明、生产记录档案、包装标识、规范供证供票管理等进行审核。经复核，绍兴县中大畜牧养殖有限公司等10家单位为2011年度农产品产地准出试点示范单位。（张美平）

【成立县农产品质量安全检测站】 2011年，绍兴县成立农产品质量安全检测站，独立开展农产品质量安全检测工作，参加省农业厅组织的浙江省农产品质量安全检测能力验证活动，首次进行

农产品农药残留定量检测，产品质量安全工作更有保障。（黄 成）

【启动柯桥城区渔业资源修复行动】 2011年，绍兴县实施清水工程，启动柯桥城区渔业资源修复行动。在城区的瓜渚湖、大小畈湖、鉴湖江、梅墅江、古运河等重点水域组织开展增殖放流活动，共放流鲢鱼、鳙鱼、草鱼、鳊鱼、鲫鱼、黄颡鱼、三角蚌、螺蛳等渔业资源和水生生物8个品种，投入资金90余万元。（陈国土）

责任编辑 郑文燕

工业经济

综　述

2011年，面对国内外复杂经济形势，绍兴县工业经济保持平稳增长态势。全年实现工业总产值3459.80亿元，比上年增长21.6%；完成销售收入3406.19亿元，比上年增长21.3%；工业利润155.46亿元，比上年增长20.9%；完成工业投入183.22亿元，比上年增长18.5%。年销售超2000万元的规模以上工业企业1039家，实现产值2939.23亿元，比上年增长28.9%；销售2886.66亿元，比上年增长28.2%；利润137.23亿元，比上年增长26.4%。全年工业销售超亿元企业453家，比上年增加78家；超10亿元企业46家，比上年增加6家；超50亿元企业7家；超百亿元企业1家，浙江远东化纤集团产值首次突破300亿元。

项目投入取得有效突破。全县在建工业项目537个，其中5亿元以上在建项目18个；92个亿元以上工业项目完成投资100.55亿元，平均投资规模达10929万元，拉动全县工业投资增长16.8个百分点；完成全部工业投资183.22亿元，其中技改投资63.76亿元；完成市战略性新兴产业项目投资54.06亿元、县“5+3+X”新兴（优势）产业项目投资84.22亿元，分别占全部投资的29.8%和45.9%。共组织集体会审4批次，审核项目46个，计划总投资70.4亿元。

战略性新兴产业发展加快。全县有规模以上战略性新兴产业企业213家，其中属装备制造、汽车汽配、皮革塑料、新型建材、金属制品五大优势产业企业169家，属新能源、生物医药、住宅产业化三大新兴产业企业21家，属其他新兴产业企业23家，省级以上高新技术企业19家，上市公司7家。全县规模以上战略性新兴产业完成产值834.79亿元，销售822.67亿元，分别增长33.4%和33.7%，增速分别高出全部规模以上总产销4.5个百分点和5.5个百分点。新兴（优势）产业中装备制造、皮革塑料、金属制品产值超百亿元，分别实现工业总产值134.63亿元、122.15亿元和171.08亿元。

节能降耗顺利推进。推进节能降耗“1353”行动计划（全力培育一批新能源生产和应用重点企业，确保30个以上项目列入省、市重点节能项目计划，重点落实50家企业节能降耗工作，落实试点蒸汽替代导热油定型、推进超限额用能加价电价和淘汰落后产能等年度节能三大重点工作），其其光能、优创光能等一批重点新能源项目进展顺利；44个项目列入市重点节能项目计划，49家企业列入省清洁生产审核计划，20家企业项目列入省、市循环经济重点工程，30家用能单位列入省能源监察年度计划。全年淘汰落后印染产能10.51亿米、化纤产量11.73万吨、织造产能1.55亿米，全县万元工业增加值能耗比上年下降8.5%。绍兴县被浙江省政府评为“十一五”节能工作先进集体。

自主创新成果显著。全县有29家企业被评为浙江省成长型中小企业，其中2家位列浙江省百家最具投资价值企业；26个项目列入省、市技术改造“双千工程”重点项目计划，6家企业工业技改项目争取到省级以上财政专项资金1725万元；11个项目列入省经信委科技项目计划；3个产品列入省重点高新技术产品开发项目计划；17个省级工业新产品通过省经信委备案列入计划；新增1家省级企业技术中心。

【96 家印染企业签订集聚协议】 2011 年，绍兴县 3 批共计 96 家印染企业签订集聚协议，其中 1 家退出印染行业。至年底，有 4 宗土地摘牌，6 家企业完成填塘渣和打围墙，14 家企业着手填土，18 家企业开始总图设计，累计完成投资 5109 万元。污水处理、职工宿舍、水电、道路等相关基础项目，累计完成投资 28.09 亿元。3 批企业完成集聚后，可减少用地 3000 亩，减排 15% 以上，淘汰落后印染产能 30%，年均提高产品附加值 15% 以上。（陈 栋）

【9 种高耗能产品单耗下降面达 88.9%】 2011 年，绍兴县规模以上工业企业结合自身特点，采取先进节能方法，提升能源使用效率，9 种重点监测高耗能产品单耗下降面达 88.9%。其中火力发电煤耗 287.62 克标准煤/千瓦时，比上年减少 9.79 克标准煤/千瓦时，下降 3.35%；万米印染布综合能耗下降 9.4%，每吨涤纶（长丝）综合能耗下降 11.8%，吨水泥综合能耗下降 16.5%。

【支付印染企业减排指标补偿资金 1.8 亿元】 2011 年 10 月，绍兴县启动印染企业减排指标补偿资金支付工作，对全县 211 家企业核减 92703 吨水容量支付补偿款，共计 1.8 亿元，于 11 月完成支付。

【远东石化 EPTA 尾气回收减少二氧化碳排放 1.3 万吨】 2011 年，远东石化投资 2400 万元的 EPTA（对苯二甲酸）尾气回收装置投产，每年可回收对二甲苯 2001 吨、醋酸甲酯 3392 吨，减少二氧化碳排放 1.3 万吨，年增收益 1452 万元。

【5 个总投资超 22 亿元项目开工】 2011 年 3 月 17 日，绍兴县有 5 个总投资超 22 亿元，涵盖新能源、住宅产业化、新型建材、装备制造和高档面料等新兴（优势）产业项目，在滨海工业区集中奠基开工，分别是投资 12 亿元的其其光能科技有限公司年产 400 兆瓦太阳能光伏电池及组件项目，投资 5 亿元的新舒纺织有限公司衬衫面料生产线项目，投资 1.5 亿元的普天集成房屋有限公司轻钢别墅集装箱生产线项目，投资 9600 万元的华裕纺机有限公司倍捻设备及紧密纺装置生产线项目和投资 2.5 亿元的新鑫钢结构有限公司钢结构生产线项目。

2011 年 3 月 17 日，绍兴县重点工业项目开工仪式在滨海工业区举行。（沈浩根摄）

【赵洪祝到县调研经济工作】 2011 年 6 月 17 日，浙江省委书记、省人大常委会主任赵洪祝到绍兴县调研经济工作，先后考察浙江精功科技股份有限公司太阳能多晶硅铸锭炉生产车间，浙江宝业住宅产业化有限公司住宅性能检测实验室、国家级住宅产业化生产基地，浙江杭一电器有限公司遥控器研发生产车间，听取 3 家企业负责人有关生产经营情况介绍。赵洪祝对绍兴县企业加大科技投入、大胆创新发展给予充分肯定，勉励企业加快科技创新，推动转型升级。

【设立首家县级国有控股创业投资引导基金】 2011 年，绍兴县设立首家县级国有控股创业投资引导基金。该基金是政府设立的政策性、引导性基金，首期注册资金 3000 万元。通过扶持创业投资企业的设立与发展，引导社会资本进入创业投资领域，推动全县经济结构调整和产业升级。

【2 家企业项目列入中央预算内投资计划】 2011 年，绍兴县浙江高强度紧固件有限公司高强度紧固件生产线技术改造项目和浙江为民纺织有限公司年产 1.8 万吨中高档新型纤维针织面料生产线项目分别列入国家重点产业振兴和技术改造 2011 年中央预算内投资计划，资金分别为 540 万元和 480 万元。（青 鸟）

纺织业

【概况】 2011年，绍兴县纺织业（包括化纤、织造、印染和服装）有规模以上企业701家，固定资产548.34亿元，从业人员187251人，完成产值1720.10亿元，比上年增长29.6%；实现销售收入1683.31亿元，比上年增长29.3%；纺织品出口89.40亿元，比上年增长21.9%；实现利润76.99亿元，比上年增长34.3%；上缴税金47.65亿元，比上年增长35.0%。

全县有化纤企业75家，从业人员1.2万余人，总资产3218.32亿元，规模以上化纤企业产量301万吨，比上年增长17.18%；销售收入489.3亿元，比上年增长15.3%；利润总额20亿元，比上年增长5.9%。

全县有织造企业424家，规模以上织造企业生产布及丝织品30.61亿米，比上年增长4.5%；生产针织布76.52万吨，比上年增长21.0%；实现产值696.91亿元，比上年增长27.5%；销售681.97亿元，比上年增长26.9%；利润28亿元，比上年增长41.1%；应缴税金19.98亿元，比上年增长40.3%。

全县有规模以上印染企业158家，完成加工产品193.1亿米，分别占全省的50%和全国的30%；完成工业总产值496.93亿元，比上年增长23.9%，约占全县规模以上工业总产值的16.9%；实现销售收入483.73亿元，比上年增长22.9%，占全县规模以上工业总销售收入16.8%；创造利润21.95亿元,比上年增长28%，占全县规模以上利润总额的16.0%；安排社会就业人员8.41万人。浙江红绿蓝纺织印染有限公司获国家数码印花产品开发基地称号。

2011年6月27日，绍兴县召开印染工业协会第五届会员代表大会。（沈浩根摄）

全县有规模以上服装企业43家，总资产191.71亿元，年产服装1.02亿件（套），工业总产值47.32亿元；销售收入46.66亿元，产销率98.6%；出口总额3.95亿美元，比上年增长3.6%；实现利润总额1.87亿元。

【创建省特色工业设计示范基地】 2011年，绍兴县纺织工业设计基地被列入省级特色工业设计示范基地建设试点。至年底，基地累计落户工业设计机构94家，其中服装、面料（花样）设计机构45家，网络平台服务企业2家，纺织、印染、节能软件开发公司13家，海归人才高新技术研发企业6家，专利版权、科技中介、品牌策划、传媒等配套项目18家，高校技术转移中心10家；集聚各类人才1100余人，其中工业设计专业人才700余人；企业专利授权量162个，纺织品花样版权登记量2395个。基地设计服务产值6000余万元，比2010年翻一番。（陈 栋）

【实施纺织产业转型升级推进计划】 2011年，绍兴县启动实施纺织产业转型升级推进计划，即通过5年（2011～2015年）时间，使全县纺织产业突破“4个千亿”（纺织原料、印染、服装家纺面料三大产业产值和轻纺城市场群成交额均突破千亿元），纺织产业累计完成投入500亿元。

【举办首届纺织创意作品交易会】 2011年6月21日至22日，绍兴县在中国轻纺城F5创意产业园举行首届纺织创意作品（画稿）交易会。交易会以“原创、时尚、潮流”为主题，加强设计机构与纺织生产贸易企业对接合作，促进创意设计成果产业化。共设展位50个，30家设计单位和3家高等职业院校参加，与会人数超过4500人次，成交作品3500余幅，成交金额300余万元，其中930幅成交花样经工商部门现场登记备案。

【新引进创意企业44家】 2011年，绍兴县共举行纺织创意产业项目会审3次，新引进创意企业44家，创意企业累计达104家，注册资本6200万元，集聚各类创意设计人才1100余人。其中引进海外高层次人才项目6个、设计名师项目6个、院校成果转移中心10家。

【举办2011全球纺织服装供应链大会】 2011年7月22日，由中国纺织信息中心、中国服装协会和绍兴县人民政府共同主办的2011全球纺织服装供应链大会在柯桥开幕，100多家企业500余人参加会议。国内知名纺织企业及纺织协会、商会负责人就加强供应商管理、建立供应链上下游企业间快速反应系统、缩短采购周期、提高供应链的竞争力等问题开展讨论。（青　鸟）

【和中合纤非织造布产能居亚洲第一】 2011年，和中合纤有限公司实现产能3.8万吨、销售7.98亿元，自营出口3700万美元，在同行中居亚洲第一。和中合纤有限公司是浙江新中天控股集团下属的水刺非织造布生产企业，建有4条水刺非织造布生产线，产品销售除国内之外，远销韩国、日本、欧美等国家和地区。（盛继舟）

【2家企业获"纺织之光"科技奖】 2011年，绍兴县2家纺织企业获"纺织之光"2011年度中国纺织工业协会科技奖，其中海富化纤与大连合成纤维研究设计院研发"日产60吨国产化连续固相聚合、高性能涤纶工业丝纺丝成套设备与工艺技术"获二等奖，越隆控股与浙江理工大学共同研发"织物最佳服用性能的混纤纺织染整关键技术研究与产业化"获三等奖。

【成立绍兴县转移印花行业协会】 2011年12月19日，绍兴县成立转移印花行业协会。协会设立版权保护中心，建立花样展品陈列室、网上转移印花交易平台，实施原材料采购抱团经营，开展诚信活动，促进行业自律，增强产品竞争力，扩大市场占有率。首批72家企业加入协会。

【中国·柯桥纺织指数新浪官方微博开通】 2011年4月14日，中国·柯桥纺织指数新浪官方微博开通，主要发布纺织三大指数（纺织价格指数、纺织景气指数和纺织外贸指数）、纺织行情商机、中国轻纺城市场动态、纺织科技知识等图片文字信息，搭建资讯互动平台。

【国内最大超细旦FDY生产基地投产】 2011年7月28日，浙江天圣化纤有限公司年产40万吨差别化纤维项目投产。至此，天圣集团拥有年产80万吨化纤生产能力，成为国内最大超细旦FDY生产基地。（青　鸟）

装备制造

【概况】 2011年，绍兴县装备制造企业以轻纺专用设备制造、机电等通用设备及零部件制造为主，有浙江越剑机械制造有限公司、绍兴市力博电气有限公司、绍兴精越机电有限公司等一批核心竞争优势企业。拥有销售2000万元以上规模装备制造类企业64家，实现产值134.63亿元，比上年增长56.3%；实现销售130.92亿元，比上年增长55.0%。浙江兴日铁金属薄板有限公司年产100万吨精密冷轧薄板项目完成投资4亿元。（陈　栋）

汽车汽配

【概况】 2011年，绍兴县汽车行业产业链不断延伸，规模不断扩大。有索密克汽车配件有限公司等行业龙头汽配企业，厦门金龙联合汽车工业有限公司等整车生产企业，延锋伟世通怡东汽车仪表有限公司、浙江绍鸿仪表有限公司等仪表生产企业。全县拥有销售2000万元以上规模汽车汽配企业22家，实现产值42.29亿元，比上年增长36.6%；实现销售42.36亿元，比上年增长36.0%。浙江赵龙汽车配件制造有限公司新建年加工汽车车架及驾驶室5万台（套）项目，完成投资1.9亿元。（陈　栋　青　鸟）

皮革塑料

【概况】 2011年，绍兴县有规模以上皮革塑料企业25家，实现产值122.15亿元，比上年增长17.2%；实现销售121.46亿元，比上年增长14.8%；年产塑料薄膜26.84万吨，比上年增长4.4%。皮革塑料企业主要分布在福全镇、兰亭镇、柯岩街道等区域，拥有浙江三力士橡胶股份有限公司、浙江无名皮塑集团有限责任公司等行业龙头企业。

【无名集团引进高档聚酯厚膜生产线】 2011年

10月，无名集团引进德国布鲁克纳公司5.8米宽聚酯厚膜生产线并正式投产。该生产线年产量2.5万吨，在国内处于科技领先地位，产品涵盖新能源、电子产品、家用电器、光学镀膜等领域，每年可为企业新增销售收入4.5亿元。

（陈　栋）

【首创国内薄膜废料回收利用技术】　2011年，绍兴县属企业浙江欧亚薄膜材料有限公司成功研发国内首创薄膜废料回收利用技术，并投入实际生产应用。使用该技术后，薄膜产品每吨成本下降500~800元，年增效1亿元，实现废料“无污染、零消耗”目标。（青　鸟）

新型建材

【概况】　2011年，绍兴县有规模以上新型建材企业42家，其中新型墙体材料企业27家。全年完成墙材产量9.79亿标砖，比上年增长1.5%，其中生产蒸压加气砌块和蒸压灰砂砖6.59亿块标砖。全年实际节约能源折合标煤6.07万吨，综合利用各类废弃物162.2万吨，节约土地约1615亩，减少二氧化硫排放约1456吨。

（陈　栋）

【1个项目获国家循环经济专项补助860万元】
2011年，浙江建业幕墙装饰有限公司年产11万平方米环保节能铝复木门窗及纯木门窗生产线改造项目获国家发改委2011年第三批资源节约和环境保护项目专项财政补助860万元。

（青　鸟）

金属制品

【概况】　2011年，绍兴县有规模以上金属制品企业38家，实现产值171.08亿元，比上年增长28.8%；实现销售169.44亿元，比上年增长29.0%。全县金属制品业以金、银饰品深加工，铜板、带、箔、管技生产，铝（镁）、合金材料生产等领域为主，拥有浙江明牌珠宝股份有限公司、浙江精工钢结构有限公司、浙江鼎丰铝业有限公司等优质企业。（陈　栋）

生物医药

【概况】　2011年，绍兴县有规模以上生物医药企业5家，实现产值9.44亿元，比上年减少2.2%；实现销售9.24亿元，比上年减少1.9%。浙江亚太药业股份有限公司、浙江思贤制药有限公司、绍兴县亚美生物化工有限公司等企业为县内生物医药行业领军企业。浙江亚太药业股份有限公司加强专利工艺技术和自主创新药物研究开发，成功创建省级企业技术中心，是绍兴县生物医药领域首个省级企业技术中心。（陈　栋）

【国内首个全封闭免疫细胞体外扩增系统项目落户】　2011年，浙江塞尚医药科技有限公司经绍兴县工商部门核准设立。该公司主要从事研发生产全自动、全封闭免疫细胞体外扩增培养系统医疗器械。全封闭免疫细胞中空纤维管扩增系统填补了肿瘤免疫细胞扩增回输治疗法技术空白，克服了传统摇袋式免疫细胞扩增技术成本高、易污染、不稳定等瓶颈。（青　鸟）

食品业

【概况】　2011年，绍兴县食品行业有企业36家，其中黄酒26家、酱醋6家、果酒2家。从业员工5060余人，技术人员820余人，厂区占地面积2600余亩。

全县黄酒产量25万吨，比上年增长9.4%；实缴税费1.98亿元，比上年增长7.8%；实现利润2.4亿元，比上年增长73.5%；出口1.2万吨，比上年增长11.8%；出口交货值1674万美元，比上年增长12.9%。果酒产量970吨，比上年增长3.2%；销售收入增长72%；税费246万元，比上年增长50%。酱醋产量3.261万吨，比上年增长5.3%；销量比上年增长6.6%；利润688万元，比上年增长8.8%。“至味”成为全省第一家出口酱油的厂家，出口量200余吨，比上年增长300%。

2011年，全县食品行业税、利均超2亿元，实缴税费2.1亿元，比上年增长8.4%；实现利润2.5亿元，比上年增长71.5%；总产值现价21.7亿，比上年增长22.2%。其中会稽山税、利双超亿元，实缴税费1.11亿元，居全县第九位；实现利润1.6亿元，比上年增长98%。黄酒总产值现价20.27亿元，比上年增长25%；销售收入17亿元，比上年增长18.4%。会稽山在中国酒类品牌“华樽杯”200强评议中，以品牌价值38.32亿元名列第47位。（陈　栋）

【7家酒企获283万元粮食基地补贴】 2011年，绍兴县推进落实2010年度县外创建粮食基地政策补贴，于7月正式发文，向会稽山绍兴酒股份有限公司、浙江塔牌绍兴酒有限公司、绍兴县唐宋酒业有限公司、绍兴白塔酿酒有限公司、绍兴市大越酒业有限公司、浙江东方绍兴酒有限公司、绍兴县东方酿酒有限公司等7家酒企发放粮食基地补贴283万元。（李　慧）

能源工业

【概况】 2011年，绍兴县有13家公用热电企业，总供电量为173990万千瓦时，总供热量54210973吉焦。有500千伏安变电所2座，变电容量4250兆伏安；有220千伏安变电所8座，变电容量3450兆伏安；有110千伏安变电所32座，变电容量2751兆伏安；有35千伏安变电所5座，变电容量183.5兆伏安。

2011年，绍兴县规模以上工业综合能源消费量582.13万吨标准煤，比上年增加2.9%，其中原煤消费量628.59万吨，占规模以上能源消费总量的37.8%（剔除热电厂加工转换产出），比上年减少1.8个百分点；热力消费合计5710.54万吉焦，占规模以上能源消费总量的33.5%，比上年增加2.2个百分点；电力消费合计101.16万千瓦时，占规模以上能源消费总量的21.4%，比上年增加1.0个百分点。万元增加值综合能耗比上年减少8.5%；万元产值综合能耗比上年减少20.2%。全县全社会用电量129.51亿千瓦时，比上年增加11.0%，其中工业用电量116.12亿千瓦时，比上年增加10.3%，占全县全社会用电量的89.66%。

优化电力资源配置，首次实施“有保有压”有序用电，按照单位纳税电耗、排污等标准，对3类共66家企业实行优先保障用电，123家企业列入相对控制用电对象，引导企业节能减排。加大电网建设力度，全年共投入电网建设资金8亿元，开工建设110千伏及以上输变电工程10个，开工容量108万千伏安，投产项目4个，投产容量20万千伏安。严格节能准入标准，提高固定资产投资项目节能评估审查要求，原则上不审批工业增加值能耗高于“十二五”期末全县预期平均水平的新上项目，引导企业发展低能耗、高效益的战略性新兴产业。加快淘汰落后产能，全年淘汰落后印染产能10.51亿米、化纤产能11.73万吨、织造产能1.55亿米，涉及淘汰落后企业67家。推进节能技术发展，全年有44个项目列入省、市重点节能项目计划，20家企业项目列入省、市循环经济重点工程，48家企业通过清洁生产审核验收。浙江精功科技股份有限公司获2011年度光伏行业十大创新设备供应商奖。（陈　栋　张　敏）

【节能技术发展显著】 2011年，绍兴县继续加大节能技术推广力度。有3家企业产品列入《浙江省节能技术、产品推广导向目录（第七批）》，分别是浙江点金照明有限公司生产的PAR16 E27/PAR16 GU10型号的LED LAMP，浙江卓信机械有限公司生产的HJQL-450A、HJQL-900A、HJQL-1350A气流雾化染色机，浙江梅地亚新能源科技有限公司生产的阳台壁挂式热水器和分体承压式热水器。有3家企业被评定为浙江省工业循环经济示范企业，分别是会稽山绍兴酒股份有限公司、绍兴至味食品有限公司、浙江精功新能源有限公司。绍兴越光能源科技有限公司作为专业节能服务公司申报国家级备案。绍兴县庄洁无纺材料有限公司被授予2010年度浙江省绿色企业（清洁生产先进企业）称号。精功新能源屋顶光伏并网发电项目获中央财政节能奖励资金3150万元，南方石化综合节能技改项目、三力士橡胶股份硫化罐节能改造等4个项目获得385万元省财政节能奖励资金。

【浙能滨海热电有限公司1、2号热电机组投入运行】 2011年，浙能滨海热电工程取得重大进展。6月28日，一号机300MW热电机组建成投入运行；10月18日，二号机300MW热电机组正式投入生产。

·小资料· 浙能滨海热电工程

浙能滨海热电工程是经国家发改委核准，由浙江省能源集团有限公司和绍兴县绍能电力投资有限公司按88%、12%比例共同出资建设。项目建于滨海工业区三期区块，一期建设规模为2×300MW供热机组和脱硫、脱硝装置，总投资28.2亿元。该项目是浙江省"十一五"期间重点建设项目之一，是绍兴地区最大电源点，也是省内乃至全国最大热电联产机组。建成后，年发电33亿千瓦时，供热280万吨。该项目的建成将缓解绍兴地区电力紧缺局面，对保障绍兴县印染集聚区集中供热产生巨大作用。 （陈 栋）

【开展城区电力线路改造规划】 2011年，绍兴县理顺电力线路空间布置，统筹规划柯桥城区范围内35千伏及以上电力线路，通过近、远期规划，集约利用土地约3100亩，其中居住1300亩、商业215亩、工业1890亩。

【新建年产75MWP晶体太阳能电池片及组件项目】 2011年，绍兴县属企业浙江优创光能科技有限公司在柯桥经济开发区新建年产75MWP（兆瓦）晶体太阳能电池片及组件项目，总投资20亿元，年度完成投资5.10亿元，项目建成后年产1.6亿片8英寸太阳能级多晶硅片。

【绍兴市首家太阳能电池背板生产企业落户】 2011年，绍兴市首家太阳能电池背板生产企业浙江晶茂科技有限公司太阳能背板项目落户绍兴县安昌镇。该项目计划投资6000万元，建成后形成年产太阳能背板380万平方米生产能力。

【省蒸汽流量实流检定实验室落户】 2011年，浙江省蒸汽流量实流检定重点实验室落户绍兴县"天马热电"。实验室主要开展蒸汽流量实流检定和研究，开展蒸汽流量能源计量、流量计量仪表开发等技术攻关，为全县蒸汽流量计使用企业、生产企业和研究机构提供共享检测平台，提高蒸汽计量准确度，推动蒸汽流量计产业升级。

（青 鸟）

【推广应用智能电表9.7万只】 2011年，绍兴县推广居民用电信息采集系统，完成居民用户用电信息采集系统4.2万户，推广应用智能电表9.7万只，实现钱清中心小城镇建设采集器全覆盖，加强智能用电建设。

【投入配网建设资金1亿余元】 2011年，绍兴县投入配网建设资金1亿余元，加快关键设备升级换代，加强低电压整治力度，完成61个台区的低电压问题整治工作，安装公变监控终端1961台，基本实现低电压动态监控整治。全年全县故障停电平均持续时间为2.66小时，比上年下降54.6%，环网率比上年上升12.37%，配网设施和供电可靠性进一步提升，完成曲艺节、纺博会、国务院总理温家宝调研等重大活动的供电任务。

【马鞍供电营业所获国家级先进】 2011年，绍兴县马鞍供电营业所从供电所机构设置、基础管理、流程控制、标准作业、信息应用等方面规范提升，形成"三基四化五型"创建工作思路，管理水平和工作效率大幅提高，被国家电网公司命名为2012～2013年度标准化示范供电营业所，获"2011年度浙江省群众满意基层站所（服务窗口）创建工作先进单位"称号。 （张 敏）

其他工业

【概况】 2011年，绍兴县拥有年销售500万元以上家具制造企业6家，工业产值13.15亿元，销售12.96亿元，利润1.54亿元；造纸及纸制品业企业20家，工业产值17.96亿元，销售17.32亿元，利润1.25亿元；文教体育用品制造业企业15家，工业产值7.74亿元，销售7.54亿元，利润0.64亿元；工艺品及其他制造业企业43家，工业产值53.25亿元，销售51.92亿元，利润5.08亿元。 （陈 栋）

【宝业集团绿色节能工业化住宅项目达到省级标准】 2011年1月23日，宝业建设产业研究院承担的省重大科技专项（优先主题）"绿色节能工业化住宅复合围护体系研究与应用"课题通过省科技厅专家验收，其研发工业化住宅节能复合围护体系各项主要技术、经济指标均达到或超过浙江省科技计划项目合同要求。该项目研究开发一种绿色工业化住宅复合围护体系，并将其运用到工业化住宅中，研究该复合围护体系材料组成、连接方式及防水、保温、隔热、隔声等性能，实现节能、工厂化生产和板块化安装目标。在项目实施期内共申请发明专利4项，发表研究论文6篇，完成工业化住宅试点工程5000平方米以上。（青　鸟）

【中新电器温控器产销居全国首位】 2011年，绍兴中新电器有限公司温控器产量达4360万只，产值5730万元，均居全国首位。公司位于孙端镇工业集聚区，是中外合资企业。公司有厂房2万余平方米，占地30.6亩，员工750余人。生产各类热双金属可调温控器、突跳式双金属片温控器、限温器及电器配件，产品远销欧美、东南亚地区。（詹　瑾）

责任编辑　董思思

建筑业

综　述

2011年，绍兴县建筑业以“转型升级求突破、建筑强县上台阶”为目标，不断拓宽新思路，探索新方法。全年建筑业实现总产值1132亿元，首次突破1000亿元，比上年增长34.2%，占全省建筑业总产值的7.7%，居绍兴市第一，全省第二。新签订业务合同1236亿元，比上年增长43.1%。从业人员42万人，建筑业在县内上缴地税6.91亿元，比上年增长10.97%，占全县地税总额的15.5%。实现50亿元以上区域性市场7个，其中100亿元以上3个。3家企业进入轨道、交通、铁路专线、码头等非房屋类建筑施工领域。建筑工程安全继续确保无事故、零死亡，创鲁班奖4项、詹天佑大奖4项、钢结构金奖12项，获国家级发明专利16项、国家级QC成果8项、国家级工法16项，获国家科技进步奖2项，编制国家行业标准4项。建筑业产业规模进一步做大，在全县经济中的支柱地位进一步巩固。

【荣获首批省建筑强县称号】 2011年12月19日，绍兴县被浙江省政府命名为首批建筑强县，实现由建筑之乡向建筑强县的跨越。浙江宝业、中设建工、中厦建设、勤业建工、精工钢构5家建筑企业被省住建厅授予“浙江省建筑强企”称号。

【2家建筑企业收购海外公司股权】 2011年，绍兴县龙头建筑企业依靠资金和实力，收购海外公司股权，实现自我提升。浙江宝业集团收购德国西德伟公司的部分股权，改造传统住宅产业，建设百年低碳工业化住宅产业；精工钢构通过境外控股子公司香港精工钢结构有限公司，以现金方式收购亚洲建筑系统有限公司100%股权，提高公司在墙面、屋面围护系统方面的业务能力，并与钢结构业务整合，提升整体竞争能力。

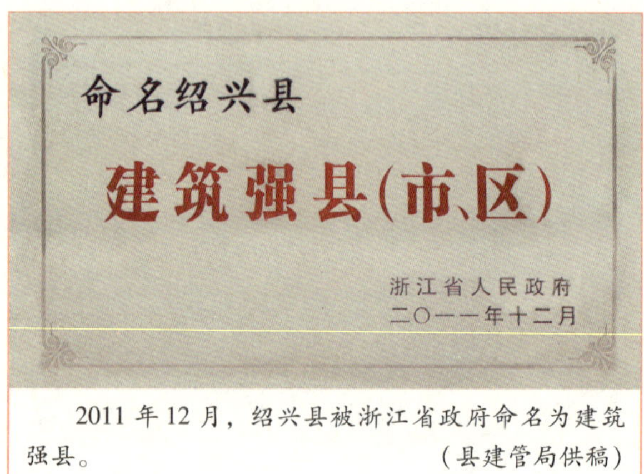

2011年12月，绍兴县被浙江省政府命名为建筑强县。　（县建管局供稿）

【2个建筑项目通过省级鉴定】 2011年8月3日，浙江省技术市场促进会在杭州组织召开项目鉴定会，绍兴县申报的建筑基桩桩身长度和钢筋笼长度检测技术研究获得通过。该项目用“孔中雷达法”、“单孔透射波法”和“磁测井法”检测基桩桩身和钢筋笼长度，具有创新性。县建管局与浙江有色地球物理技术应用研究院及浙江省建筑科学设计研究院联合编制《建筑基桩桩身长度和钢筋笼长度检测技术规程》，形成省级地方标准。10月14日，浙江省技术市场促进会在杭州组织召开成果鉴定会，“双排桩式围护结构在绍兴地区的应用”项目通过鉴定。该项目由绍兴县建设工程安全质量监督站和浙江省建筑设计研究院、浙江山川有色勘察设计有限公司共同研究。

（冯玲斐）

市场开拓

【概况】 2011年，绍兴县建筑业完成省外产值811亿元，比上年增长35.9%；完成境外业务1.73亿美元，比上年增长47.3%；完成增加值239亿元，比上年增长35%；创利税90.7亿元，比上年增长20.1%。在国内所有省级区域市场中均实现比上年增长，其中河北、辽宁、山东、河南、广西、重庆、四川、甘肃、新疆、西藏、吉林等市场的产值增幅均超过50%。同时，重点区域市场发展很快，50亿元以上的省外区域市场达5个，其中江苏、上海分别达到149亿元和131亿元。绍兴县建筑业覆盖到中国大陆的所有省级行政区域，市场之间业务份额的差距不断缩小，市场格局逐步优化。

【10余家建筑企业进军重庆】 2011年11月4日，绍兴县召开建筑企业与重庆赴浙挂职干部交流座谈会。县内骨干企业、进渝施工企业负责人及重庆赴浙挂职干部20余人参加会议。至年底，共有10余家建筑业企业进军重庆，完成产值6亿多元。

【举办建筑业沈阳推介会】 2011年11月11日，绍兴县组织15家建筑业龙头企业和骨干企业到辽宁沈阳举办建筑业推介会，辽宁省、沈阳市建筑行业管理部门、行业协会以及当地的浙商商会等领导出席会议。推介会期间，《辽宁日报》对绍兴县建筑业进行整版登载宣传，辽宁电视台、《辽沈晚报》、《沈阳日报》、《沈阳晚报》、《时代商报》等其他新闻媒体也进行相应的报道。会后，绍兴县建筑业管理局领导率企业负责人拜访行业主管部门，了解东北三省“十二五”发展规划，考察部分合作项目，帮助建筑企业进一步拓展省外市场。

2011年11月11日，绍兴县在辽宁举行建筑业推介会。（县建管局供稿）

【承接沙特吉达机场等高端项目】 2011年，绍兴县建筑企业在许多高端项目和重大项目中不断中标。宝业集团承揽辽宁省人民医院、杭州钱江世纪城捍联大厦和东营市城市规划展览馆项目，中设集团承接杭甬铁路客运专线柯桥枢纽工程项目，中厦集团承接西安兰蒂斯城项目，勤业集团承接秦皇岛金梦海湾住宅项目，精工钢构承接广州珠江新城东塔工程、武汉中心工程以及海外项目沙特吉达机场项目。（冯玲斐）

行业管理

【概况】 2011年，绍兴县建筑企业开展以工程招投标、人工价格调整、境外市场开拓、打击项目经理经济犯罪等主题调研活动，制定《绍兴县建筑业“十二五”规划》，编拟《绍兴县建筑业十强考核办法》、《绍兴县建筑业行业境外业务拓展工作报告》、《绍兴县建筑业行业发展形势季度分析报告》。举办各类建筑业培训班6期，2360人次参加培训，组织1633人次参加建造师执业资格考试，组织695人次申报专业技术职称。支持企业培养优秀建造师队伍，审核上报并经核准一级建造师214人、二级建造师368人。组织召开协会会长办公会议，举办全县建筑业法务知识讲座，编辑《绍兴县建筑业——法务专刊》。

2011年，全县开展各类建筑市场执法大检查14次，检查工程900余项，建筑面积2000余万平方米，整改安全质量隐患200余处。全年公布4期不良行为的处理结果，涉及扣分对象603个；查处违法建筑活动62起，立案27起，结案27起；清退失信市场主体1家。全年走访排查施工企业70家、工程185项，处理民工工资纠纷 155 起，清欠近 2000 万元。

【2 家企业通过特级资质初审】 2011 年，绍兴县共晋升建筑企业资质 27 家，其中一级 14 家、二级 13 家。“中设”、“中厦”2 家企业通过特级资质就位初审。至年底，全县累计通过特级资质就位初审的企业共 4 家（其余 2 家为“宝业”、“勤业”），建筑企业竞争实力进一步提升。

【启动施工图联合审查机制】 2011 年，绍兴县启动建筑工程联合图审工作，将气象、规划、消防、专业施工图审查等环节合并审查，开通县重点工程图审绿色通道，实现图审工作再提速，加大对图审办理的效能建设。

【《绍兴县建筑业》被评为全省建筑行业最佳期刊】 2011 年 10 月 25 日，浙江省建筑行业报刊评选工作在宁波奉化举行，绍兴县建管局和建筑业协会联合主办的《绍兴县建筑业》被评为 2011 年全省建筑行业最佳期刊，这是该杂志第六次获此荣誉。（冯玲斐）

质量管理

【概况】 2011 年，绍兴县印发《关于进一步加强我县建筑材料质量管理的通知》，对钢材、商品砼进场管理提出明确要求；出台《关于进一步加强保障性住房工程质量管理的通知》，落实分户验收制度。检查县域内在建工程商品砼构件质量，将不合格商品砼生产企业列入监管黑名单。专项检查全县在建建筑工程钢筋质量，发现问题当场反馈并下发整改通知书。全年共完成建筑材料样品检测项目 70 个 108958 组次，制定桩基检测方案 190 份，测桩 35298 根，完成报告 435 份。

【创鲁班奖和詹天佑奖各 4 项】 2011 年，绍兴县建筑业共创省级以上优质工程 87 项，其中国家级优质工程 25 项，鲁班奖和詹天佑奖各 4 项，创历史纪录。

【创各级科技成果 148 项】 2011 年，绍兴县建筑业创优业绩继续突出，共获发明专利 5 项、实用新型专利 27 项、国家级 QC 成果 8 项、省级 QC 成果 56 项、国家级工法 8 项、省级工法 30 项、省级科技示范工程 10 项，编制国家级行业标准 4 项。

【开展文明施工集中治理】 2011 年，绍兴县开展城区工地文明施工专项治理，历时 8 个月。实行夜间轮流巡查制度，及时对文明施工管理不重视或整改不力的工地进行网上曝光及短信通报。全年共对 56 项工程作出限期整改处理，并予以网上曝光及通报批评。对 25 项工程作出停工整改处理，对 35 项工程进行约谈，对 12 项工程提交行政处罚。通过集中整治，城区建筑工地环境卫生情况有明显好转。

2011 年 5 月 5 日，绍兴县召开建筑业文明施工现场会。（县建管局供稿）

【专项检查 70 余个建筑工地围墙】 2011 年 8 月，绍兴县建筑业成立“路长制”工作领导小组，对城区建筑工地围墙进行地毯式检查，共检查建筑工地 70 余个，对 10 余个工地围墙提出整改意见。同时与数字城管等部门进行多次联合行动，协同处置城区建筑工地道路窨井随意排水、工地围挡破损等问题，案件办结率 100%。（冯玲斐）

安全生产

【概况】 2011 年，绍兴县有新开工工程 235 项，建筑面积 560 万平方米；竣工工程 240 项，建筑面积 637 万平方米；尚在建项目 435 项，建筑面积 1375 万平方米，其中县安质监站 175 项，建筑面积 702 万平方米。全县重大危险源施工共计685项，县内在施工的深基坑22项、悬挑脚手架55项、超高支模架2项，在使用的塔吊180台、施工电梯137台、井架139台、幕墙吊篮150余台。2011年，全县无建筑安全生产事故，建筑安全生产总体形势较为平稳。

【推行建筑起重机械专家定期检查制度】 2011年，绍兴县推行建筑起重机械专家定期检查制度，成立起重机械检查专家库，施工企业每2个月1次邀请有关专家对所属在建工地的起重机械安全进行系统检查，该制度的推广使起重机械的使用安全更有保障。

【开展安全教育进工地活动】 2011年6月起，绍兴县组织开展安全教育进工地活动。共制作32块建筑安全文明施工展板，在城区80余个建筑工地轮流展出，为工地管理人员及一线民工提供与建筑生产密切相关的安全咨询服务。

【住建部专家组检查阳嘉龙安置小区】 2011年8月20日，住房和城乡建设部工程质量安全监管司、全国建设工程质量安全及建筑市场监督执法检查组到绍兴县城区阳嘉龙安置小区Ⅱ标检查。检查组分勘察、设计、质量、安全、市场5个小组，对整个工程的勘察、设计、施工（房建工程）等部分的工程建设强制性标准执行情况进行检查，并对建筑安全、节能工程施工质量、工程建设各方责任主体和有关机构质量行为及建筑市场各方主体从业行为等合法性进行督查。检查组对阳嘉龙安置小区在建设工程质量安全及建筑市场监督方面总体上予以肯定。

2011年8月20日，住建部专家组对绍兴县阳嘉龙安置小区工程进行检查。（县建管局供稿）

【塔式起重机安全监管引进“黑匣子”系统】 2011年10月1日起，绍兴县所有新开工工程的塔式起重机都被要求安装配备塔机在线安全监控系统（简称“黑匣子”）。至年底，共有50台塔机安装“黑匣子”，有效阻止塔吊司机的各类违章违规作业，建筑工地安全生产技术保障体系建设进一步强化。

【新增2支建筑施工企业应急救援抢险队伍】 2011年，在原有4支建筑特级企业应急救援抢险队伍（浙江宝业、中设建工、中厦建设、浙江勤业）的基础上，绍兴县新增浙江天工建设集团有限公司、浙江荣盛建设发展有限公司2支建筑企业应急救援抢险队伍，并纳入建筑业管理系统应急抢险救援组织。同时，重新调整全县建筑系统抢险队伍的编制和责任区域，确保快速、有效地处置建筑施工现场突发性事故，减少人员伤亡和财产损失。

【开展各类建筑检查13次】 2011年，绍兴县开展建筑工地节后复工安全生产检查、在建市政工程安全质量检查、建筑起重机械专项检查、全县建筑工地卸料平台专项检查、全县建筑工程安全质量综合执法检查、校舍工程安全质量检查、保障性住房检查、住宅工程安全质量检查、在建工地消防安全检查等各类检查13次，累计检查工程900余项，建筑面积2000余万平方米，排查安全隐患200余处，隐患整改率100%。对检查中发现存在违法违规行为的77项工程进行通报批评，并进行不良行为扣分处理；对27项情节严重的工程提交行政处罚。（冯玲斐）

勘察设计

【概况】 2011年，绍兴县加强对勘察、设计单位的资质管理、备案以及县外勘察、设计单位的市场准入管理工作，并依法查处管理对象的违法、违规工作。做好全县勘察、设计单位的资质管理工作，全年共办理勘察项目备案196个，设计项目备案255个。（冯玲斐）

责任编辑 孙 羽

房地产业

综　述

2011年，绍兴县房地产业在调整中求发展。2010年拍得土地的房地产项目陆续动工，在市场环境不利的形势下，全县房地产开发投资依然保持上扬势头。全年完成投资124.33亿元，比上年增长28.6%；商品房累计新开工面积271.95万平方米，比上年增长15.3%；商品房累计竣工面积132.3万平方米，比上年增长14.1%。

2011年，楼市调控政策步步深入，房地产市场供需关系发生重大逆转。随着观望情绪的逐渐蔓延，新建商品房销售量下滑。全年新建商品房成交9748套，比上年下降2.8%；成交面积118.67万平方米，比上年下降15.7%；成交金额95.28亿元，比上年下降16.3%。二手成套住房成交658宗，成交面积8.83万平方米，成交金额5亿元，比上年分别下降35.24%、22.54%和11.44%。全年上缴房地产税收15.89亿元，比上年增长27.22%，其中地税13.37亿元，占全县地税总额的30%。

2011年，绍兴县进一步贯彻落实中央和省各项房地产调控政策，加强房地产市场监管力度，严控住房价格上涨幅度。大力推进住房保障建设，首个公租房项目1314套住房开工，多渠道改善不同收入群体的居住条件。举办以“宜居水乡　魅力新城”为主题的春季房交会和以“品质柯桥　秀水人居”为主题的秋季房交会，加快推进农村住房改造建设与农房登记试点工作，解决613户农村“双困户”问题。探索小区物业管理长效机制，提升物业管理水平。加快房地产信息系统建设，提高市场监测分析能力和业务开展效率。

【完成5万卷房产档案数字化工作】　2011年，为充分发挥信息对房地产市场发展和宏观调控工作的引导作用，绍兴县加快房地产监管分析系统建设，完成房产信息系统一期建设，并实施房产档案数字化工作，完成案卷5万卷。“数字房产”对促进房地产行业健康发展、实现房地产内部行政管理业务的全计算机管理、无纸化办公和网络审批、实现房地产市场数据即时采集和市场预警预报，都有重大意义。

【专项整治房地产经纪市场秩序】　2011年9月至10月，绍兴县进一步规范房地产中介市场秩序，开展专项整治，制止和查处房地产经纪违法违规行为，保护房地产交易中当事人的合法权益。整治对象涉及全县所有房地产经纪组织和房地产经纪执（从）业人员，重点查处房地产经纪机构及从业人员提供或代办虚假证明材料，策划或参与捂盘惜售、哄抬房价或住房租金价格、发布虚假信息和广告等违法违规行为。通过整治，督促房地产经纪企业做好“五公示，两示范”工作。

·小资料·　五公示，两示范

五公示指公示经纪组织的营业执照及备案证明，公示执业经纪人的姓名、证号和照片，公示由执业经纪人署名的信息，公示服务内容和收费标准，公示申（投）诉举报电话。两示范指鼓励使用经纪合同示范文本，鼓励使用信息示范表。

【5个中心镇完成农房登记工作】　2011年，绍兴县在上年试点农村房屋登记工作基础上，逐步在全县各镇（街道）推广实施。至年底，5个中

心镇（杨汛桥镇、钱清镇、平水镇、福全镇、兰亭镇）全面推开农村房屋登记工作并完成任务，其他镇（街道）多个行政村推开并完成任务。孙端镇有9个村开展农房登记工作，超额完成市里下达的任务。全年房屋测绘1730户（处），测绘建筑面积38.81万平方米，经审核符合登记发证条件的998户。（杨学敬）

开发投资

【概况】 2011年，绍兴县共有房地产开发企业251家，其中一级资质企业6家、二级资质企业18家、三级资质企业86家、四级资质企业141家。“绿城”、“金地”、“保利”、“朗诗”等一批实绩优、品牌响、信誉好的房地产企业进驻柯桥，柯桥城区房地产单项开发规模不断增大，楼盘品质不断提升。全年房地产完成投资125.1亿元，比上年增长29.1%；商品房累计新开工面积271.95万平方米，比上年增长15.3%；商品房累计竣工面积132.3万平方米，比上年增长14.1%。新建商品房批准可预售楼盘64个，面积219.26万平方米，比上年下降14.55%。全县新建商品房成交9748套，比上年下降2.8%；成交面积118.67万平方米，比上年下降15.7%；成交金额95.28亿元，比上年下降16.3%；成交均价8030元/平方米，比上年下降0.86%。其中新建商品住房成交6179套，比上年下降16.62%；成交面积87.13万平方米，比上年下降22.2%；成交金额68.39亿元，比上年下降20.7%；成交均价7849元/平方米，比上年上涨1.9%。

【住房成交均价控制在年初调控目标内】 2011年初，绍兴县制订新建商品住房价格涨幅低于全年GDP增幅，并控制在全县城镇居民家庭可支配收入增幅以内，具体数值为8450元/平方米以内的调控目标。至年底，全县新建商品住房实际成交均价每平方米7849元，比上年上涨1.9%，实现调控目标。

【加强监管规范房地产市场】 2011年初，绍兴县房地产管理部门进一步健全监管体系，完善服务措施，加大监管力度，规范全县房地产市场秩序。开展房地产政策法规宣传工作，使开发企业自觉纠正违规行为，自觉守法经营，引导消费者合理消费。做好房地产市场执法监察工作，加大对房地产开发、房地产中介的执法监察力度，全年累计巡查98次，发限期改正通知书18次，纠正房地产开发商违规行为。（杨学敬）

住房保障

【概况】 2011年，绍兴县落实保障性安居工程的计划任务，在推进城镇廉租住房、经济适用住房、人才住房、农村困难群众住房救助等住房保障工作基础上，加快建设公共租赁住房，增加住房保障受益人群，努力使广大人民群众住有所居。同时，把农村住房改造建设作为建设“美丽乡村”的重点工程来抓，通过拆迁改造、解困安置、住房救助、移民下山等方式，多渠道推进农村住房改造建设，农房改造新开工建设5000户，完成农村住房改造建设7000户，启动3个以上规模性农房改造建设项目。继续实施柯桥城区老小区综合改造工程。

【完成市下达的住房保障计划】 2011年，根据《2011年度绍兴县城市保障性安居工程建设目标责任书》要求，柯桥城区新开工建设公租房6万平方米（1000套）、经济适用住房0.6万平方米（100套）。完成城区棚户区改造40.2万平方米（3480套），新增廉租住房保障30户。至年底，全县新开工建设公租房1314套，受理经济适用房申购270户，核准228户。新增廉租住房31户，年末累计保障207户，做到随申随保。人才住房租赁实行按季定期申请审核，全年签约47户。完成市下达的各项住房保障计划。

【解决613户农村双困户住房难问题】 2011年，绍兴县完成613户农村“双困户”住房解困工作。农村“双困户”是被列入困难救助的低保户，且住房建筑面积在人均25平方米以下或者宅基地面积人均在15平方米以下的农户。解决农村双困户住房问题，是县委县政府当年重点办好的实事工程之一，主要采取“以房换租、旧房调剂、零星地自建、危旧房修缮”等方式完成。

【首个公共租赁住房项目开工】 2011年10月24日，绍兴县保障性住房K—17地块工程项目开工，这是绍兴县首个公共租赁住房项目。工程位于双渎路以东、新三江闸西干江以南，总用地面积46099平方米，建筑面积10.68万平方米，总投资4.616亿元，由11幢17层高层住宅组成，共有1314套住房，单套建筑面积控制在30平方米至70平方米，项目计划在2013年12月竣工。

【完成柯桥城区老小区综合改造】 2011年，绍兴县对柯桥城区最后一批老小区进行综合改造，总投资1000万元，改造面积10.1万平方米，主要进行雨污分流、路面浇筑、管线入地以及楼道粉刷和绿化补种。改造涉及下市头、港越、锦湖、福东、福年、立新等6个社区，包括笛扬商苑、轴承厂宿舍、宝业AB楼、三鑫商厦等7个老小区。至年底，柯桥城区所有老小区的综合改造工作全面完成，累计改造40个老小区，建筑面积86.25万平方米，惠及数万居民。

【完成农村住房改造8000余户】 2011年，绍兴县农村住房改造建设项目47个，建筑面积270.68万平方米，可安置21868户。其中新开工项目17个共6930户。至年底，共完工19个，建筑面积109.55万平方米，可安置8617户，超额完成市下达的任务。

【实施人才住房建造新举措】 2011年，绍兴县人才住房改变政府出资从拆迁安置房剩余房源回购的方式，实施商品房开发项目配建5%的新举措，形成以租为主，销、贴补充的保障结构，以及政府投资建设为主，开发项目配建为辅的建设格局。全年配建人才住房13740平方米，分别从绍兴县锦麟房地产开发有限公司开发的瓜渚御景园中配建3900平方米，绍兴居里职业有限公司开发的朗诗绿色街区中配建8500平方米，绍兴中地房产开发有限公司开发的镜水湾小区中配建1340平方米。

（杨学敏）

住房公积金

【概况】 2011年，绍兴县归集住房公积金50099万元（其中公积金利息收入2622万元，住房补贴604万元），比上年增长19%，归集余额为128141万元；支取住房公积金31022万元，比上年增长10%，占全年归集额的62%。其中购建房支取14265万元，占46%；还贷支取12240万元，占39%；退休支取3296万元，占12%；解除劳动关系支取710万元，占2%；其他支取511万元，占1%。发放贷款569户20909.9万元，比上年下降29%。至年底，全县贷款余额为92470万元，累计发放贷款143611万元5751户，存贷比为72%。

2011年，绍兴县公积金业务收入4910万元，其中存款利息收入1169万元，委托贷款利息收入3741万元；业务支出3651万元，其中公积金利息支出3473万元，住房公积金归集手续费支出178万元。全年实现公积金增值收益1259万元。

【新增公积金缴存职工6558人】 2011年初，为扩大住房公积金的影响，绍兴县制定《关于进一步推进住房公积金制度扩面工作的实施意见》。8月，出台《2011年绍兴县住房公积金制度扩面工作考核办法》，将扩面任务分解到各个镇（街道），同时督促、指导、协助镇（街道）做好住房公积金扩面工作。全年新增缴存职工6558人，净增职工3504人，净增率10.5%。

【实行贷款跟踪管理】 2011年，绍兴县严把贷款风险关，实行楼盘准入制度，进一步加强整个楼盘的贷款风险防范管理。运用调查楼盘，摸清底数和现场踏看等方式，完善楼盘贷款的审核程序，严格遵守结项后发放贷款的规定，实行贷款跟踪管理，落实逾期贷款催收制度。定期不定期地对各委托银行办理的公积金贷款进行检查，重点检查委托银行有否按规定办理公积金贷款、他项权证有没有及时办理到位等情况。

【支取住房公积金31022万元】 2011年，绍兴县优化公积金缴存支取流程，明确承诺住房公积金缴存、支取当场办结。纯公积金贷款取消银行盖章环节，方便广大缴存者；同时对每一笔支取都进行严格审核，对预售房支取核对现金缴款单、转账付款凭据等单证进行逐笔审核，杜绝骗支现象的发生。全年支取住房公积金31022万元，比上年增长10%，占全年归集额的62%。

【多渠道保证资金安全】 2011年，绍兴县公积金管理部门强化财务管理职能，完善财务管理制度，规范运作，确保资金安全。规范大额资金转存、使用，加强对银行账户和公积金贷款资金的核对检查，加强公积金缴存、支取、贷款等业务凭证的管理，加强对支票的管理，加强住房公积金支取复核工作，保障支取的可靠性。通过系列举措，资金安全得到保证，同时提高增值收益率，减少沉淀资金，为廉租房建设筹措更多资金。

【推出4项便民服务措施】 2011年，绍兴县公积金管理部门推出住房公积金网站，完善公积金网站在线咨询客户服务中心，以公积金网站为主要载体，为缴存单位、职工提供政策咨询和缴存、个人信息查询，搭建统一、专业的咨询、查询服务平台；加强服务大厅硬件建设，通过触摸屏、电子屏幕等介质公开办事程序、服务流程、相关法律法规；推行网上业务系统，配置叫号机、服务评价系统，促进服务大厅办事员提高服务质量；编制住房公积金知识手册，发放到各镇（街道）。（杨仲茂）

物业管理

【概况】 2011年，绍兴县继续加强行业指导，提升物业管理水平。开展物业行业管理调研，召开部分物业服务企业代表座谈会，重点了解拆迁安置小区管理情况。继续贯彻实施“以奖代补”办法，完成17个“以奖代补”拆迁安置小区的考核，划拨补贴资金207.16万元。新建项目物业用房初审18个，核定28个，建筑面积508.83万平方米，收缴专项维修资金6185.35万元、保修金3527.77万元。

【2个小区（大厦）被评为市级优秀物业企业】 2011年，绍兴市物业行业主管部门与部分物业企业专家组成检查考评组，对全市申报的14个参评项目进行实地考评，并根据8类共59项标准进行具体打分，共评出6个符合绍兴市物业管理优秀住宅小区（大厦）标准的项目，绍兴县2个小区（大厦）被评为2011年度绍兴市物业管理优秀住宅小区（大厦），分别是大明·颐泽苑小区、永利大厦。（杨学敏）

交易市场

【概况】 2011年，绍兴县登记房屋总建筑面积1006.19万平方米，登记国有土地房屋总建筑面积987.69万平方米30007件，其中所有权登记732.08万平方米17042件、抵押权登记180万平方米8403件。

2011年，二手房市场办理存量房过户手续1091宗，建筑面积57万平方米，成交金额12.29亿元，比上年分别下降22%、增长17.28%、增长29.36%。城区成套住宅交易910宗，成交面积20万平方米，成交金额10.2亿元，分别比上年下降7.89%、增长72.4%、增长88.9%；成交均价5120元，比上年上涨8.6%。营业用房成交24宗，成交面积3093平方米，成交金额3895万元，成交均价12590元。写字楼成交59宗，成交面积18562平方米，成交金额8685万元，成交均价4656元。

2011年，全县拆迁项目评估面积总计139.8万平方米，二手房评估面积54.2万平方米，抵押评估面积5.6万平方米。房地产实测绘面积734.3万平方米，预测绘面积587.3万平方米。

【春季房地产展示交易会成交1.02亿元】 2011年4月29日至5月1日，以“宜居水乡　魅力新城”为主题的绍兴县春季房地产展示交易会在中国轻纺城国际会展中心举行。交易会共有参展单位45家，展示总面积近1.5万平方米。其中房地产企业23家，参展楼盘32个，二手房15家。32个参展商品房楼盘中，现房楼盘5个，期房楼盘27个，可售房源2044套，总面积38.8万平方米。3天共成交商品房89套（其中二手房2套），成交面积11546平方米，成交金额

1.02 亿元，达成意向 816 套。交易会首次开辟绍兴县住房保障展示区，集中展示绍兴县在保障性住房建设工作方面取得的成绩。

2011 年 4 月 29 日，绍兴县春季房地产展示交易会在中国轻纺城国际会展中心开幕。　（沈浩根摄）

【举行秋季房地产展示交易会】　2011 年 11 月 4 日至 6 日，以“品质柯桥　秀水人居”为主题的绍兴县秋季房地产展示交易会在中国轻纺城国际会展中心举行。展会共有参展单位 42 家，展示总面积近 1.3 万平方米，其中房地产企业 21 家，参展楼盘 26 个；可售房源 3208 套，总面积 45.85 万平方米。住宅类商品房 2607 套、非住宅类商品房 601 套。3 天共成交一手商品房 15 套，成交面积 2108 平方米，成交金额 2429 万元，达成意向 606 套；成交二手商品房 2 套，成交面积 195 平方米，成交金额 198 万元。

除常规房地产展示之外，展会在会场专门设置绍兴县城镇住房保障建设和绍兴县农村住房改造建设展馆，将房地产开发与安居工程建设集中展示，其中首批公共租赁住房的开工建设情况受到观展群众关注。　（杨学敢）

责任编辑　孙　羽

商贸业

综　述

2011年，绍兴县开展商贸企业服务直通车活动，引进商贸三产项目，加快发展现代商贸服务业，打造现代商贸休闲之城。全县实现社会消费品零售总额142.23亿元，比2010年增长19.1%。批发零售贸易业实现交易额1752.11亿元，比2010年增长32.8%。其中批发业实现销售额1567.1亿元，增长33.35%；零售业销售额185.01亿元，增长28.44%。实现商品市场成交额930.75亿元，比2010年增长12.1%。全县新引进外商投资商贸企业74家，累计159家。新增外资商业企业实到外资2129.49万美元，累计6345.51万美元。新增有出口实绩的外商投资商业企业19家，累计57家，出口额19853万美元，其中绍兴婆罗迦贸易有限公司出口3521万美元，居全县商业企业出口首位。希尔顿、喜来登等国际一线品牌酒店落户，银泰百货、英豪洲际公馆等知名品牌项目签约。加快项目建设进度，以夏威夷风情园、联盛国际、红星美凯龙等10个重点意向、在建项目为重点，全面实施商贸服务业项目进度月通报推进机制，全县跟踪监测重点商贸三产建设项目101个，总投资额达232.93亿元。全县“三个一批”重点商贸三产建设项目60个，全年完成投资33.5亿元，完成全年任务的109%。至年底，柯桥城区建成“611”商务大楼78幢、在建47幢、待建5幢，合计130幢（其中总部大楼24幢）。优化项目建设服务，编发2011年商贸服务业政策手册，通过集中辅导、送政策进企业等活动加强宣传，帮助天虹百货、万达金街等大型商贸项目业主开展针对性招商隆市，先后为越隆、福欣、天府中心等商务大楼和万达广场等商贸企业协调解决各类问题20个。

【新增汇银典当责任有限公司】　2011年，绍兴县新开设典当企业1家，即汇银典当责任有限公司。之前登记在册的典当公司有5家，分别为天业典当有限责任公司、翰越堂典当有限责任公司、浙江恒通典当有限责任公司、兴发典当有限责任公司、浙江民阳典当有限责任公司。累计注册资金7000万元。全年典当业实现当款7000万元，营业总额513万元，利润122万元。

【普乐迪文化传播股份有限公司总部搬迁柯岩】

2011年，普乐迪文化传播股份有限公司总部从越城区搬迁到绍兴县柯岩。该公司是香港普乐迪国际投资管理集团所属的一家集文化娱乐（量贩式KTV）、各类广告制作发布、物流配送、销售十一体的大型综合性股份制企业，自2006年后相继在杭州、宁波、舟山、温岭、义乌、上海等地开设40余家直营店及加盟连锁店，每家门店投入的资金分别在1000万元至3800万元之间，公司总投入资金超过5亿元，其经营规模和客户接待量在华东地区量贩式KTV行业中处于领先地位。年底，普乐迪柯桥二店蓝色沸点开业。

（马金良　詹月宝　徐执平）

商场超市

【概况】　2011年，绍兴县引进、推进一大批知名商贸品牌项目，天虹百货、银泰百货等国内知名百货零售企业入驻。加强生活必需品市场测报工作，推荐25家商贸企业入选省流通示范和跟踪企业。全县新增农家店27家，累计有农家店368家；年销售额8.7亿元，增长10%，覆盖率100%，从点到线串结成一张从农村到城市的消费网。

【万达广场日均客流量1万人次】 2011年，柯桥万达广场自2010年12月17日开业后，人流量逐渐提升，经营户销售额日渐提高，日均客流量达1万人次。其中餐饮一条街集聚餐饮商铺35户，以特色餐饮和时尚餐饮为主，品牌知名度较高的有肯德基、麦当劳、味千拉面、巴贝拉、汉堡王、大丰收鱼庄、德庄火锅、桂三秋餐厅、蓉李记小吃、韩悦烧烤、华馨园北京烤鸭、禾绿寿司、千味涮等。肯德基平均每月销售额近百万元，稳居各店首位。特色餐饮嬉湘记、丁哥黑鱼馆、东北风餐厅等月均销售额均在60万元至70万元之间。

【成立大型商场超市食品安全自律联盟】 2011年11月12日，绍兴县工商局柯桥分局组织发起的绍兴县（柯桥城区）大型商场超市食品安全自律联盟成立。华润万家超市、供销超市等首批12家联盟成员共同签订《自律公约》。公约规定，各成员单位严格把好食品安全关，自觉接受社会各界监督，加强行业自律。

【蓝天商贸业协会成立】 2011年10月22日，绍兴县蓝天集团的蓝天商贸业协会成立。蓝天集团是本土商贸龙头企业，蓝天商贸业协会是绍兴县第一个由城市商圈内部的商业企业、个体工商者及相关经济组织自发形成的社会团体。商家们可以借助协会的平台开展交流、互动，实现提升发展。成立仪式上，蓝天集团向县慈善总会捐款1000万元，用于扶贫帮困。

【柯桥首个LSE城市生活超市开业】 2011年12月18日，柯桥首个LSE城市生活超市在杭州大厦柯桥购物中心开业。LSE城市生活超市是由浙江时盛集团和杭州大厦柯桥购物中心联合引进的，LSE是英文living（生活）、shopping（购物）、enjoying（享受）三个单词的首个字母组成，定位于“健康生活+城市精品”，倡导“城市让生活更美好”的生活理念。

【万村千乡市场工程农家店存活率超过98%】 2011年，绍兴县万村千乡市场工程结出硕果，新增农家店27家，累计农家店368家；年销售额8.7亿元，比2010年增长10%。农家店存活率超过98%，覆盖率100%。

·小资料· 万村千乡市场工程

浙江供销超市自2005年始以省政府提出的“千镇连锁超市、万村放心店”工程建设为契机，发挥供销超市品牌优势，挑起了绍兴县、越城区、镜湖新区、袍江工业区万村千乡市场工程乡村超市网建设重任，实现绍兴县19个镇（街道）302个行政村农家店全覆盖，成为浙江省首个实现超市、便利店全覆盖的县。绍兴县乡村超市、放心店建设的模式和速度，引起了各级领导的高度关注，“绍兴模式”作为发达地区经营网络建设经验，在浙江省乃至全国得到推广。

（马金良　詹月宝　徐执平）

粮油购销

【概况】 2011年，绍兴县粮食部门按照“抓创新、谋发展，保安全、促和谐”的粮食工作方针，坚持服务三农，搞活流通，保障供给，创新发展。全年与1460户粮农签订订单合同，收购订单早稻8961吨，收购订单晚稻11821吨。发放粮食预购定金887.6万元，比2010年增长13.2%。

2011年，绍兴县以国有粮食收储公司为龙头，调动多种经济主体参与粮食产销合作工作，实施走出去战略，在东北、苏北、安徽等粮食产区建立外拓粮食基地11万亩。合理调整粮食储备品种结构，增加晚粳谷的储备比例，相应减少早籼谷和小麦的比例，县储体系形成水稻、小麦、玉米多品种，原粮、成品粮多类型并存的储备格局。提高储粮管理水平，粮食储备广泛采用机械通风、“双低”储藏、环流熏蒸、电子测温、仓外检虫等科学保粮方法，有2个粮库管理达到省三星级标准。严格按照在地检查和有库必到、有油必查、查必彻底的原则，完成粮油库存检查工作。深化放心粮油示范店建设，在柯桥街道开展放心粮油进社区试点活动，净化粮油市场，确保粮油供应安全。执行绍兴县粮食安全应急预案，健全粮食应急加工网点，全县落实5家粮食应急加工厂，日加工能力450吨。完善粮食应急供应网络，建立粮食应急供应点30个，确保粮食应急状态下能随时启动流通保障。完善企业责任制考核，深化各项管理制度，加强经营监管，确保国有资产保值增值。绍兴县在国有粮食企业改革和粮食流通体系建设方面的经验做法被国家粮食局推广。县粮食局被评为2011年度浙江省粮食收购工作先进单位。

【开展“五送”为农服务活动】 2011年3月10日，绍兴县粮食局会同省粮食局在陶堰镇开展“五送”（送订单、送定金、送政策、送科技、送信息）为农服务系列活动。此次活动宣传强农惠农政策和粮食生产扶持政策；发放农业科技、粮食质量标准、农户储粮知识等书籍、资料1000余份，并为农户提供现场咨询解答；提供粮食生产信息和粮食市场行情，引导农户根据市场需求安排2011年粮食生产计划；现场签订440吨早稻订单合同；向8位种粮大户代表发放粮食预购定金125万元。

【提高粮食收购价格使农民增收600万元】 2011年，绍兴县适度提高粮食收购价格。早稻谷每50公斤市场收购价112元、种子补贴1元、履行订单奖励25元，订单农户履行订单协议后，每50公斤的实际收购价为138元，比2010年增加15元，增幅为12.2%。晚稻每50公斤市场收购价150元、政府补贴7元、种子补贴1元、履行订单奖励5元，合计163元，比2010年增加14元。通过提高粮食收购价格，全年使农民增收600万元。

【完善粮食收购为民服务体系】 2011年，绍兴县在夏秋收粮时节为种粮大户开设绿色通道，实行验质优先、入库优先、结算优先，推出预约收购、上门服务等新举措。各收粮站设立农户休息室，方便粮农。新投入粮食收购机械资金40万元，在9个收粮站新增地磅9台。县粮食收储公司装备的粮食收购机械100多台（套），其中有12台地磅、32台风车、27台稻谷输送机、5台除杂机、14台粮食烘干机、12台水分测定仪。

【绍兴粮网正式开通】 2011年9月29日，绍兴粮网网上粮食市场正式开通。绍兴粮网（www. ytgrain. com）是浙江亚太粮食批发交易市场有限公司主办的专业性商务网站，集粮情资讯、价格发布、粮企服务和粮食电子商务平台于一体。主要由4个栏目组成，包括粮油采购、粮油销售和粮油产品信息等组成的交易中心栏目；由今日粮油、产品均价、粮油加工、供求信息等构成的市场行情栏目；由今日动态、分析预测、政策法规和粮油常识等信息汇聚的资讯栏目；还有集网上会员、网上报名、网上公告与竞价交易于一体的网上竞价交易系统栏目。至年底，实现网上交易4926吨，成交金额1230万元。全年浙江亚太粮食批发交易市场销售粮油23.78万吨，销售额10.79亿元；副食品销售额为6.11亿元。

2011年9月29日，绍兴粮网正式开通。

（县粮食局供稿）

【采用网上公开竞拍形式轮换储备粮】 2011年，绍兴县在储备粮的收购、轮换上，利用市场机制，采用网上公开竞拍等形式，减少储备成本，减轻财政负担，使储备粮充分起到调控粮食市场，保持市场稳定的作用。全年共轮换县级储备粮油21412吨，轮换周转粮17600吨。

（王卫娥）

供销合作商业

【概况】 2011年，绍兴县供销社实现总经营收入88.12亿元，商品总销售48.03亿元，利润22909万元，缴纳税金17556万元，分别比2010年增长8%、19.6%、27.21%和40.63%。浙江供销超市新增直营店20家，发展加盟放心店80家，累计连锁网点达2200家。浙江华通医药股份有限公司新添5家连锁网点，累计直营连锁药店86家，总网点100家，继续保持全省第一。农资公司新增农资实名制销售网点10家，累计12家。销售化肥37213吨，农药6407吨，农地膜1926吨，三大类主要农资商品的储备量均比2010年增长18%以上。

【组建柯岩先锋果蔬专业合作社】 2011年，绍兴县结合资源特点，因地制宜，组建柯岩先锋果蔬专业合作社。该合作社基地种植面积124亩，严格按照无公害质量标准种植果蔬产品，种植叶茶类、茄果类、瓜果类、甘蓝类等25个以上的果蔬品种，产品主要销往绍兴市各农贸市场及大型酒店。柯桥县城设有2个批发点和零售摊位。累计领办、参办专业合作社15家，入社农户500余户，带动农户9000多户。

【新建5家综合服务社】 2011年，绍兴县以日用品消费品店、农资连锁店为基础，结合经济发展水平、人口状况、自然村分布等情况，新建平水镇上灶村、平水街村综合服务社，湖塘镇湖塘村综合服务社，富盛镇富盛村综合服务社，钱清镇九岩村综合服务社。

【“农超对接”实现销售超亿元】 2011年，绍兴县为解决农副产品买难卖难问题，继续实施“农超对接”，县供销系统为县内专业合作社和农业龙头企业产品进场开设绿色通道，全年实现销售11500余万元。其中供销超市继续采取零门槛进场优惠政策，全年销售3500余万元；华通市场继续开辟2000平方米鲜活农产品销售场地，以优惠租赁价为10家农业龙头企业提供销售专柜，实现销售8000余万元。

【组建浙江美华鼎昌医药科技有限公司】 2011年3月，绍兴县供销社下属浙江华通医药股份有限公司与留美女博士王传跃共同组建浙江美华鼎昌医药科技有限公司，公司首期注册资本500万元，其中外资40万美元，是绍兴县首个生物医药工程高科技项目。公司开展生物医药服务外包平台、新药制剂研发、GMP质量标准控制、创新药物研发、分析测试以及项目报批FDA服务，是一个集新药制剂研发、创新药物研发和分析于一体的现代化高科技企业。

·小资料· GMP

GMP是药品生产质量管理规范，是为保证药品在规定的质量下持续生产的体系。它是为把药品生产过程中的不合格的危险降低到最小而订立的。GMP包含方方面面的要求，从厂房到地面、设备、人员和培训、卫生、空气和水的纯化、生产和文件。

·小资料· FDA

FDA即美国食品药物管理局，FDA是国际医疗审核权威机构，由美国国会即联邦政府授权，专门从事食品与药品管理的最高执法机关；是一个由医生、律师、微生物学家、药理学家、化学家和统计学家等专业人士组成的致力于保护、促进和提高国民健康的政府卫生管制的监控机构。其他许多国家都通过寻求和接收FDA的帮助来促进并监控其本国产品的安全。

【汉麻纤维染色技术研发成功】 2011年，绍兴华通色纺有限公司汉麻纤维染色技术研发取得成功，成为国内第一家掌握汉麻纤维染色技术的企业。其产品“牛麻王”具有吸湿、透气、抑菌、抗辐射、防紫外线等多种功能，成为中国女排的指定用品。汉麻混纺面料成为解放军总后勤部汉麻中心服装面料更新替代产品。

2011年3月1日，唯尔福集团用纸项目二期工程启动。 （县供销社供稿）

【“唯尔福”年产5万吨用纸项目二期工程启动】 2011年3月，袍江新区唯尔福集团征地82亩，投资5.1亿元，年产5万吨用纸项目二期工程动工建设。至年底，二期工程完成土建工程，第三台造纸机安装完成，进入试生产。实现当年建设、当年投产目标。

【轻纺城综合市场改造完工】 2011年，华通市场所属轻纺城综合市场被确定为绍兴县政府2011年十方面实事工程中首批改造提升市场，按照省文明示范农贸市场标准，进行重新规划、改造和提升，改造面积7600平方米，总投资1000万元，设蔬菜、肉类等摊位137个，卤味、家禽等营业房54间。改造后的轻纺城综合市场软、硬件设施均达到华东地区一流水平，于2011年12月中旬重新开业，并被认定为2011年度省文明示范农贸市场，是绍兴县首家省级文明示范农贸市场。

【及时应对食盐脱销风波】 2011年3月16日，因日本地震海啸造成核泄漏事件而引发的食盐抢购使绍兴县市场一度出现食盐脱销、抢购现象，为维护消费市场有序运行，绍兴县供销社主动承担起食盐应急供应任务，组织40余名骨干，调集15辆配送车赴市盐业公司袍江、上虞仓库，将3000箱食盐及时送至供销超市113个供应网点，并有序做好食盐登记供应工作，3天内共组织供应食盐1万箱，计60万元，确保县内市场稳定。（蒋剑彪）

住宿餐饮业

【概况】 2011年，绍兴县新增住宿餐饮类企业和个体工商户290家，其中企业19家，个体工商户271家，新增注册资本5816万元。至年底，共有从事住宿餐饮的企业和个体工商户1777家，注册资本39723万元。限额以上住宿餐饮业单位实现营业收入5.21亿元，比上年增长25.7%。从收入看，餐饮高于住宿，实现餐饮收入3.52亿元，比上年增长31.8%；实现住宿收入1.43亿元，比上年增长21.1%。从业态看，个体户增长较快；洋快餐随网点增多快速增长，肯德基实现销售5488万元，比上年增长39.8%；星级企业增长稳定。

【2家酒店成为国家四钻以上酒家】 2011年12月，王子宴会大酒店柯桥店被评为国家五钻特级酒家，金昌开元大酒店被评为国家四钻一级酒家。王子宴会大酒店柯桥店是绍兴县继永泰望湖大酒店后的又一家国家五钻酒家。

【希尔顿逸林酒店签约落户柯桥】 2011年2月25日，浙江嘉城控股集团与希尔顿酒店集团举行签约仪式，绍兴希尔顿逸林酒店落户柯桥。希尔顿是全球著名的酒店管理集团，筹建中的希尔顿逸林酒店位于柯桥最高楼——嘉悦广场，该广场总建筑面积4万平方米。希尔顿大中华区营运副总裁蒂姆西·苏博出席签约仪式。

（马金良　张世冲）

汽车服务业

【概况】 2011年，绍兴县实现汽车销售36.68亿元，比2010年增长48.6%。从增长来看，高档车的畅销是增长的主要原因。宝利德、宝晨、英之杰3家公司实现销售25.10亿元，比上年增长94.0%。而一般车型销售额则小幅回落1.4个百分点。

至2011年底，绍兴县有正常营业的加油站42家，加油点9家，从业人员520人。共占用土地面积90506平方米，平均每站占用土地面积2155平方米。全年成品油零售总销量205656吨，比2010年增长22%。其中汽油销售量91654吨，柴油销售量114002吨，分别比2010年增长4%和42%，平均每站销量4213.8吨。年加油量1万吨以上的加油站1个，5000吨至1万吨的加油站11个，3000吨至5000吨的加油站5个，3000吨以下的加油站25个。全年汽油、柴油零售额逾18亿元，税收逾5000万元。按隶属关系分，中国石化系统18个，中国石化碧辟有限公司8个，中国石油系统7个，社会加油站9个。按地理位置分，104国道沿线8个，104南复线8个，329北复线5个，绍大线2个，绍甘线5个，轻纺城高速连线2个，其他县乡道12个。按用地面积分，面积在3000平方米以上的6个，面积在2000平方米至3000平方米的9个，2000平方米以下的27个。

【举办第九届中国轻纺城（春季）汽车博览会】
2011年4月15日，2011绍兴第九届中国轻纺城（春季）汽车博览会在柯桥轻纺城国际会展中心开幕。本次参展汽车厂商共有62家，比第八届多11家，其中汽车生产厂家参展20家，创历史新高。50多个品牌，500多款车型参加展示，有法拉利、玛莎拉蒂、宾利、劳斯莱斯等名车，参展阵容强大，品牌较多。

【举办第十届中国轻纺城（秋季）汽车博览会】
2011年9月9日至12日，2011绍兴第十届中国轻纺城（秋季）汽车博览会在柯桥轻纺城国际会展中心举行。法拉利、玛莎拉蒂、奥迪、宝马、捷豹、路虎等50多个品牌62家车商参展，世界名车阿斯顿·马丁也有3款车型首次参展。车博会还推出购门票赢汽车大奖和1元钱起拍等活动。此次车博会参观人数2.1万余人次，成交汽车1389辆，意向客户4986人。其中东风日产柯城店销售32辆；比亚迪销售80辆；通用别克现场成交104辆，成为本届车博会销售冠军。

【举办第十一届中国轻纺城（冬季）汽车博览会】 2011年12月2日至4日，为期3天的2011绍兴第十一届中国轻纺城（冬季）汽车博览会在中国轻纺城国际会展中心举行。参加本届汽车博览会的汽车经销商共有55家，涉及奥迪、宝马、凯迪拉克等40多个品牌。车博会还推出1元起拍、购门票赢奔腾汽车、书画展卖、小小车模大赛等与汽车相关的互动趣味活动，融购车、赏车、娱乐于一体。车博会3天，现场成交汽车1094辆，其中，现场交定金1009辆，全额付款85辆，意向客户4431人。华润丰田以成交74辆成为销售冠军，第二、三名分别为东风日产尼桑、洪氏比亚迪，分别成交61辆和58辆。

【新增4家汽车4S店】 2011年，绍兴县新增绍兴英之杰汇豪汽车销售公司、浙江冠松金柯桥汽车有限公司、柯桥柯城日产店、绍兴和通汽车销售服务有限公司等4家汽车4S店。至2011年底，绍兴县共有绍兴华润丰田汽车销售服务有限公司、浙江海润汽车有限公司、绍兴兴田广本汽车销售有限公司、上海大众绍兴合兴汽车销售服务有限公司、绍兴洪腾汽车有限公司、绍兴宝利德汽车有限公司、绍兴洪丰汽车销售服务有限公司、绍兴县汇业汽车销售服务有限公司、上汽通用五菱汽车绍兴总代理、上汽通用五菱汽车绍兴总代理、绍兴宝晨汽车销售服务有限公司、绍兴市中通汽车销售有限公司等12家汽车销售服务企业。固定资产177623万元，经营面积97243平方米，从业人员1340人。销售车辆12358台，销售额258049万元，营业收入321167万元，利润4301万元，纳税2364万元。

【绍兴县汽车4S店专业委员会成立】 2011年3月15日，绍兴县民营企业协会为维护消费者权益，防止价外加价，强制装潢、强制搭售情况的发生，成立绍兴县汽车4S店专业委员会。成立仪式上，绍兴宝利德汽车有限公司等9家汽车4S店10个品牌的汽车经销商提出开展诚信实践活动，在经营中拒绝价格欺诈的倡议。“冠松别克”、“宝利德汽车”率先实行汽车价格、存量、预订量以及入库情况“四公开”制度。

（马金良　詹月宝　徐执平）

责任编辑　韩　英

商务服务

法律服务

【概况】 2011年，绍兴县有律师事务所10家，包括8家合伙律师事务所、1家律师事务所分所、1家个人律师事务所，有在册执业律师103人、实习律师21人；全年律师办理诉讼案件2502件、非诉讼法律事务115件，为497家单位担任法律顾问。全县有基层法律服务所11家、基层法律工作者61人；全年基层法律工作者代理各类案件854件，为75家单位担任法律顾问。自2008年金融危机后，绍兴县法律服务机构先后完成浙江华联三鑫石化有限公司、浙江江龙控股集团有限公司、浙江五环氨纶实业集团有限公司、浙江纵横控股集团有限公司、新昌县金利房地产开发有限公司、绍兴县旺家纺织有限公司、浙江光宇集团有限公司、浙江玻璃股份有限公司等一系列困难企业破产重组和重整的法律顾问工作。

【推进律师事务所向“三化”发展】 2011年，绍兴县律师事务所向“集中化、规模化、品牌化”发展。合并促成“规模化”。1月，浙江建尧律师事务所并入越光律师事务所，合并后律师数量27人，双方优势互补。6月，浙江天锐律师事务所并入浙江鉴湖律师事务所，合并后律师数量16人，致力于非讼业务方向拓展。集聚促成“集中化”。浙江明显律师事务所从绍兴市区迁至柯桥时代广场，办公面积800平方米，进入快速发展。浙江乾盛律师事务所从绍兴市区迁回柯桥。合并后的浙江鉴湖律师事务所迁址柯桥金汇大厦，办公面积近1000平方米。北京汉鼎联合（绍兴）律师事务所在柯桥东方大厦办公，这是外地高端律师事务所首次进驻绍兴县。柯桥城区律师事务所达7家。提档促成“品牌化”。除上述律师事务所迁址写字楼办公外，浙江越光律师事务所也迁址昌隆大厦15楼，办公面积1200平方米。新成立的建尧律师事务所（个人）在柯北创意产业园瑞雪国际大厦办公，面积近500平方米。全县9家律师事务所有6家在高档写字楼办公。

【开展律师走访中小企业活动】 2011年11月，绍兴县95名律师走访县域内332家中小企业，宣传扶持中小企业发展的各项政策措施，了解企业的发展状况，对中小企业和民间融资问题进行调研，掌握企业在发展中存在的困难和法律风险，提出法律意见和建议。走访期间，召开座谈会29个，发放法律服务联系卡、咨询函43份，举办各类法律讲座9场，发现法律问题（漏洞）54个，出具法律意见书、风险提示函21份，帮助解决问题51个。

【构建县镇村三级法律顾问体系】 2011年，绍兴县律师随同党政领导干部下访接待，42名律师参加每月15日在镇（街道、开发区）进行的信访接待。建立农村“一村一顾问”制度，4月，在安昌镇召开全县农村法律顾问工作推进会，全县291个行政村均聘任法律顾问，覆盖率100%。 （胡国祥）

公证服务

【概况】 2011年，绍兴县公证处办结各类公证事项4467件，比上年增长23.3%，其中国内经济类公证事项1187件、国内民事类公证事项

2413件、涉外类（含港、澳、台）公证事项867件。绍兴县公证处被省司法厅复核为浙江省文明公证处，《老汉如愿拿到房产证　提存公证止住上访者的脚步》被评为2011年浙江省十大优秀公证案例。

【开展轻纺市场特色类公证】　2011年，绍兴县公证处参与中国轻纺城坯布市场、中国轻纺城围巾市场、中国轻纺城（北联）窗帘布艺市场优先招商对象的营业房抽签、确认现场公证以及中国轻纺城（北联）窗帘布艺市场营业房6年期租赁权拍租及签订的营业房租赁协议书公证，办理营业房抽签确认公证1292件，拍租营业房866间，办理营业房租赁协议书公证864件。

【出具土地类公证书224件】　2011年，绍兴县公证处协助县国土资源局进一步规范土地出让公告、严格审查土地竞买人资格，参与全县所有住商类土地和工业类土地的“招、拍、挂”及土地使用权出让合同的公证，在国土资源局设立专门的公证办事处。全年参加各类土地现场监督公证43场，参加签订土地使用权出让合同112件，出具公证书224件，涉及金额59亿元。

【规范现场监督类公证】　2011年，绍兴县公证处在政府采购、建设工程招投标现场监督公证领域中，受理政府采购现场监督255件，其中出证184件、因程序不符不出证7件、因资格不符不出证27件、因其他不符合规定的事项不出证27件，涉及金额1亿余元。受理建设工程招投标现场监督280件，出证277件，涉及金额33.6146亿元。

【受理保全证据类公证192件】　2011年，绍兴县公证处以保护知识产权为着力点，与协会、商会、律师事务所等协作，受理保全证据类公证192件，其中涉及知识产权145件、其他47件。

【核实公证投诉案件500余件】　2011年，绍兴县公证处认真查处投诉案件，确保公证质量。全年外出调查核实案件500余件，发现当事人隐瞒事实73件，继承案件中发现遗产存在问题61起，其他类提供虚假证明材料12起，拒绝超越执业区域的公证事项122件，有效杜绝错、假证的发生。　（骆秀美）

会计服务

【概况】　2011年，绍兴县有会计师事务所5家，其中有限责任公司事务所2家，无限责任公司事务所3家。全县会计师事务所业务收入2271万元，比2010年增长310万元，增幅15.8%，其中审计验资收入1858万元、咨询服务收入291万元、其他收入115万元。全县会计师事务所从业人员115人，其中注册会计师43人。

（张　挺）

广告服务

【概况】　2011年，绍兴县有广告经营单位100家，从业人员855人，经营额4074万元，其中房地产广告经营额1050万元、服务业广告经营额318万元、酒类广告经营额168万元、汽车广告经营额131万元，分别列前四位。广告市场主体以私营企业、个体工商户为主，其中国有企业2家、私营企业70家、个体工商户28家，以地产广告、高速广告、公交广告、楼宇广告、户外广告等为特色的广告服务专业化水平不断提高。广告业务量集中于电视、报纸等媒体，网络广告份额进一步扩大，综合性广告公司的龙头地位逐步显现。有8家广告企业的15件作品参加浙江省第十四届优秀广告作品大赛，其中绍兴县太沃百代广告策划中心的《不要用自己的嘴去制造坟墓》、《有时“秀”色并不可人》和绍兴县春天广告有限公司的《做安全食品，百姓吃得放心》、《扒皮》获平面公益类优秀奖。（高建华）

商标服务

【概况】　2011年，绍兴县有商标事务所3家，均为有限公司，从业人员13人，主要经营版权登记代理、咨询，商标注册代理、咨询等业务，经营额100万元。　（高建华）

会　展

【概况】　2011年，绍兴县在中国轻纺城国际会展中心举办展会25次，比上年增加5次，增长25%，展会数居杭州、宁波、义乌、温州之后，列全省第五位。总展览面积28.6万平方米，比上年增加4万平方米，增长16.3%，其中面积超1.2万平方米的大型展会达12次，实现月月有展会向月月有大展的突破。全年吸引参观客商26.4万人次，比上年增加4.6万人次，增长21%。全年展览项目成交额112亿元，比上年增加15.4亿元，增长15.9%。中国柯桥国际纺织品博览会被评为2010年浙江省十大品牌展（博）览会，中国轻纺城展会有限公司被评为2010年浙江省十大优秀会展企业，绍兴县会展业发展办公室主任徐迅被评为2010年浙江省十大优秀会展人物。

2011年12月23日～25日，浙江绍兴现代农业展览会在中国轻纺城国际会展中心举行。（沈浩根摄）

表8　2011年中国轻纺城国际会展中心展览情况

序号	会展名称	时间	主办单位	承办单位	展位数量（个）
1	绍兴县公益性大型人才交流会	1月22日	绍兴县人力资源和社会保障局	绍兴县毕业生就业指导中心、浙江省轻纺人才市场	
2	2011绍兴第二届家居博览会	4月8日～10日	中国建筑装饰协会、浙江省建筑装饰行业协会	绍兴县报社、杭州睿石信息科技公司	416
3	第九届中国轻纺城汽车博览会	4月15日～18日	中国汽车流通协会、浙报传媒集团、绍兴县人民政府	绍兴县报社、柯桥经济开发区管委会、齐贤镇人民政府	1097
4	绍兴县2011年春季房地产展示交易会	4月29日～5月1日	绍兴县人民政府	绍兴县住房和城乡建设局	672
5	2011中国柯桥国际纺织品面辅料博览会（春季）	5月6日～8日	绍兴县人民政府	中国轻纺城展会有限公司、上海歌华展览服务有限公司	803
6	2011中国柯桥窗帘窗纱及布艺博览会	5月11日～13日	中国针织工业协会、中国家用纺织品行业协会	上海歌华展览服务有限公司、绍兴县经编行业协会、中国轻纺城展会有限公司	632
7	中国（绍兴）花卉园艺交易会及插花表演	5月27日～29日	中国插花花艺协会	上海天盛会展服务有限公司	253
8	大众辉腾品牌试驾会	5月28日～29日	浙江奥德汽车有限公司	浙江奥德汽车有限公司	
9	2011浙江绍兴机械装备博览会	6月10日～12日	中国机械工程学会	宁波雅卓展览服务有限公司	262
10	2011绍兴县大中专毕业生就业洽谈会	7月23日	绍兴县人力资源和社会保障局	绍兴县人才开发服务中心、浙江省轻纺人才市场	

续表

序号	会展名称	时间	主办单位	承办单位	展位数量(个)
11	2011中国(绍兴)广告技术设备、印刷包装暨LED博览会	8月27日~29日	中国合作贸易企业协会	上海环雅展览服务有限公司、绍兴华博展览服务有限公司	225
12	第九届中国休闲娱乐产业博览会	9月1日~3日	杭州国驰名风会议展览有限公司、绍兴国驰名风会议展览有限公司	杭州国驰名风会议展览有限公司、绍兴国驰名风会议展览有限公司	703
13	第十届中国轻纺城汽车博览会	9月9日~12日	中国汽车流通协会、浙报传媒集团、绍兴县人民政府	绍兴县报社、柯桥经济开发区管委会、齐贤镇人民政府	1062
14	2011绍兴第三届家居博览会	9月16日~18日	中国建筑装饰协会、浙江省建筑装饰行业协会	绍兴县报社、杭州睿石信息科技公司	777
15	中国·柯桥纺织画稿交易会	9月26日~27日	绍兴县科技局	中国轻纺城创意产业服务中心、绍兴县中国轻纺城家纺设计师协会	
16	2011中国(绍兴)保健器材博览会	9月28日~30日	中国医疗保健国际交流促进会	杭州国驰名风会议展览有限公司、绍兴国驰名风会议展览有限公司	350
17	绍兴兰亭艺术博览会	10月6日~9日	中华全国书画家联合会	绍兴县文联、杭州中仕展览服务有限公司、绍兴申仕文化传播有限公司	513
18	2011中国柯桥国际纺织品博览会(秋季)	10月25日~28日	浙江省人民政府、中国国际贸易促进委员会、中国纺织工业协会、中国商业联合会	浙江省商务厅、中国国际贸易促进委员会浙江分会、绍兴市人民政府、绍兴县人民政府	
19	绍兴县2011年秋季房地产展示交易会	11月4日~6日	绍兴县人民政府	绍兴县住房和城乡建设局	669
20	中国轻纺城浙江省药品展	11月17日~19日	绍兴县供销社、绍兴华通集团	绍兴县华通会展有限公司	340
21	2011中国(绍兴)食品博览会	11月25日~27日	中国食品土畜进出口商会	北京朗盛世纪展览有限公司	228
22	第十一届中国轻纺城汽车博览会	12月2日~4日	中国汽车流通协会、浙报传媒集团、绍兴县人民政府	绍兴县报社、柯桥经济开发区管委会、齐贤镇人民政府	1113
23	银色月光群星演唱会	12月10日	杭州一轶演出经纪有限公司	杭州一轶演出经纪有限公司	
24	2011浙江省植保技术暨农药械推广信息交流会	12月16日~18日	浙江省植物保护检疫局、浙江省植物保护学会	厦门凤凰创意会展服务有限公司	216
25	浙江绍兴现代农业展览会	12月23日~25日	绍兴县人民政府	绍兴县农业局、绍兴县汉威展览有限公司	645

(孙益铭)

责任编辑　宋如玲

开放型经济

综 述

2011年，绍兴县强化外经贸传统任务的工作定位，注重扩量促调，开放型经济实现平稳较快发展，获绍兴市开放型经济工作金奖。

2011年，县级财政安排2500万元的开放型经济奖励资金，一半以上用于鼓励重点出口生产企业；帮助中小企业获得省级扶持资金约1000万元，600余家外贸企业受益；帮助85家企业申报省、县两级2010年度外经合作鼓励资金支持项目109个，合计补助金额1109.61万元，补助面和补助额均为历年最高。组织企业参加广交会、华交会、中国纺织品服装贸易博览会（巴黎）等18个境内外重点展会，参展企业600多家次。申报中国轻纺城网络有限公司网上电子公共交易服务平台等4个省级外贸公共服务平台和3个省级出口品牌，省级以上出口品牌累计10个。保持外贸出口考核一票否决的强势工作机制，发挥化纤长丝预警点和重点出口企业监测点两个省级外贸预警监测平台的作用，联合海关、出口信保、金融等职能部门开展巡回辅导、研究政策、银企对接等10余次活动，500家次企业参与并受益。继续实施招商引资“一号工程”，强化考核督查，深化利用浙洽会、厦洽会等引资平台，组织开展外资项目攻坚月活动，开设外资项目绿色通道，提升外资项目审批效率。率先建立外经企业数据库，组织16家企业（部门）参加省商务厅举办的培训会、座谈会，组织18家次意向性企业参加浙洽会、浙江商务周等洽谈活动，会同轻纺城建管委举办俄罗斯商贸区推介会，鼓励企业境外设点布网。

2011年10月12日，绍兴县召开外向型经济工作会议。（县商务局供稿）

全县实现进出口总额132.9亿美元，比2010年增长22.2%。其中自营出口96.5亿美元，比2010年增长21.8%；进口36.5亿美元，比2010年增长23.2%，出口额居全省各县（市、区）首位。全年新批外商投资企业84家，比2010年增加34家，全部为零土地项目；总投资36607万美元，比2010年增长48.7%；注册资本22682万美元，比2010年增长55.4%；合同外资15465万美元，比2010年增长61.6%；实际利用外资15015万美元，比2010年下降31.8%，其中零土地实到外资14203万美元，比2010年增长20.7%，占全县的94.6%。全县新批境外营销窗口45家，累计412家，带动出口14亿美元；完成境外投资11592万美元，比2010年增长85.3%；实际境外工程营业额3549万美元，比2010年增长5.8%。（马金良）

对外贸易

【概况】 2011年，绍兴县完成进出口总额132.94亿美元，比2010年增长22.17%，其中出口96.49亿美元，比上年增长21.79%；进口36.45亿美元，比上年增长23.16%。加工贸易出口3.90亿美元，比2010年增长13.4%。

【出口规模创历史同期新高】 2011年，绍兴县单月外贸出口、进出口规模屡创历史新高。1月实现单月出口9.3亿美元，首次突破9亿美元大关，5月至8月连续四个月出口超9亿美元，自营进出口和出口均创历史同期新高，出口自6月赶超鄞州区后，连续六个月列全省各县（市、区）首位。

【重点企业出口比重提升至66.63%】 2011年，绍兴县有出口超500万美元的外贸企业498家，比2010年增加87家，累计出口64.3亿美元，出口额增长26.46%，高出全县平均增幅5个百分点，出口占比也由2010年的64.17%提高到66.63%。

【新增出口实绩企业367家】 2011年，绍兴县新增备案外贸进出口企业714家，累计近7000家；有出口实绩企业3345家，比2010年增加367家。其中生产性出口企业1137家，比2010年增加64家；贸易性公司2208家，比2010年增加303家。

【出口超1000万美元的国家和地区76个】 2011年，绍兴县有进出口的国家和地区184个，其中出口超1000万美元的国家和地区76个，比2010年增加2个。其中东盟、俄罗斯、墨西哥等新兴经济体分别出口11.5亿美元、1.9亿美元、3.3亿美元，比2010年分别增长41%、33.1%、46%，出口分别高于全县平均19个百分点、11个百分点、24个百分点。

【新兴产业出口增幅高于全县平均水平】 2011年，绍兴县实现纺织品出口89.4亿美元，比2010年增长21.94%，占全县出口额的92.7%；机电、高新技术产品分别出口2.5亿美元和4008万美元，比2010年分别增长28.5%和36.8%，新兴产业出口增幅分别高于全县平均出口增幅近7个百分点和15个百分点。

【组织参加18个境内外重点展会】 2011年，绍兴县商务部门组织外贸企业参加广交会、华交会、中国纺织品服装贸易博览会（巴黎）、墨西哥国际时装面料展、西非（贝宁）商品展等18个境内外重点展会，参展企业600多家次，组织参加的展会数和企业参展数均创历史新高。重点推出的美国拉斯维加斯时装展、香港面料展，因产品对口，客源正宗，外贸企业报名踊跃，报名参展企业66家，同比增加26家。

【省级出口名牌增至10个】 2011年，绍兴县组织企业向上级申报新的出口基地公共服务平台和出口名牌，成功申报中国轻纺城网络有限公司网上电子公共交易服务平台等4个省级外贸公共服务平台和3个省级出口名牌，省级以上出口名牌累计达10个。（宋国煜　许胜男）

利用外资

【概况】 2011年，绍兴县完成合同外资15465万美元，比2010年增长61.6%；实到外资15015万美元，比2010年下降31.8%。合同外资和实际外资绝对值分别列全市各县（市、区）第三位和第二位。

【新批外商投资企业84家】 2011年，绍兴县新批外商投资企业84家，比2010年增加34家；完成合同外资15465万美元，比2010年增长61.6%。新批项目合同外资平均186万美元，比2010年增长5.7%。其中华舍街道新批的“力康投资咨询”合同外资2608万美元，当年到资2556万美元，成为全县外商投资史上一次性到资最多的一笔外资。

【14个项目合同外资超1000万美元】 2011年，绍兴县新批和增资总投资1000万美元以上项目14个，包括总投资4000万美元以上的项目3个，比2010年增加2个。项目涉及纺机五金汽配、仓储贸易、投资咨询等多个领域，其中包括全球500强企业投资的“索密克汽车配件”和总投资6900万美元的“四海氨纶纤维”增资项目。14个合同外资超1000万美元项目平均合同外资

1245万美元，比2010年增长71.7%；平均实际外资329万美元，比2010年上升0.9个百分点。

【外资来源国家和地区增至60个】 2011年，绍兴县新批外商投资项目来自阿富汗、南非、智利、美国等五大洲的21个国家和地区。其中叙利亚和马绍尔群岛是首次投资，分别兴办1家商业企业和2家物流企业。至此，绍兴县外资来源的国家和地区增加到60个。

【三产领域实到外资占总量31.8%】 2011年，绍兴县新批的外资项目涵盖一、二、三产业。其中农业项目“叙兰苑农业生物科技”，合同外资360万美元，实际到资54万美元，是继1993年绍兴御茶村茶业有限公司成立以来农业领域的又一重大突破。二产项目新批2个，增资7个。新批三产项目81个，其中仓储物流2个，总投资均在1000万美元以上；投资和管理咨询5个；商业74个，商业项目数为历年最多。三产项目实际到资4773万美元，占总量31.8%，占比为历年最高。其中布码头展览服务实到外资88万美元，填补实到外资在会展领域的空白。 （赵泉元）

对外经济合作

【概况】 2011年，绍兴县新批境外投资企业45家，总投资11592万美元，比上年增长85.3%。完成境外工程承包营业额12703万美元，比上年增长1.6%，其中实际境外工程营业额3549万美元。各项指标均超额完成市定目标任务。累计获批准的境外投资企业412家，分布40多个国家和地区，其中有8家建筑企业获对外承包工程资格。浙江精工钢结构有限公司和绍兴县和中合纤有限公司获得绍兴市外经合作十佳企业称号。建立绍兴县外经企业数据库，为全县境外投资企业和境外承包工程企业建立电子档案，了解和掌握外经企业情况，至年底，有334家企业信息入库。

【境外投资区域集中香港】 2011年，绍兴县新批境外投资企业45家，主要集中在香港地区，达到26个。5个增资项目中有4个投资香港，其中浙江精工钢结构有限公司新增投资7000万美元，成功收购成昌国际旗下香港亚洲建筑系统有限公司100%股权，成为绍兴县最大境外并购项目，也是绍兴市最大单个境外建筑并购项目。

【109个项目分获省县“走出去”资助】 至2011年，绍兴县累计有85家企业109个项目获得省、县“走出去”资金资助，合计金额1109.61万元。其中10家企业的10个项目获省商务厅纺织企业走出去补助资金710.18万元，2家企业的4个项目获省“走出去”战略专项资金补助97.43万元，73家企业的95个项目获县政府鼓励对外合作奖励资金302万元。

（徐　鸿）

外商服务

【概况】 2011年，绍兴县新增国（境）外企业常驻代表机构52家，累计930家。新增外商投资商业企业74家，累计159家。新增外资商业企业实到外资2129.49万美元，累计6345.51万美元。新增有出口实绩的外商投资商业企业19家，累计57家，出口额19853万美元，其中绍兴婆罗迦贸易有限公司出口3521万美元，居全县商业企业出口首位。县公安机关共办理常驻外商5261人，临时出入境外商43215人次。授予印度玛黑叙等6名重点国（境）外客商绍兴县重点国（境）外客商便利卡。表彰5家在投资和拉动县内进出口贸易中作出贡献的常驻外商机构，授予中国轻纺城优秀外商机构（企业）称号。

2011年，调处涉外经济纠纷7起，其中英国VM公司案历时数月，涉案金额24150美元。建立外商服务QQ群，与99家外商机构保持日常联系。向企业、经营户赠送《绍兴县外商机构名录》3000册，13篇（幅）宣传涉外服务文章（照片）在市县新闻媒体刊登。协助做好12名外籍人员子女入学，联合举办对外汉语培训班，邀请外商参加人才智力交流会，落实2家国（境）外公司参展2011年秋季纺博会。

【组织经贸对接4次】 2011年，绍兴县组织17个国家和地区的近百名常驻外商走进漓渚镇、轻纺城围巾市场、轻纺城贸易中心等，与企业、经营户开展经贸对接洽谈4次，为外商、经营户和企业搭建经贸平台，促进贸易。

【组织外商联谊活动7次】 2011年，绍兴县继续以外商俱乐部为主要载体，组织外商参与各项联谊联欢活动。主要有安昌古镇游、王坛赏梅暨企业考察、常驻外商欢聚“大禹·开元”过端午、市政府举办的2011新年音乐会、市对外友好协会举办的中外妇女庆三八、县政府举办的各界人士新春团拜会、2012“环球之夜”迎新年国际友人联欢会等活动，共有17个国家和地区的外商200余人次参加。（陈国建）

对港澳台经贸

【概况】 2011年，绍兴县出口台湾2739万美元，比2010年下降27.37%，出口企业88家，主要是塑料、橡胶及其制品；从台湾进口52166万美元，比2010年增长17.83%。出口香港地区5338万美元，比2010年下降3.38%，出口企业486家，主要是纺织原料，出口额为4738万美元；从香港地区进口262万美元，比2010年下降33.27%。出口澳门地区288万美元，比2010年增长23.05%，出口企业31家。

新批香港投资项目17个。其中二产1个，即当年总投资5100万美元的“东汇纺织机械科技”；商业企业12个；投资咨询项目4个。合同外资合计14137万美元，比2010年增长28.8%。实到香港外资11954万美元，比2010年下降31.3%，其中二产7312万美元，三产4642万美元，包括县内会展行业首家外资企业“布码头展览服务”88万美元和全县外资史上一次性到资最多的“力康投资咨询”2556万美元。

新批台湾投资项目4个，全部是台商投资商业企业。实到外资1195万美元，占总量8%，总量占比为2003年以来最高，比2010年增长996.3%，是增长幅度最大的地区。

（许胜男　赵泉元）

责任编辑　韩　英

市　场

综　述

2011年，绍兴县通过培育和完善市场体系，实施转型升级，市场成交额持续增长。全年市场成交额930.75亿元，比上年增长12.07%。其中消费品市场成交522.47亿元，比上年增长10.82%；生产资料市场成交408.28亿元，比上年增长13.71%。年成交额超亿元市场7个，其中中国轻纺城成交488.43亿元，比上年增长11.35%；钱清中国轻纺原料城成交400.86亿元，比上年增长12.90%。

至年底，全县有商品交易市场88个，其中消费品市场79个、生产资料市场8个、服务市场1个。有网上交易市场4个。共有7个市场成交额超过亿元，其中消费品市场4个、生产资料市场3个。

表9　2011年绍兴县成交额超亿元市场

市场名称	市场类型	上市商品	摊位（个）（包括营业房）	成交额（万元）
浙江绍兴中国轻纺城	消费品市场	时装面料，全毛面料，针织面料，印花布，棉布，里子布，装饰布，装饰配件，床上用品（宾馆用品）	22230	4884337
钱清中国轻纺原料城	生产资料市场	轻纺原料	1582	4008600
浙江亚太粮食批发交易市场	消费品市场	粮食，油脂，饲料，副食品	138	144134
绍兴县中国轻纺城综合市场	消费品市场	粮食，肉禽蛋，水产品，蔬菜，水果，食品类，衣着，日用品	191	24480
浙江绍兴中国轻纺城服装市场	消费品市场	服装	987	10005
浙江绍兴中国轻纺城纺机市场	生产资料市场	纺织机械及器材，针织、化纤、印染、服装机械，纺织配件及售后服务	182	21506
绍兴县中国轻纺城化工品市场	生产资料市场	纺织印染助剂，化工产品（国家明令禁止的除外）	125	50000

（许可可）

【主要商品价格冲高回落】　2011年，绍兴县主要商品价格总体呈现冲高回落态势。其中成品粮价格前10个月稳中有升，后2个月回落；食用油价格平稳趋降；猪肉价格前9个月大幅上涨并创历史新高，10 月份以后回落；鸡蛋价格也前涨后跌，幅度较缓；蔬菜价格起伏波动大；液化气价格 5 月份见顶回落后，价格基本平稳；轻纺原料价格到 4 月份涨至高位后，一直持续走低盘整；化工产品价格涨跌互现；农业生产资料价格 1 月份至 8 月份稳中趋涨，9 月份至 12 月份基本平稳。

【液化气价格见顶回落】 2011 年，绍兴县内液化气价格 5 月份见顶回落后，价格基本平稳。民用液化石油气价格从 1 月份最低每瓶 108 元，上升到 5 月初最高价每瓶 118 元后一路下跌，6 月底跌至 105 元，下半年维持在 108 元至 110 元之间。15 公斤瓶装液化气平均零售价为每瓶 109.50 元，比上年上涨 15.9%。

【化工产品价格涨跌互现】 2011 年，绍兴县化工产品价格涨跌互现。液碱、冰醋酸、双氧水平均销售价分别为每吨 900 元、3966.67 元、1200 元，比上年分别上涨 50%、2.9% 和下跌 14.3%。纯碱平均销售价为每吨 2400 元，比上年上涨 41.2%。

【农业生产资料价格稳中趋涨】 2011 年，绍兴县农业生产资料价格稳中趋涨。1 月份至 8 月份化肥价格整体呈现上扬走势，国产尿素（含氮 46%）每公斤销售价从 2.08 元上涨至 2.43 元，上涨 16.8%。9 月份至 12 月份农业生产资料基本平稳。国产尿素（含氮 46%）、复合肥、氯化钾每公斤销售价分别为 2.32 元、3.10 元、3.35 元，比上年分别上涨 14.3%、14.8%、11.7%。农药价格也基本稳定，敌敌畏、毒死蜱每公斤平均销售价分别为 18.60 元、35 元，比上年分别上涨 0.5%、16.7%。 （许家新）

【成品粮价格前涨后跌】 2011 年，绍兴县成品粮价格前 10 个月稳中有升，后 2 个月回落。江苏产、东北产特制粳米粮食批发市场平均价格每 500 克分别为 2.12 元、2.47 元，比上年分别上涨 8.2%、6.5%。从价格走势看，前涨后跌。其中江苏产特制粳米粮食批发市场 1 月份至 10 月份平均价格每 500 克从 2.02 元涨到 2.18 元，到 12 月份回落至 2.04 元。集市平均零售价格标一早籼米、标一粳米每 500 克分别为 1.97 元、2.52 元，比上年分别上涨 14.5%、11.5%。前期粮价上涨主要是受国家提高稻谷最低收购价和稻米消费旺季提振需求等因素影响，6 月受旱灾、涝灾影响，粮食生产成本上升影响，后期全国粳稻丰收，粮价回落。

【食用油价格平稳】 2011 年，绍兴县食用油价格比较平稳，一季度小幅上升，4 月份、5 月份小幅下降，6 月份以后稳中趋降。散装菜籽油集市平均零售价格每 500 克 8.00 元，一级桶装压榨大豆调和油集市平均零售价格每桶（5 升）61.41 元，全年在 60 元至 62 元间波动。

【猪肉价格创历史新高】 2011 年，绍兴县猪肉价格前 9 个月大幅上涨并创历史新高，10 月份以后回落。上半年受疫病、育肥猪源减少及玉米饲料价格持续上涨等影响，生猪收购价格除 4 月份略有下跌外，其余月份都保持上涨态势。5 月份中下旬，生猪收购价格快速上涨，创历史新高，一路走高至 9 月份。10 月份以后回落，收购价格涨跌迅速传导到消费环节，猪肉市场价格出现同步涨跌，精瘦肉、肋条肉从年初平均零售价每 500 克 11.94 元、10.81 元，到 9 月份上涨到 17.08 元、15.08 元，分别上涨 43.0%、39.5%，至 12 月份回落到 14 元、13.13 元，分别下跌 18.0%、12.9%。

【蔬菜价格波动大】 2011 年，绍兴县受干旱、洪涝等自然灾害影响，蔬菜价格波动幅度较大。蔬菜价格在春节前不断走高，节后持续回落，4 月份包心菜等蔬菜价格出现暴跌，5 月份持续干旱少雨，蔬菜尤其是叶菜价格出现大幅反弹，6 月份梅雨季节来临，受暴雨持续侵袭，叶菜受损严重，价格快速回升。下半年蔬菜价格总体回落，芹菜、大白菜、青菜、黄瓜、萝卜、四季豆、韭菜市场平均零售价每 500 克分别为 2.23 元、1.15 元、1.51 元、2.72 元、1.17 元、4.04 元、2.53 元。

【工业消费品市场成交额稳中有升】 2011 年，绍兴县工业消费品市场保持高位增长，需求旺盛。全县 33 家工业消费品市场成交 490.35 亿元，比上年同期增长 11.31%。中国轻纺城坚持细分、培育、发展市场，实施转型升级，拓宽专业市场的产业链，成交保持活跃态势。

【生产资料市场成交呈分化走势】 2011 年，绍兴县生产资料市场受国际市场价格影响明显。国际油价持续高位，涤丝等原料价格震荡上扬；棉纱市场价格从年初的高位逐月下跌。绍兴县生产资料市场价格波动明显，全年成交额仍达408.28亿元，比上年增长13.71%。

【投入2600万元改造6个农贸市场】 2011年，绍兴县启动柯桥城区6个农贸市场改造，当年完成5个，投入资金2600万元，改造面积1.8万平方米，12月底前全部回迁到位。其中绍兴县中国轻纺城综合市场被评为省四星级文明规范市场和省文明示范农贸市场。

【增加2家省区域性重点市场】 2011年4月26日，浙江省工商局根据市场发展规模和辐射面，经过重新审核调整全省区域性重点市场。绍兴县的钱清中国轻纺原料城网上交易市场、绍兴县中国轻纺城化工品市场被确定为省区域性重点市场。

【新批准登记5个市场】 2011年，全县新注册登记市场5个。分别是绍兴县科艺日用百货网上交易市场、绍兴县网上轻纺城交易市场、绍兴县中国轻纺城墙纸墙布市场、绍兴县中国轻纺城围巾市场、绍兴县中国轻纺城北联窗帘布艺市场。

·小资料· 绍兴县科艺日用百货网上交易市场

绍兴县科艺日用百货网上交易市场，6月30日核准。由绍兴县科艺网络有限公司创建，位于绍兴县柯桥蓝天市心广场2号楼。经营范围涉及日用百货、电子产品、办公设备、服装及辅料等网上交易。

·小资料· 绍兴县网上轻纺城交易市场

绍兴县网上轻纺城交易市场，8月9日核准。由浙江中国轻纺城网络有限公司创建，位于绍兴县柯桥创意大厦13楼。经营范围涉及纺织品及原料、服装及辅料、纺织机械设备等网上交易（标准化合同交易除外）。

·小资料· 绍兴县中国轻纺城墙纸墙布市场

绍兴县中国轻纺城墙纸墙布市场，9月23日核准。由浙江悦城置业有限公司投资25000万元兴建，位于绍兴县柯桥经济开发区梅林路51号，建筑面积36498平方米。经营范围是墙纸、墙布、软包、地毯、挂毯。

·小资料· 绍兴县中国轻纺城围巾市场

绍兴县中国轻纺城围巾市场，12月16日核准。由绍兴县中国轻纺城服装服饰市场开发经营有限公司投资5000万元兴建，位于绍兴县金柯桥大道1639号，建筑面积41184平方米。经营范围是围巾、披肩、帽子。

·小资料· 绍兴县中国轻纺城北联窗帘布艺市场

绍兴县中国轻纺城北联窗帘布艺市场，12月16日核准。由绍兴县中国轻纺城市场开发经营有限公司投资143898万元兴建，位于绍兴县柯桥湖西路126号，建筑面积168884平方米。经营范围是窗帘、窗纱、布艺装饰品。

（许可可）

中国轻纺城

【概况】 2011年，中国轻纺城市场区建筑面积326万平方米，其中传统交易区101万平方米、国际贸易区95万平方米、柯北市场创新区49万平方米、钱清原料市场区30万平方米、市场配套区51万平方米。市场营业用房2.6万余间，经营面料4万余种，经营户2.2万余家，日客流量10万人次，出口实绩企业1354家，国（境）外采购商1万余人（其中常驻5300余人），国（境）外企业常驻代表机构930家，外商投资商业企业159家，销售网络遍布187个国家和地区。全年实现市场群成交额889.29亿元，比上年增长12.05%（其中面料市场488.43亿元，比上年增长11.35%；钱清原料市场400.86亿元，比上年增长12.9%）；市场外贸出口合计27.12亿美元，比上年增长28.53%，面料市场实缴税费7.13亿元，比上年增长27.32%。

2011年，中国轻纺城出台首个五年规划，通过设立范蠡奖等形式，鼓励经营户做大做强主业、创先争优。新坯布市场、围巾市场和北联窗帘布艺市场相继建成开业。网上轻纺城建设启动并正式上线，推动有形市场与无形市场融合发展。市场成交额继续高速增长。全年实现成交488.43亿元，比上年增长11.35%。在第七届中国商品市场峰会上，被评为首批浙江省十大转型示范市场，列中国商品市场百强纺织服装类第一位。4月21日，中国轻纺城被国家工商总局认定为首批全国诚信经营市场，属浙江省首个全国诚信市场。9月9日，中国轻纺城花样版权登记管理保护办公室被国家版权局正式认定为首批全国版权示范单位，是浙江省首个全国版权示范单位。2011年，中国轻纺城建管委在市场规划建设、管理服务、招商推介和纺博会举办等方面成绩突出，被中国商业联合会评为中国市场年度先进管理机构。

【启动网上轻纺城建设】 2011年5月7日，绍兴县正式启动“网上轻纺城”全球招商活动，并与谷歌公司签署合作协议。“网上轻纺城”由绍兴县政府出面斥资收购全球纺织网整合而成。计划在“十二五”期间连续投资20亿元人民币，通过整合信息流、资金流、物流、客户关系管理等价值链，将网上轻纺城打造成全球最大的纺织行业电子商务平台。到年底，拥有纺织行业电子商务人才180余人，日访问量高达200万次，会员注册数超过160万人，网上商铺40万家，各类产品信息400多万条。

2011年5月7日，绍兴县工商行政管理局和浙江中国轻纺城网络有限公司签订网上轻纺城与信用中国轻纺城网信用体系建设合作协议。（县工商局供稿）

【认定中国轻纺城知名商号38个】 2011年，经中国轻纺城市场各经营单位申报，中国轻纺城知名商号认定委员会审定，绍兴县工商行政管理局认定绍兴县富中远金桥布业有限公司、绍兴县后马纺织品有限公司、绍兴县光芒布业有限公司、绍兴县海洪布业有限公司、绍兴县安鼎纺织品有限公司、绍兴县福源进出口有限公司、绍兴县顺力梵顿纺织品有限公司、绍兴县苏饰纺织品有限公司、绍兴县福祺纺织品有限公司、浙江瑞泽进出口有限公司、绍兴县永盛工贸有限公司、绍兴县福宏布业有限公司、绍兴县潇峻贸易有限公司、绍兴县尚纤纺织品有限公司、绍兴县怡云纺织品有限公司、绍兴强裕纺织有限公司、绍兴日欣纺织品有限公司、绍兴县羊山贸易有限公司、绍兴县越秀纺织品有限公司、绍兴县恒亚纺织品有限公司、绍兴昊越纺织品有限公司、浙江华宏贸易有限公司、绍兴县宇耀纺织品有限公司、绍兴县永陆纺织品有限公司、绍兴县友盛贸易有限公司、浙江彩艺进出口有限公司、绍兴豪丰纺织贸易有限公司、绍兴县爱迪纺织品有限公司、绍兴县金叶迷彩纺织品有限公司、绍兴县华为纺织品有限公司、绍兴县卓尔布艺有限公司、绍兴县运鑫纺织贸易有限公司、绍兴县威佳纺织品有限公司、绍兴县圣达隆贸易有限公司、绍兴县晨华纺织品有限公司、绍兴县富莱雅纺织品有限公司、绍兴县亚星贸易有限公司、绍兴县麦罗纺织有限公司等38个商号为中国轻纺城知名商号。全县中国轻纺城知名商号达79个（2010年度为首届，认定41个）。中国轻纺城知名商号的有效期为3年。（许可可）

【编制《中国轻纺城“十二五”发展规划》】 2011年2月25日，绍兴县举行中国轻纺城市场大会，通告《中国轻纺城“十二五”发展规划》。根据规划，中国轻纺城在此后五年内将通过构建现代新型专业市场体系，促进市场与城市、市场与产业两个联动，以“产业升级引领区、纺织贸易集聚区、城市经济先导区”三区为目标，重点推进规划调控、管理服务、总部经济、国际贸易、人才支撑等10项具体工作。2011年重点实施规划建设、电子商务、会展经济、招商隆市、管理服务、国际拓展、创意产业、队伍建设等9项重点工程。

【中国轻纺城坯布市场开业】 2011年2月21日，国内最大的坯布市场中国轻纺城坯布市场开业。中国轻纺城坯布市场是按照划行归市要求规划建设的中国轻纺城唯一的专业坯布交易市场。

市场占地面积80.5亩，建筑面积约18万平方米，总投资7亿多元，有营业用房2400间。市场一楼为坯布综合区，二楼为棉坯布专营区。出租营业用房一楼596间、二楼441间，招商经营户750家。

【中科轻纺城股权投资合伙企业成立】 2011年10月27日，由中国轻纺城市场商会抱团参股的中国轻纺城股权投资合伙企业（有限合伙）正式成立，成为绍兴县股权投资企业中规模最大、影响力最强的龙头基金。发起人"中科招商"是中国首家和唯一具有全资质的人民币股权投资基金管理机构。企业募资10.3亿元，其中普通合伙人中科招商创业投资管理有限公司出资1000万元，占0.97%；县政府出资5000万元作为引领资金，占4.83%；其余94.2%由中国轻纺城瑞安商会、台州商会、湖北商会、印花布协会、潮汕商会等19位有限合伙人共同出资。

【柯桥纺织指数开通轻纺社区指数板块】 2011年8月，中国·柯桥纺织指数开通轻纺社区指数板块。板块设行业交流、商务信息、纺织人、细分市场等4个部分，为纺织企业、纺织人提供纺织指数分类、发布数据、指数评析、指数走势图等相关信息。

【国际知名验布公司落户】 2011年底，由中国纺织科学研究院江南分院与意大利CODETEX集团、中国通用技术集团意大利公司三方合资兴办的绍兴科泰斯纺织品检验有限公司正式入驻，"科泰斯"是国际知名的纺织监测检验机构，绍兴公司是该集团在海外首个分公司。

【新增"布满全球"会员单位30多家】 2011年，中国轻纺城先后与日本纤研新闻社、莫斯科格林伍德贸易中心等机构建立联系。"布满全球"对接会首次跨出国门，意大利普拉托对接会成效显著。以"布满全球"为平台的招商网络不断强化，新增"布满全球"会员单位30多家，新吸收外籍会员单位5家。组织系列招商对接活动8次，百余家中国轻纺城经营户与近千家境内外纺织服装专业采购商、设计师开展接触洽谈，超过三分之一的经营户通过对接会接到订单。

2011年7月8日，"布满全球"意大利对接会在普拉托举行。　　（中国新闻网供稿）

【在国内外组织19次推介会】 2011年，中国轻纺城继续开展一年两度的招商宣传月活动，赴北京、上海、广东等纺织产业集群地、纺织类二级专业市场和国内影响力展会开展招商推介17次。加大轻纺城的国际推介力度，分别举办迪拜推介会和意大利普拉托推介会。

（北　辰）

钱清中国轻纺原料城

【概况】 2011年，钱清中国轻纺原料城共有各类摊位（营业房）1020间，经营户850家。实现成交量240.7万吨，成交额400.86亿元，比上年增长12.9%；税费合计1.1亿元，比上年增长14.5%。网上交易市场共有交易会员100多户，达成网上交易额101亿元。2011年，钱清中国轻纺原料城被评定为浙江省五星级文明规范市场，成为全省第一家五星级生产资料市场；11月，又被中国社会科学院授予中国百强商品市场称号。

【轻纺原料价格涨高后走低盘整】 2011年，轻纺原料价格于4月份涨至高位后，一直持续走低盘整。一季度随国际原油价格上涨和供求影响，轻纺原料价格上扬。前道轻纺原料PX价格一季度一路走高，从1月初每吨1400美元到3月15日涨至1796美元，随后下跌，3月底跌至1666美元，到11月份跌至1401美元。PTA一季度平均价为11251元/吨，比上季度平均价9161元/吨上涨22.8%，比上年上涨40.5%。涤丝价格继续上扬，但涨幅不大，一季度POY150D均价为14317元/吨，比上季度13076元/吨上涨9.5%，比上年上涨31.8%。

4月份后，由于受国际原油价格波动和棉花期货价格继续下行、下游订单不足、人民币升值等因素制约，轻纺原料价格持续走低。PTA产品价格整体下跌，从4月初11538元/吨，跌至11月份最低8150元/吨，12月份反弹到8393元/吨，平均价格为9918元/吨，比上年上涨23.7%。

涤纶丝价格也小幅盘跌，POY150D从4月初14783元/吨，跌至11月份最低11667元/吨，12月份反弹到11833元/吨，平均价格为13835元/吨，比上年上涨18.7%。安徽产华阳全棉纱32S的市场价格从4月初的38333元/吨，跌至12月份的最低25000元/吨，平均价格为30944元/吨，比上年上涨11.4%。

【网上市场成省级区域重点市场】 2011年6月，钱清中国轻纺原料城网上交易市场被省工商局正式认定为省区域重点市场和三星级文明规范市场，成为全省唯一获此两项荣誉的网上交易市场。到2011年底，网上市场发展中远期交易会员67家，信息会员1000多家，网上成交额96亿元。 （胡李川）

人力资源市场

【概况】 2011年，绍兴县人力资源市场加强对18家民间职介的集中化管理，同时整合现有的就业服务信息资源，依托公共就业信息服务平台，完善网上人力资源市场。全年举办各类人力资源专场招聘会56场，介绍就业4.9万人。新增高校毕业生就业见习基地16家，组织780名高校毕业生在基地见习。

【招聘会介绍就业4.9万人】 2011年，绍兴县人力资源市场加密各类人力资源招聘会频次，举办各类人力资源专场招聘会56场，推出就业岗位8.6万个，介绍就业4.9万人。深度拓展劳务合作，组织80余家企业6次赴湖北、云南、甘肃等劳务输出大省招聘，2500余人达成就业意向。

2011年2月15日，绍兴县举办新春人力资源交流大会。 （县人社局供稿）

【安置困难人员就业1030人】 2011年，绍兴县新增城镇就业15610人，县人力资源市场开发公益性岗位安置就业困难人员1030人，下岗失业人员实现再就业6758人，分别完成全年目标任务的139%、103%和138%。

【267个村居达到充分就业标准】 2011年，绍兴县人力资源市场开展充分就业村创建，全县有296个村（居委会）陆续开展，267个村（居委会）达到“充分就业村”创建标准，创建达标率70%。充分就业村创建点均安装电子显示屏，实现县、镇（街道、开发区）、社区、村（居委会）、企业劳动用工信息联网。

【与48家院校开展校企合作】 2011年，绍兴县人力资源市场与48家院校签订校企合作协议，积极探索“订单式”培养技工人才模式。组织企业赴衢州、丽水等地职校技校开展招聘，帮助浙江亚太药业股份有限公司等企业引进人才200余人。 （濮建峰）

人才市场

【概况】 2011年，浙江省轻纺人才市场加大引才力度，常设“要发才市”，新办“逢发才市”，全年举办大中型人才交流会5次，专场及赴外招聘人才 26 次，举办人才集市 8 期；是年，市场共接待各类求职人才近 4 万人次，促成 4000 余名人才与近 1000 余家用人单位签约，人才资源配置大幅提速，全国轻纺人才集散地粗具规模。全县人才总量大幅扩张，净增各级各类人才 14563 人，人才总量增至 118452 人。

【新春公益性人才智力交流会推出 4200 余个岗位】 2011 年 1 月 22 日，绍兴县新春公益性人才智力交流会在中国轻纺城国际会展中心举行。250 余家企事业单位进场招才，推出 200 余个专业的 4200 余个就业岗位，近 5000 名求职者踊跃应聘。双方达成意向 1600 余人，当场签约 426 人。

2011 年 1 月 22 日，绍兴县新春公益性人才智力交流会在中国轻纺城国际会展中心举行。（县人社局供稿）

【绍兴县（湖北）创新人才招聘和智力对接签约 200 余人】 2011 年 4 月 3 日，绍兴县在武汉科技会展中心举行“绍兴县（湖北）创新人才招聘和智力对接”专场招聘。参加活动的绍兴县企业包括工业企业纳税百强、建筑业十强、房地产开发十强、商贸服务业十强、农业龙头十强、自营出口优胜单位等在内的 123 家重点骨干企业，推出纺织服装、染整印花、机械制造、电子信息、创意设计等各类岗位 3000 余个，其中研究生学历及高级职称以上人才的岗位需求达数百名。武汉高校、院所、企业的近 6000 名各级各类人才应聘求职。达成人才引进意向 1300 余人，当场签约 200 余人。其中 12 家企业与猎头公司达成高端人才引进意向 30 余人。

2011 年 4 月 3 日，绍兴县在湖北举办大型创新人才招聘和智力对接活动。（县人社局供稿）

【大中专毕业生公益性就业洽谈会 1600 人达成意向】 2011 年 7 月 23 日，2011 年绍兴县大中专毕业生公益性就业洽谈会在中国轻纺城国际会展中心举行。240 余家企事业单位推出 220 余个专业的 5500 余个就业岗位，达成意向 1600 人，当场签约 457 人。

【校园招聘现场签约 230 余名外经贸人才】 2011 年 12 月 24 日，浙江省轻纺人才市场在越秀外国语学院举办绍兴县公益性外经外贸人才专场招聘会，组织绍兴县 150 家企业进校园专场团购外经外贸人才。招聘会推出就业岗位 1200 余个，达成就业意向 900 余人，当场签约 230 余人。

【要发才市聚才 2 万余人】 2011 年，浙江省轻纺人才市场坚持每月 18 日举办“要发才市”，服务企业招才、人才求职。全年有 653 家企业进场招才，推出岗位需求 8000 余个，吸引各类人才 2.03 万余人次。（濮建锋）

联托运市场

【概况】 2011 年，轻纺城联托运市场共有 3 个有形货运市场，其中 2 个货运中转受理点、1 个货运整车发送基地。全年联托运运量 316.39 万吨，比上年上升 12.12%；周转量 464724 万吨/公里，比上年上升 12.03%。基本实现货畅其流、竞争有序、治安良好的管理目标。

【新增托运部 20 家】 2011 年，中国轻纺城联托运市场新增托运部 20 家，新增线路 7 条，注销24家，退出线路11条。公路货运代理经营户136家，铁路货运代理经营户5家，航空货运代理经营户4家。

【中国轻纺城物流中心正式运行】 2011年春节后，中国轻纺城物流中心正式运行，除设海关监管场所等通关报检一站式服务外，还提供年吞吐量7万至8万标准箱的仓储物流平台。物流中心与宁波港、浙江电子口岸全面合作，中海、中远、马斯基等10余家船公司、2家集装箱车队及21家货代公司（报关行）、外贸公司相继入驻开展业务。国际集装箱进出口运输业务累计完成2.8万余标箱。

中国轻纺城物流中心　　（陈立明摄）

【绍兴内陆直通关受理1654票报关业务】 2011年3月9日，中国轻纺城仓储物流中心内陆直通关正式启动，海关监管点、国家检验检疫现场办相继进驻中心进行报关报检，绍兴及周边企业货物进出口，可直接在绍兴县柯桥完成。到年底，内陆口岸海关监管点共受理1654票报关业务，监管集装箱6739标箱，征收关税5.72亿元；检验检疫现场办受理纺织品出口报检18720批，货值9.27亿美元。

【绍兴直通关公共信息平台投运】 2011年，以中国轻纺城物流中心为核心的国际物流信息平台建设项目（绍兴直通关公共信息平台）投运。总投资1000万元左右，其中650万元建设弱电智能化硬件、350万元开发系统软件。该平台实现与浙江电子口岸信息平台及浙江省交通物流电子枢纽的通关物流数据的互联互通，通过统一的门户网站，结合5个子系统，建立起省内各类物流基地中第一个能够实现一站式全程通关物流作业的国际物流公共信息平台。

·小资料·　绍兴直通关公共信息平台

绍兴直通关公共信息平台由1个网站、3个层次、5个子系统组成。1个网站即是绍兴直通关公共信息平台，3个层次即是网站门户层、业务处理层和企业管理层，5个子系统即是集装箱堆场管理系统、集装箱车辆管理系统、海关辅助监管系统、仓库管理系统、园区管理系统。

【中国轻纺城柯东打卷服务中心开工】 2011年11月15日，绍兴县中国轻纺城柯东打卷服务中心开工建设，中心占地面积13605平方米，建筑面积9678平方米，投资3488万元。打卷服务中心建成后，将在一定程度上改善轻纺市场和柯桥城区环境面貌及交通秩序。

【处理市场货运纠纷312起】 2011年，绍兴县运管稽查人员共上路稽查270天，出动稽查人员1960次，检查车辆1020辆次，处理货运纠纷312起，处理涉及纠纷的货物1870件，全年调处货损货差理赔64起，为货主挽回损失18.9万余元。

【举行轻纺城联托运市场消防实地演练】 2011年，绍兴县运管部门组织200余人参加轻纺城联托运市场消防实地演练，在轻纺城联托运市场内开展安全生产规范年和安全事故隐患大排查活动，与156家托运部签订安全生产责任状，悬挂安全生产横幅6条，张贴安全生产宣传图片42张，排除安全生产隐患25处，下达安全事故隐患督查通知书9份。（陈立明）

责任编辑　陆　杨

旅游业

综　述

2011 年，绍兴县旅游部门以建设旅游经济强县、打造长三角重要旅游目的地城市为目标，坚持规划联动、产业互动、营销推动、创新发动，着力推动旅游产业转型升级，促进全县旅游业持续快速健康发展。

加快“一核两圈”旅游规划编制，完成绍兴县旅游业“十二五”发展规划、鉴湖—柯岩旅游度假区创建国家 AAAAA 级旅游景区总体规划、绍兴县南部山区旅游总体规划和柯北旅游区总体规划，完成中国轻纺城服装家纺市场创 AAA 级旅游景区专项规划和富盛镇诸葛山旅游总体规划。加大招商引资力度，引进一批现代旅游项目。推进大香林二期、天马君澜大酒店、嘉诚希尔顿大酒店等重点项目建设。安昌古镇、齐贤羊山、王坛香雪梅海等旅游景区全面提升改造，富盛由由嘉园等旅游点建成开放。加大市场营销，组织赴安徽、山东临沂等地旅游推介和绍兴县旅游走进杭州专场推介晚会等活动。强化节会促销，整合推出绍兴县“魅力柯桥”欢乐城乡游十大节会活动，举办金秋旅游节、旅游美食节、乔波冰雪节和中国轻纺城购物节等活动。强化媒体宣传，编印刊发《绍兴游报》，并在《中国旅游报》、《浙江日报》等主流媒体上加大旅游宣传。王坛香雪梅海、中国轻纺城服饰家纺市场成功评定为国家 AAA 级旅游景区，鉴湖大酒店通过国家五星级旅游饭店评定，绍兴港龙国旅成为四星级品质旅行社，绍兴天下旅行社落户柯桥。组织开展贵宾接待、市场营销人员等 10 期旅游从业人员培训班，举办绍兴县第四届导游大赛。加强旅游市场监督管理，加大重要时节和重大节日期间的旅游安全检查，举办 2011 年绍兴县旅游系统消防运动会。绍兴县通过浙江省旅游经济强县的复核考评，在中国最佳文化旅游城市评选中获中国最佳文化旅游城市、全国优秀生态旅游城市等称号。　（胡　钢）

景区建设

【概况】　2011 年，绍兴县引进天马汽车休闲广场、若航绍兴直升机场及游艇俱乐部、夏威夷风情园和意大利托斯卡纳风情园等一批现代旅游项目。若航绍兴直升机场及游艇俱乐部项目完成土地出让，进入相关立项审批程序，项目由南京若航交通发展有限公司投资 10 亿元，总建筑面积 4.5 万平方米，建设 60 架公务直升机起降机场，80 个游艇泊位，以及相关酒店娱乐场所。夏威夷风情园项目签订投资协议，进入相关立项审批

2011 年 6 月 8 日，在建中的大香林龙华寺大雄宝殿。　（县旅游局供稿）

程序，项目由上海华昌有限公司投资55.9亿元，总占地面积600亩，建设室内海滩风情馆、五星级酒店、公寓式酒店、极限体育公园、商业楼、配套休闲时尚商业街和国际会议中心等，其中室内海滩主题场馆建筑面积9万平方米，是绍兴县迄今最大的规模旅游综合体项目。

大香林二期工程总投资5.3亿元，总规划面积1300亩，至年底，完成主体土建工程，龙华寺西苑装修工程完成80%，基础设施工程完成70%。

【天马汽车休闲广场通过立项审批】 2011年底，绍兴天马汽车休闲广场项目立项通过审批，进行场地平整和围墙施工。该项目位于鉴湖—柯岩旅游度假区内，柯岩大道以西、104国道南复线以北、湖南路以南、金星村以东地块，总用地面积约777亩。项目由浙江振兴投资有限公司投资建设，总投资约15亿元，其中一期3.5亿元至4亿元。投资建造国家二级标准赛车道1条、4×4专业越野赛道1条、卡丁车赛道1条，12000座大型看台1个和驾驶体验场、汽车会馆、汽车俱乐部、汽车展示中心、汽车假日酒店等。

【托斯卡纳风情园动工】 2011年3月，由意大利籍侨商周海波投资1亿元的托斯卡纳风情园在富盛镇瓜岭岙开工建设。这个以意大利小镇命名的旅游项目，由香港知名建筑师李豪生主持规划设计，主要有马术中心、赛狗俱乐部、高尔夫果岭练习场和网球中心。占地200亩，种植橄榄树、樱桃树和成片的托斯卡纳葡萄，游客可全程体验果实采摘和欧式酿酒的乐趣。（胡　钢）

旅游营销

【概况】 2011年，绍兴县旅游部门加大旅游营销力度，组织专项促销，举办活动打出品牌，拓展客源市场。重视网络营销，开通绍兴县旅游官方微博，改版升级绍兴县旅游网站，公开征集旅游口号和形象标识，旅游信息化走在全省的前列。县旅游局获2011年度全省旅游信息化工作先进单位、县旅游网站获全省优秀旅游网站、县旅游官方微博获全省优秀旅游微博称号。

【组织参加旅游交易会5次】 2011年，绍兴县组织县内旅游企业参加旅游交易会5次。分别是3月在南京举行的浙江（江苏）旅游交易会，4月在西安举行的国内旅游交易会，10月在昆明举行的国际旅交会，6月在义乌举行的第二届中国国际旅游商品博览会，12月在重庆举行的园博会。通过现场资料派发、图片展示、相互交流等多种形式和活动，宣传推介绍兴县旅游事业，提高“稽山鉴水金柯桥”知名度。

【开展首个中国旅游日主题宣传活动】 2011年5月19日，是第一个中国旅游日。绍兴县旅游部门组织县内旅游景区、旅行社、宾馆饭店参加绍兴市在城市广场举行的中国旅游日主题宣传活动，通过旅游展示、现场咨询、线路推广、幸运摇抽奖、免费派发画册等多种形式，向市民和游客宣传旅游知识和旅游产品。围绕中国旅游日组织开展摄影比赛、形象标识和口号征集活动及旅游优惠措施等主题系列活动。其中5月19日大香林景区免门票、安昌古镇现场发放门票，乔波冰雪世界“绍兴人滑雪特惠月”活动顺延1个月等公益惠民举措，受到市民和游客的欢迎。

2011年5月19日，绍兴县旅游景区、旅行社、宾馆饭店参加绍兴市在城市广场举行的中国旅游日主题宣传活动。（县旅游局供稿）

【举办旅游专题推介活动2次】 2011年9月23日，在杭州吴山广场举行“相聚杭州·相约柯桥”2011绍兴县旅游走进杭州专场推介活动；10月11日，在山东临沂举行绍兴县旅游（临沂）推介会。通过专题推介活动实施走出去营销战略，依靠二、三级客源城市，出台相关奖励和优惠政策，吸引外地旅行社组团到绍兴县。

（胡　钢）

旅游接待

【概况】 2011年，绍兴县旅游行业调整产业结构，改变单一的观光型旅游业态，逐步形成观光、休闲、度假、会议等齐头并进格局。全县接待国内游客837.84万人次，国（境）外游客18.20万人次，实现旅游收入86.29亿元，比2010年分别增长19.2%、12.3%和19.4%。其中“十一”黄金周接待国内外游客76.11万人次，比上年同期增长22.25%；旅游总收入39540.19万元，比上年同期增长21.54%。

【组织举办十项系列节会活动】 2011年4月24日，绍兴县旅游局和省中青旅共同举办的“魅力柯桥”欢乐城乡游暨中国轻纺城旅游购物节在中国轻纺城服装服饰市场启动。启动仪式上，县旅游局与省中青旅签订战略合作协议，中国轻纺城服装服饰市场公司与旅行社签订旅游合作协议。2011年“魅力柯桥”欢乐城乡游包含十项系列节会活动，从1月开始至10月底结束。有安昌古镇第十三届腊月风情节、王坛香雪梅海梅花节、富盛乡村（森林）旅游风情节，还有4月至5月的中国轻纺城旅游购物节，7月至8月的首届乔波欢乐冰雪节，9月至10月的柯岩鲁镇欢乐风情节和金秋旅游节、生态稽东香榧旅游节、大香林乡村桂花节、虞舜文化旅游节。

2011年4月24日，“魅力柯桥”欢乐城乡游暨中国轻纺城旅游购物节开幕。（县旅游局供稿）

【举办首届乔波冰雪节】 2011年7月16日，绍兴县旅游局主办、乔波冰雪世界承办的绍兴乔波首届盛夏冰雪节开幕。开幕式当天举办南北滑雪发烧友趣味滑雪对抗赛，200多位来自北京、上海、杭州、苏州等地的滑雪发烧友参加单、双板趣味滑雪比赛，近距离感受滑雪的速度与激情。开幕式还邀请到被称为“中国单板第一人”的王磊为滑雪发烧友进行滑雪表演。（胡　钢）

行业管理

【概况】 2011年，绍兴县提升旅游从业人员综合素质和行业的提档升级工作，全面完成行业管理目标，实现“安全、秩序、质量、效益”四统一，全年安全无事故。全县共有省级旅游度假区1个，国家AAA级以上景区5个，三星级以上酒店11家，旅游直接从业人员达8000余人，间接带动就业超过5万人。安昌镇成为绍兴县继柯岩街道后的又一颇有特色的旅游经济强镇，富盛镇倪家楼村、王坛镇新联村和稽东镇冢村创建成为省级特色旅游村，永乐梅苑等23个农庄成为省级旅游特色经营户。港龙国旅创建成为四星级旅行社，鱼得水大酒店创建成为绿色旅游饭店。

【举办旅游培训活动10次】 2011年，绍兴县举办旅游培训活动10次，提高旅游从业人员的综合素质。包括旅游饭店贵宾接待专题培训、创四星级饭店培训、三星级旅游饭店上岗培训、“三门课”上岗培训、新标准宣贯培训、市场营销培训、应急预案培训、人力资源培训、乡村旅游经营管理培训及导游培训等，共培训1250人次。

【富丽华大酒店通过五星级复评】 2011年，富丽华大酒店对照新颁布的旅游饭店星级标准，投资2500万元，历时近半年，进行整改装修。11月17日，通过国家星评委的五星级复评，并在综合评价方面超过绍兴饭店。

【鉴湖大酒店成为五星级旅游饭店】 2011年，鉴湖大酒店对照新版旅游饭店星级标准，进行多次整改，经过省、市、县旅游行业管理部门的多次检查，11月19日，通过国家星评委的最终评定，综合评价超过同期评审的新昌雷迪森大酒店，成为绍兴县第二家五星级旅游饭店。

【新增AAA级旅游景区2个】 2011年，中国轻纺城服装服饰市场和王坛香雪梅海对照旅游景区的评定标准，经过查漏补缺，改善旅游基础设施，制作大量台账，11月14日，通过省旅游局的评定，成为国家AAA级旅游景区。

【新增AA级旅游景区2个】 2011年，绍兴县开发南部山区旅游资源，富盛镇诸葛仙山和稽东千年榧林对照国家AA级旅游景区标准，进行旅游基础设施投资，经过一年努力，通过审核验收，成为国家AA级旅游景区。

【举办第四届导游大赛】 2011年12月18日，绍兴县举办第四届导游大赛，来自全县各旅行社、市属旅行社绍兴县营业部及有关风景区的8支代表队近30名导游参加比赛。大赛分路途讲解、景点讲解、才艺展示、现场知识问答等4个部分。评委对选手的业务知识、应变能力、个人才艺等方面进行综合考评，评出一等奖1名、二等奖3名、三等奖5名。

【举办旅游系统消防运动会】 2011年6月21日，绍兴县旅游局举办旅游系统消防运动会，县旅游系统的星级饭店、旅游景区、旅行社等单位组成30支代表队150多名选手参加比赛。比赛项目有50米油桶干粉灭火、50米灭火毯灭火、50米提水接力及消防安全隐患排查等。

（胡　钢）

责任编辑　韩　英

金融业

综　述

2011 年，绍兴县金融业保持平稳增长。至年末，金融机构本外币存款余额 1232.01 亿元，增长 8.01%，当年新增 88.17 亿元。其中企事业单位存款余额 703.29 亿元，增长 4.87%，当年新增 29.60 亿元；城乡居民储蓄存款余额 513.72 亿元，增长 10.07%，当年新增 46.99 亿元；按户籍人口计算，全县人均居民储蓄存款 70780 元。银行业金融机构本外币贷款余额超千亿元，为 1000.13 亿元，增长 11.97%，当年新增 106.95 亿元。

2011 年，绍兴县保险业以转变行业发展为主线，在服务经济社会发展中取得较好经营业绩，实现保费收入 9.52 亿元，增长 20.60%；赔付支出 2.30 亿元，增长 17.01%。

2011 年 3 月，为鼓励吸引县外资金到绍兴县投资发展，绍兴县出台《关于促进股权投资类企业发展的实施意见（试行）》；7 月又出台《绍兴县创业投资引导基金管理暂行办法》，拓宽融资渠道，提高绍兴县社会资本配置效率，优化股权结构，提升企业经营管理水平。

8 月，由中科招商设立、县政府出资 5000 万元作为引导资金的绍兴中科轻纺城股权投资合伙企业完成工商登记注册，注册资本 10 亿元，首期到位 3 亿元，使绍兴县的金融业态更为多元化。中科招商是中国首家大型人民币股权投资基金专业管理机构，拥有 10 余年基金专业管理经验，是国内股权投资资金公司的龙头，股权投资业绩在同业中处于领先地位，为绍兴县引进股权投资基金发挥龙头带动作用。（沈　秋）

表 10　2010～2011 年绍兴县金融情况

指标名称	单位	2011 年	2010 年	比上年±%
一、各项存款余额（本外币）	亿元	1232.01	1140.64	8.0
各项存款余额（本币）	亿元	1224.89	1133.11	8.1
城乡储蓄存款	亿元	512.33	464.99	10.2
企事业单位存款	亿元	697.69	665.16	4.9
二、各项贷款余额（本外币）	亿元	1000.13	893.21	12.0
各项贷款余额（本币）	亿元	976.54	878.50	11.2
①短期贷款	亿元	795.45	688.82	15.5
个人贷款及透支	亿元	117.51	100.94	16.4
单位贷款及透支	亿元	654.62	570.43	14.8
贸易融资	亿元	23.32	17.46	33.6
②中长期贷款	亿元	173.21	184.50	-6.1
个人贷款	亿元	85.60	72.19	18.6

续表

指 标 名 称	单 位	2011 年	2010 年	比上年±%
单位贷款	亿元	83.32	106.02	-21.4
银团贷款	亿元	2.89	6.29	-54.1
三、存贷比率（本外币）	%	81.18	78.31	—

银 行

【概况】 2011 年，围绕招商引行目标，绍兴县银行业金融机构落户工作扎实推进。县内第二家分行级银行上海银行正式开业。至年底，天津滨海银行、民生银行、建信村镇银行、义乌农村合作银行和广发银行等新落户银行的筹备事宜加快展开。浙商银行绍兴支行升格为绍兴分行。面对复杂多变的经济金融形势和稳中偏紧的货币政策，县内各银行贯彻落实各项调控政策和有关指示精神，积极创新金融产品，保持县域金融运行总体平稳。结构上，短期贷款占绝对比重，新增 115.37 亿元，余额 818.37 亿元，比上年增长 16.42%。票据融资新增 3.62 亿元，扭转上年负增长的形势；投向上，信贷支农支小力度加大。（沈 秋）

【举行便农支付及反洗钱大型宣传活动】 2011 年 4 月 9 日，绍兴县银行业在柯桥万达广场举行大型宣传活动，活动由绍兴市人民银行主办，工行绍兴支行承办，20 家银行和 6 家证券、期货、保险公司参加。活动主题为“现代支付，助推城乡发展”和“支持反洗钱工作，保护自身利益”。活动对如何安全使用银行卡、农村企业和居民支付结算、各类票据（电子商业汇票、银行本票等）进行宣传，同时对洗钱的概念、如何远离洗钱活动和主动配合相关部门打击洗钱活动开展宣传。（杨建江）

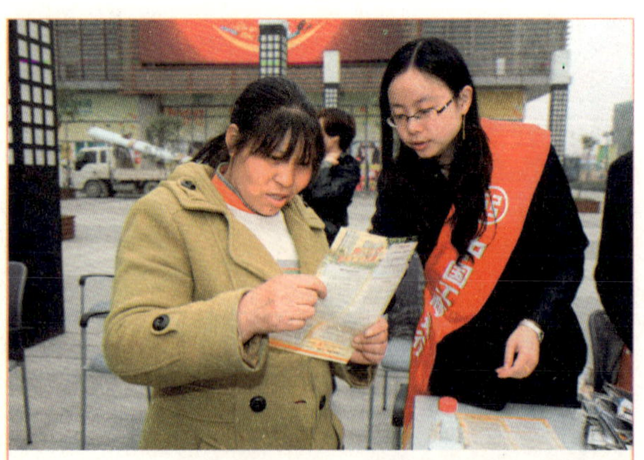

2011 年 4 月 9 日，绍兴县银行业在柯桥万达广场举行金融知识宣传活动。（工行绍兴支行供稿）

【工行绍兴支行各项存款余额 138.29 亿元】 2011 年，工行绍兴支行加大经营转型力度，加强中小企业金融扶持，在支持地区经济发展的同时推进自身各项业务的快速发展。至年末，各项存款余额 138.29 亿元，比年初新增 20.67 亿元；各项贷款余额 129.76 亿元，比年初新增 14.82 亿元；实现国际结算 26 亿美元，实现中间业务收入 2.06 亿元，被省分行评为年度信贷资产质量管理优秀支行。（孔 颖）

【工行绍兴支行与安徽商会开展战略合作】 2011 年 12 月 26 日，工行绍兴支行与中国轻纺城安徽商会举行战略合作签约仪式，成立继福建商会和温州商会工银商友俱乐部之后的第三家工银商友俱乐部。合作以创新发展、和谐共进为主题，以商友卡为介质，开展个人金融业务联动营

2011 年 12 月 26 日，工行绍兴支行与中国轻纺城安徽商会举行战略合作签约仪式，成立工银商友俱乐部。（工行绍兴支行供稿）

销，提供优惠的结算套餐服务，挖掘他行资金，提升工行在商户群体中的市场竞争力。

（傅　明）

【工行绍兴支行小企业贷款余额 60.32 亿元】2011 年，工行绍兴支行增加信贷资金投入，缓解绍兴县部分中小企业融资难的问题。合理调整信贷结构，加大对优质中小企业的信贷投放力度，完善中小企业信贷审批流程。同时，大力发展小企业网贷通、联保贷款等新兴业务，鼓励中小企业尝试开展商标权、排污权质押贷款。至年末，新增小企业信贷客户 146 户，小企业贷款余额 60.32 亿元，占全部公司贷款的 64.33%。

【工行绍兴支行优化网点区位布局】　2011 年，工行绍兴支行在完成城南大桥分理处迁址升格为笛扬支行的基础上，将华舍分理处和阳光分理处升格为二级支行，并重点选择城市居民住宅小区、大专院校、商业市场、客流量大的繁华街区、新兴工业园区、高新技术开发区和物理网点不能覆盖的发达集镇等地方增设离行式自助银行，到年底有 4 家离行式自助银行投入运行。

（蒋国友）

2011 年 11 月 3 日，工行绍兴支行副行长宋国权带队在齐贤镇开展反假币宣传。（工行绍兴支行供稿）

【农行绍兴县支行存贷总量保持四大行之首】2011 年，农行绍兴县支行加大对县域经济支持力度，当年人民币各项贷款增量 10.78 亿元，占四大行当年贷款总增量的 40.55%。存款年末余额 188 亿元，贷款年末增加到 138 亿元，存贷款总量保持四大行首位。2011 年，农行绍兴县支行向浙江绍兴滨海热电厂发放 2.5 亿元项目贷款，加快项目建设进度，缓解绍兴县用电压力。

【农行绍兴县支行 18 条措施扶持中小企业】2011 年，农行绍兴县支行出台关于支持中小企业健康发展的 18 条扶持措施，对中小企业单独匹配信贷资源。第三季度新增中小企业和个体户经营贷款 6.36 亿元，占全部贷款投放规模的 65%。

2011 年 10 月 22 日，农行绍兴县支行员工走访企业。（农行绍兴县支行供稿）

【农行绍兴县支行着力支持外贸企业】　2011 年，农行绍兴县支行加大对外贸企业的信贷支持力度，累计发放本外币贸易融资近 18 亿元。先后与渣打银行、东亚银行、新加坡农行、香港农行等境外行建立业务合作，至 9 月末，累计为企业寻求境外资金 1.8 亿美元和 12 亿元人民币。在县域内率先推广 5 项相关新产品——跨境贸易人民币结算、国内保理、内保外贷、国内信用证买代付业务、NRA 账户。至 10 月底，为企业办理远期结售汇超过 1.85 亿美元，开立 9 个 NRA 账户。

·小资料·　NRA 账户

NRA 账户为 Non-Resident Account 的简称，中文全称为境外机构境内外汇账户，是指境外机构按规定在境内银行开立的境内外汇账户，不包括境外机构境内离岸账户。NRA 账户具有类似离岸账户功能，可以不受限制地对外收汇、付汇及向境内其他任何外币账户进行划转，但账户内资金不得结汇也不得取现。

【农行绍兴县支行银商通业务上线】 2011年，农行绍兴县支行与汇联金银公司合作推出的银商通业务正式上线。投资者可在全国任一家农行网点签约，实现银行账户与汇联公司资金账户之间的实时资金划转。至年底，通过农行绍兴县支行银商通进行“出入金”交易的新发展会员有5000人左右，累计交易17005240手，产生交易手续费3683万元。

2011年5月26日，农行绍兴县支行开展公众金融教育服务宣传。 （农行绍兴县支行供稿）

【农行绍兴县支行向社区医药服务共同体授信】 2011年，农行绍兴县支行向华通医药公司增加特别授信4000万元，满足公司药品经营对流动资金的需求，让老百姓买到放心药、实惠药。至年底，在华通医药公司的授信总额达8000万元。

·小资料· 浙江社区医药服务共同体

浙江社区医药服务共同体由11个市45个县（市、区）的医药经营企业分批加盟成立。首批区域会员企业有嘉兴地区的嘉信医药、绍兴地区的华通医药、衢州地区的衢州医药、湖州地区的华圣医药、台州地区的温岭医药5家。

（徐　芳）

【中行绍兴县支行本币存款余额近140亿元】 2011年末，中行绍兴县支行各项人民币存款余额139.18亿元，比年初新增6.22亿元，四大行余额占有率比年初提升0.63个百分点。各项人民币贷款余额为109.18亿元，比年初新增6.04亿元。

【中行绍兴县支行IT蓝图上线】 2011年，中行绍兴县支行完成IT蓝图投产上线。实现中国银行系统和数据大集中，建立以客户为中心的服务体系和系统架构，加快业务流程整合。IT蓝图包含一个全国统一数据中心和两大系统（账务系统和MIS系统）。

·小资料· MIS

MIS（管理信息系统——Management Information System）系统，主要指的是进行日常事务操作的系统。这种系统主要用于管理需要的记录，并对记录数据进行相关处理。 （何晔滢）

【建行绍兴支行存款余额新增5.49亿元】 2011年，建行绍兴支行负债业务恢复性增长，全行存款余额113.05亿元，新增5.49亿元。其中公司存款余额83.82亿元，比年初新增3.25亿元，占四大行新增额比例23.16%；个人存款余额29.23亿元，比年初新增2.24亿元，占四大行新增额比例17.97%。

【建行绍兴支行实现中间业务1.13亿元】 2011年，建行绍兴支行实现中间业务收入1.13亿元，比上年增长43.56%。其中对公中间业务8688万元，比上年新增2640万元，计划完成率100%；个人中间业务2600万元，比上年增长757万元，计划完成率108.24%。

【建行绍兴支行国际业务结算量超10亿美元】 2011年，建行绍兴支行累计完成国际结算量102468万美元，较上年增加40022万美元，增幅64.09%。进出口结算四大行占比分别为28.92%和71.08%。进口比例与上年同期相比有较大提升，进出口比例趋于协调，办理全省首笔出口转汇海外代付、全市首笔出口再融资业务。

【建行绍兴支行积极拓宽融资渠道】 2011年，建行绍兴支行与轻纺城股份公司开展短期融资券和并购贷款业务、与担保机构开展担保网络速贷通业务、与欧亚薄膜开展IPO（首次公开募股）等投行业务。加强与代理行合作，扩大代理银行业务，在原有与北京长安支行、天津中德银行就万达广场、中心城项目的内外部银团合作基础上，与万达广场、平水副城开展深度合作，有效解决信贷规模问题。

【建行绍兴支行各项金融产品均呈增势】 2011

年，建行绍兴支行新增网络银行客户15户、高版网银客户499户、网银代发代扣客户118户。基金定投5278户，黄金销售3977.3千克，新增绝对额、完成率均居建行绍兴市分行首位。基金销售6012万元，增幅118.3%。新增汽车分期业务10135万元、电话宝227户。

【建行绍兴支行不良贷款率下降7.5个百分点】 2011年，建行绍兴支行相继将浙江玻璃、亚太纺织等不良贷款上收到省行资产保全部进行管理，对不良贷款（包括个人类不良贷款）进行全面梳理。至年末，回收不良贷款6359.85万元，核销5209.7万元，以物抵债1000万元，不良贷款余额（剔除上移的6.5亿元）8766.33万元，不良率1.08%，比上年下降7.5个百分点。

【建行绍兴支行推进渠道建设】 2011年，建行绍兴支行完成对杨汛桥支行的搬迁，万商分理处、柯东分理处升格为支行，万商分理处、钱清支行二代转型通过总行验收。完成对齐贤、安昌、马鞍、钱清、新风、福全、钻石7个网点的自助设备改造。对低效的湖西路、杭州大厦2个离行式自助银行实施关停。 （娄国海）

【交行轻纺城支行存款余额65.48亿元】 2011年，交行轻纺城支行各项业务稳步推进，风险防控积极有效，经营效益持续改善，年末人民币各项存款余额65.48亿元，比年初新增5.24亿元；人民币储蓄存款余额30.24亿元，比年初新增4.8亿元；人民币贷款余额45.19亿元，比上年增长3.34亿元。无新增不良贷款。

【交行轻纺城支行谋求电银业务创新发展】 2011年，交行轻纺城支行成为"网上轻纺城"首家战略合作银行，办理分行首笔B2B电子商务业务。客户体验和交叉销售活动不断推进，全行网银动户覆盖率和分流率有所提升，多项指标完成任务，其中对私有效客户网银动户覆盖率在交行绍兴市分行全辖遥遥领先。

·小资料·　B2B

B2B（Business To Business），是互联网市场领域的一种，是企业对企业之间的营销关系。它将企业内部网，通过B2B网站与客户紧密结合起来，通过网络的快速反应，为客户提供更好的服务，从而促进企业的业务发展。

【交行轻纺城支行自助网点达11家】 2011年，交行轻纺城支行积极推行"物理网点+自助网点+电子银行+客户经理"的经营模式，3家自助网点和1个穿墙式ATM机投运。到年末，支行有11家离行式自助服务区（点）。

【交行轻纺城支行开展"以客荐客"活动】 2011年，交行轻纺城支行经常性举办各类理财沙龙、旅游休闲活动，通过高端客户介绍高端客户的方法，寻找更多目标客户。到年末，私人银行客户达165户，占绍兴分行的45%；达标沃德客户达1580户，占绍兴分行的38%；对私有效客户17803户。 （林　翡）

【绍兴银行轻纺城支行存款余额37.95亿元】 2011年，绍兴银行轻纺城支行坚持服务地方经济，服务中小企业的经营理念，各项业务取得长足发展。至12月末，各项存款余额为37.95亿元，比上年末增加5.78亿元；日均存款34.34亿元，比上年末增加6.02亿元，增幅21%。

【绍兴银行轻纺城支行贷款余额增幅13.85%】 2011年，绍兴银行轻纺城支行各项贷款余额为33.49亿元，比上年增加4.07亿元，增幅13.85%。不良贷款余额251万元，比上年末下降26314万元，不良率0.07%，全年实现账面利润8532万元。

【绍兴银行轻纺城支行开展百日劳动竞赛】 2011年9月起，绍兴银行轻纺城支行开展百日劳

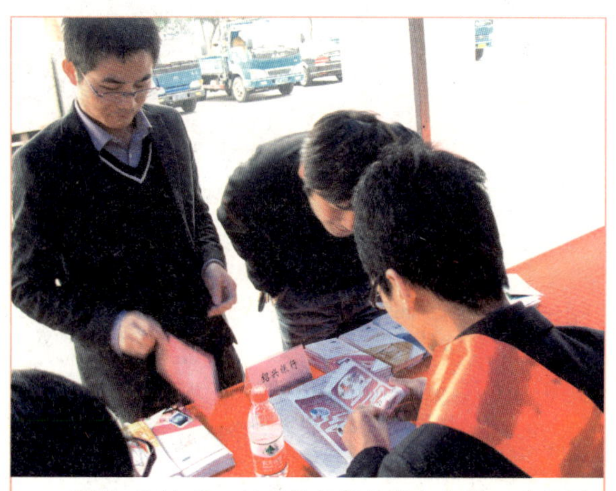

2011年11月，绍兴银行轻纺城支行员工进社区开展服务。 （绍兴银行轻纺城支行供稿）

动竞赛。其间新开账户88家，其中基本账户26家；新增贷款户19家，新增企业贷款36020万元；在活动期间新增企业基本账户15家、一般账户34家、手机银行98户、个人网银292户、企业网银15户、银银转账137户、代扣关系573户，安装POS机4台，营销理财产品1529万元。

【绍兴银行轻纺城支行完成首笔人民币支付跨境贸易业务】 2011年，绍兴银行轻纺城支行积极开拓国际业务，从上海引进年贸易额在200亿人民币的上海帝朗集团，开具金额为1亿元人民币的第一笔（是绍兴银行首笔人民币支付的跨境贸易业务）跨境贸易人民币结算业务的信用证（由建行代开）。到年底，累计完成国际业务结算量7930万美元。（李 刚）

【瑞丰银行挂牌】 2011年1月18日，瑞丰银行挂牌，成为浙江省首批农村商业银行。4月份实施增资扩股，注册资金由6亿元增加至9亿元。4月15日，瑞丰银行义乌支行开业，瑞丰银行实现跨区域发展。5月28日，瑞丰大厦落成启用，实现监控、机房、金库等资源集中，增强总部管控能力和水平。

2011年5月28日，瑞丰银行总部新大楼落成，启动丰基金。（瑞丰银行供稿）

【瑞丰银行新增存款占全县市场份额超60%】 2011年末，瑞丰银行各项存款421.87亿元，比年初增加45.29亿元，存款余额占全县市场份额33.85%，新增存款占全县市场份额60.39%。各项贷款309.3亿元，比年初增加36.93亿元，贷款余额占全县市场份额30.71%，新增贷款占全县市场份额35.58%。实现国际业务结算量178986万美元，比上年增加42698万美元。上缴税金3.71亿元，资本充足率12.75%。

【瑞丰银行增加信贷资金14亿元】 2011年，瑞丰银行将有限的信贷资金向战略性新兴产业倾斜，支持绍兴县域经济产业转型升级。在央行连续提高存款准备金率、减少可用资金28亿元的情况下，瑞丰银行仍增加信贷资金14亿元，签署《绍兴县银行业协会服务企业特别倡议书》。

【瑞丰银行推进农村用户信用体系建设】 2011年，瑞丰银行加快推进金融便民服务中心对接工作和信用体系建设。至年末，农户信用户参评192899户，评上信用户106882户，农户信用档案建档84937户；信用村参评303个，评上信用村301个；农户贷款户数12914户，信用户贷款户数比例86.08%；丰收小额贷款卡覆盖率73.91%。

【瑞丰银行10亿元支持农村中小企业】 2011年，瑞丰银行10亿元专项资金支持中小企业，优先确保50万元以下的小额三农贷款发放，农户贷款和中小企业贷款户数分别比年初增加1608户、282户，贷款金额分别增加6.56亿元、18.7亿元。

2011年1月18日，瑞丰银行开业庆典，追加捐赠三农扶贫基金100万元。（瑞丰银行供稿）

【瑞丰银行发行理财产品22.22亿元】 2011年，瑞丰银行创新金融业务产品，推出承兑汇票质押池、人民币跨境结算等业务，满足企业不同融资需求。成立总部财富管理中心，与钱清、柯桥、越州、总行营业部4个理财中心构成理财管

理服务体系。至12月底，发行理财产品27期，金额22.22亿元。（王力铭）

【招商银行柯桥支行基础业务平稳发展】 2011年末，招商银行柯桥支行自营存款余额16.34亿元，较年初新增2.13亿元；本外币各项贷款余额16.91亿元，比年初增长1.61亿元；实现中间业务收入1137.67万元。

【招商银行柯桥支行国际结算超5亿美元】 2011年，招商银行柯桥支行继续从政策和服务上加大对中小外贸企业的支持力度。至年末，新增在岸国际结算户43户，离岸国际结算户89户；离在岸及联动国际结算量达5.16亿美元，比上年增长53.95%；实现国际业务中间收益624.67万元，比上年增长32.45%。

【招商银行柯桥支行拓展零售优质客户】 2011年，招商银行柯桥支行充分利用招行品牌资源，多层次、全方位拓展零售优质客户。全年新增私人银行4户、钻石客户7户、金葵花客户168户、信用卡1701户、网银签约2951户、网银专业版1394户、三方存管124户、快易理财790户。（单雨雨）

【华夏银行柯桥支行存款余额增速全县第一】 2011年，华夏银行柯桥支行实现一般性存款余额19.59亿元，比上年增长5.39亿元，增幅88%，增速在县域银行内列第一。10月23日实现一般性存款首次破20亿元。其中对公存款16亿元，比上年同期增长3.36亿元；储蓄存款余额3.54亿元，比上年同期增长1.2亿元，增量增速在县域股份制银行中排名第一。2011年支行在县域14家银行考核排名中名列第二，在股份制银行中排名第一。

【华夏银行柯桥支行实现贷款余额15.65亿元】 2011年，华夏银行柯桥支行实现一般性贷款余额15.65亿元，比上年增加5.75亿元。其中公司贷款余额14.13亿元、个人贷款余额1.51亿元，完成计划任务的111.25%，增量占全市一半以上，绝对额排名第一。全年叙做国际结算业务10023万美元，首次突破1亿美元大关，国际结算业务在华夏银行全国近500家网点中列第44位，增长率100%。

【华夏银行柯桥支行发展中小企业商圈带业务】 2011年，华夏银行柯桥支行实现全国第一笔接力贷业务，全行第一笔内保外贷业务、第一笔房地产信托业务、第一笔基金托管业务等。同时，利用为中国轻纺城市场专门开发的中小企业“商圈带”业务，加大对专业市场、商会的营销，小企业客户新增99家。为支行带来203万元的中间业务收入以及近5亿元的对公存款。至12月31日，新增客户260户。

【华夏银行柯桥支行拓展个人业务】 2011年，华夏银行柯桥支行以“华夏一线通”业务、理财业务、个贷业务等3个业务为龙头，积极开发个人业务，个人业务增长市场占有率达30%。TPOS机安装1568台。理财余额5653万元，累计销售理财产品23.9亿元，其中“天天理财”达18.8亿元。全年新增个贷1亿余元，全年个贷余额1.5亿元。（钟益能）

【浙商银行绍兴支行升格为绍兴分行】 2011年9月，浙商银行绍兴支行获中国银监会批复升格为绍兴分行。12月12日，浙商银行绍兴诸暨支行获准筹建，成为绍兴分行辖内第三家获准筹建的支行。

【浙商银行绍兴分行增加小企业贷款7.28亿元】 2011年末，浙商银行绍兴分行500万元及以下小企业贷款户数1444户，较年初增加354户；金额22.31亿元，较年初增加7.28亿元；占全部贷款的28.98%，较年初提高2.23个百分点。小企业贷款在全部贷款中比例不断提升，贷款增速高于全部贷款增速。

2011年8月19日，浙商银行绍兴分行举行服务中小企业银企对接会。（浙商银行绍兴分行供稿）

【浙商银行绍兴分行资产总额超156亿元】 2011年末，浙商银行绍兴分行资产总额为156.29亿元，较年初增加66.94亿元。各项存款79.66亿元，较年初增加17.10亿元；各项贷款76.99亿元，较年初增加21.55亿元；不良贷款率0.27%。通过多种方式全年各类敞口投放超过38亿元。

【浙商银行绍兴分行开拓投行蓝海】 2011年，浙商银行绍兴分行积极创新业务发展，开拓投行蓝海。积极推动绍兴县中小企业集合票据工作，通过保本理财业务满足22家企业9.02亿元融资需求，实现投行营业净收入3112万元。

·小资料· 蓝海

蓝海指的是未知的市场空间。企业要启动和保持获利性增长，就必须超越产业竞争，开创全新市场，这其中包括一块是突破性增长业务（旧市场新产品或新模式），一块是战略性新业务开发（创造新市场、新细分行业甚至全新行业）。相对于蓝海是指未知的市场空间，红海则是指已知的市场空间。 （寿迪美）

【浦发银行绍兴柯桥支行负债业务总量超40亿元】 2011年末，浦发银行绍兴柯桥支行本外币一般存款余额突破40亿元大关，达40.55亿元。存款结构持续改善，全行行政事业单位存款达17.8亿元，当年新增存款超过6.6亿元。银行承兑汇票余额逐年下降，支行年末存贷比为73.25%，保存比达28.21%。

【浦发银行绍兴柯桥支行国际结算量8.3亿美元】 2011年，浦发银行绍兴柯桥支行国际结算量为83011万美元，其中离岸出口26300万美元、在岸进口21449万美元、在岸出口35261万美元。离岸业务量较上年增加16890万美元，增幅179.49%；在岸业务较上年增加31129万美元，增幅121.68%。至年末，离岸客户数达148户，在岸客户数141户，分别较上年增加60户和41户。

【浦发银行绍兴柯桥支行增加风险管理有效性】 2011年，浦发银行绍兴柯桥支行加强对重点行业、融资平台、涉房企业的风险监控。针对温州出现的企业倒闭潮现象，对已有授信企业逐步分析排查，开展国内信用证业务、银行业案件风险、票据业务等多项目检查，成立2年无新不良贷款产生。 （任伟卿）

【上海银行绍兴支行成立】 2011年8月22日，上海银行绍兴支行经浙江省银监局核准成立，是上海银行第二家地市级支行，于9月19日正式对外试营业。支行位于柯桥兴越路1585号财智国际商务大厦1～3层，办公面积3537.24平方米。一楼营业面积1250.78平方米，设有营业厅面积450平方米；自助银行设5台自助机具，面积40平方米；慧通理财中心分设理财室、网银体验区、VIP现金区，面积176平方米。

2011年11月，上海银行绍兴支行举行开业庆典。
（上海银行绍兴支行供稿）

【上海银行绍兴支行各项业务稳步发展】 2011年，上海银行绍兴支行致力于服务绍兴地方经济，陆续推出抵押全额贷、排污权抵押贷等产品，为授信企业提供更多的担保渠道。至年末，支行总资产16.52亿元，总负债16.57亿元，营业收入1602万元，各项存款余额9.98亿元，各项贷款余额15.6亿元。 （陈颂意）

【中信银行绍兴轻纺城支行存款余额37.34亿元】

2011年末，中信银行绍兴轻纺城支行本外币各项存款余额37.34亿元，比年初增加3.25亿元。其中对公一般性存款余额31.93亿元，比年初增加2.58亿元；储蓄存款余额达到5.41亿元，比年初增加6661万元。各项存款日均34.92亿元，比年初增加3.05亿元。

【中信银行绍兴轻纺城支行贷款余额33.84亿元】

2011年末，中信银行绍兴轻纺城支行本外币各项贷款余额33.84亿元，比年初增加11.84亿元。其中对公贷款31.65亿元，比年初增加11.46亿元；零售贷款2.19亿元，比年初增加4174万元；余额存贷比90.64%，日均存贷比77.36%。全年完成国际业务收付汇量49190万美元、结售汇量19363万美元。

【中信银行绍兴轻纺城支行零售业务平稳增长】

2011年，中信银行绍兴轻纺城支行新增网银客户1023户、有效信用卡508张，新增ETC（电子不停车收费系统）客户496户，理财产品销量13.13亿元。

【中信银行绍兴轻纺城支行向中小企业授信7.3亿元】 2011年，中信银行绍兴轻纺城支行服务地方经济，积极向上级行争取支持更多的信贷规模。加大支持与培育产业结构合理、具成长潜力的优质中小企业99户，授信金额7.30亿元，占支行贷款总量的21%。（方露燕）

保　险

【概况】 2011年，绍兴县以保险业协会为平台，切实发挥其在加强行业自律、提高服务质量等方面的积极作用，有力促进全县保险业持续健康发展。中国人民人寿保险股份有限公司绍兴县支公司和中国人寿财产保险股份有限公司绍兴县支公司分别于2月和9月成立。至年底，绍兴县有保险机构19家，其中产险机构12家。最大的两家保险机构是中国人保财险绍兴支公司和中国人寿绍兴县支公司。

【777户种养业大户参加政策性农业保险】

2011年，绍兴县有777户农业种养业大户参加政策性农业保险，参保率60%以上，共计保费657万元。农村住房保险投保农户185028户，投保率100%，保费总额185万元。（沈　秋）

【中国人保财险绍兴支公司保费收入2.28亿元】

2011年，中国人保财险绍兴支公司继2007年保费收入过亿后实现4年翻一番，突破2亿元，实现保费收入2.28亿元，比上年增长23.62%，占全县产险市场份额55.85%。至年底，共计赔款近亿元。

【中国人保财险绍兴支公司强化理赔服务】

2011年，中国人保财险绍兴支公司加强理赔队伍建设，提高理赔人员素质，加快案件处理速度，履行万元以下车损案，1小时通知赔付承诺，当天案件、当天接案、当天定损、当天完成系统操作。（郭　苹）

【中国人寿绍兴县支公司实现保费1.22亿元】

2011年，中国人寿绍兴县支公司实现保费1.22亿元。其中首年保费3600万元、短期险保费367万元、续期保费8233万元。年内，公司推进业务转型优化，个险渠道的总保费、续期、短险以及团险渠道的短险、意外险均有增长。学生平安保险市场找到突破口，企业年金险实现零的突破，完成全市最大年金险单件业务。

·小资料·　年金保险

年金保险是指在被保险人生存期间，保险人按照合同约定的金额、方式，在约定的期限内，有规则地、定期地向被保险人给付保险金的保险。年金保险，同样是由被保险人的生存为给付条件的人寿保险，但生存保险金的给付，通常采取的是按年度周期给付一定金额的方式，因此称为年金保险。（吴志南）

【中国人保寿险绍兴县支公司支付赔款211.7万元】 2011年，中国人保寿险绍兴县支公司共支付各类赔款324件，金额211.7万元。其中满期（生存）保险金办理565件，金额1382.2万元；代付集团养老金和满期金10.3万人次，金额307万元；短期险赔款件数280件，金额83.4万元。综合简单赔付率25.69%。

【中国人保寿险绍兴县支公司保费收入1.56亿元】 2011年2月，中国人保寿险绍兴县支公司开业。累计实现新单规模保费达1.56亿元，其中期缴保费400余万元，意外险业务150余万元。新单保费位居全省系统县公司排名第二。

（陈巧丽）

【太保寿险柯桥支公司实现保费8000余万元】 2011年，太保寿险柯桥支公司实现保费8000余万元。其中个险新保保费1060.7万元，个险续期保费4715.4万元，比上年增长14.7%；团银合计2224.9万元，比上年增长12.5%。

（季峥艳）

证 券

【概况】 2011年，绍兴县内拥有财通证券柯桥和钱清营业部、中信金通证券万商路营业部、国元证券金柯桥大道营业部和浙商证券金柯桥大道营业部等5家证券营业部。年末累计开户数为55922户，比上年增长13.95%，当年证券机构交易额1087.72亿元。

（沈 秋）

投 资

【概况】 2011年，绍兴县持续推进股权投资工作，及时出台政策意见，多层次加强宣传推介，全方位提供优质服务，股权投资成效明显。8月，绍兴中科轻纺城股权投资完成工商登记注册，注册资本10亿元，为全县最大股权投资企业。至年末，新引进设立股权投资企业26家，注册资本超30亿元；股权投资管理企业18家，注册资本超亿元。

【小额贷款公司发放贷款74.85亿元】 2011年，绍兴县新增永利小贷、富邦小贷2家小额贷款公司，县内累计有3家小额贷款公司。年末贷款累计发放74.85亿元，其中种养殖业及100万元以下余额44亿元，年末贷款余额12.22亿元，充分发挥小贷公司的支农支小作用。12月，出台《绍兴县小额贷款公司自律公约》，促进小贷行业健康发展。

（沈 秋）

2011年7月6日，绍兴县汇金小额贷款有限公司与首批5家中小企业签署合作协议，获信额度5000万元。（县工商局供稿）

【中轻担保获工信部补助230万元】 2011年8月，工业和信息化部下达2011年中小企业发展专项资金计划，全市2家担保机构获得中小企业信用担保业务补助资金，其中中国轻纺城担保有限公司获得230万元资金补助。10月，国家开发银行浙江省分行同意中轻担保有限公司为绍兴市第二期“银政保”结构化小企业集合贷款项目参与单位。

·小资料· “银政保”结构化小企业集合贷款项目

该项目是绍兴市金融办引进政策扶持资金解决小企业融资难问题的一种金融创新，项目资金由国家开发银行和绍兴市政府创业引导资金组成。其贷款业务资金支持的对象为符合国家中小企业标准的各类小企业，重点支持绍兴市五大优势产业和三大新型制造业以及现代服务业、高效农业的优质小企业。

【全市首家融资性担保机构成立】 2011年6月，绍兴合生创展担保有限公司成立，注册资本5000万元，成为《融资性担保公司管理暂行办法》颁布后全市首家新设的融资性担保机构。（北 辰）

责任编辑 陆 杨

国土资源管理

综　述

2011年，绍兴县国土资源管理部门深化国土资源管理审批“三集中、三到位”，积极实施土地证、房产证、契税证三证联办，累计办理土地证1.67万本；推进农村宅基地登记发证，当年宅基地登记发证率100%；建设档案管理信息系统、地籍管理信息系统，完成第二次土地调查成果的应用和更新，大力推进城镇村庄数字地籍调查，完成全县49.2平方公里地形地籍测绘和权属核查工作。至2011年底，全县耕地面积为42.3183万亩，顺利通过2011年度省、市对绍兴县耕地保护责任制考核。平水所被省国土资源管理厅评为群众满意国土资源所；钱清、柯华、夏履、湖塘等4个所成功创建全省规范化国土资源所；漓渚所被省国土资源管理厅授予省地质灾害防治“五到位”基层示范国土资源所称号，被市纪委授予市级行风建设示范窗口称号；县国土资源局获得2011年度县长集体奖；陶堰所被县纪委授予十佳群众满意基层站所称号；县监察大队被评为县级先进单位。

2011年12月，县长徐国龙调研城区土地利用工作。（县国土资源局供稿）

·小资料·　国土资源管理行政审批“三集中，三到位”

国土资源管理行政审批“三集中，三到位”是指：实施以国土资源管理行政审批部门在行政服务中心设置窗口，进驻中心办公到位；行政机关内设机构审批职能向一个科室集中，制作统一行政审批章，承担行政审批职能的科室成建制到行政服务中心办理到位；行政审批人员集中进驻中心工作，部门对窗口人员充分授权现场办结到位的“三集中，三到位”的行政审批体制改革。

（胡　江）

土地管理

【概况】　2011年，绍兴县开展基本农田划区定界工作，对新一轮土地利用总体规划确定的基本农田进行梳理，把基本农田保护面积全部落实到村组、地块，及时设立基本农田保护界桩和保护牌。落实基层农保责任制，全县所有行政村都签有基本农田保护责任书。积极应对土地市场变化趋势，有效控制供应总量、规模、节奏与结构，在土地市场大环境不利的情况下，全年完成经营性用地出让总收入58.37亿元，维护土地市场平稳发展。及时整理归档基本农田划区定界成果资料。绍兴县成为全省首批县、镇两级新一轮土地利用总体规划获批的县市。同时，积极破解印染产业集聚区等重点项目规划空间制约，省国土厅同意绍兴县在保持新增建设用地规模不变的情况下统筹调整允许建设区，成为全省第一个开口子的县市。

【建立基本农田保护补偿机制】 2011 年，绍兴县建立基本农田保护补偿机制，出台《关于进一步完善耕地保护确保耕地占补平衡的意见》。该意见规定：补偿对象为从 2011 年起至 2020 年，新一轮土地利用总体规划落实的基本农田面积超过上一轮规划的镇，共有 5 个镇可获得补偿；补偿标准按每超一亩补偿 600 元/年执行，年均补偿资金达 1934.64 万元，最高的镇达 920.46 万元。补偿资金来源于县财政的土地出让金净收益，年底按时结算到镇，村级部分由镇结算补偿；用途为 200 元到镇，用于当地农民事业改善；400 元到村，用于当地基本农田管护与质量提升、农田水利基本建设以及民生事业改善等。同时，为进一步推进标准农田建设，加强标准农田占补管理，将标准农田建设项目每亩以奖代补标准从 700 元提高到 4000 元。孙端镇皇甫畈标准农田建设项目于 2011 年完工，该项目是绍兴市自 2008 年以来首个标准农田建设项目，经省国土厅与农业厅联合进行现场质量复核后，获得省国土厅验收认定，建成标准农田 3740.51 亩，质量等级达到一等田水平。到 2011 年底，绍兴县标准农田保护面积 40.17 万亩，实际耕地保有面积 42.32 万亩，耕地标准化率 95%。

【新增建设用地指标总量全市第一】 2011 年，绍兴县克服折抵指标和复垦指标全面停用、全省可分配计划指标总量大幅减少的不利情况，争取到新增建设用地计划指标 3935 亩，比 2010 年增长 15.4%，获取总量全市第一；争取到国土资源部奖励指标 500 亩和萧甬铁路、浙能电厂等 4 个省重点项目戴帽指标 1540 亩。

【征收土地 5443 亩】 2011 年，绍兴县组织开展土地征收“突击月”、“攻坚月”等活动，破解征地难题，完成土地征收 5443 亩；并按照“应报尽报、提速提质”的要求，加快组件、加速报批，报批建设项目用地 5898 亩（耕地面积 3611 亩），涉及中心城区、变电所、拆迁安置、大型农民集中居住区等项目，保障转型升级用地需求。

【成为全国节约集约用地模范县】 2011 年，绍兴县抓住创建全国节约集约用地模范县的重要契机，进一步提升土地利用水平，创新工作机制，培育节地示范点，创建工作得到国土资源部、省厅、市局的关注与肯定，“亩产论英雄”理念成为省节约集约用地工作的一张金名片，成功创建成为全国节约集约用地模范县，创建得分位居全国前列，受到国土资源部表彰奖励。

2011 年 8 月 25 日，国土资源部对绍兴县创建全国国土资源节约集约模范县进行验收。

（县国土资源局供稿）

·小资料·　“亩产论英雄”

“亩产论英雄”是绍兴县提出的科学发展新理念，即以提高“亩产效益”为核心，围绕节约集约用地、节能降耗减排等重点，促进经济结构调整和发展方式转变。

【拍卖工业用地 27 宗】 2011 年，绍兴县创新工业用地出让方式，把工业用地“定项目挂牌”改为“定产业拍卖”，完全市场化操作，进一步提升土地利用价值。全县通过拍卖方式成功出让工业用地 27 宗，亩均成交价达 115 万元/亩，亩均成交价比拍卖前增加 5.2 倍。

【3 种模式探索土地二次开发】 2011 年，绍兴县因地制宜，采取 3 种模式探索土地低效利用二次开发。对一些区域条件相对落后、零星散布在全县各地的企业低效利用土地与边角料地，出台政策鼓励进行腾退复垦、增加耕地；对符合城乡规划、产业规划及环保要求、临近工业集聚区的企业低效利用土地，鼓励产业转型升级、实施“退二优二”；对因城乡规划调整或实施城市规

划需要进行旧城改造的低效利用工业用地，产业落后、不符合生产安全要求、不符合环保和节能减排要求的低效利用工业用地，各级产业目录规定的禁止或淘汰类产业的原厂房用地或企业生产经营困难需要退出的工业用地等四类对象，鼓励“退二进三”。

【柯桥经济开发区数字地籍调查成果通过验收】 2011年11月15日，省、市国土资源部门组织有关专家组对绍兴县柯桥经济开发区数字地籍调查成果进行验收。验收组听取工作汇报、技术汇报，观看系统演示，查看权属调查资料、数据建库情况和内外业测绘成果，并对有关问题进行质询。经专家验收组认定，该项目成果资料齐全，技术路线和方法正确，调查成果1:500数字地形地籍图测绘49.2平方公里，符合相关规范要求，一致同意通过验收。（胡　江）

土地督察

【概况】 2011年，绍兴县加大违法用地案件的依法查处力度，共立案查处国土资源违法案件289起（包括涉及卫片的违法案件92起），查处面积962224.7平方米（其中耕地321011.7平方米），责令拆除非法建（构）筑物355640.5平方米，没收非法占用609008.5平方米土地上的建筑物，对被处罚单位（个人）处罚款2105.7581万元。对4件涉嫌犯罪的案件移送公安机关查处；对3起违纪案件移交纪委追究责任；对186起在法定期限内未履行案件，申请法院强制执行。加强对主要道路视线范围内在建工程的不定期巡查，巡查发现当年发生违法用地123起，均在第一时间函告当地镇（街道）进行处置。

【作出土地矿产处罚决定92起】 2011年，绍兴县按照“案件应立尽立、罚款应缴尽缴、拆除应拆尽拆、复耕应复尽复”的工作要求，作出行政处罚决定92起，拆除建筑物15.5万平方米，处罚款2674.3万元；拆除复耕42起，面积166.12亩，其中耕地119.82亩。全县违法占用耕地比例降低到5.1%，通过国土资源部验收。

【化解涉土信访积案率100%】 2011年，绍兴县强化内部信访责任制考核，设计活动月等载体，任务层层分解，责任逐级明确，形成主要领导亲自抓、分管领导协调抓、职能科室具体抓、基层所全员抓的工作格局，全年化解或终结积案程序涉土信访积案27件，涉土信访积案化解率100%。（胡　江）

矿产管理

【概况】 2011年，绍兴县根据规划和市场需求及依法开采的要求，湖塘俞家山建筑石材矿等两宗采矿权在市土地矿产交易中心挂牌出让，采矿权出让成交3610万元。配合县境内的平水铜矿、漓渚铁矿等企业开展老矿山外围、深部找矿工作，协助企业做好整体勘查方案并通过上级评审。开展2011年矿产资源勘查年检，采用书面审查和实地检查相结合的方式，组织相关专家对应检的3家单位进行初审，并对开展勘查工作的中国冶金地质总局第一地质勘察院的平水镇大岩头—桃红一带铜矿普查等进行实地检查，察看施工现场。编制年度地质灾害防治方案，印发突发地质灾害应急操作手册，组织专家对全县发现的9个地质灾害隐患点进行排查，及时督促整改。恶劣气候期间，组织人员24小时值班，迅速处置突发性险情和灾情。继续开展绿色矿山创建活动，漓渚铁矿申报国家级绿色矿山试点单位，县级绿色矿山验收2家。治理废弃矿地265亩，废弃矿山复绿150亩，废弃矿山治理率累计95%。（胡　江）

责任编辑　韩　英

环境保护

综　述

2011年，绍兴县环境保护部门以生态文明建设为主线，以维护群众环境权益为目标，以专项整治为载体，加大环境执法力度，强化环境综合整治。开通环保投诉举报热线“12369”，完善环境风险防范体系，有效保障环境安全。开展省、市级生态镇（街道）、生态村和绿色学校等系列创建活动，围绕创建省级生态县目标，全面动员，明确任务，落实责任。严把环境准入关，强化排污许可证清理规范，严格执行重要事项会审制度，切实加强“三同时”验收，提升助推经济发展能力。加强水污染防治，深化定型机废气治理，加强工业污泥监管，发挥在线监控、视频监控的作用，加强减排监测、重点污染源监测、县域环境质量监测等环境监督监测，努力改善城乡环境质量。

2011年3月7日，绍兴县邀请专家讲授环保行政执法课程。（县环保局供稿）

年内，全县40个水质监测断面中，有7个断面达到II类水质标准，10个断面达到III类水质标准，断面达标率为42.5%，比2010年同期上升10.9个百分点；柯桥城区大气环境质量为优的共55天，为良的共275天，优良率90.4%，比2010年同期上升1.4个百分点。办理各类环保审批事项735件，其中建设项目439件；核发排污许可证217本，其中印染企业109家；否决重污染项目24项。开展“三同时”验收项目180家，限期治理项目竣工验收23个；办理排污权抵押贷款企业80家，金额7.5亿元；通过清洁生产审核企业47家，通过上市审核企业4家；3家企业被评为市级环境友好企业，1家企业被评为省级绿色企业。绍兴县环境保护局被省政府授予全省“十一五”污染减排先进集体称号。绍兴县被中共绍兴市委、绍兴市政府授予生态市建设优胜县（市、区）称号。（王海轮）

环境质量

【概况】 2011年，绍兴县全面深化环保专项整治，开展水污染防治，扎实做好省、市、县三级人大对绍兴县开展水污染防治“一法一条例”执法跟踪检查，进一步保护和改善曹娥江生态环境，巩固全县清下水排放口封堵并实现回用，全面开展工业排污企业落地雨水排放口封堵工作。开展定型机废气治理，全县印染行业1449台定型机全部安装完成废气治理设施。加强工业污泥监管，出台《绍兴县工业污泥规范化收集处置方案》，落实贮存、运输、处置措施，全县共配套污泥烘干装置103台（套）；查处违法倾倒污泥案件13起，罚款32.5万元，其中移交公安机关刑事拘留7人。

【曹娥江污水排放口全部永久封堵】 2011年3月14日，孙端镇9家污染企业通向曹娥江的4条排污管道被施工人员用铁板盖上管口，然后焊接严实。实现绍兴县所有通向曹娥江的企业污水排放口永久性封堵。

【县机动车尾气检测站建成】 2011年12月1日，绍兴县机动车尾气检测站7条尾气环保检测线，通过省环境保护厅专家组验收，取得机动车尾气检测资格委托证书，投入正常运行。这7条尾气环保检测线中有5条为简易瞬态工况法检测线，2条为双怠速不透光混合检测线。不同类型的车辆在相应的检测线上进行检测，每天可检测各类车辆200辆，全年核发机动车环保合格标识7174件。合格标识分黄、绿两种，装用点燃式发动机汽车达到国家第一阶段排放标准（国Ⅰ）、装用压燃式发动机汽车达到国家第三阶段排放标准（国Ⅲ）的，均颁发绿色环保检验合格标识。摩托车和轻便摩托车达到国Ⅲ及以上标准的，核发绿色环保检验合格标识。未达到上述标准的机动车，凡符合制造当时在用机动车污染物排放标准的，检测合格后发放黄色标识。

【开展印染行业定型机废气污染专项整治】 2011年5月至8月，绍兴县全面开展印染行业定型机废气污染专项整治。共投入资金4000多万元，全县印染行业1449台定型机全部安装废气净化装置，并达到装置到位、安装规范、净化达标三个标准。全县大气环境质量有明显提升，柯桥城区空气质量为优的55天，为良的275天，优良率90.4%，比2010年同期上升1.4个百分点。

【10家企业通过ISO14001环境管理体系认证】 2011年，绍兴县10家企业通过ISO14001环境管理体系认证，涉及纺织、印染、机械及建筑4个行业。至年底，全县共有190多家企业通过该项认证。 （王海轮）

污染治理与环境保护

【概况】 2011年，绍兴县大力推进污染减排，严控工业废水超量超标排放，全县污水排放总量从最高77万吨/日降至54万吨/日内，强制关闭企业排污阀门65家次。实行末位淘汰制度，每月对月排放浓度最高的10家印染企业，采取末位停产整治措施。加快热电行业和炉外脱硫改造进程，完成浙江天马热电有限公司8台锅炉、绍兴美佳热电公司4台锅炉的脱硫设备改造，并通过省环保厅的竣工验收。淘汰关停落后产能，对15家印染企业实行停产整治，关停非法落后印染设备178台套，淘汰印染产能5亿米，化纤产能10万吨。

从源头上控制污染物排放总量，全年否决不符合环保要求的项目61个。推进印染产业集聚升级，编制完成《绍兴县印染产业发展规划环评》，有3批96家印染企业签订入园集聚协议，其中1家企业通过环评专家评审。强化排污许可和“三同时”验收，清理排污许可证，全县工业企业排污指标60.34万吨/日，至2011年底，累计核发排污许可证353本，削减印染行业排污指标9.8万吨/日。

查处偷排、漏排企业，全年出动执法人员8044人次，检查企业8032家次；对511家企业开出责令整改通知书；对102家企业实施行政处罚，其中对28家企业作出限期治理（停产整顿）决定。每月开展一次“利剑”系列环保专项执法行动；在柯岩余渚工业集聚区和福全镇工业园区及柯桥街道牛角湾开展区域环境综合整治，关停企业39家，责令整改79家。在重点污染企业和印染行业开展在线监测设施和排污总量自动控制系统（电磁流量阀）建设，新安装在线监测设施企业93家（总计206家）、排污总量自动控制系统企业111家112台（套）。

【“十二五”环境保护规划通过评审】 2011年7月15日，绍兴县召开“十二五”环境保护规划评审会。该规划对绍兴县“十一五”环保指标完成情况进行评估，分析环保工作面临的新形势，确立绍兴县“十二五”期间环保工作总体目标和新的环保指标体系，明确环保工作的重点任务、重点工程以及保障措施，为绍兴县“十二五”环境保护和污染减排提供科学依据和理论指导。

【创新环保执法机制】 2011年，绍兴县创新环保执法机制，建立环境违法有奖举报机制、4×(6+1)执法检查机制和环保专项联合执法行动机制。出台严控工业废水超量超标排放新政策，对超核定容量排放工业废水的企业，严格采取“四个一律”措施。全年出动执法8044人次，检查企业8032家次，发出责令整改通知书511份，处罚企业82家，共处罚金471.7万元。

·小资料· 4×(6+1)执法检查机制

4×(6+1)执法检查机制即4个执法组除处理信访投诉等日常工作外，每个组每天突击检查片区内6家重点污染企业，每星期至少组织1次夜间突击。

·小资料· “四个一律”

“四个一律”即对超核定容量排放工业废水的企业，一律实行3元/吨的污水处理基准价，并实行按浓度分档收费政策；从5月1日开始，对每月超核定容量排放工业废水绝对量和超排比例分别列全县前二位的企业，一律实行停产整治，直至全县工业废水进管总量在核定容量内；继续实行进管废水浓度末位淘汰制度，即每月进管排放废水浓度列全县最高的印染企业，一律实行停产整治；对偷排工业废水的企业，按绍兴县环保局《关于严厉打击违法排污行为的通告》精神，一律予以严厉打击。

【开展铅酸蓄电池和重金属行业整治】 2011年，绍兴县开展铅酸蓄电池、锡箔加工作坊等涉铅行业和重金属行业专项整治。整治中，对不符合作业要求的华夏电源集团等2家铅酸蓄电池企业和杨汛桥镇桃源、展望等5个村327家锡箔加工作坊实行关停；对17家小电镀、小冶炼、小皮革等企业作出行政处罚、限期治理、停产整治的决定；关停平水、兰亭等镇非法熔炼企业35家。

【刑拘涉嫌环境违法者7人】 2011年，绍兴县制定《工业污泥规范化收集处置方案》，落实工业污泥贮存、运输、处置措施；出台污泥烘干装置（设施）安装县财政补助政策，每台（套）补助5万元，至12月底，全县配套污泥烘干装置103台（套）；严查违法行为，全年查处违法倾倒污泥案件13起，罚款32.5万元，其中移交公安机关刑事拘留7人。

【新建排污总量自动控制系统112台（套）】 2011年，绍兴县在印染、化工等重点行业和重点企业全面开展在线监测扩面扩项和排污总量自动控制系统（电磁流量阀）建设。在线监测企业从原有132家的基础上，增加74家；并对所有在线监测设施新增氮氧化物、氨氮等指标。根据各排污企业核定的排污容量，建设排污总量自动控制系统，把安装在各企业的排污总量自动控制系统与县环保局的监管平台联网，实现进管废水总量实时监控，全年新建排污总量自动控制系统企业111家112台（套）。

【组织辐射污染事故应急演练】 2011年10月27日，绍兴县在精细化工有限公司组织放射源失控辐射事故应急处置预案暨Ⅳ类放射源丢失事件应急处置演练。演练由县应急指挥中心统一指挥，参演队伍迅速启动工作程序，监察、监测默契配合，顺利、有序完成演练。省环保厅、市环保局及相关部门单位观摩了此次演练。

2011年10月27日，绍兴县在精细化工有限公司举行放射源失控辐射事故应急处置预案暨Ⅳ类放射源丢失事件应急处置演练。 （县环保局供稿）

【环保信访当月按时办结率100%】 2011年，绍兴县环保监察大队开展环保隐患问题摸排，在全县范围内摸排出各类隐患问题25项，并对这些隐患问题进行全面梳理，研究措施，分工落实，努力把隐患解决在萌芽状态，降低隐患的影响。保证24小时环保信访渠道畅通，方便群众举报投诉。全年处理市长热线、县委县政府电话交办单、上级环保部门交办件、局电话投诉等共计1157件，信访当月按时办结率达100%。

（王海轮）

生态建设

【概况】 2011年，绍兴县积极开展生态绿色系列创建活动，全力推进生态建设。实现省级生态镇全覆盖，拥有全国环境优美镇9个、省级生态镇（街道）7个。全年新增省级生态街道1个、绿色社区3个，市级生态村9个，市级绿色学校（社区）6个，县级绿色学校11个。编印《绍兴县生态建设工作简报》；与《绍兴县报》联合推出“聚焦·生态县创建”专栏，每月2期，及时报道好的做法和经验；举办创建省级生态县推进生态文明建设广场文艺晚会，营造创建氛围。加快城区和城镇生活污水收集处理，完成漓渚、兰亭、夏履、福全、杨汛桥、钱清、安昌、齐贤、马鞍、平水等10个镇的集镇生活污水泵站及压力管线建设，并接入排水管网，正式投入运行。

2011年6月2日，绍兴县在柯桥明珠广场举行“创建省级生态县 推进生态文明建设”广场文艺晚会。

（县环保局供稿）

【启动省级生态县创建】 2011年3月29日，绍兴县专题召开省级生态县创建暨城乡环境综合治理动员大会，出台《关于创建省级生态县，推进生态文明建设的实施意见》、《绍兴县省级生态县创建工作方案》和《绍兴县“811”生态文明建设推进行动方案》，把生态县创建列入镇（街道、开发区）岗位目标责任制考核内容，并与各镇（街道、开发区）签订生态建设目标责任状，明确目标，落实责任，争取两年内创建成为省级生态县。

【新创建省级绿色社区及生态街道4个】 2011年，绍兴县新创建成省级生态街道1个，省级绿色社区3个；市级生态村9个，市级绿色学校（社区）6个；县级绿色学校11个。至年底，累计创建全国环境优美镇9个，省级生态镇（街道）7个，市级生态村74个，市级以上绿色社区20个，市级以上绿色学校38所。（王海轮）

责任编辑 韩 英

水　利

综　述

2011年，绍兴县按照“围绕清水主题，抓住治水主线，突出服务主旨，体现政府主导”的总体工作思路，以全县清水工程建设为抓手，治水质、抓基础、重民生、保安全、强执法，水利工作取得较好成效。2011年，绍兴县因“三防”工作获省水利厅2011年基层防汛防台体系管理考核优秀县称号，因水土保持工作被省水利厅授予第一批水土保持监督管理能力建设达标县称号，县水利部门因河道保洁工作获省水利厅2011年度河道保洁长效管理优胜单位（二等奖单位）称号。

防汛抗旱

【概况】　2011年春节后，绍兴县下发防汛检查通知，及时部署各镇（街道）、防治成员单位开展汛前自查。3月8日~10日，由县防汛办牵头，分成6个检查组分别开展防汛检查，对检查中发现的问题及安全隐患及时进行通报。

2011年3月，县政府召开全县防汛防台抗旱工作会议。会上，县政府与各镇（街道、开发区）签订防汛防台抗旱保安责任状。5月27日，在《绍兴县报》上公布2011年重点病险山塘水库保安领导责任人名单和中小型水库大坝安全管理责任人名单。开展基层防汛防台体系管理工作考核，并按时通过省、市防指的考核验收，绍兴县被评为全市唯一一个考核优秀的县。

入汛以前，绍兴县编制完成各病险水库除险加固工程、标准海塘建设工程等在建水利工程度汛预案，修编完善绍兴县防汛防台抗旱应急预案，并获得县政府批准印发。

【实现汛期无灾情目标】　2011年，绍兴县加强防汛值班，密切关注天气变化，及时掌握水情、雨情、汛情，及时作出预警预报，实现汛期无灾情目标。梅汛期，绍兴县农田受淹3.63万亩，损坏山区小流域堤防148处7703米，损坏灌溉设施59处，山塘水库大坝受损7座，全县直接经济损失2440万元，其中水利设施损失1158万元。县政府安排200万元专项资金，用于山区面上水毁水利工程的修复。台汛期，第5号台风“米雷”和第9号台风“梅花”对县境有外围影响，无灾情发生。

【开展小流域山洪灾害防御应急演练】　2011年7月16日，绍兴县在湖塘街道夏泽村举行小流域山洪灾害防御应急演练，以检验预案的可操作性，锤炼防汛抢险应急队伍。同时宣传防汛防台知识，收到较好效果。

2011年7月16日，绍兴县在湖塘街道夏泽村举行小流域山洪灾害应急演练。（县水利水电局供稿）

【添置30多万元防汛储备物资】　2011年，绍兴县在原先防汛物资储备基础上，添置手划橡皮艇12艘、自发电应急照明灯2台、柴油2吨，更换防汛编织袋、土工布等，同时为各镇（街道）及局属单位配置雨衣、雨裤、雨靴、雨伞、救生衣、铁锹等防汛日常用品，总投资30多万元。

【开展山洪灾害防治县级非工程措施建设】 2011年，绍兴县开展山洪灾害防治县级非工程措施建设。12月16日，通过公开招投标，由省水利水电勘测设计院中标承建绍兴县山洪灾害防治非工程措施软件部分项目建设，同时开展硬件部分招标采购。该工程实施方案从2010年11月开始编制，于2011年1月通过市级审查，8月通过省级审查，并列入全省第二批建设县（市、区）名单，项目计划总投资658万元。

【完成农村三防基层信息化工程数据调查收集】

2011年，绍兴县展开农村三防基层信息化建设。对全县范围内的河流、水库、水文站点、海塘、水闸、山洪灾害、围垦工程、渠道等资料进行调查收集，包括相关数据资料、工程图纸资料和照片资料。至年底，调查收集工作全部完成，并通过市级验收。

水利工程建设

【概况】 2011年3月29日，绍兴县召开生态县创建暨城乡环境综合治理动员大会，就2011年清水工程建设作出部署。并专门制定下发《2011年清水工程建设实施意见》，确定八大方面的重点建设任务。一年中，全县各地各有关部门及时制订计划，分解治理任务，落实政策措施，加快实施建设。包括截污堵源、清淤疏浚、引水活水、综合整治等工作全面展开。

河道环境整治现场　　（县水利水电局供稿）

2011年，绍兴县在城区华舍街道亭东村杨家溇、湖门火腿溇建立城区淤泥中转站，对城区河道淤泥实行集中收集，中转外运到滨海工业区堆泥场。至年底，中转站建成投用。淤泥运输通过招标落实运输单位，并开始运行。

2011年，绍兴县完成10万亩河道水面、375公里主要溪流的日常保洁任务。结合河道环境专项治理突击活动，采取陆路与水路并举方法，先后2次在全县范围内开展河道保洁专项检查考核，并发出书面通报，对存在问题提出整改要求。

【河道清淤105.8万立方米】 2011年，绍兴县按照清水工程建设目标要求，全年完成河道清淤105.8万立方米。从2010年冬开始，利用冬春修时机，在全县范围内开展集中清淤活动。完成浙东古运河清淤工程、福全镇漓渚江清淤工程、若耶溪清淤一期工程、城区马山闸西江清淤工程、夏家溇直江及周边清淤工程、花墩溇清淤工程等重要河道清淤工程。

河道清淤现场　　（县水利水电局供稿）

【河道砌磡护岸32.72公里】 2011年，绍兴县计划实施河道砌磡护岸30公里。5月，在县清水工程年度工作会议后下达河道砌磡任务28.16

公里。至年底，在下达的砌磡任务中实际建设长度为25.715公里，各镇（街道）、村（居委会）、开发建设项目企业自行实施的河道砌磡护岸整合项目长度为7.05公里，全县实际完成河道砌磡护岸32.72公里。此外，在富盛、钱清、陶堰等镇尝试以木桩护岸代替传统的石砌护岸，实施生态护岸11公里。

【开展河道环境专项整治“突击月”活动】 2011年5月，绍兴县组织开展全县性河道环境专项整治“突击月”活动。县政府专门召开会议，在《绍兴县报》头版刊登公告，进行全面动员和部署。投入资金624.3万元，组织人员30778人次，出动船只355艘、机械465台，清除沿河垃圾69805吨、堆积物4475处、搭建物550处、河道沉船360只、船屋5处、水面杂物7332吨，处理填河面积2191平方米，落实专业保洁队伍984人。

【实行“河长制”管理模式】 2011年，绍兴县在柯桥城区率先实行“河长制”管理模式，由县政府各部门负责人担任41条河道的“河长”，制定落实检查考核制度。各“河长”单位及相关职能部门抓好日常督查和问题处理，强化河道环境的日常监督管理，使河道环境管理逐步形成常态化、制度化，促进河道水环境的有效改善。

【引水活水工程全面开展】 2011年，绍兴县引水活水工程全面开展。柯桥城区活水工程完成瓜渚湖直江综合整治项目建议书、水保、环评、科研的编制和审批；直落江翻水泵站待铁路高架工程完工后进行选址和实施。古运河陶堰段河道整治工程于11月上旬开工建设，钱清南运河综合整治工程完成设计批复、招标代理，预计2012年进场施工。夏泽水库建设完成地质勘探、地形测量，工程项目建议书编制完成并于12月初上报省发改委审批。

【断面水质达标率上升21.2个百分点】 2011年，绍兴县河道水质继续保持上升趋势。据县环保部门10月份的监测结果，全县40个水质监测断面中，Ⅱ~Ⅲ类水质的断面由上年同期的12个增加到18个；Ⅳ类水质的断面由14个减少到11个；Ⅴ~劣Ⅴ类水质的断面由12个减少到11个。断面达标数由10个增加到19个，断面总体达标率上升21.2个百分点，县域总体水质比2010年度有明显提升。

【全国小型农田水利建设重点县建设工程近尾声】 2011年，为绍兴县建设全国小型农田水利建设重点县的收官之年（2009~2011年），全年计划总投资4146.59万元，建设山塘综合整治工程31座，高效节水工程喷微灌面积9265亩，灌区改造工程29处，防渗衬砌渠道100公里。至年底，完成山塘整治129座；小型灌区改造42处，修建灌区渠道255公里，新建灌溉泵站107座，改造灌溉面积16166亩，新建高效节水面积0.87万亩。具体包括：2009年建设任务共57个项目，除3个项目调整外，其余通过完工验收；2010年建设项目山塘整治工程30座，从2010年11月开始动工建设，基本完工。完成灌区改造项目29个、喷滴灌工程9个。2011年建设任务完成31座山塘、31处灌区改造和14处高效节水等工程招标工作，并动工建设，全部工程在2012年4月完工。

2011年10月12日，中央第六巡视组到绍兴县马鞍镇安湖村考察农田水利建设项目。

（县水利水电局供稿）

【完成面上小农水建设项目75个】 2011年，绍兴县开展面上小农水建设。经县水利水电局、县财政局立项下达的山塘、小流域清淤项目共14个，计划清淤土方7.28万立方米，到12月底完成项目13个，实际清淤4.89万立方米，完成投资48.94万元；小流域治理项目31个，计划治理长度12.36公里，到12月底基本完工28

个，实际治理长度11.15公里，完成投资705.16万元，财政补助494.16万元；山塘整治立项37座，到12月底基本完工34座，完成投资456.02万元，其中财政补助资金383.32万元。

【长虹闸至滨海节制闸段河道治理工程通过验收】 2011年，绍兴县完成长虹闸至滨海节制闸段河道治理工程的完工验收。其中施工Ⅰ标、施工Ⅱ标工程质量被评定为优良，施工Ⅲ标工程质量合格，工程治理优良率67%。

【完成长虹闸至滨海节制闸段河道治理工程建安部分审计】 2011年，绍兴县完成长虹闸至滨海节制闸段河道治理工程建安部分的完工审计工作。工程完工验收后，各施工单位及时编制出完工结算报告，经过监理、业主核对送审计局审计。经审计，平均扣减率1%，主要为绿化项目中苗木死亡扣除。

【开始姚家埠闸至长虹闸段河道治理工程】 2011年，绍兴县开始姚家埠闸至长虹闸段4.711公里河道治理工程。该工程包括河道整治4.711公里，拆除桥梁2座，拆除节制闸2座，新建桥梁2座。工程计划投资2.2亿元，其中，建筑工程6000万元，房屋拆迁、土地征用、管线迁移等政策处理16000万元，计划工期12个月。当年完成工程招标代理的招标工作，签订招标代理合同。8月，招标代理单位完成姚家埠闸至长虹闸段工程的标底编制，并开始工程拆迁。

【口门丘西段标准海塘完工】 2011年12月30日，绍兴县口门丘西段标准海塘工程完工。该工程总投资6474万元，包括口门丘西片标准海塘和滨海闸盘头标准海塘两个标段，分别于2011年1月6日和2月16日开工建设，由浙江凌云水利水电建筑有限公司和浙江省水电建筑基础工程公司承建。工程完成西堤2.14公里，滨海闸盘头0.89公里。

【口门丘西隔堤护坡及堤顶路面整修加固工程完工】 2011年，绍兴县完成口门丘西隔堤护坡及堤顶路面整修加固工程。工程总投资420万元，是当年立项当年完工的项目。3月完成计划书，8月完成图审后招标，9月12日完成施工招标，9月20日开工建设，12月20日，项目比计划提前10天完工。

【为6座小型病险水库除险加固】 2011年，绍兴县实施6座小型病险水库除险加固工程，包括稽东桃树坞、王坛金家岙、夏履合心、兰亭铜坑庵、漓渚黄山畈、富盛青龙山水库。至年底，均完成施工招投标，并陆续进场开工。

【完成14处山区农民饮用水工程】 2011年，绍兴县完成山区农民饮用水工程14个，安装消毒器88台，受益人口1.05万人。工程投资419.70万元，其中县财政补助284.89万元。同时，将农村饮用水建后管理工作纳入全县清水工程岗位责任制考核内容，要求山区各镇（街道）按照所属30%～50%的村达标率进行考核，促使全县加强山区农民饮用水建后管理工作。

【马山闸除险加固工程完工】 2011年，马山闸除险加固工程完成并通过验收。马山闸除险加固工程概算投资1332.97万元，工程对破损严重的闸墩、胸墙、钢筋砼闸门等设施进行加固，更换机械设备及老化的电气设备、线路，配备自动化系统。工程于2010年11月16日开工。

【新三江闸盘头整治工程通过完工验收】 2011年12月13日，绍兴县新三江闸盘头整治工程通过完工验收。该工程位于马鞍镇新三江，工程主要建设项目包括沉井、抛石、挡墙、踏步、围墙、土方回填及平整等内容。工程全长336.54米，于2011年9月1日开工，至12月13日完工，施工工期104天，工程合同造价1709852元。

【平水镇若耶溪二期整治工程全面展开】 2011年12月，绍兴县平水镇若耶溪二期整治工程全面展开。该工程计划投资420万元，对越崎中学至会源桥全长4.5公里的河道进行全面清淤，清淤8万立方米。工程预计到2012年3月完工。

【小（二）型以上水库实现水文遥测全覆盖】 2011年，当年新建的斜石头、里石门、永信、万寿山4座水库水文遥测站点投用后，绍兴县小（二）型以上水库实现水文遥测全覆盖。至年底，全县56座小（二）型以上水库除3座水库因无移动信号尚未安装外，其余都安装雨润3000型遥测系统。全县雨润3000型遥测站点从2009年的40个增至80个，覆盖绍兴县全部范围（其中有3个站点在越城区），所有站点运行正常。

水资源管理

【概况】 2011年，绍兴县多次开展水法律法规宣传。在“世界水日”、“法制宣传日”等重大节日，组织开展水法规现场咨询活动。“中国水周”期间，组织开展节水宣传进学校活动，征集节水主题漫画、节水小故事、节水口号等作品。同时，做好取水10万立方米以上企业信息化改造项目招标及安装，全年计划完成信息化实时监控装置110套，实际完成188套。

2011年3月22日，绍兴县开展节水宣传进学校活动。 （县水利水电局供稿）

【查处水事案件106件】 2011年，绍兴县受理各类水事举报291件，立案查处106件，涉及水域面积4.20万平方米，作出水行政处罚（处理）决定46件，制作送达法律文书242份，处罚款33.95万元，清除河道设障面积1.2万平方米，申请并经县人民法院强制执行37件。

【办结水行政许可289件】 2011年，绍兴县严格执行取水许可、取水企业年审、建设项目水资源论证等制度。至年底，办理水行政许可件376件，召开防洪影响、水保方案审查会17次，现场踏勘82次，受理办结各类水行政许可289件。完成344家取水企业取水许可证的更换及年检，并首次采用电脑录入方式。

【全面开展水利普查】 2011年，绍兴县首次成立水利普查领导小组，选聘普查员110名、普查指导员50名，包括乡镇水利员、镇村工作人员、领导小组工作人员、大学生村官等。完成方案制定、普查指导员和普查员选聘、清查登记、台账建立、数据录入等工作。普查工作计划于2012年6月完成。

水利文化建设

【概况】 2011年，绍兴县组织开展《绍兴县水利志》、《鉴湖史》、《绍兴治水人物》和《绍兴水利诗选》等水文化工程建设。至年底，由《鉴湖史》、《绍兴治水人物》和《绍兴水利诗选》组成的《绍兴水利文化丛书》编印出版，《绍兴县水利志》送中华书局出版。

【《绍兴水利文化丛书》出版】 2011年，绍兴县出版《绍兴水利文化丛书》，该丛书由《鉴湖史》、《绍兴治水人物》、《绍兴水利诗选》3册和4篇序言、1篇总论组成，共100万字、192幅插图。其地域范围以绍兴县及其前身历史上的山阴、会稽两县为主体，时间跨度从越国时期到新中国成立后的2500年为主线，上溯到良渚文明、河姆渡文明和第四纪海进，内容涉及水利史、水工建筑、水文学、历史地理、古地理、历史学、考古学和文学等众多领域。（详见县人著述）

【《绍兴县水利志》付梓】 《绍兴县水利志》是新中国成立后绍兴县编纂的第一部地方水利志书，2011年送中华书局出版。该志书上起春秋时期，下限断至2005年，上下跨度2500年。全志分为水资源管理、治江围涂、城市防洪、水利自然环境、水利机构等24章，另有大事记、凡例、概述3个部分，计50余万字，插图200余幅。全志以辩证唯物主义和历史唯物主义为指导，立足当代、详今明古。根据“生不立传、以事系人”的编纂原则，为治水有重要业绩之已故人物立传，在世者以事系人，实事求是记叙绍兴县水利的历史和现状，继承历史、服务当代、垂鉴后世。

（胡建兰）

责任编辑 陈飞燕

经济管理

发展改革管理

【概况】 2011年，绍兴县发展改革管理部门出台《关于进一步加强政府性投资项目监督管理工作的若干意见》，完善县领导重大项目联系制。继续实施山海协作工程，向江山市捐赠山海协作工程资金100万元。依据县政府机构改革方案，对名称、职能等有变动的扩权部门，在印章、扩权事项等方面作相应调整，使扩权强镇工作得以衔接和深化。这年，县发展改革管理部门深化完善基本药物制度试点工作和县镇一体化改革试点工作。所有政府办的基层医疗卫生机构、实行一体化管理的社区卫生服务站（村卫生室）均实施国家基本药物制度。加大对小城市培育政策支持力度。每镇每年给予500万元专项建设资金，对钱清镇，县财政每年安排1.2亿元进行专项扶持，并每年安排建设用地指标500亩。

【“十二五”规划体系基本形成】 2011年，绍兴县在深入分析调研、广泛征求意见的基础上，经多次反复论证研讨和修改完善，完成《绍兴县“十二五”规划纲要》，于年初经县人代会审议通过并正式发布。37项绍兴县“十二五”重点专项规划基本完成报批，并正式发文公布，涵盖经济、社会、城乡等重点领域的绍兴县“十二五”规划体系基本形成。

【战略性新兴产业实现产值834.79亿元】 2011年，绍兴县出台5个文件（战略性新兴产业发展实施意见、产业规划、推进计划、激励政策和投资导向目录），确定重点行业（5+3+X），摸排确定重点企业（208家规上企业）和重点项目（139个投资项目）。成立绍兴县推进战略性新兴产业发展领导小组，建立战略性新兴产业统计评价制度和监测分析体系，调整完善岗位目标责任制考核体系，开展季度工作督查，及时协调解决发展难题。“5+3+X”战略性新兴（优势）产业项目全年完成投资84.22亿元，实现产值834.79亿元，高于大纺织业增速3.8个百分点。

【实施服务业重大项目115个】 2011年，绍兴县制定《绍兴县生产性服务业发展重点领域导向目录》，提出研发创意产业、金融服务业、现代物流业、商务会展业四类生产性服务业行业领域。成立现代服务业管理办公室，统筹管理现代服务业发展工作，建立完善监测、协调、督察、考核机制。确立“5+3+1”服务业产业体系，筛选确定84家现代服务业重点企业。全年实施服务业重大项目115个，总投资750.69亿元，2011年计划投资111.42亿元。到年底，实现现代服务业增加值330.77亿元，比上年增长12.3%，比年初提高1.8个百分点，达36%。

【实施各类投资629项】 2011年，绍兴县实施政府性投资项目373项，总投资396.1亿元，计划完成投资65亿元，实际完成投资67.3亿元，比上年增长17.8%，完成计划投资的103.5%。共实施“三个一批”项目256项（不含政府性投资项目），总投资871.96亿元，当年计划完成投资191.5亿元。到12月底，全县完成“三个一批”项目投资232.58亿元，完成计划投资的121.5%。

【争取到中央资金2282万元】 2011年，绍兴县共有浙江为民纺织有限公司年产18000吨中高档新型纤维针织面料生产线项目等5个项目被列入中央预算内投资计划，争取到中央资金2282万元。

【30多个项目被列入省市专项计划】 2011年，绍兴县新列入省重点项目11个，其中A类项目

4个，居全市第一。分别有3个、17个项目被列入浙江省发展循环经济“991行动计划”重点项目和绍兴市循环经济“850”工程。精宝机械的节能减排纺织集整等项目列入省高技术专项。

【出台小城市培育政策】 2011年，绍兴县出台扶持政策，“五大中心”（行政服务中心、城市综合执法中心、就业保障服务中心、土地储备中心和应急维稳中心）成立挂牌，中心共有36名人员派驻、159项授权办理事项，行政服务中心钱清分中心辐射钱杨新城。这年，钱清镇被列入首批省级小城市培育试点镇（全省27个），钱清、杨汛桥、平水、福全、兰亭、马鞍等6镇被列入市级小城市培育试点镇（全市17个）。其中钱清镇小城市试点三年行动计划获省政府批准。（许家新）

国有资产管理

【概况】 2011年，绍兴县国有资产管理部门依法履行政府出资人职责，夯实监管基础，服务企业融资，加强要素保障，实现国有资产保值增值，促进经济社会又好又快发展。到年底，绍兴县共有国有及国有控股企业71家，资产总额545.6亿元，净资产297.6亿元。

【规范企业领导人员管理】 2011年，绍兴县出台《关于加强县直属国有企业领导人员管理的意见》，规范并完善县直属国有企业领导人员人事管理、薪酬管理等事项，从体制机制上理顺并加强对企业领导人员的管理，确保领导干部廉洁自律和企业持续健康发展。

【推进国资监管平台建设】 2011年，绍兴县国有资产管理部门创建绍兴县国资办门户网站，在此基础上，构建绍兴县国有资产信息化监管系统，设立资产管理、人事管理、产权管理、融资管理、董（监）事管理、财务管理和预算管理七大类24项内容，基本覆盖国有资产管理工作各方面，实现国资办、集团公司、子公司多级网络化管理，推进信息共享和业务协同，在产权管理等方面实现事前事中监管和动态监管，提升对国有企业的监管力度和决策分析指导能力。

【创新融资方式】 2011年，绍兴县国有资产管理部门与华融金融租赁公司联系协作，利用绍兴县相对闲置的县水务集团管网资产实施融资租赁，分2个实施主体、5个融资租赁合同，共计融资总额10亿元，开创绍兴县国有资产融资租赁的先河。对于绍兴县进一步盘活存量国有资产、创新融资方式、强化融资保障具有深远意义。

【规范公开处置国有资产】 2011年，绍兴县建立健全国有资产评估专家会审及资产处置联席会议审批等制度，切实履行监管职责。全年组织专家评审6次，会同有关部门集中审批处置资产2次，处置出租资产19户，涉及租金3.37亿元；资产拍卖17户，涉及资金2.42亿元。

（潘建青）

工商行政管理

【概况】 2011年，绍兴县工商行政管理部门实施六大助力工程，紧贴经济形势，研究出台支持小微企业发展的11条意见。深入推进商标战略，精大、越峰2件商标被评为中国驰名商标。注重挖掘商标价值，搭建起中小企业融资平台，全年各类助企融资超过60亿元。优化注册职能，县域内资企业注册资本首次突破千亿元大关，小微企业数量比上年增长15%。

2011年，绍兴县工商行政管理局对6个农贸市场进行集中改造，图为改造后的农贸市场一角。

（县工商局供稿）

【重点提升改造农贸市场】 2011年，绍兴县工商行政管理部门把农贸市场改造提升作为重点工作，落实奖补经费2000万元，城区5个市场当年立项、当年改造、当年完工、当年回迁。把培育和发展网上轻纺城作为重大创新课题，及时介入行政指导，首度实现政企合作打造网上诚信体系，支撑网上持续发展。11月，浙江省召开市场峰会，绍兴县位列浙江省十大市场强县第二位，轻纺城市场被列入首批浙江省十大转型示范市场。

【查处各类经济违法案件709起】 2011年，绍兴县工商行政管理部门集中开展进口红酒、血燕市场、房地产广告、知识产权保护等专项整治，立案查处各类经济违法违章案件709起。实现常态化监管，成功处置杨汛桥血铅事件。妥善处理包括"染色馒头"、"抢盐"风波、"锦湖轮胎"、"血燕整治"等突发性事件，稳定消费者情绪，保护消费者利益。积极深化"护密强企"，探索建立健全企业商业秘密保护体系的新路径。

2011年12月23日，绍兴县工商部门组建城区经济巡查队。 （县工商局供稿）

【调解消费纠纷2076起】 2011年，绍兴县工商行政管理部门全面推进"12315"进商场、进超市、进市场、进企业、进农村，努力营造便利、安全、放心的消费环境。在11家大型商场超市开通消费争议先行和解直通车；建成全市首个商场消费教育馆，开展三方视频调解，在9家汽车4S店推行四公开制度，破解汽车消费潜规则。全年共受理、调解各类消费纠纷2076起，为消费者挽回经济损失近379万元。

【探索一体化食品安全社会化管理模式】 2011年，绍兴县工商行政管理部门开始探索建立一体化食品安全社会化管理模式。食品安全指导员每周2次进市场检测20个批次，每月进行专项检测。以镇（街道）为单位成立食品行业自律协会，设立行业自律协会食品安全快速检测点，对会员单位定期自检。由人大代表、政协委员、教师、退休干部、"马大嫂"等30人组成的食品安全义务监督员队伍，监督食品安全。

【颁发国内首批行业B2B网上营业执照】 2011年，绍兴县工商行政管理部门开通网上电子执照业务。9月，绍兴县工商局向绍兴县德惠纺织有限公司网上轻纺城分公司颁发首张"网上轻纺城"网上电子执照，这也是全国首张行业B2B（一种企业对企业之间的营销关系）网上营业执照。服务开通首月，收到3000多份申请材料，核发网上营业执照241张。

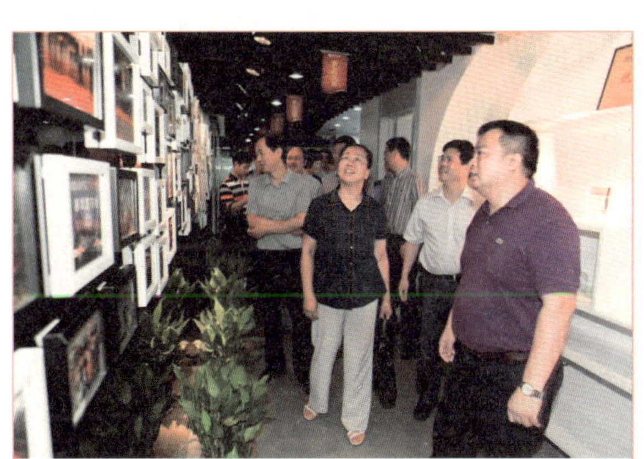

2011年8月16日，浙江省工商行政管理局调研组调研绍兴县网上轻纺城。 （县工商局供稿）

【推出全国首个专业市场花样争议裁定规则】 2011年7月，绍兴县正式出台《中国轻纺城纺织品花样争议裁定制度》，建立由县工商行政管理局、绍兴仲裁委等部门相关专家组成的争议裁定人员库。遇到花样相同或近似争议，争议双方经共同自愿申请，在裁定人员库中挑选不少于5人的单数人员组成争议裁定小组进行花样争议裁定，15日内作出对双方具有约束力和执行力的裁定结论。此规则在全国专业市场尚属首创。

【创设中小企业商标质押融资平台】 2011年，绍兴县工商行政管理部门成功搭建县域中小企业商标权质押融资平台。7月6日，首批5家中小企业与绍兴县汇金小额贷款有限公司签署合作协议，获信额度5000万元。5家授信签约的企业分别为绍兴县波波宠物用品厂、绍兴县润露绿色食品有限公司、绍兴县山娃子农产品开发有限公司、绍兴县唐宋酒业有限公司、绍兴县会稽山米业有限公司。（马律军）

【规范媒体广告发布行为】 2011年，针对绍兴县媒体广告信用指数较低，广告违法率较高的现实，绍兴县工商行政管理部门开展行政指导，通过提前介入、帮助审查、适时约谈、定期回访等形式，加强对广告发布行为的管理。同时，监测县媒体广告13300条次，编制监测报告6期，提出整改意见56条次。

【查处网络广告案件13件】 2011年，绍兴县工商行政管理部门组织开展网络广告专项整治行动，共监测各类网站300多家，监测网络广告5350条次，查处网络广告案件13件，罚没款7.74万元。（高建华）

质量技术监督

【概况】 2011年，绍兴县质监局开展食品安全监管方式创新试点，确保“三个安全”（国门安全、食品安全、特种设备安全），开展技术机构千家企业帮扶，新增加10家企业作为服务对象，帮助企业解决贸易结算纠纷5起，挽回损失近200万元，减免强制检定计量器具费用273.4万余元，减免代码收费118.8万余元。这年，技术机构的计量检定标准器较上年增加3项，质检项目参数383项，增加认证参数41项。绍兴县质监局被国家质检总局授予全国质量监督检验检疫工作先进单位称号（全省唯一县级局获此荣誉），绍兴县被省政府授予浙江省“十小”行业质量安全整规工作先进单位称号，邵庆明被评为“十小”整规工作先进工作者。

2011年9月10日，绍兴县质量技术监督局举行质量月宣传活动。（县质监局供稿）

【实施企业质量星级管理评价】 2011年，绍兴县质监部门印发《绍兴县“十二五”质量强县战略建设规划》，实施企业质量星级管理评价活动，新增13家企业实施卓越绩效模式、151家企业导入其他有效质量管理模式、40家企业实施精细化管理，完成6643人次质量培训任务。规模以上企业质量管理体系、环境管理体系取证率分别新增6.4个百分点、4.1个百分点以上。在全省率先设立“镇（街、区）质量奖”、“总经理质量奖”和“五个一百”质量强企工作载体。

【新增浙江名牌产品13个】 2011年，绍兴县新增13个浙江名牌产品，新增数位居全市第一，超过全市新增数的三分之一。其中2个服务名牌分别为浙江省园林绿化服务领域和工程防腐服务领域的首个浙江名牌产品；“绍兴家纺”获得省级区域名牌，是绍兴县第一个省级区域名牌。有63个产品获绍兴名牌（其中新增46个），新增数连续四年居全市第一。会稽山绍兴酒股份有限公司获得市长质量奖，这是县内第三家获得市长质量奖的企业。浙江精功科技股份有限公司等5家企业获得县政府质量奖。浙江群方机械有限公司的“整经机速度及恒线速精度赶超意大利罗斯托尼”获省质量赶超项目立项，获省财政20万元专项配套资金。24个QC成果获得省级优秀QC小组活动成果奖，其中一等奖13个；38个QC成果获得市级优秀QC小组活动成果奖。

【参与制订上级标准 14 个】 2011 年，绍兴县共参与上级标准制订 14 个（其中国家标准 8 个、行业标准 6 个）。2 个农业标准化项目被列入省级农业标准化推广示范项目并通过验收，5 个项目列入 2011 年市、县级农业标准推广示范项目计划。中国轻纺城国际物流中心有限公司的“物流园区服务标准化试点”获得省级服务标准化试点项目立项，成为绍兴县首个物流标准化省级试点项目。

【创新食品安全监管模式】 2011 年，绍兴县质监部门在食品生产质量安全监管上探索“网格 + 站所”监管模式，把食品安全隐患消除在萌芽状态，解决在生产过程。突出专项整治，主要对黄酒、食品添加剂、地沟油、瘦肉精、塑化剂、染色馒头等开展 11 次专项整治行动，关停注销食品生产企业 8 家、无证食品加工窝点 4 个，立案查处食品违法案件 23 起，规范 6 家食品小作坊，出台《举报生产加工假冒伪劣食品奖励办法》，调动社会力量共同监管食品安全。

【形成 6 个层面的安全监管体系】 2011 年，绍兴县质监部门延伸特种设备信息化网络至各镇（街道、开发区），逐步形成从政府领导、部门监管、法定检验、镇（街道）协管、企业负责和群众监督 6 个层面的安全监管新体系。先后开展自动扶梯和自动人行道安全隐患排查、17CT 型号曳引机检查、电梯使用维保环节、液化石油气钢瓶和涉及公共安全等特种设备专项整治，现场监督检查企业 409 家，检查特种设备 1185 台（套），发现消除隐患 202 项，对 181 台重点监控特种设备均进行现场监督检查，重点监控设备检查率 100%。发出《特种设备安全监察指令书》或《责令改正（更正）通知书》152 份，立案查处特种设备违法案件 30 起，报废液化气螺丝瓶 155000 余个。

【组织质量抽查 1429 批次】 2011 年，绍兴县质监部门实施质量抽查 1429 批次，批次合格率 97.1%。其中食品 700 批次，批次合格率 98.1%，比上年增长 1.3%。开展纤维制品、电线电缆、制动饮管、实木地板、眼镜、防水卷材、水泥、农资等产品质量专项监督检查，实施专项监督抽查 1050 批次，批次合格率 95.6%。立案查处质量技术监督行政案件 127 件，其中万元以上案件 80 件。

2011 年 10 月 24 日，绍兴县质监部门执法人员抽查钢筋质量。（县质监局供稿）

【开展产品质量风险预警和建档】 2011 年，绍兴县质监部门开展产品质量风险预警和建档工作，确定黄酒、酱油、化工助剂等产品为重点关注产品，对全县 77 家工业产品生产许可证持证企业进行全面核查，年度审查 44 家工业产品许可证持证企业，年审率 100%。

【省重点实验室挂牌运行】 2011 年，绍兴县质监部门加强技术机构项目建设，省流量计量仪表重点实验室正式挂牌运行，国家纺机中心开始筹

2011 年 11 月 23 日，浙江省流量计量仪表重点实验室在绍兴县挂牌。（县质监局供稿）

建。这年，技术机构的计量检定标准器较上年增加3项，质检项目参数383项，增加认证参数41项。

【推行蒸汽流量计和污水流量计第三方托管】 2011年，绍兴县质监部门服务企业，推行蒸汽流量计和污水流量计第三方委托管理，受理委托管理的能源排放计量器具179台（套），占全县总量的75%以上，服务范围由蒸汽流量计延伸到污水流量计；有效调处贸易纠纷16起，涉及金额近千万元。

【组织实施两个节能降耗项目】 2011年，绍兴县质监部门组织实施蒸汽管网损耗测试和蒸汽替代导热油关键技术及产业化能耗测试两个项目。通过蒸汽管网损耗测试和管网优化改造，下降蒸汽输送损耗1.5%，全县600公里输热管网年节省标煤1500吨；蒸汽替代导热油能源测试项目直接影响全县上百家印染企业的用热成本，属全国首创。 （赵一冲）

食品药品监管

【概况】 2011年，绍兴县食品药品监管部门新增保化监管科、执法监督科等2个内设机构，增设县食品药品监察稽查大队（在钱清、平水、福全、齐贤、柯桥、陶堰设6个中队）、县食品药品检验所2个下属事业单位，在全市系统内率先完成机构改革。自12月1日起，开始依法履行新增的餐饮服务、保健食品、化妆品监督管理职责。

【启动国家药品安全示范县创建】 2011年，绍兴县被省食品药品监管局推荐创建首批国家药品安全示范县。县食品药品监管部门强化基层政府监管责任，落实药品监督网络制度，开展药品助理监管员、农村公共安全协管员培训。加强农村药品供应监管，新制作药品回收箱410个，分发到全县405个村（社区），建立覆盖全县、镇、村的过期药品回收体系。至年底，柯岩、华舍、杨汛桥等3个镇（街道）通过市级药品安全示范镇（街道）创建验收。

2011年1月14日，绍兴县举行食品药品安全宣传进农村活动。 （县食品药品监管局供稿）

【通过国家食品安全示范县复评】 2011年，绍兴县食品药品监管部门召开食安委成员单位联席会议，巩固示范创建成果。在19个镇（街道）全部成功创建市级食品安全示范镇（街道）的基础上，进一步做好餐饮服务示范创建。全县餐饮行业“五常法”实施单位320家，居全市之首。有农村家宴服务中心122家、示范大酒店47家、示范食堂57家，通过首批国家食品安全示范县专家组复评验收。

2011年7月21日，绍兴县副县长丁生产带队开展食品添加剂专项整治工作。

（县食品药品监管局供稿）

【开展“健康使命—2011”专项整治行动】 2011年，绍兴县食品药品监管部门开展“健康使命—2011”食品药品安全专项整治行动，涉及基本药物质量和高风险药品安全。打击违法添加非食用物质和滥用食品添加剂及制售假冒伪劣药品行为，整治利用互联网及媒体虚假宣传、非法交易。全年出动检查740人次，检查涉药单位728家次，抽检药品医疗器械634批次、评价性抽检食品31批次，处理举报投诉37起，发出违法药品、保健食品广告告诫书41份，移送工商部门处理10起，查处各类违法案件74起，其中移送公安机关处理2起。

【帮扶医药企业开展认证】 2011年，绍兴县食品药品监管部门以实地调研、上门服务、现场指导、信息咨询、定期回访等形式，助推医药企业发展。华纳药业新增国家药品批准文号1个，通过GMP认证投入生产；亚太药业新增国家药品批准文号2个，并投入生产，冻干二车间GMP复认证顺利通过国家认证中心认证；浙江景岳堂药业变更生产场地的所有车间及相关附属设施通过市食药监管局现场检查，新增生产范围通过省认证中心认证。全年新发展药品零售企业15家。

（洪　彬）

安全生产监管

【概况】 2011年，县安监部门落实政府监管责任和企业主体责任，确保绍兴县安全生产形势平稳有序。修订安全生产目标管理责任书，加大对企业主体责任落实和重点行业领域安全专项整治等的考核力度，层层签订安全生产责任书7350份。新增安全生产专项经费100万元，补充用于安全生产宣传教育、企业负责人安全培训、事故调查处理、安全装备配置、兑现安全生产目标责任制考核奖励等。全县累计发生各类上报事故344起，死亡123人，直接经济损失566.46万元，比上年分别下降10.18%、3.91%、8.89%，未发生各类重特大伤亡事故，连续七年实现二项指标零增长。

【完成市县两级挂牌重大安全隐患整治】 2011年，绍兴县安监部门发挥县安委办督查协调职能，对市级挂牌的5处道路交通事故黑点（段）、2家重大火灾隐患单位、1家工矿商贸企业隐患单位、7处电网输电线路保护区和变电所围墙外安全隐患、2家县级挂牌重大火灾隐患单位，明确责任单位和督办单位，实施分级挂牌督办，限期整改到位。到年底，15处市级、2处县级挂牌重大隐患全部整改完毕。

2011年7月12日，绍兴县县长孙云耀带队开展夏季安全生产大检查。（县安监局供稿）

【落实安全生产标准化企业奖励资金115.28万元】 2011年，绍兴县安监部门督促指导33家印染、机械制造、危险化学品、矿山企业争创国二级和省级安全生产标准化企业，到年底有1家机械制造企业成功创建国二级安全生产标准化企业，19家机械制造、印染企业省级标准化达标。督促12家涉及15种危险工艺的企业强制安装自控装置，9家完成设备安装调试（2家通过设计正在安装，1家尚未安装的已停产）。对成功创建国家级和省级标准化企业分别奖励10万元和5万元；对自控装置安装并投入使用的危险化学品生产企业，按设备实际购置额的10%以内给予专项补助，两项累计落实奖励资金115.28万元。

【开展十大领域打非行动】 2011年，绍兴县安监部门开展道路交通运输、消防、危险化学品（烟花爆竹）、矿山、建设工程、纺织印染、机械制造、有限空间、民用爆炸物品等十大行业领域的“打非”专项行动。立案查处安全生产违法行为10起，累计罚款14.6万元；处理举报投诉38起，群众满意率100%。严肃查处生产安全事故，收缴罚款102万元。

【成立绍兴县安全生产协会】 2011年5月23日，绍兴县召开县安全生产协会成立大会暨第一届会员代表大会。首届协会共吸纳会员单位413家，涵盖纺织服装、危险化学品、矿山、建筑施工、交通运输、机械制造等15个重点行业和领域。

2011年5月23日，绍兴县安全生产协会成立。
（县安监局供稿）

【整治有限空间危险作业隐患】 2011年，绍兴县安监部门将有限空间作业规范管理作为工矿企业安全监管重点，对黄酒、印染、建材、危化等涉及有限空间的行业领域开展全面排查，共排查企业92家，有限空间作业点225处。结合绍兴县实际编印《绍兴县工矿商贸企业有限空间作业指导手册》，对全县14个镇（街道、开发区）和部门的150余名有限空间作业人员进行专题培训。

【开展危险化学品事故灾难应急救援演练】 2011年11月7日，绍兴县在精细化工有限公司举行危险化学品事故灾难应急救援演练。演练以化工企业在危化品卸料时物料泄漏，反应釜超温冲料爆炸，最终引起大面积燃烧为背景，按照企业自救、工业区救援、县级预察启动、部门协同救援的方式开展救援抢险工作。全县16个部门单位共计150余人和20辆（台）车参加演练。

【强化企业安全生产准入管理】 2011年，绍兴县安监部门加强对矿山、危险化学品、烟花爆竹生产经营单位安全生产的准入管理。优化烟花爆竹换发证工作程序，将过去一家一审核的工作模式，改为统一由各镇（街道、开发区）集中受理后报批。做好17家溶剂回收企业行政许可的服务与跟踪，全部完成设立审查，领取生产（储存）批准书。其中10家向省局申领危险化学品安全生产许可证。

2011年5月12日，浙江省安监局副局长徐洪军到“欧亚薄膜”调研指导安全生产工作。
（县安监局供稿）

【提前一年完成区域内尾矿库专项整治】 2011年，绍兴县完成区域内尾矿库专项整治，比计划提前一年。绍兴县现有尾矿库8座，对4座停用尾矿库进行依法闭库，落实企业安全生产主体责任和人员巡查制度；对2座在用尾矿库落实企业安全生产主体责任，依法开展《现状安全评价》并落实整改措施，达到正常库要求；对2座无主尾矿库实施政府财政补助政策，开展综合利用。

【完善高危行业安全监管制度】 2011年，绍兴县安监部门出台《关于建立绍兴县危险化学品安全生产长效管理机制的实施意见》，建立由安监、公安、工商、交通等部门组成的烟花爆竹安全监管联席会议制度，成立烟花爆竹市场联合整治办公室，联合打击烟花爆竹违法违规行为。组织开展危险化学品、矿山企业一企一档安全生产信息管理，及时掌握企业安全动态。做好10处重大危险源的登记备案，监督检查重大危险源监控措施落实情况。
（李建峰）

价格管理

【概况】 2011年，绍兴县物价部门深化价格监测体系，设立价格监测点19个，加强对14大类164种关系民生、能源、工农业生产资料的价格监测分析，每月发布《价格监测月报》。加强价格调控管理，加大市场监测巡查力度，妥善处置食盐价格波动事件。加大价格监管力度，全年组织开展全县涉农、涉企、电力、住房等与人民群众生产生活关系密切的商品和服务价格（收费）专项检查5项，受理调处价格投诉举报74件，办结率100%。

【实行零收费年审】 2011年，绍兴县物价部门采用免审、轮审、必审相结合的形式，实行零收费政策，共免年审费150余万元。依法开展价格认证，至12月底，开展评估6083起，其中涉案物品评估571起、车损评估5496起、社会评估16起。

【关注民生消费价格】 2011年，绍兴县物价部门关注民生价格，启动公立医院综合改革试点，逐一调整试点公立医院的相关医疗服务价格，完善公立医院补偿机制。把基本生活必需品、节日传统农产品、交通运输服务、旅游景点等价费作为节日期间价格监管的重点，维护市场价格秩序。制订《绍兴县客运出租车燃油附加费征收办法》，调整县内出租车加收回空行驶费和夜间行驶费。

【核减不合理成本13158.55万元】 2011年，绍兴县物价部门加强成本监审，开展公办高中、民办高中、中等职业学校、城市供水、污水收集处理营运成本定期监审，核减不合理成本13158.55万元。建立16户粮食生产成本调查点和6个生猪生产成本调查点，及时发布粮食、生猪生产预警信息。（许家新）

财　政

【概况】 2011年，绍兴县完成财政总收入117.03亿元，比上年增长25.2%，其中地方财政收入63.77亿元，比上年增长23.2%。完成财政支出58.64万元，比上年增长13.1%。财政收支执行情况良好。

【经济转型升级支出8.32亿元】 2011年，绍兴县一般预算用于与经济转型升级关系密切的支出8.32亿元，比上年增长40.5%。设立2.9亿元工业转型专项资金，推动工业转型升级，支持纺织产业提升，引导企业加大技改和研发投入，加快壮大新兴产业。投入8792万元服务业专项资金，支持商贸、旅游、服务业发展。

【实施扩大内需政策】 2011年，绍兴县财政部门争取地方政府债券1.5亿元，重点支持政府公建项目和民生实事工程，确保建设资金的足额和及时发放。在安排小交通建设方面继续对山区及贫困镇街进行倾斜，为山区老百姓的出行和农村多元经济发展提供支撑和保障。做好家电下乡、汽车摩托车下乡、家电以旧换新等拉动内需、促进消费政策的落实，全年对家电补贴27070台，计849万元；摩托车下乡补贴2667辆，计309万元；家电以旧换新58828台（件），补贴资金1703万元，共计补贴2861万元。

【筹措重点建设专项资金12亿元】 2011年，绍兴县财政部门确保政府性投资项目资金需求，通过土地出让金、财政预算内安排等渠道，全年筹措重点建设专项资金12亿元，重点支持杭甬客运专线、萧甬铁路城区高架及水利、教育、卫生、环保、文化等公共基础设施建设。

【三农支出增长20.4%】 2011年，绍兴县财政部门一般预算用于“三农”支出26.85亿元，比上年增长20.4%。安排清水工程建设资金1.2亿元，安排3300万元用于现代农业发展和农业转型升级，安排6000万元用于平原绿化，加强农田水利方面的基础设施建设，安排7120万元用于实现以美丽乡村为重点的农村新社区建设。

【转移支付重点支持经济薄弱区】 2011年，绍兴县财政部门完善财政转移支付制度，在转移支付安排上重点向南部山区和经济相对薄弱镇（街道）倾斜，全年补助镇（街道）基本公共服务均等化及民生项目经费4.09亿元，比上年增长46.5%。

【40.85亿元用于民生支出】 2011年，绍兴县

财政部门一般预算中用于民生支出40.85亿元，比上年增长15.6%，占财政支出的69.7%，重点保障就业、教育、住房等十方面重点实事工程建设的配套资金。兑现提高企业退休人员待遇所需资金1.3亿元，实行孤儿基本生活费自然增长机制，将符合条件的困难居民全部纳入城乡居民最低生活保障范围。县、镇两级投入1.5亿元，支持基层医疗卫生机构改革；新型农村合作医疗财政补助标准，由人均200元提高到350元；健全基层医疗卫生服务体系建设，投入2763万元，支持县、镇、村医疗卫生资源统筹配置试点和国家数字卫生项目样板示范区建设。老年人乘车优待政策惠及近8万人。教育支出11.04亿元、文化支出1.15亿元。

【深化公共财政管理改革】 2011年，绍兴县财政部门初步搭建起预算编制、执行、监督三位一体管理运行模式。将按预算外资金管理的收入全部纳入预算管理，收支彻底脱钩。5月1日起，全县313家预算单位、19个镇（街道）、126个社团全面应用新版政府非税征管信息系统，推行单位开票、收缴分离、银行代收、财政统管的新体制。启用财政基础信息动态管理系统软件，规范预算单位财政供养人员和基础信息管理。实施国库集中支付改革预算单位169个，占全县89%以上。出台国库集中支付银行代理综合考评办法，选择县交通局、县民政局等25家预算单位，开展单位公务卡试点，累计发卡257张。

【强化财政监督和绩效评价】 2011年，绍兴县财政部门、组织部门开展财政检查（调查）16户，开展会计信息质量检查4户；完成财政支出绩效评价项目97户，其中财政部门评价14户、部门单位自评83户；确定“数字城管项目”等4个项目开展绩效目标管理试点。对559户事业单位、社会团体、国有及国有控股企业进行“小金库”复查，对35户党政机关、事业单位、社会团体、国有及国有控股企业实施督导抽查。对295个公务用车单位进行自查登记，将314家行政事业单位列入资产管理信息系统，基本实现行政事业单位国有资产动态监控。

【核减政府投资1.38亿元】 2011年，绍兴县财政部门建立政府投资项目审价制约机制，加强政府投资项目事前、事中、事后监督。全年共审核政府工程项目标底预算及拆迁评估报告232份，核减1.38亿元；审核工程变更投资、招标文件及合同249份，从源头规范管理。

【举办各类会计培训55期】 2011年，绍兴县财政局推出专题会计继续教育新模式，集中开展各类专题会计继续教育，举办绍兴县行政事业单位资产管理专题研讨班、股权投资类政策相关实务操作培训、企业的经营决策与税收筹划等培训11期。举办鉴湖会计论坛暨绍兴县2011年度会计人员继续教育培训班1期，300余名中高级会计师参加；举办会计继续教育培训班43期，4148名会计参加。

【拓展会计服务模式】 2011年，绍兴县财政局着手打造绍兴县会计人员分片管理系统和绍兴县会计网。在中华会计网校（www.chinaacc.com）的继续教育栏目中开辟绍兴县网上继续教育专区，提升全县会计人员继续教育工作质量和效率。探索会计服务工作新模式，建立4个专业性QQ群和8个地域性QQ群，专业QQ群会员超670人。发挥绍兴县会计网站作用，以网站为主要宣传平台，及时发布各级财会相关政策法规和县会计管理工作动态，解答财会工作咨询。

【编制企业监测预警表10期】 2011年，绍兴县财政局根据县镇联动、部门联动、财税联动的财会监管与服务工作机制，依托“企业监测预警平台”，及时了解和掌握全县规模以上企业的异常信息，做好企业预警信息的汇总、整理、监测和上报。全年编印简报《监管与服务》11期，编制规上企业监测预警明细表10期。

【规范会计基础工作】 2011年，绍兴县财政局加强对会计人员的奖惩考核力度，坚持“黑名单”公告制度，严肃会计法律法规，规范会计基础工作。同时，做好会计从业资格证书的申请、办证、变更、调转等工作。新颁发会计从业资格证2133本，办理会计人员注册、变更、调转计1022人次。组织会计类考试，完成全省会计从业资格统一考试（4月10日）、全国会计专业技术资格考试（5月14日）的考务工作。开展职称评审推荐，做好高级会计师职称评审的动员和推荐工作，新增高级会计师7人。 （宋　宁）

国 税

【概况】 2011 年，绍兴县国税部门共组织税收收入 68.14 亿元，比上年增长 22.59%，完成省局计划的 111.95%。按组成全县财政收入口径统计国税收入为 63.67 亿元，比上年增长 23.73%，完成县政府考核目标的 100.67%。县国税局被浙江省人民政府授予浙江省文明单位称号。

【办理各类税收优惠 94.74 亿元】 2011 年，绍兴县国税部门充分发挥税收调节经济的作用，办理各类减免税、退税等税收优惠 94.74 亿元。其中办理出口退税 82.50 亿元，比上年增长 35.25%。

【自助办税服务全覆盖】 2011 年 5 月 23 日起，绍兴县实现自助办税服务的全覆盖，不仅在全省国税系统属于首家，而且在全国范围内也首屈一指。省国税局总经济师金星到绍兴县国税部门就 24 小时自助办税服务区建设进行专题调研，对 24 小时自助办税服务区在减人增效和方便纳税人等方面的作用给予肯定。

【运用行业模型分析程序对 524 户企业实施评估】 2011 年 1 月 10 日，绍兴县运用行业模型分析程序的做法在全市行业内推广。行业模型分析程序通过行业模型数据分析、管理企业，利用数据分析，充分发挥纳税评估作用，深化中小企业行业管理。通过这一程序，这年绍兴县国税部门对 524 户企业实施纳税评估，补缴税款及滞纳金 9549 万元。

【选案系统指引查补税款 2700 万元】 2011 年，绍兴县国税部门利用稽查选案系统检查企业 108 户，查补税款及罚款 2700 万元。4 月 14 日，这一软件在全省国税系统推广。稽查选案系统主要是通过企业经营指标的对照，从中自动选出数据异常的企业，较好地提高稽查选案准确性。

【43 名代征员上岗】 2011 年 4 月，绍兴县个体税收社会化管理平台的 43 名代征员全部到岗。国、地税部门联合开展个体数据比对工作，对纳税人状态不符的 18397 户完成数据清理。5 月，社会化管理平台正常运转，国税部门全年组织个体税收 2.10 亿元，比上年增长 18.26%。

【启用两个服务平台】 2011 年，绍兴县国税部门先后启用出口货物征退税衔接交互平台和纳税人自助服务平台。出口货物征退税衔接交互平台使出口货物应征税信息能够完整、准确、及时在征税、退税部门之间共享。纳税人自助服务平台由县国税局开发，整合自助开票、自助申报、自助认证、免填单系统及表单资料打印等功能，使纳税人在办理涉税事项时更方便。 （沈 涛）

地 税

【概况】 2011 年，绍兴县地税部门共组织各项收入 77.27 亿元，比上年增长 27.31%。其中税收收入 50.76 亿元，比上年增长 26.01%；征收各项费、基金 26.51 亿元，比上年增长 29.9%。

【落实税费优惠 1.3 亿余元】 2011 年，绍兴县地税部门审核审批各类税费优惠 1.3 亿元。其中，11 户高新技术企业经重新认定后按 15% 征收企业所得税，减免税额 6906.55 万元；12 户企业研发费减免企业所得税 1096.13 万元；91 户企业享受城镇土地使用税减免 1969.79 万元；76 户企业享受房产税减免 860.42 万元；406 户企业享受地方水利建设基金减免，涉及金额 2234 万元。

【企业分离产生税费 4166 万元】 2011 年，绍兴县地税部门根据入库税收、企业规模和能源消耗等情况，确定 10 家行业龙头骨干企业为分离

2011 年 8 月 25 日，绍兴县地税局领导走访行业龙头企业，“零距离”辅导税收政策。

（县地税局供稿）

重点，对分离工作实行项目化管理，在推动企业分离与促进发展、政策落实与优化服务等方面与镇（街道）形成合力。全县有11户企业成功实施分离，涉及商贸、物流、建筑安装、科技研发设计等行业，分离企业全年共产生地方税费4166万元，比上年增长39.24%。

【926家企业纳入重点税源管理】 2011年，绍兴县地税部门扩大税源监控范围，纳入县级以上重点税源企业926户，较上年增加200户，涵盖80%以上企业税源。完善税源管理精细化管理办法，推进不动产、建筑业营业税项目管理；启用存量房交易评税系统，对全县范围内存量房交易实施最低计税价格管理；改革契税、耕地占用税征收管理模式，确保税款及时入库；继续抓好土地增值税、房产税、车船税等地方小税种管理。

【清缴查补个税增长47%】 2011年，绍兴县地税部门贯彻实施新个人所得税法，汇算清缴查补个人所得税比上年增长47.03%，年所得12万元以上个人所得税自行申报4775人，补缴个人所得税864.19万元。同时，加强企业所得税预缴管理和汇算清缴后续管理，查补企业所得税比上年增长208.9%。

2011年9月13日，绍兴县地税局税务干部就个税新系统上门指导。（县地税局供稿）

【开展税收社会化征管】 2011年，绍兴县地税部门搭建个体税收服务平台，在各镇（街道、开发区）成立征收组，根据征管户数、征管范围、征收税款等情况，招聘个体税收代征人员46人，负责所在地区域内个体税收代征。开展柯桥街道个人出租房税收委托代征试点，从以前自行征收为主、街道协助为辅的征收方式，转变为委托街道征收。与沪昆铁路客运专线浙江有限责任公司等29家单位签订委托代征协议，对代征人员进行税收政策、征收技能培训，保证代征顺利。

【引进企业股权投资类税源】 2011年，绍兴县地税部门出台促进股权投资类企业发展工作方案，加大政策辅导力度，加快扶持资金兑现速度，6户企业申报入库股权投资类税收1.1亿多元。2011年全县共有投资近88亿元，主要以金融业为主，银行业占居首位，获益方式以企业通过投资国内A股二级市场或上市获取收益为主。

【五项社保基金征收增长30%】 2011年，绍兴县地税部门通过社保、地税、银行三方联网机制，缴费扩面稳步推进，全年征收五项社会保险基金19.24亿元，比上年增长30%。在确保企业退休人员养老金按时足额拨付及职工社保待遇不受影响的前提下，落实社会保险费临时性下浮政策，减免社会保险费4701万元。

【审理稽查移送案件31件】 2011年，绍兴县地税部门加大重大税务案件审理力度，全年审理稽查移送案件31件，涉及查补税费、滞纳金、罚款1855.84万元。完成绍兴金茂纱业有限责任公司、光宇集团有限公司等企业破产清算债权申报，通过司法途径清缴欠税金额241.59万元。

【193个涉税行政事项提速增效】 2011年10月15日起，县地税部门对登记管理、发票管理、

2011年11月16日，绍兴县地税局税务干部为办税人员演示税务发票开票系统操作方法。（县地税局供稿）

证明管理、税收优惠审批、税收优惠备案、申报征收等涉税事项实行办事制度改革。通过送政策、听意见、解难题，为企业提供个性化服务200余人次，帮助解决问题20多个。新增90项涉税事项实行前台当场办结，对59项涉税事项实行提速限时办结，对44项涉税事项的主表实行免填单。

【对359家企业开展税收专项检查】 2011年，绍兴县地税部门开展建筑业、广告业、交通运输业、地方金融业等行业税收专项检查，全年检查企业359户。其中专项检查责成自查127户、重点检查232户，各项检查查补税费、滞纳金、罚款5113万元。与国税、公安联合打击假发票买方市场，查处发票违法企业19户，查出非法发票1799份，涉及税额206.5万元。受理各类税务举报案件33件，其中本级受理26件，上级举报中心交办7件。以调研式检查、团队协作办案等形式查处大案、要案18件，移送公安机关达到立案标准的偷税案件9件。（宋　宁）

审　计

【概况】 2011年，绍兴县审计部门完成国家审计项目43个，其中专项审计调查项目4个、领导干部经济责任审计及单位收支审计项目22个、县本级财政预算执行审行项目1个、财政决算审计项目4个、专项资金审计项目5个、财政财务收支审计项目5个、固定资产审计项目2个。省定项目8个、县交办项目27个、局自定项目8个。查处违纪金额865.17万元，管理不规范金额39649万元，查处上缴财政金额4万元，纠正违纪金额63.88万元。

在省内部审计工作四年一评中，绍兴县被浙江省审计厅评为浙江省内部工作先进单位，瑞丰银行选送的《嵊州瑞丰村镇银行经营管理情况与内控制度执行情况专项审计》项目获得省审计厅、市审计局优秀奖。

【中央转移支付资金使用通过国家审计】 2011年11月至12月，国家审计署驻上海特派办派出以李晓钟特派员为组长的18名审计组成员，对绍兴县2011年度中央转移支付资金的分配、使用等情况实施审计，重点审计现代农业生产发展、中小学校舍安全工程、保障性住房等专项资金。同时，还对县政府资金进行专项审计调查。

【县内部审计指导服务中心更名】 2011年，绍兴县内部审计指导服务中心更名为绍兴县政府投资项目审计中心。由差额拨款改为全额拨款，编制增加4人，定编14人。

【22名领导干部接受经济责任审计】 2011年，绍兴县审计部门对22名领导干部进行经济责任审计，其中镇（街道）党（工）委书记5人、镇长（主任）2人、县机关局办局长（主任）13人、开发区主任2人。重点查处和提出审计整改不到位、经济合同履行不够严密、经济政策制定不符合相关规定、工程项目管理不够规范、行政执法管理有待规范、内部控制制度存在漏洞等问题。查处管理不规范金额16995万元。领导干部经济责任审计联席会议成员单位和县纪委先后对上年度5个单位7名领导干部在经济责任审计中查证问题的整改情况进行督查。

【28名领导干部进行离（接）任经济事项交接】 2011年，绍兴县审计部门按照交清“四个底”（资金底、资产底、政策底、记录底）要求，实施对28名离任领导干部的主要经济事项进行交接，其中镇党委书记6人、镇长（主任）3人、县机关局办局长（主任）19人。

【核减国家建设工程造价7095万元】 2011年，绍兴县审计部门完成政府性投资审计项目30个，送审工程造价9.19亿元。其中核减造价7095万元，核增造价135万元，净核减工程造价6960万元，净核减率7.58%。

【内部审计查出浪费金额1646万元】 2011年，绍兴县有内审机构56家，其中专职26家。内审人员151人，其中专职70人。全年实施内部审计项目587个，其中财务审计项目133个、效益审计项目88个、内控制度评审项目61个、风险评估项目5个、其他审计项目68个。查出损失浪费金额1646万元，增加效益1015万元，财务决算审签53个，采纳审计建议意见266条，发现大案要案线索15个。（林如相）

统　计

【概况】　2011年，绍兴县统计部门树立用数据说话、为发展服务的统计理念，深化统计改革，夯实统计基础，完善调查方法，积极开展调研，统计的信息、咨询、监督整体功能得到充分发挥。县人口普查办公室获国家级先进集体称号。绍兴县获得第六次人口普查全国先进集体称号，为全市唯一。

【完成第六次人口普查系列工作】　2011年，绍兴县统计部门完成人口普查表编码、光电录入、数据编审、上报、评估等工作，整理、发布《2010年绍兴县第六次全国人口普查主要数据公报》。编印《绍兴县第六次人口普查主要数据提要本》；构建人口普查综合数据查询平台，为数据查询提供服务窗口。撰写32篇多角度的人口发展报告，并以《人口·经济·民生》专辑的形式发送有关领导和部门参阅。

【实施战略性新兴产业统计监测】　2011年，绍兴县统计部门联合相关部门制订《绍兴县战略性新兴产业统计监测方案》，通过《统计信息》按季公布战略性新兴产业的主要统计指标监测结果，并撰写《战略性新兴产业发展报告》，及时分析战略性新兴产业经济运行状况和发展态势。

【首次开展文化产业统计调查】　2011年，绍兴县统计部门联合多部门首次制订《绍兴县文化产业统计实施方案》，采取分工协作、条块结合的方式开展文化产业统计，与县委宣传部、县文广局联合编印出版《2010年绍兴县文化产业统计概况》。

【实行镇街粮食生产统计监测】　2011年，绍兴县统计部门根据浙江省地方统计调查局的调查方案，结合绍兴县实际，出台《绍兴县镇（街）粮食生产监测调查方案》，实行对地调查和农业生产单位全数调查，测算全县粮食播种面积和产量，推算分镇（街道）粮食生产数据。

【构建工业重点企业监测网络】　2011年，绍兴县统计部门制订《工业企业监测网络工作方案》，建立工业重点行业的企业跟踪调查和工作联系制度，及时了解掌握工业重点行业发展走势和代表性企业生产经营情况，为全县工业经济运行情况的预测分析提供可靠依据。

【房地产业信息互联互通】　2011年，绍兴县统计部门与县房地产业管理部门建立联动机制，统一房地产数据的统计方法，将统计部门报表和行业主管部门报表合二为一，实现房地产业信息的互联互通和资源共享。

【475篇统计信息为决策当好参谋】　2011年，绍兴县统计部门编写统计工作动态214期，被国家统计局录用5期，被省局（队）录用118期，其中《中国轻纺城纺织商贸业发展前景研究》被省局服务业统计工作简报录用。编写统计分析81篇，统计快讯180多篇，其中被县“两办”采用128篇，被“党政领导参阅件”录用1篇，县委主要领导作出肯定性批示3篇。印发月度经济运行简易读本1万余份。

【开展统计法制教育和业务培训】　2011年，绍兴县统计部门采取集中和分片的形式开展统计法制教育和专业业务培训。完成统计继续教育20期，培训人数超过2600人；完成基层统计专业人员的业务培训25期，培训人数1390人；完成法制工作培训4期，培训人数208人；完成科级以上领导干部培训1期，培训人数35人。当年全县统计从业资格参考人数319人，考试合格人数205人。统计专业技术职称考试报名人数22人，新增高级统计师4人。

【立案查处统计违法案件25起】　2011年，绍兴县统计部门加强统计违法案件的查处力度，组织稽查统计单位87家，查处统计违法案件25起，警告7起，警告并罚款18起。　（缪春华）

工业项目管理

【概况】　2011年，绍兴县围绕突出转型升级、致力科学发展的工作主题，按照“1+5+3”产业规划，抓住项目建设，加快工业投入，致力于推进工业经济转型升级。1月～12月，绍兴县在建工业项目537个，完成投资183.21亿元，比上年增长18.5%，完成目标任务的103%。

【对“5+3”产业项目给予奖励】　2011年，绍兴县将每年6亿元的经济激励政策调高到8亿元，并主要用于对“5+3”产业的奖励。绍兴县对零星土地实行工业土地竞拍制度，但对“5+3”的产业项目按土地成交价超过起拍价（起拍价不得低于基准地价）部分的一定比例给予专项奖励；对重大工业项目实行“一事一议”和土地挂牌制度。

【政策引导产业布局】 2011年，绍兴县设置“一区三带空间格局”和“六大新兴产业基地”，支撑新兴产业集聚发展，进一步明确产业发展导向目录，引导产业发展方向。对土地资源进行全县统筹，优先保障重大项目和战略性产业项目的需要。

【鼓励企业通过上市转型发展】 2011年，绍兴县积极鼓励企业通过上市促进转型发展。上市企业亚太药业、日月集团分别筹建战略性现代中药制品、高性能薄膜产业项目；会稽山酒业、华通医药等企业加快上市步伐。部分企业也在以股权投资等形式多方筹集资金，为企业转型升级打基础。

【引导企业盘活存量上项目】 2011年，绍兴县出台闲置工业土地和标准厂房盘活利用的实施意见，鼓励企业通过盘活存量土地、闲置厂房推进存量发展、转型发展。远东集团盘活存量投资26亿元的年产120万吨PTA生产线设备基本到位；产品广泛用于核电、航空、船舶、高铁等领域的浙江高强度紧固件公司，利用闲置厂房投资0.85亿元技改项目投产；四海氨纶利用存量土地投资5亿元的年产1万吨差别化氨纶生产线厂房建成，开始设备安装。

【帮助重大项目解决困难】 2011年，绍兴县项目管理服务部门组织相关职能部门开展5亿元以上、“三个一批”先进制造业、亿元以上在建等重大项目推进过程中近期需协调解决问题活动，收集用电、排污指标、规划等各类问题47个，到年底部分获得解决。

【3个项目争取到省级以上财政专项补助】 2011年，绍兴县项目管理服务部门根据国家十大产业振兴计划目录，有针对性地争取省级以上财政专项贴息，3个项目列入国家产业振兴项目和省级转型升级专项资金补助。 （许丙校）

责任编辑 陆 杨

城镇建设与管理

综　述

2011年，绍兴县按照“突出转型升级、致力科学发展”的总体要求，县委、县政府坚持以先进的规划理念统领城乡建设，立足于20年甚至30年后绍兴县城乡一体发展的战略预期，前瞻性、高起点谋划城乡建设蓝图。在《绍兴县域总体规划》中确定“一主三新三区”（“一主”指柯桥主城区，“三新”指钱杨新城、平水新城、福兰新城，“三区”指北部工业区、东部现代生态经济区、西南部生态休闲旅游区）的区域发展布局，对接轨杭州都市圈和融入绍兴大城市的道路交通进行专题规划研究，对县域范围内的重大基础设施和公共服务设施进行统一布局。按照“现代开放的柯桥城、繁荣生机的中心镇、美丽有序的农村新社区”城乡建设目标，城乡一体化发展格局进一步形成。到年底，城市化率达64%，在全省城乡统筹发展水平综合评价中居前列。

按照“现代开放的魅力新城”的建城目标，大力实施景观提升、城区畅通和安置安居工程。柯桥城区夜景亮化、金柯桥大道绿化景观、环瓜渚湖景观提升三大工程的实施提升城市整体形象；城区3个环岛改造完工，道路修补工程、城区标志标线施划等工程完工，极大地改善城区交通功能；安置房全年竣工面积48.3万平方米；中国轻纺城市场改造升级进展顺利，“两湖”区域开发稳步推进，柯南新区建设扎实推进。中纺CBD项目建设加快推进，柯桥商贸休闲功能进一步提升。

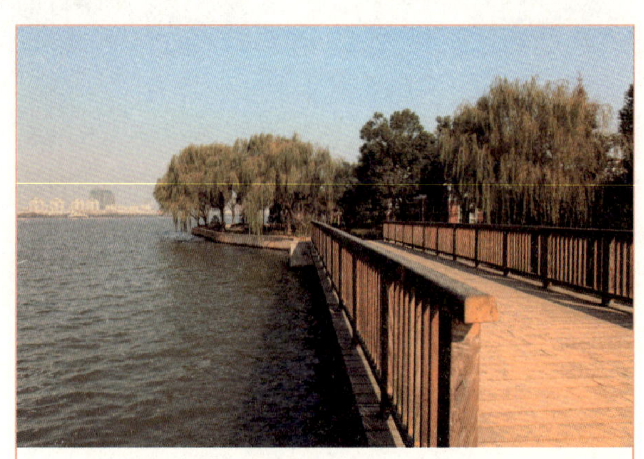

2011年，瓜渚湖景观改造工程完工。

（县建设局供稿）

围绕“城市精细化管理”目标，不断强化、拓展城市管理范畴和内涵，努力提升城市管理水平。以“清洁柯桥”活动为载体，细化量化指标，实行分类管理；注重示范引导，大力开展城市管理精品路段、精品农贸市场等创建活动。绍兴县创新城市管理体制机制，实施路长（河长）制，加强考核管理，加快数字管理平台建设，及时发现问题、处置问题和解决问题的长效机制逐步形成，城市环境不断优化。大力实施“3318”平原绿化建设工程和生态环境建设工程，顺利通过浙江省文明县城复查，城市投资环境得到优化。

表 11　2011 年县城建设基本情况

指标名称	单位	2011 年	2010 年	比上年±%
城市化率	%	64	63	
建区面积	平方公里	47	45	
年末实有城市道路面积	万平方米	496	475	4.4
绿地面积	公顷	1666	1635	1.9
其中：公园绿地面积	公顷	401	385	4.2
建成区绿化覆盖面积	公顷	1940	1895	2.4
人均公共绿地面积	平方米	11.50	10.30	11.7
供水综合生产能力	万立方米/日	65	53	22.6
供水总量	万立方米	16505	16493	0.1
其中：城区总供水量	万立方米	4929	4829	2.1
城区生活用水	万立方米	1247	1222	2.0
出租汽车数	辆	444	439	1.1
城市污水日处理能力	万立方米/日	90	90	0.0
城市污水年处理量	万立方米	1360	1335	1.9
垃圾、粪便清运量	万吨	20.82	17.84	16.7
垃圾无害化年处理量	万吨	19.62	16.64	17.9

（占国民）

规划编制

【概况】 2011 年，绍兴县规划部门以建设“国际纺织时尚之都，现代商贸休闲之城”为目标，发挥规划引领作用，优化规划编制，全年完成各类规划 27 个。先后编制《福兰新城概念性总体规划》、《东部现代生态经济区概念性总体规划》和《钱杨新城分区规划》，不断优化县域空间布局。抓住萧甬铁路高架、钱江三通道等一系列重大基础设施项目建设时机，启动并完成《绍兴县城市建设“十二五”规划》、《绍兴县城市基础设施完善“十二五”规划》、《绍兴县城际高铁站场周边区块规划研究》等一系列规划的编制。

【开展详细规划编制】 2011 年，绍兴县规划部门落实总体规划要求，推进城区控规全覆盖，先后启动并完成绍兴县高铁站场周边区块、柯西区块、马宅池区块、小赭区块和柯东区块控制性详细规划的编制，为各地块开发建设提供规划依据和保障。开展各类专项规划编制，启动并完成《绍兴县城（萧甬铁路以北）历史文化资源概念性规划》，不断充实和完善专项规划体系。

【完善城市功能性系列规划】 2011 年，绍兴县规划部门围绕打造“宜居乐业的幸福水乡”的总体目标，结合柯桥城市发展要求，先后启动编制《绍兴县城市开放空间（绿地、水系）系统规划》和《绍兴县中心城区地下空间开发利用规划》，全面提升城市功能和品质。启动并完成《中国轻纺城市场配套设施布局规划》和《中国轻纺城市场区域环境提升规划》，努力实现城市与市场发展的良性互动。启动编制《绍兴县教育设施布点规划》、《柯桥城市电力线优化改造工程规划》，不断完善公共设施配套。

【规划柯桥城市特色建设】 2011 年，绍兴县规划部门启动《绍兴县中心城区色彩及高度规划》，建立柯桥独特的城市色彩与高度景观体系。根据“水乡时尚新都市，纺城产业制高点”的总体定位，编制《绍兴县总部经济园二期城市设计》和《中国轻纺城纺织商务区(CBD)修建性详细规划》，并完成《中国轻纺城市场区域亮化设计》编制，充分体现柯桥轻纺城产业特色。以公开招标的形式编制《绍兴县城市规划展览馆方案设计》，打造柯桥城市形象的展示窗口。重视对城市重要道路、重要区块和重要节点的城市设计，完成《BF－3 地块城市设计》编制，启动《绍兴县轻纺城大道(104 国道)沿线立面整治规划》，提升柯桥城市品位。 (沈 斌)

【首个公租房项目规划通过评审】 2011 年 7 月，绍兴县首个公租房项目 K－17 地块规划方案通过评审，该地块位于双渎路以东、新三江闸西干江以南，总用地面积 46066.67 平方米，规划总建筑面积 8.6 万平方米。

【启动地下空间规划编制】 2011 年 6 月，绍兴县启动地下空间规划编制。规划分总规和控规两部分，其中总规范围为柯桥核心城区，规划面积 44.5 平方公里；控规包括柯北总部经济园地块及轻纺城老市场区，规划面积 3 平方公里。重点对规划范围内地下空间的开发利用及发展趋势进行研究，并提出规划控制要求和建设指导意见。

(北 辰)

县城建设

【概况】 2011 年，绍兴县建管中心(城投集团)重点实施公建项目、安置房项目、道路桥梁、绿化景观照明、市政设施改造等几大类工程，总投资近 55 亿元，当年完成投资近 22 亿元。

【完成夜景照明工程】 2011 年 12 月底，夜景照明工程完工。工程位于柯桥城区，金柯桥大道(华齐路—新开河地段)、笛扬路(华齐路—104 国道)和环瓜渚湖区域。项目夜景照明涉及构筑物 64 座及沿街景观绿化照明、环湖景观照明，设计总功率 1516 千瓦，项目概算总投资约 1.45 亿元，实际投资约 1.1 亿元。工程分 6 个标段，其中试验段(金柯桥大道会展中心、服装服饰市场及永利大厦照明工程)于 7 月底亮灯；金柯桥大道夜景照明工程Ⅰ标、Ⅱ标于国庆节前亮灯；瓜渚湖环湖夜景照明工程Ⅰ标、Ⅱ标、Ⅲ标 12 月底亮灯。

2011 年，柯桥城区夜景亮化工程全面完成。 (县建设局供稿)

【房建工程完成投资 17.2 亿元】 2011 年，绍兴县扎实推进房建工程。实施县人武部办公营院、县委党校新建校舍工程、人利安置小区、阳嘉龙安置小区等 16 个项目，总投资 49.2 亿元，当年完成投资 17.2 亿元，总建筑面积近 230.68 万平方米。其中县人武部办公营院和东周、人利及红升 3 个安置小区全面完工。

【改造更新柯桥城区部分市政设施】 2011 年，绍兴县建设部门加快推进柯桥城区部分市政设施改造更新。完成笛扬路、兴越支路、华宇路、鉴湖路、湖中路等 6 路修复；8 桥坡沉降修复工程中华墟

2011 年 11 月 24 日，柯桥城区实施城区部分路面大修工程。 (县建设局供稿)

桥、珠岩桥、高泽桥、金柯桥年底完成;城区标志标线施划工程12月底前完工,涉及城区25条道路,施划标线111447平方米,安装导向标志87块。

【开展15个新建续建工程】 2011年,绍兴县建管中心(城投集团)新建、续建市政工程共15个,包括金柯桥大道、笛扬路、环瓜渚湖区域夜景照明、城市交叉口改造、瓜渚湖直江东绿化、城区市政设施改造更新工程、华齐路东段等,当年完成投资近4.8亿元。其中钱陶公路城市道路改造工程、兴华路(金柯桥大道—笛扬路)、大坞岙垃圾填埋场处理工程等10个项目完工,完成投资3.3亿元。

【县人武部办公营院交付使用】 2011年8月,经过2年的建设,县人武部营院全面完工,于9月底交付使用。工程位于绍兴县柯桥群贤路以北、越仕路以东地块,项目总用地面积4974平方米,总建筑面积9897平方米,总投资约3459万元,主要包括办公楼和生活楼两个单体。办公楼9层,采用内走廊式布置;生活楼5层,采用单元式宿舍布置。

(占国民)

钱清小城市建设

【概况】 2011年,钱清镇129个小城市建设项目完成投资36.8亿元,其中政府性投资7.25亿元、企业投资28.35亿元、社会投资1.2亿元。三次产业结构从1∶71∶28调整到1∶69∶30。钱清镇是绍兴县唯一入选浙江省首批27个小城市培育试点的镇,2010年12月启动试点。

【整体修编城市规划】 2011年,钱清镇立足"国际轻纺原料基地、都市经济圈节点城市、县域经济社会副中心"的定位,编制并深入实施《小城市培育试点三年行动计划》。总体布局为"一主三副",中部主城区、北部物流产业区、南部工业集聚区和西部生态保护区;主城区突出"一江两岸、东市西城"、"一心一带、两轴五区",原料市场、钱门新城隔江而建,大钱门核心区、西小江景观带相映生辉。

·小资料· **《钱清镇小城市试点三年行动计划》**

《钱清镇小城市试点三年行动计划》,即从2011年起的3年时间内,钱清镇将完成全社会投资151亿元,重点完成工业经济、商业住宅、基础设施、社会事业、生态环境、公共服务体制创新等六大类、93个项目,其中政府性投资30.8亿元、企业投资118.4亿元、社会投资1.8亿元。力争到2013年,小城市建成区达13.5平方公里,常住人口达12.9万人,生产总值达132亿元,财政总收入达18亿元。

【小城市公共服务配套区被列为省重点项目】 2011年,钱清镇小城市公共服务配套区建设项目获批为省重点项目,项目规划总用地371.5公顷,总投资114.3亿元。主要建设行政服务、医疗教育、文娱设施、滨水生态等公共配套项目,包括筹建1所九年一贯制实验学校和1家二甲医院。

【"大钱门"城市核心区18幢高楼竣工】 2011年,钱清镇采取内外联动、镇村联动、企企联动、总分联动投资方式,加快"大钱门"建设。"大钱门"城市核心区规划面积1.5平方公里,总建筑面积28万平方米的18幢高楼全部竣工,总建筑面积80万平方米的40幢高楼在建,总面积11万平方米的永通国贸广场入驻各类公司71家、金融机构3家。

【开展精细化社区管理】 2011年,钱清镇开始推进精细化社区管理,以提高城市化发展水平。建设新甸村、梅湖村和方家桥村农民公寓,推进劳动村、岭湖村、清风村农民公寓建设,实行社区化管理。全镇建成2个社区服务中心,5个示范型村级全民服务中心、17个标准型村级便民服务中心,重点开展民政服务、人力社保、人口计生、住房建设、卫生服务等事项,提高农村社会管理和公共服务水平。推广市场化保洁机制,集镇区域及7个

钱清小城市建设新貌　　（钱清镇供稿）

村(居委会)实行保洁服务外包,覆盖面积超12平方公里。

【推动公共服务八张网络全覆盖】 2011年,钱清镇遵循公共服务均等化要求,推进“八网”全覆盖工程。完成“一桥五路”工程,形成畅通城市路网;12辆空调公交车投入运行,实现村村通公交,率先构建镇域公交网;完成城乡自来水一户一表改造,构建起城乡一体化城市供水网;建成覆盖面积2.4平方公里、总长7公里的集镇新区集污网;完成1个社区卫生服务中心和22个村(居委会)卫生服务站(室)建设,建成全县首个120镇级应急平台,构建镇村社区卫生网;“一镇四校”全部创建成省级示范学校,形成镇级教育网;改造完成全镇数字电视网;加快推进建设集镇燃气网。

【创建5个社会管理中心】 2011年,钱清镇创建5个社会管理中心。11月10日,新设立的行政服务中心和城市综合执法中心挂牌运行;整合有关机构设立就业保障中心、应急维稳中心和土地储备中心。其中行政服务中心集中办理隶属16个县级部门159项审批事项,城市综合执法中心行使7个县级部门七大类执法服务。

【建立城市建设管理“5+3”机制】 2011年,钱清镇着力建立城市建设管理“5+3”运行机制。成立小城市建设、工业经济、城镇管理、房屋拆迁与土地征用、基层党建与社会稳定等5个专项工作小组和钱清片、新甸片和南钱清片等3个农村管理区,分线负责、分块管理。充实小城市管理执法人员力量,加大巡查频度、处置力度,拆违23000余平方米。 (胡李川)

柯南区块建设

【概况】 2011年,鉴湖—柯岩旅游度假区,实现旅游总收入24亿元,比上年增长26%;全年接待游客274万人次,比上年增长37%。度假区坚持产业互动、规划联动、营销推动,做大做强旅游产业,全力打造长三角地区重要旅游目的地。全面提升度假区旅游、休闲、运动、度假、商贸等功能,引进投资55.9亿元的夏威夷风情园及投资7亿元的欧式名品商业街等项目,大香林二期、天马汽车休闲广场、若航绍兴直升机场及游艇俱乐部等项目有效推进,度假区的旅游产业链延伸,规划建设和旅游资源进一步整合。

【柯南东担山区块4宗土地拍出20亿元】 2011年5月31日,柯南东担山区块总面积647亩的4宗土地被上海景瑞地产(集团)股份有限公司以19.93亿元的价格摘牌,4宗土地为柯岩C-08居住地块、C-12居住地块、C-15居住地块、C-21住商地块。位于香林大道以东、高尔夫路以南、104国道南复线以北、柯岩大道以西,毗邻鉴湖高尔夫球场。

【城市保洁率100%】 2011年,鉴湖—柯岩旅游度假区对城市保洁招投标方式进行改革,保洁费用由原来50万元一年提高到333万元两年。投入100万购置城市管理用车5辆,通过错时管理,真正实现全天候管理。在工程和项目用地地块修筑围墙4.2公里,城市整体环境得到有效改善。区块内主干道实行16小时保洁,定时清洗路面,保洁率100%。

【强化市政设施及景观改造】 2011年,鉴湖—柯岩旅游度假区加强道路、路灯等市政公共设施维护,对占道作业、野蛮施工造成人行道损坏和影响市容市貌的行为从严查处,推进柯南大道、胜利西路等5条道路的路面维修改造和度假区污水管网、新未庄生活污水改建等工程建设。在高尔夫路沿线和西泽大桥东北侧沿河及柯岩大道、胜利西路等8条主要道路景观实施美化改造。

【举办印象绍兴·鉴湖全省摄影比赛】 2011年1月,绍兴县鉴湖—柯岩旅游度假区管委会、浙江省摄影家协会联合启动“印象绍兴·鉴湖”全省摄影比赛。比赛由绍兴县摄影家协会承办,吸引杭州、宁波、温州、绍兴、台州、诸暨、河北及佳能EOS创作团队等各地摄影爱好者前往拍摄采风。组委会收到摄影作品1383件(照片1984张),其中组照193件(照片794张)、单照1190件。作品围绕度假区内的自然、经济、历史、人文等资源,展现社会和谐面貌、凸显度假区魅力。11月18日比赛结束,《银装鉴湖》等85幅作品获奖。

【打造环城南路景观带】 2011年,总投资5.3亿元的104国道南复线拓宽改造工程建成通车,鉴湖—柯岩旅游度假区通过高品位的景观设计,提升道路景观效果，打造县城环城南路景观带。工程全长11.793千米，宽34米，沿人行道每隔8米种植香樟2420棵。

【引进高档奢侈品商业广场项目】 2011年，柯岩欧式名品商业街落户度假区，项目位于柯南大道以南、永进横江以北、上市头河以东、直落江以西区块，项目总占地面积约95333.33平方米。由浙江鑫明翔实业有限公司投资建设，计划总投资约7亿元，总建筑面积约10万平方米，将引入Louis Vuitton路易威登（法国）、Armani阿玛尼（意大利）、Ermenegildo Zegna杰尼亚（意大利）、Gucci古琦（意大利）、D&G（意大利）、Chanel香奈儿（法国）、Dior迪奥（法国）、Versace范思哲（意大利）、MIUMIU缪缪（意大利）、Prada普拉达（意大利）、Burberry巴宝莉（英国）等国际一线奢侈品的代理、经销及直营门店。 （陈剑峰）

平水新城建设

【概况】 2011年，平水新城实施政府性投资基础性、公益性项目25个。其中续建工程5个，新建工程20个，主要包括公建设施工程、市政交通工程、安居工程、环境工程。续建工程投资3.27亿元，新建工程投资4.05亿元，全年完成投资约3.6亿元。

【交通市政工程投资2.98亿元】 2011年，平水新城建设指挥部实施交通市政工程18项，其中续建项目2项、新建项目16项，总投资2.98亿元。新建项目中平王线改道工程、投资服务中心配套道路（二期）、越阳人造板配套道路基本完工，卧龙山北侧1号地块推土工程、昌锋工业园区推土四期、四丰1号地块清表及临时围墙工程、平水新城加压泵站及相应供水管线、西昌路向东延伸桥梁工程等完成招投标；平水大道延伸工程启动，完成施工图设计；幼儿园地块配套道路、推土二期配套道路、昌锋推土四期配套道路、绍甘线污水管线改造工程、中心区11万伏高压线迁移工程等完成方案设计。

【启动3个安居工程项目】 2011年，平水新城建设指挥部启动安居工程3项，总投资3.23亿元。其中西湖桥大型农民公寓集中居住区（一期）开始土地招、拍、挂；会稽村绍诸高速拆迁安置小区完成招标，准备进场施工；镇中地块拆迁安置小区基本完成桩基工程。

【实施公共设施建设项目3个】 2011年，平水新城建设指挥部实施公共设施建设项目3个。其中续建工程2个，新开工项目1个，总投资7296万元。绍兴二院分院准备移交使用；平水镇中心幼儿园完成80%工程量；平水消防站完成招标，准备进场施工。由县教体局申报的平水镇中（一期）工程总投资6240.5万元，基本完成基础施工，部分建筑单体主体开始施工。

【完成主要道路沿线绿化】 2011年，平水新城建设指挥部总投资3808万元对平水大道、绍甘线入口进行环境改造，到年底完成平水大道、绍甘线沿线绿化，下一步实施入口景观节点与雕塑建设。

（徐德宝）

福兰新城建设

【概况】 2011年，福兰新城总体规划正式启动，规划总面积约159平方公里，为县域城镇空间布局形成“一主三城三区”总体空间结构的“三城之一”。根据规划，福兰新城主动接受绍兴市区辐射，大力发展都市型二三产业，加快建成县域组团式城镇群和绍兴市区卫星城市。当年各镇共投资近2亿元，开展道路建设、管网改造、生活污水收集、绿化养护等城镇工程建设。

【福全镇实施配套设施建设】 2011年，福全镇对福兰新城规划作出积极回应，实施配套基础设施建设工程。包括赵家坂公路改造工程投资200万元、五洋桥改建工程投资180万元、宕渣回填工程投资131万元、新的基础设施增设投资142万元、损坏的基础设施修复投资147万元；以及开关站工程、污水泵站工程、支一路和支三路工程。天然气、自来水、移动、联通、电信、广电6条配套管线的主线路铺设至商贸中心。

【福全集镇建设27幢高楼】 2011年，福全镇把握福全紧邻绍兴市区的区位优势和新型城镇、中心镇、小城市培育的机遇，花大力气下重投入。一年中,集镇共在建27幢高层建筑,完成建筑面积144000平方米。22层的无名大厦、25层的嘉丰大厦、23层的伯乐商务大厦等3幢主体结顶,9幢18层的中嘉银泰花园和8幢分别为11层、18层的骏浩华庭结顶,7幢分别为11层、18层的兴福景园小区在建。 (王晓云)

【兰亭镇编制系列规划】 2011年,兰亭镇根据《绍兴县福兰新城概念性总体规划》同步调整镇总规划路网布局,于年底通过《兰亭镇总体规划修编》、《南部生态文化休闲区概念性规划》规划评审,完成《兰亭镇污水收集专项规划》、《兰亭镇居住商贸中心控制性详细规划》评审稿。

【兰亭镇拆迁7万平方米】 2011年,兰亭镇加快推进城镇中心区拆迁改造,涉及娄宫村农户156户、企业2家、农贸市场1个,总拆迁面积7万平方米。启动安置小区建设,用地面积约36亩,总建筑面积约44565平方米。

【兰亭镇完成政府性投资项目7500万元】 2011年,兰亭镇加大政府性项目建设投入力度,实施政府性投资项目30个,其中续建项目11个、新建项目19个,总投资4.06亿元,完成投资项目7500万元。娄张公路、谢庆公路一标、兰亭湖大道、小舜江供水扩面、文化艺术馆和文化广场等工程相继竣工,体育健身馆投入运行。

【兰亭镇开展环境整治】 2011年,兰亭镇围绕生态镇建设,深入实施以清水河道和环境综合整治为重点的"整洁兰亭"工程,积极开展"洁净乡村"竞赛。兰亭江和娄宫江综合整治一期、绍大线路灯亮化改造、城镇主干道绿化提档一期等工程相继完成。 (徐秋佳)

新农村建设

【概况】 2011年,绍兴县村级集体总资产突破60亿元,达61.496亿元,比上年增长9%。村级集体创收能力进一步增强,村级总收入9.07亿元,其中经常性收入4.7亿元。全县新增土地流转面积10200亩,累计土地流转面积13.86万亩,土地流转率60.3%,居全市首位。同年,绍兴县推进农村新社区建设,投入近2亿元专项资金用于建设"富裕乡村"、"安居乡村"、"洁净乡村"和"示范创建活动",其中用于农村宅基地置换和美丽乡村环境精品区建设资金分别为1.02亿元和1500万元。绍兴县再次获中国全面小康十大示范县(市)称号,成为全省唯一获此荣誉的县(市)。 (诸米兰)

【1640户农户达成宅基地置换意向】 2011年,绍兴县各镇(街道)宅基地置换配套政策全部出台,16个镇(街道)首期农民集中居住区的建设规划完成并通过会审,总规划6861套,总建筑面积90.26万平方米,总用地面积62.73万平方米。其中10个集中居住区落实345余亩用地指标,兰亭、漓渚、安昌、滨海等镇(街道)10个农民集中居住区建设项目完成招投标。10个镇实质性启动农村宅基地置换,达成宅基地置换意向农户1640户,进行农村宅基地置换会审会议4次。 (沈伟娟)

【创建各级各类示范村】 2011年底,全县累计有省级全面小康示范村38个、市级全面小康建设示范村73个、市级环境整治示范村57个、市整体推进村庄整治建设达标乡镇6个、市美丽乡村创建先进乡镇2个,完成312个村庄(包括已经拆村建居的村)整治。其中新创建市级全面小康建设示范村5个、市级环境整治示范村7个、市美丽乡村创建先进乡镇2个、省待整治村23个、省重点培育示范中心村1个。累计136个村开展农村信息化创建。新创信息化示范村37个、信息化达标村35个。 (王 琰)

【开展"洁净乡村"竞赛】 2011年,绍兴县开展"洁净乡村"竞赛活动,全年申报示范村265个次、优胜村628个次。抽查暗访申报村198个次,取消评选资格61个次、降级14个次。全县分别有87个村、245个村通过1次以上"洁净乡村"示范村和优胜考核,其中连续4个季度通过"洁净乡村"竞赛活动示范村和优胜村考核的有39个村和50个村,连续3个季度通过"洁净乡村"竞赛活动示范村考核的有11个村。

【15个镇街纳入垃圾统一收集清运系统】 2011年,绍兴县改户集、村收、镇运、县处理为户集、村清、镇收、县运、县处理,逐步实施由镇(街道、开发区)收集、县环卫处负责清运处理的城乡一体化模

式，通过组建县直属清运队伍，在运输车辆上安装GPS定位系统等方式，确保垃圾出村、出镇（街道、开发区）工作质量。15个镇（街道、开发区）纳入垃圾统一收集清运系统。

【初步开展美丽乡村精品区建设】 2011年，柯岩、漓渚、稽东、王坛4个整体推进村庄整治建设的精品样板区整治规划编制完成，计划总投资3708.35万元的83个综合奖补项目全面启动建设，预计年度财政补助资金约1600万元。项目涉及规划设计、道路建设、河道两侧、文化古迹等重要节点的修建与整治。 （陶永兴）

城市管理

【概况】 2011年，绍兴县出台《绍兴县容貌管理标准》、《柯桥城区“门前三包”责任制管理实施办法》、《城区市容环境秩序管理暂行规定》、《柯桥城区道路保洁质量要求和作业规范》等一系列标准规范，使城市作业管理有章可循。数字城管覆盖范围扩展至建成区45平方公里，实施部门由建设之初的3个部门扩展至所有城市管理相关25个部门、镇（街道）和单位，形成数字城管全区域覆盖、各部门全面参与的大城管格局。全年共发现城市管理问题206484件，其中解决204327件，解决率98.96%；按时解决89487件，按时解决率91.77%。同年，绍兴县开展精品街区创建，将金柯桥大道、群贤路、笛扬路确定为精品创建街区，在市容秩序、环境卫生、市政设施、园林绿化方面实施严管，使城市主要干道成为城市形象的展示区和城市风景的有效载体。

【城市管理体制调整】 2011年，绍兴县出台《关于完善城管办运行体制的通知》，明确城管办作为城市管理委员会日常办事机构，实行相对独立运作，实行县委、县政府单独考核管理，县环卫处、城市管理监督中心、城监大队划归城管办管理，自12月1日起，城管体制调整实施。

【拆除违法违章建筑353处】 2011年，绍兴县拆除各类违法违章建筑353处，总面积49849平方米。其中在湖中园、越都名府、瓜渚景园等高档小区拆除违章建筑14处，遏制了高档小区违法搭建势头。

2011年7月28日，绍兴县城管部门在城区高档小区开展违法违章建筑专项整治行动。（县建设局供稿）

【路长（河长）制管理道路和河道】 2011年，绍兴县在全省率先推出路长（河长）制管理，将城区36条主要道路、41支主要河道由70个部门、镇（街道）认领，从9月1日实施起至年底，发现处理城市问题5727件，处置完成5552件，处置率96.94%。

【城区环卫保洁一体化】 2011年，绍兴县将旅游局管理的两湖区域、瓜渚湖北岸公园、交通局管理的城市出入门户通道、华舍街道管理的柯西工业园区、柯桥主城区11个社区34个开放式老小区和532万平方米河道等全部纳入环卫处统一保洁，城区河道纳入环卫统一管理，实现城区保洁一体化，城区路面保洁面积从上年的280万平方米扩大到440余万平方米。

【取缔城区大型马路市场4处】 2011年，绍兴县城市管理部门联合公安、工商、柯桥街道等单位取缔长期影响市容秩序、群众反映强烈的管宁小区、下市头、双川和耶溪路等4处大型马路市场，市容面貌明显改观。 （杨凌云）

拆迁安置

【概况】 2011年，绍兴县城市房屋拆迁管理进一步规范化，制定出台《绍兴县2011年度拆迁安置房屋有关价格标准》、《绍兴县拆迁房屋价格评估标准》和《关于明确房屋拆迁补助费发放标准的通知》，使被拆迁人利益得到充分保护。全年实施拆迁项目94个，涉及建筑面积335.92万平方米，拆除建筑面积211.96万平方米，完成年度拆迁任务101%。拆迁供地1564440余平方米，比上年增长17.33%。

【48个项目完成拆迁】 2011年，绍兴县城区完成拆迁项目48个、面积141.82万平方米，占全县拆迁总量的66.91%。柯桥街道完成拆迁20.01万平方米，华舍街道完成拆迁45.52万平方米，柯岩街道完成拆迁34.65万平方米，湖塘街道完成拆迁10.03万平方米，齐贤镇完成拆迁21.06万平方米，柯桥开发区完成拆迁10.28万平方米，滨海工业区（马鞍镇）完成拆迁18.45万平方米，平水、钱清、杨汛桥、福全、兰亭5个新型镇分别完成4.91万平方米、8.01万平方米、6.14万平方米、8.18万平方米、7.19万平方米。

【重点交通设施项目拆迁3.37万平方米】 2011年，绍兴县加快持续推进重点交通设施建设项目拆迁。萧甬铁路高架项目涉及钱清镇、柯岩街道，完成拆迁面积2.97万平方米。104国道南复线拓宽完成，拆迁3960平方米。

【拆迁项目规范化】 2011年，绍兴县严格立项，在申报年度拆迁计划前，进行项目论证，在下达拆迁项目任务书前，做好拆迁红线的划分、安置地块的选址、拆迁安置方案的制订等前期工作。全年下达拆迁任务书65份，涉及建筑面积202万平方米。拆迁政策审核小组对每个拆迁项目做到即报即审，提高效率。召开拆迁审核会议11次，完成审核项目会议纪要45份。

【开展拆迁业务培训指导服务】 2011年，绍兴县组织开展以“1 + x”（1指组织全县性业务培训，x指组织各拆迁主体拆迁人员参加的深度业务培训班）的形式组织业务培训。政策指导以协调解决拆迁过程中碰到的问题为重点，全面检查房屋拆迁工程，重点检查施工单位的相应资质，拆除施工组织方案和各项安全技术措施，技术交底以及应急方案等。全县未发生重大安全事故，社会稳定方面未发生因拆迁引起的重大群体事件。

【出台安置建设新举措】 2011年初，绍兴县出台安置房建设11项新举措，分别为加快和简化审批程序、加快拆迁扫尾和安置地块供地、合理控制拆迁安置房项目概算、提高安置房设计质量、完善安置房建设标准、实施安置房主要设备集中打包采购、合理安排安置房工程的招投标、加强拆迁和安置房建设的审核工作、加强建筑市场的监管、减免安置房建设有关规费、加强安置房建设工作的督察和协调。

【东周安置小区竣工】 2011年4月，东周安置小区通过竣工验收，于7月底交付使用。小区位于华舍街道东周村地块，是绍兴县首个高层安置小区。工程总投资61171.81万元，总建筑面积228600平方米，其中住宅170876平方米、商业用房10922平方米、公建配套1862平方米、自行车库8116平方米、地下车库36814平方米，共有住宅1459套。

2011年，华舍街道东周安置小区竣工。

（县建设局供稿）

【人利安置小区交房】 2011年12月，人利安置小区开始交房。小区位于柯桥城区育才路以东、裕民路以南，西邻兴越小区，北靠县实验中学人利校区，总建筑面积150672.92平方米，建筑占地面积6264.12平方米，项目投资估算59851.82万元。小区包括10幢24层剪力墙结构的高层住宅，住宅面积120461.5平方米，共1134套。另有1幢2层框架结构的会所以及社区及医疗服务用房，物管办公用房，有线、电信机房，消控中心及环卫用房等配套设施。自行车库共2层，每户配置1个，9号、10号楼的一层和二层为沿街商业用

房，并在高层建筑之间设置大型地下室以供停车。（周新立）

供排水

【概况】 2011年，绍兴县水务集团安全供水1.65亿吨，日供水能力65万吨，其中综合水制水能力30万吨/日；小舜江最高日供水量34.06万吨，创历史新高；管网水质综合合格率99.97%。污水收集总量1.92亿吨，最高日排污量76.35万吨。污水达标处理总量2.66亿吨，污水出水自检合格率100%，接受国家、省、市各项检查，指标合格率100%。

【城区生活污水收集率提升到83.23%】 2011年，绍兴县水务集团完成城区8号至4号生活污水泵站及柯南度假区2座生活污水泵站建设，城区生活污水泵站增加到34座，收集面积扩大到58平方公里。全年城区生活污水收集总量1295.28万吨，收集率提升至83.23%。

2011年9月2日，绍兴县滨海20万吨每日污水集中预处理工程（一期）第一标段的施工人员对8400棵基桩进行标高测量。（高　洁摄）

【完成政府性投资水务基础项目4.95亿元】 2011年，绍兴县水务集团列入县政府基础性、公益性建设项目23项，总投资33亿元，当年完成投资4.95亿元，新建口径75毫米以上供排水管线99.5公里。滨海印染产业集聚区水务配套工程完成投资2.57亿元，其中20万吨/日污水集中预处理工程全面动工建设，小舜江4万吨/日滨海支线工程于6月建成投运。水务大厦工程主体结顶、幕墙工程完工，被评为省安全标化工程、市优质结构工程。

【供水管网漏损率降至7.18%】 2011年，绍兴县水务集团大规模实施农村供水管网改造，成立绍兴县水表检测中心规范水表管理，建立供水典型运行模式等措施开展供水管网降漏工作。全县供水管网漏损率降至7.18%，创历史新低，较2005年下降25.02个百分点，按上年供水量1.65亿吨计算，年节约水量4128万吨。

2011年11月11日，浙江省城市供水管网漏损控制经验交流会在柯桥召开。（县水务集团供稿）

【完成17个村居供水管网改造】 2011年，绍兴县水务集团完成杨汛桥、福全、兰亭、夏履和马鞍等5个镇17个村（居委会）供水管网，实际投资2638万元，受益6100户近2万人口。完成安昌大和片供水低压区管网改造，3000户用户水压偏低问题得到彻底解决。

【实施杨汛桥分质供水改造工程】 2011年3月，水务集团先期投资1300万元，实施杨汛桥分质供水工程，对杨汛桥镇原水厂进行技术改造，规模为1万吨/日，新建口径200毫米～600毫米供水管线约17.5公里。至12月底，完成投资920万元，计划至2012年6月建成投运。（周贤萍）

责任编辑　陆　杨

交通运输

综　述

2011年，绍兴县交通运输部门围绕接轨杭州、融入市区、提升县内的总体目标，全面推进交通重点工程建设，加强交通运输行业管理，提升交通队伍建设，各项工作均取得好的成效并实现预期目标，基本实现“十二五”交通发展的良好开局。全年实施13项在建工程、10项规划前期工程，除绍诸高速、杭甬客专、杭长客专和钱江通道等4项重点配合工程外，总投资34.12亿元，累计完成投资11亿元，当年实际完成交通项目投资5.51亿元。

2011年6月29日，绍兴县交通运输局联合亚红热线在万达广场开展交通法制进企业宣传活动。
（陈立明摄）

依法行政工作成绩突出。全县客货运输市场秩序进一步规范。无证营运、超限运输专项治理工作成效明显。路政、运政、航政积极开展专项整治工作，成效明显，行政审批服务“一个窗口对外，一站式服务”的工作方式，受到群众好评。全年办理行政许可事项3200件、行政处罚案件1748件，均无行政复议、行政诉讼发生，公路、水路无三乱现象发生。

全县交通精细化管养取得成效。建立公路管养新模式，实行“以片设站、二级管理”大站式管养格局，成立柯桥城区公路养护站，建立漓渚、王坛等镇级农村公路管养试点站，强化城乡公路管养，实施绿化提档升级，全县公路环境明显提升。全面深化落实全县路长（河长）制工作，对通往全县19个镇（街道、开发区）的23条主要道路和杭甬运河航道实施交通路长（河长）制，上下联动抓督查，使精细化管理向纵深推进。

绍兴县交通运输局先后获浙江省依法行政示范单位、全省法制宣传教育先进集体、全省安全隐患排查治理活动先进集体、全省农村公路工作先进集体等荣誉。绍兴县道路运管所先后被评为浙江省农村客运先进单位、浙江省行业文明创建先进单位、绍兴市交通运输局春运先进单位、绍兴市运管处年度岗位目标考核先进单位、绍兴市运管处安全管理先进单位、绍兴市运管处信息宣传先进单位、绍兴市运管处统计工作先进单位。绍兴县公路收费所被绍兴市总工会授予绍兴市工人先锋号、绍兴市先进女职工组织称号。吴松年、金民根被评为浙江省农村公路工作先进个人。钱伟被评为省铁路建设征迁工作先进个人。

（陈立明）

基础设施建设

【概况】　2011年，绍兴县交通基础设施建设完成投资5.51亿元，各项工程建设稳步推进，全年共有4项续建、5项新建、4项配合工程共计13项重点工程以及小交通建设项目。

【萧甬铁路绍兴县城区段高架改造工程进展顺利】 2011年，萧甬铁路绍兴县城区段高架改造工程柯岩段征拆迁基本完成，柯桥特大桥完成形象进度约70%。钱清站房屋腾空率95%。信号综合楼、车站综合楼基本建成；K19+242框架桥做好围堰，准备施工。

建成后的萧甬铁路高架效果图

（县交通运输局供稿）

【平陶公路陶堰段改建工程开工】 2011年2月12日，平陶公路陶堰段改建工程开工。至年底，累计完成路基清表3.6公里，路基填筑2.6公里；1号、2号桥完成梁板架设，3号、4号、5号、12号、13号桥完成桥梁下部结构施工。作为整个工程节点的清塘井江桥（7号桥）和萧曹运河桥（11号桥）分别完成桩基施工14根和18根。累计完成产值3269.53万元，占概算建安费的38%。

【钱陶公路西小江大桥改建工程建成通车】 2011年6月2日，钱陶公路西小江大桥改建工程主体完工。6月23日，路灯、安全设施及绿化工程完工。7月16日通过交工验收。7月20日通车。

【开展329国道北移整治】 2011年，绍兴县对329国道绍兴钱清至陶堰段即钱陶公路路面路况进行综合整治。工程起点桩号为K2+270，终点桩号为K39+676.4，全长36.579公里。2011年整治工程范围为K10+450～K39+676.4，实施里程29.226公里。主要对沥青路面病害严重路段进行病害处治及中修罩面，桥头接坡加铺接顺，桥梁钢护栏油漆涂刷，增加排水设施，绿化苗木补种等。至12月底除袍江转盘处因管线迁移问题尚未完成，其余路段全部完成。

【孙端至上虞曹娥公路绍兴县段工程开工】 2011年12月，孙端至上虞曹娥公路绍兴县段工程开工。至月底，工程起点处施工形象告示完成搭设，施工项目部和监理办入驻，完成标化工地、拌和场、临时试验室建设，完成施工控制点放样。工程累计完成1号桥桩基2根，完成产值约50万元。

·小资料·　孙端至上虞曹娥公路绍兴县段工程

孙端至上虞曹娥公路绍兴县段工程起点为钱陶公路孙端收费站（桩号K33+856），终点为绍兴县与上虞市之间的行政分界界河东向上虞侧河岸（小直江桥即界河桥的东侧桥头）（桩号K2+950）段，路线长2.95公里（其中绍兴县境内2.915公里，上虞市境内0.035公里），一级公路标准，设计速度80公里/小时，路基宽31米，桥涵设计荷载为公路－Ⅰ级，其中大桥1座长125.8米，中桥3座共长134.4米，沥青路面。工程概算14495.37万元，工期24个月。

【平陶公路平水段拓宽改建工程完成设计】 2011年，平陶公路平水段拓宽改建工程完成施工图设计，进入施工招投标程序。工程起于平水大道，与建成的富盛段相接，长7.662公里，其中涉及皋埠段1.8公里（按属地建设），按二级公路设计标准，设计速度为60公里/小时，路面宽12米，总投资约1.55亿元，计划工期15个月。

【启动绍兴柯桥客运中心建设】 2011年初，绍兴柯桥客运中心工程启动建设，先后取得建设用地项目选址意见书、规划红线图、建设用地规划许可证、立项批复、项目可行性研究报告批复、用地预审意见、环评批复、水保批复和初步设计批复等9个涉及项目建设的批复文件。

·小资料·　绍兴柯桥客运中心工程

绍兴柯桥客运中心工程位于瓜渚湖直江以东、双渎路以西、绸缎路以北、兴华路以南地块，占地面积95403平方米（约143亩），设计总建筑面积34407平方米，项目概算投资约2.2亿元。内部设有中长途客运站、公交枢纽站和出租汽车服务中心3个客运功能区。同时，为满足和方便客运车辆添加燃油（气），规划在客运中心地块北侧建设1个加油（气）站。预计工期2年，计划于2014年6月底竣工，2014年底投入运行。

【104国道南复线福全段改建工程立项】 2011年，104国道南复线福全段改建工程确定线路走向，完成项目建议书，工程可行性研究报告通过评审，进入设计招标阶段。

·小资料· 104国道南复线福全段改建工程

104国道南复线福全段改建工程，主线（AK21+923.8～AK25+800）起点与104国道南复线（湖塘、柯岩段）相接，与镜水路平交，沿杨绍线向南，经福全容山公路，在AK24+500处改走新路，在劳家畈西侧折向东至福漓公路；支线（AK25+800～AK27+099）沿福漓公路向北，终点至104国道南复线与福漓公路交叉转盘处。路线总长5.175公里，其中主线长3.876公里，采用双向四车道一级公路标准；支线长1.299公里，采用双向四车道二级公路标准；全线兼顾城市道路功能，设计速度60公里/小时。总投资约3.61亿元。

【绍诸高速公路绍兴县段考核获优胜】 2011年，绍诸高速公路绍兴县段拆迁安置工作取得重大的进展，兰亭镇基本完成拆迁安置房的建设，平水镇下灶村的易地自建部分基本完成，产权调换部分的土地审批工作全部完成，土建招标结束。向市指挥部移交除拆迁安置部分外的征迁资料。陶堰互通在完成项目审批和争取用地指标、土地征用及土地审批工作的基础上，跨主线部分工程于12月完成，实现与主线的同步开通。配合市指挥部协调处理夏葑公路箱涵地段因施工严重滞后及低路堤设计等原因引发的阻工现象，协调处理平水互通连接线虾塘的政策处理问题，协调处理平水互通N连接线因施工原因造成房子受损引发的阻工事件，确保绍诸高速公路在12月28日正式通车。在绍诸高速公路工程建设指挥部年终考核中，绍兴县段在全线考核中获得优胜单位称号。

【杭甬铁路城际客运专线绍兴县段完成线下工程】 2011年，杭甬铁路城际客运专线绍兴县段着手解决因房屋拆迁、土地征用、工程施工引起的遗留问题。经现场摸排，重点列出七大类43个问题，开展协调督促。对小问题，及时和施工单位进行协调，现场解决。对难以现场解决的问题则多次邀请项目公司领导、施工单位副总指挥长等召开协调会，各方共同协商，确定解决时间，逐个协调解决。重点解决房屋开裂的补偿、主要道路的修复、航道的疏浚等问题。杭甬铁路城际客运专线绍兴县段工程建设指挥部办公室在浙江省重点建设领导小组办公室、浙江省统一征地事务办公室、杭甬铁路客运专线有限责任公司组织开展的征地拆迁劳动竞赛中获2010年（第三期）特别奖。

【杭长客运专线绍兴县段完成拆迁交地】 2011年12月，杭长客运专线绍兴县段完成土地征用及交地工作，基本实现无障碍施工。杭长客运专线绍兴县境内线路全长3.321公里。涉及杨汛桥镇3个行政村，由西小江经和门程村跨杭金瞿高速公路进入竹园童村，沿浙江玻璃厂后进入联社村（普安寺）为隧道。工程设计红线范围内工程用地180亩，房屋拆迁3394平方米。工程临时用地、借地156亩，迁移坟墓1943穴。杭长客运专线绍兴县段工程建设指挥部办公室在由省重点建设领导小组办公室、省统一征地事务办公室、沪昆铁路客运专线有限责任公司联合组织开展的杭长客运专线工程建设征地拆迁劳动竞赛中获2010年（第三期）特别奖、2010年度浙江段征地拆迁先进单位。

【钱江通道及接线工程绍兴县段完成征迁】 2011年4月，钱江通道及接线工程绍兴县段开展征迁，到2012年3月底基本完成杭甬高速公路以北区域的征地拆迁工作，建设单位全面进场施工。钱江通道及接线工程绍兴县段主线长2.3公里，沿杭甬高速公路匝道长3.5公里，设齐贤枢纽1处，需征地483亩，其中工程用地440亩、安置用地43亩、枢纽用地43亩，涉及齐贤镇八字桥村、马鞍镇亭山桥村和柯桥开发区的增大村、朝阳村、陶里村共2个镇1个开发区5个行政村，需拆迁房屋6.5万平方米。

·小资料· 钱江通道及接线工程

钱江通道及接线工程起点接沪杭高速公路（桐乡市境内的骑塘），路线呈北南走向，跨沪杭铁路，经周王庙东，跨杭浦高速，在盐官西约2.5公里处设过江隧道穿钱塘江，进入萧山区，经六工段东，跨钱江九桥延伸线，经新湾、益农，在绍兴的马鞍西进入绍兴，之后在齐贤北与杭甬高速公路相接。该工程以钱塘江隧道为主，北、南接线为辅，沟通钱塘江南北2岸3市（嘉兴、杭州、绍兴）。整个工程分为3段：北接线工程、钱塘江隧道工程和南接线工程。北接线工程长11.4公里，起自沪杭高速桐乡境内的骑塘，经嘉兴市的桐乡市，到海宁市的盐官西2.5公里处与钱塘江隧道相连接。钱塘江隧道工程长4.45公里，起自海宁市的盐官到萧山区。南接线工程长27.7公里，从萧山区到绍兴县齐贤镇。主线采用全封闭、全立交，双向六车道高速公路标准，设计时速100公里（隧道为80公里），路基宽33.5米，汽车荷载等级为公路－I级。隧道工程设计采用盾构法施工，单洞建筑限界净宽为12.75米（不含检修道），净高为5米，汽车荷载等级为公路－I级。钱江通道及接线工程总投资预算98.83亿元，其中北接线工程19.85亿元、钱塘江隧道工程35.56亿元、南接线工程43.42亿元。钱江通道及接线工程设骑塘、盐官、齐贤3处枢纽互通，周王庙、六工段、新湾、党湾、益农5处互通。设服务区1处、管理分中心1处（含隧道管理站）、养护工区2处。工程计划2014年全线建成通车。

【财政补助县乡公路建设1355万元】 2011年，绍兴县计划财政补助县乡公路建设1355万元，涉及19个项目，其中6个续建项目、13个新建项目。至年底，6个项目完工，13个项目在建。交通安全设施项目计划投资200万元，至年底全部完成。

【治理危险路段】 2011年，绍兴县病危桥梁改建项目14个，计划财政补助630万元。至年底，2个项目完工，12个项目在建。绍兴县临水临崖高落差路段整治工程，计划财政补助2907万元，共需整治12.4万米，涉及16个镇（街道）。至年底，13个镇（街道）完成招标，其中6个镇（街道）完工，其余均在施工中。

【投入公路养护2952万元】 2011年，绍兴县公路养护计划投入2952万元，用于十赵线、梗平线、平王线、拈徐线、白富线、永宾线、钱茅线、下大线、钱安线、江夏线等10项公路大中修项目，以及小修保养，道路绿化、亮化，水毁修复，地质灾害治理和抢险设备购置等。

（陈立明）

公　路

【概况】 2011年，绍兴县境内公路里程为1599.298公里，其中高速公路37.002公里，含国家高速公路17.457公里、地方高速公路19.545公里（绍诸高速）；普通公路1562.296公里，含国道22.65公里、省道45.053公里、县道442.035公里、乡道320.028公里、专用公路11.438公里、村道721.092公里。公路总里程比上年增加25.722公里。公路密度为133.05公里/百平方公里。全县桥梁1053座，其中高速57座、国道24座、省道30座、县道347座、乡道180座、村道415座。隧道9道，建制村291个，建制村公路通达率100%。

按公路技术等级划分，不含村道里程划分，高速公路37.002公里、一级公路94.19公里、二级公路152.233公里、三级公路56.433公里、四级公路538.348公里，总计里程878.206公里；含村道里程划分，高速37.002公里、一级94.19公里、二级187.47公里、三级107.149公里、四级878.168公里、准四级139.038公里、等外公路156.281，总计里程1599.298公里。

至年底，全县有营运车辆15019辆。其中货运车辆13958辆，共计36437吨，全年运送货物2065万吨、周转量186507万吨公里；客车1061辆，共计19752客位，全年运送旅客3513万人次，旅客周转量105444万人公里。

全县有道路旅客运输经营业户13家、客运站（场）经营业户1家，其中班车客运3家、包车客运3家、公交客运3家、出租车客运5家。道路危险品运输企业10家，危货运输车辆

164 辆。

全县有跨县以上的客运班线83条，客车115辆，省内外旅游包车66辆，公交车436辆（不包括绍兴市在县境内营运公交车辆），公交（客运）从业人员546人；出租汽车444辆，从业人员852人。

全县有一类汽车维修企业17家、二类汽车维修企业45家、三类汽车维修企业（含快修）311家、摩托车维修摊店43家，维修从业人员1595人。

2011年底，全县有县城柯桥始发及途经补员的各类客运班线123条。其中绍兴地区客运班线5条，分别为柯桥至嵊州、诸暨、岭北、上虞、崧厦；省内客运班线54条，分别为柯桥至杭州、衢州、萧山、江山、金华、龙游、东阳、温岭、义乌、玉环、永康、三门、磐安、杜桥、浦江、路桥、兰溪、仙居、宁波、丽水、石浦、遂昌、宁海、松阳、余姚、练市、慈溪、平湖、温州、王江径、瓯北、许村、金乡、织里、乐清、沈家门、瑞安、缙云、苍南、北仑、水头、湖州、孝丰、南浔、嘉兴、海宁、桐乡、海盐、临安、新安江、桐庐、千岛湖、临平、余杭；跨省（市）长途客运班线65条，分别为柯桥至太仓、宿州、无锡、祁门、江阴、六安、常熟、鹿邑、张家港、临泉、淮阴、来安、徐州、亳州、靖江、孝感、盛泽、襄樊、盐城、石狮、海门、莆田、苏州、浦城、宿迁、固始、上海、周口、景德镇、商丘、德兴、菏泽、乐平、常德、玉山、淮滨、南通、广州、深圳、武汉、天门、松江、川沙、忠县、南昌、绩溪、安庆、合肥、芜湖、南通、姜堰、昆山、黄桥、掘江、吴江、南京、常州、扬州、启东、南宁、烟台、青岛、郑州、水城、北京；快客班线4条，分别为柯桥至杭州、宁波、义乌、诸暨；货运专线8条，分别为柯桥至义乌、金华、兰溪、仙居、青岛、无锡、盛泽、化德。

【超限车卸载率100%】 2011年，绍兴县积极探索超限运输管理机制，采取白天巡查与夜间巡查相结合，集中联合整治与日常整治相结合，固定治超与流动治超相结合，分3个阶段开展不间断的集中、联合、统一路面执法行动。联合路政、交警、运管力量，形成“政府牵头、部门联合、统一行动、集中整治”态势，严厉打击违法行为。全年检查各类车辆1095辆，查出超限车597辆，卸货车辆597辆，卸去货物7308.05吨，卸载率100%。

【完成日常公路养护】 2011年，绍兴县交通部门在预防抢险的基础上，继续强化修补坑洞的全面、及时、规范和边沟、涵洞等排水设施的经常性疏通、修复及路肩、边坡的清扫、清理。至年底，修补坑洞12550平方米，清理堆积900立方米，疏通涵洞31道，疏通边沟275公里，整理路肩290公里，清扫路面46500公里，修复水毁倒坎3000立方米，打除草剂2600公里，清理塌方2900立方米，修理涵洞21道。

2011年9月3日，养护工人在用平板震动机平整压实路面。（陈立明摄）

【完善公路安保设施】 2011年，绍兴县交通部门对绍大线、阳何线、尹大线、钱茅线、柯海线等公路的安全设施进行增设和完善。新增各类标志136块、立柱100根、漆划标线8877平方米、黄闪灯6只、透镜2面，安装减速带334米、波形护栏1600米，投入资金122万元。完成绍大线11K+750事故多发点段整治，设置减速标线180平方米、黄闪灯2套、人行横道标志2套、减速带40米。同时，做好安全设施的修复工作，在规定时间内及时对一些歪斜的标志牌及波形护栏进行修复，共计上报各类标牌及安保设施缺失

383起，修补公路标牌85块、标志杆17根、基础41个、示警桩61根、波形护栏板264块、立柱249根、防阻块482个。

【通过全国干线公路大检查】 2011年，绍兴县公路管理段按期优质完成五年一次的全国干线公路养护与管理检查并获得好评。检查涉及31省道（绍兴县段）2010年路面大中修工程（白改黑2公里，板块维修3000平方米），104国道（绍兴县段）迎国检应急养护工程（白改黑2公里，板块维修1.5万平方米），104国道13座桥梁桥头跳车整治、钱柯段绿化，104国道东泾段绿化种植，104国道西塘桥，绍大线新桥、分水桥危桥加固工程，平水公路站站房新建和标化工作。各项公路环境整治工作同步展开，受检路段路政宣传标语覆盖89块大型广告牌计12000平方米。集中清理国检路段22.65公里和绍大、绍甘线公路及两侧堆积物4415立方米。拆除受检路段（特别是104国道钱柯段）339块非公路标牌。

【累计清缴公路养路费13.9万元】 2011年，绍兴县交通部门根据公平、公正的清理原则，在窗口工作人员宣传、解释和规范服务下，养路费补缴工作有序开展。按照省交通运输厅、公安厅等六厅局《关于进一步做好2008年及以前年度公路养路费清理工作的通知》文件精神，自2010年10月起，县运管所在绍兴县车管所花为媒检测站设立养路费清理专窗，由公安车管部门在办理车辆安全检测、转籍、过户、注销等过程中把关，补缴2008年及以前年度欠缴的养路费，至2011年12月，累计补缴13.9万元。

【征收车辆通行费约3259万元】 绍兴县公路收费所负责全县3个“四自”公路收费项目，即对104国道钱清至柯桥段、钱陶公路和钱陶公路柯桥至袍江段改建项目收取车辆通行费。2011年共征收车辆通行费32589592.04元，免征鲜活农产品“绿色通道”车辆18585辆计308535元。根据国家五部委和浙江省《关于开展收费公路专项清理工作的通知》文件精神，2011年6月开始分4个阶段开展为期1年的收费公路专项清理工作，2011年完成自查自纠阶段工作。根据浙江省交通运输厅《关于61个公路收费站点停止代收杭州、宁波等7市城市道路通行费的函》，衙前收费站进绍兴方向自2012年1月1日零时起停止代征昌安立交桥城市道路通行费。

（陈立明）

水　运

【概况】 2011年，绍兴县辖区内有定级航道51条，通航里程335.92公里。其中四级航道1条，通航里程41.2公里，增加了曹娥江航段16公里；五级航道1条（绍海甲线），通航里程11.95公里；六级航道5条（萧余线、南塘线、钱陶线、钱海线、柯海线），通航里程92.27公里；七级航道16条，通航里程92.1公里；七级以下航道28条，通航里程82.4公里。

【完成货运量230万吨】 2011年，绍兴县交通部门对辖区内普通货物码头《港口经营许可证》进行年审，核发续期许可证42家。对辖区危化装卸作业点进行整治，对5个码头按危货作业资质管理要求进行整改并核发许可证。投资1.35亿元建设浙能滨海电厂码头6个500吨级泊位并投入试运营，月吞吐量10万吨。至年底，全县共有货物运输船舶187艘，总运力27366吨，平均每艘运力146.3吨；完成货运量230万吨，货物周转量37902万吨公里。有柯岩景区绍兴县鲁镇游船公司游船11艘400座客位，绍兴县瓜渚湖水上休闲有限公司游船1艘100座客位；完成客运量57.8万人。全县有专业水运企业5家，从业人员146人；水运服务企业1家，从业人员3人。

【查处各类水运案件136件】 2011年，绍兴县交通部门重点开展“安全生产规范年”、“安全隐患大排查”等活动，开展水上安全大检查及运政、港政、航政专项检查，有效维护水路航运秩序，确保航道安全畅通。绍兴县地方海事处加强现场巡查，累计出动执法人员662人次，出艇巡查217天次，巡航里程6860公里，检查船舶865艘，年审企业船舶16艘、个体船舶174艘，检查率和年审率分别达到100%和92%。共查处各类行政处罚案件136件，罚款12.5万元，其中一般案件125件、简易案件11件。（陈立明）

公共交通

【概况】 2011年，绍兴县公共交通仍以公交（客运）为主。全县共有二级客运站1个，县内经营的三级以上客运企业3家，城区及镇（街道）公交客运站场16个。县域内一级网络客运线路43条，经营方式为公车公营；二级网络客运线路22条。

【整合公交线路】 2011年，绍兴县开辟1条市县新线108路，由市区城南至金昌工业园延伸至服装家纺市场，末班发车时间延至晚上8点。改造620路、268路、298路、805路等4条城乡公交线路为无人售票线，分别至钱清、安昌、华舍、柯岩，其中805路全长达25.6公里，为全市最长无人售票线。优化整合208路和806路，新增805、268、802路公交车辆7辆，解决柯岩东、西工业园区的公交连接，增加物流大厦的公交班次。延伸615路、501路公交线路，并调整部分站点。

·小资料·　公交线路调整情况

1.108路终点由金昌工业园延伸到服装家纺市场（5月起）。延伸线路走向：金昌工业园—耶溪路—湖东路—华宇路—湖西路—兴越路—华齐路—服装家纺市场。新增站点：百舸农贸市场、梅巷小区、东岸公园、鲁中柯桥校区、传媒中心、中广有线、双川小区、县中心医院、公共卫生中心（鉴湖景园）、梅川小区、世贸名流、万达广场（西）、服装家纺市场北、服装家纺市场等14个。投入车辆10辆，日发班次50班。

2.298路分段经营，分为298路和620路（5月1日起）。原298路，轻纺城汽车站—鉴湖中学由汽运巴士公司经营。分段后，轻纺城汽车站—钱清公交站由汽运巴士公司经营，命名为298路；钱清公交站—鉴湖中学由县公交公司经营，命名为620路，均实行一元一票无人售票制。线路走向、站点均不变。

3.607路2分支整合（11月1日起）。607路原职教中心至丰项，分支职教中心至里庄。整合后线路走向：县职教中心至项里后原2支线串连。新增站点：县福利中心、州心小学、里庄、竹香村、九峰回峰寺和黄池坞6个。

4. 随着镜水北路、华齐路的竣工，807路调整走向，改走华齐路、镜水北路（12月15日起）。线路走向：梅墅水庄发车走梅泽路—柯南大道后按现线路走向至金柯桥大道—钱陶公路—湖中路—华齐路—镜水北路—齐安路—绍齐公路—羊山路—振贤路—镇前路—齐贤法庭。新增站点：迎驾桥（会展中心东）、万达广场（西）、迎驾桥小区、迎驾桥村、阳嘉龙小区、溜头、兴浦村、湖沿村（南）、湖沿村（北）、齐贤医院、齐贤镇政府、齐贤车站。取消站点：服装家纺市场（会展中心站）、服装家纺市场（北）、万达广场（南）、珠二村、高泽、轻纺城物流中心、越剑集团、嘉会小学路口、钢材市场、兴浦村、正大汽配、狭猕湖路口、羊山公园。

5.802路起点、终点均进行延伸。(1) 9月11日起终点延伸至新风工业园区。线路走向：将线路终点站进行分设，分为乔波滑雪馆和新风工业园，以乔波滑雪馆为终点站的线路保持原线路走向不变，以新风工业园为终点站的线路调整为：按原线路走向至柯南大道—柯南大道（西段）—兴工路—独山路—新风工业园。增加站点：柯桥居委会、永进村、香林路口、阮社小学、新风村后临时停靠站、先锋村前临时停靠站、先锋村后临时停靠站、余渚路口、唐宋酒业、柯南大道路口、余渚桥、余渚、信心村委、信心村、新风工业园等15个站点。(2) 12月15日起起点由物流大厦延伸至越剑机械厂。线路走向：越剑机械制造厂—阳嘉龙村委—镜水北路至物流大厦后按原线路运营。增加站点：越剑机械制造厂、阳嘉龙村委。

6.806路与208路整合为新806路（9月1日起）。原208路线路走向及票价：轻纺城汽车站—云集路—湖西路—华宇路—金柯桥大道—群贤路—笛扬路—山阴路—柯华路—安华路—安昌环镇南路—安昌环镇北路—柯北大道—西环路—梅林，采用阶梯式售票，全程20.8公里，票价4元。原806路线路走向及票价：柯西联兴村委—发展路—杭金衢高速连接线—山阴路—育才路—鉴湖路—金柯桥大道—华宇路—湖西路—兴越路—金柯桥大道—裕民路—湖中路—兴越路—双渎路—裕民路—湖东路—钱陶公路—服装家纺市场，全程16公里，票价1元。整合后806路线路走向：柯西联兴村委—发展路—杭金衢高速连接线—山阴路—笛扬路—群贤路—金柯桥大道—柯北大道—安昌路—齐安路—安华路—环镇南路—环镇北路—柯北大道—安昌二号桥。整合后806路有40个站点：联兴村委、发展路与杭金衢连接线交叉口处临时停靠站、江墅村、宝业集团、江南印染、英吉利印染、亭西、双亭路口、亭东、县实验小学、柯桥中学、县实验中学、管墅小区、县行政中心、县行政中心（东）、莎鲨家纺、世贸中心、会展中心、西溇村、华东村、官华村、粮食市场、国际村、绍兴轻纺贸易中心、柯桥开发委、精功太阳能、柯北大道路口、敬老中心、亚太村、亚太集团、安昌大酒店、安华路口、安昌中心小学、安昌综合市场、海盐村、清风桥头、长乐村、老街口、柯北大道临时停靠站、安昌二号桥。

7. 2011年增加日发班数73班（即802路17班、803路24班、268路10班、806路9班、168路8班、178路8班、288路8班、805路9班，208路整合后减少20班）。

【实施公交惠民新政】 2011年8月起，绍兴县对60至70周岁老人实行公交票价减半的优惠政策。11月起，残疾人凭残疾专用公交IC卡免费乘坐公交车。

【实现公交管理科技化】 2011年，绍兴县交通运输GPS信息监控中心建成使用，全县公交车辆全部安装GPS卫星定位系统并纳入管理，5月起试运行。各公交公司内部监控同时实行，全县城乡公交站场数字编码基本完成，公交站点手机查询系统准备实施。

2011年6月8日，绍兴县交通运输GPS信息监控中心正式投入使用。（陈立明摄）

【开展文明公交创建】 2011年，绍兴县交通部门进行公交服务质量常态化检查和问题的整改，开展以1个文明企业、2条文明示范线、3个文明示范车队为创建目标的竞赛活动，通过年初申报、日常监督和年终考评扎实开展创建，开展群众满意度测评，以点带面促进公交文明建设的新提升。至年底，共检查265条次公交线路、1716辆次公交车、2336个公交站点，印发文明创建通报4期、服务质量通报12期。全年受理96520投诉516件、市长热线122件、群众来信13起、网络及其他反映32件，均进行妥善处理。

（陈立明）

交通安全

【概况】 2011年，绍兴县交通事故四项指数全面下降，继续实现零增长目标。全县受理各类交通事故35081起，其中立案事故300起，比上年下降9.91%；死亡111人，比上年下降2.63%；受伤253人，比上年下降15.38%；直接财产损失240635元，比上年下降25.14%。无一次死亡3人以上交通事故。发生交通肇事逃逸案17起，侦破16起，侦破率94.12%。涉及交通事故信访11起，解决11起。

【酒驾查处数列全市第一】 2011年，绍兴县交警部门坚持酒驾常态化严管高压态势，按照“强化管理、密集整治、从严处理、广泛宣传”的工作要求，开展酒驾整治工作。全年查处酒后驾驶机动车2297起，其中饮酒后驾驶机动车2192起、醉酒后驾驶机动车105起，因醉酒驾驶拘留88人，暂扣驾驶证2178本。酒驾查处数列全市第一。

【查处各类交通违法11256起】 2011年，绍兴县交警部门坚持“三超一疲劳”等严重道路交通违法行为专项整治行动，采取上门告知、短信告知、路面查扣等措施，营造强大声势，督促违法者主动上门处理。通过设置卡点，开展路面查处，对7座以上客运车辆实行逢车必查等手段，提升处理率。会同安监、交通运输部门和旅游部门，加强对专业运输单位、客运企业、公交公司、旅游公司的监管，督促企业切实落实主体责任。坚持开展各类集中统一行动，先后开展“攻坚”系列集中统一行动、“蓝盾”系列集中统一行动、四省联合专项整治和“护卫天使”行动等各类整治活动，依托集中统一行动，营造强大整治声势。一年中，现场查处各类交通违法11256起，其中重点违法行为酒后驾驶2297起、货车超载2795起、驾乘摩托车未戴头盔3898起、客车超员32起。

【办理机动车注册登记22068辆】 2011年，绍兴县交警部门严抓车辆、驾驶员安全管理，及时开展车辆、驾驶员安全隐患排查。全年，县交警部门办理机动车注册登记22068辆（其中汽车13856辆、摩托车8212辆）、机动车转移登记1207辆、变更登记640辆，补换行驶证、牌照3891辆（其中汽车1555辆），办理机动车检验81655辆（其中汽车44804辆）；受理驾驶员报名17915人（其中汽车驾驶员报名16709人）、科目一考试21396人（其中汽车科目一考试18706人），受理摩托车科目二、科目三考试1105人次，核发机动车驾驶证997本，换发机动车驾驶证5108本，转入换发机动车驾驶证396本，转出机动车驾驶证600本，补发机动车驾驶证582本，注销机动车驾驶证849本，受理驾驶证年度体检2224本、满分学习1295人；核发危化物品通行证196张（其中委托139张）。

【举行文明交通行动主题宣传活动】 2011年，绍兴县交警部门开展一系列文明交通宣传活动，在县电视台《新闻频道》开办“交警在线”栏目；配置专用宣传车，每天在城区巡回广播相关内容；与企业合作在周边各加油站设置大型公益广告牌；制作“醉驾入刑”宣传画和“文明交通行动计划”为主要内容的宣传展板，在车管、事故和违法处理等窗口展出，各辖区中队组织到学校、企业等单位巡展。县公安局交巡警大队在柯桥网上开设“交通违法曝光台”，在县广播电台、电视台、报社等媒体上开展宣传报道，配合城区专项整治，取得明显的成效。

【开展学生交通安全教育】 2011年，绍兴县交警部门积极开展“你我手拉手，平安路上走”交通安全宣传教育活动。研究制订实施方案和具体措施；与教育部门协作，协助中小学校开展交通安全宣传，进行针对性指导，并提供有关交通安全宣传资料；主动联系报社、电视、电台等媒体，深入学校和活动现场多渠道进行报道，营造中小学校交通安全宣传教育的浓厚氛围。县公安局交巡警大队以“3·28”全国中小学生交通安全宣传日为契机，以深化交通安全宣传“进学校”活动为载体，为全县6万名小学生印制“交通安全三字经”和卡通书，为全县100多所中小学校的近10万名师生作交通安全知识讲座；对全县60辆学生接送车驾驶人及车主进行交通法规知识培训，对全县500余名学校保安进行相关业务培训。（张　剑）

【水上交通安全形势稳定】 2011年，绍兴县辖区水上交通运输船舶发生水上交通事故54起，其中碰撞事故25起、触损事故24起、其他事故5起，经济损失23.92万元，事故次数比上年同期上升30%，经济损失比上年同期上升21.18%，均控制在年初下达的指标范围内。（陈立明）

2011年6月30日，绍兴县交通运输局在杭甬运河钱清岑湖村段开展水上交通事故应急救援实战演练。（陈立明摄）

责任编辑　宋如玲

邮政　通信

邮　政

【概况】　2011年，绍兴县境内有邮政局所41个，其中自办局所25个、代办局所7个，营业面积9371平方米，城市投递邮路77条、农村投递邮路141条，城市投递路线总长度1647公里、农村投递路线总长度4486公里。新建5482个信报箱，使居民可以24小时不间断接纳信息。叶吉良、包芳妹、沈金星等8人被评为绍兴市模范乡邮员，周云豹、赵尧生、斯碧云等7人被评为绍兴市优秀乡邮员。

绍兴市邮政局柯桥邮政分局大楼　（许　君摄）

【改造9个农村邮政网点】　2011年，绍兴县境内马鞍、安昌、杨汛桥、东区、孙端、平水、漓渚、富盛、夏履桥等9个农村邮政网点进行了装修改造。网点装修改造后，营业面积和营业柜台数量大量增加，有自动取款机、存取款一体机、网上银行、排队机、LED显示屏、电视宣传屏等设施，有效缓解网点服务压力，提高服务效率。

（蔡　晶）

电　信

【概况】　2011年，中国电信浙江绍兴县分公司以平安联防为抓手，组织开展信息化推进工作，促进新农村综合信息化平台建设。开展光网城市、农村建设，强化FTTH（光纤到户）改造，执行“光进铜退”（“窄带＋铜缆”为主网络向以“宽带＋光纤”的网络转变）改革方案，拉动电信传统业务与新型业务持续增长。

【配合信息化建设工作】　2011年，中国电信浙江绍兴县分公司配合绍兴县政府构建综合信息服务平台。公司利用全球眼监控、平安联防业务，开展信息化推进工作；进村、小区升级固定电话，免费赠送天翼手机，提升村、小区信息化水平；在村、小区设立中国电信缴费点，方便用户缴费。

【WLAN平均可用率超98%】　2011年，中国电信浙江绍兴县分公司采用多种手段不断增强网络通信能力，开展商务楼、聚类市场WLAN（无线局域网）覆盖工程建设，解决小区深度覆盖问题。至年底，改善住宅小区7个，完成室分楼宇工程建设51个点，WLAN平均可用率超98%。

【全面启动光小区建设】　2011年，中国电信浙江绍兴县分公司深入执行“光进铜退”改革方案，全面推广FTTH业务，进行光小区建设，完成主干光交设立及基于光网规划的主干光缆布放，初步进行光缆组网。通过FTTH改造等方式，进一步提升用户上网速率与稳定性，凸现电信宽带质量优势。

【月均每万用户投诉次数小于3】 2011年，中国电信浙江绍兴县分公司坚持“用户至上、用心服务”的服务理念，发动社区经理、客户经理回访住宅客户，及时与客户沟通，提高服务质量水平。2011年，公司月均每万用户投诉次数小于3。优质的服务与不断增强的客户信任度进一步巩固电信传统固话、宽带业务与商务领航等新型业务的发展。

【开展平安联防农村三扫活动】 2011年10月1日，中国电信浙江绍兴县分公司赴安昌、湖塘进行以平安联防为抓手的农村三扫活动。主要是告知村民已开通平安联防业务并对如何使用话机、清洗话机、排除故障进行讲解。通过一天的走访，累计走访用户400余户，发放平安联防标记、手册400余套。（林　娇）

2011年10月1日，中国电信浙江绍兴县分公司赴安昌、湖塘开展平安联防农村三扫活动。（中国电信浙江绍兴县分公司供稿）

移　动

【概况】 2011年，中国移动绍兴县分公司以解决客户关注的实际问题为驱动，完善内部服务流程机制；持续改善客户感知，开展9项行风建设活动，推出6项便捷服务举措，塑造“满意100”服务新形象。与县综合治理办公室联合召开全县“十户联防”推进会，为“十户联防”工作提供技术支撑。加快基础网络建设，完成所属区域的全业务网络覆盖。全业务转型初见成效，拓展语音专线、互联网专线等业务，新增有线宽带用户9708户，列全市第二位。至年底，全县有移动用户62万户，比上年增加2.1万户；光纤宽带接入用户1.2万户，比上年增加6781户。共有服务网点1077个，其中营业厅15个、社会服务星级渠道249个、直供渠道813个。全年实现运营收入5.04亿元，比上年增长7.01%。

【完成区域全业务网络覆盖】 2011年，中国移动绍兴县分公司开通杭甬客运专线全部23个基站、18.1期全部64个基站（其中44个为新建基站）。开通室内分布系统101个，WLAN热点100个，安装AP 2000余个，完成县国税局等政府机关和东市场等大型专业市场WLAN全覆盖。完成室内分布系统华为RRU设备替换（高层写字楼及政府机关采用1800信源）及后备电源改造，开通小区分布17个。完成传输管道建设近50管程公里，敷设各类型号光缆近900公里。完成滨海主辅配线层等全业务区域光交光缆建设，完成所属区域的全业务网络覆盖。做好企业接入、室分、基站等配套光缆建设，完成各类光缆接入任务近500个。完成驻地网络建设68655户。

【开展9项行风建设活动】 2011年，中国移动绍兴县分公司以“树行风、优服务、惠市民”为

2011年11月10日，中国移动绍兴县分公司召开行风服务座谈会。（朱　亚摄）

主题，开展9项行风建设活动，分别为提升有线宽带服务；新业务免费体验到期转收费的主动提醒；执行5条禁令，移动业务开通的透明定制；全面提升营业、客户经理窗口服务水平；提升手机上网客户感知；垃圾短信自主屏蔽；打造五星级网络水平；整顿违规操作的批量营销手段；明晰套餐体系，为话费理财。

【推出6项便捷服务举措】 2011年，中国移动绍兴县分公司依据客户需求，解决客户关心的热点难点问题，以“便捷、高效”为核心，实施便捷服务举措，提升服务品质，提高客户满意度。推出6项便捷服务举措，分别为资费套餐量身优选、异地缴费随时随地、电子渠道以指代步、积分兑换足不出户 、G3业务无障碍办理、垃圾信息自主屏蔽。

·小资料· G3

G3是“Guide3”的缩写，是中国移动公司的一个标识，造型取义中国太极，以中间一点逐渐向外旋展，寓意3G生活不断变化和精彩无限的外延；其核心视觉元素源自中国传统文化中最具代表性的水墨丹青和朱红印章，以现代手法加以简约化设计，该标识还有丰富的彩色运用和延展。G3标识属于承载网标识，将不作为单独的客户品牌存在，而是充分融入中国移动的三大品牌进行推广。

【举办全球通VIP客户大讲堂】 2011年3月27日，中国移动绍兴县分公司在柯桥富丽华大酒店举办“全球通VIP大讲堂——论道中医·与健康相伴 与美丽同行”大讲堂。中国移动全球通VIP客户受邀参加活动。全球通VIP大讲堂是中国移动长期坚持的一项针对专享客户群的需要回馈全球通VIP客户的演讲活动。活动邀请国家级知名专家、主任医师董襄国结合中医《内经》典籍为移动VIP客户现场讲解中医美容养身疗法，解答大家的疑问；邀请方俊平（杭州电视台《生活gogogo－美人计》、《熬烧熬烧》节目美容嘉宾老师）为大家普及精油的基础知识，受到客户好评。 （朱 亚）

联 通

【概况】 2011年，中国联通绍兴县分公司GSM/WCDMA（第二代移动通信技术/第三代移动通信技术）用户累计新增9.9万户，住宅宽带入网量比上年增长17%。新建移动基站12个，覆盖高铁沿线、柯桥城区及滨海工业园区；新建OLT（光线路终端）机房16个；新增PON（无源光网络）设备600多套、室分系统35个，网络覆盖与网络质量大幅改善。

【与中广有线县分公司签订互联网、互动电视战略发展合作协议】 2011年2月，中国联通绍兴县分公司与中广有线绍兴县分公司签订互联网、互动电视战略发展合作协议。签约后两公司将创造一切条件和便利，进一步整合优势资源，在各个层次上进行业务合作。

2011年2月，中国联通绍兴县分公司与中广有线绍兴县分公司签订互联网、互动电视战略发展合作协议。 （中国联通绍兴县分公司供稿）

【推出千元智能机】 2011年，中国联通绍兴县分公司推出多款千元智能机，以普及3G（第三代移动通信技术）。其中多款为带有安卓操作系统和WIFI（无线联网技术）、蓝牙等功能的3G移动互联网手机。这些手机具有高速全网页浏览、互联网应用丰富、扩展性强、W＋G双网双待等特点。同时推出“预存话费送手机”与

“购手机送话费”的合约计划，合约价均在1000元左右。

【完成体验式营销模式转变】 2011年12月，中国联通绍兴县分公司对各大营业厅进行销售模式改造，变以往柜台销售方式为开放式体验营销模式，客户可在营业厅内随意体验各类手机终端的手机上网、无线宽带、3G应用软件下载和试用、手机电视、视频通话等业务。全县各大营业厅按此重新装修后，吸引大量消费者参观体验，全面提升客户对业务体验、咨询的服务感知，有效提高营业厅服务效能。

【与多家连锁渠道签订协议】 2011年，中国联通绍兴县分公司与多家连锁渠道签订协议，其中包括话机世界、五星电器、苏宁电器、魅族科技、广东大地通讯、琴剑数码等各大手机、电器经销商，提升市场占有率、合约量及3G产量。新建“沃商店”5家，以“沃商店”的形式弥补地区营业厅的不足，增加地区公司3G销售量。

·小资料· 沃商店

“沃商店”是中国联通手机应用商店，客户可使用手机号码作为用户名注册“沃账户”，在“沃商店”中购买、下载想要的各类手机应用软件，并利用“沃账户”进行支付。

（章月异）

责任编辑 宋如玲

机　构

（2011 年内担任以下所列职务的领导人全部开列在内）

绍兴县党政机构及有关部门主要负责人名单

中共绍兴县第十二届委员会

书　记：何加顺
副书记：徐国龙（2011. 11 任）
　　　　孙云耀（2011. 11 免）
　　　　孟柏干（2011. 04 任）
　　　　马芳妹（2011. 12 任）
　　　　阮建尧（2011. 04 免）
常　委：王浩萍（2011. 04 任）
　　　　宋国新（2011. 08 任）
　　　　姚国海（2011. 04 任）
　　　　孙　君　诸剑明
　　　　傅海彪（2011. 02 任）
　　　　杨伟卿（2011. 08 任）
　　　　吴　晓（2011. 02 免）
　　　　黄文刚（2011. 04 免）
　　　　何伟仕（2011. 08 免）
　　　　赵建国（2011. 12 免）
　　　　宋　南（2011. 02 免）

绍兴县第十三届人民代表大会常务委员会

主　任：徐林土
副主任：章生建　平水龙　施平平　于庆国
　　　　余茂法

绍兴县人民政府

县　长：孙云耀（2011. 11 免）
代县长：徐国龙（2011. 11 任）
副县长：孙　君（2011. 07 任）
　　　　丁生产　周树森
　　　　胡国炜　蔡于革　谢兴长
　　　　孟柏干（2011. 04 免）
　　　　马芳妹（2011. 12 免）
　　　　陈德洪（2011. 12 免）

政协绍兴县第十届委员会

主　席：吴　晓（2011. 02 任）
　　　　李杏芬（2011. 02 免）
副主席：蔡金标　邢柏生　陈忠尧　吴　越
　　　　骆学新　韩国良（2011. 04 免）
秘书长：高利泉

中共绍兴县纪律检查委员会

书　记：王浩萍（2011. 04 任）
　　　　吴　晓（2011. 04 免）
副书记：钱月美　王　群

中共绍兴县委办公室

主　任：傅青春（2011. 09 任）
　　　　杨伟卿（2011. 09 免）

中共绍兴县委组织部

部　长：姚国海（2011. 05 任）
　　　　黄文刚（2011. 05 免）

中共绍兴县委宣传部

部　长：杨伟卿（2011. 09 任）
　　　　孙　君（2011. 09 免）

中共绍兴县委统战部

部　长：许志炎

县民族宗教局

局　长：阮建康（2011. 12 任）
　　　　葛梅荣（2011. 12 免）

县委政法委（县综治办、610 办公室）

书　记：孟柏干（2011. 09 任）
　　　　何伟仕（2011. 09 免）
副书记：金　强

宋国新（2011.09 任）

县委政研室

主　任：高来兴（2011.12 任）

丁焕盈（2011.12 免）

县委、县政府农业和农村工作办公室

主　任：徐阿幼

县直机关党工委

书　记：吴岳炎（2011.12 任）

郎煜江（2011.12 免）

县信访局

局　长：胡华良（2011.12 任）

何其洪（2011.01 任，2011.12 免）

金阿根（2011.01 免）

县委老干部局

局　长：李　敏

县机构编制委员会办公室

主　任：严百兴

县人大常委会办公室

主　任：李亚根（2011.12 任）

刘　斌（2011.12 免）

县人大常委会法制工作委员会

主　任：赵建新

县人大常委会代表工作委员会

主　任：邵纪康

县人大常委会财经工作委员会

主　任：宋金木（2011.12 任）

宋国梁（2011.12 免）

县人大常委会教科文卫工作委员会

主　任：叶加林（2011.12 任）

刘越英（2011.12 免）

县人大常委会城建环保工作委员会

主　任：徐晁华

县人大常委会农村经济工作委员会

主　任：蒋倬臣（2011.12 任）

宋金木（2011.12 免）

县人民政府办公室（县人民政府法制办公室）

党组书记：刘　斌（2011.12 任）

沈祖卫（2011.12 免）

县人民政府办公室主任：沈祖卫

县人民政府法制办公室主任：胡斌钦

县人民政府驻杭州办事处主任：

朱志康（2011.12 任）

吴伯根（2011.12 免）

县发展和改革局

党组书记、局长：王张泉（2011.12 任）

邢玉清（2011.12 免）

县经济和信息化局

党组书记、局长：周如生（2011.11 任）

陈永建（2011.11 免）

县安全生产监督管理局

党组书记、局长：金阿根（2011.01 任）

县教育体育局

党工委书记、局长：蒋国洪（2011.12 任）

许义平（2011.12 免）

县科技局

党组书记、局长：陈炳松（2011.12 任）

娄刚强（2011.12 免）

县公安局

党委书记、局长：宋国新（2011.09 任）

何伟仕（2011.09 免）

政　委：蒋倬臣（2011.12 免）

县监察局

局　长：钱月美

县民政局

党组书记：赵志根

局　长：孙尧富

县司法局

党组书记、局长：陈广见

县财政局（地税局）

党工委书记、局长：喻光耀（2011.11 任）

王炳豪（2011.11 免）

县人力资源和社会保障局

党组书记：王秋珍（2011.12 任）

吴汉华（2011.12 免）

局　长：吴汉华

县国土资源局

党委书记、局长：阮　胜

县住房和城乡建设局

党工委书记、局长：钱勇军

县规划局

党组书记、局长：杨金法

县建筑业管理局

党工委书记、局长：黄化强

县交通运输局

党工委书记、局长：缪智勇（2011.12 任）

何建刚（2011.12 免）

县水利水电局

党工委书记：汤金尧（2011.12 任）

葛美芳（2011.12 免）

局　长：葛美芳

县农业局

党工委书记、局长：何建刚（2011.12 任）

陈炳松（2011.12 免）

县林业局

党组书记：孙光荣

局　长：陈永建（2011.11 任）

喻光耀（2011.11 免）

县商务局

党组书记、局长：翁桂珍

县文化广电新闻出版局

党工委书记、局长：王　彪

县卫生局

党工委书记、局长：王秋珍（2011.12 免）

县人口和计划生育局

党组书记、局长：徐国娣

县审计局

党组书记：濮如松

局　长：祁金凤（2011.12 任）

濮如松（2011.12 免）

县环境保护局

党工委书记、局长：高青泉

县统计局

党组书记：俞来友

局　长：葛梅荣（2011.12 任）

祁金凤（2011.12 免）

县外事与侨务办公室

党组书记、主任：蒋伟星

县政府台湾事务办公室（县委台湾工作办公室）

主　任：李放鸣

县粮食局

党工委书记、局长：王良红

县国家税务局

党组书记、局长：胡连华

县工商行政管理局

党委书记、局长：寿志平

县质量技术监督局

党委书记、局长：李卫龙

县食品药品监督管理局

党组书记、局长：陈文荣（2011.12 任）

李亚根（2011.12 免）

县滨海工业区

党工委书记、管委会主任：

闻仁水（2011.11 任）

高新华（2011.10 免）

县柯桥经济开发区

党工委书记、管委会主任：

周建鑫（2011.12 任）

王张泉（2011.12 免）

县平水新城建设指挥部办公室

党工委书记：魏阳林

管委会主任：邢玉清（2011.12 任）

魏阳林（2011.12 免）

注：因工作需要，经市编办批准，组建县平水新城建设指挥部办公室，不再保留县平水副城建设管理委员会

县鉴湖—柯岩旅游度假区管理委员会

党工委书记、主任：裘江新

县行政服务中心（县公共资源交易管理委员会办公室）

党工委书记：丁生产

县行政服务中心常务副主任：

钱建明（2011.01 任）

县公共资源交易管理委员会办公室主任：

钱建明（2011.01 任）

县旅游局

党组书记、局长：方优美（2011.12 任）

县国有资产管理委员会办公室

党组书记、主任：李国兴（2011.12 任）

王炳豪（2011.11 免）

县城市管理委员会办公室

主　任：郁　伟（2011.12 任）

注：因工作需要，经市编办批准，组建县城市管理委员会办公室

县金融工作办公室

主　任：程树林（2011.12任）

注：因工作需要，经市编办批准，组建县金融工作办公室

县钱杨新城建设指挥部办公室

主　任：倪仁龙（2011.12任）

注：因工作需要，经市编办批准，组建县钱杨新城建设指挥部办公室

县中国轻纺城建设管理委员会

党工委书记、主任：冯华林（2011.11任）
周如生（2011.11免）

县中国轻纺城运输市场管理委员会办公室

主　任：冯华林（2011.11任）
周如生（2011.11免）

县中国轻纺城集团股份有限公司

董事长、党委副书记：沈小军
党委书记、总经理：周　俭

县中国轻纺城市场开发经营有限公司

董事长：沈小军
党委书记：李为民
总经理：毛东敏

县档案局

党组书记、局长：祝安钧

县广播电视总台

党组书记、台长：丁兵康

县机关事务管理局

党组书记、局长：毛海美（2011.12任）
鲁立新（2011.12免）

县史志办公室

主　任：何鸣雷（2011.09任）
黄锡云（2011.09免）

县供销合作社联合社

党委书记：叶加林（2011.12免）
主　任：冯鹏英

县直属国有集体资产经营有限公司

党委书记、董事长：张国建（2011.12任）
孙苗林（2011.12免）
总经理：曾金富（2011.07免）

县水务集团有限公司

党委书记、董事长：倪阿泉
总经理：单宝子

瑞丰银行

党委书记、董事长：俞俊海
行　长：方云海

注：2011.01县农村合作银行更名为瑞丰银行

绍兴天然气投资有限公司

总经理：叶仁苗

绍兴中石油昆仑燃气公司

董事长：孙苗林

县人民武装部

部　长：傅海彪
政　委：雷新华（2011.05任）
宋　南（2011.02免）

县人民法院

党委书记：孙　浩
院　长：孙　浩（2011.03任）

县人民检察院

党委书记：丁　飞（2011.12任）
王荣彪（2011.12免）
检察长：王荣彪（2011.12免）
代理检察长：丁　飞（2011.12任）

县政协

秘书长：高利泉

县政协办公室

主　任：吴坚祥

县政协提案委员会

主　任：赵时栋

县政协城建和人口资源环境委员会

主　任：朱潮美

县政协文史和教文卫体委员会

主　任：许义平（2011.12任）

县政协经济科技委员会

主　任：吴伯根（2011.12任）

县工商业联合会（总商会）

机关党组书记：蒋建国
主席（会长）：陈张球

县总工会

机关党组书记、主席：唐水淼

共青团绍兴县委

机关党组书记、书记：于　琪

县妇女联合会

机关党组书记、主席：方慧琴

县科学技术协会

机关党组书记、主席：娄国忠

县文学艺术界联合会

机关党组书记、主席：黄锡云

县残疾人联合会

机关党组书记：赵志根（兼）

执行理事长：祝静芝

县归国华侨联合会

主　席：王征宇

民革绍兴县总支

主　委：于庆国

民盟绍兴县总支

主　委：祝静芝

民建绍兴县总支

主　委：陈德洪

民进绍兴县总支

主　委：葛伯军

农工绍兴县总支

主　委：骆学新

九三学社绍兴县基层委员会

主　委：蔡金标

县委党校

校　长：姚国海（2011.05任）
黄文刚（2011.05免）

党委书记：鲁立新（2011.12任）
张国建（2011.12免）

县报社

党组书记、总编辑：方国安

绍兴县各街道、建制镇党政正职名单

柯桥街道

党工委书记：何其洪（2011.12任）
汤金尧（2011.12免）

办事处主任：王玲玲（2011.12任）
余建林（2011.12免）

柯岩街道

党工委书记：马建刚

办事处主任：钱　鸿（2011.12任）
高来兴（2011.12免）

华舍街道

党工委书记：娄刚强（2011.12任）
闻仁水（2011.11免）

办事处主任：谢　冰（2011.12任）
钱清华（2011.12免）

湖塘街道

党工委书记：王炳豪（2011.11任）
钱建明（2011.01免）

办事处主任：邱松定（2011.12任）
吴岳炎（2011.12免）

钱清镇

党委书记：孙忠富

镇　长：朱建刚

夏履镇

党委书记：金晓明

镇　长：赵　凯

杨汛桥镇

党委书记：孙爱保

镇　长：汪建中（2011.12任）
张伟江（2011.12免）

齐贤镇

党委书记：何坚刚

镇　长：俞园娟

安昌镇

党委书记：李学彪（2011.09任）
傅青春（2011.09免）

镇　长：张国生（2011.12任）
施华新（2011.12免）

马鞍镇

党委书记：闻仁水（2011.11任）
高新华（2011.10免）

镇　长：任宏亮（2011.09任）
李学彪（2011.09免）

孙端镇

党委书记：施华新（2011.12任）
蒋国洪（2011.01任，2011.12免）

镇　长：郑雪奎（2011.09任）
蒋国洪（2011.09免）

陶堰镇

党委书记：丁焕盈（2011.12 任）
冯华林（2011.12 免）
镇　长：李鲁旗

富盛镇

党委书记：章金尧（2011.01 任）
镇　长：孟雁凤（2011.09 任）
章金尧（2011.09 免）

福全镇

党委书记：王　勤（2011.12 任）
周建鑫（2011.12 免）
镇　长：陈　刚

兰亭镇

党委书记：陈学军
镇　长：张咸良

漓渚镇

党委书记：钱清华（2011.12 任）
李国兴（2011.12 免）
镇　长：王叶刚（2011.09 任）
陈　光（2011.09 免）

平水镇

党委书记：邢玉清（2011.12 任）
魏阳林（2011.09 免）
镇　长：孙伟刚（2011.12 任）
阮建康（2011.09 免）

王坛镇

党委书记：卢宝良
镇　长：金秀芳

稽东镇

党委书记：朱力望（2011.12 任）
缪智勇（2011.09 免）
镇　长：高洪水（2011.12 任）
朱力望（2011.09 免）

责任编辑　陈飞燕

绍兴县纪委（监察局）

2011年，在绍兴市委、市政府组织的党风廉政建设责任制落实情况检查考核中，绍兴县再次并列全市第一。在五年一次的评选活动中，绍兴县纪委被授予全省纪检监察系统先进集体的称号。

2月18日，中共绍兴县第十二届纪委第八次会议召开。会上提出，要深入贯彻落实科学发展观，按照县委"突出转型升级、致力科学发展"工作主题，围绕中心、服务大局，严明纪律、强化执行，开拓进取、创先争优，突出重点、整体推进，全面加强作风建设和反腐倡廉建设，为顺利实施"十二五"规划、促进经济社会又好又快发展提供坚强保障。

中外媒体团在兰亭采访"三资"管理

围绕中心、服务大局水平不断提高。围绕保障发展，会同有关部门，扎实开展了拆迁安置房建设、绿化工程招投标等10项重点监督检查。在镇街开展"进企入村访民情"活动，全县共有279名镇街、开发区领导班子成员，下基层25200余天（次），收集各类问题9506个，办结8408个。完善服务企业"直通车"制度，全年通过"直通车"提交企业和基层难题92个，均由县委主要领导批示予以落实。在县级机关层面开展"提能增效促转型"活动，牵头推进"行政审批畅通工程"，推出施工图"联合图审"模式和政府投资项目并联审批模式。建成覆盖全县的村级便民服务体系，全县291个行政村、37个居委会建成示范型便民服务中心144个，标准型184个，实现全覆盖。

严明纪律、保障发展力度切实加大。全年共受理群众信访举报691件（次），办结661件（次），对29名副局（镇）级以上领导干部进行信访谈话；立案查处各类违纪违法案件70件，办结69件；党纪处分70人，政纪处分4人。积极推进廉政风险防控机制建设，实现了各镇（街）、开发区及县级部门风险排查和风险防控机制全覆盖，下属企事业单位风险排查全覆盖。举办了全县四套班子领导和副局级以上干部参加的反腐倡廉专题辅导报告会，邀请省纪委罗悦明常委讲廉政课。探索推进民营企业反腐倡廉建设，在20家民营企业建立了纪检组织。持续深化农村集体"三资"管理，接待了由中纪委等部委组织的20多家中外媒体采访团对兰亭镇农村集体"三资"管理工作的集中采访，得到省委常委、纪委书记任泽民同志的批示肯定。顺利完成全县村（居）务监督委员会换届工作，探索建立了以"按事计分、以分量酬"为主要内容的村务监督积分管理系统。

组织召开全县反腐倡廉专题报告会

举办民营企业反腐倡廉工作座谈会

以民意为导向

安全防范宣传

2011年，绍兴县公安局紧紧围绕“打击、基础”两个关键词，积极推进“平安工程”建设，大力加强和创新社会管理，全面强化公安队伍建设，有力地维护了全县社会政治稳定、治安安定。

一是社会维稳常抓不懈。始终把维护社会稳定作为首要任务来抓，全警动员，全力以赴，服务大局，确保社会面上稳定。主动当好党委政府参谋，积极化解各类不安定因素，妥善处置群体性事件，深入开展信访积案清理活动，全年共化解各类信访件238起，11起公安部督办的重点信访积案全部化解。

二是寄递行业实名制获公安部肯定。为更好地实现毒品的堵源截流，在全县23家寄递企业实行寄递行业实名制，自此，全县寄递企业内部及寄递过程中未发生重大涉毒和危害公共安全事件。8月24日，国务委员、国家禁毒委主任、公安部部长孟建柱对此批示肯定：“浙江实施快递‘实名制’的做法好，请积极予以推广。”

三是抓获全省唯一一名公安部A级逃犯。成功抓捕潜逃9年、全省唯一一名公安部A级通缉持枪抢劫案逃犯彭具才，这也是自“清网行动”以来，抓获分量最重的一名逃犯。在“清网行动”中，成立由局长任组长的“清网行动”领导小组，其他局领导包省外出追逃，全体民警凝心聚力，全力以赴，全局222名行动前上网逃犯归案196名，下降率达88.29%，其中抓获命案逃犯17名、潜逃10年以上逃犯14名。

四是保持严打高压态势。实施刑侦体制改革，探索建立“8+1+4”刑侦体制，加强“所队联动”，建立完善刑事案件现场统勘和重大刑事案件多警种同步上案工作机制，深入开展“冬季大会战”、“四仗会战”、“清网行动”、“亮剑”、“天网”、禁黄赌等专项行动，打防控效能和攻坚克难能力稳步提升。一年来，全县刑事发案总体保持平稳，共发11133起，其中“两类命案”19起，“五类案件”26起，同比分别下降5%和7.14%；共破各类刑事案件3984起，同比增长35.01%，其中破命案18起，破案率达94.74%；共移送起诉各类犯罪嫌疑人1633人；打掉黑恶势力团伙16个，打击团伙成员125名；破获涉毒案件72起，抓获涉毒犯罪嫌疑人98人，查处吸毒人员337人。

五是交通秩序畅通有序。积极开展“畅通工程”建设，实施勤务机制改革，大队领导带头站高峰岗，对执勤民警实行定岗定位，推行交通事故快速处理制度，增设城区警用摩托车动态机动巡逻组；以柯桥城区为核心，改造6个交通瓶颈；调整交通信号灯、信号线设置；加强交通监控系统建设，布网工作全面推进；开展停乱放和非法营运“四小车”专项整治。一年来，全县交通事故同比下降10.21%，死亡数同比下降1.74%，受伤数同比下降17.17%，直接经济损失同比下降45.22%。

家门口领申住宿证

犯罪嫌疑人落网

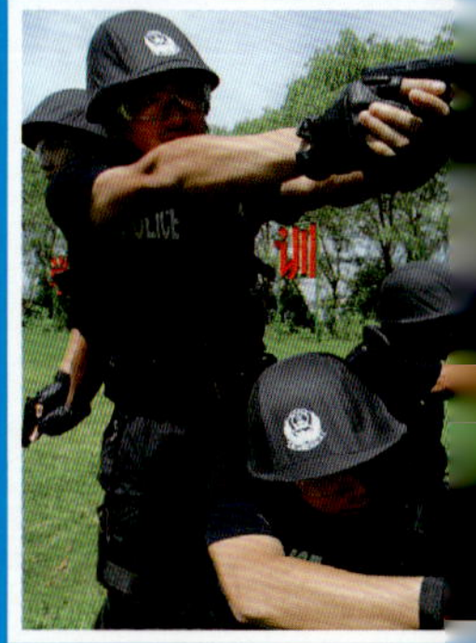
特警训练

以创新促和谐

——绍兴县公安局

六是创新队伍管理机制。建立健全了“管理信息化、工作透明化、监督日常化、评价实效化”的队伍管理新机制，全面推行《中层干部月工作评价系统》和《民警精细化管理系统》两个网上考评系统，施行对全局中层干部的每月工作民警评议制、对全体民警的每日工作精细化管理制度，较好地实现了奖优罚劣、奖勤罚懒的目标，激发了队伍的工作积极性和主动性。

七是网上拓展服务空间。顺应当前网络社会发展趋势，7月份，在新浪、腾讯网站开通警方微博，拓展了与社会各界和广大网民实时沟通的空间。半年来，共发布和回复各类信息800余条，吸引26万余名网友关注。同时，快速推进网上办事大厅建设，依托办事服务、警务咨询、警民互动、警察风采等四大板块，将75项公安行政审批项目在网上进行公示、流转，服务空间的能力得到拓展和增强。

八是“腕带”式管理人性化。坚持公安工作的信息化导向，在看守所施行在押人员“腕带”应用系统，为每名在押人员配备可存储电子信息的“腕带”，与看守所信息管理系统进行连接，管理人员通过查询“腕带”信息，即可实时掌握在押人员的关押、管教、提讯会见、临时出所和医疗管理、在所消费等情况，使在押人员管教工作更加规范透明，使监所安全更有保障，看守所实现连续13年监管、队伍安全无事故。

九是银行ATM巡防全省首创。1月份，在全省率先筹建专门针对自助银行和自助柜员机的治安巡逻队。对柯桥城区的61处自助银行、ATM机网点进行巡逻，以发现、制止各类违法犯罪行为，处置滞留在自助网点上的可疑人员，协助公安机关处置突发事件，发现并清除各类自助设备加装装置、虚假广告、可疑电话等。一年来，共捡回银行卡27张，夜间护送单身存、取款女子114人次，驱赶可疑人员12人次，柯桥城区自助银行、ATM机网点无一起尾随抢劫银行取款人案件发生。

十是出入境“再签自助”全省领先。出入境管理大队在“快”字上下工夫，不断深化各项便民利民服务措施，全力打造出入境办理快速通道。4月份，率先在全市引进港澳地区往来再签自助受理机，推行港澳旅游再次签注自助受理。申请人仅凭港澳往来通行证在受理机上就可以自行完成受理、付费、打印回执单等一系列工序，免去了填表、排队等环节，缩短了办理时间。目前，通过“再签自助”已受理4968人次。

接受锦旗

警务出巡

走访

慰问

女警进社区宣传打拐

护榧巡逻人员与榧农交谈

警民恳谈

绍兴县检察院

绍兴县检察长王荣彪在绍兴县第十三届人民代表大会第五次会议上作工作报告

2011年，绍兴县检察院以科学发展观为指导，紧扣“强化法律监督，维护公平正义”工作主题，全面履行法律监督职能，深入推进三项重点工作，不断加强自身建设，检察工作取得了新的进展。

全年共受理各类审查批捕案件869件1390人，批准逮捕1291人；受理各类审查起诉案件974件1673人，提起公诉1538人，报送市院审查起诉81人。在办案中坚持以案件质量为生命线，严把审查批捕关，因事实不清、证据不足不捕82人，无逮捕必要不捕17人，无罪不捕1人，不捕数同比上升72.4%。

一年来，立案查办贪污贿赂犯罪案件12件13人，抓获在逃嫌疑人2人。在查办案件的同时加强规范侦察活动，完善办案机制，提升办案水平，在司法警察的职能配合下，确保了安全、依法、文明办案。2011年，反贪污贿赂局被浙江省人民检察院荣记“集体二等功”。

开展以帮助企业防范经营管理法律风险为核心的服务企业“六个一”活动，在重点镇街、开发区、大型企业开展涉企法律巡回宣讲11场；结合近年来发生的破坏市场经济秩序和金融管理秩序的典型案例，编写《涉企法律宣传手册》分发至400余家企业，引导企业规范经营。

继续贯彻落实省人大常委会《关于加强检察机关法律监督工作的决定关于加强检察机关法律监督工作的决定》。一是加强立案监督和对侦查活动的监督，全年共监督应当立案而不立案的案件14件22人，监督不应当立案而立案的案件6件6人，纠正漏捕7人，监督纠正侦查活动中的违法行为5件次。二是加强对审判活动的监督，以二审程序提出抗诉2件5人，均获得市院支持，其中1件4人获得改判，促进了司法公正；受理各类民事行政申诉案件40件，向市检察院提请抗诉7件，建议市检察院提请抗诉7件。三是加强对刑罚执行和监管活动的监督，审查呈报减刑、假释、暂予监外执行124人，对10名不符合减刑条件的罪犯，建议取消减刑资格，对13名罪犯建议调整减刑幅度，建议增报减刑、假释1人。

县检察院与县司法局检调对接工作联席会议在平水新城管委会召开

市委常委、县委书记何加顺在市院胡东林检察长的陪同下来县检察院检查指导工作

县检察院检察官夜校开班

家属专程来到县检察院，送来了一面“化解矛盾，执法为民”的锦旗表示感谢

县检察院预防科组织绍兴县国土局、轻纺城建管委100余人参观了绍兴市人民检察院警示教育基地

县检察院在柯桥笛扬路步行街开展了以“加强渎职侵权检察工作　促进依法行政与公正司法”为主题的“举报宣传周”活动

积极开展行业预防，在原有基础上，与县消防大队、县柯桥电建公司建立行业预防共建机制；推进行贿犯罪档案查询工作，受理查询申请162次，查出2人有行贿犯罪记录并建议作出相应处置，在行政服务中心设立窗口，加强对招投标行业的廉政准入监督。积极开展专项预防，对轻纺城北联托运市场、体育中心等政府性投资项目进行跟踪预防。积极开展各类警示教育活动，开展预防宣讲17次，组织900余人参观了全省“法治与责任——全国检察机关惩治和预防渎职侵权犯罪展览”浙江巡展绍兴站展览。

深入执行下访巡访制度，坚持落实内设机构联系镇街制度，加强对矛盾纠纷的排查和源头化解，加强与基层党委政府治安综合治理工作的对接。深入各学校开展多场法制讲座，加强对青少年犯罪的预防，侦监科被评为“全市优秀青少年维权岗”。创新法制宣传形式，举办“法治柯桥”专场文艺晚会，在全省检察机关中属首创，受到群众的欢迎。

绍兴县经济和信息化局

绿色印染产业集聚区建设启动暨首批项目落户奠基仪式

2011年，面对国内外复杂的经济形势，绍兴县工业经济保持了平稳增长态势，成绩不俗。全年实现工业总产值3459.80亿元，增长21.6%；全部销售收入3406.19亿元，增长21.3%；工业利润155.46亿元，增长20.9%；完成工业投入183.22亿元，增长18.5%。其中规上工业企业1039家（年销售超2000万元），实现产值2939.23亿元，增长28.9%；销售2886.66亿元，增长28.2%；利润137.23亿元，增长26.4%。全年工业销售超亿元企业453家，比上年增加78家；超10亿元以上企业46家，比上年增加6家。

印染产业集聚取得阶段性成果。三批共计96家印染企业签订集聚协议，其中1家退出印染行业；集聚项目落户有序推进，截至2011年底，已有4宗土地成功摘牌，有6家企业完成填塘渣和打围墙，14家企业已在填土，18家企业开始总图设计，累计完成投资5109万元；污水处理、职工宿舍、水电、道路等相关基础配套设施建设也稳步推进，配套项目累计完成投资28.09亿元。三批企业完成集聚后，预计可减少用地3000亩，减排15%以上，淘汰落后印染产能30%，年均提高产品附加值15%以上。

战略性新兴产业培育取得明显成效。我县共有规模以上战略性新兴产业企业213家，其中属装备制造、汽车汽配、皮革塑料、新型建材、金属制品五大优势产业企业169家，属新能源、生物医药、住宅产业化三大新兴产业企业21家，属其他新兴产业企业23家，这些企业中共有省级以上高新技术企业19家，上市公司7家。2011年，全县规上战略性新兴产业完成产值834.79亿元，销售822.67亿元，分别增长33.4%和33.7%，增速分别高出全部规上总产销4.5个百分点和5.5个百分点。

节能降耗顺利推进。大力推进节能降耗“1353”行动计划，目前，其其光能、优创光能等一批重点新能源项目进展顺利；有44个项目列入市重点节能项目计划；49家企业列入省清洁生产审核计划；20家企业项目列入省、市循环经济重点工程；30家用能单位列入省能源监察年度计划。2011年，全县万元工业增加值综合能耗下降8.5%；淘汰落后印染产能105145万米、化纤产能11.73万吨、织造产能15462万米，其他还涉及机械、建材、热电、造纸、冷轧压延等行业。

项目投入取得有效突破。2011年，全县在建工业项目537只,完成全部工业投资183.22亿元，其中技改投资63.76亿元;其中5亿元以上在建项目18只。完成市战略性新兴产业项目投资54.06亿元，县“5+3+X”新兴（优势）产业项目完成投资84.22亿元，分别占全部投资的29.8%和45.9%。共组织了4批次集体会审，共审核项目46只，计划总投资70.4亿元。

自主创新硕果累累。2011年，绍兴县有29家企业被评为浙江省成长型中小企业，其中2家位列浙江省百家最具投资价值企业；26只项目列入省、市技术改造“双千工程”重点项目计划，6家企业的工业技改项目争取到省级以上财政专项资金1725万元；11只项目列入省经信委的科技项目计划；3只产品列入省重点高新技术产品开发项目计划；17只省级工业新产品通过省经信委备案列入计划；新增1家省级企业技术中心。

信息化建设稳步推进。2011年，绍兴县25个项目列入浙江省印染行业信息化与工业化融合重点项目；新认定软件企业4家，软件产品5项；绍兴县纺织产业集群“两化”深度融合试验区成为全省首批12个试验区之一。

绍兴县科技局

工信部领导调研创意产业基地

2011年，按照县委、县政府的总体工作部署，我们以科技园、创意园建设为重点，大力优化科技政策，完善创新环境，积极培育创新型企业，加快发展纺织创意产业，努力推进技术研发和科技成果转化步伐，科技工作重点突出，成效显著。我县被科技部授予2011年全国科技进步考核科技进步先进县，这是我县连续第六次获此殊荣。我局被评为省科技特派员先进集体。我县加快推进纺织产业的做法——《大力发展创意产业　推进纺织转型升级》作为全省工业设计大会上两个典型发言之一，得到省委、省政府的高度肯定。

"两园"建设有序开展。科技园、创意园是2011年绍兴县重点建设的"三大园"中的两个。9月，占地55亩、建筑面积8万平方米、总投资3亿元的科技园建设一期工程全面启动。9月26日，科技园、创意园招商推介会隆重举行，有14家单位当场签约。

产学研合作成效显著。一是高校院所共建技术转移中心全面启动。二是科技对接有新进展。组织浙江大学等13所高校30余位专家来我县开展科技对接交流。三是纺织创新平台建设有新起色。由浙江现代纺织工业研究院牵头创建的国家纺织产业创新平台通过了科技部组织的专家论证，武汉纺织大学纺织纤维及制品教育部重点实验室绍兴分中心正式揭牌。

时尚创意周系列活动之名师发布秀

产业创新势头良好。一是实施县级重大科技攻关计划。围绕解决我县产业转型升级中的重大共性技术，推出印染污泥无害化资源化成套技术及装备研发应用、印染装备自动化控制系统研发等两项重大技术攻关项目，面向全国公开招标，引起了较大反响。

创新型企业培育扎实推进。一是抓好"金种子"企业的培育。二是抓好高新技术企业的培育。围绕我县优势产业和新兴产业，积极帮助企业申报高新技术企业，全县新增省级创新型示范企业和省创新型试点企业各2家、国家重点支持的高新技术企业10家、省科技型中小企业19家、省农业科技型企业2家、市级创新型企业17家、市级高新技术企业18家。

县领导参观海外高层次人才创业项目

纺织创意产业再上台阶。至今，创意产业基地投入使用面积7万平方米，累计引进项目104只，已开业80家，注册资本6500万元，集聚人才1100人，创意产业基地设计服务产值达7100多万元，专利申请178件，授权107件，版权登记达2290件。

科技创新环境不断优化。一是强化政策引导，建议县委、县政府出台《绍兴县科技园建设实施方案》、《中国轻纺城创意园建设实施方案》等政策文件，强化了科技创新政策引导。二是注重典型激励，在抓好绍兴县科学技术奖评选的同时，继续开展科技强镇(街道、开发区)评选、"十佳创意机构"评选，进一步增浓了创新氛围。三是创新服务，扎实开展科技三个"十百千活动"。通过院校科技合作、技术难题对接、科技政策业务培训、科技服务进基层进企业、创意对接等多种形式的科技服务活动，切实提升我县企业自主创新能力，为推动经济发展方式转变，促进产业转型升级提供科技支撑。

首届中国（柯桥）纺织画稿交易会拍卖现场

为民之政 和谐之基

——绍兴县民政局

“彩虹行动”丰富了低保家庭的精神文化生活

社会各界积极为四川汶川地震灾区奉献爱心

“民为邦本，本固邦宁”。谋国是者必谋民政，谋一域者必筹民事，安民立政亦是最重要的基本国策之一。绍兴县民政工作始终坚持“以民为本、为民解困”宗旨，开拓创新、与时俱进，成绩显著，先后荣获全国、全省民政工作先进县等称号。

社会救助工作——以保障困难群众基本权益为根本，树立依法救助、人本救助、阳光救助理念，健全完善城乡低保、医疗救助、临时救济、防灾减灾、五保供养五项社会救助制度，全县城乡居民救助工作进一步规范、创新、提升。

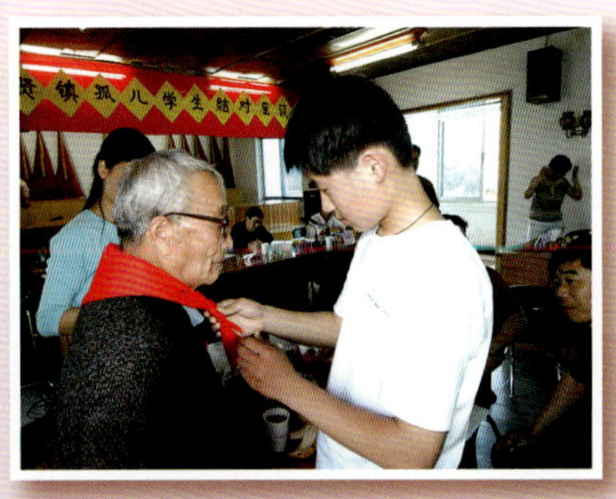
孤儿学生结对座谈会

婚姻登记规范服务

深受困难群众欢迎的慈善超市

社会事务工作——以促进和谐稳定为目标，坚持改革创新、勇于突破，管理和服务能力明显提高，各项工作逐步走上了法制化、规范化、科学化、人性化的轨道，进一步开创全县民政社会事务科学发展新局面。

社会福利工作——服务保障范围不断拓展，老年福利服务由补缺型向适度普惠型转变，残疾职工合法权益得到有效保障，福利彩票销售有力资助贫困家庭，全县社会福利事业水平不断提升。

优抚安置工作——依法维护优抚对象的合法权益，认真落实各项优抚政策，在细化配套政策、创新落实措施上下功夫，进一步完善优抚安置保障体系，全县优抚安置工作得以深化发展。

滩坑移民落户绍兴县，成为现代化建设新的生力军

绍兴县国土资源局

局长阮胜在会上讲话

绍兴县地籍管理规范化建设考评会

绍兴县国土资源系统总结表彰大会

国土资源咨询服务点

领导来绍兴县考察

记者现场采访

绍兴县国土资源局成立于1988年2月，2001年11月更为现名，内设办公室、监察室（人教科）、执法监察科（政策法规科）、耕地保护科、土地利用规划科、土地利用管理科、地籍管理科、地质矿产管理科、财务科、行政服务科10个行政科室；下辖县国土资源管理事务所（县土地整理中心）、县国土资源监察大队、县土地资产储备中心、县土地资产评估中心、县土地调查登记中心、县统一征地办公室等6个局属事业单位；全县设有平水、钱清等19个基层国土资源管理所（分局）；拥有在岗干部职工180人，其中班子成员6人，行政编制15人，基层国土所和土地监察大队已完成参照公务员法管理。

绍兴县国土资源局在省厅、市局和县委县政府的正确领导下，立足本职、服务大局、负重奋进，深化“亩产论英雄”理念，全力以赴做好全县国土资源管理事业，维持好全县正常的国土管理秩序，全力助推转型发展，荣获2011年度县长奖。

推进生态文明 共建绿色家园

——绍兴县环保局

2011年，绍兴县环保局以“811”生态文明建设工作为主线，以维护群众环境权益为目标，以专项整治为载体，加大环境执法力度，强化环境综合整治，优化服务提升素质，有力地促进了全县经济社会的全面、协调、可持续发展。

一是狠抓污染减排。围绕结构减排、工程减排、管理减排三大抓手，通过严控工业废水超量超标排放、严管“进管达标、处理提标”、加快生活污水集中收集处理、开展电磁流量阀建设、推进热电行业炉外脱硫改造、淘汰关停落后印染产能178台套等举措，顺利完成污染减排年度考核。

二是狠抓环境执法。重点开展铅酸蓄电池和锡箔加工作坊等涉铅行业、环保“五小行业”、重金属行业“三大”专项整治和柯岩、福全两个工业集聚区区域环境综合整治以及一月一次“利剑”专项行动，全年共出动执法人数8044人次，检查企业8032家次，对511家企业发出责令整改通知书，处罚企业102家（其中28家限期治理、停产整治），罚款471.7万元；对5起倾倒工业污泥7名当事人移交公安机关实施刑事拘留。全年共受理环保信访案1157件，办结率100%，有力维护了县域环境安全。

三是狠抓生态创建。全面落实全县省级生态县创建动员暨城乡环境综合治理动员大会精神，出台《关于创建省级生态县，推进生态文明建设的实施意见》和《绍兴县省级生态县创建工作方案》和《绍兴县“811”生态文明建设推进行动方案》等政策文件，分解落实创建省级生态县具体工作责任，强化生态县创建宣传，深化生态示范和绿色系列创建活动，至年底，累计创建全国环境优美乡镇9个，省级生态镇街7个，新增省级、市级绿色单位19个。

四是狠抓环境质量。永久性封堵通向曹娥江排污管道，加强河道水质监测，强化工业污泥监管，开展全县工业污泥收集处置规范化管理，配套建设污泥烘干装置100台（套）。全年全县40个镇（街）水质监测断面中，有7个断面达到2类水质，占17.5%，10个断面达到3类水质，占25.0%，断面达标率为42.5%，比2010年同期上升10.9个百分点。深化定型机废气治理，全县印染行业1449台定型机全部安装完成废气治理设施，全县大气环境质量有进一步提升，柯桥城区空气质量优良率90.4%，比上一年同期上升1.4个百分点。

五是狠抓效能提升。全年共办理各类审批事项735件，其中建设项目439件；核发排污许可证217家，其中印染企业109家；开展"三同时"验收项目180家，限期治理项目竣工验收23件；办理排污权抵押贷款80家，金额7.5亿元；通过清洁生产审核企业34家，否决重污染项目24项。开展全县放射源安全应急演练，提升应急反应能力，得到省、市环保部门高度肯定。

县领导视察建设工地

县人大领导视察县重点景观工程建设情况

第十三届房交会展示楼盘

绍兴县住房和城乡建设局

2011年，绍兴县住房和城乡建设局紧扣“突出转型升级、致力科学发展”工作主题，围绕“现代开放的柯桥城、繁荣生机的中心镇、美丽有序的新社区”的城乡建设总体目标要求，整合工作机制体制，狠抓任务目标落实，全力推进县域城乡转型升级。

城市配套形象得到提升。柯桥城区夜景亮化、金柯桥大道绿化景观、环瓜渚湖景观提升三大工程做到质量品位齐抓，这三大工程的完工极大提升了城市的整体形象。城区三个交通导流岛改造完工，笛扬路、湖中路等6条道路修补和稽山桥、华墟桥等8个桥坡沉降修复及明珠广场维修等工程，极大改善了城区交通功能。

安置安居工程扎实推进。全年共建设城区安置小区项目14个，总建筑面积288万平方米、总投资110亿元，当年完成投资30多亿元。全年竣工面积48.3万平方米，总开工面积65万平方米。华舍杭甬客专安置小区由绿城房产代建，积极探索城区安置房建设提档模式。

住房保障体系更趋完善。我县首期公共租赁住房1314套10月份开工。落实2011年经济适用房房源270套，完成廉租住房保障30户，人才住房申请配租47人。完成613户“双困户”住房解困和农村住房改造建设8773户（危旧房改造完成168户），5个集中居住区已建设。完成柯桥城区10万平方米老小区整治改造工程。

房地产业持续平稳发展。2011年，全县房地产完成投资125.1亿元；商品房累计新开工面积271.95万平方米；商品房累计竣工面积132.3万平方米。全县商品房销售118.67万平方米。累计房地产上缴税收15.89亿元，同比增长27.22%。其中地税13.17亿元，占全县地税总额的30%。成功举办了春季、秋季两届房地产交易会。

城区夜景亮化工程

绍兴县首个保障房项目开工

金柯桥大道绿化景观工程

房屋拆迁任务创历史新高。全县共拆除房屋面积212万平方米，完成交地2346亩，其中城区拆迁面积143.8万平方米，超额完成年度目标任务，拆迁面积创绍兴县房屋拆迁工作新高。同时，柯桥中心城区域完成新征土地500亩，完成保利、朗诗、金地等重点项目交地770亩。

城镇管理再上新的台阶。城管标准体系初步建立，实施柯桥城区主要道路“路长制”管理工作；取缔管宁、下市头、双川路、耶溪路等4个马路市场，全年共拆除违法违章建筑面积5万余平方米，开展城区高档小区违章建筑专项整治；实施城区增绿工程，完成城区重点地段种植大树1300余棵和4.2万平方米失管绿地复绿或硬化工作。开展市容市貌整治，建立“一桥一卡”城区桥梁档案。加强城乡环境卫生管理，开展城乡生活垃圾统一清运工作；加强城镇污水设施建设管理。

作风效能建设不断加强。开展“城建服务惠民年”活动，实行工作例会制度，推行建设工程“廉政保证金”制度。出资修建结对村（富盛镇董溪村）基础设施，推进“美丽乡村”建设。完成105件县人大代表建议、政协委员提案和县人大代表建议“直通车”办理工作，办理工作位列全县机关部门前5位。

绍兴县规划局

2011年，绍兴县规划局以建设“国际纺织时尚之都，现代商贸休闲之城”为目标，秉持“国内一流、国际领先”的规划理念，与国内顶尖的名家名院开展广泛合作，强化规划引领作用，优化规划编制设计，全年共编制完成各类规划27项，不断完善城市功能，改善城乡人居环境。至年底，城市化率达64%，比上年提高1%。

优化完善城乡规划体系。2011年，规划局按照统筹城乡一体化发展的要求，进一步深化完善“一主三城三区”总体空间布局，先后编制完成《钱杨新城分区规划》、《福兰新城概念性总体规划》和《东部现代生态经济区概念性总体规划》等城镇总体规划。同时按照省市有关要求，不断推进中心城区控规覆盖工作，编制完成高铁站场周边区块、柯西区块、马宅池区块、小赭区块和柯东区块等区域的控制性详细规划，进一步落实总体规划的有关要求，为柯桥城市开发建设提供规划依据。

积极开展城市特色规划编制。2011年，规划局围绕“宜居乐业的幸福水乡、现代开放的魅力新城”的建设愿景，积极开展各类特色规划编制。为构筑柯桥独特的城市色彩与高度景观体系，编制完成了《绍兴县中心城区色彩及高度规划》；为营造丰富的绿地水网景观，编制完成了《绍兴县城市开放空间（绿地、水系）系统规划》；此外还以公开招标的形式编制了《绍兴县城市规划展览馆方案设计》，着力打造城市形象展示窗口，并完成了《中国轻纺城市场区域亮化设计》、《中国轻纺城市场区域环境提升规划》编制，充分体现柯桥纺城产业特色。

完成各类城市专项规划。2011年，坚持以人为本的规划理念，积极推进民生工程，相继完成《柯桥城市电力线改造工程规划》、《绍兴县城区地下空间开发利用规划》、《中国轻纺城市场配套设施布局规划》、《绍兴县城历史文化资源概念性规划》等规划，启动《绍兴县教育设施布点规划》和《绍兴县城区医疗卫生设施布点规划》编制，不断完善城市功能。

编制中国轻纺城中央商务区（CBD）详细规划。为加快城乡转型升级，推动城市经济发展，2011年编制了《中国轻纺城中央商务区（CBD）修建性详细规划》，规划以“水乡时尚新都市，纺城产业制高点”为定位，着力将中国轻纺城中央商务区（CBD）打造成世界纺织业的产品研发和商贸中心，中国纺织业核心企业总部聚集地，长三角极具影响力的旗舰总部，绍兴三产增长新引擎以及县域城市形象新名片。

《绍兴县城市色彩与高度规划》方案论证会

规划展览馆鸟瞰图

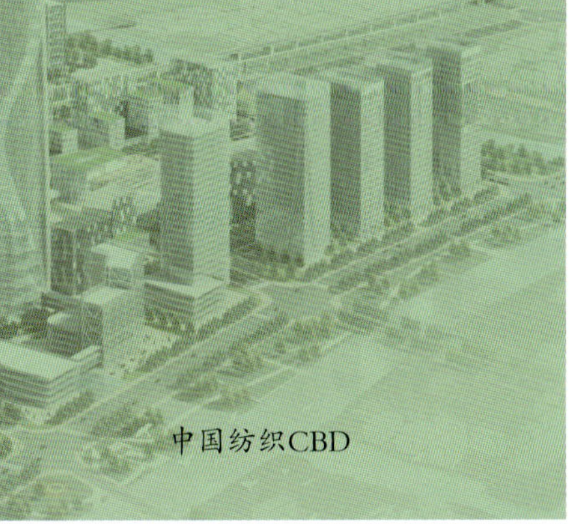

中国纺织CBD

绍兴县水利水电局

2011年，绍兴县水利水电局深入贯彻落实中央一号文件和中央水利工作会议精神，以全县清水工程建设为抓手，治水质、抓基础、重民生、保安全、强执法，成效明显。绍兴县被省水利厅授予“第一批水土保持监督管理能力建设达标县”，“基层防汛防台体系管理考核优秀县”荣誉称号，我局也被省水利厅评为“河道保洁长效管理优胜单位”、“全省水利系统信息工作先进单位”，并且连续5年蝉联县机关部门“一等奖”单位，水政监察队伍考核也连续5年被评为省市两级优秀。

省水利厅副厅长虞洁夫（前排中间）一行在平水江水库督查防汛工作

生态水利建设有新突破。深入推进河道疏浚、护岸，全年完成河道清淤105.8万立方米，砌坎32.72公里。着力开展城区淤泥中转站和滨海排泥场建设，破解淤泥堆放处置难题。积极开展引水活水工程前期工作，多措并举开展河道保洁，创新“河长制”管理体制，形成了齐抓共管的良好局面，水质较2010年同期显著提升。

平安水利建设有新保障。以山区、海涂防汛防台为重点，全面建成基层防汛体系建设；开展以检测系统、预警系统、县级监测预警平台和群测群防体系建设为主要内容的山洪灾害防治县级非工程措施建设；开展以“两塘一河”为重点的防洪体系建设，高标准建成钱塘江海塘防御超强台风体系。

水法宣传进校园

民生水利建设有新成效。以全国小型农田水利重点县建设为契机，兴起小农水建设热潮。全年实施31个小型农田灌溉区改造，14处高效节水灌溉工程，改造新建田间渠道120.49公里，完成小流域治理11.15公里，山塘水库除险加固65座，做好全县767座山塘水库的安全管理工作。继续推进山区农民饮用水工程建设并加强建后管理，确保饮水安全。全年实施14处水源工程，安装消毒器88台，受益人口1.04万人。

钱塘江一线海塘

资源水利建设有新起色。积极开展全国首次水利普查，摸清“家底”，为研究确定全县经济社会发展规划、制定各项经济社会政策提供可靠的基础信息支撑。加强水资源信息化管理，全年安装水资源实时监控信息化装置188套，力争用三年时间在全省率先实现年取水量10万立方米以上取水企业水资源信息管理全覆盖，实现水资源效益最优化。加大水法律法规宣传、水政执法力度，严格执行取水许可、取水企业年审、建设项目水资源论证等制度，在全社会营造节水、爱水的良好氛围。

水利文化建设有新典范。编印出版由《鉴湖史》、《绍兴治水人物》和《绍兴水利诗选》组成的《绍兴水利文化丛书》，并成功举行首发式暨研讨会，得到了与会学者和专家的高度赞誉。《绍兴县水利志》完成校稿后即将付梓问世。同时，在城区主要河道设立河名河牌，深入挖掘、传承、弘扬水文化。

绍兴县茶场喷灌工程

富盛镇杨婆岭山塘整治后新貌

绍兴县商务局

绍兴县商贸投资环境推介会在上海浦东喜来登由由酒店举行

绍兴县越商投资恳谈会在鉴湖大酒店举行

在全市率先开设每月一期的外贸预警论坛

绍兴县商务局按照大商务的工作要求，于2011年1月在整合原外经贸局、招商局、商贸三产办以及经贸局的定点屠宰管理、散装水泥和成品油管理职能的基础上组建而成，是负责全县招商引资、商贸三产发展、国际国内贸易、对外经济合作、常驻外商管理服务、生猪定点屠宰管理、推进水泥散装化、成品油管理的综合经济管理部门，机关内设办公室、经济联络科、商贸发展科、对外贸易科、外资管理科、外经合作科、秩序监管科等十个科室，下属涉外管理服务中心、生猪定点屠宰稽查大队、散装水泥办公室等5个全民事业单位。

2011年，绍兴县商务经济在全县上下共同努力下，取得瞩目业绩。全年新引进县外内资项目76只，共计44.34亿元，超额完成年度目标；新批合同外资15465万美元，实际利用外资15015万美元；成功引进喜来登、希尔顿、雅高、天虹百货、银泰百货、夏威夷风情园等商贸大项目。实现社会消费品零售总额142.23亿元，同比增长19.1%。实现进出口总额132.9亿美元，同比增长22.2%，其中自营出口96.5亿美元，进口36.5亿美元，同比分别增长21.8%和23.2%，出口总额高居全省各县（市、区）首位。完成境外投资11592万美元，实际境外工程营业额3549万美元，同比分别增长85.3%和14%。

绍兴县商务局将在县委、县政府的正确领导下，以“十二五”发展规划为指导，组织开展“商务发展提升年”活动，致力于招商增规模、提质量、优结构，内贸扩消费、活流通、强监管，外贸稳增长、调结构、促平衡，积极推动商务环境大提升，商务工作大发展，商务经济大繁荣。

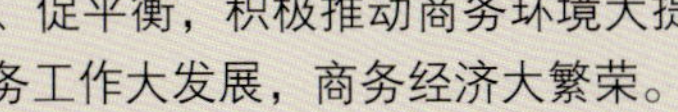

广交会

天虹开业

组织召开绍兴县开放型经济“十二五”发展规划评审会

全县散装水泥工作会议暨推广应用预拌砂浆现场会现场

绍兴县文化广电新闻出版局

吴凤花二度梅

义乌非遗博览会——扯白糖

欢乐系列文艺活动启动仪式

绍兴莲花落《绍兴名士绍兴酒》

2011年，绍兴县文化广电新闻出版局紧扣“突出转型升级，致力科学发展”工作主题，大力实施“名家名品”工程，加快构筑公共文化服务体系，各项文化事业得到新发展，绍兴县被列入浙江省公共文化服务体系示范区创建单位。

“欢乐”系列活动深受群众欢迎。出台“欢乐乡村”文艺活动方案，采取政府补助、鼓励以自娱自乐为主的业余文艺团队到农村演出的办法，全年共开展文艺演出370余场次，观众达26万人次，基本做到了文艺演出村居全覆盖。在城区，开展“欢乐柯桥”文艺活动，设计了周末戏曲专场、明珠文化广场专场、社区主题活动等三大板块，全年共开展各类群众文化活动180余场次，观众约16万人次。

第七届中国曲艺节圆满落幕。来自全国各地的1300多位演职人员及众多明星集聚柯桥，举行了包括开闭幕式在内的12场演出，集中展演了涉及56个曲种的近120个优秀节目，约有1.8万观众现场观看演出。《人民日报》、中央电视台等20多家主流媒体纷纷报道，充分展示了绍兴县的良好形象，有效提升了绍兴县的知名度。绍兴县精心创作编排的“水乡曲韵”——绍兴地方曲艺专场亮相曲艺节，进一步弘扬了绍兴地方曲艺。县委何加顺书记作出批示，对承办工作给予充分肯定。

“名家名品”工程又有新突破。加大对文化高级人才的引进力度，通过面向全国刊登招聘公告、签订引才责任书、派遣招才“小分队”等办法，引进高级文化人才2名。致力培育名家，吴凤花再获“梅花奖”，成为越剧界继茅威涛后第二个“二度梅”演员；吴凤花还荣获“浙江骄傲——2011年度最具影响力人物”称号。完成三集戏曲电视剧《一钱太守》拍摄工作，并在央视戏曲频道首播。

文化产业发展有新起色。完善文化产业扶持政策，加大对演艺、娱乐等项目的培育扶持力度。积极组织企业参加义乌文博会，有8家企业参展，其中3家获创新奖，县人民政府获组织奖。

文化市场管理切实加强。推进文化市场长效管理机制建设，首次推出错时执法制，组建文化市场“五老”义务监督员队伍，加大演出市场执法力度，完成政府办公软件正版化工作，确保了文化市场的安全与繁荣。县文物监察大队获“十一五”期间全省文物行政执法监察工作先进集体及2011年全省文物监察工作成绩显著单位。

文化遗产保护取得新进展。完成了孙家祠堂、石厂庙、王化庙的抢救性整修保护工作。非遗馆建设顺利推进。举办了中国柯桥·宋六陵暨绍兴南宋历史文化学术研讨会，推动绍兴县历史文化研究。参加中国（浙江）非物质文化遗产博览会，绍兴县选送的绍兴莲花落、绍兴铜雕等5个非遗项目获得特别展示奖、优秀表演奖等5个奖项。

《一钱太守》

绍兴县卫生局

陈洪铎院士工作站落户县中心医院

2011年，绍兴县卫生局推进深化医药卫生体制改革，完成三年五项医改重点改革任务，全面加强各项卫生工作，继续保持了卫生事业又好又快的发展势头，实现了“十二五”发展的良好开局。

基本医疗保障水平明显提高。新型农村合作医疗人均筹资额达509元，筹资标准居全市第一。全县农业人口参合率达97.11%。住院最高支付限额达到171000元，已达到本县农民人均纯收入的10倍以上。当年新农合共为参合群众报销医疗费用3亿多元，政策范围内住院费用补偿率已达到70%以上，医疗保障水平明显提高。

在中国轻纺城小学操场举行了大型“爱牙日”主题宣讲和义诊活动

基本药物制度稳步推进。全县社区卫生服务机构药品让利超1亿元，门急诊均次费用、住院均次费用持续下降。继续深入推进基本药物制度扩面工作，县中心医院和县中医院开展县级公立医院综合改革试点，所有药片（中药饮片除外）实施零差率销售，进一步减轻群众医药负担。

医疗卫生服务体系健全完善。绍兴第二医院、县中心医院分别通过三级乙等综合医院复评和创建。2家单位创建为首批省级示范社区卫生服务中心，全市首个省级规范化社区卫生服务中心实现全覆盖，社区卫生服务机构标准化建设三年任务完成率100%。

公共卫生服务项目有效落实。人均基本公共卫生服务经费标准提高到25元。卫生应急、疾病防控、卫生监督、妇幼保健、爱国卫生等工作持续推进，绍兴县被评为“十一五”国家科技重大专项浙江省传染病防治综合示范区项目先进示范区。

医疗服务管理进一步加强。加大高学历、高层次卫生人才和护理、全科医学等紧缺专业人才的招聘引进力度，评选首届绍兴县名医、护理标兵、医坛新秀共30名。有序开展县镇村医疗卫生资源统筹配置、卫生信息化建设和县级公立医院综合改革等试点，科教兴卫工程成效显著。深入开展“医药回扣专项治理年”活动和文明行医承诺履诺活动，加强对重点项目资金的监管和对医疗检查、药物使用、服务收费等情况的监管检查，反腐纠风工作体系逐渐完善。

绍兴县召开县级公立医院综合改革动员大会

市人大常委会督查绍兴县深化医药卫生体制改革情况汇报会

绍兴县卫生监督所突击检查各供应馒头的早餐点（摊）

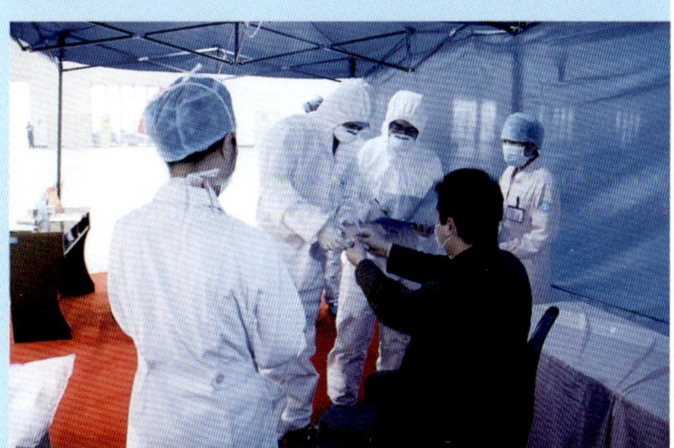
突发公共卫生事件应急预案暨传染病疫情处置应急演练

绍兴县人口计生局

2011年，绍兴县共出生4986人，计划生育率98.62%；人口出生率在7.60‰以内，人口自然增长率1.09‰。这年，全县深化实施优生促进工程，免费孕前优生检测率100%，免费婚检率100%；开展打击“两非”专项行动，出生性别比106.99，保持在107的正常范围内；推进流动人口计生均等化服务，流入已婚育龄妇女服务管理率和流出已婚育龄妇女信息掌握率均达到88 %以上；实施“阳光计生”行动，开通“12356”阳光计生服务热线；广泛开展市级生育文明示范乡镇创建活动， 5个单位获市生育文明示范镇（街道）；积极打造人口文化品牌，建成27个县级新家庭文化屋；扎实开展全员人口信息核查工作，完成110.97万人的人口基础数据核实工作。全县人口计生目标管理责任制在全市年度考核中获得第一。

全县半年度人口计生工作暨流动人口计生均等化服务工作推进会

市对县人口计生目标责任制考核汇报会

绍兴县信访局

2011年，绍兴县信访局在县委、县政府的正确领导下，围绕“突出转型升级、致力科学发展”工作主题，以领导干部下访接访活动为主要载体，以“事要解决”为最终检验标准，创新工作机制，狠抓基层基础，强化责任落实，全县信访总体保持平稳，信访案件有效调处率保持在98%以上，没有发生重大恶性上访事件。全年共受理各级信访2695批（件），来信1265件，来访1430批5981人次，县公开电话受理中心受理各类电话15802件。

全县信访工作专题会议

为深入推进信访工作“一把手工程”和“一岗双责”，县信访局坚持并健全了县领导接待群众来访活动制度，加大领导干部接访下访的力度和密度。每月5日、25日县领导在县信访局接待来访群众，每月15日县领导到各联系镇（街道）、开发区、轻纺城建管委接访。县领导接访与重点约访、包案督办、积案化解及调研和检查相结合，对县领导接访和下访的信访件，实行领导包案、跟踪督办、定期督查，使大接访活动真正落到实处，进一步转变工作作风，巩固执政基础，带动全县信访形势持续好转，促进社会和谐稳定。

县信访局在2011年度县机关部门岗位责任制考核中获一等奖。

绍兴县统计局

全县统计工作会议

全省部分县市统计信息交流网络会长成员单位在一起商讨工作

2011年，绍兴县统计局坚持以科学发展观统领全局工作，牢固树立“用真实数据说话、为科学发展服务”的统计理念，发扬“依法统计、敬业奉献、廉洁高效、求实创新”的精神，深化统计改革，夯实统计基础，完善调查方法，不断提高统计数据质量，竭力提升统计服务水平。

一、重服务，突出统计品牌建设。及时发布《2010年绍兴县国民经济和社会发展统计公报》、《2010年绍兴县第六次全国人口普查主要数据公报》，编辑《2010年绍兴县经济发展报告》、《2010年绍兴县国民经济和社会发展主要统计资料提要本》、《2010年绍兴县文化产业统计概览》、《2010年绍兴县统计年鉴》、《绍兴县第六次人口普查主要数据提要本》等统计资料。

二、重创新，突出统计方法制度改革。一是构建工业重点企业监测网络；二是实施战略性新兴产业统计监测；三是开展文化产业统计调查；四是推行限上贸易企业电子台账；五是实现房地产业信息互联互通；六是实行镇（街）粮食生产统计监测；七是探索城镇住户调查数据处理新模式。

三、重应用，突出人口普查资料开发。一是及时整理、发布《2010年绍兴县第六次全国人口普查主要数据公报》。在第六次全国人口普查工作中，绍兴县人口普查办公室荣获“国家级先进集体”称号。二是构建综合数据查询平台。自主开发以长短表调查数据为基础的汇总程序，创建数据查询平台，提供形式多样的汇总表，为资料开发提供数据上的保障，为数据查询提供服务窗口。三是多角度撰写人口发展报告。共撰写32篇有关人口总量与分布、流动人口、少数民族人口、性别与年龄、人口自然变动、婚姻家庭、受教育状况、人口老龄化、劳动就业与社会保障、居住状况的调研文章，并以《人口·经济·民生》专辑的形式发送有关领导和部门参阅。

四、重基础，突出依法规范统计行为。全年共完成统计继续教育共20期，教育人数超过2600人。对基层统计专业人员的业务培训共25期，参加人数1390人；法制工作培训共4期，参加人数208人。对科级以上领导干部培训1期，共35人。2011年，全县统计从业资格参考人数达319人，考试合格人数205人。统计专业技术职称考试报名人数22人，新增高级统计师4人。依据新《统计法》，修订了我县《统计行政自由裁量实施办法》，做到执法有依据，处罚有标准。全年共稽查统计单位87家，查处统计违法案件25起，警告7起，警告并罚款18起。

五、重队伍，突出统计效能建设。一是每月举办一次由局（队）专业人员主讲的数据解读讲座，着力提高统计人员的数据解读研判能力和综合分析能力。二是通过选派干部学习进修、举办业务培训班、统计职称考试考评、统计年报培训等有效载体，积极开展统计干部的业务培训。三是在各科室之间开展比统计质量、比信息数量、比调研课题、比工作创新等“四比”活动。

统计法制培训班

绍兴县统计学会第三届会员代表大会

绍兴县计算机学会第三届会员代表大会

绍兴县工商行政管理局

省版权局领导考察中国轻纺城花样版权管理工作

何加顺书记考察改造后的农贸市场

省工商行政管理局副局长黄笑芊调研网上轻纺城

两网合作签约

全省工商系统食品安全现场会在柯桥召开

2011年以来，绍兴县工商行政管理局确立“立足工商干工商、跳出工商看工商、创新工商强工商”的工作理念和思路，以创新的眼光、创新的思维、创新的方法，创造性地开展工作，提高工作效能，取得了积极成效。

助动发展有新举措。围绕“十二五”发展规划和县委、县政府工作重点，对近两年出台的助动新政进行重新审视和整合后，又出台了六大助力工程。对中小企业专题开展调研，形成调研报告，引起县委、县府领导关注。下半年紧贴经济形势，研究出台了支持“小微企业”发展的11条意见。深入推进商标战略，精大、越峰2件商标被评为中国驰名商标。注重挖掘商标价值，搭建起中小企业融资平台，全年各类助企融资超过60亿元，受到企业欢迎。优化注册职能，鼓励股权投资企业34家落户发展，县域内资企业注册资本首次突破千亿大关，小微企业数量同比增长15%。

市场振兴有新提高。轻纺城市场相继被评为全国首批诚信示范市场和全国首批版权保护示范基地，成为全省唯一获此两项殊荣的专业市场。11月份召开的市场峰会上，绍兴县位列浙江省十大市场强县第二位，轻纺城市场被评为首批“浙江省十大示范转型示范市场”。作为2011年我县“十项实事工程”的农贸市场改造提升，我局视其为关乎政府形象和广大民生的大事来抓，落实奖补经费2000万元，抢时间、赶进度，强势推进，城区5个市场当年立项、当年改造、当年完工、当年回迁。把培育和发展“网上轻纺城”作为一项重大创新课题，及时介入行政指导，首度实现政企合作打造网上诚信体系，支撑网上持续发展。

科学监管有新提升。集中开展了进口红酒、血燕市场、房地产广告、知识产权保护等专项整治，共立案查处各类经济违法违章案件709起。加大无照整治工作力度，实行实地督查，实现常态化监管，成功处置杨汛桥血铅事件。扎实推进社会维稳工作，妥善处理了包括“染色馒头”、“抢盐”风波、“锦湖轮胎”、“血燕整治”等一系列突发性事件，稳定消费者情绪，保护消费者利益。积极深化“护密强企”，探索建立健全企业商业秘密保护体系的新路径，开展商业秘密保护专题调研和行政指导。

保障民生有新环境。着力健全食品安全监管组织机构和制度保障，明确操作规范，强化业务培训，加大宣传力度。还编发应急处置视频教程，全省现场会予以总结推广。全面推进12315进商场、进超市、进市场、进企业、进农村，努力营造便利、安全、放心的消费环境。全年在11家大型商场超市开通消费争议先行和解“直通车”；建成全市首个商场“消费教育馆”，开展三方视频调解，在9家“4S”店推行“四公开制度”，破解汽车消费潜规则。全年共受理、调解各类消费纠纷2076起，为消费者挽回经济损失近379万元。

积极为企业牵线搭桥，帮助中小企业拓宽融资渠道

组织全县120多家涉网企业召开电子商务培训

组建城区经济巡查队，加强柯桥城区经济巡查

参加红歌大合唱

绍兴县食品药品监管局

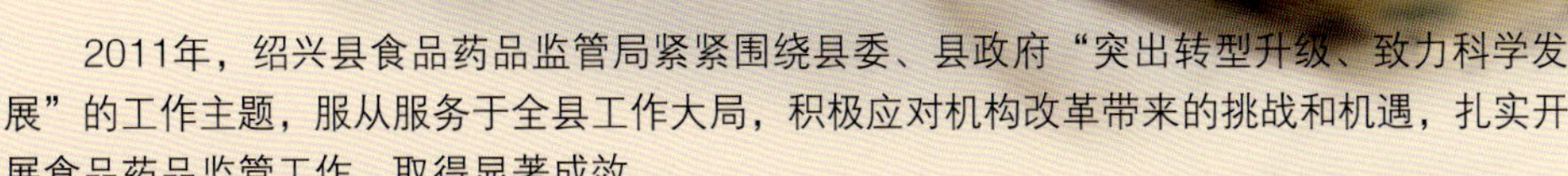

2011年，绍兴县食品药品监管局紧紧围绕县委、县政府“突出转型升级、致力科学发展”的工作主题，服从服务于全县工作大局，积极应对机构改革带来的挑战和机遇，扎实开展食品药品监管工作，取得显著成效。

大力开展“健康使命—2011”食品药品安全专项整治大行动，打好基本药物质量保卫战，高风险药品安全持久战，打击违法添加非食用物质和滥用食品添加剂阵地战，打击制售假冒伪劣药品歼灭战，整治利用互联网及媒体虚假宣传、非法交易网络战等“五大战役”，为公众身体健康和生命安全筑起了坚固防线。

自被省食药监管局推荐创建首批国家药品安全示范县后，县食药监管局把抓好国家级、省级药品安全示范县和市级药品安全示范镇（街）三级联创工作作为强化药品安全监管的重要抓手，进一步强化了基层政府监管责任，召开镇（街）分管领导动员会、社事办主任培训会，组织参加药品安全事故应急处置培训，学习考察其他地区先进经验；进一步落实了药品监督网络制度，开展药品助理监管员、农村公共安全协管员培训，并利用电子网络、信息平台等主动联系，加强业务指导。

加强指导，以实地调研、上门服务、现场指导、信息咨询、定期回访等形式，助推企业发展。华纳药业新增国家药品批准文号1只，通过GMP认证并投入生产；亚太药业新增国家药品批准文号2只投入生产，冻干二车间GMP复认证顺利通过国家认证中心认证；浙江景岳堂药业变更生产场地的所有车间及相关附属设施均通过市食药监管局现场检查，新增生产范围经过省认证中心认证。合理布局，规范行政审批，全年新发展药品零售企业15家。争取政策支持，大力扶持绿色豆芽菜企业，帮助企业解决土地、项目审批等问题，在兰亭启动日产100吨的豆芽菜机械化生产企业，对保障全县乃至全市豆芽菜安全将起到积极作用。

部署食品药品安全专项整治工作

丁生产副县长带队检查食品添加剂专项整治等食品安全工作

食品药品监管在身边大型主题对话活动

食品药品安全宣传进农村

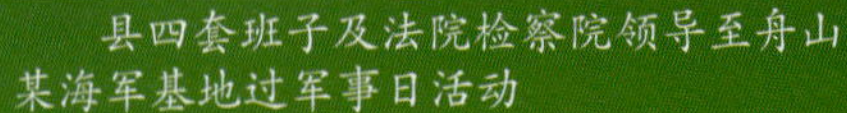

县四套班子及法院检察院领导至舟山某海军基地过军事日活动

学生军训

绍兴县人武部

2011年，绍兴县人武部坚持以科学发展观为指导，以形成信息化体系作战能力为主线，积极适应形势任务变化要求，主动作为，狠抓落实，人武部全面建设上新台阶。后备力量建设稳步推进。围绕“平时服务、急时应急、战时应战”的总要求，坚持“巩固深化、适度调整、统筹建设、整体发展”的原则，注重编组、部署、训练、运用“一体化”建设，着力构建“平时能应急，战时能应战”的队伍，战斗力常态化保持、应急应战能力有效提升。军事训练成效明显。坚持党委议训、按纲施训、依法治训、层级组训，注重改进方法手段，深入推进训练转变，一年来，共组织了9个批次共10支民兵专业队伍的训练。基层规范化建设再上台阶。年内实现了全县所有基层单位达标，30%达到先进标准。人武部新营院建成启用，信息自动化办公网络初步建成。党管武装氛围浓厚。县委专题议军会研究解决关于成立柯桥经济开发区管理委员会武装部、县属民兵应急连建设、预备役汽车营建设、县消防大队和武警中队设备设施建设等问题。国防教育、参建支建丰富多彩。优质高效完成年度征兵任务。这年，县政府被省政府、省军区表彰为征兵工作先进单位，县人武部党委被浙江省军区表彰为先进团党委；被绍兴军分区表彰为安全管理先进单位、新闻报道先进单位、财经管理先进单位。

市长钱建明在县征兵体检站检查征兵工作，县委书记何加顺陪同

省军区领导调研荣盛集团国防教育情况

准新兵到干休所参加革命传统教育

绍兴县人武部新营院正式启用

水上抢险分队在瓜渚湖进行训练

县机关全体人员参加国防形势讲座

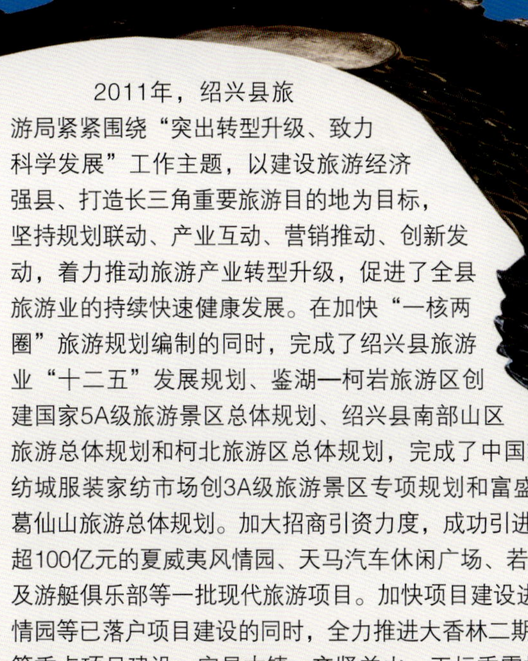

绍兴县旅游局

2011年，绍兴县旅游局紧紧围绕“突出转型升级、致力科学发展”工作主题，以建设旅游经济强县、打造长三角重要旅游目的地为目标，坚持规划联动、产业互动、营销推动、创新发动，着力推动旅游产业转型升级，促进了全县旅游业的持续快速健康发展。在加快“一核两圈”旅游规划编制的同时，完成了绍兴县旅游业“十二五”发展规划、鉴湖—柯岩旅游区创建国家5A级旅游景区总体规划、绍兴县南部山区旅游总体规划和柯北旅游区总体规划，完成了中国轻纺城服装家纺市场创3A级旅游景区专项规划和富盛镇诸葛仙山旅游总体规划。加大招商引资力度，成功引进了总投资超100亿元的夏威夷风情园、天马汽车休闲广场、若航绍兴直升机场及游艇俱乐部等一批现代旅游项目。加快项目建设进度，在抓好夏威夷风情园等已落户项目建设的同时，全力推进大香林二期、天马君澜大酒店、嘉诚希尔顿大酒店等重点项目建设，安昌古镇、齐贤羊山、王坛香雪梅海等旅游景区全面提升改造，富盛由由嘉园等旅游点已建成开放，旅游配套综合服务水平大幅攀升。加大市场营销，专题组织赴安徽、山东临沂等地旅游推介和绍兴县旅游走进杭州专场推介晚会等活动。强化节会促销，整合推出绍兴县“魅力柯桥”欢乐城乡游十大节会活动，成功举办了金秋旅游节、旅游美食节、乔波冰雪节和中国轻纺城购物节等活动。强化媒体宣传，编印刊发《绍兴游报》，并在《中国旅游报》、《浙江日报》等主流媒体上加大旅游宣传。重视网络营销，开通了绍兴县旅游官方微博，改版升级旅游网站，公开征集了我县旅游口号和形象标识，旅游信息化走在了全省的前列，荣获2011年度“全省旅游信息化工作先进单位”、“全省优秀旅游网站”、“全省优秀旅游微博”等荣誉称号。王坛香雪梅海、中国轻纺城服饰家纺市场成功评定为国家AAA级旅游景区；鉴湖大酒店通过国家五星级旅游饭店评定；绍兴港龙国旅成为四星级品质旅行社；安昌镇和王坛新联村、富盛倪家溇村、稽东裘村成功创建为省级旅游经济强镇、特色旅游村；成功引进了绍兴天下旅行社落户柯桥；顺利通过了浙江省旅游经济强县的复核考评，在中国最佳文化旅游城市评选中，我县获“中国最佳文化旅游城市”、“全国优秀生态旅游城市”等荣誉桂冠。加大了各类培训力度，组织开展了VIP接待、市场营销人员等10期旅游从业人员培训班，成功举办了绍兴县第四届导游大赛。加强旅游市场监督管理，加大重要时节和重大节日期间的旅游安全检查工作，同时成功举办了2011年绍兴县旅游系统消防运动会。

2011年全县共接待国内游客837.84万人次，境外游客18.20万人次，实现旅游收入86.29亿元，同比分别增长19.2%、12.3%和19.4%。其中“十一”黄金周接待国内外游客76.11万人次，同比增长22.25%，旅游总收入39540.19万元，同比增长21.54%。

旅游推广会

阿Q和假洋鬼子

“魅力柯桥”欢乐城乡游启动仪式

走进大香林寻找桂花公主

金秋旅游节开幕式

建设中的大香林云上天宫

乔波冰雪世界首届趣味滑雪比赛

重庆园博会绍兴城市活动日

醉美绍兴

绍兴县行政服务中心（公管办）

绍兴县行政服务中心荣获省级“文明单位”

2011年，绍兴县行政服务中心、公共资源交易管委会办公室紧紧围绕县委、县政府“突出转型升级，致力科学发展”的工作主题，致力于打造“政府机关的第一窗口，行政服务的第一超市，资源配置的第一平台，反腐倡廉的第一阵地”的目标，圆满完成了全年各项目标任务。全年共办理各类审批事项22.1万件，日均办件904件；行政许可准确率达100%，承诺件按时办结率达100%，提前办结率98.7%，审批提速率为69.7%，各项数据均超去年。全年共完成“四项交易”1954件，总成交额165.5亿元，共节支增收24.4亿元。其中建设工程交易91.7亿元，政府采购7.8亿元，土地出让58.8亿元，产权交易7.2亿元。行政服务中心获得了省总工会颁发的“省五一劳动奖状”荣誉称号。

县行政服务大厅住房和城乡建设窗口忙碌景象

推出政府投资项目并联审批。2011年，针对政府投资项目在实际工作中普遍存在着审批时间长、审批流程多、操作上复杂多变等问题，行政服务中心推出该项并联审批模式，通过“一单启动—前置后移—同步编制—并联审批”的流程，大大提高了工作效能。从项目立项到施工许可证领出为止（不包含招投标和中介时间），审批部门的承诺时间（累计）从原先的81个工作日压缩到28个工作日。

推出建设施工图“联合图审”。2011年，绍兴县行政服务中心借鉴周边县市的一些做法，于8月初推出了绍兴县建设工程报建施工图联合审查实施办法，由县建管局牵头，规划局、气象局、消防大队和专业施工图审查机构参与，将原来分散在建管局的施工图审查、规划局的建设工程规划许可审查、气象局的防雷设计审核、消防大队的消防设计审核等各部门的施工图审查职能加以科学整合，改各自串联式审查为同步并联审查，目前实施效果明显。

出台招投标“简政放权”政策。2011年，绍兴县公管办以提速增效为目标，出台了进一步完善公共资源交易工作的一系列政策意见，一是对镇（街道）、开发区进一步下放招投标权限，建设工程类从原50万元上调到200万元；设备、物资等货物采购项目从原10万上调到100万元；勘察、设计、监理等服务类项目从原10万元上调到50万元。

省创先争优督查组来行政服务中心督查

市委常委、县委书记何加顺调研行政服务中心

改革了全县招投标中介机构管理模式。2011年，县公管办开展了全县招投标中介代理机构评星晋级活动，通过多轮评比，确定了17家四星级机构、3家三星级机构，另有3家不予评级。此举加强了全县招标代理、造价咨询等中介机构的监督管理，提高了中介机构的工作质量、工作效率和服务水平。

县委常委、县长徐国龙调研行政服务中心

组织举行全县公共资源交易业务培训班

绍兴县水务集团

市委常委、县委书记何加顺、县委组织部长姚国海看望慰问集团高层次人才丁卫松

绍兴县水务集团有限公司组建于2004年4月，承担着全县小舜江自来水供应、全县工业污水和城镇生活污水集中收集处理的任务，实行企业化管理、市场化运作、产业化发展的经营机制。2011年，资产总额达到38亿元，拥有4 家全资公司（绍兴县供水有限公司、绍兴县滨海供水有限公司、绍兴县排水有限公司、绍兴县江滨水处理有限公司），1家控股公司（绍兴水处理发展有限公司），5家参股公司。至2011年底，集团日供水能力达到65万吨，日污水输送能力达到107.5万吨，日污水处理能力达到90万吨，污水出水合格率100%。

2011年，集团在县委、县政府的正确领导下，积极应对，主动有为，较好地完成了年初提出的目标任务，取得显著成绩：

全年实现供水1.65亿吨，小舜江最高日供水量34.06万吨，创历史新高，管网水质综合合格率99.97%；收集输送污水1.92亿吨，最高日排污量达到76.35万吨，城区生活污水收集面积扩大到58平方公里，收集率达到83.23%,保持全国先进水平；达标处理污水2.66亿吨，接受国家、省各级环保检查受检指标合格率100%，出水COD稳定在100mg/L以下，污泥处理实现全处理，污泥处置能力新增600吨/日。

县委副书记、县长徐国龙，县委常委、副县长丁生产一行视察滨海印染产业集聚区20万吨/日污水集中预处理工程

2011年，水务集团列入县政府基础性、公益性建设项目23项，总投资33亿元，当年完成投资4.95亿元，新建DN75以上供排水管线99.5公里。滨海印染产业集聚区水务配套工程全面提速，累计完成投资2.57亿元,超计划完成37%，其中小舜江4万吨/日滨海支线建成投运,满足了工业区对小舜江自来水需求；分质供水工程科学推进,自制水供水能力达到30万吨/日，全年置换小舜江水6210万吨,为用水企业节约成本2.1亿；投资1300万元的杨汛桥分质供水工程积极实施。农村供水管网改造工程有序推进，投资2638万元对杨汛桥等5镇17村供水管网改造，9100户用户用水条件得到改善。

集团成功承办浙江省城市水业协会城市供水管网漏损控制经验交流会

2011年，集团用户满意率达97.9%,行风建设取得重大进步；集团积极破解高层住宅二次供水难题，起草《绍兴县高层住宅二次供水管理办法》；全年全县供水管网漏损率降至7.18%，创历史新低，居全省前列；镇街供水营业所管理服务体制全面调整，实现区域化供水管理服务模式；“全流程动态成本控制”被推荐为全县十大节能减排金点子；城乡水质检测公司通过省级实验室资质认证，达到绍兴市检验机构A类标准，水质检测和监管能力增强；集团被评为市级“安康杯”竞赛优胜企业；“窨井盖防坠装置”项目获得市科学技术进步奖；《催化还原处理技术与装置研究》被列为国家863计划重点项目；集团9项QC成果获省级奖项；供排水公司成功创建市级服务名牌；集团先后有11人获得国家、省、市、县各级荣誉，职工丁卫松获浙江省“金锤奖”杰出职工称号，并获国务院特殊津贴。

小舜江供水一期总管停水开口作业期间，集团水务志愿者为孙端镇65户孤寡老人和5家敬老院送水上门

“96390”水务服务热线为用户提供热情周到的服务

污水实现全流量处理达标

抢修队伍全力保障供排水管网运行安全

顺利完成印染企业排污量核减补偿款支付工作

集团水务志愿者开展节水宣传活动

开展“企业老总看水务”活动

房交会剪彩

绍兴县房地产管理处

2011年，是房地产发展史上具有重大意义的一年，绍兴县房地产业在调整中求发展。

得益于2010年房地产市场较好的销售形势，房地产企业储备了较充足的现金流，加上足量的土地储备，2010年拍得土地的房地产项目在2011年陆续动工，因此在市场环境不利的形势下，我县房地产开发投资依然保持着上扬势头。2011年，全县房地产完成投资125.1亿元，同比增长29.1%；商品房累计新开工面积271.95万方米，同比增长15.3%；商品房累计竣工面积132.3万平方米，同比增长14.1%。全年上缴房地产税收15.89亿元，同比增长27.22%，其中地税13.37亿元,占全县地税总额的 30%。

2011年，绍兴县进一步贯彻落实中央和省的各项房地产调控政策，加强房地产市场监管力度，严控住房价格上涨幅度。2011年全县新建商品住房实际成交均价7849元/平方米，同比上涨1.9%，控制在年初的调控目标之内。为了引导理性消费，增进房地产企业和广大市民之间的信息交流，促进我县房地产业健康稳定发展，举办了以“宜居水乡，魅力新城”为主题的2011年绍兴县春季房交会和以“品质柯桥，秀水人居”为主题的秋季房交会。

领导亲临房交会

县城楼盘分布图

2011年春季房地产展示交易

为了实现“住有所居”民生计划，大力推进住房保障建设，我县首个公租房项目1314套住房已开工，多渠道改善不同收入群体的居住条件。该项目总用地面积46099平方米，建筑面积10.68万平方米，总投资4.616亿元，由11幢17层高层住宅组成，共有1314套住房，单套建筑面积控制在30-70平方米，项目计划在2013年12月竣工。“十二五”期间，我县将新建5000套公共租赁住房，计30万平方米，作为今后解决城市“夹心层”住房问题的重要手段列入我县“十二五”住房保障规划。

绍兴县文化发展中心

绍兴县文化发展中心成立于2005年12月1日，由县文化馆、县图书馆、越国文化博物馆（县博物馆）和县文物保护管理所四家单位合并组建而成。总占地17万平方米，建筑面积达3.1万平方米。中心是全额拨款的公益性文化事业单位。现有高级职称16人、中级职称20人、大专以上学历65人。

发展理念：坚持文化事业、文化产业和文化工作者自身发展。

发展原则：公共资源共享，特色资源分享。

发展目标：文艺精品创作的主阵地，百科知识传播的主平台，文化遗产传承的主渠道，先进文化展演的主舞台。

发展思路：实现整合向融合转变、实现做大向做强转变、实现创业向创新转变。

《绍兴名士与绍兴酒》在第七届中国曲艺节上演出

● 全力参与“第七届中国曲艺节”的承办工作并积极参赛，以绍兴莲花落为主题的“水乡曲韵”——绍兴地方曲艺专场在中心音乐剧场成功举行，《百年曲韵歌盛世》、《绍兴名士与绍兴酒》、《花名宝卷》等新创剧目，在第七届中国曲艺节中获优秀节目奖。

流动图书车

● 绍兴莲花落《局长摆宴》获中国曲协举办的首届中国曲艺之乡曲艺大赛金奖；绍兴莲花落《选村长》获第三届中国艺术节暨首届“江南曲艺奖”表演银奖；书法作品获全国“齐白石艺术奖”书法类金奖、浙江省第二届群星视觉艺术大展铜奖；摄影作品《幸福大道》、《小生命》分别获2011年全省群文摄影培训创作比赛一等奖、三等奖；创作、选送的少儿舞蹈《弄堂的记忆》获省幼少儿舞蹈比赛创作一等奖。

● 图书馆全年共接待读者36万余人次，新增借书卡8000余张，全馆有效借书卡总计已达42790张，外借图书32万余册次，明珠讲坛开展现场讲座、视频讲座共51场，流动图书车全年出车181次，进一步拓展了公共图书服务的覆盖面，促进了城乡一体化公共图书服务体系的建立。

中国柯桥·宋六陵暨绍兴南宋历史文化学术研讨会开幕式

● “中国柯桥·宋六陵暨绍兴南宋历史文化学术研讨会”于2011年11月24至27日在柯桥举行。来自全国各地的30余位专家学者，围绕“宋六陵的历史价值与地位”、“南宋时期的经济与文化”、“绍兴南宋文物考古研究”、“绍兴南宋文化遗产的保护与利用”等4大主题，以学术报告会和研讨会等形式进行探讨与交流，取得了丰硕的学术成果和良好的社会反响。

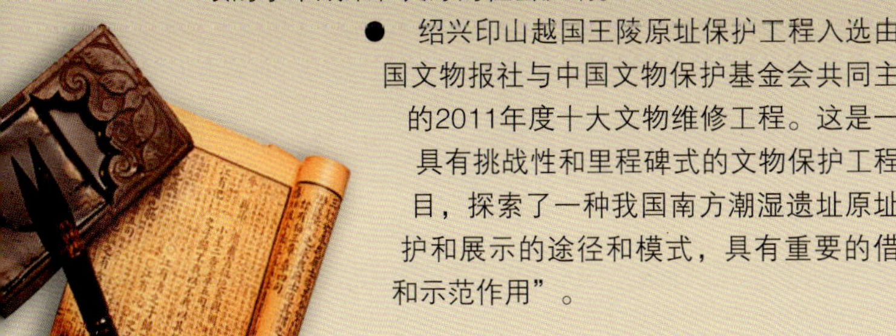

● 绍兴印山越国王陵原址保护工程入选由中国文物报社与中国文物保护基金会共同主办的2011年度十大文物维修工程。这是一项具有挑战性和里程碑式的文物保护工程项目，探索了一种我国南方潮湿遗址原址保护和展示的途径和模式，具有重要的借鉴和示范作用”。

印山越国王陵

绍兴县滨海工业区（马鞍镇）

滨海管委会（马鞍镇）办公楼

滨海工业区（马鞍镇）位于绍兴县东北部、钱塘江南岸，东临曹娥江，南至越城区斗门镇，西邻杭州萧山区益农镇、党湾镇。距县城柯桥15公里，离萧山国际机场20公里。规划控制面积100平方公里，辖12个行政村、11个居委会。

2011年，滨海工业区（马鞍镇）围绕“十二五”发展目标，紧扣“突出转型升级、致力科学发展”工作主题，切实加快经济社会转型升级，经济社会保持平稳较快发展的良好态势，全年完成国内生产总值124.7亿元，同比增长12.5%；完成销售收入779.3亿元，同比增长27.7%；实现财政总收入18.1亿元，同比增长36.7%；完成工业性投资78.9亿元，同比增长37.3%；完成自营出口7.3亿美元，同比增长12.3%，主要经济指标均完成或超额完成县下达的考核任务，充分发挥了全县经济发展的大平台、主战场作用，并在2011年度全县镇（街道）、开发区岗位责任制考核中获得第一名。

经济转型成效明显。加快建设印染产业集聚区，“三路两桥”、“六路一泵”、“七路九桥”和职工宿舍等工程有序推进。首批签约的22家印染企业中，4家正在开展动工前期准备工作，7家基本完成总图设计，已开始施工图设计，11家正在总图设计。大力实施招商选资“一号工程”，11只项目通过县会审挂牌及拍卖，其中7只签约，5只摘牌落户，被评为县招商引资优胜单位。积极培育壮大新兴产业，完成投资42.1亿元（占总工业投入的53.4%），同比增长45.6%。全力推进项目建设，新增开工工业项目20只，新增投产工业企业22家，投产工业企业累计达到163家，规模以上企业达到150家。着力深化自主创新，新增市级高新技术企业3家、市级品牌6只、省级名牌1只、市级以上著名商标12个、股权投资企业1家。全面加强节能减排，万元工业增加值能耗同比下降6.5%。

新城品位持续提升。全面启动马鞍镇市级小城市培育试点工作，实施政府性投资项目33只，完成城市建设及非工投资

商贸一角

滨海入口

5.5亿元。大力发展现代服务业，完成投资3.1亿元，目前商贸核心区已建成高楼13幢，在建高楼30幢。平稳推进拆迁安置，拆迁房屋18.5万平方米，B2安置小区完成交房工作，童家塔安置小区工程已竣工，B4安置小区工程完成施工图设计。切实加强环境卫生整治，完成道路硬化3800米、绿化面积1548亩、河道清淤4.5万立方米，常年保洁河道1.2万亩，拆除违章建筑5120平方米。

社会民生不断改善。积极发展教育、文化、卫生、体育等社会事业，被评为浙江省体育强镇和绍兴县学前教育先进镇，国庆村、镜海社区成功创建绍兴县先进文化示范村（社区），大鱼山村文艺队被评为市优秀十佳文艺团队。着力做好社会保障工作，开展被征地农民技能培训，农民人均纯收入达15618元，第八轮新型农村合作医疗保险覆盖率达97.8%，38户“双困户”的住房困难得到有效解决，残疾人、孤儿等特殊群体的基本生活得到有力保障，成功创建绍兴县残疾人爱心镇。深入开展“平安滨海”建设，被命名为绍兴市信访“三无”乡镇和绍兴市平安乡镇。

开工奠基仪式

大鱼山常乐文艺队获县农民种文化“十佳团队”

污水处理

安置小区

马鞍镇文化休闲公园

滨海石化车间

安置小区全景

柯桥经济开发区

浙江优创光能科技有限公司竣工投产仪式

柯桥经济开发区是1993年11月经浙江省人民政府批准正式设立的省级柯桥经济开发区，2011年被浙江省人民政府批准设立省级高新技术产业园区。截至2011年，柯桥经济开发区成为全省唯一一家连续14年省级开发区综合指标考核前10位的开发区。2002年柯桥开发区率先在全省省级开发区中通过ISO14000环境管理体系认证，2009年通过ISO9001质量体系认证。

2011年，柯桥开发区实行区直管居管理体制，按照县委、县政府“突出转型升级、致力科学发展”工作主题，围绕建设“魅力新城北拓延伸区、高新技术产业集聚区、新兴优势产业培育区”的目标要求，以体制调整为契机，突出开发建设，努力实现富民强区，开发区经济社会保持良好的发展态势。2011年柯桥开发区在省级开发区考核位列前五位，全市开发区建设竞赛荣获二等奖，全县年度岗位目标责任制考核被评为优胜单位。

加大工业投入力度。2011年完成工业性投入18.7亿元，同比增长34.3%。被列入省“双千工程”重点项目、总投资20亿元的优创光能年产1.6亿片8英寸太阳能多晶硅片生产线项目建成投产，“雅德居门窗”等3只项目被列入市级重点项目，项目主体基本建成。

加快推进招商选资。总投资16亿元的金龙客车、总投资10亿元的亚太生物制品项目、总投资15亿元的包装薄膜工业园项目、总投资5亿元的触控屏光电等大项目正在洽谈，高强度紧固件、亚太生物制品项目已达成落户意向。

扎实推进节能减排。大力开展以传统溢流缸为主的落后产能设备淘汰，积极鼓励企业实施节能项目，会同县有关部门大力查处私上锅炉、废塑造粒污染环境，印染企业中全面安装废气整治装置，对重点用能企业实施常态监控，企业万元工业增加值能耗同比下降6%以上。

开发委大楼

加快发展现代服务业。2011年完成商贸开发投资10.4亿元，宝利置地广场（洲际酒店）、冠南大厦和马自达、柯斯达汽车4S店等项目启动建设，三菱、江淮汽车4S店、二手车市场等项目基本建成，捷豹陆虎4S店、广汽丰田4S店建成开业。轻纺贸易中心升格为中国轻纺城柯北贸易中心，在彩虹庄国贸中心新设立中国轻纺城墙纸墙布市场。

加快推进柯北二期开发。柯北二期启动区8路20桥工程施工图设计全面完成，主要道路集贤路进场动工，齐陶公路施工图设计完成，陶里小学结构封顶。同时，续建工程进展顺利。安华路（拓宽）、镜水北路均已建成通车，国际汽车城环线道路工程完成施工。

中国轻纺城柯北贸易中心

工业区鸟瞰图

维多利亚别墅

平水新城

银政对接会

平水新城地处浙江省绍兴南部，区域涵盖平水、王坛、稽东三镇，面积423平方公里，人口约12.5万。其中平水镇系国家综合改革发展试点镇、省级中心镇、市级小城市培育试点镇。当前，平水新城正紧紧围绕“城乡统筹发展示范区、绍兴宜居乐业后花园”的目标定位，推动新一轮跨越式发展。

一、总体规划

平水新城总体规划为“一城三区”，“一城”即平水新城城区，它是平水新城的发展重点。“三区”即洄涌湖生态居住区、会稽湖旅游度假区、城郊农业示范区。其中，洄涌湖生态居住区定位为高档休闲居住区域；会稽湖旅游度假区定位为旅游重点发展区域；城郊农业示范区定位为发展休闲农业和观光农业。

二、交通区位

平水新城北距上海240公里，西北距杭州68公里，东距宁波100公里。新城距绍兴市区仅12公里，与会稽山旅游度假区和绍兴高新技术开发区连成一体。城区内部已形成平水大道和绍甘线为主干线的“五纵九横”路网体系，交通四通八达。

三、配套设施

平水新城区域范围内幼儿园、小学、中学、成教中心一应俱全。其中，越崎中学为省重点中学，已经建成即将投运的绍兴第二医院分院属二级乙等综合性医院。新城城区内已落户中国建设银行、中国农业银行、瑞丰银行等三家金融机构。

四、人文生态

平水新城文化底蕴深厚，为古越文化的发祥地。同时，平水的茶文化、寺庙文化、古村落文化以及若耶唐诗文化都源远流长。平水新城生态环境优美，区域面积中林地面积占总面积的71.7%，森林覆盖率达78%。

五、旅游资源

平水新城区域是一座没有围墙的博物馆。日铸岭古道、秦会稽刻石等古越遗存，平阳寺、云门寺、舜王庙等古越文化，会稽湖、万亩绿林竹海、十里香雪梅海、千年峰秀榧林等特色生态景点，这些都是大力发展旅游业的宝贵资源。

平水新城城雕

六、发展现状

平水新城建立5年来，经济社会发展取得了长足的进步。五年中，先后编制完成了《南部三镇总体规划》、《平水新城总体规划》两大总规和一批专项规划；中心区建成面积从成立之初的2.5平方公里扩大到10平方公里等等。2011年，平水新城全年实现财政总收入4.11亿元，同比增长26.6%；实现工业销售收入120.93亿元，同比增长20.0%；完成工业投入11.84亿元，同比增长16.5%；完成自营出口2.92亿美元，同比增长28.8%。

会稽湖

——柯岩旅游度假区

“鉴湖越台名士乡，忧忡为国痛断肠。剑南歌接秋风吟，一例氤氲入诗囊。”毛泽东的题诗和南宋伟大诗人陆游的名句“千金无须买画图，听我长歌歌鉴湖”道出了水乡绍兴的撩人醉心之处。

鉴湖—柯岩旅游度假区东连绍兴市区，北接中国轻纺城、柯桥县城，西距杭州仅40公里，东距宁波150公里，北距上海220公里，与杭州萧山国际机场相距仅25公里，道路网布，交通十分便利。

作为旅游经济强县建设主战场的鉴湖—柯岩旅游度假区，8年来共完成投资80多亿元，其中非工类投资超过60亿元。新建主干道50公里，桥梁20余座。经过多年的努力，度假区内两个国家AAAA级景区——柯岩景区和大香林景区，国际锦标级高尔夫球场——鉴湖高尔夫球场，长三角首家室内滑雪馆——乔波冰雪世界，按五星级标准建造的园林式酒店——鉴湖大酒店等一批旅游项目及旅游配套设施相继建成开放。同时，夏威夷风情园、天马国际汽车休闲广场等一系列大型旅游项目也正在积极酝酿谋划之中……

我们将以休闲、运动、礼佛、宜居为主题，把度假区建成一个展示江南水乡风情、体验现代体育活动、感受传统佛教文化、尽享山水居住空间的国家级休闲旅游度假胜地。

柯岩风景区

祭祀

兜率天宫

乔波滑雪世界

祝福

鉴湖(近)

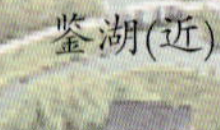

舞狮

南洋秋泛

香林花雨

鲁镇夜景

中国轻纺城建管委

中国轻纺城拥有市场区建筑面积326万平方米，其中传统交易区101万平方米、国际贸易区95万平方米、柯北市场创新区49万平方米、钱清原料市场区30万平方米、市场配套区51万平方米。市场营业用房2.6万余间，经营面料4万余种，经营户2.2万余家，日客流量10万人次，拥有出口实绩企业1354家，国（境）外采购商1万余人（其中常驻5300余人），国（境）外企业常驻代表机构930家，外商投资商业企业159家，销售网络遍布世界187个国家和地区。全年实现市场群成交额889.29亿元，同比增长12.05%（其中面料市场488.43亿元，同比增长11.35%；钱清原料市场400.86亿元，同比增长12.9%），市场外贸出口合计27.12亿美元，同比增长28.53%，面料市场实缴税费7.13亿元，同比增长27.32%。市场拥有联托运企业163家，开辟联托运经营线路104条，全年货运量316.4万吨，同比增长12.12%。“网上轻纺城”吸引县内外注册经营户4.3万余家（其中轻纺城市场1.8万余家），注册会员数170万个。

创意大厦夜景

纺博会

2011年，轻纺城建管委组织编制《中国轻纺城“十二五”发展规划》，在整体上实现市场配套的统筹发展；完成总投资14多亿元，总建筑面积22万多平方米的北联改造工程，竣工后成为轻纺城北交易区设施最齐全、先进的专业纺织品经营市场；坯布市场竣工开业，引进800多家坯布经营户入驻市场，成为省内最大的专业坯布交易市场；完成了中国轻纺城接待展示中心建设，启动了中国轻纺城打卷服务中心建设。强化城市建筑景观与轻纺市场的协同规划，在市场区树立统一标志标识，提升了市场整体形象；完成了北市场、天汇广场等传统交易区的立面升级改造工程；完成了西市场三楼零售摊位消防改造工程和西市场小修工程；完成了市场基础设施维修改造工程；完善了市场水电、消防监控等配套设施。谋划了柯北园区物流配套中心和纺织创意产业园的规划和建设。

“绍兴县巨资打造‘网上轻纺城’新闻发布会”在北京人民大会堂隆重举行，“网上轻纺城”分别与微软、交通银行、Google中国、信用中国轻纺城网签署战略合作协议，正式全球上线。“网上轻纺城”移动展厅首次亮相秋季纺博会，“网上轻纺城”全球招商大会、全国推广落地活动、第11届海外买家见面、中日印染交流会等招商活动纷纷开展。“网上轻纺城”贸易信息中心、行业资讯中心、社区交流中心等先后全新上线；中国轻纺城坯布市场率先以市场模式登陆，网上轻纺城围巾市场、网上轻纺城纺织学堂、资讯频道、展会频道陆续开通上线；全国首张B2B行业网上营业执照顺利完成。

成功举办春秋两届纺博会。春季纺博会共实现成交额41.06亿元，较上届增长10.3%。登记入场的专业采购商达26598人，较上届增长8.8%，其中境外采购商3713人，较上届增长25.8%。秋季纺博会共实现成交额54.05亿元，较上届增长10.5%。登记入场的专业采购商达28083人，较上届增长10.6%，其中境外采购商5791人，较上届增长3.8%。有效推动柯桥会展产业发展。全年共落实会展项目25只，比2010年度增加5只。

2011年4月，中国轻纺城被国家工商行政管理总局授予我国专业市场的最高荣誉——首批全国诚信市场，这是目前全省专业市场中唯一的全国诚信市场。东门市场顺利通过省工商局二星级市场续评考核，连续10年保持“浙江省二星级文明规范市场”称号；柯东仓储被授予市场道路货运站场质量信用AAA级单位。股份公司在市场管理服务ISO9001/14001质量和环境管理体系认证中，获得浙江省质量技术监督局批准的“示范认证企业”荣誉。

轻纺城

绍兴县柯岩街道

鲁镇双面戏台

“屏山迭迭水迢迢，十里春风送画桡。杨柳沿堤箫鼓传，烟波无数夕阳桥。”这是古人咏赞柯岩美丽风光的诗句。处于鉴湖核心区域的柯岩街道，紧扣“加快推进城市化、大力建设旅游区”的工作主题，围绕“休闲旅游度假区、生态产业集聚区、城乡统筹示范区”的“三区”建设目标，坚定信心，奋发有为，着力推进柯岩经济社会更好更快发展。成功创建省级旅游强街、省级卫生街道、省级生态街道、省级森林城镇、省级体育强街等。

今日阳光外景

2011年，全街道完成财政总收入8.35亿元，同比增长15.19%；其中完成地方财政收入4.57亿元，同比增长15.13%；完成国税收入4.65亿元，同比增长17.46%。完成全部工业产品销售收入116亿元，同比增长20.1%；其中规模以上工业产品销售收入74亿元，同比增长13.5%。完成自营出口65488万美元，同比增长29.8%。实现地区生产总值34.87亿元，按可比价增长10.5%。农民人均收入15668元，增长9.6%。

在城在市在柯南。柯岩街道是绍兴县城的重要组成部分，与柯桥主城区仅一路之隔；紧靠亚洲最大的轻纺市场——中国轻纺城。地域面积45平方公里，5.7万常住人口，8.1万外来人口，辖23个行政村、14个居委会。绍兴市区主干道胜利西路延伸至柯岩，境内有五星级酒店、高尔夫球场、乔波冰雪世界、大型超市。

余渚公园一角

有山有水有文化。柯岩有山，以山命名的村不下10个，最有名的数柯山。柯岩有水，古老美丽的鉴湖贯穿全境。柯岩的山山水水孕育了底蕴深厚的文化，越王句践独山遗迹、霸王项羽项里首义、祁彪佳殉国捐躯、姚长子绝倭献身。国家4A级景区——柯岩风景区闻名遐迩，奇石云骨一石独秀、文化鲁镇积淀深厚、诗意鉴湖风光旖旎。

重工重农重民生。柯岩街道工业结构合理，既有不断提升的纺织产业，又有日益壮大的新兴产业。特别是索密克汽配、三力士橡胶、金昊机械等企业堪称行业“龙头”。现代农业稳步发展，城乡新社区建设全面推进，“美丽乡村”精品区建设初见成效，现有省级新农村建设示范村5个。品质楼盘众多，有越都名府、碧波枫铃、阳光庭院、唯美品格、湖山花园、康郡别墅、嘉华馥园等高档楼盘。各项社会事业齐头并进，社会保障体系基本健全。生产发展，生活宽裕，生态良好。党和国家领导人多次莅临视察。

鉴湖—柯岩旅游度假区

乔波滑雪馆

高尔夫球场

绍兴县华舍街道

华舍街道舞蹈队

华舍街道地处绍兴县新县城北部，是县城建设的主战场，转型升级的主平台。行政区域面积23.05平方公里，下辖8个行政村、8个居委会、5个社区，户籍人口41127人，外来人口71503人。街道东依齐贤镇，南靠柯桥街道，西连钱清镇，北接安昌镇。境内有东小江、蛇渡江、大小坂湖等江河，329国道、杭甬运河、柯袍快速干线、杭金衢连接线、杭甬高速铁路客运专线在此汇集，距杭州市区45千米，杭州萧山国际机场15千米，水陆交通十分便捷。

享有"日出华舍万丈绸"之美誉的华舍，近披"中国乡镇之星"、"浙江省纺织工业专区"等殊荣，一直保持经济繁荣、商贸发达、人杰地灵的优势。随着城市化进程的加快推进，于2001年撤镇改街道。2011年，街道共实现生产总值63.7亿元，同比增长11.1%；财政总收入13.7亿元，同比增长19.1%，地方财政收入7.1亿元；完成固定资产投资6.8亿元，增长21.7%，工业投资5.3亿元，增长17.9%；实现工业总产值231.7亿元，增长15.9%；工业销售225.3亿元，同比增长16.5%；自营出口达到11.8亿美元；新兴产业产值26.5亿元，增长65.7 %，新兴产业比重提高2.4个百分点，非纺产业占比达74个百分点。农民人均收入达17768元。

加快转型，优化产业结构。全街道现有规模以上企业92家，其中年销售亿元以上的有25家，上市企业2家，现有国家级高新技术企业1家，省级高新技术企业5家，国家级研发中心1个，省级研发中心2个，国家级博士后科研工作站1家。2011年，精工钢构获评绍兴县第一家省级企业研究院，会稽山绍兴酒成立省级农业企业科技研发中心，墙煌建材获批省级高新技术企业研究开发中心。宝业住宅产业建立首个国家级住宅产业研究院，精工太阳能光伏装备制造技改项目列入省"双千工程"。2011年，引进并推动了鹏程电器、越府足韵、美国"速8"、汉庭商务酒店等项目的开业，新兴商圈为华舍商贸三产发展注入了强劲动力，三产经济已成为街道经济的重点和亮点。

推进改造，提升居住品位。2011年完成交地600亩，拆迁50万平方米，且100%无遗留。解困房建设取得新进展，湖门200套解困房具备交房条件，涉及住房困难户解困安置的基本完成交房工作。49户双困户通过租赁补助、提供免费居所、提前拆迁、敬老院集中供养和房屋修缮等措施得到妥善安置，55户提前拆迁户已完成择房签约。街道大力开展"洁净华舍"环境整治月活动，目前已投入资金170余万元，改建垃圾箱400只，水冲式公厕20只，村（居、社区）环境卫生大为改观。投资150万元建设完成街道便民中心和文化活动中心。

华舍街道将坚持科学发展走在前列、转型升级干在实处，进一步开拓进取、奋发有为，以大发展、大拆迁、大建设、大和谐为重点，加快经济转型发展、推动城乡统筹发展、提升社会和谐发展，为打造"和谐华舍、商贸华舍、宜居华舍"而努力奋斗。

解困安置房华齐小区

绍兴金地自在城

会稽山绍兴酒股份有限公司

精工钢构大楼

华舍国贸区

勤业大厦

绍兴县湖塘街道

湖塘原名吴塘，相传句践使吴人筑塘而得名，后马臻筑鉴湖塘堤十里而改名湖塘。湖塘距柯桥中国轻纺城4公里、绍兴市区15公里、杭州40公里、萧山国际机场15公里，104国道南复线、鉴湖水道、柯湖公路、杭甬铁路、104国道、萧绍运河六大水陆交通线东西向纵贯境内。面积66.31平方公里，南部低山丘陵，北部水网平原。辖15个行政村、2个居委会，户籍人口34142人。

以“城市化”为总抓手，抓企业转型、促民生改善、保社会和谐，2011年全街道基本实现了“经济发展好中带快，人民群众安居乐业，社会大局和谐稳定”的预期目标，各项事业在转型升级中取得了较好成绩。全年实现生产总值18.5亿元，同比增长10.5%；财政总收入2.63亿元，其中地方财政收入1.36亿元，同比分别增长21.5%和14.9%；自营出口4.85亿美元，同比增长24.9%；农民人均收入15463元，同比增长10.8%。大力实施招商引资“一号工程”，三只优势项目达成初步落户意向。企业更加注重转型升级和人才储备，越隆集团今年成功引进四名海外人才（包括一名“国家千人计划”人才），签约海澡纤维、量子显微镜、医疗机械等三只高科技项目。

民生建设又得提升，2011年，投资2.3亿元，推进湖塘拆迁安置小区、集镇“二路”改造、湖塘中学迁建等八大实事工程。投入800万元，开展“洁净家园，山水湖塘”环境整洁行动。取缔和搬迁重度污染和高危企业3家。投入2000余万元，建设农村基础设施，绿化17万平方米，硬化道路2万平方米。完成104国道南复线改造工程，拆迁房屋10.3万平方米。启动农民集中居住区建设1个，置换宅基地120户，“双困户”住房解困90户。发放低保、残保、临救、大病、助学等各类救助金300余万元。民间纠纷调处率、市长公开电话回复率、民主法制村达标率、归正人员帮教安置率均为100%。村级组织开展“评星晋级”活动，建成五星级村3个、四星级村5个。

2

3

4

5

6

7

1 采杨梅
2 宾舍板桥古纤道
3 西跨湖桥之夏
4 南复线
5 塔牌酒厂新厂区
6 易建中的湖塘中学
7 宽敞的村级公路

省级小城市培育试点镇

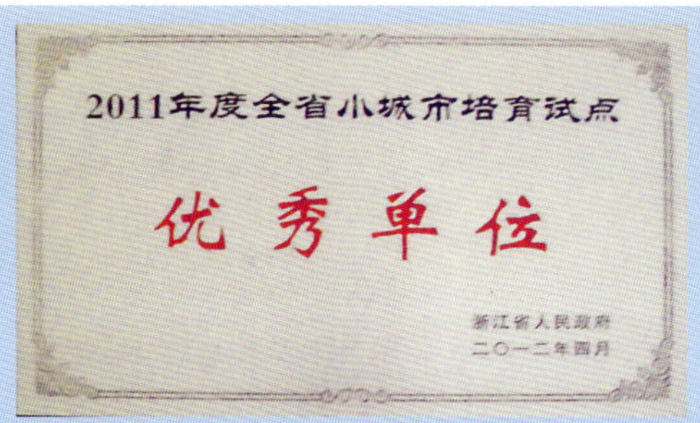

小城市考核优秀

全省小城市培育试点工作现场推进会

钱清中国轻纺原料城

2010年12月，钱清镇被列为浙江省27个小城市培育试点镇之一，2011年正式启动省级小城市建设，开展了“经济转型升级深化年、小城市建设推进年、基层基础建设强化年”等三个年活动。2011年4月，《钱清小城市培育试点三年行动计划》获省政府批准，明确了“国际轻纺原料基地、都市经济圈节点城市、县域经济社会副中心”的发展定位和“接轨杭州都市、融入柯桥城区、引领钱杨新城”的发展战略。

截至2011年，钱清小城市建成区面积11.5平方公里，其中“大钱门”城市核心区规划占地面积1.5平方公里，现已建成钱江大厦、兴发大厦、梅湖公寓等总建筑面积28万平方米的18幢商务、住宅高楼，在建联合国际广场、盛世钱门、钱江世纪大酒店等总建筑面积80万平方米的40幢高楼。作为全省小城市培育试点工作现场推进会唯一参观点示范推介，并被考核评定为2011年度全省小城市培育试点优秀单位。

全镇年销售2000万元以上的规模企业达到164家，其中超亿元企业66家，拥有纺织、五金、电力、包装四大支柱产业。2011年，全镇地区生产总值113亿元（小城市统计口径），全部工业销售550.05亿元，国地税收入10.05亿元。

坚持市场兴镇、工贸结合的发展模式，大力推进轻纺原料市场改造升级，改善市场交易环境，增强市场吸引力、竞争力和影响力。2011年，钱清中国轻纺原料城实现成交额达到400.86亿元，被评为浙江省五星级文明规范市场，也是全省唯一的五星级生产资料市场。

探索完善管理架构，建立“5+3”机关运行管理机制，成立小城市建设、工业经济、城镇管理、房屋拆迁与土地征用、基层党建与社会稳定等5个工作小组和钱清片、新甸片和南钱清片等3个农村管理区，分线负责、分块管理、提高效率。建立绍兴县行政服务中心钱清分中心，入驻16个县级部门、22名工作人员，受理159项审批事项，运行以来日均办理事项100多件。

钱清镇全景图

绍兴县杨汛桥镇

窗帘窗纱博览会

杨汛桥镇地处绍兴县西北部，是绍兴接轨杭州的“桥头堡”。镇域面积37.85平方公里，辖12个行政村、9个居委会，户籍人口3.5万人，外来人口5.5万人。全镇以民营经济为主导，以建筑建材、经编家纺、五金机械三大产业为依托，拥有1000余家企业，其中上市企业5家。2011年实现生产总值46.9亿元，工业销售177亿元，国地税收入超5亿元，人均GDP达2.1万美元，是全国小城镇综合改革试点镇、全国发展改革试点小城镇、国家可持续发展实验区、中国窗帘窗纱名镇、全省首批省级中心镇。

产业特色鲜明。充分发挥绅花纺织、欣明控股、裕隆家纺、庆盛控股等企业的龙头作用，不断壮大窗帘窗纱特色产业，连续三年举办中国·柯桥窗帘窗纱博览会，打响“窗帘窗纱名镇”品牌；以宝业集团、永利建材、浙江玻璃、浙江水泥等企业为重点，不断拓展市场，做优做强建筑建材业；以精功机电、蓝龙科技、永利环保、展望万向节等企业为重点，大力发展汽车配件、五金机械、人造金刚石等新兴产业；利用杭金衢高速道口、杭甬运河以及毗邻杭州的区位交通优势，积极培育现代城市经济，总投资超10亿元的世纪联华物流基地项目已列入省重点项目。

紫薇花苑

发展环境优越。优化小城市布局，以杨江大道十里商贸长廊为主轴，构建杨汛、江桥两大核心，打造包括中部窗帘窗纱特色产业园区、西部现代农业园区、南部芝塘湖度假休闲区在内的三大产业基地，主动纳入长三角经济发展圈和半小时杭州都市经济圈；深入开展“洁净城镇、美丽乡村”环境整治攻坚活动，积极创建麒麟—江桃—展望“美丽乡村”精品区，提升小城市品位；大力推进“平原绿化工程”和“清水工程”，投入资金1700多万元，成功打造杭金衢连接线2100棵香樟绿带和南畈工业园区3000米长、40米宽景观绿带。

杨汛桥人民医院

社会和谐稳定。拥有全省乃至全国一流的杨汛桥文化中心，推出“一元钱文化大餐”、“周末舞台大家唱”等活动丰富杨汛桥人和“新杨汛桥人”业余生活；投资1600万元建成的镇社区卫生服务中心被评为省级规范化社区卫生服务中心；在全县率先对90岁以上老人增发养老金和60周岁以上家庭发放计划生育花甲之年“祝寿金”奖励；以“组织共建、资源共享、活动共搞、村事共商、环境共创”为抓手，加强“新杨汛桥人”管理与服务。

杨汛商贸中心

万豪国际

杨汛桥镇将紧紧围绕“接轨杭州经济圈、建设杨汛小城市”工作主题，以建设“区域创新创业高地、环杭宜居宜闲小城、中国窗帘窗纱名镇”为工作目标，进一步坚定信心、奋发有为、攻坚克难。相信杨汛桥将再次扬帆起航！

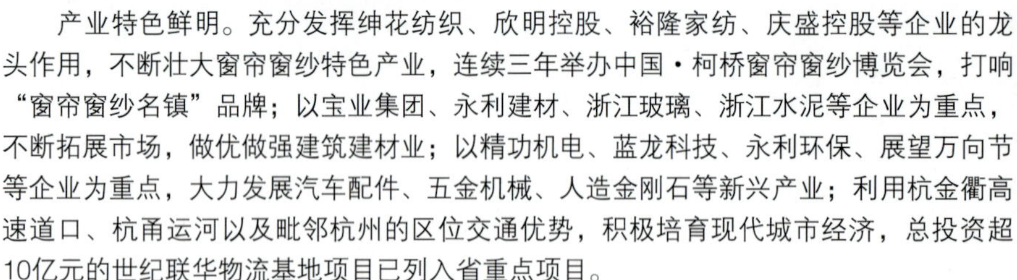

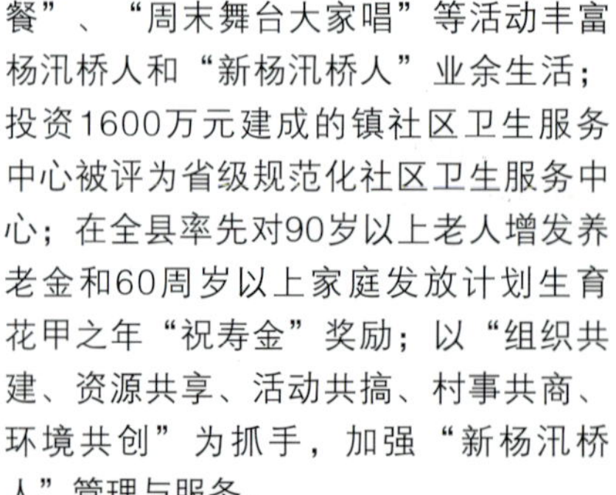

紫薇花苑全景

紫薇广场

今日的福全

福全镇人民政府新大楼

县委书记何加顺来我镇调研，在小轩窗了解生产、销售情况

福全镇地处绍兴县域的中部，紧邻绍兴市区和柯桥县城，距绍兴市中心3公里，距柯桥县城11公里，市区的辐射使镇区直接受益，成为连接柯桥县城与绍兴市区的纽带,地理位置和自然条件十分优越，素有“金三角”之美称。因境内有一山状若倒覆之船，后人雅称“福全山”，镇以山名。常住人口4.03万人，登记外来流动人口3.74万人，辖22个行政村和1个居委会。

今日的福全，是一个经济实力殷厚的中心镇。福全是浙江省第二批省级中心镇，省经济百强镇,绍兴市中小城市培育试点镇，县委、县政府“两中心两带”战略布局中环绍兴市区的经济带。全镇基本形成了以6家行业龙头企业和8家销售超10亿元企业为龙头，50家规模企业为骨干，近1000家中小企业为支撑的庞大企业群体；形成了以6只中国名牌产品、3件中国驰名商标、11只省级名牌产品、10件省级著名商标为核心的知名品牌；形成了以2家上市企业为示范，6家上市后备企业为支撑的股份制企业集群。

县委副书记、县长徐国龙来我镇调研，在锦坞村了解环境整治工作

今日的福全，是一个商机无限的大空间。作为新型城镇，商贸服务业的发展已成为集镇建设的重中之重。两大市场和商贸中心已成为了福全商贸发展的核心区域。进入发展成熟期的花为媒二手车交易市场和作为中国轻纺城市场组成部分的化工市场已成为了福全商贸发展的领头羊。与两大市场一路之隔的福全商贸中心是一个集商贸办公、总部经济于一体的核心区，是福全商贸中心的点睛之笔，目前已粗具规模。可以说，现在的福全商机诱人，前景迷人。

今日的福全，是一个人文荟萃的大福地。福全是鉴湖女侠秋瑾、鲁迅挚友许寿裳先生的故乡，境内有屭石湖、容山湖、大雾尖、梅里尖的“两湖两尖”和漓渚江、松坞江、兰亭江、徐山大桥、七贤桥、洞桥的“三江三桥”，峡山明清民居、香山寺、小方岩等历史自然景观，与周边的柯岩风景区、大香林风景区、兰亭风景区交相辉映，环境优美，人杰地灵，休闲旅游产业发展前景广阔。

建设中的福全商贸中心

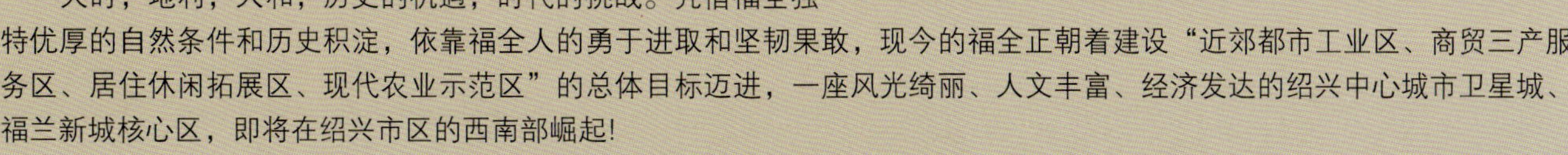
天时，地利，人和，历史的机遇，时代的挑战。凭借福全独特优厚的自然条件和历史积淀，依靠福全人的勇于进取和坚韧果敢，现今的福全正朝着建设“近郊都市工业区、商贸三产服务区、居住休闲拓展区、现代农业示范区”的总体目标迈进，一座风光绮丽、人文丰富、经济发达的绍兴中心城市卫星城、福兰新城核心区，即将在绍兴市区的西南部崛起!

绍兴县齐贤镇

阳光大楼

齐贤镇是绍兴区域要镇，地处县城柯桥、镜湖新区、滨海新城和杭州萧山之间，为绍兴大城市各组团节点。发展繁荣，2011年实现生产总值48.3亿元，财政总收入7.12亿元。交通便利，距县城柯桥8公里，杭甬高速、杭甬客运专线、钱江三通道、杭甬运河穿境而过。历史悠久，有陶渊明故居、隋唐羊山石佛、羊山石城等古迹。

2011年，市“千亩示范，万亩连片”粮食高产功能区和省粮食功能区建设粗现规模，市级设施农业发展资金项目和市级现代农业园区创建通过验收。城郊型蔬菜示范园高温蒲子试种成功。以装备制造、汽车汽配、金属制品和生物医药四大新兴产业为支柱的临城发展带初步形成；成功申报省级产业示范基地；以越剑机械和梅轮电扶梯为拳头产品的装备制造业稳步发展，其中越剑机械的高档数字化纺织装备项目被列入绍兴县“十二五”重大工业项目规划。2011年，投资1亿元启动建设齐贤大酒店（四星级），投资8000万元启动建设越建大厦，投资8830万元启动建设斯柯达、雪佛兰汽车4S店。开工建设齐贤新区二期，完成羊山华庭安置小区主体建筑，石城“百佛园”工程一期工程竣工，启动绍齐公路羊山段改造工程，推进杭甬运河兴浦安置地块配套道路和禹降路新建工程。

洁净乡村

农民公园

现代农业

“七一”活动

交通便捷

新商业街

送戏下乡

绍兴县安昌镇

安昌古镇全景图

安昌镇因钱镠平董昌之乱而得名,位于绍兴县北部，东、南、西分别与齐贤镇、华舍街道、钱清镇接壤，北邻萧山区瓜沥镇，与杭州都市经济圈紧密相连。距县城柯桥7公里、杭甬高速公路道口1.5公里，离萧山机场10公里。现有区域面积24.2平方公里，辖12个村、6个居委会，常住人口3.65万，外来人口6.5万余人。系第二批中国历史文化名镇、CCTV中国魅力名镇和中国师爷文化之乡。2011年荣获“绍兴市勤廉双优示范乡镇”和“绍兴市基层组织建设先进乡镇（街道）”等称号。

这一年,安昌镇共实施技改项目47只，新开工31只，完成技改投入8.6亿元，非纺行业投资比重更加优化，大项目产出贡献度明显。粮食生产稳中有升，农业产业化进程加快，完成蛋鸭产业示范区建设4000平方米。开展“古镇古树，绿化文化”大行动，完成平原绿化建设719亩，创建县级森林村庄2个。推进“新时期治水”工程，完成河道砌坎900米，清淤8500立方米。进一步拓宽城郊型商贸、餐饮、金融、中介等现代服务业的发展，拓宽服务领域，提高服务水平。全镇限额以上商贸企业达28家，限额以上商贸企业销售收入突破32亿元，完成增加值2.56亿元，同比增长28%。全镇2010年共引进10家股权投资企业，注册资金5.2亿元。

这一年，安昌镇积极推进古镇保护与开发工作，实施“三桥一台门”工程，古镇“活水工程”进展顺利，已可进行设备联动试验并试运行。成功融资3000万元，中街廊亭、古镇戏台、广场亮化照明等工程如期完成。成功举办第十三届古镇腊月风情节。钱安公路等改建工程、镇中南路和镇西北路延伸工程等新建工程全面完成；集镇生活污水收集三期、城镇燃气管网、大和山废弃矿山整治等配套工程有序推进。积极承担起全县农村环境综合整治试点工作，部署开展“美丽古镇”大行动，在全县率先建成地埋升降式垃圾中转站，前畈等村还实施了环境卫生网格化管理。通过“硬件”和“软件”两手抓，整治工作取得了阶段性成果，城镇环境卫生状况得到彻底改观。

传统文化——搬嫁妆

浙江四海氨纶纤维有限公司新落成的厂房

这一年，该镇企业“五险”合征实现全覆盖。城镇居民医疗保险、新型农村合作医疗保险、低保、优抚对象大病救助、失地农民养老保险、老年居民生活保障和生活补助、城镇和农村最低生活保障受益人数逐年增多。“红十字博爱基金”和镇村两级慈善基金有效运作。平稳完成2793名未参保集体企业退休人员及其他相关人员基本养老保障工作。投资770万元的涂山幼儿园于2011年9月建成开学，投资600万元的吉生小学（盛陵小学扩建工程）建造竣工，原九墩小学创办为我镇第二所民工子弟学校。进一步构建食品安全长效监管机制，巩固市级食品安全示范镇创建成果；深入开展流动人口生殖健康关爱活动，及时落实各类计划生育优抚政策和救助政策，低生育水平保持稳定。

这一年，该镇以“大调解”为平台，创新完善“小调解”模式，切实化解矛盾纠纷，确保社会和谐稳定。全年共受理各类案件596件，接待群众来信来访187（件）次、756人次，同比减少13%和7.0%，办结率均达98%以上。一年来，全镇未发生一起影响社会稳定的政治事件、群体性事件，未发生一起性质严重的重大刑事案件和安全事故，连续第四年被评为信访“三无乡镇”。积极担负起全县加强和创新社会管理试点工作的职责，初步建立起一套“党委统领、政府主体、社团助推”的社会管理“安昌模式”。成立安昌·天南地北绍兴人联谊会等20余个社会团体，充分发挥优势，在加快科学发展、建设民生工程、推动社会和谐上凝心聚力。

绍兴县陶堰镇

秋官里进士牌坊

陶堰镇地处绍兴县东部，东毗上虞，西邻绍兴越城区，距绍兴市区仅13公里、绍兴县城柯桥28公里，萧甬铁路、杭甬运河、104国道、329国道、钱陶公路和绍诸高速、平陶公路穿镇而过，嘉绍跨海大桥相距不远。镇域面积31.5平方公里，辖11个行政村和1个居委会，总人口包括外来人口约3万人，农村居民人均纯收入14628元。镇内河网密布，风光秀美，白塔洋和百家湖如两颗明珠镶嵌其中，是有名的鱼米之乡。

人杰地灵。陶堰历史悠久，人杰地灵，文化浓郁，自古名人辈出，享有“江南人才名镇”之美誉。明清两朝，陶堰出进士42人，举人111人，贡生83人，至近代名贤更甚，是陶成章、陶行知、陶孟和、邵力子先生的故乡。

生态宜居。百家湖、白塔洋碧波荡漾，万亩水面，野鸭成群，白鹭齐飞。镇党委、政府将立足生态品牌，依托特色资源，启动陶堰生态旅游规划建设。整合白塔洋、百家湖等连片水域、湿地资源，加大招商力度，推进白塔洋生态旅游开发，打响“越地最佳生态、绍兴最美水域”品牌。

2011年1月陶堰名爵府开盘剪彩

产业集聚。全镇拥有企业238家，其中规模以上企业31家，年销售亿元以上企业达到3家，外贸企业23家，产品销往40多个国家和地区。

“十二五”期间，陶堰将紧紧围绕“打造东部新城镇，实现发展新跨越”建设总体目标，深入实施“新兴产业集聚区、生态休闲居住区、水乡风光旅游区、现代农业示范区”发展战略，加快“南拓西连”，完成城镇“五纵三横”路网建设，加快生态文明建设和民生事业发展，确保社会和谐稳定，致力建设“绍兴东部发展先行镇”。

白塔洋捕鱼

邵力子陈列室

2011年完成的陶堰市直街大桥

陶成章故居

陶堰镇中心小学象棋千人赛

镇中心幼儿园设计图

泰和桃花源项目

绍兴县孙端镇

2011年9月—10月，“欢乐乡村”文艺巡回演出到各村

孙端镇纪念建党90周年红色系列活动

全镇16个行政村成功通过“农家书屋”创建验收

绍兴县社区学院孙端分院成立

2011年9月，皇甫小学新校舍建成投用

孙端镇，绍兴市首批小康镇，是鲁迅先生外婆家所在地，位于绍兴县东北部，水陆交通十分便捷。镇域面积31.28平方公里，共划分为1个城镇社区、4个农村社区，下辖16个行政村，1个居委会，总人口约3.9万人。

2011年，全镇实现财政总收入1.21亿元，同比增长21.3%；实现工业销售20.42亿元，同比增长27.3%；自营出口9709万美元，同比增长30.9%；技改投入3.82亿元，同比增长26.3%；农民人均收入13501元,同比增长7.66%。

2011年，新成立农民专业合作社3家，农业“二区”建设合作会成立，新增国家级无公害农产品4只，大畈水产合作社、贺家池渔场创建为农业部水产健康养殖示范场，天鸿鹅业主办全国鹅业大会。实施“平原绿化”957亩，皇甫庄村、安桥头村分别创建县级森林村庄。实施500万元以上工业项目27只，同怡公司的汽车仪表信息化关键技术列入省重点高新技术产品开发项目。集镇建设快速推进，“三路一桥”工程和中兴路入口景观广场建设完工，生活污水收集处理系统完成一期建设，电网改造完成开关站建设，宅基地置换集中居住区完成规划设计。民生工程有序推进，完成投资1200多万元皇甫小学一期的易地新建，完成44户双困户住房解困，通过32户农村宅基地置换申请，建成农民公寓88套，8个村改建水冲式公厕55只，4个村实施污水处理改造1059户。总投资2.08亿元的成发豪庭、金瓯苑、碧波苑等房产项目按时启动。

集镇中兴路北入口景观广场建设完工

许家埭村农民公寓竣工

总投资1600万元的道路改造工程全面完工

交通便利的孙端镇工业集聚区

绍兴县夏履镇

镇文化广场

夏履镇位于绍兴县西北部，与诸暨、萧山接壤，镇域面积52平方公里，辖11个行政村，1个居委会，户籍人口1.85万人，外来人口1.5万人。2011年实现生产总值17.66亿元；财政总收入1.87亿元，其中地方财政收入1.24亿元；工业销售90.07亿元，自营出口1.68亿美元。经历届党委、政府和全镇广大干部群众的共同努力，在经济社会发展过程中形成了“三大”特色：

一、生态人文特色：夏履镇历史悠久，山清水秀。大禹治水“遗履不蹑”发生在此地，有越王句践栖兵之地“越王峥”古迹，文化底蕴深厚。全镇森林覆盖率83.1%,生态环境得天独厚,发展经济坚持“生态优先”不动摇，镇域环境保持天蓝地绿水常清的自然生态风光，1997年被联合国环境署授予生态环境“全球500佳”称号，近年获“全国环境优美镇”和“全国文明镇”等称号。

越王峥

二、纺织产业特色：夏履镇经济以织造、服装业为主，各类织机合计约占全县的15%，拥有“恒柏西服”、“迷帅西裤”、“蒙迪王子”等国际商标和国内著名品牌。近年来，加快转型升级，致力发展非织造布产业，全镇9条生产线和4家终端产品企业实现年产能6万吨、销售12亿元，其中水刺非织造布产能占全国的20%，成为全国最大的水刺非织造布生产基地，获“中国非织造布名镇”称号。

企业车间

三、社会管理特色：夏履镇从2004年始，探索推行“夏履民主程序”，实现以制度治村，按程序办事，使基层民主管理趋于制度化、程序化、规范化。在此基础上，2010年按照“网格化管理，组团式服务”的要求，探索推行“一站二室三中心”村级社会管理创新运行机制，有效促进了社会和谐稳定。连续六年获市级“平安乡镇”和信访“三无乡镇”称号。

花木基地

镇人民医院

夏进公路

漓渚镇

『中国花木之乡』『中国针织名镇』

东方百合

漓渚镇，因地有漓江，江中有“渚”，故名。漓渚，物华天宝、兰香遍地，被尊为“千年兰乡”，相传2500多年前越王勾践，曾在境内的兰渚山植兰养花；漓渚，山清水秀、环境优美，“花木之乡”名声远播，“漓渚满目绿无涯，棠棣无外不逢花”是她的最好写照；漓渚，历史绵远，民生富足，素有“百年老镇”之称，明朝设漓渚关，清时称漓渚市，1916年建镇，1984年8月设建制镇，是绍兴西南部古老而繁华的历史名镇。

漓渚镇位于鉴湖水系源头，为绍兴县西南部半山区镇。东临福全镇，南连兰亭镇，西接诸暨市店口镇，北与湖塘街道、福全镇仅一山之隔。距绍兴市区约12公里，离县城柯桥18公里，全镇镇域面积36.6平方公里，辖12个行政村、1个居委会，常住人口32500余人，其中户籍人口22100余人。漓渚经济繁荣，人民富足，是远近闻名的中国花木之乡和中国针织名镇。2011年实现生产总值17.6亿元，增长10.5%；财政收入1.5亿元，增长20.2%；工业销售收入85亿元，增长26.1%；自营出口2.5亿美元，增长22.8%；农民人均纯收入16405元，增长10.0%以上。

绍兴县第七届兰花节暨绍兴市第二十二届兰花展览会开幕式

当前，漓渚镇的干部群众正以科学发展观为指导，全方位塑造新时代的“兰花魂”。可以相信，随着时代的前进，漓渚镇的特色之路、活力之路、和谐之路将越走越广阔。

兰文化主题公园

个私家庭工业

农民新居

浙江省蕙兰样品园——银泉兰苑

漓渚工业园区

兰亭，一座幸福小城

书法文化村

兰亭因春秋越王句践植兰于此，汉代建有驿亭而得名，镇域面积83平方公里，下辖20个行政村，1个社区居委会，常住人口5.8万人，其中户籍人口3.2万人。兰亭是省级中心镇，先后获得“全国环境优美乡镇”、“中国针织名镇”、“中国竹笋之乡”、“浙江省十大生态旅游名镇”等荣誉称号。

中外媒体聚焦兰亭镇农村集体“三资”管理工作

兰亭是一方书法圣地。东晋永和九年，书圣王羲之和着会稽老酒，兰渚清流，挥毫泼墨，留下一首千古绝唱《兰亭序》。之后的千余年间，一拨拨的文人墨客，名人政要，都曾在兰亭留下足迹，或流连于茂林修竹、山环水绕的山阴道，或行走于享誉“北有秦宫、南有印山”的印山越国王陵畔，或驻足于明代哲学家王阳明、书画家徐渭墓前。兰亭因此而矗立成一座书法文化之碑，成为中国书法文化的朝圣地。

兰亭是一块城郊热土。位于绍兴西南郊，距离绍兴市中心9公里，杭州市区70公里，到萧山国际机场50分钟车程。改革开放以来，兰亭经济社会取得长足进步。近几年来，兰亭充分发挥交通区位优势，进一步抢抓发展机遇，创新发展理念，完善功能配套，推进活力城镇中心区、实力工业集聚区、魅力文化休闲区、美丽城乡新社区建设，全力打造“绍兴卫星城、活力新兰亭”。2011年，全镇实现国内生产总值22.93亿元，同比增长11.5%；完成财政总收入2.87亿元，同比增长27%，其中地方财政收入1.39亿元，同比增长27.1%；工业销售134.44亿元，同比增长22.8%，其中规模以上销售80.27亿元，同比增长25.9%；工业投入7.49亿元，同比增长24%；自营出口3.28亿美元，同比增长9.9%；城市及非工投资7500万元，同比增长15.4%，农民人均纯收入16831元，同比增长10%，社会保持和谐稳定，连续两年荣获全县镇（街）、开发区岗位责任制考核优胜单位。

浙江海峡两岸兰花科技园

兰亭将是一座幸福小城。“十二五”期间，兰亭将继续坚持统筹协调、可持续发展理念，始终把“寓强于富、普惠于民”作为发展的根本目的，更加突出民生改善，提高教育、医疗、文化和就业、养老、安居、救助等公共服务保障水平；不断完善“三资”管理，保障村级集体资产安全和农民群众基本权益，全力建设一个“人人都有好工作、家家都有好收入、处处都有好环境、个个都有好身体”的幸福兰亭。

活力城镇中心区

兰亭镇第二届全民运动会

谢家坞四季鲜果园

活力城镇中心区

平水珠茶

千年古镇焕新貌 平水

会稽湖

平水大道

酱文化博物馆

平阳寺无尘殿

绍兴二院分院

同康竹林石径

平水镇地处绍兴县南部，紧邻绍兴市区，生态环境优美，历史文化悠久，是名副其实的绍兴市“后花园”。现镇域面积173.26平方公里，其中建成区面积5.5平方公里，常住人口5.3万人，辖28 个行政村、1个居委会。

平水，是一个文化底蕴积淀深厚的好地方。平水镇地处古越文化的发祥地，有着悠久灿烂的历史文化，有道是：“江南古城看绍兴，绍兴古城出平水”。镇内文化遗址、自然景观、名人古迹众多。越王勾践曾建都于平阳，栖兵于刻石山“会稽山上城”。平水是越王句践生聚教训之地，欧冶铸剑、西施采莲之所，是一座没有围墙的博物馆，地下深藏着丰富的文化资源，“上、中、下”三灶一带现存的大型土墩墓群无一不是古越文化的见证。

平水，是一个经济社会快速发展的好地方。平水镇是全国发展改革试点镇，全国环境优美镇，浙江第一批省级中心镇，县委、县政府“一主三城三区”区域发展布局中的“平水新城”。2011年，全镇实现生产总值17.96亿元；财政总收入3.21亿元，增长25.13%；其中地方财政收入2.27亿元，增长28.26%；实现全部工业销售96.75亿元，增长23.28%，其中规模以上工业销售收入75.93亿元，增长25.62%；完成工业性投入11.72亿元，增长16.85%；完成自营出口1.92亿美元，增长21.21%。

平水，是一个城市建设日新月异的好地方。作为省级中心镇，平水在“投资服务、金融服务、商贸集聚、交通枢纽、文化教育、医疗卫生”等6大区域性中心城市功能的培育上不断趋于完善。中厦集团、华伟大厦、宏丽财富中心等一批总部大楼的建成和使用，建设银行、平水镇中、绍兴二院分院等一批社会性教育和服务机构的引进与建设，消防支队项目、地税分局、国土所等一批政府性机构的重建和集聚，绍诸高速、平水大道延伸、王化岭隧道、城区市政道路等一批交通工程的启动和推进无一不是城市化功能日益完善的象征。

我们将继续紧扣县委“突出转型升级，致力科学发展”工作主题，围绕平水镇“城乡统筹发展示范区、绍兴宜居乐业后花园”目标定位，进一步解放思想，精诚团结，狠抓落实，全面推进城乡统筹发展与社会和谐发展，努力实现全镇经济社会的快速发展。

全镇风貌

生态富盛

富盛镇位于县域东南部，距绍兴市区15公里，面积79.77平方公里，人口2.4万人。作为东部三镇的有机组成部分，富盛的特色是生态，优势是环境，兼具平原和山区的地形特点让富盛的发展有了更广阔的空间。目前全镇形成了以乡村旅游为特色，以现代农业为龙头，集平绒、建筑、纺织、服装、五金于一体的多元化发展格局。

这年，围绕生态兴镇，乡村旅游亮点纷呈。成功举办了2011春季乡村（森林）旅游风情节和秋季诸葛仙山登山节系列活动，其中举办的“兆丰”杯环富盛自行车邀请赛是镇级举办业余国际赛的全国第一家。成功创建诸葛仙山国家AA级景区。由由嘉园一期成功开园；投资1亿余元的“托斯卡那”风情园项目，一期已开工建设；投资6000余万元的佳盛生态林业观光园正在加快建设中。依托御茶村产业优势，高品位打造“绍兴梅家坞”工程规划已通过。据统计，全年接待游客达到10万余人次，比去年增长80%以上，富盛乡村游的知名度和美誉度越来越高，乡村旅游呈现良性的发展态势。

8

这年，围绕特色强镇，现代农业发展较快。共完成早稻订单任务159万公斤。启动实施了省级四季笋精品园区和名优茶基地建设。大力推进山河畈国家级农业综合开发项目和省级粮食生产功能区建设。完成4个村土地股份制及土地流转，试点开展红山村土地经营权登记工作。御茶村茶业成功收购平水“日铸茶”品牌，为镇茶叶产业转型升级奠定了坚实基础。

这年，围绕生态宜居，集镇开发建设快速推进。成功出让集镇经营性土地近68亩，110KV富盛变已完成主体工程。完成了丰盛苑移民小区（二期）建设。绍诸高速富盛段建成通车，富盛道口正式启用。完成复垦面积15.4亩，拆迁任务1万平方米、宅基地置换100户及7户住房双困户的解困工作。积极开展洁美乡村建设，启动实施了“闪光一天”洁美富盛行动，大力开展重点区域、重点单位、重点时段的常年环境督查，村镇环境得到有力改善。

这年，围绕民生改善，人民生活稳步提升。认真做好市级药品安全示范镇、春泥计划及和谐榜等创建工作，实现全镇14个行政村省级“农家书屋”全覆盖，倪家溇村成功创建全国文明村。组织开展第四轮农民体检和“欢乐乡村”文艺演出，完成中学塑胶跑道、中心小学教学楼扩建和有线电视数字化转换及全覆盖工程。

9

1 诸葛仙山
2 宠物秀
3 自行车赛
4 采茶
5 诸葛仙山登山节出征仪式
6 夜宿芳湖
7 马术表演
8 2011乡村旅游风情节
9 锡飞寺

1

2

3

4

5

6

7

绍兴县王坛镇

位于绍兴县南部山区的王坛镇，具有千年发展史，古称东土乡，元为会稽县二十八都，明清升为城乡。王坛镇属于小舜江源头保护区域，汇入小舜江的南北二溪环绕集镇而过，镇域内风光旖旎、境幽史悠、生态旅游声名远播、山水锦绣、气候宜人。全镇地域面积137平方公里，下辖24个村和1个居委会，常住人口33455人。

近年来，王坛镇认真贯彻落实县委“突出转型升级，致力科学发展”工作主题，以建造“六万八道十景”为抓手，围绕“生态经济、生态旅游、生态山村、生态美景”建设，着力打造“美丽山镇、清洁王坛、人文圣地、宜居家园”，全镇经济社会平稳较快发展，已获全国环境优美乡镇、中国青梅之乡，省级生态镇、省体育强镇、兴林富民示范镇，市级卫生镇、卫生强镇、教育现代化镇等荣誉。

2011年全镇实现生产总值7.15亿元，财政总收入5060万元，其中地方财政收入2780万元，工业销售9.3亿元，自营出口5.2亿美元，农民人均纯收入11953元。农业充分依托山区特色资源，规划建设了“茶叶、蔬菜、竹笋、青梅、丹家鸡、玫瑰”等六个“万”字号基地，建立以玫瑰为特色的种植基地和精品园区。生态旅游依托省级文保点舜王庙胜迹，坚持每年举办梅花旅游节和虞舜文化旅游节。

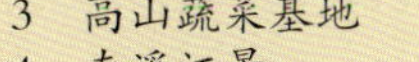

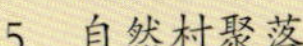

1 2011年绍兴虞舜文化旅游节开幕式
2 玫瑰山庄
3 高山蔬菜基地
4 南溪江景
5 自然村聚落
6 南岸村村口景色
7 陶宴岭古道
8 舜王庙
9 香雪梅海

绍兴县稽东镇

千年香榧林景区一角

稽东镇因地处会稽山东麓而得名，位于绍兴县南部山区最南端，南、西分别与嵊州谷来镇、诸暨赵家镇接壤，东、北毗邻王坛、平水两镇。距绍兴市区32公里、县城柯桥47公里，32省道经过。面积111.42平方公里，有县境最高峰骆家尖。辖24个行政村、1个居委会，户籍人口32422人。

2011年，稽东镇发展香榧基地2000亩，建设名茶基地150亩，发展林特基地2500 亩，引进浙江裕田、民华农业、禾田肉鸽三个农业项目。万亩红豆杉基地项目落户龙东村，并完成一期1000亩林地流转。新引进企业10家。发展以建筑、防腐、绿化等为主的总部经济，其中九州建设工程有限公司实缴税收首超千万。重点培育发展汽配产业，双月汽配、晨骏汽配投产,春祥汽配落户。自营出口突破4000万美元，增幅列全县第一。

冢斜古村落

和兴茶厂

焕然一新的街道

稽东镇山娃子农庄

冢斜余氏宗祠——万年台

这年，投资350万元完成镇派出所异地新建工程，投资350万元异地新建镇敬老院。投资1031万元，完成老车竹线、上金山村道等6条道路建设。建设车头等5个村的村庄道路硬化、路灯亮化、自来水蓄水池等，建设40只公厕。开发土地590亩，整治4座山塘，除险加固10座山塘水库，清淤治理1210米小流域，“幸福水库”省级千库保安工程通过验收。

稽东镇新貌

中共绍兴县委员会

重要会议

【县委全体（扩大）会议】 2011年，中共绍兴县委共召开2次全体（扩大）会议。

中共绍兴县委十二届十次全体（扩大）会议于1月21日召开。会议回顾总结县委常委会2010年工作，审议通过《中共绍兴县委关于制定绍兴县国民经济和社会发展第十二个五年规划的建议》，研究部署2011年工作任务。市委常委、县委书记何加顺代表县委常委会作工作报告。会议动员全县各级党组织和广大党员干部，认真落实科学发展观和省委"创业富民、创新强省"总战略、市委"创业创新、走在前列"战略部署，围绕"突出转型升级、致力科学发展"工作主题，加快推进经济、城乡、社会等各领域的转型升级，进一步加强和改进党的建设，不断开创县域科学发展率先发展新局面，为"十二五"发展起好步、开好局，以优异成绩迎接建党90周年。

中共绍兴县委十二届十一次全体（扩大）会议于7月26日召开。会议总结上半年工作，安排下半年任务，研究部署绍兴县新形势下加强和创新社会管理工作。何加顺代表县委常委会作工作报告，并动员全县各级党组织和广大党员干部进一步解放思想，求真务实，开拓创新，努力实现"十二五"发展良好开局。

【全县经济工作会议】 2011年2月12日，绍兴县召开经济工作会议，动员全县上下认真贯彻落实县委十二届十次全体（扩大）会议精神，进一步认清形势，振奋精神，奋发进取，切实抓好2011年各项工作特别是经济工作。市委常委、县委书记何加顺作工作报告，县委副书记、县长孙云耀主持会议。会议提出，重抓发展载体，加快工业转型升级，重点启动实施纺织产业"4个千亿"计划、优势产业"5个500亿"计划和新兴产业"金种子"计划。会议表彰2010年度镇（街道、开发区）岗位目标责任制考核优胜单位、县级机关一等奖单位、工业发展特别贡献奖、县长奖获得者等先进集体和个人。

【县委常委会议】 2011年，县委共召开19次常委会议。

1月13日会议。会议听取县委办公室关于制定国民经济和社会发展第十二个五年规划建议（初稿）的汇报，听取县委办公室关于县委十二届十次全体（扩大）会议报告（送审稿）及县委十二届十次全体（扩大）会议方案的汇报，听取县人力和社会保障局、县残联关于调整落实绍兴县有关养老保险待遇和残疾人经济补助扩面情况的汇报，听取县政协办公室关于县政协十届五次会议有关人事安排的汇报，听取县委组织部关于十三届人大五次会议领导机构名单的汇报，听取县委组织部关于2010年干部选拔任用报告的汇报，听取县委办公室关于完善有关发展平台体制机制建议的汇报。

1月26日会议。会议听取县府办关于2010年度县长奖、县政府质量奖、工业发展功臣、工业发展特别贡献奖、现代农业发展功臣、现代服务业发展功臣、建筑业发展功臣、中国轻纺城"范蠡奖"、生态建设优胜镇（街道）、人口计生工作"双优"镇（街道）、科学技术奖、科技强镇（街道）、十大科技明星（团队）、重点国（境）外客商《便利卡》、招商引资优胜单位、自营出口企业优胜单位、服务经济优胜银行、水利建设"大禹杯"竞赛活动优胜单位、依法行政示范单位、优秀社会事业人才等考评结果的汇报，听取县委办、县委组织部关于2010年度镇（街道）、五大平台和县机关部门岗位目标责任制考核结果情况的汇报，听取县委组织部关于县管领导干部年度考核情况的汇报，听取县人社局关于2010年度公务员嘉奖、三等功、县级先进单位、县级先进工作者（县管干部以下）评选汇总情况的汇报，听取县委办关于全县领导干部大会暨经济工作会议方案的汇报，听取县规划局关于瓜渚湖环湖步行道、金柯桥大道绿化提档及金柯桥大道、笛扬路和环瓜渚湖区域夜景照明设计等重点规划方案的汇报，听取县财政局关于新一轮县对镇（街道、开发区）财政管理体制建议方案的汇报，听取县委组织部关于研究村级组织换届方案的汇报，听取2010年各镇（街道）党委书记基层党建工作述职。

2月16日会议。会议听取县府办关于政府工作报告（送审稿）的汇报，听取县发改局关于绍兴县国民经济和社会发展“十二五”规划纲要、2010年国民经济和社会发展计划执行情况与2011年国民经济和社会发展计划（草案）报告的汇报，听取县财政局关于2010年财政预算执行情况和2011年财政预算（草案）方案的汇报，听取县人大关于县十三届人大五次会议工作报告的汇报，听取县政协关于县政协十届五次会议工作报告的汇报，听取县法院关于县十三届人大五次会议县法院工作报告的汇报，听取县检察院关于县十三届人大五次会议县检察院工作报告的汇报，听取关于全省、全市组织部部长会议精神及绍兴县2011年组织工作思路，听取县纪委关于传达学习贯彻省、市纪委全委会主要精神和召开县纪委十二届八次全体（扩大）会议建议方案的汇报，听取县委宣传部关于2010年度精神文明优胜镇（街道）考评情况和2010年县级文明村（社区）、文明单位考评情况的汇报，听取县住建局关于2011年房屋征收计划和房屋征收任务的汇报，听取县发改局关于钱清镇小城市培育发展若干意见建议的汇报，听取县发改局关于2011年绍兴县政府投资基础性、公益性项目建设计划的汇报，听取县发改局关于2011年绍兴县“三个一批”项目建设计划的汇报，听取杨汛桥镇关于旺家纺织、加佰利集团、永隆实业等企业解困方案及有关政策享受等情况的汇报。

3月3日会议。会议传达全省政法系统开展“发扬传统、坚定信念、执法为民”主题教育实践活动动员部署电视电话会议精神，听取县政法委关于绍兴县加强社会管理创新实施意见的汇报，听取县农办关于2010年度新社区建设先进镇（街道）、示范农村新社区建议名单，2011年度农村新社区建设工作要点和2011年度农村新社区建设考核办法的汇报。

3月28日会议。会议听取县纪委（监察局）关于进一步深化干部作风建设实施意见的汇报，听取县纪委（监察局）关于2011年绍兴县反腐倡廉建设组织领导与责任分工的汇报，听取县委组织部关于2011年干部教育培训工作要点的汇报，听取县委组织部关于镇党委换届试点方案的汇报，听取县国土局关于进一步完善耕地保护、确保耕地占补平衡政策意见的汇报，听取县环保局关于创建省级生态县、推进文明建设实施意见的汇报，听取县水电局关于2011年清水工程建设实施意见的汇报，听取县规划局关于完善绍兴县规划管理体制若干意见的汇报，听取县建设局关于进一步加强拆迁工作若干意见的汇报，听取县商务局关于进一步加强招商选资工作实施意见的汇报，听取县发改局关于下达2011年镇（街道、开发区）岗位目标责任制考核指标建议的汇报，听取县经信局、供电分局关于全县有序用电方案的汇报，听取县委组织部关于退职退休县领导担任（兼任）群团社团组织职务意见的汇报。

4月14日会议。会议听取县委宣传部关于“解放思想，提升理念”主题教育活动方案的汇报，听取县委办关于二十项重点工作任务分解的汇报，听取县国土局关于柯岩C－08、C－12、C－15、C－21地块出让有关情况的汇报，听取县府办、发改局关于2011年加快经济转型升级若干意见及有关实施细则的汇报，听取县林业局关于加快平原绿化、推进森林绍兴建设2011年实施方案的汇报，听取县体育中心建设指挥部关于调整体育中心规划方案的汇报，听取县教体局关于召开全县教育工作会议及有关政策意见建议方案的汇报，听取县司法局关于开展创建规范化司法所活动实施意见的汇报，听取县机关工委、县政研室关于2011年县机关、镇（街道）及平台岗位目标责任制考核意见的汇报。

5月14日会议。会议听取县政法委关于全县社会管理创新暨维稳与信访工作会议情况的汇报，听取县委统战部关于绍兴县各民主党派2011年换届工作的汇报，听取县纠风办关于2011年绍兴县行风评议工作的汇报，听取县文广局关于绍兴县第七届中国曲艺节实施方案的汇报，听取鉴湖—柯岩旅游度假区关于夏威夷风情馆招商情况的汇报，听取县旅游局关于鉴湖—柯岩旅游度假区创建国家AAAAA级旅游景区总体规划情况的汇报，听取县解困办关于浙江展望控股集团有限公司和浙江阻燃集团重组企业享受有关解困政策建议方案的汇报，听取县委政研室关于进一步完善钱杨新城、平水新城建设管理体制建议的汇报。

7月5日会议。会议传达省委十二届九次全体（扩大）会议精神，听取县金融办关于绍兴县创业投资引导基金管理暂行办法（试行）的汇报，听取县发改局关于绍兴县战略性新兴产业发展规划的汇报，听取县安监局关于绍兴县安全生产情况的汇报，听取县经信局关于日月新材料BOPET超薄电熔膜、光学膜生产线项目“一事一议”政策的汇报，听取县商务局关于蓝天大剧院相关扶持政策建议的汇报，听取县建设局关于对体育中心西侧住商地块出让相关问题的汇报，听取县规划局关于实施柯桥主城区35千伏以上高压线路优化改造规划建议意见的汇报。

7月22日会议。会议听取县委办（政研室）关于县委十二届十一次全体（扩大）会议报告（送审稿）及县委十二届十一次全体（扩大）会议方案的汇报，听取县信访局关于加强信访工作意见及半年度信访工作情况的汇报，传达省、市两新组织党建工作会议精神，听取县委组织部关于深化完善助企指导员制度意见的汇报，听取县委组织部关于完善全县各类干部奖金系数的汇报，听取县委组织部关于科级非领导职务设置工作意见的汇报。

9月2日会议。会议听取县委统战部关于加强新时期统一战线工作的意见和关于推进基层统战试点扩面工作的实施方案的汇报，听取县效能办关于2011年县级机关重点岗位民主评议方案的汇报，听取县委办关于省委巡视组到县巡视工作方案的汇报，听取县发改局关于绍兴县现代服务业发展总体规划的汇报，听取县科技局关于绍兴县科技园建设实施方案的汇报，听取县环保局关于绍兴县“811”生态文明建设推进行动方案、2011年绍兴县生态建设优胜镇（街道、开发区）考评办法的汇报；听取县教体局关于绍兴县与浙工大合作举办之江学院的汇报，听取轻纺城建管委、轻纺城股份公司关于中国轻纺城北联市场营业房竞租招商方案和中国轻纺城集团股份有限公司非公开发行股份购买股东初步方案的汇报，听取县国土局关于深化“亩产论英雄”理念、构建全县国土资源管理新机制的汇报，听取县国资办关于2010年度县级国有企业领导人员绩效考核情况的汇报，听取县司法局关于绍兴县“六五”普法规划制订情况的汇报，听取杨汛桥镇关于要求财政借款、推动企业解困情况的汇报，听取县委组织部关于做好2011年镇换届工作实施意见的汇报。

9月17日会议。会议听取县委宣传部关于加强全县宣传文化队伍建设实施意见的汇报，听取县委办（政研室）关于审议县委届末工作总结。

10月14日会议。会议传达学习贯彻温家宝总理到县考察讲话精神，听取县委宣传部（文明办）关于浙江省首批文明县创建工作进展情况的汇报，听取县水利局关于全县水利工作会议方案的汇报，听取县文广局关于中国第七届曲艺节承办工作进展情况的汇报，听取县卫生局关于解决基层医疗机构非正式事业编制（社区编制）成员有关问题的汇报，听取县人力社保局关于解决养老保险领域若干群体利益问题有关政策意见和组织实施工作方案的汇报，听取县经信局关于近期拟落实工业用地指标和“一事一议”项目的情况汇报，听取滨海工业区、县审计局关于落实远东集团重组华联三鑫有关问题情况及华联三鑫审计情况和结果的汇报，听取县规划局关于绍兴县高铁站场周边地区（KQ－04－02、KQ－34－02地块）控制性详细规划的汇报，听取县规划局关于绍兴县柯桥省级历史文化街区保护和利用规划的汇报，县委办（政研室）关于建立健全有关议事规则的情况汇报。

11月8日会议。会议听取县人大常委会关于做好县、镇两级人大换届选举工作安排的汇报，听取县委统战部关于第十一届绍兴县政协人事安排工作情况的汇报，听取县委办关于筹备县十三届一次党代会若干问题的汇报，听取县委政研室关于退职、退休县领导担任（兼任）群团社团组织职务建议的汇报，听取县府办关于促进企业平稳健康发展加快经济转型升级若干意见的汇报，听取县教体局要求审议《关于加快推进体育事业发展的若干意见》的汇报，听取县人力社保局关于调整县直机关退休人员生活补贴方案建议的汇报；听取滨海工业区（马鞍镇）关于远东化纤集团改制遗留问题解决方案的情况汇报，听取县解困办关于进一步落实凌达实业有限公司有关扶持政策建议意见的汇报，听取县总工会关于深化劳动关系和谐企业创建的实施意见、全县深化劳动关系和谐企业活动会议方案的汇报。

11月24日会议。会议听取县委组织部关于中国共产党绍兴县第十三次代表大会有关人选安排及党代表名额分配建议方案、党代表提案征集与办理工作实施方案、筹备工作分工安排建议的汇报。

12月3日会议。会议听取县纪委关于2011年度落实党风廉政建设责任制及推进惩防体系建设情况检查考核方案的汇报，听取县民政局关于调整城乡居民最低生活保障标准有关问题的汇报，听取县民政局关于绍兴县城乡居民临时救助实施办法（试行）的汇报，听取县民政局关于完善县级机关和直属事业单位工作人员重大疾病医疗救助制度意见（试行）的汇报，听取县府办关于绍兴县优秀社会事业人才享受政府特殊津贴实施方案的汇报，听取县卫生局关于2012年度绍兴县新型农村合作医疗制度实施办法的汇报，听取县府办关于加强县直属国有企业领导人员管理若干意见的汇报，听取杨汛桥镇关于要求解决杨汛桥镇锡箔作坊事件相关费用的汇报，听取鉴湖—柯岩旅游度假区管委会关于柯岩欧式名品商业街项目相关情况的汇报，听取县府办、县建设局、县广电总台关于2012年柯桥新春嘉年华活动建议方案的汇报，听取县国土局关于进一步完善城镇“退二进三”项目实施意见的汇报，听取轻纺城建管委关于要求解决“网上轻纺城”有关情况的汇报，听取县编委办关于县公安局、县财政局内设机构领导职级高配情况的汇报。

12月9日会议。会议听取县卫生局关于绍兴县县级公立医院综合改革试点实施意见的汇报，听取县国资办关于绍兴县汇金小额贷款公司国有股权退出工作的汇报；听取轻纺城建管委关于龙禧中心项目有关问题的汇报。

12月16日会议。会议听取县人大常委会党组关于建议召开县十四届人大一次会议的情况汇报。

12月22日会议。会议传达学习贯彻全省领导干部接待群众来访工作电视电话会议讲话精神，研究讨论中共绍兴县第十三次代表大会报告（讨论稿），研究讨论中共绍兴县第十三次代表大会纪委工作报告（讨论稿），听取县信访局关于做好2012年县领导接待群众来访活动意见（初审稿）的汇报，听取县委组织部关于县“两委”委员人选、县党代会代表情况及县党代会筹备工作情况的汇报，听取县委组织部关于市党代会代表有关工作的汇报。

12月28日会议。会议听取关于县人大常委会党组召开县十四届人大一次会议有关情况的汇报，听取县政协党组关于召开县政协十一届一次会议有关情况的汇报，听取县委办关于《中国共产党绍兴县委委员会工作规则》（草案）及《中国共产党绍兴县第十三届委员会关于加强县委自身建设的决定》（草案）起草情况的汇报，听取县委组织部通报市委关于县第十三届党代会的批复情况汇报，听取县委组织部关于审议通过《中国共产党绍兴县第十三次代表大会选举办法》（草案）的汇报，听取县委组织部关于县第十三届党代会选举办法及总监票人、监票人建议名单的汇报，听取县委统战部关于政协人事安排建议的汇报，听取县委组织部、县政协关于县“两会”领导机构建议方案的汇报，听取柯岩街道、钱清镇、杨汛桥镇、齐贤镇、兰亭镇、富盛镇党

委（工委）书记履行2011年基层党建工作述职。（王国彪）

重要决策和活动

【通过制定“十二五”规划建议】 2011年1月21日，中共绍兴县委十二届十次全体（扩大）会议通过《关于制定绍兴县国民经济和社会发展第十二个五年规划的建议》，提出“十二五”时期绍兴县经济社会发展的总体目标是：率先建成更高水平、惠及全县人民的小康社会，为率先基本实现现代化打下更加坚实的基础，重点是着力打造走在前列的经济强县、着力打造转型升级的示范基地、着力打造宜居乐业的幸福水乡和着力打造现代开放的魅力新城，全县地区生产总值年均增长9%左右，到2015年总量突破1200亿元。

【出台加强和创新社会管理实施意见】 2011年，绍兴县分调研部署、组织实施和总结验收3个阶段，在全县范围内开展社会管理创新工作，3月22日出台《关于加强和创新社会管理的实施意见》，重点加强完善社会管理格局、维护群众权益工作机制、社会安全防控体系、实有人口动态管理机制、社会管理信息化体系和社会公平执法体系。

【实施省级生态县创建】 2011年4月18日，绍兴县下发《创建生态县推进生态文明建设的实施意见》，明确绍兴县“十二五”期间生态文明建设主要目标，从完善空间布局、发展生态经济、优化生态环境、弘扬生态文化、健全体制机制等5个方面部署任务，力争2012年顺利通过省级生态县考核验收。

【制定经济转型升级鼓励政策】 2011年4月28日，绍兴县出台《关于加快经济转型升级的若干政策意见》，提出提升发展现代农业、大力发展先进制造业、加快发展现代服务业、致力推进创新发展、不断深化对外开放、做强做大建筑产业、推进生态文明建设和大力表彰发展功臣，出台《关于提升发展现代农业的实施意见》、《关于加快战略性新兴产业发展的政策意见》、《关于加快发展现代服务业的决定》等扶持激励政策，加快经济转型升级，转变经济发展方式。

【实施“3318”平原绿化计划】 2011年，绍兴县全面实施“3318”平原绿化计划，即全县通过3年（2011年～2013年）努力，完成3.1万亩平原绿化，平原林木覆盖率达到18%以上，争创省级森林城市，争创10个省级森林城镇、100个县级以上森林村庄。

【落实教育优先发展计划】 2011年，绍兴县提出全县“十二五”期间教育发展总体目标和主要任务，决定率先实施免费学前教育三年行动计划，推进城乡义务教育优质均衡发展，促进普高优质多样发展，增强职成教育服务经济社会能力，创办高等教育，推进城区名校创建，完善各类特殊群体教育，实施素质教育，提升教师队伍素质，强化政府统筹保障，加强教育工作领导。

【开展镇党委换届工作】 2011年9月2日，绍兴县下发《关于做好2011年镇换届工作的实施意见》，按照坚持党的领导、坚持发扬民主、坚持依法办事3项基本要求，顺利推进全县各镇党委换届，努力实现选配好班子、选出好代表、形成好报告、营造好风气、健全好机制等“五个好”目标，并于9月底前完成镇党委换届工作。

【启动深化劳动关系和谐企业创建】 2011年11月20日，绍兴县下发《关于深化劳动关系和谐企业创建的实施意见》，健全目标考核机制、激励约束机制、民主考评机制，力争3年～5年实现规模以上企业创建活动全覆盖、建会企业创建活动覆盖面95%以上目标。（王国彪）

纪检监察

【概况】 2011年，绍兴县纪检监察部门坚持以人为本、执政为民理念，全面加强作风建设和反腐倡廉建设，顺利完成全县村（居委会）务监督委员会换届，出台《关于切实加强村务监督委员会建设的实施意见》，在安昌镇试点探索推行村务监督积分管理系统，建立“按事计分、以分量酬”绩效管理模式，引导激励村监委发挥民意收集、矛盾调处等职能。推进“提能增效促转型”活动，实施行政审批畅通工程，审查累计时间从38天缩短至10天；推出政府投资项目并联审批模式，对政府性投资项目实行“一门受理、抄告相关、提前介入、同步办理、并联审批”，提高政府投资项目资金利用效率；推进招标采购提速提效，出台《关于进一步完善公共资源交易管理的若干意见》，将自行招标项目限额提高至200万元，提高小型项目招标效率。绍兴县在市委、市政府组织的党风廉政建设责任制落实情况检查考核中，再次并列全市第一。县纪委被授予全省纪检监察系统先进集体称号。

2011年10月11日，绍兴县举行反腐倡廉专题报告会。（县纪委供稿）

【召开县十二届纪委八次会议】 2011年2月18日，中共绍兴县第十二届纪委第八次会议召开，回顾总结2010年全县党风廉政建设和反腐败工作，研究部署2011年各项任务。会上，县委常委、纪委书记吴晓代表县纪委常委会作题为《牢固树立执纪为民理念 深入推进反腐倡廉建设 为全县经济社会又好又快发展提供坚强保障》的工作报告，提出要深入贯彻落实科学发展观，按照县委“突出转型升级、致力科学发展”工作主题，围绕中心、服务大局，严明纪律、强化执行，开拓进取、创先争优，突出重点、整体推进，全面加强作风建设和反腐倡廉建设，为顺利实施“十二五”规划、促进经济社会又好又快发展提供坚强保障。

【开展10项重点监督检查】 2011年，绍兴县围绕保障发展，开展拆迁安置房建设、绿化工程招投标、领导信访包案、近2年审计问题整改、镇（街道）行政服务中心建设、物业用房保值增值等10项重点监督检查，共发出监督检查通报8次，督促相关部门制定完善制度10余条，有效促进加快转型升级各项重要措施落实和重点工作推进。

【风险排查和风险防控机制全覆盖】 2011年，绍兴县出台《关于深入推进廉政风险防控机制建设的实施意见》，召开全县工作推进会，推进各镇（街道、开发区）及未建纪检组织县级部门开展风险排查、风险防控机制全覆盖工作。至年底，全县共有105个单位，从4825个岗位中梳理风险点5979个，新制定工作流程图1312份，制定防控措施2351条，制定整改措施274条，健全完善规范性文件207个，发出风险预警310次，组织处理和纪律处分18人，实现各镇（街道、开发区）及县级部门风险排查和风险防控机制全覆盖，下属企事业单位风险排查全覆盖。

【开展“进企入村访民情”活动】 2011年，绍兴县出台《关于开展“进企入村访民情”活动的实施意见》，落实镇（街道、开发区）班子成员“三联系”制度，即每个班子成员至少各联系1个村（居委会）、企业和项目，每月至少安排1周时间深入联系点了解企忧民难，化解基层难题。全县共有279名镇（街道、开发区）领导班子成员，落实联系村（居委会）481个，企业751家，项目289个，全年下基层25200余天（次），收集包括企业发展、民生改善、村级经济发展、社会稳定等各类问题9506个，办结8408个，办结率88.45%。

【设立百家重点企业意见建议直报点】 2011年，绍兴县完善服务企业“直通车”制度，县领导联系百家重点企业，设立百家重点企业意见建议直报点，全年通过“直通车”提交企业和基层难题92个，均由县委主要领导批示予以落实，并由县委督查室对相关办理情况进行跟踪督查，按规定流程办理答复或解决。

【规范清理村级经济合同1.5万余份】 2011年，绍兴县深化农村集体“三资”管理，县纪检监察部门会同县农办，组织开展农村集体经济合同清理专项督查，规范清理村级经济合同1.5万余份，完善或终止问题合同755份，收缴合同欠款3900余万元。接待20多家中外媒体采访团对兰亭镇农村集体“三资”管理工作集中采访，得到省委常委、纪委书记任泽民批示肯定。

【实现村级便民服务中心全覆盖】 2011年，绍兴县坚持因地制宜、分类建设、有序推进村级便民服务中心建设，全县291个行政村、37个居委会，共建成示范型便民服务中心144个、标准型便民服务中心184个，实现全县所有行政村（居委会）全覆盖。

【20家民营企业建立纪检组织】 2011年，绍兴县探索在“两新”组织中开展反腐倡廉建设，在华港染织等20家民营企业建立纪检组织，围绕“教育、守法、诚信、制度”4项内容，出台指导性意见，推进廉政文化进民企，实现民营企业党务公开，举办民营企业反腐倡廉书画展。

2011年6月，绍兴县举行民营企业反腐倡廉工作座谈会。（县纪委供稿）

【受理群众信访举报691件（次）】 2011年，县纪检监察部门推进办信工作，加强换届工作信访监督，建立健全领导包案、实名举报优先处理反馈、定期通报等制度，集中力量化解清理疑难信访和热点信访件，全年共受理群众信访举报691件（次），办结661件（次），对29名副局（镇）级以上领导干部进行信访谈话，发放信访反映提醒书7份。

【立案查处各类违纪违法案件70件】 2011年，县纪检监察部门共立案查处各类违纪违法案件70件，办结69件；党纪处分70人，政纪处分4人。开展处分决定执行情况检查，纠正违规行为4人次，退缴5.98万元。切实发挥查办案件治本功能，推行“一案三报告”制度和纪律检查建议书制度。（徐晓龙）

组织工作

【概况】 2011年，绍兴县组织系统探索与新形势相适应的党建工作新路子，开展创先争优活动，组织县委常委到联系点督查点评，加强创先争优示范点建设，修订出台“评星晋级”年度考核办法，全年新创四星级以上村（社区）70多个。健全人才工作机制，新增民政局、商务局、外侨办等6个人才工作领导小组成员单位，增设县委人才办专职副主任及组织部人才科、海外高层次人才服务中心，制定《绍兴县“十二五”人才发展规划》，出台《县委人才工作领导小组成员单位主要职责》、《县委人才工作领导小组例会制度》、《县委人才工作联络员制度》、《关于进一步加快引进培育并用好优秀创业创新人才的若干意见》等制度文件，对6类创业创新人才落实4方面22项优惠政策。开展组织工作创新项目评选，采用电视集中展示、专家逐个点评、评委当场亮分等方法，创新“绍兴县十大组工创新项目”评比方式。推进服务型党组织建设，完善承诺与问责制度，全年全县各级党组织和党员公开承诺事项约107700件，兑现率90%以上。开展“联村联企促发展”、“千名干部联户献爱心”等结对帮扶活动，完善党员领导干部联系基层党员、党员联系困难群众制度。规范发展党员工作，制定出台全县发展党员5年规划，规范党员发展程序，完善入党积极分子“推优制”、党员发展全程“票决制”、全程公示制和责任追究制，改善党员队伍结构，加强基层党员发展工作督促检查，确保党员发展质量。抓好换届纪律宣传教育，在广播、电视、报纸和网站设立宣传专栏，发放中纪委、中组部有关严肃换届纪律文件6000份、换届纪律宣传手册2000份、公告500张、提醒卡5万份，印发违反换届纪律典型案例汇编，警示教育县管领导干部、纪检和组织人事干部、后备干部，累计向全县在职在编行政、事业干部发送换届纪律信息21批次共计30万余条。构建基层党组织互帮互助、党组织服务党员、党组织和党员服务群众体系，推动“网格化管理、组团式服务”工作纵深发展，全年开展党员志愿服务活动6520余次，为群众和社会办实事好事17100余件。

【完成县镇村换届】 2011年，绍兴县组织完成县、镇、村换届。3月，开展村级换届，全面实行“两推一选”和“自荐直选”；4月开展镇级换届考察，首次提出差别化职位设置方案，合理确定各类镇党政领导班子人数；6月、7月开展县级机关部门换届考察；9月、10月开展镇党委集中换届工作，迎接市对县换届考核、省对县主要领导换届考核，开展县对机关部门考核；11月底开展机关部门人事调整。坚持定性与定量、自评与他评、正反双向测评相结合，完善干部实绩分析体系，科学设定考核指标，细化民意调查设置项目，扩大群众参与面，保证考察结果真实可靠。考核期间发放民主测评表3678套，个别谈话1063人。

【“三推三选”30名干部赴浙大培训】 2011年，绍兴县探索以“三推三选”竞争性选拔方式，择优遴选赴浙江大学培训干部。“三推”即根据相关遴选条件，通过县委委员、候补委员署名推荐，镇（街道）、县机关部门党委（党组、工委）组织推荐，干部自荐3种方式，推荐（自荐）125名现任副科（局）级领导干部和97名镇（街道）、县机关部门中层正职。“三选”即参照竞争性选拔干部做法，组织84名副科（局）级领导干部、63名中层正职参加笔试遴选，根据笔试成绩取现任副局（镇）职级、中层正职各35人参加演讲竞选，根据笔试、面试成绩各50%的比例综合比选，共选拔30名干部参加为期3个月的浙大培训班。

【开展市县联合竞争性选拔干部】 2011年，绍兴县参与市、县竞争性选拔，引入竞职演讲（公开陈述）环节，组织16名笔试入围者竞职演讲，得票集中者为常委会差额票决人选，从6名拟任人选中票选出2名干部，差额比例扩大至1∶3。

【开展县机关中层干部跨部门竞岗交流】 2011年，绍兴县开展县级机关部门中层干部跨部门竞岗交流，分岗位经历评价考核、综合素质评价考核2个部分，从拟交流人选任职情况、岗位经历、工作经历、学历培训、年度考核、荣誉奖励等6个方面，量化考核拟交流对象德、能、勤、绩等综合素质。坚持民主公开原则，由拟交流人选根据自身考核赋分情况和职业意愿，从高到低择岗竞职。首批试点选拔中层干部7人，全部到岗就职。

【培训政企干部3553人次】 2011年，绍兴县出台《2011年绍兴县干部教育培训工作要点》、《绍兴县领导干部学分制管理办法》、《关于进一步做好干部教育培训网络学院相关工作的通知》等文件，探索实施培训班学员绩效考核制度，完善计划调训与自主参训、网上在线学习与集中脱产培训相结合培训机制。全年全县共举办各种形式培训班42期，直接培训政企干部3553人次，其中由组织部门牵头举办主体班次19期1398人次。组织部门牵头举办柯桥大讲坛5期，参加政企干部2257人；推荐62名政企领导干部参加22期领导干部培训班。

【修订非领导职务晋升政策】 2011年，绍兴县修订出台《关于进一步规范科级非领导职务设置、晋升和改任工作的意见》，细化和完善科级非领导职务晋升资格、条件、办理程序等事项。全年共审批科级非领导职务309人，其中晋升主任科员88人（占限额47人）、副主任科员212人（占限额1人），部队职级改任8人，领导职务改任1人。

【举办全省党员干部现代远程教育现场会】 2011年12月13日～14日，浙江省党员干部现代远程教育工作现场会在绍兴县召开。省委常委、组织部部长蔡奇，省委组织部副部长、省远程办主任姚志文，市委书记张金如，市委常委、

2011年12月13日～14日，浙江省党员干部现代远程教育工作现场会在绍兴县召开。（袁　祖摄）

组织部部长翁鲁敏，市委常委、县委书记何加顺，县委常委、组织部部长姚国海参加会议。何加顺作题为《立足基层实际 创新学用模式 努力把远程教育打造成党员群众的满意工程》的发言，介绍绍兴县探索党员干部现代远程教育学用工作经验方法。

【引进各类人才 9675 人】 2011 年，绍兴县打造轻纺人才硅谷，参加名十之乡人才峰会、美国 128 华人科技企业协会浙江行、北美交流中心冬季推介会、绍兴县（湖北）大型创新人才招聘和智力对接活动、夏季创业创新项目推介会（上海）等引才活动。全年新引进各类人才 9675 人，其中引进海外高层次人才 24 人，入选市 330 海外英才计划 14 人，入选省千人计划 4 人，入选国家千人计划 1 人。全县轻纺人才总量达 5 万余人，其中中高级以上职称 18000 余人，国家级设计大师 5 人，6 名中国工程院纺织专业院士担任绍兴县顾问，浙江大学、西安工程大学、北京服装学院等一批院校在绍兴县设立成果转移中心。

【承办 2011 浙江省企业文化建设现场会】 2011 年 7 月 30 日，由浙江省经信委、省总工会、省国资委、省安监局、省企业联合会、省企业家协会主办，绍兴县委、县政府承办的浙江省企业文化建设现场会在柯桥举行，全省企业经营者 300 余人参加。会议以“推动企业文化创新、加快发展方式转变”为主题，探讨如何把大力推动企业文化创新作为转变发展方式，强化管理、自主创新和增强企业核心竞争力的内在动力和管理保障，增强企业持续发展动力。市委常委、县委书记何加顺致辞。与会企业家会后参观精工科技股份有限公司。

【新列入参照公务员法管理事业单位 2 家】 2011 年，经上级组织人事部门批准，绍兴县有 2 家政府部门事业单位新列入参照公务员法管理单位，分别是绍兴县人才市场管理办公室、绍兴县森林病虫防治检疫站。

【开展农村党员“进出口”通道试点】 2011 年，绍兴县在 3 个镇 18 个村 1445 名党员中开展农村党员“进出口”通道试点工作，深化“党员荣辱档案”记载管理和反测评“两票制”民主评议党员制度，完善实施党员“亮分制”管理，探索党员处置前后评定评议、教育诫勉、整改帮扶、审核审批、申诉复查等机制，对 37 名警示型党员作出限期整改组织处理决定并进行教育诫勉。

【举办中共建党 90 周年系列纪念活动】 2011 年，绍兴县以中国共产党建党 90 周年为契机，开展“鉴湖儿女跟党走、创先争优促发展”系列纪念活动。组织评选一批“五好”基层党组织、优秀共产党员和优秀党务工作者。七一期间，县领导带头开展党内关爱周活动，分赴各镇（街道）慰问农村基层优秀干部、老党员和生活困难党员，全县共有 2099 名党员参加关爱帮扶活动，走访慰问老干部老党员 812 人、困难党员 1643 人、困难群众 2320 户，帮助解决实际问题 1044 个。组织全县各级党组织开展党史学习教育、专题党课学习、主题大讨论、公开承诺考评、集中慰问、志愿服务、党建征文、党日活动、先进典型、庆祝大会等十大系列活动。

【开展“两新”党建“集中攻坚月”专项行动】 2011 年，绍兴县开展“两新”党建“集中攻坚月”专项行动，调查全县 7300 家非公企业、235 家新社会组织党建工作现状，开展组织找党员、党员找组织、党员找党员“三找”活动，至 7 月底，摸排“隐形党员”、“口袋党员”共 537 人。分类建立工作台账，按照“一企一策”办法，采取村企联建、园区共建、产业联建、龙头领建、商会统建等办法，灵活组建党组织。至 8 月 31 日，全县新组建党组织企业数 2257 家，累计组建 3800 家，总体组建率 52.05%。

（袁　祖）

宣传工作

【概况】 2011 年，绍兴县宣传思想工作深入贯彻科学发展观和党的十七届五中、六中全会精神，紧扣“突出转型升级、致力科学发展”工作主题，以理论深化、宣传强化、惠民拓展、创建提升为重点，推进学习型党组织建设，出台《2011 年全县党员干部理论学习教育意见》，实施领导干部“述学、评学、考学”制度，评选表彰全县2011年度各级党委中心组成员优秀理论（调研）文章56篇。加强对外宣传，围绕中心工作抓好主题报道，在中央、省、市3级党报党刊发重点报道70多篇，在新华社、《人民日报》、中央人民广播电台、中央电视台新闻联播、中新社、新华网、人民网等各级主流媒体上均有报道，协调落实中央电视台拍摄《社戏》等电视专题片，协调落实市电视台中国共产党建党90周年专题片拍摄。牵头统计全县文化产业发展状况，编制《绍兴县文化产业统计概览》，推进纺织创意与文化产业结合。丰富群众精神文化生活，组织开展“欢乐柯桥”、鉴湖之春广场文化月、建党90周年等文化活动100余场。结合建党90周年纪念活动，组织纪念座谈会、广场红歌会、庆祝大会、文艺演出、书画大赛、图片展览等活动。组织开展“我心中的‘双百’英模”征文比赛；做好第二届全国道德模范和浙江省道德模范推荐工作，推荐祁友富、庞宝根、周一贯、蒋和璞等典型，其中祁友富被推荐为省级典型。加强精神文明建设，有关经验做法入选中共中央办公厅《工作情况交流》第14期，得到中宣部部长刘云山重要批示，并在全国农村精神文明建设工作经验交流会作交流发言。全县“春泥计划”新增60个实施村，总数达213个，占全县行政村总数的73.2%。

【推出宣传报道1060多篇（条）】 2011年，绍兴县围绕县委创先争优、经济转型、民生保障、评星晋级、美丽乡村等主题开展宣传，在县级媒体共开设《美丽乡村行》、《抓投入、增后劲、促发展》、《大力实施印染产业集聚升级工程》、《红旗飘飘》、《评星晋级、创先争优》等专栏67个，累计推出相关报道1060多篇（条）。围绕建党90周年主题，开设专题专栏，以通讯、特写、评点等形式，集中宣传一批优秀基层党组织和党员。

【建立网络社会监管体系】 2011年，绍兴县成立县互联网新闻宣传管理中心，建立县级属地网络数据库，组建兼职网络评论员队伍，建立健全网络社会综合监督体系，加强网络舆情管理和引导，编辑《每日网摘》，为县主要领导提供舆情信息参考。建立舆情应急协调和快速反应机制，快速应对处置网络热点事件，正确引导县外媒体对杨汛桥血铅、光宇解困、兰亭化铅厂污染事件、三力士橡胶污染事件等突发公共事件报道，确保网上舆论平稳有序。

【开展主题教育实践活动】 2011年，绍兴县组织开展“解放思想、求真务实”主题教育实践活动，出台《关于在全县开展“解放思想、提升理念”主题教育实践活动的意见》，在县报、县广电总台、柯桥网等县级媒体开设专题专栏，发表县委书记署名文章，推出部门、镇（街道、开发区）访谈20篇，企业访谈5篇，一把手笔谈专版2个，村（社区）、窗口服务单位实践专版2个，编发简报20期，编印《解放思想、求真务实主题教育实践活动资料汇编》。

【开展农民种文化“三十佳”评选】 2011年6月~12月，绍兴县开展农民种文化“三十佳”评选活动，通过层层选拔和竞争，产生“十佳农民歌手”、“十佳农民票友”和“十佳农民文艺团队”，并于12月29日在县文化发展中心音乐剧场举行全县农村“种文化”成果展示暨第三届“三十佳”评选颁奖典礼。

2011年12月29日，绍兴县农村“种文化”成果展示暨第三届“三十佳”评选颁奖典礼在县文化发展中心音乐剧场举行。（胡劲松摄）

【举办“柯桥大讲坛”专题报告会12场】 2011年，绍兴县委宣传部牵头举办“柯桥大讲坛”专题报告会12场，先后邀请经济学家郎咸平作“经济走势与城市发展”、中南财经政法大学校长吴汉东作“创新型城市建设与知识产权战略实施”、浙江大学光华法学院副院长夏立安作

“社会管理创新与法治保障”、国防大学战略研究所孟祥青作“当前国际形势与国家安全环境”等专题辅导报告。听取报告人数超过5000人。

【组织“欢乐乡村”文艺活动300余场】 2011年，绍兴县出台《“欢乐乡村”文艺活动实施方案》，在各镇（街道、开发区）组织“欢乐乡村”文艺活动，发挥各业余文艺团队力量，实现每个村（居委会）、社区每年演出1场目标，全年共组织演出300余场。

【通过省级文明县考评】 2011年，绍兴县创建首批省级文明县，完善组织领导、考核评价、沟通协调和监督保障等机制，按照“创建为民、创建惠民、创建靠民”工作理念，召开专题会议，开展专项整治、强化督促检查，在县级媒体开设“争做文明人、争创文明县”创建专栏，加大宣传力度，推动文明县创建工作。年底，绍兴县通过省级文明县考评。（王建明）

统一战线

【概况】 2011年，绍兴县委统战部加强基层统战、创新社会管理，相关经验做法得到省委、市委统战部及相关领导肯定，引起中央政治局常委周永康、中央统战部部长杜青林等领导关注。全县6个民主党派基层组织全部顺利完成换届任务，平稳实现政治交接。民族宗教、台办、工商联、侨联等组织向镇（街道）延伸拓展，帮助组建村级商会15个，发展市场商会（协会）22个，探索建立商圈商会1个，成立镇级少数民族联谊会3个，建立镇级天南地北绍兴人分会2个，成立镇级新居民联谊会2个。开展宗教场所情系少数民族困难户结对帮扶活动，全县38个宗教场所结对少数民族困难户117户，为少数民族困难户捐款捐物、提供工作岗位。扩大统一战线基础，出台《关于加强新时期统一战线工作的意见》，决定县台办主任、县侨联主席兼任县委统战部副部长，新增副部长1人，明确各镇（街道）统战委员，延伸基层统一战线阵地。服务非公有制经济，举办培训活动11场，组织商会唱红歌献礼建党90周年大型展演活动，开展非公有制企业传承和转型升级“双十佳”评选活动。加强杭州、上海、北京、香港、大庆“天南地北绍兴人”联络联谊，分别于12月18日和12月28日举办北京、杭州“天南地北绍兴人”迎新团拜会。开展“三下乡”活动，共接待村民1200人次，赠送书画500余幅，发放宣传资料1300余册。推进统战调研、宣传和信息工作，开展“情系统战人士、服务科学发展”走访活动，拍摄制作《开辟县级统战工作新天地——绍兴县加强基层统战创新社会管理试点工作纪实》，制作大型统战宣传展板20块，编发《统战信息》、《统战专报》、《调研专辑》30期，出刊《天南地北绍兴人》5期，在县级及以上刊物发表有关文章50多篇，2篇调研文章在省、市获奖。以“参政议政、民主监督、服务社会、自身建设”为主要内容，推进“创优工程”建设，形成调研报告25篇，为县委、县政府决策提供翔实依据。县知识界无党派人士联谊会在县“两会”召开期间，提交政协提案10余件，出台《县知联会与对口联系部门联络制度（试行）》，加强和规范部门对口联系工作；开展扶贫慰问、捐资助学等社会服务活动；多人次受到省、市、县各级表彰。

2011年，县委统战部获省、市统战工作先进集体。县知联会被省委统战部表彰为全省知联会工作先进集体。（钟兴友　陶　莉）

【承办浙江省推进县级统战工作试点经验现场交流会】 2011年12月6日，浙江省推进县级统

2011年12月6日，浙江省推进县级统战工作试点经验现场交流会在绍兴县举行。（县委统战部供稿）

战工作试点经验现场交流会在绍兴县举行。省、市、县相关统战领导80余人参加会议。绍兴市委常委、县委书记何加顺向与会人员介绍绍兴县经济社会发展情况。浙江省政协副主席、省委统战部部长汤黎路出席会议，肯定绍兴县统战工作创新举措及成绩。

【探索安昌镇统战试点工作】 2011年，绍兴县统战系统各部门联合在安昌镇开展“加强基层统战，创新社会管理”试点工作，实施“领导力量到位、社会组织到位、履职功能到位、政策制度到位、优势发挥到位”等措施，促进安昌镇在社会管理中形成“党政主导、社团主体、各界协同”工作格局，把统一战线运用到社会管理中，加强和创新社会管理。

【举办商会唱红歌献礼建党90周年活动】 2011年6月25日，商会唱红歌献礼建党90周年文艺汇演在绍兴县文化发展中心举行。活动由绍兴县工商联、县总商会联合主办，包含合唱、歌伴舞、独唱、诗朗诵、情景剧等16个节目，四川、安徽、湖南等外省籍和瑞安、台州、乐清等外县市籍商人近300人参与演出。（钟兴友）

【县知联会设立5个分支机构】 2011年，绍兴县知联会在原有会员活动小组基础上，设立5个分会，配齐各分会会长、副会长和秘书长，并尝试在安昌镇、湖塘街道等镇（街道）层面建立县知联会分会。（陶　莉）

机构编制

【概况】 2011年，绍兴县机构编制委员会办公室由与原县人事局合署办公调整为单独设置，以转变政府职能为核心，组织实施县政府机构改革；推进小城市培育试点工作；开展各项机构编制管理工作，严格出入编管理，共办理出入编手续1674人次，涉及209个单位；加强事业单位登记管理，全年办理设立登记30家，变更登记99家，注销登记2家，全县应年检事业单位354家，年检合格325家，年检率91.81%，公告率100%；完成2012年度全县考试录用公务员和事业单位人员需求计划审核；加强机构编制队伍建设，机构编制工作名列全省、全市前列。省委组织部副部长、编委办主任陈小恩两次到县指导视察，充分肯定绍兴县机构编制管理工作。县编委办被评为绍兴市机构编制工作先进集体。

【单独设置县机构编制委员会办公室】 2011年1月，县机构编制委员会办公室由与原县人事局合署办公调整为单独设置，是县机构编制委员会常设办事机构，在县机构编制委员会领导下负责全县行政管理体制、机构改革及机构编制日常管理工作，既是县委工作部门，又是县政府工作机构，列党委机关序列。县机构编制委员会办公室设综合科（挂监督检查科牌子）、行政机构编制科（挂体制改革科牌子）、事业机构编制科3个职能科室。下属绍兴县事业单位登记管理局，全民事业单位，参照公务员法管理，经费财政全额拨款。下属绍兴县机构编制实名制管理办公室，全民事业单位，经费财政全额拨款。

【组织实施政府机构改革】 2011年，绍兴县着手开展政府机构改革。1月14日，召开县政府机构改革动员大会，贯彻落实党中央、国务院、省委、省政府关于深化行政管理体制改革、推动地方政府机构改革重大决策部署，对全县政府机构改革工作进行动员部署，市委常委、县委书记何加顺作重要讲话，县委副书记、县长、县编委办主任孙云耀进行动员部署。2月23日，孙云耀主持召开县编委会议，审议并通过县政府机构改革部门机构编制调整方案，制定出台相关配套文件。改革后，绍兴县政府设置工作部门27个。按照政企、政资、政事、政府和市场中介组织分开要求，共对全县31个部门217项职责进行调整、撤并、理顺。其中加强职责115项，新增职责25项，划入职责20项，划出职责8项，下放职责2项，取消职责33项，部门间配合职责14项。

【完成40余个政府部门及事业单位“三定”工作】 2011年，县编委办集采用电话联络、上门对接、组织协调、沟通磋商等方式开展“三定”工作，通过召开专题培训会议，规范审核程序，对40余个政府部门及事业单位主要职责、内设机构和人员编制重新予以“三定”。“三定”后，总行政编制数没有突破，内设机构略有增加，撤销和合并后减少事业单位5个。

2011年2月25日，绍兴县召开政府机构改革“三定”工作培训会议。（县编委办供稿）

【完善经济开发区机构设置】 2011年，滨海工业区管委会和马鞍镇实施合署办公，实行两块牌子、一套班子，班子成员全部实行交叉任职。完善滨海工业区、柯桥开发区内设机构设置，调剂划转滨海工业区部分编制充实柯桥开发区。理顺柯桥中心城建管委办公室机构设置，归口到住建局统一管理。

【启动机关事业单位机构编制实名制管理】 2011年，绍兴县转发《关于绍兴市机关事业单位实行机构编制实名制管理的通知》，下发《绍

2011年12月15日，绍兴县召开机构编制实名制管理暨事业单位分类工作会议。（县编委办供稿）

兴县机关事业单位机构编制实名制管理工作程序》，召开机构编制实名制管理暨事业单位分类工作会议，规定用编计划审核和进出编管理，严格控编进人，除县管领导干部以外人员在变动前一律采取用编计划申报审核。

【开展机构编制执行情况专项督查】 2011年，绍兴县以“在编不在岗，超编违规进人，擅设机构，超职数配备、到龄未退”等为内容，开展机构编制专项督查。在87个部门单位自查基础上，通过听取汇报、开座谈会、个别谈话、实地查看等督查形式，严肃机构编制纪律，促进编制工作规范化。

【完成事业单位分类393家】 2011年，根据省、市编委办统一部署，绍兴县按照政事分开、事企分开、管办分离的原则，以促进公益事业发展为目的，以社会功能为依据，积极稳妥推进事业单位分类改革，基本完成行政职能类、公益类、生产经营类事业单位分类工作，共涉及全县事业单位393家。（李连刚）

老干部事务

【概况】 2011年，绍兴县加强和改进老干部思想政治工作，拓展服务新渠道，完善联组联户联社区责任制，明确每月电话沟通1次、每季走访1次、每周记好老干部周记“三个一”制度，以长期患病、卧床不起和高龄体弱老干部为重点走访对象，定期联系走访，探望住院病人300多人次；开展老干部庆祝中国共产党成立90周年“忆党情、颂党恩”红色系列活动；加大特殊困难离休干部特别是遗属的补助力度，共发放补助金近12万元；为195名老干部新配电信公司“一键通”手机；全年共组织情况通报会、党课、理论学习会9次，其中县委主要领导通报全县经济社会发展情况1次，组织部部长上党课1次，十七届六中全会辅导报告1次；全年组织副县级以上离退休老领导参观考察纺博会、房博会及平水镇、安昌镇等地11次；全年组织开展桥牌、门球、台球、象棋、射击、钓鱼等比赛活动50次，参加2000余人次。获省级老干部活动中心满意家园称号。

至2011年底，全县有离休干部188人（党

员离休干部 118 人），其中易地安置在外 14 人；抗战前期入伍 4 人，抗战后期入伍 28 人，解放战争时期入伍 156 人；享受厅（局）级待遇 2 人，县（处）级 86 人，副科级 100 人；行政单位 54 人，事业单位 78 人，企业单位 56 人；代管外省外县易地到绍兴县安置离休干部 4 人。

【举行建党 90 周年纪念大会暨革命传家宝捐赠仪式】 2011 年 6 月 26 日，绍兴县举行中国共产党建党 90 周年纪念大会暨革命传家宝捐赠仪式，市委常委、县委书记何加顺等四套班子领导出席大会并讲话。县领导向捐赠 49 件革命传家宝的 9 位离休干部颁发收藏证书。

2011 年 6 月 26 日，绍兴县召开中共建党 90 周年纪念大会暨革命传家宝捐赠仪式。（邵洪伟摄）

【落实老干部相关福利待遇政策】 2011 年，绍兴县从优落实老干部政策。4 月，实行老干部节日福利按月分摊；6 月，落实离休干部增加 1 个月生活补贴政策；7 月，实行离休干部高龄（病残）护理费发放一年两次审批方式。完善优诊措施，发放新医保卡，对老干部实行一年两次体检疗养。

【组织离退休干部参观县“十一五”经济社会发展成果】 2011 年 4 月 6 日至 7 日，绍兴县委老干部局会同有关部门组织全县近 200 名离退休干部分两期 3 批参观柯北轻纺贸易中心、卫浴城及部分工业企业，实地了解绍兴县“十一五”期间经济社会发展新成就。

【新老干部活动中心建设正式启动】 2011 年 5 月 6 日，绍兴县委党校旧址资产移交县委老干部局，作为新老干部活动中心（老年大学）建设用地。新老干部活动中心总建筑面积 14784 平方米，规划用地面积 8696 平方米。至年底，完成建设项目设计方案招标、工程项目报批、设计方案评审、地质勘探招标及勘探、可行性研究报告等各类报批手续。

【组织老干部学习活动】 2011 年 5 月，绍兴县老干部局组织绍兴县原任副县级以上离退休老领导赴上海市青松城参加国际形势研讨班，邀请原核工业研究所所长陈绍廉作“核能与核电技术”报告，探讨日本核泄漏对东亚地区影响；参观中共一大会址，观看军事影片。6 月，组织绍兴县离休干部赴绍兴汤浦水库参加读书会，邀请市委党校原副校长叶振东作“当前形势和战略应对”辅导，参观库区，观看水库建设纪录片。

【推行 4 项居家养老服务】 2011 年，绍兴县委老干部局推行联系卡制度，制作老干部工作联系卡和“四就近”（就近学习、就近活动、就近得到照顾、就近发挥作用）工作联系卡，发挥老干部局、主管部门、社区各级联络员作用；做好机关干部、原单位专（兼）职干部、社区干部、医疗专家等四方面结对；畅通一键化服务，督促电信、移动两家单位完善服务，确保老同志有紧急情况做到联系畅通；推行专业化服务，推荐 88881890 和 88992222 两个服务平台，为老同志

2011 年 10 月 21 日，绍兴县委老干部局在杨汛桥镇福林山庄为 20 名离休干部和副县级老领导举行集体祝寿。（邵洪伟摄）

提供专业化家政服务。

【创建省级老年大学规范化示范校】 2011年，绍兴县老年大学坚持政治建校、质量强校、平安立校，立足分层施教、发展特色，推进和谐校园建设，新设柯桥分校，扩大办学规模，完善课程设置。艺术团各小组多次在市级比赛中获奖，其中排舞节目荣获市第三届排舞比赛金奖，腰鼓队参加全国残运会开幕式演出。5月19日，县老年大学通过省第六批规范化建设示范校评审。

（郑伟良）

党校教育

【概况】 2011年，绍兴县委党校教育重点对全县机关支部书记、信访干部、人事干部、村（居委会）主职干部、初任公务员等开展培训。全年共举办各类干部教育培训班28期，总培训人数2800余人，培训量超过往年水平。以纪念建党90周年为契机，围绕“学党史、知党情、跟党走”主题，组织党校教师赴机关、镇（街道）、村（居委会）、企业等上党课超过160场次，加强基层党员党性党风教育。继续深化对转型升级、创新社会管理、统筹城乡发展、县域平台建设及建设美丽乡村等课题调研，一批重点课题在省、市申报立项。办好刊物《县情研究》。全年，县委党校教职工在县级以上刊物发表理论文章60余篇。

【组织新任村（居委会）主职干部业务素质培训】 2011年4月28日~5月21日，绍兴县组织全县新一届村（居委会）主职干部参加业务培训，共举办培训班4期。培训采取专业辅导与典型介绍相结合方式，邀请县委组织部、县委党校、县农办、民政局、人口计生局、国土局、司法局等部门领导给学员解读党的十七大、十七届四中、十七届五中全会和省委十二届八次全会精神，宣传新农村建设、基层组织建设、党风廉政建设、农村政策法规等内容，并结合各村（居委会）发展实际，帮助完善村（居委会）三年发展规划。

2011年4月28日，绍兴县新一届村“两委”主职干部培训班在县委党校开班。（孙大勇摄）

【专题解读绍兴县“十二五”规划】 2011年7月19日至20日，绍兴县在县委党校分两期举办“十二五”规划解读专题培训班。各镇（街道）党委（工委）委员、副镇长（副主任）、人大副职、县委组织员参加培训。培训解读绍兴县“十二五”规划，邀请绍兴市委党校经济学教研室副主任严水永分析宏观经济形势，帮助培训干部明确加快转变经济发展方式目标任务和现实途径。

2011年7月19日~20日，绍兴县在县委党校分两期举办县“十二五”规划解读专题培训班。

（孙大勇摄）

【培训新录用公务员（机关工作人员）131人】 2011年10月17日~12月9日，绍兴县分2

期对131名新录用公务员（机关工作人员）开展政治素质和业务能力培训。县委组织部、县人事局等部门组织学员学习《公务员法》、《行政许可法》等相关法规、熟悉县情发展，组织学员分批赴稽东镇花果山野外拓展营进行素质拓展训练，赴钱清镇、兰亭镇、柯岩街道开展调查研究，提高初任公务员政治业务素质、工作适应能力和公共服务水平。

【调研县域文化发展情况】 2011年12月29日，绍兴县在稽山宾馆召开“学习全会精神，推动县域文化发展”研讨会。会议由县委党校党委书记、常务副校长鲁立新主持，市委党校常务副校长陈建国在会上作重要发言，县府办、县委组织部、县委宣传部、县教体局、县文广局、团县委、县文联、县报社等机关部门和柯桥街道、安昌镇相关负责人参加会议，交流和探讨全县文化现状，提出推动绍兴县文化发展繁荣意见建议。

（沈　琴）

信访工作

【概况】 2011年，绍兴县信访局强化信访基层基础建设，继续实施基层信访“五个一”工程，由镇（街道）全覆盖向社区、村（居委会）覆盖推进。制订信访工作长效机制，建立完善信息综合分析研判、信访维稳应急预案、领导干部接访、重点信访问题领导包案、信访联合督查等制度，出台《关于进一步加强信访工作的若干意见》、《关于开展全县重点信访问题化解工作的实施方案》、《关于推行信访约谈等制度的实施办法》、《关于完善县领导接访批示件督办制度的通知》、《关于无理上访、非正常上访违法行为的处理意见》等文件，促进信访工作制度化、规范化。

2011年，绍兴县信访总体保持平稳，共受理各级信访2695批（件）次，其中来信1265件、来访1430批。赴京个访5批次6人次，到省集体上访1批10人次，去市集体上访19批520人次，到县集体上访238批3468人次。县公开电话受理中心共受理来电15802件。9月14日国务委员兼国务院秘书长马凯、国务院副秘书长国家信访局局长王学军、浙江省省长夏宝龙调研绍兴县信访工作，对绍兴县领导接访和整体信访工作给予高度评价。

【县领导接访件办结率95%以上】 2011年，绍兴县继续实行每月5日、25日县领导正常接访、15日到镇（街道）下访制度。县领导接访和下访的信访件，实行领导包案、重点约访、跟踪督办、定期督查。至年底，县领导在县信访局接待来访群众共354批774人次；下访接待群众共561批1683人次，领导接访件办结率95%以上。

【化解信访积案47件】 2011年，绍兴县继续深入开展信访积案化解年活动，通过领导包案、督查通报、信访听证、信访约谈等制度措施，促进一批重点疑难信访积案有效解决，确保案结事了、息访罢诉，减少信访存量。至年底，1件国家级积案和27件省级积案全部化解，化解率均达100%；10件市级积案化解9件，化解率90%；12件县级积案化解10件，化解率83.3%，完成省、市信访联席会议布置的工作任务。

【确保重点时段社会稳定】 2011年中共十七届六中全会、第八届全国残运会期间，绍兴县多次召开全县信访工作会议，做到主动谋划、早做部署，及早落实各项工作责任，并在重大活动及敏感时期多次集中开展全县矛盾纠纷大排查工作。按照摸排信访件轻重缓急逐一制定应对措施和应急预案，对重点对象和重点问题，加强管控力度，确保稳控到位；对容易引发群体性信访案件，逐案研究并落实矛盾化解措施。确保绍兴县在重大活动及敏感时期没有发生重大群体性事件和恶性上访事件。

【举办信访干部业务工作培训班两期】 2011年，绍兴县组织有关领导、专家现场讲学，就信访终结制、信访工作规范化、信访网络系统操作等方面进行业务辅导和工作交流，加强信访干部调处和化解问题能力，提升信访干部业务能力和服务水平。

（沈　剑）

机关党务

【概况】 2011年，绍兴县机关党务工作紧扣“服务中心、建设队伍”两大任务，开展创先争优活动，提升机关党建科学化水平。纪念中国共产党建党90周年，组织一次红歌合唱比赛、一次征文比赛、一周红色电影、一本红色书籍、一堂党史教育课、一次廉政教育、一次党员民主生活会、一次党员志愿者服务、一次走访慰问困难党员等“九个一”活动。推进“学习型”机关基层党组织建设，举办县机关基层党支部（党委、党总支）书记集训班。推进机关党建规范化建设，新建立基层党组织2个，换届改选16个，发展新党员37人。抓好县直机关县人大代表和党代表选举工作。完成县机关部门岗位目标责任制考核工作。推进作风建设和反腐倡廉建设，县直机关实现廉政风险防控机制全覆盖。绍兴县直机关工委作为全省5个典型之一在全省县（市、区）机关党建工作会议上作经验介绍。

【实施“路长（河长）制”工作】 2011年9月至12月，绍兴县实施“路长（河长）制”，组织全县72个机关部门负责柯桥建成区内主要道路（河道），各机关部门“一把手”或主要负责人担任路长（河长），各路长（河长）单位每周巡查不少于2次。县直机关工委加强检查考核，组织开展综合整治工作督查，编印《路长（河长）制工作专刊》9期。市委常委、县委书记何加顺对此项工作先后3次作出重要批示。

【开展党建促发展示范党组织创建活动】 2011年，绍兴县开展第二轮党建促发展示范党组织创建活动。经申报、确认、考核验收，12月，29个单位被认定为县直机关党建促发展示范党组织。

【组织纪念建党90周年红色系列活动】 2011年4月，绍兴县向机关各基层党组织发放《中国共产党历史》等书籍，并将学习党史纳入5月～6月学习内容。5月18日，县直机关“永远跟党走”红歌合唱比赛在县音乐剧场院举行，21支合唱队800多名机关干部参加活动。5月底，组织开展“党在我心中”主题征文比赛，评出获奖征文29篇，并集结成书；组织参加全省纪念中国共产党成立90周年党史党建知识竞赛。6月底，在柯桥明珠文化广场启动“红色电影周”活动，回顾党的光辉历史，歌颂党的辉煌成就。

（魏明悦）

史志工作

【概况】 2011年，绍兴县史志工作以党史二卷专题撰写为载体，组织拍摄党史人物专题片，出版党史书籍；宣传普及地方党史知识，向县属机关部门、镇（街道）及中小学校免费赠送党史书籍、碟片，共计发放《中国共产党绍兴县历次代表大会重要文献选编》1500本、《会稽风云》1000本、《铁马青松》碟片400张；加快实施《绍兴县志丛书》编修审查，有序组织学术文化书籍出版，按时完成2011卷年鉴编纂出版，全年编印《越地春秋》4期；推进国家古籍整理“十一五”重点规划项目——《绍兴丛书》整理出版，完成《绍兴丛书·先贤文存（二）》书目整理；主动报道宣传史志工作，推动地方史志资源数字化、网络化建设，完善“越地春秋”网站建设。

【启动党史二卷专题撰写】 2011年，绍兴县启

2011年10月19日，绍兴县召开《中国共产党绍兴县历史》（第二卷）专题撰稿人培训会议。

（县史志办供稿）

动《中共绍兴县历史（1949－1978）》（党史二卷）专题编撰，先后召开专题撰写动员会、培训会、督查会、经验交流会等5次；邀请浙江省委党史研究室副主任金延锋、省委党史研究室二处处长曾林平、市委党史研究室副主任赵玲华等领导专家，为撰稿人员作专题讲座；出台《绍兴县社会主义时期党史专题（第一批选题）编写计划》，确定专题86个；逐一走访41家专题承写单位，调研专题撰稿情况，积极提供业务指导和帮助，协同解决撰稿过程中遇到的实际困难；编印党史二卷专题简报4期。

【组织拍摄党史人物专题片《铁马青松》】 2011年，绍兴县史志办经过3个月策划、拍摄，赴省内外7个城市，采访多位马青生前革命战友，录制完成党史人物专题片《铁马青松》。6月29日，在绍兴县行政中心举办首播仪式，全县各机关部门、镇（街道）和社区均派代表出席。

【出版1部党史书籍】 2011年，绍兴县正式出版《中国共产党绍兴县历次代表大会重要文献选编》。该书按时间顺序，收录中共绍兴县第一次代表大会至第十二次代表大会历次会议期间的重要文献，包括历届绍兴县委工作报告，县纪律检查委员会（县委监察委员会）工作报告，绍兴县委、县纪律检查委员会（县委监察委员会）组成人员名单以及中国共产党绍兴县历次代表大会简况。

【两处革命遗址入选市第一批党史教育基地】 2011年，绍兴县开展党史教育基地推选申报，其中马青同志生平事迹陈列室和绍兴县烈士陵园两处革命遗址入选绍兴市第一批党史教育基地。

【3部志书完成出版】 2011年，绍兴县史志办完成《绍兴县档案志》《绍兴县军事志》《陶堰镇志》等3部志书出版。其中，《绍兴县档案志》为浙江省首部县级档案志，全志共6章22节，采用图、表、文字结合的形式，全面系统地记载绍兴县档案积累形成的概貌和档案事业发展历程。《绍兴县军事志》设军事环境、军事组织、军事军队建设、后勤装备等十二篇，共48章165节，客观反映绍兴县军事环境和有历史记载以来的主要军事活动，着重记述近现代绍兴军民反侵略战争、人民革命战争和中华人民共和国成立后人民军队建设及国防建设的重要成果。《陶堰镇志》按镇域、社会、政治、经济、文化、人物、丛录排列，共31章，概述、大事记置前，统揽全志。

2011年，《绍兴县档案志》《绍兴县军事志》《陶堰镇志》等3部志书出版。（董思思摄）

【《绍兴县年鉴（2011）》出版发行】 2011年12月，《绍兴县年鉴（2011）》由中华书局出版发行，总计75万字。年鉴在编辑过程中，首次采取责任编辑制，即要求编辑人员在对应负责的年鉴内容后签署姓名，提高编辑质量；调整类目格式编排，取消原有以罗马字母标注类目的形式。（详见《县人著述》） （青　鸟）

责任编辑　董思思

绍兴县人民代表大会常务委员会

综 述

2011年,绍兴县人民代表大会常务委员会依法召开绍兴县十三届人大五次会议,召开8次常委会会议和13次常委会主任会议,听取和审议工作报告23个,作出决定决议8个,审议意见6个,组织执法检查和代表视察活动5次,依法任免国家机关工作人员103人次。认真配合上级开展立法工作调研,加强规范性文件备案审查工作,共接收县政府报备的规范性文件17件,扎实做好信访接待工作。依法组织完成县、镇两级人大换届选举工作。积极组织开展代表活动,认真督促办理代表建议,加强对镇(街道)人大工作指导。注重常委会自身建设,坚持推进常委会工作公开,转变作风加强调研,发挥地方国家权力机关职能作用。

(倪华丰)

重要会议

【县十三届人大五次会议】 2011年2月28日至3月2日,绍兴县第十三届人民代表大会第五次会议在柯桥举行。会议应到县人大代表295名,列席人员197名。会议听取和审议县长孙云耀所作的《政府工作报告》、县人大常委会主任徐林土所作的《绍兴县人民代表大会常务委员会工作报告》、县人民法院代院长孙浩所作的《绍兴县人民法院工作报告》、县人民检察院检察长王荣彪所作的《绍兴县人民检察院工作报告》;审议《关于绍兴县国民经济和社会发展第十二个五年规划纲要(草案)》、县发展和改革局局长邢玉清提交的《关于绍兴县2010年国民经济和社会发展计划执行情况及2011年国民经济和社会发展计划(草案)的报告》、县财政局局长王炳豪提交的《关于绍兴县2010年财政预算执行情况和2011年财政预算(草案)的报告》,并通过相应决议,依法选举孙浩为绍兴县人民法院院长。会议还印发县人民政府办公室《关于绍兴县第十三届人大四次会议代表建议、批评和意见办理情况的报告》、《关于绍兴县第十三届人大五次会议代表议案处理意见的报告》。

会议期间,举行预备会议1次、全体会议4次、主席团会议4次。会议共收到代表10人以上联名提出的议案61件,经大会主席团决定,全部作为代表建议、批评和意见处理。另收到代表建议、批评和意见191件。两者合计252件。

2011年2月28日,绍兴县第十三届人民代表大会第五次会议在柯桥蓝天大剧院开幕。 (沈浩根摄)

【县十三届人大常委会三十次至三十七次会议】 2011年,绍兴县第十三届人大常委会共举行8次会议,履行重大事项决定权、监督权和人事任免权。

1月13日，常委会第三十次会议在县行政中心举行。会议审议并通过《绍兴县人民代表大会常务委员会关于召开绍兴县第十三届人民代表大会第五次会议的决定》，确定县十三届人大五次会议于2011年2月28日在柯桥召开。听取县政府关于县机构改革和完善有关发展平台体制机制的情况报告，审议并原则通过县人大常委会工作报告、县人大常委会2011年工作要点、县十三届人大五次会议主席团和秘书长等建议名单、大会列席人员名单。听取关于代表变动情况的报告；补选绍兴市第六届人民代表大会代表。根据县长孙云耀的提请，决定任命陈永建为县经济和信息化局局长、许义平为县教育体育局局长、孙尧富为县民政局局长、吴汉华为县人力资源和社会保障局局长、钱勇军为县住房和城乡建设局局长、杨金法为县规划局局长、何建刚为县交通运输局局长、喻光耀为县林业局局长、翁桂珍为县商务局局长、蒋伟星为县外事与侨务办公室主任、金阿根为县安全生产监督管理局局长；决定免去孙忠富的县经济贸易局局长职务、许义平的县教育局局长职务、赵志根的县民政局局长职务、孙尧富的县劳动和社会保障局局长职务、吴汉华的县人事局局长职务、杨金法的县建设局局长职务、何建刚的县交通局局长职务、孙光荣的县林业局局长职务、陈永建的县对外贸易经济合作局局长职务、喻光耀的县安全生产监督管理局局长职务、翁桂珍的县外事与侨务办公室主任职务。根据县人大常委会主任会议议案，任命董金香为县人大常委会柯桥街道工作委员会主任、徐光炎为县人大常委会华舍街道工作委员会主任、裘华建为县人大常委会柯岩街道工作委员会副主任、王磊为县人大常委会湖塘街道工作委员会副主任；免去陈尧根的县人大常委会华舍街道工作委员会主任职务、陆晓巍的县人大常委会柯岩街道工作委员会副主任职务。县人大常委会主任徐林土就认真贯彻县委扩大会议精神、做好2011年人大工作和如何开好县十三届人大五次会议作重要讲话。

3月24日，常委会第三十一次会议在县行政中心举行。会议听取和审议县政府关于绍兴县印染产业集聚升级工作情况的报告。常委会组成人员指出，实施印染产业集聚升级工程，是绍兴县贯彻落实科学发展观的实际行动，是推进经济转型升级的有效载体，也是一项重要的民生工程。县政府及其相关职能部门要坚定目标不动摇，继续加大对印染产业集聚升级工程的宣传和引导力度，把政府主导的集聚升级转变为企业的自觉行为，坚定印染企业的集聚升级信心。要强化要素和服务保障，积极帮助集聚印染企业破解土地、资金等要素制约问题，进一步解放思想，加大对印染企业集聚升级的激励扶持，优化项目审批服务。要真正实现集聚基础上的升级，严格把好新落户印染企业规模、设备设施、环保等方面的准入门槛，积极引导和鼓励印染企业加大先进设备、高新技术引进和应用。要加快基础配套设施建设，着力解决当前企业最为关心的污水预处理、职工宿舍、定型机供热方式等问题，及早统筹研究鼓励现有热电企业兼并和整合提升政策。在有限土地资源和环境容量上创造出最大的经济效益和生态效益。根据县人民检察院检察长王荣彪的提请，任命杨晶晶、梁兴国为县人民检察院检察员，免去成鉴清的县人民检察院检察委员会委员职务、金少华的县人民检察院检察员职务。

5月25日，常委会第三十二次会议在县行政中心举行。会议听取和审议县政府关于绍兴县清水工程及城乡环境综合治理情况报告、关于绍兴县养老保险基金管理情况报告、关于绍兴县2011年地方政府债券收支安排专项预算调整方案（草案）的报告，作出《关于加强城乡环境综合治理的决议》，原则同意绍兴县2011年地方政府债券收支安排专项预算调整方案（草案）。常委会组成人员提出，要重点抓好水质保护、垃圾管理、保护河道、整治违法违章建筑、环境绿化等工作，推进环境整治；要强化长效机制，加强领导，完善制度，落实责任；严肃执法，查处各种破坏环境违法行为，推进全县环境综合治理工作；要依法加强征缴，继续扩大宣传，加大清欠力度和监管力度，扩大养老保险覆盖面，解决历史遗留问题；强化工作保障，增加社保工作人员编制，提升信息化水平和基金管理水平。会议根据县长孙云耀的提请，决定免去孟柏干的县人民政府副县长职务，决定任命李亚根为县食品药品监督管理局局长。根据县人民法院院长孙浩的提请，免去金娟的县人民法院审判员职务、曹健雄的县人民法院人民陪审员职务。根据县人民检察院检察长王荣彪的提请，免去卢雪勇的县人民检察院检察员职务。

7月15日，常委会第三十三次会议在县行政中心举行。会议听取和审议县发展和改革局局长邢玉清受县政府委托所作的关于绍兴县2011年度国民经济和社会发展计划上半年执行情况和下半年工作意见的报告、县财政局局长王炳豪受县政府委托所作的关于绍兴县2010年度财政总决算和2011年上半年财政预算执行情况的报告、县审计局局长濮如松受县政府委托所作的关于2010年度县级预算执行情况和其他财政收支的审计工作报告、县司法局局长陈广见受县政府委托所作的关于制定“六五”普法规划的情况报告，作出《关于进一步加强法制宣传教育的决议》，批准2010年度县级财政决算。常委会组成人员要求，县政府及相关职能部门要坚定发展信心，增强工作事业心和责任感，加强经济运行研究分析，积极强化要素保障，千方百计加大有效投入，坚持不懈推进转型升级，加快推进印染产业的集聚升级，确保实现“十二五”成功开局；要继续加强财政收入组织，进一步增收节支，着力保障法定支出和民生改善，切实加强财政监管，努力防范和化解政府债务风险，确保财政安全高效运行；要督促相关部门认真整改审计中反映出来的问题，狠抓落实，进一步完善相关制度和措施，更好地加强财政资金管理，同时，县审计局及时开展跟踪监督，有关情况要及时向县人大常委会报告；要认真总结“五五”普法工作经验，加强“六五”普法工作规划，提高认识，加强领导，明确重点，结合实际，创新普法载体，注重普治并举、学用结合，做到严格执法、严厉打击违法行为，增强普法宣传实效。根据县长孙云耀的提请，决定任命孙君为县人民政府副县长。

9月15日，常委会第三十四次会议在县行政中心举行。会议听取和审议县发展和改革局局长邢玉清受县政府委托所作的关于绍兴县战略性新兴产业发展情况的报告、县旅游局局长方优美受县政府委托所作的关于绍兴县加快旅游业发展情况的报告、县司法局局长陈广见受县政府委托所作的关于绍兴县贯彻实施《人民调解法》情况的报告、县人大常委会人大换届选举试点小组关于钱清镇人大换届选举试点工作情况的报告，确定钱清镇县人大代表正式候选人名单。常委会组成人员指出，战略性新兴产业发展事关绍兴县经济转型升级和可持续发展，要抓好重点项目、引导企业创新、构筑人才高地；要加强保障服务，加大政策激励力度，理顺培育发展工作机制；要高起点编制旅游规划，加快推进旅游项目建设，加大宣传营销力度，打响“稽山鉴水金柯桥”旅游品牌；要加强《人民调解法》宣传教育，加强人民调解组织和队伍建设，探索人民调解新方式新领域，注重人民调解与司法调解、行政调解、仲裁调解等相互衔接；要提高人大换届选举试点工作认识，始终坚持党的领导、坚持发扬民主、坚持严格依法办事，保持选举工作正确政治方向，充分调动广大选民群众积极性，努力保障选民选举权利，保证代表构成合理比例，确保当选代表有较高素质，提高一次选举成功率。会议根据县长孙云耀的提请，决定任命宋国新为县公安局局长，决定免去何伟仕的县公安局局长职务。根据县人大常委会主任会议议案，任命沈伟阳为县人大常委会法制工作委员会副主任。

11月9日，常委会第三十五次会议在县行政中心举行。会议听取和审议副县长马芳妹所作的关于代表建议办理工作情况的报告、县人大常委会代表工委关于2011年县、镇两级人大换届选举的情况报告，县财政局局长王炳豪受县政府委托所作的关于调整2011年度县级财政预算的报告，作出县、镇两级人民代表大会换届选举有关事项的决定、关于设立绍兴县选举委员会的决定、关于同意调整2011年度县级财政预算的决定。常委会组成人员指出，要提高思想认识，增强代表建议办理责任，强化工作措施，加快办理进度，提高办理实效；要高度重视县、镇两级人大换届选举工作，部署细致周密，责任全面落实，选举委员会抓好业务培训，加强工作指导，确保实现“三保一提高”目标要求。会议根据县长孙云耀的提请，决定任命周如生为县经济和信息化局局长、喻光耀为县财政局局长、陈永建为县林业局局长，决定免去王炳豪的县财政局局长职务、喻光耀的县林业局局长职务、陈永建的县经济和信息化局局长职务。根据县人大常委会主任会议议案，任命孙法中为县人大常委会柯岩街道工作委员会副主任、单和根为县人大常委会华舍街道工作委员会副主任；免去王磊的县人大常委会湖塘街道工作委员会副主任职务。根据县人民法院院长孙浩的提请，任命刁学伟为县人民法院审判委员会委员，金勇为县人民法院执行庭庭长，黄关水为县人民法院刑事审判庭副庭长，周金娅为县人民法院审判员、刑事审判庭副庭长，张浙丽为县人民法院审判员、民事审判第一庭副庭长，朱建军为县人民法院民事审判第二庭副庭长，周力佳为县人民法院民事审判第二庭副庭长，李籽苏为县人民法院审判员、民事审判第三庭副庭长，沈金国为县人民法院钱清人民法庭副庭长，陶国军为县人民法院审判员、齐贤人民法庭副庭长，陈新业为县人民法院平水人民法庭副庭长，刘青红为县人民法院审判员，陈维为县人民法院审判员，张明为县人民法院审判员，傅国兰为县人民法院审判员，刘婷为县人民法院审判员；免去金勇的县人民法院执行庭副庭长职务、黄关水的县人民法院平水人民法庭副庭长职务、朱建军的县人民法院钱清人民法庭副庭长职务、靳豫玖的县人民法院执行庭庭长职务、王伟良的县人民法院刑事审判庭副庭长职务、叶新祥的县人民法院民事审判第一庭副庭长职务、屠李强的县人民法院民事审判第二庭副庭长职务、洪震兴的县人民法院执行庭副庭长职务、章亚伟的县人民法院执行裁决庭副庭长职务、钱舟琳的县人民法院齐贤人民法庭副庭长职务。

11 月 21 日，常委会第三十六次会议在县行政中心举行。会议听取和审议县人民政府县长孙云耀、县人大常委会主任会议有关人事任职议案。决定任命徐国龙为县人民政府副县长，接受孙云耀因工作调动辞去县人民政府县长职务，决定徐国龙为县人民政府代理县长。

12 月 19 日，常委会第三十七次会议在县行政中心举行。会议根据县人民政府代县长徐国龙的提请，决定任命王张泉为县发展和改革局局长、蒋国洪为县教育体育局局长、陈炳松为县科学技术局局长、阮建康为县民族宗教事务局局长、缪智勇为县交通运输局局长、何建刚为县农业局局长、祁金凤为县审计局局长、葛梅荣为县统计局局长；决定免去邢玉清的县发展和改革局局长职务、许义平的县教育体育局局长职务、娄刚强的县科学技术局局长职务、何建刚的县交通运输局局长职务、陈炳松的县农业局局长职务、王秋珍的县卫生局局长职务、濮如松的县审计局局长职务、祁金凤的县统计局局长职务、李亚根的县食品药品监督管理局局长职务。根据县人大常委会主任会议议案，任命李亚根为县人大常委会办公室主任、宋金木为县人大常委会财经工作委员会主任、叶加林为县人大常委会教科文卫工作委员会主任、蒋倬臣为县人大常委会农村经济工作委员会主任；免去刘斌的县人大常委会办公室主任职务、宋国梁的县人大常委会财经工作委员会主任职务、刘越英的县人大常委会教科文卫工作委员会主任职务、宋金木的县人大常委会农村经济工作委员会主任职务、濮耀魁的县人大常委会办公室副主任职务。根据县检察院检察长王荣彪的提请，任命丁飞为县人民检察院副检察长、检察委员会委员，接受王荣彪因工作调动辞去县人民检察院检察长、检察委员会委员职务，决定丁飞为县人民检察院代理检察长。表决通过县人大常委会代表工委关于平水龙、陆兴法等辞去县、镇选举委员会职务的请求。 （张国富）

主要活动

【常委会领导专题视察 1 次】 2011 年 5 月 30 日，绍兴县人大常委会领导专题检查《中华人民共和国食品安全法》贯彻实施情况。实地检查华舍屠宰场、城区立新农贸市场，听取县食品药品监督管理局负责人工作汇报，提出一些要求。

【召开全县镇街人大工作会议 3 次】 2011 年，绍兴县人大常委会共举行 3 次镇（街道）人大工作会议。

2 月 16 日，第一次会议在马鞍镇举行。中心议题是表彰先进、部署 2011 年工作。县人大常委会主任徐林土、副主任平水龙在会议上讲话。马鞍镇、夏履镇人大主席团及县人大常委会柯岩街道工委作交流发言。会议表彰 2010 年人大工作先进个人、集体和优秀人大代表建议，对 2011 年镇街人大工作和即将召开的县十三届人大五次会议相关工作进行部署。会议指出，2011 年是绍兴县继续推进经济、城乡、社会等各领域转型升级的深化之年和“十二五”规划实施的开局之年,也是这届人大的换届之年,全县镇(街道)人大工作者要明确重点,讲求规范,确保圆满完成新一年人大工作目标任务。要积极做好即将召开的县十三届人大五次会议的组织工作,组织代表认真审议,落实好大会精神。

6月17日,第二次会议在绍兴市人大代表培训中心举行。中心议题是部署人大代表换届选举基础性工作。组织全县人大系统干部学习选举法、代表法等法律,传达中央、省有关做好县、乡人大代表换届选举工作文件精神,探讨分析人大代表选举工作可能出现的新情况、新特点,研究人大代表选举基础调查工作。会议强调,做好2011年下半年绍兴县人大工作,要紧紧围绕县委中心工作,着重抓好战略性新兴产业发展督查、财政预决算审查监督和代表建议督办、“代表接待选民日”实施等工作,继续加强人大干部队伍建设,切实发挥好人大常委会作用,不断提升人大工作水平。

9月30日,第三次会议在钱清镇举行。中心议题是部署全县人大换届选举有关准备工作。县人大常委会主任徐林土就近期重点工作作讲话,副主任平水龙总结钱清镇人大换届选举试点工作情况,并就如何做好全县人大换届选举工作进行业务指导。钱清镇人大主席周天祥介绍钱清镇人大换届选举试点工作情况。会议要求,全县各镇(街道)人大(工委)要以钱清镇人大换届选举试点工作经验为基础,高度重视、精心准备、落实责任,始终围绕人大换届选举工作“三保一提高”目标,扎实做好人大换届选举前的各项准备工作,确保全县人大换届选举工作圆满顺利。

【组织专项视察督查9次】 2011年,绍兴县人大常委会围绕全县重大事项和中心任务,以主任会议等形式,开展9次专项督查活动。

2月18日,专题督查大香林二期工程建设。实地视察大香林二期工程建设现场,听取县旅游发展有限公司董事长裘江新关于工程建设情况的报告。

3月10日,专题督查印染产业集聚区规划建设,实地视察县滨海工业区印染产业集聚区规划建设现场,听取滨海工业区管委会主任高新华关于印染产业集聚区规划建设工作情况报告、县规划局局长杨金法关于绍兴县城乡规划工作的情况报告。

4月12日,专题督查绍兴县村民委员会换届选举工作,听取县民政局局长孙尧富关于绍兴县村民委员会换届选举工作情况报告。

5月10日,专题督查招商选资工作。实地视察浙江优创光能科技有限公司、浙江佑天元包装机械制造有限公司,听取县商务局局长翁桂珍关于进一步加强招商选资工作的情况报告。

2011年5月10日,绍兴县人大常委会领导视察浙江佑天元包装机械制造有限公司车间。

(县人大办供稿)

6月10日,专题督查钱清小城市建设。实地视察钱清中国轻纺原料城、国际联合市场、钱门安置小区,听取钱清镇党委书记孙忠富关于钱清镇小城市培育试点工作情况报告。

7月12日,专题督查“美丽乡村”建设,实地视察夏履镇莲东村、柯岩街道州山村“美丽乡村”创建工作,听取县农业和农村工作办公室主任徐阿幼关于绍兴县“美丽乡村”建设工作的情况报告。

8月16日,专题督查县城重点交通道路及景观工程建设,实地视察金柯桥大道改造工程、瓜渚湖环湖步行道及景观改造工程、柯桥城区夜景照明工程,听取县住房和城乡建设局局长钱勇军关于柯桥县城重点交通道路及景观工程建设情况的报告。

9月16日,专题督查绍兴县学前教育工作,实地视察齐贤镇中心幼儿园、中国轻纺城中心幼儿园，听取县教育体育局局长许义平关于绍兴县学前教育工作情况的报告。

2011年9月16日，绍兴县人大常委会领导视察中国轻纺城中心幼儿园。（县人大办供稿）

11月7日，专题督查贯彻执行消防法情况，实地视察县消防大队、万达广场和乔波滑雪馆的消防设施配备和消防安全防范情况，听取县公安局局长宋国新代表县政府所作的关于贯彻执行《中华人民共和国消防法》和《浙江省消防条例》情况的报告。

【组织人大代表视察4次】 2011年，绍兴县人大常委会组织人大代表视察4次。4月26日，视察全县农村宅基地置换工作。30多名代表实地视察县农村宅基地置换建设点齐贤镇东贤小区，听取县农办负责人关于绍兴县农村宅基地置换工作的情况报告，并就加大宅基地置换政策宣传力度、加强置换房建设质量监管、争取置换土地和资金保障、解决农民宅基地置换后顾之忧等方面提出意见和建议。

5月19日，视察城乡环境综合治理工作。60多名县、镇两级人大代表分4组，通过水路、陆路，分别视察漓渚江、松坞江、兰亭江水环境，孙端镇吴融村、齐贤镇兴齐村农村环境，柯桥城区环境，平水江水库及南部山区部分村庄环境整治情况，专题视察城乡环境综合治理情况。代表们从源头治理、堵疏结合、建立健全机制、加大财政扶持等几个角度，对环境整治提出有关建议，强调要加大对经济薄弱村的环境治理支持，将环境综合治理工作继续深入，为早日实现“现代开放的柯桥城、繁荣生机的中心镇和美丽有序的新社区”目标而努力。

7月28日，视察县政府性投资项目建设工作。20多名代表实地视察人利（体育中心）安置小区、水务大厦、北联托运市场项目建设情况，听取县发展和改革局主要负责人关于绍兴县政府性投资项目建设情况报告，要求县政府及相关职能部门始终坚持高起点规划，提高项目建设的品位；加强监督规范管理，强化项目建设责任，合力加快推进项目建设进度；严格工程建设标准，坚持质量和安全第一，把项目建设成为人民群众放心满意的工程。

10月20日，视察代表建议办理工作。30多名县人大代表实地视察安昌地埋压缩式垃圾中转站、柯桥街道流动人口办证大厅、县疾控中心食品安全检测室、县数字城管中心，听取4件建议有关主办单位办理情况的汇报，分别是：关于要求针对外来人口加强环境卫生和公共卫生管理工作的建议，关于要求加强食品安全监督、保障群众生命健康安全的建议，关于要求进一步完善全县城乡生活垃圾无害化处理机制的建议，关于要求完善城管制、合理规划夜排档疏导点等问题的建议。

【指导钱清镇开展人大换届选举试点工作】 2011年，绍兴县人大常委会派员参与指导钱清镇人大换届选举试点工作，通过宣传发动和选民登记，提名、推荐、协商，确定代表候选人，组织投票选举等阶段。截至2011年9月23日，钱清镇8大选区42个小选区55866名选民，分别在各自所属选区参加投票，选举产生24名县十四届人大代表和93名镇十六届人大代表。钱清镇新一届县人大代表妇女占25%，非中共党员占33.3%，专业技术人员占50%；新一届镇人大代表中，妇女占26.8%，非中共党员占39.8%，专业技术人员占25.8%；1名外来创业人员当选为县人大代表，代表构成比例合理和总体素质良好。浙江省委常委、组织部部长蔡奇，省人大常委会副主任徐宏俊分别作出批示表扬。

【首次实行城乡按相同人口比例选举人大代表】 2011年12月25日，绍兴县109个大选区、470

个小选区依法选举产生297名(含试点镇24名)县十四届人大代表。各镇依法选举产生1044名镇人大代表,选举首次实行城乡按相同人口比例选举人大代表,更好地体现"人人平等、地区平等、民族平等"的原则。

【实施代表接待选民日制度】 2011年5月,绍兴县人大常委会研究制定《关于建立"代表接待日"制度的实施意见》,指导各镇人大主席团每月组织部分人大代表采取定时、定点、定期的方式接待来访群众,了解和收集群众意见建议,提交镇政府、有关部门及行政村办理,并在规定时限内向代表反馈办理结果,有效化解矛盾,促进社会稳定。

【督办代表建议252件】 2011年,绍兴县十三届人大五次会议上,代表共提出建议252件,涉及45个承办部门和单位。确立10件重点督办建议,召开重点建议办理交流汇报会,坚持人大常委会领导分工督办重点建议,组织开展现场督办和代表视察督办,县人大常委会各委室按照对口联系分工的要求,走访提出建议的代表,检查回访联系片代表提出的代表建议办理情况,全部建议按时完成答复。

【组织常委会专题讲座8次】 2011年,绍兴县人大常委会坚持和改进"一月一法"学习制度,举行以民政业务知识、中华人民共和国全国人民代表大会和地方各级人民代表大会选举法、中华人民共和国审计法、中华人民共和国人民调解法、经贸业务知识、中华人民共和国水法、宗教文化知识、中华人民共和国城乡规划法、中华人民共和国保险法等为主要内容的8次专题讲座。

【开展城区教育事业发展情况调研】 2011年5月23日至6月10日,绍兴县人大常委会主任徐林土带领相关委室的同志,通过走访、座谈等形式,对绍兴县城区教育事业发展进行专题调研。相继走访鲁迅中学柯桥校区、县实验中学、轻纺城小学、六一幼儿园等城区12所中小学校和幼儿园,3次听取教体局领导班子汇报,召开教体局中层干部和教育发展中心研训员座谈会,走访听取柯桥街道、湖塘街道分管教育负责人和教育总支书记意见建议,了解教育事业发展情况,撰写《关于提升绍兴县城区教育发展的问题与对策》调研报告,为领导决策提供参考。

【受理代表和群众来访187人次】 2011年,绍兴县人大常委会办公室来信来访接待室,共受理代表和群众来访114批187人次、来信134件,均予及时处理和转办。

【评选2011年绍兴县人大系统最有影响的十件事】 2011年,绍兴县开展年度人大系统"最有影响的十件事"评选活动。其中全县县、镇两级人大换届选举取得圆满成功,督查印染产业集聚升级工程,督查城乡环境综合治理工作,督查战略性新兴产业发展工作,督查美丽乡村建设,认真督办人大代表建议,实施代表接待选民日制度,钱清镇县、镇两级人大换届选举试点成功,兰亭镇人大主席团组织代表督办西南大通道工程竣工落实,孙端镇人大主席团组织开展群众议事会活动等被评选为2011年绍兴县人大系统最有影响的十件事。

【评选县十三届人大期间人大系统最有影响的十件事】 2011年,绍兴县在评选历年人大系统"最有影响的十件事"的基础上,综合考虑大局性、影响性、代表性、创新性等因素,评选出县十三届人大期间人大系统最有影响的十件事,分别是:县委召开全县人大工作会议,坚持推进人大工作公开,加强代表建议督办并实施代表建议"直通车"制度,作出关于依法整治城乡违法违章建筑的决议,作出关于加强城乡环境综合治理的决议,督查印染产业集聚升级工程,作出关于将兰花定为绍兴县"敬师花"的决定,督办农村新社区卫生服务站建设建议、进一步督促解决"看病难、看病贵"问题,开展"一月一法"专题讲座,编印《绍兴县第十三届人民代表大会代表风采》等被评为县十三届人大期间人大系统最有影响的十件事。

(张国富)

责任编辑　董思思

绍兴县人民政府

重要会议

【十三届七次全体（扩大）会议】 2011年3月3日，绍兴县政府召开十三届七次全体（扩大）会议，会议要求认真贯彻落实县委十二届十次全会精神，全面落实人代会审议批准的政府工作报告提出的目标任务，努力为“十二五”发展开好局。县委副书记、县长孙云耀在会上作重要讲话。会议充分肯定2010年经济社会发展取得的成绩和工作亮点，就2011经济城乡社会转型升级的重点工作进行布局。会议强调，要全力提升政府工作的服务水平，增强服务意识，提升服务能力，提高服务效率，注重服务效果，营造服务氛围。

2011年3月3日，绍兴县政府召开十三届七次全体（扩大）会议。（沈浩根摄）

【县政府常务会议】 2011年，绍兴县人民政府共召开10次常务会议，研究相关政府工作。

1月24日，县政府召开第六十九次常务会议。会议听取县规划局关于瓜渚湖环湖步行道、金柯桥大道绿化提档、城区亮化工程等重点项目规划方案的汇报，听取县府办（法制办）、县质监局、县经信局、县农业局、县商务局、县建管局、轻纺城建管委、县环保局、县人口计生局、县科技局、县金融办、县水利局关于2010年度县长奖、县政府质量奖、工业发展功臣、工业发展特别贡献奖、现代农业发展功臣、建筑业发展功臣、中国轻纺城“范蠡奖”、生态建设优胜镇（街道）、人口计生工作“双优”镇（街道）、科学技术奖、科技强镇（街道）、十大科技明星（团队）、重点国（境）外客商《便利卡》、招商引资优胜单位、现代服务业发展功臣、自营出口企业优胜单位、服务经济优胜银行、水利建设“大禹杯”竞赛活动优胜单位、依法行政示范单位、优秀社会事业人才等考评结果的汇报，听取县财政局关于新一轮县对镇（街道、开发区）财政管理体制建议方案的汇报，听取县财政局、县发改局关于2010年度财政预算执行情况和2011年度财政预算（草案）方案的汇报、关于2010年度国民经济和社会发展计划执行情况与2011年度国民经济和社会发展计划（草案）报告的汇报，听取县府办、县发改局关于《政府工作报告》（送审稿）和绍兴县国民经济和社会发展“十二五”规划纲要起草情况的汇报。会议原则同意提交讨论的报告。会议还听取并同意县监察局对有关人员给予政纪处理意见的汇报。

2月16日，县政府召开第七十次常务会议。会议听取县建设局关于2011年房屋拆迁计划和房屋拆迁任务的汇报；听取县发改局关于钱清镇小城市培育发展若干意见建议的汇报；听取县发改局关于2011年政府性投资基础性、公益性项目建设计划的汇报；听取县发改局关于2011年绍兴县“三个一批”项目建设计划的汇报；听取县人口计生局关于流动人口计划生育基本公共服务均等化工作实施意见的汇报；听取县国土局关于工业国有建设用地使用权拍卖出让实施细则

（试行）、关于绍兴县大明房地产开发有限公司翰泽苑—颐泽苑资产处置建议的汇报；听取杨汛桥镇关于绍兴县旺家纺织有限公司3家企业破产清算、资产重组有关事项，加佰利集团3家企业破产清算、资产重组有关事项，浙江永隆协商重组有关事项的汇报。会议原则同意提交讨论的报告。

3月18日，县政府召开第七十一次常务会议。会议听取县国土局关于进一步完善耕地保护、确保耕地占补平衡政策意见的汇报，听取县国土局关于绍兴县2010年度土地矿产卫片执法整改工作实施方案的汇报，听取县环保局关于创建省级生态县、推进文明建设实施意见的汇报，听取县公共资源管委会办公室关于进一步完善公共资源交易管理的若干意见的汇报，听取县商务局关于进一步加强招商选资工作实施意见的汇报，听取县建设局关于进一步加强拆迁工作若干意见的汇报，听取县规划局关于完善绍兴县规划管理体制若干意见（试行）的汇报，听取县水电局关于2011年清水工程建设实施意见的汇报，听取县发改局关于下达2011年镇（街道、开发区）岗位目标责任制考核指标建议的汇报，听取县经信局关于已通过会审但尚未供地项目情况的汇报，听取县经信局和县供电分局关于全县电网建设工作、有序用电方案有关情况和鼓励热电企业顶峰发电政策意见的汇报。会议原则同意提交讨论的报告。

4月13日，县政府召开第七十二次常务会议。会议听取县府办等关于2011年加快经济转型升级若干意见及有关实施细则的汇报，听取县委政研室和县机关工委关于2011年县机关、镇（街道）及平台岗位目标责任制考核意见的汇报，听取县国土局关于柯岩C-08、C-12、C-15、C-21地块出让有关情况的汇报，听取体育中心建设指挥部关于调整体育中心规划方案的汇报，听取县林业局关于“加快平原绿化、推进森林绍兴”建设2011年实施方案的汇报，听取县教体局关于召开全县教育工作会议及有关政策意见建议方案的汇报，听取县司法局关于开展创建规范化司法所活动实施意见的汇报，听取县科技局关于中国轻纺城创意园建设实施方案有关情况的汇报。会议原则同意提交讨论的报告。

5月13日，县政府召开第七十三次常务会议。会议听取县文广局关于绍兴县第七届中国曲艺节实施方案的汇报，听取县解困办关于浙江展望控股集团有限公司重组企业享受有关解困政策方案、关于阻燃集团重组企业享受解困政策方案的汇报，听取县民政局关于进一步完善困难群众医疗救助制度的意见（试行）的汇报，听取县食品药品监管局关于进一步加强食品药品安全工作的实施意见的汇报，听取县旅游局关于鉴湖—柯岩旅游度假区创建国家AAAAA级旅游景区总体规划情况的汇报，听取鉴湖—柯岩旅游度假区管委会关于夏威夷风情园项目相关情况的汇报，听取县规划局关于加强人民防空工作及规范人民防空建设管理政策的汇报，听取县建设局（城管办）关于绍兴县城乡生活垃圾统一清运处理实施办法的汇报，听取县纠风办关于2011年绍兴县行风评议工作方案的汇报。会议原则同意提交讨论的报告。会议还批准县监察局对有关人员给予开除公职的处分意见。

7月1日，县政府召开第七十四次常务会议。会议听取县安监局关于绍兴县安全生产情况的汇报，听取县府办关于绍兴县公民权益依法保障行动计划2011年度实施计划的汇报，听取县发改局关于绍兴县战略性新兴产业发展规划的汇报，听取县金融办关于绍兴县创业投资引导基金管理暂行办法（试行）的汇报，听取县经信局关于日月新材料BOPET超薄电熔膜、光学膜生产线项目“一事一议”政策的汇报，听取县商务局关于蓝天大剧院相关扶持政策建议的汇报，听取县建设局关于对体育中心西侧住商地块招商情况的汇报，听取县规划局关于实施柯桥主城区35千伏以上高压线路优化改造规划建议意见的汇报，听取县府办关于县长、副县长牵头办理重点建议提案的汇报。会议原则同意提交讨论的报告。

8月31日，县政府召开第七十五次常务会议。会议听取县教体局关于绍兴县与浙工大合作举办之江学院的情况汇报，听取县发改局关于绍兴县现代服务业发展“十二五”总体规划、关于加快发展现代服务业的决定、关于分解2011

年现代服务业考核指标的汇报，听取县经信局关于绍兴县工业发展“十二五”规划纲要的汇报，听取县科技局关于绍兴县科技园建设实施方案的汇报，听取鉴湖—柯岩旅游度假区管委会关于鉴湖—柯岩旅游度假区有关项目进展情况的汇报，听取县环保局关于《绍兴县“811”生态文明建设推进行动方案》、《2011年绍兴县生态建设优胜镇（街道）、开发区考评办法》的汇报，听取县环保局关于开展“十小”行业专项整治的实施方案的汇报，听取县司法局关于绍兴县“六五”普法规划制订情况的汇报，听取县效能办关于2011年县级机关重点岗位民主评议方案的汇报，听取兰亭镇政府关于兰亭书法文化村项目建设有关情况的汇报，听取县国资办关于2010年度县级国有企业领导人员绩效考核情况的汇报，听取轻纺城建管委关于中国轻纺城北联市场营业房竞租招商方案的情况汇报，听取轻纺城建管委关于浙江中国轻纺城集团股份有限公司非公开发行股份购买股东资产初步方案的情况汇报，听取杨汛桥镇政府关于要求财政借款推动企业解困的情况汇报，听取县财政局关于从土地出让金中计提水利、教育资金的情况汇报，听取县财政局关于要求明确引进县外税收分成政策的汇报。会议原则同意提交讨论的报告。

10月13日，县政府召开第七十六次常务会议。听取县人力社保局关于解决养老保险领域若干群体利益问题有关政策意见和组织实施工作方案及其他事业单位绩效工资的汇报，听取县规划局关于绍兴县高铁站场周边地区（KQ－04－02、KQ－34－02地块）控制性详细规划的汇报，听取县规划局关于绍兴县柯桥省级历史文化街区保护和利用规划的汇报，听取滨海工业区管委会和县审计局关于远东集团重组华联三鑫及发展中有关问题、华联三鑫审计情况和结果的汇报。会议原则同意提交讨论的报告。

12月1日，县政府召开第七十七次常务会议。会议听取县民政局关于调整城乡居民最低生活保障标准有关问题的汇报，听取县民政局关于制订绍兴县城乡居民临时救助实施办法（试行）的汇报，听取县民政局关于完善县级机关和直属事业单位工作人员重大疾病医疗救助制度意见（试行）的汇报，听取县府办关于绍兴县优秀社会事业人才享受政府特殊津贴实施方案的汇报，听取县卫生局关于2012年度绍兴县新型农村合作医疗制度实施办法的汇报，听取县府办关于加强县直属国有企业领导人员管理若干意见的汇报，听取县规划局关于绍兴县城乡规划管理技术规定的汇报，听取杨汛桥镇政府关于要求解决杨汛桥镇锡箔作坊事件相关费用的汇报，听取鉴湖—柯岩旅游度假区管委会关于柯岩欧式名品商业街项目相关情况的汇报，听取县府办关于2012年柯桥新春嘉年华活动建议方案的汇报，听取县妇联关于绍兴县“十二五”妇女儿童规划编制情况的汇报，听取县国土局关于进一步完善城镇“退二进三”项目实施意见（试行）的汇报，听取轻纺城建管委关于要求解决“网上轻纺城”有关情况的汇报。会议原则同意提交讨论的报告。会议还听取并同意县监察局关于对有关人员给予开除公职处分的汇报。

12月9日，县政府召开第七十八次常务会议。会议听取县卫生局关于绍兴县县级公立医院综合改革试点实施意见的汇报，听取县国资办关于绍兴县汇金小额贷款公司国有股权退出工作的汇报，听取轻纺城建管委关于龙禧中心项目有关问题的汇报。会议原则同意提交讨论的报告。

（谢进昌）

政务信息

【概况】 2011年，绍兴县政府办公室共编发各类信息简报292期，信息1700余条（篇）。上报省政府办公厅、绍兴市政府办公室信息1300余条（篇），被省录用122条（篇）、市录用259条（其中《政务工作交流》和《专报信息》等共47篇），得到省、市领导批示12条（次）。县政府办公室在2011年度全省、全市政务信息工作考核评比中均获一等奖。

【11条（篇）信息获省领导批示】 2011年，绍兴县上报省政府办公厅的政务信息有11条（篇）得到省领导的批示，具体是《中国轻纺城创建全国诚信市场的主要做法》、《绍兴县培育

发展战略性新兴产业的主要做法和下步打算》、《绍兴县运用环保综合机制推进经济转型升级的主要做法》、《绍兴县推行“站所＋网格”食品生产安全监管模式的主要做法》、《绍兴县以“加减乘除”四法推进文化体制改革》、《绍兴县柯桥街道发挥城区街道优势发展新型城市经济的主要做法》、《绍兴县狠抓“三个减负”优化企业发展环境》、《绍兴县“四项载体”着力构建外来人员共驻共享的公共文化服务体系》、《绍兴县扎实推进印染行业定型机废气整治的主要做法》、《坚定目标不动摇 加大整治不手软——绍兴县扎实推进污染减排攻坚行动的主要做法与下步工作》、《绍兴县发展特色工业设计推进纺织产业转型升级》。

【出刊政务信息刊物 292 期】 2011 年，县政府办公室在保持《今日政务》固有特色的同时，突出“行业信息”、“外地动态”等栏目，使县领导更加及时、准确地了解县内外经济、社会发展动态，促进镇（街道、开发区）和部门工作交流。全年共出刊《今日政务》（普刊）247 期，《今日政务·参阅件》、《今日政务·专报信息》、《今日政务·信息业务通讯》、《今日政务·上报录用信息》等 45 期，累计编发信息 1700 余条（篇）。（张　蕾）

协调督查

【概况】 2011 年，绍兴县政府围绕全年重点工作、十方面实事工作和阶段性中心工作，多次进行专题协调，并发出相应专题会议纪要，同时，对《政府工作报告》确定的十方面实事进展情况、重要专门工作推进情况以及重要会议精神、领导批示等贯彻落实情况，加强督促检查。全年召开重要专题会议 57 次，编发《政务督查》17 期。

【召开重要专题会议 57 次】 2011 年，绍兴县政府召开专题会议 57 次（详见附表），协调解决有关工作中碰到的问题和困难，确保年度工作目标和任务完成。

表 12　2011 年绍兴县政府专题会议（部分）

日　期	会议名称
1 月 11 日	关于规范管理柯桥城区水域水产养殖的专题会议
1 月 17 日	关于解决卫生系统 2008 年以来招录人员有关遗留问题的专题会议
1 月 25 日	关于钱江通道及接线绍兴县段工程征地拆迁相关问题的专题会议
2 月 25 日	关于管墅小学和县中心幼儿园两项工程由代建调整为自建的专题会议
3 月 1 日	关于配合做好省政府全省视频会议（应急指挥）系统建设有关工作的专题会议
3 月 23 日	关于绍兴县旺家纺织有限公司等三家企业破产清算、资产重组有关事项的专题会议
3 月 24 日	关于加佰利集团三家企业破产清算、资产重组有关事项的专题会议
3 月 24 日	关于浙江永隆协商重组有关事项的专题会议
3 月 24 日	关于东周安置小区工程竣工验收有关问题的专题会议
3 月 28 日	关于 2011 年房屋征收（拆迁）政策的专题会议
4 月 14 日	关于杭甬客专（齐贤）安置小区二期工程建设的专题会议
4 月 14 日	关于城区夜景亮化工程试点标段招标相关问题的专题会议
4 月 26 日	关于绍兴滨海物流中心项目有关问题的专题会议
5 月 3 日	关于原县委党校校舍移交县委老干部局的专题会议

续表

日　期	会议名称
5月14日	关于绍兴县体育中心项目建设的专题会议
5月18日	关于2011年度全县用地保障工作的专题会议
5月24日	关于浙江华通医药股份有限公司上市有关问题的专题会议
5月31日	关于柯桥主城区室外游泳池建设的专题会议
6月1日	关于进一步理顺管道燃气市场的专题会议
6月2日	关于浙江展望控股集团有限公司等七家企业资产重组有关事项的专题会议
6月13日	关于设立中国轻纺城柯北贸易中心、中国轻纺城墙纸墙布市场有关事宜的专题会议
6月20日	关于浙江阻燃股份有限公司及其关联企业资产重组有关事项的专题会议
6月29日	关于绍兴县机动车排气检测站投运有关问题的协调会议
7月1日	关于全县垦造耕地工作的专题会议
7月18日	关于江市纺织印染有限公司有关事项的专题会议
7月19日	关于帮扶赐富集团做优做强有关问题的专题会议
7月19日	关于南京军区军用光缆绍兴县段建设的专题会议
7月28日	关于浙江江龙控股集团重组遗留问题的专题会议
8月5日	关于开展绍兴县存量房交易评税工作的专题会议
8月8日	关于英豪洲际公馆建设有关事宜的专题会议
8月9日	关于加快推进政府性投资项目建设有关事项的专题会议
8月23日	关于“两湖”区域资产移交的专题会议
9月6日	关于融资租赁资金使用归还等有关事项的专题会议
9月13日	关于大坞岙垃圾填埋场二期扩容工程的专题会议
9月19日	关于进一步推进漓铁集团地表塌陷区安全隐患整治工作的专题会议
9月20日	关于加快镜水北路北段工程建设的专题会议
9月20日	关于原旺家纺织有关土地房产挂牌转让事宜的专题会议
9月26日	关于明确全县排污权许可清理规范工作有关事项的协调会议
9月29日	关于规范管理柯岩街道水域水产养殖的专题会议
10月14日	关于绍兴县科技园建设的专题会议
10月17日	关于解决基层医疗机构非正式事业编制（社区编制）人员有关问题的专题会议
10月24日	关于规范房地产市场有关问题的专题会议
10月24日	关于做好2011年度征兵工作的专题会议
10月24日	关于柯桥城区及相关重点区域畜禽养殖场污染治理的专题会议
10月27日	关于整治石油天然气管道安全隐患的专题会议
10月27日	关于县卫生局、县食品药品监督管理局管理体制调整后有关问题的专题会议

续表

日　期	会议名称
11月18日	关于大香林二期工程建设有关问题的专题会议
11月22日	关于中环再生能源有限公司有关问题的专题会议
12月1日	关于绍兴县0901人防工程和绍兴县大坂湖民防应急疏散基地建设的专题会议
12月16日	关于历史文化名村保护和开发利用工作的专题会议
12月26日	关于县机关部分单位办公用房调整有关问题的专题会议

【编发《政务督查》17期】 2011年，绍兴县政府按照分解任务、督促检查、狠抓落实的工作思路，进一步健全工作汇报和督查通报制度，强化督促检查内容，全年编发《政务督查》17期。督查主要内容包括《政府工作报告》确定的十方面实事工作完成情况、重点工作进展、重大建设项目完成进度和县政府领导批示件办理情况等。通过加强督查，确保政令畅通，提高政府效能，推动工作落实。（胡永堂）

建议提案办理

【概况】 在绍兴县十三届人大五次会议期间，共收到10人以上联名提出的议案61件，建议、意见191件，两者合计252件。其中经济建设方面43件，占总数的17.1%；城乡发展方面117件，占总数的46.4%；社会和谐方面79件，占总数的31.3%；其他方面13件，占总数的5.2%。县政协十届四次会议期间，共收到政协委员提出的提案形式意见建议333件，立案提案总数324件。其中有关经济建设方面的165件，占总数的50.93%；有关政治建设方面的19件，占总数的5.86%；有关文化建设方面的41件，占总数的12.65%；有关社会建设方面的77件，占总数的23.77%；有关生态建设方面的22件，占总数的6.79%。

2011年，各承办单位及时办理252件人大代表建议和324件政协委员提案，办理结果全部答复代表和委员。其中落实或问题得到基本解决的建议85件、提案217件，分别占总数的33.73%和66.98%；部分解决或列入计划逐步加以落实的建议112件、提案77件，分别占总数的44.44%和23.77%；因政策限制、时机不成熟等原因难以解决，作出解释或留作参考的建议55件、提案30件，分别占总数的21.83%和9.25%。

【组织落实建议提案办理】 2011年3月31日，绍兴县政府召开建议、提案交办会议，将办理任务分解到各承办部门后，对承办单位提出的交办异议一一研究答复，县府办及时发出《关于核对人大代表建议承办任务的函》，确保办理责任明确到位。各承办单位普遍把办理工作作为“一把手”工作来抓，召开内部交办会或以文件形式分解落实任务，研究办理方案，将每一件建议分解到具体的局领导、科室和人员，落实办理任务和责任，明确办理工作的要求。在办理期间，县府办加强督查，对办理工作进展情况和办理质量通过召开汇报交流会、督查通报等形式进行协调督促。

【多举措提高建议提案办理成效】 2011年，绍兴县政府办理人大代表建议和政协委员提案时，在抓好部署和任务分解的同时，以制度规范办理工作，以考核和督查推动办理工作，并结合近几年的工作实践，创新工作方法，强化办理责任的同时提高办理工作成效。严格执行办理人大代表建议工作规则，将办理工作作为县政府工作制度的重要内容，并列入机关部门岗位目标责任制考核；强化会办单位的责任和主、会办之间的配合；要求建议办理结果在答复代表的同时，抄送代表所在镇（街道）和各会办单位等。代表、委员的建议提案办理工作得到县人大代表和政协委员的肯定和好评。（胡永堂）

法制工作

【概况】 2011年，绍兴县继续推动依法行政示范单位创建工作，在各部门自行申报的基础上，县法制办联合县人大法工委、县监察局对部门进行考核检验，推荐县食品药品监管局创建省级依法行政示范单位。通过连续多年的创建工作，全县各执法单位普遍健全工作制度，严格执法责任，提高工作效率，使执法工作任务更加明确，工作流程更加清晰，工作标准更加规范，从整体上推进依法行政工作上新台阶。办理涉县行政诉讼和复议案件22件，其中委托或协调办理涉县行政诉讼13件、行政复议案件9件。

【开展行政执法监督工作】 2011年，县法制办对未领浙江省行政执法证件的执法人员进行综合法律知识培训，完成全县72名行政执法人员证件的申领工作，有67人通过核查领取浙江省行政执法证，并会同县人大法工委开展对各行政执法部门无证执法情况的监督检查。

【审核规范性文件83件】 2011年，县法制办对83件以县政府、县府办或县委、县政府及两办名义出台的规范性文件进行合法性审查，对文件中与法律法规相抵触的内容提出一些修改意见，大部分得到起草单位或领导的认同与采纳。

【解答各类咨询60余件】 2011年，县法制办参与解答部门咨询30余件，公民个人咨询30余件。认真受理并及时处理公民、法人对行政机关的执法投诉案件和申请信息公开案件。依法审核并办理以县政府名义作出的对违章建筑实行强制拆迁等具体行政行为。 （谢进昌）

经济体制改革

【概况】 2011年，绍兴县经济体制改革工作深化推进。绍兴县小城市培育试点全面铺开，有6个镇被确定为省、市级小城市培育试点镇；医疗卫生体制改革向纵深推进，在做好两个省级试点的基础上，开展公立医院改革试点，年底前探索实施；教育体制改革创新发展，探索实施免费学前教育；城乡统筹措施有力，加快公租房、经济适用房建设，致力打造“美丽乡村”；行政体制改革深入推进。

【6镇开展小城市培育试点】 2011年，绍兴县钱清、杨汛桥、平水、福全、兰亭、马鞍等6镇被列入省、市级小城市培育试点镇，其中钱清镇为省级小城市试点镇。6个镇都制定小城市三年行动计划，其中钱清镇的三年行动计划于4月22日获省政府批准。绍兴县出台相关扶持政策，对省级中心镇在财政政策倾斜的基础上，每镇每年再给予500万元专项建设资金。12月7日全省小城市培育试点工作现场推进会在绍兴县召开，绍兴县的做法得到省委、省政府领导的肯定。年底经过省考核组考核，钱清镇在全省28个小城市培育试点镇中获得优秀。

2011年12月7日，浙江省小城市培育试点工作现场推进会在绍兴县召开。 （沈浩根摄）

【开展3个新城建设】 2011年，绍兴县设立“钱杨新城、平水新城、福兰新城”3个新城，通过经济集聚、要素集聚、人口集聚、公共服务集聚，切实增强新城的综合承载能力和辐射带动能力，促进县域城市化进程。

【城乡统筹有序开展】 2011年，绍兴县县镇两级投入3亿元以上资金，以发展社区经济、改造农民住房、整治农村环境为重点，全面实施“富裕乡村、宜居乡村、洁净乡村、文明乡村”四大行动计划，致力打造“美丽乡村”，进一步提升城乡融合水平。新开工建设公共租赁住房1000

套共计6万平方米、经济适用房100套计0.6万平方米，以缓解城镇困难人群住房问题。“十二五”期间绍兴县计划建成公共租赁住房5000套以上，解决城镇中等以下收入家庭的住房需求。

（孔小明）

【新增上市公司1家】 2011年，绍兴县出台《关于进一步加强企业上市工作的实施意见》，完善企业上市奖励政策，鼓励上市公司做优做强。4月22日，明牌珠宝在深交所挂牌上市，募资19.2亿元，绍兴县上市公司增至14家，累计募资76.9亿元。精功科技完成定向增发，募集资金4.64亿元。“会稽山”、华通医药等在筹备上市中。通过调查摸排和筛选，确定50家上市后备企业。

（沈 秋）

人事工作

【概况】 2011年，绍兴县致力于人事管理体制改革与政府职能转变相适应，强化规范管理，稳步推进改革，积极建立健全与经济社会发展相适应、与“人才强县”建设相匹配的行政管理体制和人事管理体制。严格管理机关人事，健全机关事业单位工作人员信息管理系统，切实做好部分事业单位参照公务员法管理工作。深化事业单位管理制度改革，切实做好事业单位岗位设置管理实施工作，清理规范事业单位工作人员津贴补贴，开展绩效工资改革工作。

【公正执行人事招考】 2011年，绍兴县人事部门通过凡进必考、逢调必考、网上报名、异地执考、面试旁听和考场录音等举措。公开、公平、公正招考公务员171人，招考选调事业单位工作人员577人，大学生村官补员17人。

【举行高层次人才读书会】 2011年10月14日至19日，绍兴县举行高层次人才读书会。读书会采取集中授课和专题考察的形式，围绕“突出转型升级、致力科学发展”的工作主题，就如何进一步深化落实绍兴县高层次人才科学发展观实践活动，切实加强高层次人才自主创新能力等课题进行研讨和交流。绍兴县享受国家特殊津贴人员，省“151人才工程”培养人员，市第七批、县第二批专业技术拔尖人才、学术技术带头人，县行业领军人才、学术创新人才，县突出贡献人才，十佳民间艺人，十佳技术能手，十佳青年大中专毕业生、企业博士后等近百名高层次人才参加。

2011年10月14日至19日，绍兴县举行高层次人才读书会。（沈浩根摄）

【科学规范工资福利管理】 2011年，绍兴县全面推广使用工资福利软件，健全完善工资自动化审核和数据化管理。全年办理级别工资“五年晋级”审批925人、正常晋升级别工资档次155人，办理事业单位正常晋升一级薪级工资11949人，办理调动、转任、职务岗位变动、新录用、定级等工资介绍核定手续1182人，调整审批离休人员、建国前老工人、行政退休人员、事业退休人员等生活补贴发放方式5500人，组织优秀公务员健康休养110人。

【提供多样化退管服务】 2011年，绍兴县规范退休干部管理机制，落实退休干部两项待遇。开辟网上退休干部活动平台，充分发挥各协会作用，组织开展各类文体活动20多次。开展庆祝建党90周年“五个一”系列活动，组织退休干部写作协会编写《颂党恩，跟党走》一书，在第24个老人节来临之际组织全县退休干部举办游园活动。

（濮建峰）

行政审批和招投标

【概况】 2011年，绍兴县行政服务中心、公共资源交易管委会办公室以建设“政府机关的第一窗口，行政服务的第一超市，资源配置的第一平台，反腐倡廉的第一阵地”为导向，实行县重点项目、实事工程和投资额5000万元以上大项目的招投标责任分解制度，完成全年各项目标任务。全年办理各类审批事项22.1万件，日均办理904件；行政许可准确率100%，承诺件按时办结率100%，提前办结率98.7%，审批提速率69.7%，各项数据均超上年。全年完成“四项交易”1954件，总成交额165.5亿元，共节支增收24.4亿元。其中建设工程交易91.7亿元，政府采购7.8亿元，土地出让58.8亿元，产权交易7.2亿元。县行政服务中心获省总工会颁发的省五一劳动奖状荣誉。

【为全市提供“多证联办”蓝本】 2011年，绍兴县行政服务中心接待各地多个行政服务中心的考察学习，市、县各级领导对县行政服务中心上年推出的两组行政审批“多证联办”模式十分肯定，要求县行政服务中心为其他县（市）提供机制蓝本和操作流程。工商注册类“多证联办”实施1年多后，趋于成熟，至2011年底，办理3000余件。

【推出政府投资项目并联审批】 2011年，绍兴县针对政府投资项目在实际工作中普遍存在的审批时间长、审批流程多、操作上复杂多变等问题，推出该项并联审批模式，通过“一单启动—前置后移—同步编制—并联审批”流程，提高工作效能。从项目立项到施工许可证领取（不包含招投标和中介时间），审批部门的承诺时间（累计）从81个工作日压缩到28个工作日。

【实行建设施工图“联合图审”】 2011年，绍兴县行政服务中心借鉴周边县市的做法，于8月初推出建设工程报建施工图联合审查实施办法，由县建管局牵头，规划局（人防办）、气象局、消防大队和专业施工图审查机构参与，将原分散在建管局的施工图审查、规划局（人防办）的建设工程规划许可审查、气象局的防雷设计审核、消防大队的消防设计审核等各部门的施工图审查职能加以科学整合，改各自串联式审查为同步并联审查，取得明显成效。

【“一审一核”事项占比90.6%】 2011年，绍兴县进入行政服务中心的事项中，“一审一核”事项比例达90.6%，行政许可事项办理的平均承诺时间压缩到平均法定时间的1/3以下，平均实际办理时间占事项平均承诺时间的32%，居全省前列。

【完善“联审会议”制和联合踏勘制】 2011年，绍兴县行政服务中心完善“联审会议”制和联合踏勘制，牵头共召开18次初步设计联审会议，对县体育中心等18个项目的初步设计进行联审；组织县相关部门对柯桥城区申请注册的80家餐饮企业进行联合踏勘，当场通过59家。

【开展上门对口培训新模式】 2011年，县行政服务中心实行“点菜式出题、交流型辅导”代理员业务培训新方式。先由部门和基层提出碰到的相关政策、业务、操作等问题，再由县行政服务中心组织相关窗口进行准备，然后组织窗口业务骨干上门开展面对面、点对点的交流型辅导。

【协助筹建行政服务中心钱清分中心】 2011年，按照钱清镇全省小城市培育试点要求，县行政服务中心全力协助做好县行政服务中心钱清分中心筹建工作。县行政服务中心主要领导、分管领导、业务骨干及窗口负责人多次赴钱清分中心，开展网络硬件配建和业务操作等方面的指导，加快推进县行政服务中心钱清分中心的建设。11月9日，县行政服务中心钱清分中心成立。

【招投标“简政放权”】 2011年，绍兴县公管办以提速增效为目标，出台进一步完善公共资源交易工作的一系列政策意见。对镇（街道、开发区）进一步下放招投标权限，建设工程类从50万元上调到200万元，设备、物资等货物采购项目从10万元上调到100万元，勘察、设计、监理等服务类项目从10万元上调到50万元。探索实施同步招标、复制式招标、设备采购两次报价等新型交易方式，使招投标工作效率更高，效果更好。常规性项目招投标周期一般不超过28天。

【建立招投标联系工作机制】 2011年，绍兴县公管办建立公共资源交易对口联系工作机制，党工委班子成员分片联系包干，加强与镇（街道）、部门的无缝对接，提升服务。全年多次赴镇（街道、开发区）和县有关部门开展上门服务，解决有关行政服务和公共资源交易中碰到的难题，受到镇（街道、开发区）和县有关部门的欢迎和好评。

【举办全县首次大规模招投标培训班】 2011年10月27日至28日，绍兴县纪委（监察局）、县公管办组织全县各镇（街道、开发区）负责公共资源交易业务的工作人员，在县委党校举办绍兴县首次大规模公共资源交易工作培训班。培训班上，县纪委（监察局）相关工作人员、公管办相关科室长和聘请律师分别从政策和业务等方面做详尽生动的讲课，受到基层从业人员的欢迎。

2011年10月27日，绍兴县首次大规模招投标业务培训在县委党校开班。 （任阳海摄）

【组织基层招投标从业人员上挂学习】 2011年，应基层要求，绍兴县公管办提供岗位供基层招投标从业人员上挂学习，开展一对一跟班学习，适时轮换岗位使之熟悉各项业务，解读案卷和范本，集中观摩招投标重大项目现场。全县有10多个镇（街道）的40多位从业人员报名参加，通过上挂学习，充实基层公共资源交易工作的骨干力量，促进基层公共资源交易工作的开展。

【改革招投标中介机构管理模式】 2011年，绍兴县公管办开展全县招投标中介代理机构评星晋级活动，通过多轮评比，确定17家四星级机构、3家三星级机构，另有3家不予评级。

【强化招投标监管】 2011年，在绍兴县纪委牵头下，县公管办加强与其他职能部门的配合协同，进一步健全监管机制，做好镇（街道、开发区）自行招标的监管工作。在场内监管方面，延伸监管的广度和深度。纵向上，强化对标前的预算编制、标底审核、业主控制造价环节和标后的合同签订、履行、验收等环节的监管。横向上，做好对中介代理机构的考核评星工作，加强对招标代理机构、评标专家等市场参与各方的监督管理。 （任阳海）

重要接待

【概况】 2011年，绍兴县接待中央、部委、省、市、县各级领导等654批16785人次，其中接待党和国家领导人8批8人，部委、省级领导和考察团73批130人。

表13 2011年绍兴县接待党和国家领导人情况

日期	接待领导	视察内容
8月28日	全国人大原副委员长周光召	到绍兴县考察
10月3日	中共中央政治局常委、国务院总理温家宝	考察中国轻纺城、绍兴轻纺城创意园、绍兴县汇金小额贷款公司等
10月5日	全国人大常委会副委员长严隽琪	到绍兴县视察
10月23日	全国人大常委会原副委员长热地	到绍兴县参加第七届中国曲艺节闭幕式
10月23日	全国政协副主席阿不来提·阿不都热西提	到绍兴县参加第七届中国曲艺节闭幕式
10月24日～25日	全国政协副主席张榕明	到绍兴县出席2011中国柯桥国际纺织品博览会开幕式
10月28日	全国人大常委会原副委员长热地	考察中国轻纺城
11月28日～29日	全国人大常委会原副委员长、全国关心下一代工作委员会主任顾秀莲	到绍兴县出席“中国乡镇企业协会、乡镇企业家委员会会员大会”开幕式并调研绍兴县企业文化建设

表14 2011年绍兴县接待省部级领导及考察团情况

日期	考察人员	考察内容
2月2日	浙江省委常委、常务副省长陈敏尔一行	到绍兴县调研
2月5日	上海市副市长胡延照	到绍兴县调研
3月9日	江苏省副省长何权一行20人	到绍兴县考察城乡建设改革发展等方面工作
3月25日	中央统战部副部长、全国工商联党组书记全哲洙一行14人，浙江省政协副主席、工商联主席徐冠巨陪同	到绍兴县调研
4月10日	全国政协经济委员会副主任张志刚，全国政协常委沈滨义、葛东升率团的全国政协考察团一行17人	到绍兴县考察中国轻纺城和国际物流中心报关大厅
4月12日	国家工商行政管理总局副局长甘霖一行8人	到绍兴县考察绍兴县工商局柯桥工商分局
5月12日	吉林省委副书记、省政协主席巴音朝鲁，副省长王祖继率吉林省党政代表团一行31人，浙江省委副书记夏宝龙陪同	到绍兴县考察中国轻纺城及现代服务业发展情况
5月11日~13日	浙江省高级人民法院院长、中国法学会审判理论研究会执行制度专业委员会主任齐奇	到绍兴县参加2011年中国法学会审判理论研究会执行制度专业委员会年会
5月12日	浙江省副省长毛光烈	到绍兴县调研工业经济和科技工作
5月11日~12日	全国人大常委、中科院院士、北京大学原校长许智宏	到绍兴县指导工作
5月15日	外交部驻香港特派员吕新华率科威特驻港总领事、美国驻港总领事、芬兰驻港总领事及欧盟驻港办事处主任一行12人	到绍兴县考察中国轻纺城、柯岩风景区
5月19日	外交部驻香港特派员吕新华一行	到绍兴县考察高尔夫球场
5月20日	全国政协文史委副主席、省政协原主席、中国国际茶文化研究会会长周国富一行	到绍兴县参观御茶村西堡机械化采茶园、御茶村加工车间
5月20日	水利部原部长汪恕诚一行	到绍兴县浙江精功科技股份有限公司和浙江宝业住宅产业化集团有限公司考察
5月26日	浙江省原省长沈祖伦，原省委副书记、省人大副主任吴敏达，原省委副书记、省政协副主席陈法文，原省政协党组书记、副主席孙家贤等10位副省级领导带队的中国国际茶文化研究会茶人俱乐部部分会员一行60人	到绍兴县考察城市建设和轻纺城市场发展情况
6月9日	浙江省人大常委会副主任王永昌	到绍兴县考察
6月10日	浙江省委常委、秘书长、政法委书记李强	到绍兴县调研政法系统主题教育实践活动开展情况
6月12日	全国政协常委、博鳌论坛秘书长周文重一行	到绍兴县考察
6月15日	全国人大财经委副主任委员储波率领调研组	到绍兴县就防范地方政府债务风险和县级基本财力保障机制建设情况进行调研

续表

日　期	考察人员	考察内容
6月17日	浙江省委书记、省人大常委会主任赵洪祝	到绍兴县考察浙江精功科技股份有限公司和浙江宝业住宅产业化有限公司及浙江杭一电器公司
6月29日	浙江省政协副主席盛昌黎	到绍兴县调研社会保障工作
7月5日	浙江大学校长、院士张立彬	到绍兴县商谈合作办学事宜
7月6日	浙江省政协副主席、省委统战部部长汤黎路	到绍兴县调研
7月13日	浙江省政协原副主席张蔚文一行	到绍兴县考察
8月28日	中国科协书记处书记张勤	到绍兴县考察柯岩风景区
8月30日	浙江省政协副主席、省委统战部部长汤黎路	到绍兴县考察
9月4日	科技部党组副书记、副部长王志刚一行	到绍兴县调研国务院科技体制改革和国家创新体系建设等课题
9月7日	浙江省政协副主席陈艳华带领在杭民建、九三学社、无党派人士、科技界等界别活动组委员一行30余人	到绍兴县开展循环经济专题视察活动
9月14日	浙江省人大常委会副主任程渭山一行	到绍兴县开展农村土地承包法（农村土地承包经营纠纷调解仲裁法）实施情况检查
9月14日	国务委员兼国务院秘书长马凯、国家信访局局长王学军一行9人，浙江省委副书记、代省长夏宝龙等陪同	到绍兴县调研信访工作
9月19日	浙江省原副省长、省咨询委员会主任章猛进	到绍兴县参加农业工作座谈会
9月20日	浙江省人大常委会副主任徐宏俊	到绍兴县指导人大换届选举试点工作
9月24日~25日	农业部副部长陈晓华、副省长葛慧君	到绍兴县参加全国减轻农民负担工作座谈会
10月2日	浙江省委常委、秘书长、政法委书记李强	到绍兴县检查首长安保工作
10月3日	国家发展改革委主任张平，工业和信息化部部长苗圩，财政部部长谢旭人，人力资源和社会保障部部长尹蔚民，人民银行行长周小川，国务院副秘书长尤权，国研室主任谢伏瞻，银监会主席刘明康，国务院副秘书长、总理办公室主任项兆伦，国研室副主任田学斌，中办警卫局副局长李润田等领导，浙江省委书记、省人大常委会主任赵洪祝，省委副书记、代省长夏宝龙，省委常委、秘书长、政法委书记李强等陪同	到绍兴县考察中国轻纺市场
10月5日	浙江省委常委、常务副省长陈敏尔	到绍兴县考察
10月12日	中央第六巡视组副组长、中央国家机关工委原副书记李宏一行	到绍兴县调研水利建设和农村社保工作

续表

日　期	考察人员	考察内容
10月19日	中国文联党组成员、副主席冯远，中国文联荣誉委员、中国曲协名誉主席罗扬，中国文联副主席、中国曲艺家协会主席刘兰芳，中国曲协分党组书记、驻会副主席董耀鹏，浙江省人大常委会副主任徐宏俊	到绍兴县参加第七届中国曲艺节开幕式晚会
10月23日	中纪委副书记、监察部部长马馼，浙江省委常委、纪委书记任泽民陪同	到绍兴县调研
10月23日	中国文联党组书记、副主席、书记处书记赵实，浙江省委常委、宣传部部长茅临生，浙江省政协副主席冯明光，中国文联副主席、中国曲协主席刘兰芳，中国文联荣誉委员、中国曲协名誉主席罗扬	到绍兴县参加第七届中国曲艺节闭幕式
10月24日~25日	浙江省人大常委会副主任吴国华	到绍兴县出席2011中国柯桥国际纺织品博览会开幕式
10月25日	浙江省原省长沈祖伦、省人大常委会副主任程渭山、副省长陈加元、中国商业联合会副会长田元兰	到绍兴县出席2011中国柯桥国际纺织品博览会开幕式
10月28日	浙江省委常委、秘书长、政法委书记李强	到绍兴县参加创先争优座谈会
11月1日	全国人大农业和农村工作委员会副主任王金山，省人大副主任励志海陪同	到绍兴县考察柯岩、鲁镇
11月9日	浙江省委常委、秘书长、政法委书记李强	到绍兴县安昌镇调研
11月10日	浙江省人大常委会副主任王永明	到绍兴县参加全省立法工作座谈会
11月29日	浙江省政协主席乔传秀	到绍兴县拜访全国人大常委会原副委员长、全国关心下一代工作委员会主任顾秀莲
11月30日	辽宁省委常委、纪委书记王俊莲率中纪委廉政建设检查组，浙江省委常委、纪委书记任泽民	到绍兴县兰亭镇检查农村“三资”工作
12月1日	外交部副部长李金章	到绍兴县考察
12月5日	浙江省政协副主席、省委统战部部长汤黎路	到绍兴县参加全省推进县级统战工作试点经验现场交流会
12月6日~7日	浙江省人民政府副省长陈加元	到绍兴县参加全省小城镇培育试点工作现场推进会
12月7日	浙江省委书记、省人大常委会主任赵洪祝，省委副书记、代省长夏宝龙，省委副书记、秘书长李强，省委副书记、杭州市委书记黄坤明，副省长、温州市委书记陈德荣	到绍兴县参加全省小城镇培育试点工作现场推进会
12月8日	香港特别行政区行政长官曾荫权偕夫人	到绍兴县考察柯岩风景区
12月9日	中共中央候补委员、中国工程院常务副院长潘云鹤	到绍兴县参加第十七届中华杯国际服装设计大赛颁奖仪式
12月13日	浙江省委常委、组织部部长蔡奇	到绍兴县参加全省党员干部现代远程教育工作现场会

（王建平）

档案工作

【概况】 2011年，绍兴县全面建设档案工作“三大体系”（覆盖人民群众的档案资源体系、方便人民群众的档案利用体系、确保档案安全保密的档案安全体系），重点实施档案工作“两个推进”（全面推进档案登记备份，大力推进档案文化建设）。成功举办“兰台防线——2011年绍兴县档案与电子文件突发事故与灾害应急演练”。完成县计生局、统计局、工商局、中心医院等6家单位电子业务数据和数字化档案的登记备份工作。投入专项资金10万余元对各镇（街道）近5年中具有长久保存价值的纸质档案进行数字化加工，所有镇（街道）均建立档案电子目录中心，全县镇（街道）一级数字档案室建成率100%。启动第一期馆藏270万页纸质档案的数字化加工工作，全年完成数字化扫描200万页。至年底，县档案馆可查阅案卷级目录和文件级目录分别为73138条、2146575条。全年接待到馆查阅7450人次，来电、来函及网上留言查阅1500余人次；调阅档案33995卷次，创历年档案查阅人数之最。县档案局被省人力资源和社会保障厅、省档案局联合授予“十一五”全省档案工作先进集体。

【全省首部县级档案志首发】 2011年11月10日，《绍兴县档案志》、《绍兴军政分府文件辑存》首发仪式暨“越地记忆与档案文化建设”研讨会在县行政中心举行。会上，浙江省第一部县级档案志——《绍兴县档案志》、绍兴县纪念辛亥革命100周年档案史料集——《绍兴军政分府文件辑存》正式首发。《绍兴县档案志》历经7年编撰、审定，于2011年正式出版发行。

【异地封存保管电子档案】 2011年，绍兴县档案馆与内蒙古鄂尔多斯市档案馆互设电子档案异地容灾备份基地协议正式签订，鄂尔多斯市档案馆绍兴县备份中心和绍兴县档案馆鄂尔多斯市备份中心在两地同时挂牌。根据协议要求，从2011年起，县档案馆和鄂尔多斯市档案馆以年度为单位对各自馆藏的重要电子档案数据密封后定期移交对方档案馆的备份基地进行异地封存保管，确保电子文件的长期可读，有效规避重大灾害和突发事件带来的风险，最大限度地确保国家档案信息资源的安全、可靠和可恢复能力。

2011年12月6日，绍兴县档案局与内蒙古鄂尔多斯市档案局签订重要电子档案异地容灾备份协议。（金剑栋摄）

【完成电子档案建设项目投资340万元】 2011年，绍兴县电子文件和数字档案登记备份建设项目列入全县政府性投资基础性、公益性项目建设计划，项目总投资863万元。当年完成投资340万元，添置网络安全、电子存储设备，登记备份中心一期硬件建设基本完成，基本满足现有单位在线备份与脱机备份的空间存储需求。

【开展重大纪念日活动】 2011年，绍兴县档案

2011年10月12日，绍兴市纪念辛亥革命100周年图片巡回展在王坛镇会稽山藏书楼开展。（李　铭摄）

局围绕中共建党90周年、辛亥革命100周年纪念开展档案文化宣传。与绍兴县报社联合举办面向社会的“红色记忆——纪念建党九十周年书法美术作品有奖征集活动”，活动历时4个月，共收到全国各地作品200余幅，经专家组评审，有30余幅作品获奖。10月12日，由市委宣传部、市政协文史委等单位主办，县档案局等单位协办的绍兴市纪念辛亥革命100周年图片巡回展在王坛镇开展。图片展共分“辛亥革命的爆发与成功”、“辛亥革命中的绍籍人士”等4个篇章，展出珍贵历史图片100余幅。

【县档案学会第五次代表大会召开】 2011年6月20日，绍兴县档案学会第五次代表大会在县行政中心举行。会议选举产生县档案学会第五届理事会，提出此后5年的主要工作任务。会议邀请副县长周树森担任县档案学会第五届理事会名誉理事长，选举祝安钧为第五届理事会理事长。朱晓燕、沈国忠当选为副理事长，王晓野、朱晓燕、沈国忠、单红娣、祝安钧、倪国慧、夏玉梅、葛燕祥等8人当选为常务理事。 （金剑栋）

机关事务管理

【概况】 2011年，绍兴县机关事务管理工作以服务好机关各部门就是服从服务于全县中心工作为理念，以人为本，满足要求，拓展职能，厉行节约，后勤服务质量实现提升，管理、保障效能得到优化。

【开展公共机构节能工作】 2011年，县机关事务管理局开展以“节能低碳新生活，公共机构做表率”为主题的公共机构节能宣传周活动，组织开展全县节能知识竞赛等活动，增强广大干部职工的节能意识和带头节约意识。加大技改投入力度，做好节能调研，有重点地选取部分单位作为节能技术改造示范点，完成县检察院车库LED灯、柯桥中学节能灯及县行政中心太阳能路灯的改造等。

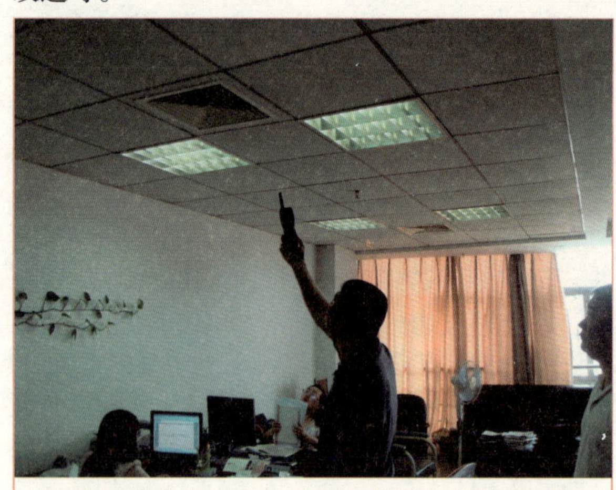

2011年8月9日～16日，绍兴县机关事务管理局会同县监察局、县经信局对全县公共机构进行节电专项督查。 （王彦艳摄）

【保障各类后勤服务】 2011年，县机关事务管理局共完成各类大小会议456场次、与会人员5.5万余人次的服务工作，完成县两会、外国使领官员走进绍兴访问团、纺博会、第七届中国曲艺节等大型活动服务工作。全年完成22.5万人次的餐饮服务。

【修理各类设备1500余次】 2011年，县机关事务管理局切实做好大楼各项设备的正常运行管理，全年完成空调、水电、办公用具等各类设备设施维修1500余次，维修响应率100%。在县政中心大厅天桥新建LED全彩电子屏；开展绍兴县视频会议（应急指挥）系统建设，完成各类设备的招标及安装。 （王彦艳）

责任编辑 宋如玲

政协绍兴县委员会

综　述

2011 年，政协绍兴县委员会坚持“服务发展，关注民生”工作主题，协调关系、汇聚力量，建言献策、服务大局，积极履行政协各项职能，共召开政协全体会议 1 次、常委会议 1 次、主席会议 13 次。积极协商议政，精心组织县政协第十届委员会第五次全体会议发言材料 20 份，其中 5 份得到县委主要领导肯定，专题协商发展新型城市经济、增强自主创新能力、印染产业集聚升级工程等事项；开展联络联谊，成立“天南地北绍兴人”北京、大庆联谊分会，建立外籍代表人士联系制度，做好港澳台、海外人士到绍接待；发挥界别优势，依托各专委会，加强相关界别联系，开展委员结对帮扶工程和送教、送法、送医、送文化等社会服务活动；加强组织建设，配齐“一办六委”工作机构专职主任、副主任，继续推进镇（街道）政协工委建设。（章立群）

重要会议

【县政协十届五次会议】　2011 年 2 月 27 日至 3 月 1 日，中国人民政治协商会议第十届绍兴县委员会第五次会议在柯桥召开。会议审议通过县政协主席李杏芬代表十届县政协常务委员会所作的工作报告和县政协副主席邢柏生所作的提案工作情况报告。会议同意李杏芬因年龄原因辞去政协第十届绍兴县委员会主席职务，选举吴晓为政协第十届绍兴县委员会主席。

会议认为，县政协十届四次会议后，常务委员会在中共绍兴县委的领导下，牢牢把握团结和民主两大主题，紧紧围绕县委、县政府工作大局，积极协商议政，促进重大问题科学民主决策；深化民主监督，促进重大决策部署推进落实；致力团结联谊，改善民生促进社会和谐；加强自身建设，促进履职能力提升，较好完成县政协十届四次会议确定的各项任务。会议对常务委员会 2010 年工作给予肯定，同意常务委员会提出的 2011 年工作任务。

2011 年 2 月 27 日至 3 月 1 日，中国人民政治协商会议第十届绍兴县委员会第五次会议在柯桥召开。（沈浩根摄）

【县政协十届二十一次至二十七次常委会议】2011 年 1 月 13 日，绍兴县政协召开十届二十一次常委会议。会议听取县委关于绍兴县机构改革方案、县政府关于县政协十届四次会议委员提案办理情况的通报和县政协十届五次会议筹备等工作情况汇报。会议决定，县政协十届五次会议于 2 月 27 日至 3 月 1 日在柯桥召开。

2 月 26 日，绍兴县政协召开十届二十二次常委会，审议有关人事安排。

2 月 28 日，绍兴县政协召开十届二十三次常委会议。会议审议通过选举办法（草案）、候选人名单（草案）、总监票人及监票人名单（草案）、《提案审查报告》（草案），听取各组关于政协常委会两个报告、《政府工作报告》、《“十二五”规划纲要》和会议决议（草案）讨论情况的汇报。

4月14日，绍兴县政协召开十届二十四次常委会议，专题视察协商绍兴县印染产业集聚升级工作。会议认为，要围绕既定目标，正确处理好集聚与升级、控量与提质、当前与长远的关系，发挥政府主导作用和企业主体作用，强化要素保障，合力推进绍兴县印染产业集聚升级。

6月22日，绍兴县政协召开十届二十五次常委会议，集中协商绍兴县发展新型城市经济工作。会议审议通过其他有关事项，同意韩国良因年龄原因辞去县政协副主席职务。

9月20日，绍兴县政协召开十届二十六次常委会议，专题视察协商绍兴县清水工程建设情况。与会人员实地视察安昌镇活水工程和浙东古运河清淤工程现场，听取县水利水电局负责人关于全县清水工程实施进展情况的通报。会议要求，把清水工程作为全县生态文明建设重要内容和最大民生工程加紧落实。

12月29日，绍兴县政协召开十届二十七次常委会议，专题听取县政府关于2011年度政协提案办理情况通报，审议并通过2011年度政协相关先进的表彰决定。会议决定于2012年2月8日～11日在柯桥召开县政协十一届一次会议。会议审议通过有关人事任命事项。

【县政协十届五十四次至六十六次主席会议】 2011年1月12日，绍兴县政协召开十届五十四次主席会议。会议研究审议召开县政协十届五次会议有关事项、2010年度县政协先进集体和个人名单，研究讨论县政协两个报告，决定召开县政协十届二十一次常委会议。

2月18日，绍兴县政协召开十届五十五次主席会议。会议审议通过县政协十届五次会议有关事项以及有关人事事项。

2月28日，绍兴县政协召开十届五十六次主席会议，审议《县政协十届五次会议决议》（草案）。

3月16日，绍兴县政协召开十届五十七次主席会议。会议研究通过县政协2011年工作要点和2011年主要工作安排，研究决定政协镇（街道）工委主任、副主任、干事调整方案和新增补委员专委会落实安排等事项。

4月8日，绍兴县政协召开十届五十八次主席会议，专题听取全县村级组织换届工作情况通报。会议研究2011年度县政协重点提案。

5月10日，绍兴县政协召开十届五十九次主席会议，专题视察协商钱清小城市建设工作。与会人员实地视察钱清纺织原料市场、联合国际广场、钱门安置小区等建设工地现场，听取钱清镇关于钱清小城市建设工作的情况介绍。会议研究常委会关于发展新型城市经济重点调研协商安排。

2011年5月10日，绍兴县政协十届五十九次主席会议与会人员视察钱清小城市建设工作。
（章立群摄）

6月16日，绍兴县政协召开十届六十次主席会议，专题视察协商公共文化服务体系建设工作。与会人员视察钱清镇文化活动中心、湖塘街道宾舍村文化活动中心，听取县文广局关于绍兴县公共文化服务体系建设的情况通报。会议研究决定召开县政协十届二十五次常委会议。

7月29日，绍兴县政协召开十届六十一次主席会议，集中评议2010年度重点提案办理落实情况。会议听取县政协提案委员会对2010年度重点提案办理落实情况反馈，各重点提案领衔督办领导在肯定成绩的基础上，对重点提案办理落实过程中存在的不足提出具体意见建议。

8月17日，绍兴县政协召开十届六十二次主席会议，专题视察协商绍兴县体育强县创建工作。与会人员实地视察新开河室外游泳池建设现场、县体育中心建设现场、华舍街道文体活动中心和华舍实验学校体育场，听取县教体局关于绍兴县创建省体育强县的情况汇报。

2011年8月17日，绍兴县政协十届六十二次主席会议与会人员视察绍兴县体育强县创建工作。（章立群摄）

9月28日，绍兴县政协召开十届六十三次主席会议，专题协商绍兴县与高校合作办学相关工作。会议听取县教体局负责人关于绍兴县与高等院校合作举办独立二级学院的情况通报。会议研究县政协换届相关工作。

10月31日，绍兴县政协召开十届六十四次主席会议，学习贯彻中共十七届六中全会精神，传达县委常委（扩大）专题会议精神，听取县科技局关于绍兴县提高创新能力、发展新兴产业的情况通报和县政协经科委调研情况的专题发言。

11月18日，绍兴县政协召开十届六十五次主席会议，专题协商绍兴县“美丽乡村”建设工作。与会人员实地视察稽东镇占岙村、王坛镇南岸村美丽乡村建设工作，听取县农办关于全县美丽乡村建设的情况通报。

12月22日，绍兴县政协召开十届六十六次主席会议，专题研究县政协十一届一次会议筹备工作方案，审议2011年度县政协提案办理结果公开方案，研究2011年度政协工作各类先进表彰等事项。（章立群）

主要工作

【召开柯桥城市交通建设专题议政会】 2011年8月25日，绍兴县政协召开柯桥城市交通建设专题议政会。会议听取县交通运输局、县规划局、县住房和城乡建设局等部门关于柯桥城市交通建设、交通规划及柯桥城区道路和停车设施建设管理等情况通报，围绕柯桥城区路网建设、与杭州都市及绍兴城区对接、公交线路和站点合理布局、地下空间利用规划和停车场规划、柯桥客运中心建设和优化运营、交通参与者的交通理念和交通安全等10个议政课题展开讨论，提出50多条意见建议。

2011年8月25日，绍兴县政协召开柯桥城市交通建设专题议政会。（章立群摄）

【提案按期办结率100%】 2011年，绍兴县政协采取集中交办、重点提案领衔督办、二次面对面答复等措施，在媒体公示重点提案办理结果，推动提案工作落实。322件交办提案中，按期办结率100%，办理满意率98%。

【全年形成调研报告20多份】 2011年，绍兴县政协先后就印染产业集聚升级、医疗卫生事业发展、加强外来人员公共服务工作等问题开展专题调研，形成调研报告20多份。

【收集社情民意信息127件】 2011年，绍兴县政协将一批普遍性、综合性、倾向性问题及群众生活中的热点难点信息提供各级领导决策参考，共收集社情民意信息127件，其中18则信息被市政协录用并报省政协，录用数量比上年增加100%。

【实施专项民主监督】 2011年，绍兴县政协先后围绕印染产业集聚升级、钱清小城市建设、公共文化服务体系建设等一批重点工作进行专题视察监督，对2010年度10件重点提案9家承办单位办理落实情况开展专项督查评议。（章立群）

责任编辑　董思思

民主党派　工商联

综　述

2011年，绍兴县各民主党派和工商联注重发挥优势，不断探索新形势下基层组织履行职能的新途径，在参政议政、民主监督、服务社会、自身建设等方面取得成效。这年，九三学社绍兴县基层委员会获九三学社中央第二十二届国际科学与和平周活动突出贡献奖。

2011年8月1日，绍兴县召开党外人士经济社会形势通报会。（陶　莉摄）

开展调查研究，撰写提案，建言献策。撰写重点调研报告25篇，其中市委常委、县委书记何加顺作批示的有3件。参加县委、县政府召开的协商会、通报会7次，对全县经济社会运行情况及党风廉政情况提出意见、建议近百条。在各级人大、政协会议上提交各类提案、议案200余件，其中县人大、政协重点议案、提案8件。

进一步拓宽民主监督的渠道。特约人员队伍较好地发挥民主党派民主监督的作用，12个政府职能部门主动定期采用书面或会议形式向特约人员通报近期工作情况，及时向特约人员通报本部门业务的有关法规、重大决策的制定及贯彻执行情况，对重大事情邀请特约人员跟踪监督，扩大特约人员的知情权，提高监督实效。开展明查暗访工作并提出意见和建议，促进机关作风的转变。19个对口联系部门的联系更加紧密，对口联系部门都能够把行风建设文件、工作简报、半年度和年度工作总结等资料及时送给各民主党派，使之增加知情度，扩大参政面。

各民主党派和工商联发挥人才荟萃、智力密集的优势，结合各自的特点，开展“三下乡”活动。医卫下乡，组织、参加各类医疗咨询义诊活动16次，参加人员近百人，服务群众5000余人。其中九三学社县基层委的7位社员在14个社区举行17场健康知识讲座。送教下乡，民盟县总支、民进县总支利用优势，为学生服务；开展结对，共同切磋教学理念和方法，加强城乡教师之间教育教学的交流；高考期间，向结对的贫困学生提供志愿填报辅导与咨询服务。文艺下乡，民盟县总支文艺支部的盟员到基层演出6场次，参加其他各类演出90场次；各民主党派中的书画名家参加书画展、送书画下乡等活动，为群众写春联送书画，参加纪念中国共产党建党90周年书画展、纪念辛亥革命100周年等活动书画展与书画比赛。

6个民主党派基层组织全部完成换届。在当选的各党派班子成员中，除6个民主党派主委没有变动外，共有12人升任和新任。民盟县总支在原有组织框架的基础上，成立民盟绍兴县基层委员会。民建县总支调整支部设置，增设建爱支部。“中华英才兴邦国”变成“中华英才兴邦爱国”，使支部名称与中国民主建国会的宗旨一致，也使支部设置更加科学合理。5月10日，经民建绍兴市委会批准，民建绍兴县总支正式更名为民建绍兴县基层委员会。

至年底，全县6个民主党派共有562名成员，其中民革62人、民盟101人、民建108人、民进99人、农工党123人、九三学社69人。绍兴县工商联新建商会组织16个，其中市场商会2个、商圈商会1个、村级商会13个；基层商会组织累计达59个，会员3021人。（陶　莉）

民革绍兴县总支委员会

【概况】 2011年，民革绍兴县总支履行党派职能，各项工作都取得新成绩。向省人大提交议案建议3件、市人大提交建议2件、县人大提交建议2件；向市政协提交个人提案3件，向县政协提交集体提案4件、个人提案22件；向县委统战部专报调研报告3个。做好社情民意反映工作，其中《校长述职述廉应改一改》、《加强法律风险防范，保障我县企业稳健发展》专报县政协。

2011年10月20日，越崎中学民革绍兴县总支接待浙江省民革基层骨干培训班学员并介绍基层组织建设情况。（县委统战部供稿）

6月，民革县总支进行换届，产生新一届总支委员会。总支原副主委陆菊仙调任民革市委会组织处副处长，协管总支组织工作。陈军提任副主委，孙胜利提任总支委员。一批知识层次较高、参政议政能力较强和党派工作责任心较强的中青年骨干担任支部或总支领导，增强基层组织活力。

民革县总支党员通过各种渠道共捐物、捐资价值12万余元。党员企业家资助支部开展活动，黄一鸣为县总支每位退休党员订阅《绍兴县报》。王张根利用自己掌握的专业技能结对帮扶2人，每周免费辅导专技1～2次，使帮扶对象技能得到较快提升。参加市委会举办的台湾形势报告会，关注海峡两岸关系的发展。全年接待外商150多人次、港台同胞78人次，通信、通邮500多次。三支部被民革省委会评为学习践行社会主义核心价值体系先进基层组织，支部主委杨丽芬被民革省委会和市委统战部评为学习践行社会主义核心价值体系先进个人。（陶　莉）

民盟绍兴县总支委员会

【概况】 2011年，民盟绍兴县总支撰写县政协十届五次会议大会发言材料、提案18个和调研报告4篇，其中《关于加强柯桥城市精细化管理的建议》的提案被县政协列入重点提案，调研报告《治理柯桥城区"交通拥堵"症的对策建议》，得到市委常委、县委书记何加顺的批示。参加县委、县政府召开的经济形势通报、民主党

2011年3月3日，民盟绍兴县总支科技支部"浙江省统一战线教育培训实践教学基地"揭牌仪式在柯桥举行。（县委统战部供稿）

派负责人座谈等会议，为绍兴县的“十二五”规划提出一些建设性意见。与对口部门联系和沟通，有针对性地开展专题研讨活动。加强与盟内行风评议员、特约人员的联系，了解、交流相关情况，增强民主监督工作的实效性。

至3月底，民盟县总支相继完成各支部换届工作。6月25日，召开全体盟员大会，选举产生民盟县总支第七届委员会。8月，民盟县总支28名代表参加民盟绍兴市第十次代表大会，祝静芝、李桂金、蒋勇当选为民盟绍兴市第十届委员会委员。继续深化基层组织规范化建设，重点发挥科技支部规范化建设的示范作用。制作科技支部规范化建设幻灯片，组织各支部学习其新经验。3月，科技支部被命名为浙江省统一战线教育培训实践教学基地。此后，省在杭高校党委统战部部长等4批100余人到科技支部学习考察。积极发展新盟员，发展2名镇年轻中层干部加入民盟。

组织盟员开展文艺下乡、送教下乡、书法下乡、法律咨询、扶贫帮困等社会活动。与县文广局联合组织文艺慰问进百家演出活动，参加其他各类演出90场次。柯中支部继续开展与鉴湖中学的师徒结对帮扶工作，为兄弟学校的师资优化提供帮助。鲁中支部与兰亭镇中学和豫才中学结对，对农村教师新课程理念的引领、业务能力的提升起到帮扶作用。盟员谢敖领、周英杰、章筱初参加书法下乡活动，为群众写春联送书画，并参加纪念中国共产党建党90周年书画展、纪念辛亥革命100周年等活动书画展与书画比赛。盟员结合自身工作实际，开展多项社会服务。其中律师单建尧义务为笛扬路步行街经营户提供法律咨询服务；黄文英一年中资助10多户困难家庭，总计金额20多万。（陶 莉）

民建绍兴县基层委员会

【概况】 2011年，绍兴县“两会”期间，民建绍兴县基层委共提交集体提案4件、个人提案21件、人大议案4件，其中提交市“两会”提案议案4件。提交的《关于进一步推进我县工业经济转型升级的建议》被县政协列为重点提案、主席督办提案。会员刘玲美的1个议案被县人大列为重点议案。民建县基层委对政府对口联系部门开展以通报一次情况、开展一次社会服务、开展一次联合调研和开展行风明查暗访的“四个一”为内容的对口联系活动。5月，与县工商局、县民营企业协会联合开展关于当前绍兴县中小企业生存发展情况的调研，形成的调研报告得到市委常委、县委书记何加顺的批示肯定，此调研报告被国家工商局作为调研精选予以刊登。共撰写调研报告4篇，其中3篇被各级民建、统战及其他有关部门录用。

2011年10月24日，全国政协副主席、民建中央第一副主席张榕明（前排中）与民建绍兴县基层委员会会员座谈后合影。（县委统战部供稿）

民建县基层委把帮助企业转型创新，提高抗风险能力，作为服务经济发展的立足点和出发点，以印染企业滨海集聚为契机，举办“中小企业生存突围之管理”沙龙，在转型创新、节能减排、管理创新、股权投资方面有特色的企业家谈经验、谈思路，帮助其他企业克服困难，共同生存突围。

2011年，民建县基层委认捐县留本冠名慈善基金5326万元，实际捐款超600万元。各支部也积极开展向社会献爱心活动。1月15日，建爱支部到柯岩夕阳红敬老院看望老人。5月28日，建英支部、建爱支部组成爱心妈妈团，到即将开学的县特殊教育学校，看望报名试读的学生，还代表有关会员企业当场向该校进行捐款。

建国支部5家会员企业提供就业岗位近2000个，安排残疾失业人员48人，累计扶贫、助学、爱心捐款35万元。任教于绍兴西藏民族中学的会员高峰，每年暑假远赴西藏授课，被评为绍兴县名教师，推选为绍兴市模范教师候选人和绍兴县十佳教师候选人。

5月10日，经民建绍兴市委会批准，民建绍兴县总支正式更名为民建绍兴县基层委员会。在建中支部、建华支部、建英支部、建才支部、建兴支部、建邦支部、建国支部的基础上增设建爱支部，“中华英才兴邦国”变成“中华英才兴邦爱国”，使支部名称与中国民主建国会的宗旨一致。6月24日完成换届工作，选举产生新一届民建绍兴县基层委员会领导班子，并召开委员会议进行委员分工和职责明确。新发展会员6人，会员人数达108人。（陶　莉）

民进绍兴县总支委员会

【概况】　2011年4月9日，民进绍兴县各支部换届选举全部结束，市委会根据选举结果，批准各支部新一届主任、副主任的任职名单。7月2日，民进县总支换届大会在稽山宾馆举行。此次支部换届，支部主任队伍中有中小学校长、副校长、校长助理、学校中层干部，也有机关科室干部、企业负责人等；有获得省特级教师称号的，也有获得市优秀人才荣誉的。

2011年，向各级“两会”共提交提（议）案35件，总支的重点提案《建设“网上轻纺城”，再创纺城新辉煌》，轻纺城建管委两次答复，上门征询意见，各项工作得到落实。开展关于教育与培训等内容的调研，完成3个调研课题。其中县城提升教育软实力的调研，走访北京清华附中等国内名校，考察诸暨别墅式小学——实验小学等，同时走访城区的柯桥中学等，形成《提升县城教育实力、提高城区教育品位的建议》。向省政协提交的《关于切实贯彻落实“浙江省企业民主管理条例”的建议》，得到省政府及省总工会领导的高度重视，相关信息被民进浙江省委会录用。

民进县总支利用优势，为社会、学生服务。在柯桥中学体育馆设摊接受全县高中学生及家长咨询，并进行针对性辅导。辅导县关工委联系结对的贫困学生填报高考志愿，其中教师杨燕为多名孤儿或单亲家庭学生选择理想的大学。周李钧负责的职教中心支部组织“纺织面料的设计与服务”活动，在2011年纺博会期间，在轻纺城会展中心近100平方米的展台上，进行网上演示与现场作品服务。

2011年10月26日，民进绍兴县总支在纺博会上开展为民服务。（县委统战部供稿）

配合民进中央发起的全国双岗创优先进评比，总支在推动支部争创特色支部的同时，推进会员的双岗创优活动。柯中支部吴建锋辅导的学生被保送北大、清华，并获全国信息学优质课评比特等奖；鲁中王顺发、屠建利、刘建华等因业余田径、篮球训练成绩出色，被县教体局定为金牌教练；何尧荣辅导的多名学生获得全国物理竞赛（浙江赛区）一、二等奖；总支中1人被评为市第二届功勋会员。（陶　莉）

农工党绍兴县总支委员会

【概况】　2011年，农工党绍兴县总支委员会有市人大代表1人、市政协常委1人、市政协委员1人；县人大常委1人、县人大代表1人、县政协委员12人，其中县政协常委2人、县政协副主席1人。有1人被聘为县政协信息员，有7人分别被聘为部门行风监督员。参加各种形式的政治协商和民主监督活动，参加县机关部门各系统行风民主评议，反映社情民意，提出合理化意见和建议。全年向县有关部门反映和提出社情民意10余件。

2011年，农工党县总支向市人大提交个人议案2件，向市政协提交个人提案3件；向县人大提交个人议案9件，向县政协提交集体提案2件、个人提案21件。内容涉及法制、经济、医卫、公安、文教、公交、环保等诸多方面，这些提案和建议被相继采纳。先后形成《我县服务外包产业现状分析及发展趋势思考》、《绍兴县中医院迁址以来的发展情况》、《关于在轻纺城市场区试行公共自行车租赁的建议》、《绍兴县卫技人员参加继续医学教育的现状调查》等调研报告，对相关部门的决策都起到很好的作用，有的还得到县委主要领导的批示。

农工党县总支做好与县公安局、县商务局、县人社局和平水新城建设指挥部办公室等部门的对口联系工作，扩大参政面。1月27日，农工党县总支联合县商务局到齐贤镇增大村开展送医下乡活动，农工党绍兴二院一支部11人参加，受益群众300余人次。5月12日，农工党县总支组织党员赴平水新城建设指挥部办公室，实地踏看在建中的绍兴二院平水分院并提出相关意见和建议。

2011年6月26日，农工党绍兴县总支举行第七次党员大会。　　（县委统战部供稿）

发展新党员6人。《关于加快我县基层劳动保障工作平台建设的建议》被定为2011年度重点督办提案。李远静、相丽丹、钱津道被评为县政协工作先进个人。钱津道被评为县政协反映社情民意信息工作先进个人。组织、参加各类医疗咨询义诊活动10次，参加人员60余人次，服务群众2100余人次。总支部成员共计捐款20000余元，社会救助结对40人次，其中结对助学3人。

（陶　莉）

九三学社绍兴县基层委员会

【概况】　2011年，九三学社绍兴县基层委员会履行参政党职能，推进各项工作。4月获九三学社中央第二十二届国际科学与和平周活动突出贡献奖，在全市综合考评中获第一名。

4月，在绍兴县中医院召开九三学社县基层委员会第四支社成立大会。6月30日，召开九三学社绍兴县第六次社员大会，产生由7名委员组成的新一届县基层委班子。全年开展调研12次，撰写调研文章12篇。在十届县政协五次全会上，九三学社县基层委员会提交《全面提升柯桥县城新形象，引领城市经济新发展》等4件集体提案，委员提交个人提案14件。在六届市政

2011年7月30日，九三学社绍兴县基层委员会启动“走进社区·市民健康知识大讲座”社会服务活动。　　（县委统战部供稿）

协五次会议上委员提交个人提案3件。连续五年组织支社开展争优活动，2011年底在全市综合考评中绍兴县有3个支社被评为先进支社，其中一支社获一等奖，二支社获二等奖，三支社获三等奖；王小娟、应英被评为市级优秀基层干部，王茂荣、魏觉新被评为市级参政议政积极分子，裘国花、魏兴海被评为市级社会服务积极分子。全县有社员69人，其中一支社16人、二支社23人、三支社15人、四支社15人。

开展送健康知识进社区工作，选派7名社员，参加首批九三学社绍兴市委员会健康知识讲师团，进行为期3年的“走进社区·市民健康知识大讲堂”系列活动。7名社员2011年共为绍兴市民开讲20多场。7月，九三学社县基层委在柯桥街道鉴湖园社区举行“走进社区·市民健康知识大讲座社会服务活动”启动仪式。活动历时20天，7位社员在柯桥街道的14个社区举行17场健康知识讲座。医卫专家还在《绍兴晚报》、《绍兴县报》刊登健康知识文章。联合县工商联赴王坛镇蒋相村开展“三下乡”服务活动，组织30多名医技人员、法律服务人员、农业科技人员和工商界人士，分别开展义诊、法律咨询、科技咨询等服务，服务100余人次，发放各种书籍200余册，4位工商界人士出资108000元资助该村。参加由县委统战部组织的在平水镇宋家店村的“三下乡”服务活动。开展法律宣传、法律咨询、医疗服务和科普宣传，发放各种书籍资料300余册。还派员参加11月份九三学社市委会赴嵊州里南乡的“三下乡”活动和第二十三届国际科学与和平周活动。（陶　莉）

绍兴县工商业联合会（总商会）

【概况】　2011年，绍兴县工商业联合会（总商会）突出素质提升成效年、基层商会规范年、调查研究推进年、转型升级助推年、多方交流合作年等5个活动年，致力创新思想引导工作机制、组织建设工作机制、参政议政工作机制、服务企业工作机制、搭建工作平台机制等五大工作机制，各项工作成效显著。再次获全市工商联系统综合考评第一名，分别被省、市工商联评为系统先进单位。宝业建设等6家企业进入全国民营企业500强。

开展庆祝中国共产党建党90周年活动，参与会员近500人。在工商联执常委和各商会中开展红色经典歌曲传唱，走访红色革命基地等系列革命教育活动。开展典型评选活动，开展企业传承和转型升级典型企业“双十佳”评选并宣传推广活动。以讲座、论坛、沙龙等多种形式开展商会大讲坛系列素质提升培训，单独或联合举办11场次，参与人员900余人次。开展真情服务进山村“四个一”专项帮扶活动，组织一次帮扶支农，组织商会、企业共同出资12.5万元，资助帮扶村的新农村建设；组织一场专家门诊，邀请16位专家，进山村开展现场医疗门诊，并发放科普资料500多份；组织一次实地考察，组织商会、企业负责人实地考察投资环境，帮助联系商户到村投资办厂开公司；组织一场结对助学，组织商会妇委会结对资助4户贫困家庭孩子并出资1万元资助1户因病致困重症患者家庭，向村图书室捐赠图书资料1000余册。参与和谐企业文化年活动，引导非公企业构建和谐劳动关系。浙江朗莎尔维迪制衣有限公司顾洁萍获省“双爱双评”优秀企业家称号。

2011年5月30日，绍兴县工商联与县金融办、柯桥街道等单位联合举办“2011创新资本与财富增长高层研讨会”，邀请专家学者为企业解惑释疑。（倪霞敏摄）

制定以“十有”（有组织、有场所、有制度、有计划、有宣传、有活动、有建言、有引导、有档案、有特色）为标准的基层商会规范化建设制度。新建商会组织18个，其中市场商会2个、商圈商会1个、村级商会15个，累计基层商会组织达60个，12个市场商会建立基层党组织，并分执常委、镇、村、市场、商圈5个层级健全完善非公有制经济企业数据库。成立绍兴县总商会妇联。

围绕参政议政进行调查研究，提交各类议案、提案48个。围绕经济转型开展调查研究，完成《关于促进小微企业发展的思考》等5个调研材料。配合全国工商联对全县上规模民营企业和光彩事业进行专题调查；做好中央统战部副部长、全国工商联党组书记全哲洙一行到绍兴县就纺织服装业产业链上小微企业实地调研接待工作。

开展金融助推服务行动，组织银企对接活动6场次，30余家企业得到银行授信；协助成立绍兴中科轻纺城股份投资合伙企业，募集资金10.3亿元，投入项目6个。开展人才科技服务行动，组织商会中纺织面料企业参加中国设计节暨绍兴纺织服装周，并与高校进行项目对接。开展信息咨询服务行动，编印报纸4期、简报12期；出版书籍《足音Ⅱ》2000册。开展和谐稳定服务行动，维权中心共接待来访170人次、电话投诉109人次，受理维权及协调请求112件，办理终结92件；协助政府做好维稳工作，妥善处置杨汛桥锡箔作坊从业人员血铅超标事件、东升路市场的续租权和西市场的改造升级信访问题等。开展亲情健康服务行动，向副主席企业开展送祝福、送绿色、送健康“三送”活动，妥善安排96名商会会员子女求学问题，组织商会会员进行健康体检。

开展多方合作交流。全年开展各类政企、银企对接活动14场次，参与对接720多人次。协助企业与日本早稻田大学及东京农工大学进行交流；组织企业经营者赴省人民大会堂参加2011（第二届）中国民企投融资大会；接待义乌市等外地工商联、商会到绍考察12批次110余人。

（倪霞敏）

责任编辑　宋如玲

人民团体

绍兴县总工会

【概况】 2011年，绍兴县总工会服务大局，找准定位，指导开展镇级和谐企业创建工作，总结夏履镇“星级评比”、杨汛桥镇“三位一体”、华舍街道“亲和型企业”、柯桥开发区“四全三重”等先进经验，2家单位在全市和谐企业表彰会上作经验介绍。利用广播电视、报刊等媒体，采访报道一线劳模事迹，展示图片资料，举行“庆五一·颂劳模”主题歌会，表彰县“十大杰出职工”，推评市劳动模范16人、市劳模集体3家，组织县级以上劳模疗休养，完善省部级以上困难劳模档案。推进企业文化建设，全县新增省级文化示范单位3个、省级文化共享工程示范点3个，市级企业文化示范单位2个、市级职工书屋4个，10家企业成为省文化共享工程进企业示范服务点，33家企业获省文化共享工程进企业职工电子书屋，天圣集团获省厂务公开民主管理先进企业称号，精功集团“海选劳模”获市十佳职工文化品牌、天圣集团职工运动会获市优秀职工文化品牌，全县企业文化建设“四建四强”（建设精神文化、增强核心价值的原动力，建设制度文化、增强协调沟通的亲和力，建设行为文化、增强创先争优的推进力，建设职工文化、增强陶冶身心的感染力）经验在省企业文化现场会上交流。

2011年，绍兴县被表彰为省务工流动人口加入工会工作先进县，有全国五一劳动奖章获得者1人、省五一劳动奖章获得者1人，1家集体获省五一奖状，创建省级工人先锋号1家、市级工人先锋号3家、县级工人先锋号20家。钱清新鹿制衣被推荐为省劳动竞赛先进集体，水务集团丁卫松获浙江省杰出职工金锥奖，财贸系统范静波被评为第四届浙江省十佳能工巧匠，4名职工被评为市级职业技能带头人。天马实业获省模范职工之家。

【创建省级和谐企业（园区）7家】 2011年11月23日，绍兴县召开全县深化创建劳动关系和谐企业工作会议，出台《关于深化劳动关系和谐企业创建的实施意见》，全年创建县级以上和谐企业（园区）103家，其中省级和谐企业6家、市级和谐企业17家、县级和谐企业79家，省级和谐园区1个。

2011年11月23日，绍兴县召开深化创建劳动关系和谐企业工作会议。（杨　钢摄）

【新建职工培训学院30家】 2011年，绍兴县挂牌命名蓝天、天圣等十大培训学院，新建第二批企业职工培训学院，共计30家。规范机构经费，配齐人员设施。规定凡县级企业职工培训学院必须配备专职教师1～2人，拥有图书1万册以上，电脑20台以上，按职工工资总额1.5%～2.5%落实提取职工教育经费，实行专款专用。

【成立镇（街道）维权帮扶中心4家】 2011

年，绍兴县开展镇（街道）职工维权帮扶中心建设，完善硬件设施，保证组织机构、工作场所、窗口人员、管理制度、服务内容、运行成效等“六到位”，为职工提供权益维护、困难帮扶、就业服务、法律援助等服务。柯岩、湖塘、夏履等4个镇（街道）建成维权帮扶中心。维权帮扶中心确立为独立法人单位，由县人社局统一招聘专业工作人员。

【新建工会组织127家】 2011年，绍兴县出台《2011年度镇（街道）、开发区工会重点工作考核办法》，新建工会组织127个，发展会员59117人。调研探索市场工会组建，推进轻纺市场系统工会工作委员会、市场工会联合会、基层工会3级工会网络组建工作。

【开展劳动竞赛百余场次】 2011年，绍兴县组织开展全县纺织、机械、粮食、医药等十大行业劳动竞赛，在镇（街道）、行业、企业开展区域性技术比赛。县总工会联合县水务集团、县人社局开展绍兴县“水务杯”职工技能大赛，县总工会与县人社局联合开展首届技师评比活动。全年各级工会开展各类劳动竞赛百余场次，实施职工合理化建议11000余条。

【启动“送温暖”活动】 2011年1月，绍兴县启动“情系一线职工、你我一起行动”主题“送温暖”活动，组织全体机关干部和镇（街道）、系统工会干部春节前夕走访慰问困难职工615人。全县各级工会全年筹措帮困资金470余万元，资助困难职工和群众3500余人；筹集助学资金126.25万元，资助困难职工和困难农民工子女756人。推行住院互助保障计划，全年3项职工互助保障共参保12527人，工会干部参保372人。（杨 钢）

共青团绍兴县委员会

【概况】 2011年，共青团绍兴县委员会以开展创先争优活动为契机，切实履行好共青团4项职能，指导19个镇（街道）集中召开团代会，镇（街道）团委委员由164人扩充至284人，副书记从52人增加至84人。新建县级机关、直属学校、驻县机构、国企、民企和新社会组织等团县委直属工作委员会6个，增进县域范围内各类团组织共建共享，促进各行各业团员青年联谊联合。加强非公企业团建工作，依托有关商会、企业新建安徽砀山县、湖北省、重庆市3个驻绍兴县团工委。开展团青工作专项调研，全年共形成调研成果42篇，组织镇（街道）团委书记、非公企业团组织书记参加省市专项业务培训班。创建市级青年文明号14个，确定县级青年文明号培育对象35个，举荐市级青年岗位能手4人。推进少年先锋队工作，讨论确定未来3年少先队工作思路，开展红领巾红色寻访、“双百”红色英模学习、红歌大合唱、红领巾爱心手拉手、城乡少儿互助心连心、奉献爱心情系贫困小伙伴等活动，举办“七巧科技”比赛、少儿车模大赛。推动青少年群体民生改善，县本级组织流动少年宫7场，镇（街道）团委组织开办“小候鸟”夏令营45期、受众13000余人；开设游戏集市、图书捐赠、讲座课程等项目，为农村留守儿童和外来民工子弟提供文化娱乐服务；县少工委征集励志梦想100个。新建见习基地30家，提供青年见习岗位392个，实现岗位对接225个。开展第二届大学生村官主题月活动，组织70多名优秀大学生村官赴宁波滕头村参观考察，评选表彰县十佳大学生村官。

2011年，绍兴县有基层团委39个，其中镇（街道）团委19个，开发区、局、系统、县直企事业单位团工委20个，团总支112个，团支部1615个，共青团员4.46万人。团县委被评为省级先进团委，县青企协会、县志愿者协会被评为省级先进协会。

【提供节会志愿服务7000余小时】 2011年3月，团县委组织“让志愿服务成为一种时尚”志愿者主题月活动，在蓝天市心广场开展学雷锋集中行动；组织环保志愿者赴小舜江源头开展“保护母亲河”行动；聘请志愿者形象大使，策划摄制公益广告片，增强志愿行动社会知晓度和参与度；组织3场“这个春天很温暖”志愿者进民企活动，组织文艺、医疗志愿者进企业，为农民工提供文艺、医疗保健服务；配合做好第七届中国曲艺节组委会、全省小城镇培育推进会、全省林业工作会议、歌剧《祝福》赴杭公演等志愿服务活动，全年累计提供节会志愿服务7000余小时。

【发放青年创业小额贷款14326万元】 2011年3月，绍兴县深化“村村都有好青年”人才发展计划，表彰农村好青年246人，深化青年创业小额贷款工作，与汇金小额贷款股份有限公司联合推出农村好青年汇金卡，共计为608名青年发放小额贷款14326万元。

2011年3月25日，绍兴县农村好青年表彰及汇金卡发放仪式现场。 （团县委供稿）

【举行共青团“创先争优”表彰大会】 2011年5月4日，团县委在绍兴县行政中心召开共青团“创先争优”表彰大会，并举行“学党史、知党情、跟党走”主题教育活动。会议评选表彰50家五四红旗团组织和100名优秀共青团员，邀请浙江省委党校王景玉博士为与会人员作《中国共产党与民主政治》专题讲座。

【召开中国少年先锋队绍兴县第九次代表大会】 2011年10月10日，中国少年先锋队绍兴县第九次代表大会在县行政中心举行。全县192名少先队员、少先队辅导员和少年儿童工作者参加大会。县四套班子主要领导出席会议。会议为期2天，表彰第五届绍兴县红领巾事业功臣、绍兴县十佳少先队辅导员、绍兴县十佳“四好少年”，通过工作报告决议，选举县第八届少工委主任、副主任及委员，选举第二届红领巾理事会，组织全体小代表参观柯桥新县城，举办“家乡蓝图我描绘、四好少年我争当”主题队会，观看电影《辛亥革命》。

2011年10月10日，中国少年先锋队绍兴县第九次代表大会在县行政中心开幕。 （团县委供稿）

【新建“两新”组织团支部250个】 2011年，绍兴县推进“两新”领域团组织建设，全年新建非公企业团支部220个、新社会组织团支部30个，新建轻纺城创意产业基地团工委、县旅游系统团工委，培育楼宇、商圈、市场、园区等新领域团建典型8个，举办青年篮球嘉年华、“凤凰之约”单身青年联谊等活动，促进了新建团组织活跃性。

【加强青年企业家协会建设】 2011年，绍兴县依托青年企业家协会会长轮值和片组活动等运行机制，举办绍兴县“十二五”规划纲要解读、青年企业家与青年检察官面对面等主题沙龙，组织考察阿里巴巴集团、攀登稽东镇雪窦岭，指导兰亭、安昌两镇开展镇青企协建设，推荐会员34人参加市县组织部门举办清华、浙大研修班，编辑《超越》会刊4期，做好“青企·龙东”香榧红豆杉基地建设工作，落实帮扶资金42万元。县青企协新吸收会员11人，推荐会员43人加入绍兴市第四届青企协会，其中杨燕、吕旭幸两人当选市青企协副会长。

【19个镇（街道）设立未成年人保护委员会】 2011年，绍兴县19个镇（街道）全部设立未成年人保护委员会，开通12355青少年服务热线，提供心理咨询、就业创业、权益维护、爱心帮扶、志愿服务，加强未成年人权益保护工作日常管理。

（陈旭鹏）

绍兴县妇女联合会

【概况】 2011年，绍兴县妇女联合会编制县妇女、儿童发展“十二五”规划2个。检查验收基层妇女组织示范创建单位22家。承办市级大型活动2场，组织全县各类大型活动8次。开展各类家庭教育讲座175场，其中由全国家庭教育阳光计划专家讲师团成员主讲10场，发放宣传资料62454份，听课家长81000多人次。开展反家庭暴力宣传，联合县司法局、县普法办、县电视台录制播出“家庭暴力、请你远离”话题栏目，在县报刊登《浙江省预防和制止家庭暴力条例》专版，举行“维护妇女权益、共享和谐生活”主题咨询活动，征集反家暴格言近千条，发放《条例》单行本和《信访室的故事》等相关读物5000余本、宣传画册300余套，其他宣传资料近万份，成立县反家暴委员会。绍兴县获浙江省妇联基层组织建设示范县，县妇联获浙江省妇联系统信访工作先进集体、绍兴市妇女儿童工作先进集体等称号。

【完成基层妇女组织换届】 2011年3月至4月，绍兴县在村级组织换届选举中，实现村级组织“每村都有1名以上女干部，妇女村民代表占村民代表会议组成人员三分之一以上”目标，完成291个行政村和30个社区妇代会换届，妇代会主任进村两委比例达99%。

【开展文明家庭和特色家庭创建】 2011年1月至5月，绍兴县开展全县文明家庭、特色家庭创评活动，选出一批县级文明家庭创建工作先进集体和百户文明家庭、特色家庭、好邻居、好媳妇（好公婆），新增市级文明家庭7户、学习型家庭3户、绿色家庭3户、学习之星1人。

【举办经济女性发展论坛】 2011年5月9日，绍兴县妇联和县女企业家协会在县行政中心联合举办经济女性“三破三立、激情创业”发展论坛。副县长蔡于革参加会议并讲话。论坛邀请县经信局、金融办、科技局、商务局等部门有关负责人为女企业家协会全体会员讲解科技创新、外贸出口等转型升级相关政策，编印发放《绍兴县经济社会发展政策汇编》。

【成立巾帼志愿者队伍309支】 2011年5月始，绍兴县开展环境整治巾帼行活动，引导妇女群众响应县委、县政府“打造魅力新城、建设美丽乡村”号召，参与环境整治活动。全县共成立巾帼志愿者队伍309支，志愿者12615人，组织巾帼志愿者开展专项清理39场次。

2011年7月18日，柯桥街道兴越社区开展环境整治巾帼行活动。（县妇联供稿）

【组织妇女界庆祝建党90周年主题活动】 2011年，绍兴县举办“展示鉴湖新英姿·喜迎建党90年”主题活动。4月至5月，发动全县妇女干部参与浙江省妇联“党在我心中·我为党争光”主题征文活动；5月至7月，组织全县妇联系统开展唱红歌活动；7月1日组织女企业家、企业家太太和妇联机关干部赴富盛镇夏葑村慰问困难老党员，参观上旺村陈列室、重走上旺创业路，感受上旺精神。

【举办“巾帼文明岗”岗长培训班】 2011年7月6日，县妇联面向全县各级103个“巾帼文明岗”岗长举办专题培训班。县预算会计核算中心、浙江朗莎尔维迪制衣有限公司、华夏银行绍兴柯桥支行、县交通运输系统等4家单位介绍创建巾帼文明岗工作经验做法。全年有交通银行轻纺城支行等4个单位获省级巾帼文明岗称号，水务集团客服中心等9个单位获市级巾帼文明岗称号。

【举办全县妇女干部培训班】 2011年8月23日至28日，绍兴县组织各镇（街道）妇联主席、各系统妇委会主任，女村支书、村委会主任及新当选村（社区）妇代会主任参加培训。培训期间，解读胡锦涛总书记“七一”讲话精神，开设专题课程，举行妇女工作业务培训和学习交流活动。

【举办市县女企业家联谊活动】 2011年11月2日，绍兴县举办“相聚柯桥共谋发展”市、县女企业家联谊活动，全市200多名女企业家参加。活动邀请浙江省工商局局长郑宇民讲解经济发展形势、民企生存现状、政府政策导向，组织女企业家参观柯桥新城夜景及道路亮化工程。

2011年11月2日，绍兴县举行“相聚柯桥 共谋发展”绍兴市、县女企业家联谊活动。
（县妇联供稿）

【发放家庭廉政文化倡议书2万余份】 2011年10月，绍兴县开展家庭廉政文化建设活动，提高家庭成员反腐倡廉意识和能力。活动共发放倡议书2万余份，组织各类讲座1500多人次、文艺活动5000多人次、警示教育片1500多人次。

（施志兴）

绍兴县科学技术协会

【概况】 2011年，绍兴县科学技术协会围绕年初确定各项目标任务，狠抓工作落实，补助重点学术项目12个。完善农村科普“一站、一栏、一员”、城市社区科普画廊、科普服务中心、科普教育基地等科普硬件设施。组织青少年开展“读一本小读物、写一篇小论文、制作一件环保小作品、画一幅科幻小绘画、设计一张科普知识小报、看一部科学电影、参观一次科普展览”等“七个一”系列普及活动，增强青少年想象力、创新力和科学探索精神。创新科普宣传手段，全年编印《科学手册》6期，免费发放给干部职工和普通群众；建立科普书籍免费赠阅制度，向部分特殊科普对象免费赠送科普书刊；创设科普短信平台，每周向领导干部、公务员发送1条科普短信；出版《咏梅诗词百首详解》，助推香雪梅海景区和青梅产业深度开发；出版《鲁迅与科普》，详解鲁迅先生与科普渊源。组织参加全国、省、市等各类比赛，多人在第26届绍兴市青少年科技创新大赛和第三届电子制作锦标赛中获一等奖，县科协获优秀组织单位称号；1幅作品获全国科幻画一等奖、1幅作品获全国科幻画二等奖；2幅科幻画获省科创大赛一等奖、1幅科幻画获省科创大赛三等奖。绍兴县成功创建为全国科普示范县。

【创建为全国科普示范县】 2011年，绍兴县出台《关于创建全国暨省级科普示范县的实施意见》，成立县创建全国科普示范县工作领导小组，按照《2011～2015年全国科普示范县（市、区）测评标指标》，制定创建工作方案和实施细则，召开全县动员会议，把创建工作分解到各镇（街道）和有关单位，落实创建专项经费50万元。5月，绍兴县被中国科协命名为全国科普示范县。

2011年9月18日，绍兴县副县长周树森在浙江省2011年全国科普日活动启动仪式上接受全国科普示范县颁奖。
（孙建国摄）

【培训农技学员 4900 人】 2011 年，绍兴县 19 个镇（街道）辅导站共开设 1 年制长班 78 个，招收学员 4900 人，培训内容涉及动物疫情防治、花卉栽培、四季笋管理、名茶炒制、特种水产养殖、大棚蔬菜等 37 个专业。

【新建院士工作站 2 家】 2011 年 7 月 28 日，绍兴县中心医院院长葛孟华与全国皮肤病学家、院士陈洪铎签约达成合作意向，建立绍兴县中心医院院士家工作站。8 月 27 日，浙江省现代纺织工业研究院院长胡克勤与中国工程院院士季国标团队签约建立合作关系，建立浙江现代纺织研究院院士专家工作站。

【举行科普（科技）活动周】 2011 年 5 月 15 日至 21 日，绍兴县开展“携手建设创新型国家”主题科普（科技）活动周，组织动员科普联席会议成员单位，结合工作实际和职责，开展群众性科普活动。县科协创作小品、歌曲、舞蹈等科普宣传作品，9 月 15 日，举办“科普之光”暨绍兴县 2011 年“全国科普日”大型文艺晚会；在《绍兴县报》刊登科普知识竞赛问卷，回收答卷 5000 余份。

2011 年 9 月 15 日，绍兴县委副书记孟柏千在“科普之光”暨绍兴县 2011 年“全国科普日”大型文艺晚会上致辞。 （孙建国摄）

【举办全县青少年电子制作锦标赛】 2011 年，绍兴县青少年电子制作锦标赛在中国轻纺城小学举行。全县 29 所中小学 400 多名学生参加活动。比赛共设置电路创新、简易机器人、袖珍式 FM 收音机等 3 个项目，其中电路创新设计比赛有 41 人获奖，简易机器人比赛有 55 人获奖，组袖珍式 FM 收音机比赛有 56 人获奖；另评出优秀组织奖 1 个、小学组团体奖 6 个、中学组团体奖 7 个。

【评选自然科学优秀论文 122 篇】 2011 年，县科协会同县委组织部、县人社局联合开展论文评选活动，收到下属各学会申报论文 133 篇。经县评选委员会评审，选出获奖论文 122 篇，其中一等奖 10 篇、二等奖 15 篇、三等奖 20 篇、优秀奖 77 篇。将优秀论文编印成册。推荐 35 项学术成果参与绍兴市自然科学优秀论文奖评审。

【指导下属县级学（协）会开展活动】 2011 年，县科协指导中医学会开展名中医经验介绍暨中西医结合肿瘤防治新进展研讨活动，指导护理学会开展实施“责任包干制”护理模式改革之护士能力系统化培训交流，指导医学会开展 2011 年度全国县市医院管理高峰论坛，指导统计学会研究探讨绍兴县人口与经济社会发展问题，指导热电协会开展汽轮机考察、化水培训，指导会计学会开展绍兴县优秀会计论文征集、“我为转型升级献一计”活动等。 （朱仲燕）

绍兴县文学艺术界联合会

【概况】 2011 年，绍兴县文学艺术界联合会坚持以科学发展观为统领，自觉坚持“二为”方向、“双百”方针和“三贴近”原则，团结带领全县文艺工作者，传播先进文化，开展文艺创造活动，推动文艺事业发展繁荣。共辖团体会员 76 个，其中县级法人社团 5 个、直属文艺家协会 13 个。县文联骨干会员在县级以上报刊、展览、广播、电视和专场演出中，推出各种体裁作品 2000 余篇（幅、件、部），并有一批作品在省和全国获奖。至年底，全县文艺协会会员中，有国家级会员 53 人、省级会员 157 人、市级会员 380 人。

【参与承办海峡两岸春节传统节日文化高峰论坛】 2011 年 1 月 1 日 ~3 日，海峡两岸春节传统节日文化高峰论坛在绍兴县安昌镇举行。论坛由中国民间文艺家协会、（台湾）中国口传文学学会、绍兴县人民政府共同主办，绍兴县委宣传部、绍兴县文联、绍兴县安昌镇人民政府承办。中国文联、中国社科院、北京大学、北京师范大学、中央民族大学、华东师范大学、复旦大学、中山大学、（台湾）中国文化大学、（台湾）台南大学、（台湾）东吴大学、（台湾）故宫博物院、东京大学、河内外国语大学等专家学者共50余人，交流研讨海峡两岸春节习俗文化等内容。

【举办山水情缘天台县书画作品展】 2011年3月8日至11日，绍兴县文联在县行政中心举行山水情缘——天台县书画作品展，共展出天台书画家作品80幅，涉及山水、花鸟、人物等绘画题材和楷、草、隶、篆等书法门类。

【举办纪念建党90周年书画大奖赛】 2011年4月至7月，县文联与钱清镇人民政府联合举办"钱清杯"纪念建党90周年书画大奖赛。4月11日，在《绍兴县报》刊登征稿启事；6月，组织专家评审。活动共收到书画作品300余幅，评选一等奖2名、二等奖4名、三等奖8名、优秀奖25名，入展书法作品136幅、美术作品89幅。相关作品于6月27日至7月1日在绍兴县行政中心预展，7月8日至17日在绍兴市美术馆正式展览。

【浙江作家艺术家到绍兴县采风】 2011年4月19日至22日，浙江省作家协会党组副书记、秘书长郑晓林率浙江作家艺术家采风团一行12人，到绍兴县开展采风创作活动。采风团作家、艺术家围绕绍兴县纺织产业集群和清水工程建设主题，参观中国轻纺城创意产业基地、中国轻纺城网络有限公司"网上轻纺城"、国家面料馆、轻纺城传统交易区、浙江省现代纺织工业研究院、浙江沙鲨家纺有限公司、柯水园、蠡园、柯岩街道河塔村、安昌古镇、曹娥江大闸、口门丘标准海塘、排涝快速通道。

【承办2011兰亭艺术博览会】 2011年10月6日至9日，2011兰亭艺术博览会在中国轻纺城国际会展中心举行。博览会由中华全国书画家联合会主办，绍兴县文联、绍兴申仕文化传播有限公司、杭州申仕展览服务有限公司承办，法国画廊、朝鲜友谊联合会、中国美院、中国书画院、北京荣宝斋书画院、香港书画院、河南书画院、扬州画派画院、县民间文艺家协会、绍兴画院等百余家美术团体参加，会场面积近13000平方米。博览会期间，举办2011古玩与艺术收藏品交易会、中国书法之乡书画交流会、中华全国书画家联合会名家名作邀请展、兰亭杯2011全国书画大赛暨颁奖等活动。

2011年10月6日，2011兰亭艺术博览会在中国轻纺城国际会展中心开幕。（林子龙摄）

【举行大型文艺采风活动】 2011年11月1日至5日，绍兴县组织开展"与时代同步——美丽乡村行"大型文艺采风活动。县文联各协会文艺创作骨干，赴柯岩街道河塔村、陶堰镇茅洋村、稽东镇金山村及江苏省华西村专题采风，体验生活，感受民俗风情，创作各类文艺作品100余件（幅），并开展送文史书籍、送书画作品、送戏剧曲艺等文艺下乡活动。（陈伟鸣）

2011年11月1日，绍兴县"与时代同步——美丽乡村行"大型文艺采风活动在县行政中心举行启动仪式。（林子龙摄）

绍兴县归国华侨联合会

【概况】 2011年，绍兴县归国华侨联合会履行“群众工作、维护侨益、参政议政、海外联谊”四大职能，以“凝聚侨心、服务大局，发挥侨力、创先争优”为工作重点，做好海外侨胞港胞联络联谊和服务工作。“两会”期间，组织接待香港委员和特邀人员；秋季纺博会期间，接待绍兴县香港同乡会会长倪伟虎，澳大利亚绍兴同乡会会长马锦鑫，浙江省侨商会副会长、意大利侨领周海波等华人华侨及绍兴县香港同乡会代表；全年接待侨胞港胞累计300多人次，接受海外侨胞港胞捐赠144.2万元。联系归侨和重点侨眷，利用春节、中秋节走访慰问县内60多户重点归侨侨眷及留学人员家属，向全县10户老归侨发放生活补贴36000元，资助联系村扶贫款10万元，县侨联党员干部及侨商共结对贫困家庭学生20余人，各侨企提供就业岗位1000个。与县教育局联合组织全县中小学生参加第十二届世界华人学生作文大赛，有131人获奖，其中28人获一等奖，县侨联获优秀组织奖。针对县内民营企业外向度较高、“海归企业接班人”较多现象，搭建“海归”创业人员交流互动平台，被省侨联评为2010年度全省各地侨联十件大事之一。县侨联被省侨联评为省级侨联工作先进集体，福全镇兴联村、安昌镇大山西村2家村级侨联分会被评为省三星级“侨界之家”。

【成立绍兴县海外留学归国人士创业发展促进会】 2011年10月20日，绍兴县成立海外留学归国人士创业发展促进会（简称海创会），省侨联党组书记李德忠、市侨联主席张小华到会祝贺。县委副书记孟柏干，县委常委、县委组织部部长姚国海，县委常委、副县长丁生产，县委统战部部长许志炎被聘请为名誉会长。县海创会有会员74人，是浙江省第三个县（市）级海创会（留创会）。浙江振兴投资有限公司董事长蒋振东当选为首届首席执行会长，另有10人当选为执行会长，19人当选为理事。

2011年10月20日，浙江省侨联党组书记李德忠（右一）在绍兴县海创会成立大会暨第一次会员大会上向当选的首席执行会长授牌。 （县侨联供稿）

【启动鉴湖英才计划】 2011年，绍兴县启动鉴湖英才计划，县侨联作为全县人才工作责任单位之一，配合县委、县政府重点工作，为《绍兴县进一步加快引进、培育并用好优秀创业创新人才若干意见》提出意见建议，配合县委组织部、县人社局开展海外高层次人才对接。4月，县委常委、组织部长姚国海在县侨联主要负责人陪同下，专程赴浙大看望美籍华人科学家沈炳辉。5月，县侨联推荐绍兴县在美留学生10余人参加浙江省赴美高层次人才招聘会，1人被聘请为瑞丰银行海外顾问，多人签订合作意向。

【举办海归“创二代”创业创新论坛】 2011年8月2日至3日，2011年宁波、绍兴、台州、义

2011年8月2日至3日，甬绍台义四地海归“创二代”创业创新论坛在绍兴县举行。 （县侨联供稿）

乌四地海归“创二代”创业创新论坛在绍兴县举行。浙江省侨联副主席、宁波市侨联党组书记、侨联主席朱筠筠，省侨联副主席、杭州绿盛集团有限公司董事长林东，绍兴市侨联主席张小华等领导及四地海归“创二代”代表50多人参加论坛。论坛探讨交流四地海归“创二代”如何利用海外留学背景，在经济转型升级过程中，实现企业二次创业。

【组建绍兴县归侨侨眷联络员队伍】 2011年9月，绍兴县举行全县归侨侨眷联络员队伍成立仪式暨中秋茶话会。全县19个镇（街道）和县级系统归侨侨眷联络员代表50人参加成立仪式。会上通过《绍兴县归侨侨眷联络员工作制度》。

（王征宇）

绍兴县残疾人联合会

【概况】 2011年，绍兴县残疾人联合会开拓思路，创新举措，开展残疾人状况监测，实施《绍兴县残疾人事业发展“十二五”规划》，制定《绍兴县残疾人扶助办法》，全面启动浙江省扶残助残爱心城市创建，推进残疾人社会保障和服务体系建设。深化残疾人共享小康工程，为4437名残疾人实行单独分类施保，225例白内障患者免费实施复明手术，4548名贫困残疾人享受免费安装适用辅助器具和康复训练；1421名生活不能自理重度残疾人得到集中托养或居家安养；1160名残疾学生和残疾人子女享受幼儿园、高中、大学免费教育和助学；1841名二级以上重度残疾人享受县惠民医疗优惠政策；1817名轻症精神病患者得到免费服药；71名重症精神病及躁狂症患者得到医疗救助；因病因灾致贫残疾人得到及时救助，61户贫困残疾人家庭得到住房救助。建成3家残疾人小康·阳光庇护中心，共为96名轻度精神、智力残疾人提供生活照料、康复护理、文化娱乐、体育健身等托养康复服务和就业庇护。扶持残疾人创业就业，分散安置就业411人，创业就业160人，免费培训472人，劳动年龄段内的残疾人就业率稳定在85%以上。做好残疾人证申领工作，发放残疾人证943本。深化完善残疾人社区康复服务，将残疾人社区康复服务列入全县公共卫生服务项目，确保残疾人社区康复工作持续健康发展。组织举办全县首届残疾人运动会。县特殊教育学校正式招生开学，在读智障学生62人。县残联被省委、省政府授予浙江省残疾人工作先进集体称号。8月~9月，绍兴县分别在全市残疾人事业发展大会和全省残疾人实名制调查登记工作会议上作典型发言。

【实施绍兴县残疾人事业发展“十二五”规划】

2011年，绍兴县召开残疾人事业发展大会，出台《绍兴县残疾人事业发展“十二五”规划》，把残疾人事业纳入全县经济社会发展大局，重点突出残疾人保障和服务两个体系建设，缩小残疾人需求与为残疾人服务能力差距，最大限度满足残疾人物质文化需求，改进残疾人工作社会化运作方式，努力实现残疾人“平等、参与、共享”的目标。

【修订《绍兴县残疾人扶助办法》】 2011年，绍兴县围绕残疾人社会保障和服务体系建设，修订出台《绍兴县残疾人扶助办法》，制定实施《残疾人公益性岗位和就业基地扶持资金使用管理办法》和《绍兴县残疾人家庭子女高中和幼儿阶段助学实施办法》等配套政策，使全县所有持证残疾人免费参加基本医疗保险、免费乘坐市县城乡公交、人人享有社区康复服务，符合年龄条件所有残疾人免费参加城乡居民基本社会养老保险、二级以上重度残疾人享受惠民医疗优惠，把生活不能自理的重度残疾人纳入集中托养或居家安养，残疾学生和残疾人子女免费接受从幼儿园到高中教育和大学助学、六周岁以下残疾儿童免费康复，对二级以上无固定收入重度残疾人（含精神智力三级）实行单独分类施保、白内障患者施行免费复明手术、精神病人施行免费服药，免费配发基本辅助器具。

【启动浙江省扶残助残爱心城市创建】 2011年，绍兴县启动实施省扶残助残爱心城市创建活动，出台《绍兴县人民政府关于创建省扶残助残爱心城市的实施意见》和《绍兴县人民政府办公室关于开展绍兴县扶残助残爱心创建活动的通知》，成立创建省扶残助残爱心城市领导小组和办公室，召开创建浙江省扶残助残爱心城市动员大会和镇（街道）残联分管领导、理事长会议，细化创建工作标准任务，组织考察学习和专题培训，完善各项阶段性考核指标。全县各镇（街道、开发区）申报创建扶残助残爱心镇（街道）、40个社区（村）申报创建扶残助残爱心社区（村）。12月底，绍兴县创建工作通过省政府残工委初审验收。

2011年12月31日，绍兴县创建省扶残助残爱心城市初审汇报会现场。（县残联供稿）

【开展第21次全国助残日活动】 2011年5月，绍兴县围绕“改善残疾人民生，保障残疾人权益”主题，开展系列助残活动，迎接第21次全国助残日活动。印发《关于开展第二十一次全国助残日活动的通知》，要求各镇（街道）、部门结合实际研究残疾人民生问题；县领导带队走访慰问一批残疾人服务机构和就业基地；组织盲人瓜渚湖健康行活动；开展“生命中的太阳 残疾人喜迎建党90周年”征文活动，参加全国第八届残运会文化广场暨残疾人事业成就展；在《绍兴县报》专版解读《绍兴县残疾人扶助办法》，刊登县委、县政府改善残疾人民生举措，选登残疾人创业先进和扶残助残先进典型事迹；在县电视台策划播出1期《话题》栏目，宣传扶残助残政策；编印发放《绍兴县残疾人工作政策汇编》。

【举办绍兴县首届残疾人运动会】 2011年5月21日，绍兴县举办首届残疾人运动会。按照国际比赛惯例，肢体、视力、听力等3类残疾人运动员参加比赛，全县各镇（街道）和柯桥开发委20支代表队578名运动员参加田径、羽毛球、乒乓球、举重、飞镖、中国象棋、定点投篮、跳绳、盲人定向行走、8×60米迎面接力等十大类71个小项比赛。柯岩街道代表团、齐贤镇代表团和柯桥街道代表团分获团体总分前3名。

2011年5月21日，绍兴县举办首届残疾人运动会。（县残联供稿）

【实施残疾人共享小康工程】 2011年，绍兴县深入实施残疾人共享小康工程，提高小康工程覆盖率和重度残疾人托（安）养率，及时发放残疾人基本生活保障补助金，严格标准，逐一确认；调查摸底残疾人康复工程，开展免费复明手术、适用器具验配安装和康复训练，白内障手术适应症患者发现一例手术一例，装配假肢20条、验配助听器36台，验配安装其他适用辅助器具4492件，残疾儿童抢救性康复52人；重度残疾人托（安）养工程实现应托尽托。

【开展残疾人实名制调查】 2011年，绍兴县作为全省3个试点县之一，承办全省持证残疾人实名制调查试点工作会议，对照浙江省扶残助残爱心城市创建考核标准，将残疾人生活、住房、康复、教育、就业状况及需求作为实名制调查重要内容，组织省有关专家研讨论证，制作《全省持证残疾人状况与需求实名制登记表》。县残联会同统计部门组织全县385名调查员和59名数据录入员进行业务培训，召开工作会议部署全县持证残疾人实名制调查登记工作。9月初，完成全县16087名持证残疾人调查登记工作，有关数据输入全省残疾人数据库。

【安置490名残疾人就业】 2011年，绍兴县制定实施《残疾人公益性岗位和就业基地扶持资金使用管理办法》，开发残疾人公益性岗位，帮助331名残疾人就近就业；发展残疾人扶贫基地，新增扶贫基地1个，全县10个扶贫基地共安置159名残疾人就业；做好全县分散安置残疾职工确认工作，确保“残保金”顺利收缴，残疾人就业保障金征收标准提高至17000元，全年征收额5000余万元，增幅80%。（边　烽）

绍兴县关心下一代工作委员会

【概况】 2011年，绍兴县关心下一代工作委员会坚持“急党政所急、想青少年所需、尽关工委所能”工作方针，组织“五老”（老干部、老军人、老专家、老教师、老模范）开展结对关爱未成年人活动，利用社会学校平台讲党史、唱红歌；帮扶全县170多名孤儿学生；参与网吧管理，组建“五老”文化市场义务监督员队伍；开展法制教育，关注“失足、归正”青少年，组织学校老师帮教绍兴县籍失足青少年，开展归正青少年和社区矫正人员调研帮教，形成调研报告。承办绍兴市关工委基层组织建设现场会。3月，县关工委领导班子调整，李会鹏担任主任。年底，评选表彰基层关工委组织建设先进集体59个、先进个人41个。绍兴市委常委、县委书记何加顺在“关于外来民工子女求学问题”调研报告上作重要批示，肯定关工委经验做法。

【顾秀莲视察企业关工委】 2011年11月28日，全国人大常委会原副委员长、中国关心下一代工作委员会主任顾秀莲在浙江省人大常委会副秘书长臧平等陪同下到县视察马鞍镇中设建工集团，参观企业慈孝文化陈列室、荣誉陈列室等，观看“情暖中设”企业关工委工作纪录片，听取情况汇报，对此予以充分肯定。

【开展县关工委纪念建党90周年主题教育活动】 2011年，县关工委以纪念中国共产党成立90周年为契机，联合有关部门举办“学党史、颂党恩、跟党走”主题教育活动和“五老”党史培训班，组织“五老”撰写党史宣讲材料，编辑成册分发至各村社会学校，利用节假日为青少年开展宣讲教育，共作各类党史报告230多场次，受教育青少年15万人次。联合县文明办、县教体局在全县中小学生中开展“我心中‘双百’英模”主题征文比赛，共收到征文134篇，评选表彰一等奖14篇、二等奖22篇、三等奖28篇。

【213个行政村建立社会学校】 2011年，绍兴县各级关工委开展创先争优活动，以村（居委会）为单位办好社会学校，有213个行政村办起社会学校，占全县行政村总数73.2%。《以“社会学校”为抓手扎实推进“关心下一代工作基层年”》汇报材料在全省工作会议上交流。

【资助大学生20人】 2011年，县关工委直接资助大学生20人。其中，“双特”（生活特困、学习特优）大学生9人、孤儿大学生6人、其他困难大学生5人。资助金额由每年4000元增加至5000元。发挥退休教师作用，辅导孤儿及困难学生填报高考志愿。

2011年8月16日，绍兴县关工委召开资助贫困生上大学欢送会。（县关工委供稿）

【开展结对孤儿集体过生日活动】 2011年，县关工委利用镇（街道）关工委“爱心之家”平台，开展结对孤儿“集体生日”活动。县关工委主任李会鹏带队赴稽东、王坛镇等偏远山区，与当地党政领导一起为孤儿学生送上生日礼品。

（姚子源）

责任编辑　董思思

外事　侨务　涉台事务

外　事

【概况】　2011年，绍兴县外事部门强化年度出访计划管理，严把团组出访行程审核等环节，对重要出访团组和紧急出访团组提前介入、跟踪服务，扩大出访成效。全年受理审核因公出国（境）61批265人次。加强外国人到绍邀请预审工作，全年受理邀请外国人到华洽谈业务1423批1929人次，主要涉及尼日利亚、巴基斯坦、伊朗等国客商到绍兴县洽谈业务，以及办理德国、印度客商的多次入境申请。加强对境外非政府组织在绍活动、到绍外国记者的管理，强化出国（境）团组和人员外事纪律教育。

保持绍兴县与日本静冈县菊川市及韩国全罗南道灵光郡的友好交流；与美国穆列塔市书面签订《友好交流意向书》；帮助县职教中心与美国印第安纳州格林卡斯尔市有关学校开展对接。全年邀请和接待外国使领馆官员、外交部领导、香港特首曾荫权、马里前总理、印度世界合作与文化关系联合会及美国印第安纳州格林卡斯尔市市长等18批274人次到绍兴县考察访问。县外侨办组织开展翻译协会的筹建工作，有80名外语人才参与，涵盖英、日、韩、德、法、西、印、俄等8个语种。县外侨办获2011年度全省外事工作先进集体称号。

【重大外事接待12次】　2011年4月20日，以约旦驻华大使安马尔·哈姆德为团长的外国使领馆官员走进绍兴访问团访问绍兴县。省、市外办主任，副县长丁生产陪同代表团参观柯岩风景区。县委书记何加顺、县长孙云耀会见并宴请代表团一行。

2011年4月20日，外国使领馆官员走进绍兴访问团访问绍兴县。　　（县外侨办供稿）

5月6日，以巴基斯坦驻沪总领事法尔·哈桑为团长的巴基斯坦成衣服装制造及出口商协会代表团访问绍兴县。访问团参观2011中国（柯桥）春季国际纺织品博览会。副县长胡国炜会见并宴请访问团一行。

5月15日，以外交部驻香港特派员吕新华为团长的外国驻香港领团访问绍兴县。县长孙云耀、副县长谢兴长陪同代表团一行参观中国轻纺城老市场和柯岩景区，并在小百花艺术中心观看越剧折子戏。市委书记张金如、县委书记何加顺会见并宴请访问团一行。

5月19日至20日，以外交部驻香港特派员吕新华为团长的外国驻香港公署一行访问绍兴县。

5月26日，以马里前总统易卜拉欣·布巴卡尔·凯塔为团长的代表团一行访问绍兴县。副县长丁生产陪同代表团一行参观中国轻纺城和轻纺产业创意中心。

5月30日，以杨仕识为团长的菲律宾菲华布商公会一行访问绍兴县。代表团参观中国轻纺城和轻纺产业创意中心。

8月4日，以加拿大加中国际商会会长、欧美科技产业联盟主席邵青山为团长的代表团一行访问绍兴县。代表团考察柯桥开发区投资环境，并就欧美科技城项目进行洽谈。县委常委赵建国会见并宴请代表团一行。

9月20日，以市长苏·穆雷为团长的美国印第安纳州普特南郡格林卡斯尔市代表团一行访问绍兴县。县长孙云耀会见代表团一行，副县长丁生产陪同参观中国轻纺城及柯桥城区。苏·穆雷还访问县职教中心，并与该校领导进行座谈交流。

9月21日，美国驻上海总领事馆商务领事姜建栋陪同美国加利福尼亚州穆列塔市议员瑞克·吉布斯访问绍兴县，参观中国轻纺城及柯桥城区。县委书记何加顺、副县长丁生产会见瑞克·吉布斯，就穆列塔市友好城市结交事宜进行交流。

10月20日，以主席普拉卡诗·马赫施瓦里为团长的印度世界合作与文化关系联合会友好代表团一行访问绍兴县，代表团一行参观中国轻纺城老市场、莎鲨家纺和印度企业。

10月24日，德国驻上海总领事芮悟峰、塞尔维亚驻上海总领事左澜、斯里兰卡驻上海总领事哈山娣等外国驻上海总领事馆官员及友城代表嘉宾一行应邀到绍兴县出席中国（柯桥）国际纺织品博览会（秋季）开幕式。绍兴县委书记何加顺会见并宴请代表团一行，县长孙云耀、副县长丁生产陪同参观纺博会开幕式、展会、中国轻纺城创意产业基地和大香林景区。

12月8日，香港特别行政区行政长官曾荫权夫妇一行访问绍兴县。县委书记何加顺、副县长丁生产陪同参观柯岩景区。

【重大公务出访7次】 2011年5月21日至31日，绍兴市委常委、县委书记何加顺率招商引资（智）代表团访问美国、加拿大。代表团在美国圣地亚哥举办绍兴县赴美创新人才引进和科技项目对接活动，邀请当地30多位专家、科技公司代表和人才到会。何加顺在致辞中介绍绍兴县基本情况的同时，重点介绍绍兴县的创业环境和人才激励政策。随团企业家与海外留学生、外国专家及有关投资公司进行洽谈，初步达成有关人才引进和项目合作意向。代表团在美国穆列塔市和洛杉矶圣马力诺市访问期间，受到当地市政府官员和企业的热情接待。在访问过程中，代表团还听取两市优秀企业代表互惠集团、EGROBIOFUELS和NIMBUS公司对各自业务、合作意向和技术成果的介绍，并就意向合作方面进行实质性的商谈。在互惠集团总部，县商务局与圣马力诺市签订互设经贸交流窗口意向协议。代表团一行还考察加拿大多伦多及温哥华地区。在温哥华市前任副市长李思远的陪同下考察当地基础设施、城市交通以及自然生态保护等，并就双方感兴趣话题进行探讨，达成将来进一步合作的意向。

7月7日至18日，以县政协主席吴晓为团长的经贸考察团一行5人赴英国、瑞士、意大利进行经贸考察。在意大利普拉托，考察团举办“2011‘纺博会’意大利展暨中国轻纺城‘布满全球’对接会”以及中国轻纺城意大利推介会。在瑞士伯尔尼，考察团在伯尔尼市政府办公厅会议室举行绍兴县与瑞士伯尔尼地区友好经济交流座谈会，探讨双方合作的可能性。在英国兰贝斯市，考察团介绍绍兴县经济社会发展情况并向对方发出秋季纺博会的邀请。

7月17日至28日，县委常委诸剑明率经贸考察团赴美国、加拿大、韩国等国考察。考察团一行实地考察了解美国纽约国际服装、面料及家用纺织品展。还在邀请方萨克勤曼妥国际贸易发展中心的安排下，与其会员单位商谈合作意向，并走访柯桥街道和孙端镇设在洛杉矶的贸易公司，了解其实际运行情况。在加拿大，考察团一行与加拿大中华总商会及其组织的企业进行交流，考察纺织服装市场，开展轻纺城和纺博会推介，就扩大合作与交流进行洽谈，并邀请他们组织企业参加秋季纺博会。考察团还拜访韩国贸易协会及韩国花样设计师协会，参观韩国首尔东大门纺织服装批发市场，了解市场的需求情况，推介中国轻纺城市场，邀请经营户到柯桥采购纺织品。

8月1日至12日，县人大常委会主任徐林土率经贸考察团访问马来西亚、新加坡、美国。在马来西亚访问期间，考察团举办绍兴县投资环境暨重点产业推介会。在新加坡和美国旧金山，考察团一行继续开展投资环境推介，并有针对性地就兰花产业、轻纺创意产业、招才引智进行宣传。

8月21日至31日，县人大常委会副主任施平平率经贸考察团访问芬兰、瑞典、丹麦。考察团一行拜访芬兰华商会，推荐绍兴县特色产业、中国轻纺城和滨海开发区及夏履镇，交流中国产品拓展芬兰市场心得，探讨贸易合作商机；拜访斯德哥尔摩市政厅，听取市政厅有关工作经验介绍，重点推介绍兴县的贸易投资环境；拜访丹麦哥本哈根市政厅，了解其欧债危机后的国内情况，代表团与之认真交换意见，介绍绍兴县经济发展情况和人文特色。还到当地企业实地考察与交流，参观当地服装消费品市场。

10月16日至27日，副县长谢兴长率领城建考察团一行5人赴芬兰、瑞典、丹麦开展城市与交通建设考察。考察团主要考察芬兰、瑞典、丹麦城市、交通建设方面的情况。在芬兰芬中发展交流中心安排下，与城市规划建设专家迪莫进行座谈、交流，考察团介绍绍兴县经济社会发展、中国轻纺城提升发展和柯桥城市建设等有关情况，迪莫详细介绍芬兰的城市规划建设、路网配套等方面的情况，并提出有关加强交流与合作的设想和举措。考察团还实地考察芬兰赫尔辛基、瑞典斯德哥尔摩、丹麦哥本哈根等地的城市建设和铁路、地铁干线建设情况。

11月1日至12日，县委副书记孟柏干率考察团一行6人赴古巴、巴西、秘鲁进行经贸考察。考察团详细了解当地的资源状况、产业结构和发展水平，就开拓南美市场、推进投资建设等进行考察沟通，达成在巴西、秘鲁分别年销售纺织品1000万美元、1500万美元的协议和在秘鲁利马设立纺织品境外窗口的意向。在巴西里约州，考察团会见该州圣贡萨洛市政府官员，介绍绍兴县基本情况，并对加强石化产品的深度开发、对外建筑业的合作推进等提出意见，希望两地加强交流与合作。在秘鲁，考察团受到利马大区布瑞纳市政府官员的热情接待，实地考察该市政府的行政办事大厅、安保监控系统等运行情况，对当地政府部门运作的规范、高效予以充分赞赏，希望两地进一步加强经贸合作。孟柏干一行还会见古巴国家商会国际关系部主任菲利克斯、副主任奥斯马尼等，就推进经济合作与发展等问题进行深入探讨。

【达成3项外商意向项目】 2011年，绍兴县外侨办利用涉外涉侨优势开展招商，共获取意向项目3项。其中日本企业投资的脱水蔬菜加工项目，一期拟投入400万美元，完成富盛镇的实地考察；加拿大加中国际商会计划投资的欧美科技城项目，进入前期洽谈并实地考察省级柯桥高新技术开发区；总投资为1.5亿元用地50亩的县外汽车配件项目，进入与滨海工业区、漓渚镇联系对接阶段。（陈潇肖）

侨　务

【概况】 2011年，绍兴县利用侨商协会这个平台，主动做好以侨引资工作，重点引进省侨商会副会长、意大利华侨周海波到富盛镇投资休闲观光农业项目。该项目总投资1亿元，首期投资5000多万元。继续以“亲情、乡情、友情”为纽带，做好为海外侨港胞的服务和联络联谊工作。至年底，累计接待侨港胞300多人次，接受海外侨港胞捐赠144.2万元。成立全县归侨侨眷联络员队伍，向全县10户老归侨发放生活补贴36000元，利用春节及中秋节对县内60多户重点归侨侨眷及留学人员家属一一进行走访慰问。组织开展日本地震后的涉侨服务，开通24小时联络电话，主动联系绍兴县登记在册的在日人员，开展绍兴县在日人员情况调查。开展南非侨情调研和归侨侨眷空巢老人情况调研。依法保护归侨侨眷的合法权益，妥善处理涉侨信访6件。开展结对扶贫献爱心活动，各侨企为社会提供1000个就业岗位。组织全县中小学生参加第十二届世界华人学生作文大赛，共有131人获奖，其中28人获一等奖。（王征宇　陈潇肖）

【举办“香港同胞故乡行”活动】 2011年8月25日，绍兴县香港同乡会名誉会长郦荣光、会长倪伟虎率绍兴县香港同胞“故乡行”一行90余人到县，参加为期5天的港越两地大型联谊活动。26日晚，绍兴县举行招待晚宴，欢迎参加香港同胞“故乡行”的绍兴县香港同乡会员。市委常委、县委书记何加顺和倪伟虎分别代表绍兴县和绍兴县香港同乡会互赠礼品。绍兴县香港同乡会“故乡行”一行在绍期间参观游览柯岩风景区、绍兴中国酱文化博物馆。 （王征宇）

2011年8月25日～29日，绍兴县举办“香港同胞故乡行”大型联谊活动。 （县侨联供稿）

涉台事务

【概况】 2011年，绍兴县引进6项台商投资项目。累计办理赴台经贸考察团组10批18人次。指导并协助轻纺城台商联谊会完成换届选举。协调处理多起涉台经济纠纷案件，备受台商好评。在安昌镇成立绍兴县首个涉台教育基地。

【引进台湾虱目鱼项目】 2011年4月，绍兴中天水产开发有限公司与台湾天元国际股份有限公司、台湾嘉义县布袋渔业生产合作社等单位合作，从台湾引进虱目鱼项目。该项目总投资9000万元，在滨海工业区建设近300亩虱目鱼养殖基地，采用和南美白对虾套养的生态养殖模式。项目包括鱼苗的养育、养殖到产品加工、冷冻冷藏、物流、营销等一系列产业链。

【首个台资创意机构落户绍兴县】 2011年11月，绍兴宝悦企业管理咨询有限公司正式落户绍兴县创意基地，为基地的首家台资公司，也是绍兴县首家专业企业管理咨询公司。绍兴宝悦企业管理咨询公司是一家专业从事企业战略规划咨询、财务管理、风险预测、品牌推广等企业管理咨询的台资企业。公司成员多为具有在大学任教及担任企业高阶主管等经历、商业管理理论与跨国实务操作经验。

【台湾大学生到县交流】 2011年，参加2011台湾大学生绍兴书法研习夏令营的34位台湾地区高校学生到绍兴县参观交流。在为期7天的夏令营中，台湾大学生们参观中国轻纺城市场和柯岩鲁镇景区，参加曲水流觞、兰亭雅集书艺交流、书法临摹研习、书法圣地考察等活动。台湾大学生绍兴书法研习夏令营活动是省台办批准立项的海峡两岸2011年重大交流项目，参加这次夏令营的是台湾大学、淡江大学等20所台湾地区高校学生。 （蒋立明）

责任编辑　宋如玲

政　法

综　述

2011年，绍兴县政法综治工作把深化平安创建、加强综合治理作为维护社会稳定的重要载体。重点加强镇（街道）综治工作中心、村居委会（社区、企业）综治工作站（室）建设，湖塘、钱清、柯桥、安昌等4个镇（街道）成功创建市级示范综治工作中心，湖塘街道被省综治委命名为省级示范综治工作中心。全面开展平安校园、医院、企业、市场、银行、工地、交通等一系列创建活动，将平安创建工作向基层各行业延伸，实现平安建设的宽领域、广覆盖。全年安全生产三项指标实现零增长，县镇两级换届平稳推进，连续七年成功创建平安县。

【进行社会管理创新试点】　2011年，绍兴县确定安昌、夏履、齐贤三镇为全县社会管理创新试点单位。其中安昌为镇级社会管理创新试点，夏履为村级社会管理创新试点，齐贤为深化“大调解”促进社会管理创新试点。县政法委、县司法局等单位20多次到3个试点镇实地指导，帮助试点镇理思路、谋举措、抓载体、促成效。至年底，安昌镇初步建立起一套党委统领、政府服务、统战助推的社会管理“安昌模式”；夏履镇围绕群众矛盾如何在村级化解、流动人口管理如何加强和镇村如何转变作风提升服务3个重点问题开展积极探索；齐贤镇建平台、优机制、抓源头，不断优化社会事务管理。

【社会稳定指数评价体系投入试行】　2011年，绍兴县建立社会稳定指数评价体系。指数评价的内容主要由信访、社会治安、矛盾纠纷、安全生产等四部分构成，各部分下设子项指标，共计20项，并设置平安创建“一票否决”事项和人民群众安全感满意率作为非经常性指标。该体系的推行有利于党委、政府及时把握社会稳定总体形势，实现社会动态时效管理，构建“党委领导、政府负责、社会协同、公众参与”的社会管理新格局。经过精心准备和大量数据运算，社会稳定指数评价体系投入试行。　（冯　维）

公　安

【概况】　2011年，绍兴县公安局设内设机构和派出机构共45个，其中综合部门、直属大队25个，派出所20个。共有民警858人，其中大学以上学历589人，专科学历258人。

2011年，县公安局接警242951起，其中有效接警109560起，比上年分别上升5.7%和8.8%。全年刑事案件立案111333起，破获刑事案件3984起，破案率比上年上升35.01%。其中二类命案发案19起，破18起，破案率为94.74%；五类案件发案26起，比上年下降7.14%。摧毁黑恶势力团伙16个，成员125人。抓获逃犯511人。查处治安案件11832起，行政拘留2239人。破获各类经济犯罪案件113起，追回赃款赃物共计4793.1万元。查处吸毒人员337人。全年共移送起诉犯罪嫌疑人1633人。绍兴县公安局被省厅评为执法质量优秀单位；柯岩派出所被公安部评为全国基层执法示范单位，被省公安厅评为全省优秀公安基层单位；县看守所被公安部监管局授予全国看守所管理机制创新示范单位称号。傅超获全国五一劳动奖章；任宏亮、李江、金玉峰被评为全省公安机关优秀共产党员；俞建良被评为全省优秀人民警察。2个专案组立集体二等功，2个单位立集体三等功，吴江英立个人一等功，13 人立个人三等功，32 个集体和 156 人被嘉奖。

2011 年 4 月 29 日，绍兴县公安局傅超获全国五一劳动奖章。（县公安局供稿）

【开通网上微博平台】 2011 年 6 月，绍兴县公安局在新浪网、腾讯网上开通微博，抽调政治处、办公室、指挥中心、科技科骨干民警担任微博管理员，实时发布相关工作信息，与网民开展实时交流，回答咨询，解决问题，成为与群众沟通的重要渠道。至年底，发布和回复各类信息 800 余条。新浪微博有粉丝近 1400 人，腾讯微博有粉丝 25.5 万人。

【完成网上办事大厅建设】 2011 年，绍兴县公安局成立网上办事大厅建设领导小组，全面收集可以在网上办事大厅运转的公安办事流程，确定办事服务、警务咨询、警民互动、警察风采等 4 大栏目，设置 28 个条目，提供 75 项事项的公安行政审批项目的网上公示、网上流转。至年底，绍兴县公安局网上办事大厅软硬件设置安装基本结束，进入全面调测阶段。

【“清网行动”抓获逃犯 196 人】 2011 年 5 月底，绍兴县公安局配合公安部开展网上追逃专项督察“清网行动”，赶赴安徽、贵州、河南、四川等绍兴县公安局上网逃犯相对比较集中的省份外出追逃，一大批潜逃多年的逃犯相继落网。225 名上网逃犯归案 196 人，其中命案逃犯 17 人，潜逃 10 年以上逃犯 14 人，公安部治安管理局督捕逃犯、公安部督办案件逃犯、省公安厅督捕逃犯各 1 人，市公安局督捕逃犯 4 人。滨海所、柯桥所、杨汛桥所等 17 个科所队逃犯归案率 100%。抓获外省逃犯 59 人，抓获本省外县逃犯 21 人。

【寄递行业实名制工作成功试点】 2011 年，绍兴县公安局为实现毒品的堵源截流，在全县范围进行寄递行业实名制工作试点，全县 23 家寄递企业参与试点。试点工作开展后，全县寄递企业内部和寄递过程中未发生重大涉毒和危害公共安全的案件。8 月 24 日，国务委员、国家禁毒委主任、公安部部长孟建柱对此表示肯定并要求推广。

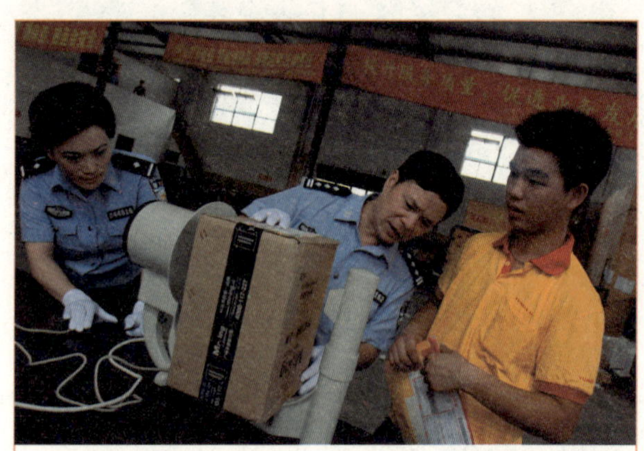

2011 年 8 月 17 日，绍兴县公安局民警进行寄递物品实名制检查。（县公安局供稿）

【实行刑事案件现场勘查和侦查破案一体化】 2011 年，绍兴县公安局探索实施刑侦工作体制改革，根据区域分布和发案形势，把乡镇划分为 4 个片区，组建 4 支责任区刑侦中队，实行刑事案件现场勘查和侦查破案一体化。根据刑事犯罪日趋专业化的实际，在刑侦大队本部建立刑事科学技术室、信息中队、情报中队、办案中队、重案中队、打黑中队、两抢中队、侵财型中队等 8 个专业组，实现情报信息整体收集、定向研判，强化专业打击。

【实行在押人员“腕带”式管理】 2011 年，绍兴县公安局投资 60 余万元，在县看守所建设在押人员“腕带”应用系统，即为每一个在押人员配备可以存储电子信息的“腕带”，与看守所信息管理系统连接，管理人员通过查询“腕带”信息，即可实时掌握相关在押人员关押、管教、提讯会见、临时出所和医疗管理、在所消费等情况，使在押人员的关押情况和管教民警的工作落实情况一目了然，使在押人员权益得到更好维护，监所安全更有保障。

【建立银行 ATM 机安全巡逻队】 2011 年 1 月 28 日，绍兴县公安局筹建专门保障自助银行和自助柜员机安全的治安巡逻队。巡逻队共 12 名队员，每天到各银行网点巡逻，对 ATM 机出钞口、插卡处、键盘等重点部位进行检查，并与银行内部保安进行交流，观察进出自助银行的取款人。巡逻队巡防范围为柯桥街道 61 处自助银行、ATM 机网点，队员的主要任务是发现、制止各类违法犯罪行为，处置滞留在自助网点的可疑人员，协助公安机关处置突发事件，发现并清除各类自助设备加装装置、虚假广告、可疑电话等。

【推行港澳旅游再次签注自助受理】 2011 年 4 月，绍兴县公安局出入境管理大队引进港澳地区往来再次签注自助受理机，推行港澳旅游再次签注自助受理。申请人仅凭港澳往来通行证在受理机上就可以自行完成受理、付费、打印回执单等一系列程序，免去填表、排队等环节，缩短办理时间。（张 剑 谢敏敏）

检 察

【概况】 2011 年，绍兴县检察工作围绕“强化法律监督，维护公平正义”检察工作主题，全面履行法律监督职能。县检察院执行下访巡访制度，落实内设机构联系镇（街道）制度；深入各学校开展多场法制讲座，加强对青少年犯罪预防；创新法制宣传形式，举办“法治柯桥”专场文艺晚会。围绕“全国诚信市场”创建工作，联合相关部门就如何加强花样版权保护开展调研，提出意见建议；建立与行业协会和市场重点经营户的联系制度，对行业管理中出现的问题提出建议。

【促进息诉罢访 220 件次】 2011 年，绍兴县检察院与县司法局建立《关于检察执法与人民调解衔接联动的实施办法》，对 25 名符合条件、达成刑事和解的犯罪嫌疑人作出不起诉决定。对 15 起刑事案件被害人或家属实施司法救助。调处民行申诉案件 13 件，促成 9 起案件在法院再审阶段调解结案，1 起案件在建议市院提请抗诉阶段和解，21 起案件当事人服判息诉。受理控告、举报、申诉 334 件，促进当事人息诉罢访 220 件次。

【批准逮捕 1291 人】 2011 年，绍兴县检察院共受理各类审查批捕案件 869 件，涉案 1390 人，批准逮捕 1291 人。受理各类审查起诉案件 974 件，涉案 1673 人，提起公诉 1538 人，报送市检察院审查起诉 81 人。因事实不清、证据不足不捕 82 人，无逮捕必要不捕 17 人，无罪不捕 1 人，不捕数同比上升 72.4%。

【查办贪污贿赂案 12 件】 2011 年，绍兴县检察院立案查办贪污贿赂犯罪案件 12 件，涉案 13 人，抓获在逃嫌疑人 2 人。加强规范侦察活动，完善办案机制，提升办案水平，在司法警察的配合下，确保安全、依法、文明办案。县反贪污贿赂局被浙江省人民检察院记集体二等功。

【涉企法律巡回宣讲 11 场】 2011 年，绍兴县检察院开展以帮助企业防范经营管理法律风险为核心的服务企业活动，在重点镇（街道、开发区）、大型企业开展涉企法律巡回宣讲 11 场。结合近年来发生在县内的破坏市场经济秩序和金融管理秩序典型案例，编写《涉企法律宣传手册》，分发至 400 余家企业，引导企业规范经营。

2011 年 9 月 8 日，绍兴县检察院服务企业“六个一”活动涉企法律巡回宣讲会首场在滨海工业区管委会举行。（县检察院供稿）

【强化诉讼监督】 2011年，绍兴县检察院加强对立案和侦查活动的监督，全年监督应当立案而不立案的案件14件，涉案22人；监督不应当立案而立案的案件6件，涉案6人；纠正漏捕7人，纠正侦查活动中违法行为5件次。加强对审判活动的监督，在二审程序提出抗诉2件，涉案5人，其中1件4人获得改判；受理各类民事行政申诉案件40件，向市检察院提请抗诉7件，建议市检察院提请抗诉7件。加强对刑罚执行和监管活动的监督，审查呈报减刑、假释、暂予监外执行124人。对10名不符合减刑条件的罪犯，建议取消减刑资格，对13名罪犯建议调整减刑幅度，建议增报减刑、假释1人。先后开展看守所使用械具情况、在押人员立功情况等专项检查，保障在押人员的权益。联合相关部门对全县400多名社区矫正对象进行全面考察，对不服管教的社区矫正对象建议收监1人。

【落实职务犯罪预防工作】 2011年，绍兴县检察院与县消防大队、县柯桥电建公司建立行业预防共建机制，开展行贿犯罪档案查询工作，受理查询申请162次，查出2人有行贿犯罪记录并建议作出相应处置。在行政服务中心设立窗口，加强对招投标行业廉政准入监督。开展专项预防，对轻纺城北联托运市场、体育中心等政府性投资项目进行跟踪预防。开展各类警示教育活动，进行预防宣讲17次，组织900余人参观全省“法治与责任——全国检察机关惩治和预防渎职侵权犯罪展览”浙江巡展绍兴站展览。

【立案查办渎职犯罪案2件】 2011年，绍兴县检察院立案查办渎职犯罪案件2件，涉案2人，其中1人数罪并罚被法院判处十年九个月。开展信息收集和线索初查工作，参与安全事故调查8起。联合其他部门举办以“加强渎职侵权检察工作，促进依法行政与公正司法”为主题的举报宣传活动，提升群众对渎职侵权检察工作认知度。

（朱　芳）

法　院

【概况】 2011年，绍兴县法院受理各类案件14928件，办结14597件，同比分别增长12.7%和10.6%，结案率92.1%，一线法官人均结案242件，各项主要办案指标均居全省前列，被省高院评为阳光司法优秀法院。组织县西藏民族中学150余名学生旁听庭审，并在庭后答疑解惑，取得良好效果，县法院被评为省级优秀青少年维权岗。

【审结刑事案件852件】 2011年，绍兴县法院依法审结盗窃、抢劫、抢夺等多发性侵财型犯罪案件426件，涉案766人；审结毒品犯罪案件63件，涉案99人；以危险驾驶罪判处被告人9人。全年共审结刑事案件852件，判处罪犯1495人，同比分别下降5.2%和0.7%，其中判处五年以上有期徒刑139人。

【审结民商事案件9275件】 2011年，绍兴县法院贯彻“调解优先、调判结合”工作原则，加大调解力度，调撤率70.8%，列全省法院第九位，民事调解案件自动履行率86.4%，列全省法院第15位。参与县大调解工作，完善人民调解与诉讼调解对接机制，人民调解室共受理人民调解案件598件，成功调解547件，成功率91.5%。全年审结各类民商事案件9275件，同比增长6.1%，一审民事息诉率为93.5%。

【审结行政案件36件】 2011年，绍兴县法院受理行政案件37件，审结36件，比上年分别上升11.8%和12.5%。审查非诉行政执行案件381件，其中裁定予以执行178件，执结178件。运用行政案件案外协调机制，27件案件撤诉，占69.2%，比上年上升107.7%。发送行政首长出庭应诉通知书12份，7件案件的行政首长出庭应诉，其中6件经协调后撤诉。发挥全省行政诉讼简易程序试点优势，5件案件实行简易程序审理，平均审理时间31天。继续以行政审判“白皮书”形式，一年两次向县政府通报行政诉讼情况。

【案件执结率97.4%】 2011年，绍兴县法院执结各类案件4033件，同比上升20.8%，执结率为97.4%。人均执结224件，执行标的清偿率为79.4%，民商案件实际履行率为88.5%。增设执行实施科、执行监督科、执行综合科。采取在媒体上公布不履行义务信息、将不良记录纳入征信系统、限制出境、强制审计等措施，完善执行威慑机制。加大对抗拒执行、逃避执行、规避执行的惩治力度，在各类媒体上曝光97名被执行人，对74人次采取司法拘留措施，对1名构成犯罪的被执行人追究刑事责任。与县公安局共同出台《关于进一步依法规范人民法院执行和公安交警部门协助执行的实施意见》，加强对被执行人车辆的协助监控和查扣。

【妥善审理破产案件】 2011年，绍兴县法院受理光宇集团、长三角、易信绣品等企业系列破产清算案件。《人民法院报》以《绍兴：处理系列破产案的正传与外传》为题专版介绍县法院能动司法、服务大局的经验做法。编写《企业解困工作简报》，定期向有关领导、部门通报工作进展情况。

【审结知识产权纠纷案300件】 2011年，绍兴县法院受理知识产权案件315件，审结300件，同比上升34.04%和31.6%，其中调撤267件，调撤率89%。审结涉外、涉港澳台案件77件，涉及韩国、土耳其、巴基斯坦等7个国家和地区。联合县工商行政管理局等部门开展知识产权广场咨询活动。实行知识产权专业型人民陪审员陪审制，由具有专业知识的专家担任陪审员，提高知识产权案件的审判质量。

（黄剑鸣　刘　婷）

司法行政

【概况】 2011年，绍兴县司法工作把握“加强和创新社会管理”主要任务，发挥法律服务、法律保障和法制宣传职能作用。绍兴县司法局被司法部授予全国司法所建设工作先进单位称号，被省司法厅记集体二等功，同时被评为浙江省司法行政系统先进集体、浙江省司法行政法律服务中心先进单位、浙江省法律援助先进单位。绍兴县普法办被省委、省政府授予全省法制宣传教育先进普法办称号。绍兴县被全国普法办授予首批全国法治县（市、区）创建活动先进单位称号。

【成功调解矛盾纠纷14199起】 2011年，绍兴县司法局启用检调对接机制，成立交通事故调解委员会，采用视频调解方式，县、镇、村三级大调解体系日趋完善。全年各级调解组织共受理矛盾纠纷14362起，调处成功14199起，成功率98.87%，其中人民调解受理7170件，成功7091件，成功率98.90%。

【启动“六五”普法工作】 2011年，绍兴县召开全县“五五”普法总结表彰暨“六五”普法动员大会，出台《关于在全县公民中开展法制宣传教育的第六个五年规划（2011—2015）》，“六五”普法工作全面展开。针对2011年全县村两委换届选举工作，编印并发放相关法律法规手册3000册、宣传挂图400套，组织换届后的村（居委会、社区）干部法制培训。

2011年9月16日，绍兴县召开“五五”普法总结表彰暨“六五”普法动员大会。（沈浩根摄）

【创建省级规范化司法所2家】 2011年，绍兴县加强司法所规范化建设。6月，召开全县司法所规范化建设现场会，推广齐贤试点经验。兰亭司法所、齐贤司法所迁址；安昌、稽东、平水、孙端司法所将陆续兴建，其他司法所按统一标识、集中办公要求进行规范。齐贤、平水2家司法所创建为省级规范化司法所，兰亭、马鞍、柯岩、湖塘、漓渚、夏履等6家司法所创建为市级规范化司法所。

【建立社区矫正联动长效工作机制】 2011年，绍兴县开展防脱管、防漏管、防严重再犯罪为内容的“三防”专项安保活动，建立社区矫正联动长效工作机制，落实公、检、法、司联席会议制度和工作通报制度，司法所与公安派出所、村（居委会、社区）情况通报制度，形成“三位一体”矫正合力。这年全县有社区服刑人员 399 人，其中新增服刑人员 225 人、同期解除社区矫正 231 人；有归正人员 1354 人，其中新增人员 259 人，社区服刑人员脱管率在 1.5% 以内，再犯罪率在 0.5% 以内，低于省平均水平。（濮一鸣）

2011 年 9 月 19 日～24 日，绍兴县举行人民调解暨社区矫正业务培训。（县司法局供稿）

典型案例

【汤某物权保护纠纷案】 家住稽东镇的低保户汤某，2009 年 12 月，女儿在交通事故中死亡，赔偿事宜由其妻舅办理，后通过法院判决获得 33 万余元的赔偿款。赔偿款到手后，汤某妻舅以帮忙保管为借口，将部分赔偿款以汤某妻子李某的名义存到农业银行。不久，在汤某夫妇不知情的情况下，其妻舅又将存在该银行卡里的钱拿走，并于 2010 年 5 月注销了该卡。之后，汤某因修缮房屋要求拿回属于自己的赔偿款，其妻舅却不肯归还。汤某找村干部、“钱江老娘舅”前去调解，可其妻舅家避而不见。

2010 年 11 月，汤某夫妇来到绍兴县法律援助中心，要求提供法律援助。中心经审查后受理了汤某的申请并及时指派律师办理该案。为搞清案情，援助律师多方调查取证，逐步形成较为明确的思路。12 月，汤某夫妇向绍兴县人民法院起诉，要求汤某妻舅夫妇返还汤某女儿的赔偿款 19 万元。在庭审中，汤某妻舅夫妇共同辩称：未曾拿到汤某女儿的赔偿款；确实曾经拿走李某的身份证开过银行账户，也曾存过钱，但这只是借李某的身份证开户存钱，但存的款是自己的钱，并非汤某女儿的赔偿款。援助律师认为：根据《中华人民共和国物权法》第三十四条规定：“无权占有不动产或动产的，权利人可以请求返还原物。”本案中，讼争款项来源于汤某妻子李某的银行卡，根据中国人民银行关于存款实名制的相关规定，这 19 万元应当为李某所有，因汤某与李某系夫妻关系，故为该笔存款的共有人，被告用李某的身份证从其银行卡中取出 19 万元并占有该笔款，无合法性可言。其二，被告并没有证据证明曾借用了汤某妻子李某的身份证在银行开户这一事实。其三，根据本案事实，2010 年 5 月 5 日前汤某夫妇因女儿死亡已从赔偿义务人处获得 10 多万元赔偿款，银行卡上的 19 万元是来源于赔偿款这一说法比较可信。2011 年 3 月，绍兴县人民法院经过开庭审理后，作出了一审判决，被告（汤某妻舅夫妇）应于判决生效后十日内返还原告（汤某夫妇）人民币 18 万元。但一审判决书下达后，被告（汤某妻舅夫妇）不服法院判决，又提起上诉。4 月，汤某又来到了绍兴县法律援助中心，要求再次提供法律援助，中心工作人员详细了解情况后，对汤某进行了第二次法律援助，指派援助律师应诉。6 月，二审法院经过审理对该物权保护纠纷作出了“驳回上诉，维持原判”的终审判决。

【李老汉等 62 户购房人的房产证案】 绍兴世界贸易中心有限公司（以下简称世贸公司）在绍兴县某处开发办公用房。根据合同约定，该房产于 2004 年 5 月 31 日前交房。后因消防设施无法通过验收，该公司延迟交房。2008 年 10 月，因资金链断裂，导致股东下落不明、公司停止经营。世贸公司被吊销营业执照。后经当地政府部门多次协调，已全部付清房款的购房人可由地方税务局代开正式发票并凭此办理房产权证。但其中李老汉与其他 61 户购房人此前曾与开发商达成协议，在签订合同时先支付 90% 房款，剩余的10%在正式交房后付清。此时，世贸公司作为债权人已停止经营，致使债务人李老汉等无法履行其债务。90%的房款拿不回来，10%的房款又没处去交。截至2010年，这62户购房人因房款尚未付清，无法办理房产权证，多次到绍兴县政府上访。

在县政府组织的协调会上，绍兴县公证处提出可以办理提存公证，让购房人将未付清部分房款提存到公证处，从而结清购房人对世贸公司的债务，便于办理房产证。绍兴县公证处建议：由房管部门根据购房人的申请，负责对有关情况进行初步审查，并出具相关意见；购房人向公证处申请办理提存公证，并承诺按法律规定处置提存公证的款项；税务部门发出税款催缴通知书并抄送公证处，并在公证处的提存账户中的提存标的物中直接划付应缴税款；税务部门收到税款后，按规定开具正式发票；购房人凭提存公证书和正式发票申办房产权证。

2011年8月，李老汉带着20万元来到公证处办理提存公证。公证书写道："李将债务标的剩余的购房款人民币贰拾万元整提交于我处。从即日起，债务人李所欠债权人绍兴世界贸易中心有限公司的上述债务已经履行。"在县公证处的多次努力下，62户购房者终于如愿拿到了迟到多年的房产证。 （濮一鸣 黄剑鸣）

责任编辑 郑文燕

军　事

综　述

2011年，绍兴县武装工作坚持以形成信息化体系作战能力为主线，围绕“平时服务、急时应急、战时应战”总要求，注重编组、部署、训练、运用“一体化”建设，构建“平时能应急，战时能应战”队伍，全年共组织9个批次共10支民兵专业队伍训练，实现全县所有基层单位达标，30%达到先进标准。县人武部新营院建成启用，信息自动化办公网络初步建成。优质高效完成年度征兵任务。县政府被省政府、省军区表彰为征兵工作先进单位，县人武部党委被浙江省军区表彰为先进团党委，被绍兴军分区表彰为安全管理先进单位、新闻报道先进单位、财经管理先进单位。（丁东凯）

国防教育

【概况】 2011年，绍兴县加大以党政干部、企业干部、青年学生和民兵预备役人员为重点的国防教育。全年有300余名党政干部、210余名企业干部参加军事日活动，2300余名学生接受军训。

【组织县领导赴舟山过军事日】 2011年7月23日，绍兴县组织县四套班子领导、县法院院长、县检察院检察长等40余人赴东海舰队驻舟山某驱逐舰支队、驻宁波某潜艇支队过军事日，参观新型水面舰艇、潜艇等主战装备。

【召开国防形势专题报告会】 2011年7月28日，绍兴县特邀国防大学战略研究所副所长教授孟祥青作以当前国际形势与我国安全环境为主题的国防形势专题报告，县四套班子领导、各镇（街道）党政主要领导和县机关各部门中县委管理的现职领导干部420余人出席报告会。

（丁东凯）

2011年7月，绍兴县组织机关领导过军事日活动。（县人武部供稿）

军民共建

【概况】 2011年，绍兴县人武部组织民兵执行山林灭火、抗洪抢险、应急维稳等任务。组织参加第三届全国道德模范评比。并且和稽东镇大桥村结对共建，为稽东镇困难学生提供定期资助，会同华舍街道等调处涉军纠纷。

【民兵应急队伍维护社会秩序】 2011年6月13日，绍兴县人武部组织民兵应急机动大队和部分乡镇民兵应急力量210余人，紧急出动，到杨汛桥镇协助地方公安部门维护社会秩序，受到地方党委、政府肯定。

【水上抢险分队支援诸暨抗洪抢险救灾】 2011年6月19日，绍兴县组织民兵水上抢险分队和部分应急分队成员 125 人，赶赴诸暨店口镇参与抗洪抢险救灾行动，动用冲锋舟 3 艘，对讲机 8 部，救生衣 50 件。（丁东凯）

民兵 预备役 兵役

【概况】 2011 年，绍兴县人武部完成 9 批次 860 余人次基干民兵和其他分队的军事训练；组织 630 人次民兵参加山林灭火、应急维稳、跨区抗洪抢险等应急性任务。

【民兵情报信息工作试点】 2011 年 3 月，绍兴县接受浙江省军区、绍兴军分区给予的深化民兵情报信息工作试点任务。县人武部对民兵情报力量需求、规模和布局进行研究设计，完善相关库室，购置装备器材，重点建好区域网、行业网和直控网。制订《民兵情报信息工作规范》和《民兵情报员工作手册》，组建信息报送分发平台和一支基本覆盖重要区域、重点行业民兵信息员队伍，并对信息员进行技能培训。

【后备力量基层规范化 100% 达标】 2011 年，绍兴县在基层规范化建设达标活动中，19 个镇（街道）武装部和 397 个民兵营（连）部 100% 完成达标任务，30% 达到先进标准。绍兴军分区首长先后到柯桥街道、杨汛桥镇、钱清镇梅东村、齐贤镇阳嘉龙居委会检查民兵营（连）部建设。

【组织全县专武干部和民兵联训】 2011 年 5 月 5 日至 14 日，绍兴县人武部组织 39 名专武干部、125 名基干民兵参加为期 10 天的军事训练。民兵训练分队红蓝对抗，突出实战、技术训练；专武干部训练突出军事理论、手枪射击、战炮班操作、战术标图和干部编组作业；民兵应急连突出盾牌警棍术、擒敌技术、81 式步枪精准射击、12.7 重机枪操作和分队应对公共突发事件时的紧急行动演练。

【进行水上抢险分队训练】 2011 年 7 月 19 日至 23 日，绍兴县人武部组织为期 5 天、30 人参加的水上抢险分队骨干训练。训练以培养应急队伍抢险救灾能力素质为主，突出水文常识、冲锋舟操作、水上编队航行、水上救护与自救 4 个课题，训练考核成绩优秀。

2011 年 5 月，绍兴县民兵应急连训练现场。（县人武部供稿）

【开展郭兴福教学法演训】 2011 年 8 月 15 日至 31 日，绍兴县人武部组织纪念郭兴福教学法命名 50 周年汇报演训。8 名机炮专业骨干参加为期 17 天的迫击炮简便射击教学法演训。训练全程贯穿郭兴福教学法精神，坚持从难从严、从实战需要出发，取得预期效果。

【县人武部新营院建成启用】 2011 年 9 月 28 日，绍兴县人武部新营院落成启用。人武部新营院于 2008 年 11 月 1 日开工建设，由 1 幢 9 层办公楼和 1 幢 5 层生活楼组成，占地 4996 平方米，建筑面积 9889 平方米，共投入资金 3800 余万元。内部配套设施同期完成。

【义务兵家庭优待金提高到 14600 元】 2011 年，绍兴县完成新兵征集任务。义务兵家庭优待金由 13027 元调整为 14600 元，农村退役士兵安置补偿金标准都达到 1 万元以上，义务兵征集实行全县统筹。（丁东凯）

武 警

【概况】 2011 年，武警绍兴县中队完成以执勤、处突为中心的各项任务。全年执行临时性押解勤务 86 起，出动兵力 185 人次，押送罪犯 832 人，行程约 25600 公里；完成县“两会”执勤、中考高考“试卷警卫”、浦阳江抗洪抢险救灾等各类临时性任务 12 起，出动兵力 200 余人次；完成瑞丰银行、县职教中心、杨汛桥电子学校、园艺学校等单位军训任务，提供培训人员 186 人次；开展“警营开放日”活动，接待绍兴一中、绍兴市海关等单位 2000 余人次到队参观。县武警中队有 2 人立个人三等功。

【进行基层正规化管理试点】 2011 年 6 月 ~7 月，武警绍兴县中队进行《基层正规化管理规定》试点。试点后，场所库室更加规范有序，环境更加规范美观，后勤保障更加科学高效，试点成果得到省武警总队高度肯定，县武警中队被绍兴支队评为正规化建设先进单位。（程 兢）

2011 年 8 月 11 日，武警绍兴支队落实《基层正规化管理规定》现场会在绍兴县召开。
（武警绍兴县中队供稿）

消 防

【概况】 2011 年，绍兴县消防大队共接警出动 1037 次，出动车辆 1230 辆，出动警力 8425 人，抢救被困人员 129 人，疏散被困人员 18 人，抢救财产价值 1197 万元。开展清剿火患行动，结合 119 消防宣传月活动，利用媒体播报以全民消防安全宣传教育纲要为主题的公益广告，利用“消防队长谈火患”专访，介绍“纲要”知识。走访党委政府、纪检监察和公安机关、新闻媒体、辖区社会消防安全重点单位 120 余家，走访消防执法处罚对象、来信来访群众、办事群众和消防执法廉政监督员 200 余人次，发放意见征集卡 600 余份，收集意见和建议 3 条，结案及反馈率达到了 100%。

【开展清剿火患行动】 2011 年，绍兴县消防大队开展“清剿火患”行动。建立火灾隐患举报投诉中心，方便群众举报火灾隐患和消防违法，及时消除隐患。编制 1000 份清剿火患行动工作手册，为全县开展清剿火患行动提供技术支持。加大监督执法力度，加快执法规范化建设。全年检查单位 5802 家，发现火灾隐患 10193 处，督促整改 9951 处，临时查封 310 家，责令“三停”90 家，罚款 249.52 万元，拘留 34 人。

【推进战勤保障体系建设】 2011 年，县消防大队投资 2500 万元开始新建平水新城消防站。投资 20 余万元在滨海中队开辟大型农牧场基地。斥资 15 万元对柯桥、滨海 2 个中队营房进行修建补漏和会议室桌椅更新。斥资 5 万元对大队办公电脑、打印机进行整体更换。采购 4 辆各类消防车。其中 2 辆五十菱水罐车，1 辆重型水罐车，1 辆进口 A 类泡沫车。

【开展全民消防宣传教育活动】 2011 年，绍兴县消防大队聘任社区（村）消防宣传员，在全县 116 个社区、291 个村聘任 10732 位消防宣传员，基本保证每幢楼都有 1 名社区消防宣传员，每 15 户农村家庭就有 1 位农村消防宣传员。大队定期发放 1000 份《鉴湖消防》给各政府单位和社会企业，及时宣传阶段性消防工作重点。建立专属 QQ 号，利用 QQ 群、QQ 空间、微博等网络宣传平台，发布消防安全知识和通报社会火情，及时解决群众反映的问题。动员群众征订“浙江消防手机报”，全县 32 家单位自愿订购，共计 9467 份。（焦志高）

人民防空

【概况】 2011 年，绍兴县人防工作按照“一主三城三区”的县域总体规划空间布局，编制完成《绍兴县域人民防空专项规划》，为全省首个县域人防专项规划，实现城乡人防规划全覆盖。按照省、市有关要求，编制完成《绍兴县人民防空“十二五”发展规划》。出台《关于进一步加强绍兴县镇（街道）人民防空工作的实施意见》，推动人防工作向城乡延伸，向基层扩展。全县4个街道和15个镇全部建立人民防空领导小组，成立由镇（街道）政府主要领导担任组长，人武部长和分管城建工作的副镇长（副主任）担任副组长的人防工作领导小组，配备专（兼）职人员，建立工作标准和工作制度。全县19个镇（街道）新组建民防应急救援队和民防志愿者队伍，初步构建成由人防专业队、民防应急救援队和民防志愿者队伍组成的应急应战救援队伍体系。

【在建人防工程33个】 2011年，绍兴县人防工程在建33个，建筑面积17万平方米；竣工12个，建筑面积4.96万平方米，会审5个，建筑面积3.3万平方米。在重点镇开展人防工程规划、建设、管理。全年办理易地建设项目51个，收取人防易地建设费6016.6万元。加强项目批后管理，人防工程实行专业质监，建立巡查日志手册制。

【进行人防疏散演习】 2011年，绍兴县对26台防空警报器升级改造、维修调试，参加全市“5·12”防空防灾音响警报统一试鸣，防空警报鸣放率100%。在瓜渚湖、下方桥、迎驾桥等多个社区，开展人防疏散演习。累计在瓜渚风情、日月潭等10个小区设立社区疏散指示牌443块。

2011年5月11日，绍兴县举行人防演练。
（县人防办供稿）

【平水应急指挥中心动工建设】 2011年，绍兴县实施0901人防工程和大坂湖民防应急疏散基地建设，完成省、市、县三级有关部门立项和土地公告及图审，准备财政标底审核；2个项目初步设计方案经评审会评审，完成施工图；项目临时用水、用电施工、工程招标准备工作同步开展。平水镇应急指挥中心施工招标并动工建设。

（张　苗）

责任编辑　郑文燕

社会事务

人口与计划生育

【概况】 2011年，绍兴县共出生4986人，计划生育率98.62%；人口出生率在7.60‰以内，人口自然增长率1.09‰以内；出生性别比106.99，保持在107的正常范围内；流入已婚育龄妇女服务管理率和流出已婚育龄妇女信息掌握率均88%以上；免费孕前优生检测率100%，免费婚检率100%，外来人员免费优生监测183人，免费营养素补助185人。全员人口基础信息管理准确率95%以上；出生当年上报及时率95%以上，统计误差率2%以下；育龄群众的计划生育基础知识知晓率92%，群众对计划生育工作的满意率95.65%。

2011年，县人口计生局再生育审批1072例，其中特殊情况生育审批114例。计划生育“一票否决”共审核60批次，其中审核个人582人次，单位457个，没有被否决的单位和个人。开通“12356”阳光计生服务热线，在柯岩街道开展创建市级阳光计生示范点活动。召开县计划生育协会第五届第四次全体会议，调整理事28名，新增补企业理事8名。建立信访老户专项治理制度和重大事项3小时内上报制，全年受理群众来信来访来电65件（次），查办65件（次），查办率100%。柯岩街道、孙端镇、湖塘街道、齐贤镇、兰亭镇等创建成为市生育文明示范镇（街道），累计建成7个市生育文明示范镇（街道）。有7个村（居委会、社区）建成市级生育文化特色村（居委会、社区），1个村建成市级生育文化园。全县有第二批全国人口和计划生育基层群众自治示范村1个，浙江省第二批人口和计划生育基层群众自治示范村（居委会、社区）15个、企业10家。钱清镇获全国第一批计划生育依法行政示范乡镇称号。县人口计生局、华舍街道办事处获“十一五”全省人口和计划生育系统先进集体称号。

【出台3项流动人口计生新政】 2011年，绍兴县出台3项新政深入推进流动人口计生均等化服务。外来流动人口在绍兴县居住1年以上、持有“流动人口婚育证明”且符合法定条件生育的，免费获得孕前优生检测及优生营养素补充；持有“流动人口婚育证明”的流动已婚育龄妇女，可以免费享受不少于2年1次的生殖健康体检；在绍兴县居住1年以上且在绍兴县首次落实长效避孕节育措施的外来流动育龄夫妻，享受与绍兴县户籍人口同等的奖励政策。

【多层次新建“三优”指导中心】 2011年，绍兴县计生指导站建成县“三优”（优生、优育、优教）指导中心，规划设计和新建钱清镇、齐贤镇为省级“三优”指导中心，平水镇为市级“三优”指导中心，湖塘街道、福全镇、孙端镇、杨汛桥镇、夏履镇等为镇（街道、开发委）级“三优”指导中心。在各行政村（居委会、社区）进行“三优”服务室温馨化改造，全县搭建起点面结合、上下联动的“三优”工作框架。

【奖励扶助农村部分计生家庭】 2011年，绍兴县继续实施农村部分计生家庭奖励扶助和特别扶助制度，新增奖励扶助对象1722人，退出161人，总计6780人，发放资金610.2万元；新增特别扶助对象18人，退出2人，总计334人，发放资金71.46万元。独生子女家庭42421户，发放奖励费341.47万元；参加养老保险独生子女家庭49719户，发放补贴1194万元；计生公益救助171人，发放计生公益金20.72万元；首次落实长效避孕节育措施2265人，发放奖励费17.99万元。442名“双农独女户”家庭的女儿享受中考加5分政策，累计2571人。

【为30万名已婚育龄妇女查孕查环查病】 2011年，绍兴县各类计生节育手术、产后等随访率达97%。计划外怀孕率控制在1.5%以下。县人口计生局开展查孕查环查病服务，为30.71万名已婚育龄妇女查孕查环查病，上报国家避孕药具不良反应病例265例。

【征收专项治理社会抚养费】 2011年，绍兴县人口计生局与县法院开展3次集中整治活动，征收专项治理社会抚养费，64起案件进行集中执行，计160余万元。2010年1月至2011年9月，全县共作出征收决定400例，应征2002.32万元，实征1454.07万元，案件征收率95%，金额征收率72.62%。

【1000多户受益生育关怀冠名基金】 2011年，绍兴县发动民资民企建立生育关怀冠名基金，累计建立36个总额达1.01亿元的生育关怀冠名基金，使1000多户计生困难家庭受益。（孟万龙）

民政工作

【概况】 2011年，绍兴县民政工作以保障和改善民生为己任，坚持重民生与促发展相结合，提升社会救助水平，规范社会事务管理，促进社会公平和谐。完成村委会换届选举工作，县民政局会同县委组织部分批对各村主职干部进行业务培训。发挥救助管理站功能，重点做好流浪未成年人救助保护工作，实行人性化、亲情化服务，全年共救助436人，其中男性377人、女性59人，60周岁以上老人27人、18周岁以下未成年人22人、残疾人47人。县民政局行政服务窗口全年受理八大类600余件审批服务事项，按时办结率99.7%，时间提前率95.1%，90%实行即到即办。依法开展民间组织年检年审，应检262个，其中社会团体156个、民办非企业单位106个，实检242个，拟注销登记20个，年检率100%。全年注册登记各类社会组织24个，涵盖镇（街道）商会、专业性行业协会、特色商会和一批民办非企业单位等。

2011年，绍兴县被省民政厅表彰为2010年全省民政工作先进县、2010年全省平安边界建设创优工作县级示范单位；被省政府、省军区表彰为2009年冬季退役士兵安置工作先进单位；被省委、省政府表彰为2010年度低收入农户奔小康工程结对帮扶工作先进单位；被绍兴市委、市政府表彰为2006～2010年法治宣传教育先进单位。

【慰问困难群众10883人】 2011年春节，绍兴县民政部门开展“送温暖”惠民大行动，走访城乡低保对象10079人、孤儿178人、敬老院入院老人563人、县领导结对学生33人、麻风病人30人，为困难对象发放慰问金合计226.73万元。

【发放低保金2537万余元】 2011年，绍兴县出台《关于调整城乡居民最低生活保障标准的通知》，城乡居民低保标准分别从原来每人每月400元、300元提高到470元、370元，低保对象月人均最低补差从60元提高到100元。实行为期6个月的低保退出过渡期，切实保障低保家庭基本生活。新增低保对象495户1005人，注销379户830人，至年底，全县在册低保对象5975户10254人。全年发放低保金2537.25万元，基本生活价格补贴520.9万元。

【对2345名困难群众实施医疗救助】 2011年，绍兴县对各类对象医保范围内的个人自负医疗费用均实行零起救线，并提高救助比例，救助金额上不封顶；对低保对象和低保边缘对象在住院期间发生的医保范围以外的自费医疗费用再分别给予50%和30%的特殊救助，至年底发放特殊医疗救助金76.3万元，救助349人；对尿毒症患者做常规血透和器官移植患者实行定额救助。全县有尿毒症患者200余人，每人每年最多可以享受4680元定额救助，全年发放13.28万元。器官移植救助标准为肾移植每人6万元，骨髓移植每人8万元，肝移植每人10万元，全年向3类器官移植患者发放救助金22万元。全县全年共发放医疗救助金1469万元，救助2345人，人均救助6264元。

【发放临时救助金234.42万元】 2011年，绍兴县对因患危重疾病、慢性疾病以及因火灾、车祸、溺水等突发性事件造成生活困难的家庭，按照城乡居民低保标准、家庭人口、解困期限给予一次性救助；对因火灾需重建房屋的家庭，按照自然灾害倒塌房屋的标准给予一次性救助。其中低保户每户最高10000元，低保边缘户每户最高8000元，其他困难对象每户最高6000元；对低保及低保边缘对象子女考上大学的，在慈善助学的基础上仍无力支付学校最低寄宿费用的，分别给予每人每学年3000元和2000元的救助。全年发放困难群众临时救助金234.42万元，救助户数1086户，户均救助2159元。

【慰问驻绍部队官兵和优抚对象4815人次】 2011年，绍兴县各镇（街道）开展拥军优属活动，春节期间慰问部队和重点优抚对象3063人次，发放慰问金283.14万元；"八一"节慰问部队和重点优抚对象1752人，发放慰问金289.62万元。

【退役士兵自谋职业率100%】 2011年，绍兴县发放城镇退役士兵自谋职业安置补助金463.55万元，发放农村退役士兵安置补助金243.11万元，发放现役义务兵家庭优待金1089万元，退役士兵自谋职业率连续12年达到100%。

【提高各类优抚金标准】 2011年，绍兴县及时提高各类优抚对象优抚金标准。烈属从原每月1979元提高到现每月2242元，建国后入伍的复员军人从原每月918元提高到每月1043元。全年共发放优抚金1238万元。

【建立退役士兵职业技能教育培训工作机制】 2011年，绍兴县出台《绍兴县退役士兵职业技能教育培训实施办法（试行）》，5月20日举办退役士兵职业技能培训班开班仪式，43名退役士兵参加印染打样、维修电工等2个专业的培训。培训采用理论教育与企业实习相结合的办法，力求退役士兵学以致用。出台退役士兵学习汽车驾驶技能补贴3000元制度，全年补贴57人。

【落实专项优抚政策】 2011年，绍兴县对优抚对象实施医疗救助，全年发放医疗救助金139.46万元，其中大病医疗救助22.28万元，门诊医疗补助117.18万元。组织老复员军人健康体检，全县426名参加过抗日战争、解放战争、抗美援朝战争的老复员军人参加体检，并建立健康档案。对农村老退伍军人发放养老补贴和老年生活补助，全年发放养老补贴322.77万元，惠及2657人。临时救助优抚对象608人，全年发放临时救助金68.32万元。

【发放孤儿基本生活费53万余元】 2011年，绍兴县出台《绍兴县人民政府办公室转发县民政局县财政局关于发放孤儿基本生活费意见的通知》，自6月份起，向170名孤儿每人每月发放660元基本生活费，至12月底，发放孤儿基本生活费53.87万元，并建立动态调整机制，保障孤儿的基本生活。

【保障福利企业残疾职工权益】 2011年，绍兴县出台补贴福利企业社会保险50%、超比例安置残疾职工每人每年奖励3000元等政策，形成国家税收优惠政策和地方性优惠扶持政策相结合的政策体系，全年补助奖励全县16家企业255.33万元。全县16家福利企业安置残疾职工1254人，占在职职工总数的33.5%。残疾职工月平均工资1603.47元，社会保险人均月投保额429.26元，合法权益得到保障。

【募集福彩公益金688万元】 2011年，绍兴县全年福利彩票总销量13539万元。其中"刮刮乐"1343万元，电脑彩票9576万元，中福在线2620万元，同比增长26%。募集县级福彩公益金688万元。

【办理结婚登记3671对】 2011年，绍兴县按照国家3A级婚姻登记机关创建标准，进行规范整理档案、婚姻信息录入、安装监控系统等软硬件建设工作，开通网络预约、电话语音系统、叫号系统等9个方面内容，进行完善提升。全年办理结婚登记3671对，离婚登记965对，补办结婚登记2646对，补办离婚证46本，出具无婚姻登记记录证明4579份。

【生态葬占死亡人数66.6%】 2011年，绍兴县继续开展示范生态墓地建设，提高生态墓葬入葬率。全县全年死亡4620人，骨灰实行生态葬的3077人，占死亡人数66.6%。依法查处违规建私坟现象18起，发出限期整改通知6份，并会同有关镇政府对举报属实的新建私坟进行平毁。清明节期间，在部分公益性墓地免费赠送菊花3.5万朵，发放低碳扫墓倡议书4万份，殡葬法规政策资料汇编2000册。

【创建示范型农村社区服务中心】 2011年，绍兴县农村社区服务中心建设顺利推进，18个行政村示范型农村社区服务中心创建通过市级验收。3个行政村向市局申报创建市级示范型农村社区服务中心。县民政局会同县纪委等部门，完成328个村（社区）便民服务中心考核验收工作，对创建成功的村级便民服务中心进行资金补助。

【设置各类地名标志3080余块】 2011年，绍兴县开展全县第二次地名普查工作，至年底，完成11个大类、62个子类共7600余条地名条目建库任务。命名39处住宅小区、商业楼宇，21条道路和32座桥梁，设置各类地名标志3080余块。

【做好水库移民扶持工作】 2011年，绍兴县大中型水库移民后期扶持人数核减46人，经复核后的人数为9438人，移民后期扶持资金按政策及时足额发放到位。全县选定大中型水库后期扶持结余资金项目6个，总投资280.85万元，涉及库区和移民安置区农村饮水安全、交通道路等基础设施建设方面，均通过验收。发放滩坑电站移民调概资金，全县发放535.74万元，涉及8个镇、25个村、313户滩坑移民，签字率和发放率100%。选定扶助基金项目3个，优先安排小型水库库区和移民安置区交通道路等基础设施建设项目，总投资115万元，项目受益移民安置村3个、移民户1596户4739人，3个项目均已动工。

（陶青峰）

劳动保障

【概况】 2011年，绍兴县劳动保障部门加强《劳动合同法》及其实施条例、《劳动争议调解仲裁法》等劳动保障法律法规宣传力度，分组走访企业，帮助完善内部管理制度，全年巡查企业946家。探索建立劳动保障监察预警机制和体系建设，提升快速处置因企业欠薪引发的群体性、突发性事件能力。巩固和完善劳动保障书面审查办法，全面推行用人单位劳动保障诚信评价制度，对7718家用人单位进行劳动保障书面审查，从源头上遏制劳动保障违法行为的发生。

强化监察执法，利用日常巡查、专项检查和举报投诉督查等手段，加强对用人单位劳动保障监察执法力度。开展“百日清欠维权大行动”、提高农民工劳动合同签订率的“春暖行动”和清理整顿人力资源市场秩序的“春雷行动”等专项行动。全年劳动监察部门调查处理各类群众举报投诉案件3027起，为5095名劳动者追讨工资报酬1140.74万元。

【立案受理劳动争议案1550件】 2011年，绍兴县劳动保障部门立案受理各类劳动争议案件1550件，涉及金额1666.73万元；受理工伤认定案件3450起，作出工伤认定3020起，审核小额工伤案件3600起。全年接待来访12020人次，12333劳动保障电话咨询热线累计人工接听来电超过3万个。

（濮建峰）

社会保障

【概况】 2011年，绍兴县出台关于贯彻工伤保险市级统筹的意见，完善职工基本医疗保险制度和城乡居民社会养老保险制度。夯实社会保险缴费基数，从6月1日起，基本养老保险职工缴费工资低限从50%调整到60%，实现低基数缴费、低标准享受政策与全省统一制度的并轨。贯彻全省实施养老保障相关政策工作培训会议精神，解决未参保集体企业退休人员及其他相关人员基本养老保障等遗留问题。加强“五费合征”工作，通过加强政策宣传，强化征缴手段，扩大参保人群等，扩大五大社会保险的覆盖范围。全面启动企业退休人员社会化管理服务，退休人员按时足额发放各项社会保障待遇，基本完成社会保障卡发放工作。完善社保基金支付监督体系，强化大额医疗费用、各类养老保险和工伤保险待遇稽核，全年共追回、拒付各项基金322.5万元。

【新增城乡居民社会养老保险15586人】 2011

年，绍兴县基本养老、基本医疗、工伤、失业和生育保险参保人数分别新增 38432 人、44878 人、46986 人、21068 人和 46451 人，分别完成全年目标任务的 192%、224%、235%、105% 和 232%；新增城乡居民社会养老保险 15586 人，完成全年目标任务的 312%，被征地农民养老保险“即征即保”率达 100%。（濮建峰）

民族宗教

【概况】 2011 年，绍兴县民族宗教领域保持和谐稳定。5 月 31 日，福全镇少数民族联谊会成立，为县内第一个镇级少数民族联谊会。6 月 17 日，安昌镇少数民族联谊会成立。11 月 29 日，柯桥街道少数民族联谊会成立。12 月 30 日，绍兴县少数民族联谊会成立，并召开第一次会员大会，来自 19 个镇（街道）的 79 名少数民族会员参加会议。大会审议通过联谊会章程和选举办法，选举产生绍兴县少数民族联谊会第一届理事会。和锡琼当选会长，李明、杨敏、陆雪兰当选副会长，崔柳当选秘书长。

2011 年 12 月 30 日，绍兴县少数民族联谊会成立。（县民宗局供稿）

2011 年，全县经政府批准登记的宗教活动场所 90 处，其中佛教寺（庵）64 处，基督教堂 25 处，天主教堂 1 处。另有伊斯兰教临时活动场所 2 处。在宗教界开展爱国主义教育活动，创建国家级和谐寺观教堂 1 处，省级和谐寺观教堂 4 处，市级和谐寺观教堂 25 处，省级和谐寺观教堂达标场所 36 处。

【结对帮扶少数民族困难户】 2011 年，绍兴县开展宗教场所情系少数民族困难户结对帮扶活动，38 个宗教场所结对少数民族困难户 117 户，并为少数民族困难户提供工作岗位、捐款、捐物。

【新登记设立宗教活动场所 2 处】 2011 年，绍兴县民宗局按照《宗教事务条例》有关规定及全县宗教活动场所合理布局规划方案，同意漓渚镇方岩寺和华舍街道张溇寺为佛教活动固定处所，并报请市民宗局批准同意。

【基督教“两会”换届】 2011 年 5 月 17 日，绍兴县基督教第八次代表大会在柯桥基督教堂召开。大会审议通过县基督教三自爱国运动委员会第七届常委会、县基督教协会第五届常委会工作报告，修改通过新一届县基督教“两会”章程和选举办法，选举产生了新一届县基督教“两会”班子。叶建良当选县基督教三自运动爱国委员会主席，钱金花当选县基督教协会会长。

【认定佛教教职人员 99 人】 2011 年 7 月 4 日，绍兴县民宗局组织召开全县佛教场所负责人会议，对教职人员认定备案工作的责任主体、条件标准和程序时限进行明确。至 10 月初，全县佛教教职人员认定备案工作告一段落，初步认定有佛教教职人员 99 人，暂缓认定 5 人，不予认定 3 人，另有沙弥、沙弥尼 116 人。

【佛教协会换届】 2011 年 10 月 19 日，绍兴县佛教协会第五次代表会议在柯岩鉴湖大酒店举行。大会审议通过《绍兴县佛教协会第四届理事会工作报告》及修改后的《绍兴县佛教协会章程》，选举产生 23 名佛教协会第五届理事会理事和 13 名常务理事，安康寺监院法弘当选为会长，胡国忠、振吉、宏忍当选为副会长，聘请李杏芬为县佛协第五届理事会顾问。

【举行安康寺法师法弘升座庆典】 2011 年 10 月 30 日，法师法弘出任方丈升座庆典在安康寺举行。各级领导、诸山长老、大德居士和信教群众近 5000 人参加庆典。浙江省佛教协会会长大和尚怡藏，中国佛教协会副会长大和尚心澄，中国佛教协会副会长大和尚觉醒和省民宗委副主任倪忠扬参加庆典并依次致辞。法师法弘是绍兴县现代佛教历史上第一位方丈。

2011 年 10 月 30 日，法师法弘出任方丈暨全堂佛像开光庆典在安康寺举行。（县民宗局供稿）

【启动宗教教职人员社会保障工作】 2011 年 4 月，绍兴县民宗局对全县宗教活动场所常住人员参加社保情况进行调查。全县共有宗教活动场所常住人员 297 人，参加医疗保险的有 177 人，未参加的 120 人（主要原因是户口不在绍兴县），参保率为 40%。未参加医保人员中要求参加本县新型农村合作医疗保险的 71 人。鉴于宗教场所常住人员从业的特殊性，绍兴县在本县宗教场所常住一年以上，户口不在绍兴县的宗教界有关人员纳入新型农村合作医疗保险范围。至年底，此项工作全部完成。（徐　敏）

流动人口

【概况】 2011 年，绍兴县开展以“送温暖、送政策、送服务，抓排查、抓登记、抓整治”为主要内容的“春风行动”。改善流动人口就业环境，规范用工制度；增强流动人口知法守法意识，提高流动人员依法维权能力；健全“以证管人、以房管人、以业管人”等常态化管理制度，提升流动人口信息登记水平；完善排查整治长效工作机制，有效遏制各类涉及流动人口的治安、安全隐患。至年底，全县登记发证流动人口 88.08 万人，比上年同期增长 12.09%；流动人口犯罪率 1.8‰，比上年下降 0.4‰。

【探索流动人口积分制管理新模式】 2011 年，绍兴县探索流动人员积分制管理模式，已持有浙江省居住证的流动人员，由本人申请，根据基础分、附加分和减扣分三项积分情况，可在就业、就医、就学、住房等方面享受相关权益和待遇。实行积分制管理，可以有效吸引高素质人才，有利于改善流动人员结构，提升流动人员整体素质。

【表彰流动人口优秀服务管理员 99 人】 2011 年，绍兴县流动人口服务管理工作在县、镇、村三级展开，做到制度规范、措施到位。为鼓励先进，树立典型，调动工作积极性，县流动办在全县范围内表彰 58 名专职流动人口协管员和 33 名兼职协管员，肯定他们在流动人口服务管理工作中的贡献。（冯　维）

慈善事业

【概况】 2011 年，绍兴县有 204 家冠名基金认捐企业汇缴善款 2223 万元，收到 192 个单位的干部、职工捐款 389.7 万元，接收社会各界捐款 790.85 万元。全年共募集善款 3063.04 万元，发放各类救助款 2140.54 万元，惠及困难群众 16695 人。

【慈善助学近 357 万元】 2011 年，绍兴县助学支出 357.9 万元，受益 798 人次。其中冠名基金慈善助学大学生 738 人：低保户子女、烈士子女、孤儿 333 人，低保边缘户子女 374 人，因灾因病致贫家庭子女临时助学 31 人，助学金额 333.6679 万元。其他社会助学 60 人：省福利彩票基金资助 5 人，万向集团慈善基金会资助孤儿大学生 24 人、高中生 12 人、初中及以下 19 人，助学金额 24.23 万元。

【医疗救助 570 人次】 2011 年，绍兴县政府出台《关于进一步完善困难群众医疗救助制度的意见》，困难群众医疗救助面进一步扩大，救助标准进一步提高。全年助医支出 794 万元，受益 570 人次。其中困难群众特种、特殊医疗救助 500 万元，县机关干部职工大病救助 138 万元，临时性救助156万元。

【扶贫济困受益15341人次】 2011年，绍兴县支出379.9万元扶贫济困，受益15329人次。其中助困343.5万元，受益13480人次；助老27.9万元，受益1679人次；助孤8.5万元，受益170人次。此外，支出7.5万元，救助12名外地民工。

【公益援助598万余元】 2011年，绍兴县共支出公益援助金598.5万元，其中定向资助大香林景区二期工程建设398万元，定向资助稽东镇张山至上金山公路建设70万元，企业冠名基金资助新农村建设120万元，敬老院修缮补助10.5万元。

【开展绍兴慈善奖评选活动】 2011年，绍兴县慈善部门开展第二届绍兴慈善奖评选活动。县宝业集团、蓝天集团、瑞丰银行3个单位获机构奖；轻纺城乐清商会会长徐杏地、无名皮塑集团董事长秋国良、中厦建设集团董事长杨学夫3人获个人奖；县慈善总会名誉会长杨其如、精功集团董事长金良顺、天圣控股集团董事长孙永根、华天实业公司董事长马仕秀、华宇实业集团董事长周松祥、永利实业集团董事长周永利、县工商局副局长薛白、县教体局局长许义平、原华舍街道党工委书记葛梅荣、马鞍镇镇长李学彪、杨汛桥镇镇长张伟江等11人获慈善工作先进个人称号。

【县慈善总会换届】 2011年5月18日，绍兴县慈善总会召开第三次会员代表大会，选举产生第三届理事会。本届理事会共设理事130人，常务理事68人，正副会长22人，并聘请6名名誉会长和4名顾问。修改章程，制订资金管理使用办法。 （傅炳荣）

老龄工作

【概况】 2011年，绍兴县60岁及以上老年人口（以下人口数皆指户籍人口数）137621人，比上年增加7439人，占全县总人口18.96%。全县65岁及以上老年人88926人，占全县老年人口总数的64.61%，占全县总人口的12.25%；70岁及以上老年人为56581人，占全县老年人口数的41.11%，占全县总人口数的7.8%；80岁及以上老年人计18787人，占全县老年人口总数的13.6%，占全县总人口的2.56%。百岁老人22人。全县农村老年人口总数89029人，占全县老年人口总数的64.69%；城镇老年人口48592人，占老年人口总数的35.31%。全县有纯老年人家庭（主要指家庭户中只有60岁以上老年人居住的家庭）老年人口数24423人，占全县老年人口总数的17.75%。县社会福利中心（老年颐乐园）入住率显著提高，托老护理部床位入住率100%，老年公寓楼入住率70%，入住老人总数116人。加强敬老院管理，开展争创星级敬老院、争做让入院老人放心满意的敬老院院长活动。全年评选出五星级敬老院5所，四星级敬老院4所，三星级敬老院5所，优秀敬老院院长8人。全县共有公办、民办养老福利机构23家，均纳入政策性养老机构综合责任保险范围，参保率100%，参保资金全部由县财政承担。发动各镇（街道、开发区）老龄委及有关涉老部门，开展以“敬老助老 从我做起”为主题的敬老月活动，评选出老年温馨家庭、老有所为之星、孝亲敬老之星、助老公益之星4项共71个敬老先进家庭和个人，发放慰问资金与物品总额190万元。

2011年，县老龄工作以维护老年人合法权益、提高老年人生活质量、全面落实“六个老有”为目标，全面推进养老服务社会化，着力提升养老服务的内容和水平，县老龄办被省老龄办表彰为2010年度全省优秀县（市、区）老龄办；县社会福利中心被市老龄办表彰为2011年度绍兴市星级老年活动中心。

2011年5月11日，浙江省人大常委会老年人权益保护法检查组走访颐乐园。 （县民政局供稿）

【实现星光老年之家农村全覆盖】 2011年，绍兴县累计建成农村（社区）“星光老年之家”308家，实现农村全覆盖。组织镇（街道）继续开展已创“星光老年之家”评星晋级活动，评出四星级“星光老年之家”9个，三星级10个，二星级5个。

【389名老人享受居家养老服务】 2011年，绍兴县扩大居家养老服务工作覆盖面，全县有9个城市社区开展居家养老服务工作，389名老人享受由政府出资提供补贴的居家养老服务，每月政府购买服务时间3010小时。对服务人员进行业务培训，为空巢老人提供更加优质规范的服务。

【新增民办养老服务机构4家】 2011年，绍兴县新增民办养老机构4家，其中孙端镇天天乐养老院和王坛镇会稽山养老院投入运行，富盛镇辂山养老院开始筹办，平水镇天天鸿福院计划打造成设施完善、管理规范的一流民办养老院。

【落实老年人乘车优待政策】 2011年，绍兴县开展60周岁至70周岁以下老年人乘车使用公交IC卡半价、70周岁及以上老年人公交IC卡及60周岁、70周岁老年优待证的集中办理工作，并为持有公交IC卡的老年人统一办理乘车意外伤害保险。全年办理60至70周岁以下老年公交IC卡82686张，70周岁老年公交IC卡4461张，60周岁老年优待证19898张，70周岁老年优待证4642张。

【组织老年人协会理事会换届】 2011年，绍兴县调整县老龄委组成单位和人员，由县委常委、副县长马芳妹任主任，成员单位由县委组织部、老干部局、人力资源和社会保障局、民政局等21个部门组成，修订成员单位工作职责，落实成员单位联络员名单，召开成员单位联络员会议，修改联络员制度。组织全县村（居委会、社区）老年人协会理事会换届，进一步推动基层老龄工作的顺利开展。

【开展农村“银龄互助”活动试点】 2011年，绍兴县在全县农村开展“银龄互助”活动试点，依托换届后的老年人协会组织，以农村星光老年之家为活动场所，根据老年人身体状况和生活习惯，志愿服务，结对互助，开展力所能及的互帮互助活动。由各镇（街道、开发区）老龄委选定1~2个村作为试点村。按照全市“银龄互助”现场会上安排，申报柯岩街道州山村作为全市第二批试点单位。（陶青峰）

责任编辑 郑文燕

科学技术

综　述

2011年，绍兴县科技工作以增强区域自主创新能力为主线，以培育创新型企业和发展纺织创意产业为重点，优化创新环境，强化创新主体，构筑创新平台，推进科技创新，各项科技工作均取得新进展，科技综合实力进一步增强。调整完善镇（街道、开发区）岗位责任制考核办法，开展科技强镇（街道、开发区）创建，柯桥街道、齐贤镇、滨海工业区（马鞍镇）、柯桥开发区、柯岩街道、平水镇、孙端镇、兰亭镇、陶堰镇获2011年度科技强镇（街道、开发区）称号。绍兴县第六次被科技部授予2011年全国科技进步考核科技进步先进县称号。县科技局被评为省科技特派员工作先进单位。

【王志刚到县调研科技工作】　2011年9月4日，科技部党组副书记、副部长王志刚到绍兴县调研科技工作。王志刚深入浙纺院花样研发中心、印染中试基地等实验室，详细了解有关科研攻关、科技成果推广应用等情况，对浙纺院研发、中试、产业化一条龙推进技术服务的做法给予高度评价。参观创意大厦原色数码、彩绘坊、毕卡索等服装面料花样设计机构和精功科技股份有限公司光伏装备、建材机械生产车间，了解情况并表示肯定。

【第六次成为全国科技进步先进县】　2011年，绍兴县出台《关于2010年加快经济转型升级的若干政策意见》，安排6000万元政策资金用于“大力促进自主创新”，为历史最高。充分发挥政府主导作用，加大科技投入，财政本级科技投入21177.1万元，占财政支出的4.89%。绍兴县通过2011年全国科技进步考核，第六次成为全国科技进步先进县。

【14家单位与“两园”签约】　2011年4月，绍兴县出台《中国轻纺城创意园建设实施方案》，园区占地210亩、建筑面积31.2万平方米，总投资约10亿元，由瑞雪国际时装有限公司、浙江宝龙服饰有限公司出资建设。9月，科技园建设启动，新建占地55亩，建筑面积8万平方米，总投资3亿元。9月26日，科技园、创意园招商推介会举行，14家单位当场签约。

【农业科技成效显著】　2011年，绍兴县农业科技项目被新列入国家星火计划2项、省农业成果转化项目2项。全县新增绍兴绿味现代生态农业科技有限公司、会稽山绍兴酒股份有限公司2家省农业科技企业和绍兴县安昌百顺蛋厂、会稽山绍兴酒股份有限公司2家省农业企业研发中心。至此，绍兴县省农业科技企业达25家、省级企业研发中心达11家。　（王华良）

科技计划

【概况】　2011年，绍兴县实施科技计划项目77项（不含新产品计划），其中国家级科技计划29项（国家科技支撑计划1项、国家科技型中小企业技术创新基金9项、国家火炬计划项目17项、国家星火计划2项）、省级科技计划项目4项、市级科技计划项目17项、县级科技攻关项目27项，公开招标项目2项、重大项目4项、重点项目23项。获得省级及以上科技部门1763万元的经费扶持。

【科技攻关项目首次面向全国公开招标】　2011年8月16日，绍兴县科技局在有关媒体发布《关于发布2011年重大科技攻关项目公开招标的公告》，面向全国对“印染污泥无害化、资源化成套技术及装备研发应用”和“印染装备自动化控制系统研发与示范”两个重大科技攻关项目进行公开招标，以解决绍兴县印染业转型升级中的关键、共性技术问题，推动产业转型升级。9月27日，县科技局依据有关法规，召开开标、评标会议，按规定程序完成评标、定标、公示和合同签订，在17个投标联合体中确定杭州国泰环保科技有限公司和浙江理工大学分别为中标单位并组织实施。

【创新县级科技攻关计划项目管理】 2011年，绍兴县制订《绍兴县科技攻关重点领域和方向》，确定七大类共41个领域的攻关重点，采用课题制项目申报方法，通过单位申请、各镇（街道、开发区）推荐、专家评审、科室联审、部门会商、结果公示等程序，正式立项27项，其中重大项目4项、重点项目23项。出台《绍兴县重大科技攻关项目验收实施细则》，规范项目验收内容和验收程序，明确项目财务审计要求，首次采用专家集中验收方式，探索创新专家验收评分新标准与新规则，通过专家验收评审、现场抽查、部门会商、结果公示等程序，完成2010年度县科技攻关计划41个项目的验收，确定4个重大项目、21个重点项目，共下拨900万元项目补助经费。 （何鑫炎　崔　敏）

科技创新

【概况】 2011年，绍兴县新增国家重点扶持高新技术企业10家、国家火炬计划重点高新技术企业2家，新增省级创新型示范企业2家、省级创新型试点企业2家、省级科技型中小企业19家，新增市级创新型企业17家、市级高新技术企业18家。16家企业通过高新技术企业复审。至年底，全县有国家火炬计划重点高新技术企业12家、省级创新型示范企业3家、省级创新型试点企业3家、国家重点扶持的高新技术企业54家、省级科技型中小企业117家、市级高新技术企业88家。开发国家级新产品3项、省级新产品114项。

【首次认定19家金种子企业】 2011年，绍兴县开展以“金种子企业”为重点的创新型成长企业培育工作。经企业申报，镇（街道、开发区）推荐，科技局初审、实地考察、专题筛选研究，征求有关部门意见，县创新型成长企业培育工作领导小组会议讨论等，确定绍兴县首批19家“金种子企业”。其主导产品均符合国家、省、市鼓励发展方向和绍兴县战略性新兴产业发展重点领域导向目录，其中装备制造7家、汽车汽配3家、新材料1家、新能源1家、节能环保2家、电子信息技术5家。 （何鑫炎　崔　敏）

表15　2011年度绍兴县新增国家重点扶持高新技术企业名单

序号	企业名称
1	浙江宇光照明科技有限公司
2	绍兴县大纬针织机械有限公司
3	浙江寰亚电子有限公司
4	浙江点金照明有限公司
5	浙江中环铜业有限公司
6	绍兴易企信息科技有限公司
7	绍兴环思信息技术有限公司
8	浙江绍鸿仪表有限公司
9	浙江兰亭高科股份有限公司
10	绍兴县鼎丰纺织器材有限公司

表16　2011年度绍兴县新增国家火炬计划重点高新技术企业名单

序号	企业名称
1	绍兴县庄洁无纺材料有限公司
2	绍兴金昊机械制造有限公司

表17　2011年度绍兴县新增省创新型示范（试点）企业名单

序号	类型	企业名称
1	示范企业	浙江精功科技股份有限公司
2	示范企业	绍兴县轻纺科技中心有限公司
3	试点企业	浙江塔牌绍兴酒有限公司
4	试点企业	绍兴县和中合纤有限公司

（单炳全）

信息化工作

【概况】 2011年，绍兴县开展软件信息服务业、电力电子产业、电子信息产业制造业企业发展情况调研和工业企业信息化应用调研。编制绍兴县纺织产业集群“两化”深度融合试验区实施方案、绍兴县纺织工业设计基地省级特色工业设计示范基地建设试点方案，制定信息化实施奖励细则等信息化相关政策和工作方案。25个项目被列入浙江省印染行业信息化与工业化融合重点项目。新认定软件企业4家、软件产品8个。绍兴县纺织产业集群“两化”深度融合试验区成为全省首批12个试验区之一。创建省农村信息化示范镇（村）13个。

【省级产业集群“两化”深度融合试点】 2011年，浙江省信息化工作领导小组确定12个产业集群“两化”深度融合试验区，绍兴县纺织产业集群名列其中。绍兴县25个印染行业节能减排项目被列入浙江省印染行业信息化与工业化融合重点项目，占全市的67.6%。

【培育电子信息产业】 2011年，绍兴县被新认定软件企业4家、软件产品8个，被列入省电子信息产业重点项目计划3项，被列入市级软件信息产业化项目5项。精功科技有限公司被评为全国电子信息行业优秀创新企业，轻纺城网络公司被列入县信息服务业重点企业。组织县内软件企业参加省软件产业政策培训，物联网（传感网）博览会等。

【创建省农村信息化示范镇（村）13个】 2011年，绍兴县开展省农村信息化示范创星“十百千”工程创建，夏履镇、孙端镇被列入省级农村示范镇，平水镇梅园村、孙端镇皇甫庄村、柯岩街道新未庄社区、富盛镇倪家溇村、孙端镇榆林村、柯岩街道新风村、夏履镇越王峥村、夏履镇莲东村、平水镇若耶村、华舍街道张溇村、华舍街道蜀阜村等11个村被列入省级农村信息化示范村。开展市级新农村信息化示范镇（村）创建，湖塘街道等4个镇（街道）被列入市新农村信息化示范乡镇（街道），绍兴县富盛镇义峰村等37个村被列入市新农村信息化示范村，绍兴县孙端镇樊浦村等35个村被列入市新农村信息化达标村。

（陈　栋）

科技合作

【概况】 2011年，绍兴县组织开展一系列科技招商、科技对接活动，举办第二届“绍兴科技·时尚创意周”，开展科技创新服务月活动。绍兴县技术转移中心正式启用，浙江大学等10家高校进驻。安排500万元产学研合作专项资金，扶持产学研联合共建创新载体，鼓励校企科技合作成果转化项目实施，加速高校院所先进适用科技成果向现实生产力转化。通过网上技术市场签订技术合作、转让协议138项，合同成交额4614万元。

【开展3个“十百千”活动】 2011年，绍兴县按照绍兴市“科技创新服务月”活动方案的总体安排，开展3个“十百千”活动，把科技创新服务月落到实处。采用“走出去，请进来，沉下去”的方式，先后实施十大院校交流对接、十大平台入企互动、十项难题招标攻关和百家企业走访、百名英才牵手企业、百项业务政策培训及千项创意贸促对接、千项原创设计大赛、千家万户科普宣传活动，提升绍兴县企业自主创新能力，为推动经济发展方式转变、促进产业转型升级提供科技支撑。

【开展科技对接系列活动】 2011年，绍兴县举办第二届“绍兴科技·时尚创意周”，共有20余家名校大院的50余位专家教授前往华舍、安

2011年9月26日，绍兴县科技局主办的“绍兴科技·时尚创意周”开幕。（沈浩根摄）

昌等镇（街道）企业进行技术推介、难题破解。11月12日，中科院等离子技术在纺织行业中的应用对接活动在柯桥举行。70余家印染企业参加对接活动，并在浙江百瑞印染有限公司进行低温常压等离子体纺织处理技术现场演示，推进中科院与绍兴纺织企业在等离子技术应用于纺织、污染治理等方面的合作，促进绍兴纺织产业的转型升级。全年组织30余家企业前往北京、天津、山东、湖南、成都、西安、武汉等地，走访中纺院、天津工业大学、西安工程大学、西安交通大学、武汉纺织大学、湖南纺织工程学院、苏州大学、山东大学，进行技术对接活动。

【县技术转移中心正式启用】 2011年3月30日，绍兴县技术转移中心正式启用，浙江大学、浙江工业大学、浙江理工大学、西安工程大学、北京服装学院和绍兴文理学等6家高校进驻。转移中心与12个镇（街道、开发区）开展科技对接，共有300余家企业参与该项活动。下半年，山东大学、苏州大学、武汉纺织大学、杭州电子科技大学签订共建技术转移中心协议，县技术转移中心入驻高校达10家。

【认定16家校企共建创新载体】 2011年，绍兴县安排专项资金，出台《绍兴县产学研合作专项资金项目实施办法》，扶持产学研联合共建创新载体，鼓励科技项目合作，推进区域创新体系建设，促进科技成果转化。浙江万丰化工有限公司与东华大学联合创建的绿色纺织化学品化工技术创新中心等16家共建创新载体被认定为2011年绍兴县校企共建创新载体并受到奖励。

【评定24个科技成果转化项目】 2011年，绍兴县着眼加快经济转型升级，注重扶持产学研合作成果转化项目实施，促进科技成果向现实生产力转化。绍兴蓝海纤维科技有限公司与武汉纺织大学合作的海藻纤维产业化项目，浙江亚太药业股份有限公司与浙江大学宁波理工学院合作的利奈唑胺原料药及其制剂等24个项目被列入2010年绍兴县科技合作成果转化项目并受到奖励。

【实现省级企业研究院零的突破】 2011年，绍兴县积极鼓励引导有条件、有实力的企业建立技术开发中心，鼓励创建省级以上高新技术研发中心，注重引导研发中心可持续发展，积极推进区域科技创新服务中心和科技企业孵化器建设并取得实效。墙煌铝材涂料省级高新技术企业研究开发中心、高强特种紧固件省级高新技术企业研究开发中心、万丰染料及中间体加氢还原省级高新技术企业研究开发中心被认定为省级高新技术企业研究开发中心。浙江省精工钢结构研究院被认定为省级企业研究院，实现绍兴县历史上省级企业研究院零的突破。华纳药业市级企业研究开发中心等11家被认定为市级企业技术研究开发中心。柯桥数码孵化园被认定为市级孵化器。

【浙纺院建设稳步推进】 2011年，绍兴县稳步推进浙江省现代纺织工业研究院建设。国家级纺织产业技术创新服务平台总体实施方案获科技部平台中心初步通过。成立家居艺术设计中心，“纺织品检测中心”通过中国合格评定国家认可委员会（CNAS）第三次监督和扩项评审，并与国内一线品牌美特斯·邦威、洁丽雅等签订合作服务协议。与法国SUCCESSO公司联合成立的国际流行面料创意设计机构，建立时尚俱乐部。牵头成立的浙江省纺织面料设计协会，举行Cynthia辛西娅流行趋势发布会、第二届绍兴县纺织面料与花样原创设计大赛、余杭家纺科技服务行活动、中国纺织信息中心设计师主题活动，举办两期纺织面料设计师培训，被中国纺织信息中心授权为国家纺织面料设计师培训与鉴定工作站，成为浙江省首家也是唯一一家有权颁发国家纺织面料设计师资格证书的机构。与东华大学合作的高品质碳纤维原丝纺丝工艺取得重大突破，为中国自主生产T800碳纤维原丝提供工业化装置和工艺软件的设计参数；新型功能性阻燃母粒及能量纤维项目取得实质性进展。国家级科技支撑项目纺织用合成纤维功能化及产业化关键技术研发取得突破性进展，开发高附加值新型聚酯、纤维和系列纺织品新产品30余个，建设12家纺织工业化生产示范基地，实现60万吨/年生产能力。

（祁万荣）

科技成果

【概况】 2011年，绍兴县优化科技成果登记和各级科学技术奖申报服务，有2个项目获国家科技进步奖、6个项目获省级科技奖、12个项目获市级科技奖、46个项目获绍兴县科学技术奖。浙江精工钢结构有限公司与国内有关大学、研究院所合作的土木建筑复杂钢结构施工过程时变分析及控制关键技术研究与工程应用、土木建筑张弦结构体系分析设计理论及施工关键技术两个项目获国家科技进步二等奖。绍兴县庄洁无纺材料有限公司的加筋水刺复合墙面防裂非织造材料项目获浙江省科技成果转化奖二等奖，浙江省现代纺织工业研究院胡克勤获浙江省科技成果转化奖三等奖。

表18　2011年绍兴县获国家科技进步奖名单

序号	项目名称	完成单位	奖励等级
1	土木建筑复杂钢结构施工过程时变分析及控制关键技术研究与工程应用	浙江精工钢结构有限公司	二等奖
2	土木建筑张弦结构体系分析设计理论及施工关键技术	浙江精工钢结构有限公司	二等奖

表19　2011年绍兴县获省级科学技术奖名单

序号	项目名称	完成单位	完成人员	奖励等级
1	印染色彩数字化设计与生产优化运行关键技术及应用	杭州电子科技大学、浙江理工大学、浙江稽山印染有限公司、绍兴志仁印染有限公司、浙江稽山特宽幅印花有限公司	周晓慧、鲁仁全、王小华、吴明华、陈晓华、陈光杰、王建中、赖晓平、陈钢、陈云	二等奖
2	高速铁路无碴轨道用CA砂浆材料、装备与施工关键技术	浙江大学、浙江兰亭高科股份有限公司、浙江工业大学、北京市建筑工程研究院有限责任公司	杨林江、钱晓倩、汤薇、吴文军、方明晖、祝伟根、杨芳儿、王万金、裘伯钢、朱蓬莱、孔德玉、贺奎、马成畅	二等奖
3	GD－H122SA全电脑针织横机	绍兴金昊机械制造有限公司	茅木泉、陈德清、陈永生、何慧英、孟鑫炎	三等奖
4	长效屋面系统研究及产业化	浙江精工轻钢建筑工程有限公司	陈水福、沈利江、黄开龙、孙烨铜、寿小峰、陈江峰、倪庆两、来永东、梅军、夏峰	三等奖

表 20 2011年绍兴县获市级科学技术奖名单

序号	项目名称	完成单位	完成人员	奖励等级
1	织物高服用性能的混纤纺织染整关键技术研究与产业化	浙江越隆控股集团有限公司、浙江理工大学	王荣根、张红霞、李艳清、田伟、祝成炎、徐海兵、沈一峰、方挺进、陈胜良、王明琤、邓靖平	一等奖
2	长效屋面系统研究及产业化	浙江精工轻钢建筑工程有限公司	陈水福、沈利江、黄开龙、孙烨铜、寿小峰、陈江峰、倪庆两、来永东、梅军、夏峰	二等奖
3	JBDX1型短程式环保节能型拉幅定型生产线	绍兴县精宝机械有限公司	陆宝夫、陈国全、方安兴、楼小军	二等奖
4	新型高效传动带的自动化成套设备的研发及产业化	绍兴县骏马机械制造有限公司	陈建武、程源、何方旭、郝庆英、马建龙、徐惠波、吴国建	二等奖
5	腹腔镜下钬激光碎石治疗肝胆管难取性结石临床研究	绍兴县中心医院	吴志明、储修峰、陈江、娄建平、孟兴成、陈永良	二等奖
6	水刺复合耐高温耐腐蚀过滤材料P84	绍兴县和中合纤有限公司	洪桂焕、张水华、韩旭、徐寿明、金建明、金春江、丁豫焕	三等奖
7	旋入式窨井盖防坠装置	绍兴县排水有限公司	冯梁峰、李叶茂、沈绍良、谢晓明、许兴国	三等奖
8	PCR全自动纤维帘布裁断接头机的产业化开发	绍兴精诚橡塑机械有限公司	徐银虎、夏国忠、王元力、尉方炜、徐富根、何锦荣	三等奖
9	YJ800DM加弹氨纶一体机	浙江越剑机械制造有限公司	周其方、韩明海、孙生祥、韩建云、赖文辉、夏劲松、孙林童、陈国良、林小根、叶志红、徐泉福、傅仁福、韩仁良、马宝水	三等奖
10	高效节能气动穿纱高支纱短纤倍捻机	绍兴华裕纺机有限公司	钱立锋、王旭强、何才新、孙雷达、刘光容、潘少波、曹征兵、朱曰春、严春宏	三等奖
11	鲍曼不动杆菌氨基糖苷类修饰酶基因型的研究	绍兴第二医院	钱小毛、王亚玲、金海勇、金伟颖	三等奖
12	口腔正畸脱落托槽再次使用的新技术研究及临床应用	绍兴第二医院	钱伟、施敏、毛中萍、严伟一、吴可明、宣国君	三等奖

（祁万荣）

知识产权

【概况】 2011年，绍兴县全面开展浙江省知识产权示范县创建，大力实施专利发展战略，继续实施发明专利、实用新型专利授权奖励政策及发明专利产业化奖励扶持政策，扶持企业开展专利创造、运用和产业化，注重专利结构调整，促进专利事业持续发展。全县新增省级专利示范企业1家、绍兴市专利示范企业7家。浙江新中天和永通纺织印染有步骤推进国家知识产权示范企业的创建工作。全县专利申请量4775件，其中发明专利申请量321件，比上年增长133%。专利授权量1928件，其中发明专利授权量100件，比上年增长92.3%。国外发明专利授权量3件，实现零的突破。专利申请和授权结构明显改善，创新能力有所提高。全县万人占有授权专利权数18.67件，列全市第三位。（林志根）

气象科技

【概况】 至2011年末，绍兴县形成1个国家级气象站、1部局地警戒天气雷达、25个自动气象站、1套车载移动观测系统、1个土壤墒情观测站、1个能见度自动观测站、2个农业小气候自动站等构成的综合气象观测系统。建成电视天气预报演播室，气象科普馆建成投用。开展气象服务进基层、下农村工作，着实提高气象防灾减灾效果。制定《绍兴县气象灾害预警和应急处置预案》、《绍兴县雷电灾害防御和应急处置预案》和《绍兴县雨雪冰冻灾害应急预案》。全县19个镇和街道都设立气象协理员，全部行政村设立气象信息员。全年走访农业大户85次，建立1857户农业大户和重点企业通讯信息库，开展气象科普宣传10次，发放各类科普材料6000余册。建立绍兴县气象信息网站，2个电视频道每天播放天气预报。共发布重要天气报告16期、气象信息内参64期、专题气象服务信息78期、农业气象服务信息68期。发送气象预警短信38条、其他各类气象服务类短信127条。完成重大活动气象保障服务工作5次。（王洪勋）

绿味农业大棚小气候观测站（县气象局供稿）

责任编辑　宋如玲

教育　体育

综　述

2011年，绍兴县有各类学校258所，其中普通高中（以下简称高中）6所、初级中学（以下简称初中）23所、小学76所、幼儿园123所、职业学校4所、体校1所，成校19所、电大1所、特殊教育学校1所。在校学生15.7万人，其中外县籍学生约4万人。在编教职工6943人。全县幼儿学前三年入园率99.7%，义务教育阶段学生入学率、巩固率、完成率均达100%，初中升高中段达99.0%。绍兴县统筹城乡教育发展，教育由规范、普及、均衡向均衡、优质、内涵特色发展。全县19个镇（街道）全部为省教育强镇、市高标准普及九年义务教育镇、市教育基本现代化镇（街道）。90所学校通过省标准化学校验收，创建率91%。全县学生在体育、文学、艺术、科技等领域的竞赛中，获全国一等奖22人次、全国二等奖25人次、全省第一名18人次。绍兴县外来人员子女教育做法被省政府《专报国办信息》录用。绍兴县通过浙江省首个教育现代化达标县（市、区）试点评估，在省、市教育科学和谐考核中均被评为优胜单位（双双总分第一）。

出台体育业余训练工作管理细则，设田径、皮划艇、赛艇等18个业余训练项目。全面开展竞技体育、群众体育活动，发展体育产业。全年举办各类体育活动398次，38987人次参加。成功创建省级体育强县和省级先进体育总会。开展省级体育强镇创建，实施新农村小康体育工程。全县19个镇（街道）全部建有灯光篮球场和文体活动中心，农村（社区）建有篮球场272片、健身路径4729件、乒乓球台658张、门球场15个、网球场8片、排球场（羽毛球场）203个，每个村（社区）都建有1处以上体育活动场所。4个镇被命名为浙江省体育强镇，45个行政村被命名为浙江省新农村小康体育村，7个村被命名为浙江省农村体育俱乐部。全县销售中国体育彩票6782.9865万元。浙江海纳体育旅游用品有限公司被命名为2011年浙江省体育用品制造业示范企业。

【通过全省首个教育现代化县试点评估】　2011年9月20日~22日，浙江省首个教育现代化县（市、区）试点评估在绍兴县举行。评估专家组听取汇报，分3路深入绍兴县平水、稽东、王坛、柯岩、陶堰、齐贤、马鞍等7个镇（街道）的20余所普高、镇中、镇小、成教中心、完小、中心幼儿园、民工子女学校及特殊教育学校、西藏民族中学进行实地走访，仔细查看学校教室、办公室、食堂、寝室和校园环境，实地了解绍兴县推进教育现代化过程中各类各级学校特色建设、素质教育等各方面的实际情况后，对绍兴县教育现代化试点工作所取得的成绩给予充分肯定，建议提前两年即到2013年全面实现教育现代化。

2011年9月20日，绍兴县举行省教育现代化县（市、区）试点评估汇报会。　　（县教体局供稿）

【学区管理的做法在全省推广】 2011年，浙江省教育厅《教育工作简报》第17期刊发《绍兴县创新学区统筹管理，推进区域教育优质均衡发展》一文，以专报的形式专题介绍绍兴县打破镇（街道）为主教育管理模式，全面推行学区统筹管理，集约优化区域教育资源配置的做法与经验，下发全省各市、县（市、区）教育局，供各地参考借鉴。《教育信息报》等教育主流媒体也进行报道介绍。 （沈高丰）

【出台中小学生社会实践活动政策】 2011年10月，绍兴县出台《关于进一步加强中小学生社会实践活动的指导意见》，提出以学区为单位，建设200个左右区域布局合理、地方特色鲜明、文化内涵丰富的校外综合社会实践基地；以学校为单位，因地制宜建立100个形式多样、特色鲜明、运作规范的“小三场”（小工厂、小农场、小养殖场）实践基地；组织开展参观访谈类、调查探究类、社会服务类、生产劳动类等各种形式的社会实践活动。至年底，全县共明确200个校外社会实践活动基地、82个校内“小三场”实践基地。除每学期正常组织“十万学生进社区（村居）、进企业、进市场”社会实践之外，还组织城区学生开展为期1周的“万名学生赏夜景”社会实践。 （操梅霞 杜国平）

【启动地方戏曲进校园活动】 2011年下半年，绍兴县全面启动地方戏曲进校园活动，推动地方戏曲文化遗产的保护、传承和发展，为学生多样化发展创设良好环境。活动遵循“一年普及，二年提高，三年见效”的目标，把地方戏曲列入中小学音乐课教学计划，规范戏曲教学内容、时间，建立戏曲社团，开展戏曲教研，培训戏曲指导教师，邀请名家指导，午间播放戏曲经典曲目等，丰富戏曲教学形式。

【中组部调研县中小学党建工作】 2011年11月8日，中组部调研组到绍兴县调研中小学党建工作。这年，绍兴县中小学党建工作结合创先争优主题教育实践活动和轻负优质、内涵特色教育工作主题及全县教育现代化建设实践工作，成效显著。绍兴县用社会主义核心价值观引领提升党员教师的理想宗旨意识，制订出台一系列规范透明的制度加强教师干部、党员队伍建设，在全县教育系统开展教育思想大学习大讨论大宣传活动和“三风建设”，发挥学校基层党组织战斗堡垒作用和广大干部、党员先锋模范作用。调研组肯定绍兴县中小学党建工作的创新做法和成功经验。 （沈高丰）

【落实学校安全精细化管理】 2011年，绍兴县细化学校安全管理职责，落实安全工作责任制，注重预警预防，经常性、常态化开展安全应急演练培训，对接送车管理、食堂卫生管理、校园安保技防设施管理、校园周边环境整治、住校生管理等，实行定期督察分析通报制度。一年中，绍兴县校园安保工作多次接受省、市综治委督查，受到高度评价。 （操梅霞 杜国平）

2011年8月15日，绍兴县学生接送车安全培训暨总结表彰会在县职教中心举行。 （县教体局供稿）

【教育投入比上年增长21.13%】 2011年，绍兴县教育总体投入152695.1万元，比上年增长21.13%。其中国家财政性教育经费120371.3万元，比上年增长23.34%；社会捐赠经费1937.8万元，比上年增长25.9%；事业收入24923.5万元，比上年增长16.9%；其他收入5462.5万元，比上年减少1.41%。

【完成校舍建设投资20365万元】 2011年，绍兴县教育体育局列入政府性投资项目续建工程12个、新建工程9个，总计划投资45821万元，当年计划投资28421万元，县政府考核指标20000万元，实际完成投资20365万元。其中竣工项目8个，包括特殊教育学校（5700平方米，1015万元）、孙端皇甫小学（5800平方米，1230万元）、蓝天实验学校（6200平方米，1300万元）、安昌盛陵小学扩建（2660平方米，600万元）、马鞍镇中风雨操场（1600 平方米，350 万元）、富盛中学塑胶田径场（100 万元）、主城区室外游泳池（536 万元）、漓渚中心小学塑胶田径场（110 万元）；开工项目 8 个，包括鲁迅中学柯桥校区、县中心幼儿园、新管墅小学、平水镇中、陶里小学、马鞍兴海民工学校、西藏民族中学、陶堰中心幼儿园。完成中小学第二批校安工程项目 11 所学校 18 幢校舍（13716 平方米）加固改造、5 所学校校舍（6000 平方米）拆建改造项目主体工程。

【新增学校 A 级食堂 7 家】 2011 年，绍兴县中小学食堂及公办幼儿园食堂 100% 达到 A 级或 B 级。新创建实验中学新校区等 A 级食堂 7 家，A 级食堂达到 40 家，公办学校食堂 100% 实现学校自主经营。规范大米、蔬菜等八大类大宗食品公开招标定点配送工作，选定 23 家供应商作为学校食堂大宗食品配送准入单位。（沈高丰）

学前教育

【概况】 2011 年，绍兴县出台学前教育三年行动计划，高标准普及学前三年教育，绍兴县成为全国首个实施免费学前教育县。建立县、镇（街道、开发区）二级财政共同分担的公办（集体办）幼儿园生均公用经费保障机制（符合条件、考核合格的民办幼儿园同等保障），镇（街道、开发区）财政按生均 550 元标准补助到幼儿园。滨海工业区（马鞍镇）、柯岩街道、华舍街道、钱清镇、杨汛桥镇、富盛镇创建为绍兴县首批学前教育先进镇（街道、开发区）。全县有幼儿园 123 所，其中公办幼儿园 96 所，在园幼儿 30257 人，学前三年入园率 99.7%。幼儿园专任教师 1535 人，其中公办幼儿教师 196 人，教师学历合格率 100%。省一级幼儿园 7 所、省二级幼儿园 35 所，等级幼儿园在园儿童比例为 90.4%；市标准化幼儿园 73 所，标准化率 60%。

【出台学前教育三年行动计划】 2011 年 7 月 18 日，绍兴县出台《绍兴县学前教育三年行动计划》，计划从 2011 年起，实施校舍安全、园舍提档升级、教师素质提升、优质品牌幼儿园等七大工程，高标准普及学前三年教育。除正式实施的免费学前教育举措外，建设一批高标准幼儿园，全面实施园舍安全加固改造，3 年内投入 1.6 亿元建设 20 所左右的高标准示范性幼儿园。同时分批选拔培训 60 名园长和 200 名骨干教师。

【成为全国首个实施免费学前教育县】 2011 年，绍兴县启动实施免费学前教育三年行动计划，率先对 3000 名低保、低收入、孤儿、残疾等困难家庭的 3 周岁到 5 周岁的幼儿按每个学生每年最高 2000 元的标准补助入园保教费；2012 年，绍兴县 4 个山区镇 2000 名幼儿也享受同样补助；2013 年，绍兴县免费学前教育实现全覆盖，25000 名幼儿全部享受同样补助，符合浙江省政府免费义务教育政策的外来务工人员子女也同步享受这项补助。绍兴县成为全国首个全面启动实施免费学前教育的县。5 月，县教体局、县财政局根据分步实施免费学前教育有关要求，联合发出《绍兴县家庭经济困难幼儿入园资助实施办法》。6 月 1 日、10 月 30 日，对符合条件的困难家庭幼儿的入园保教费分两学期，按生均每学期不高于 1000 元的标准全部补助到位。

【成功创建省一级幼儿园 2 所】 2011 年，绍兴县进行新一轮高标准幼儿园建设，投资 3000 万元的县中心幼儿园、投资 2000 万元的平水中心幼儿园主体结顶，柯岩、陶堰、漓渚中心幼儿园和鉴湖幼儿园建设立项。投资 800 万元的安昌镇涂山幼儿园建成办园，柯桥大坂风情、柯桥蝶庄、马鞍安滨等小区配套幼儿园移交办园。继续幼儿园达标升等级、特色创建。至年底，成功创建省一级幼儿园 2 所、省二级幼儿园 3 所，市标准化幼儿园 13 所，县农村新社区示范幼儿园 7 所，县特色幼儿园 5 所。（马慧黎）

义务教育

【概况】 2011 年，绍兴县义务教育突出优质均衡，创新内涵特色，教育现代化水平大幅提升。义务教育普及程度继续保持高位稳定，6 周岁至 15 周岁少年入学率、巩固率、完成率均达 100%；初中升高中段达 99%。全年撤并义务教育阶段学校8所，新创建省标准化学校90所，创建率91%。到年底，全县有初中23所，在校班级675个，在校学生29042人；小学76所，在校班级1429个，在校学生61886人。全县有全国绿色学校2所；省级示范初中17所、小学16所，省文明学校7所，省绿色学校15所，省体艺特色学校12所；市级示范初中4所、小学30所，市文明学校40所、绿色学校28所、特色学校19所。绍兴县西藏民族中学有初一、初二、初三3个年级16个班级，800名学生。

2011年4月27日，全国侨联副主席、省人大民侨委副主任委员王成云到绍兴县西藏民族中学调研。（县教体局供稿）

【推出发展城乡义务教育新举措】 2011年，绍兴县在城乡共同体建设两年的实践基础上，先后出台《关于推进城乡教育联盟和紧密型教育共同体建设的试行意见》、《关于进一步推进城乡义务教育均衡发展的实施意见》、《关于城乡教育联盟优秀骨干教师支教津补贴发放的意见》、《关于落实城乡教育联盟支教顶岗教师工作安排的通知》等配套政策，建立8个“城乡教育联盟”和13个“紧密型教育共同体”，开展经验交流，选派55名优秀教师分赴各结对学校开展对口支教，组织23名支教优秀教师在稽东镇开展才艺展示活动。通过师资交流、管理引领、教研同步、考核捆绑等措施，提升县域义务教育均衡协调发展水平。

【表彰12所规范办学示范学校】 2011年，绍兴县教体局组织专门力量对全县中小学校进行规范办学行为专项督查，建立每月汇总群众对学校办学行为的投诉情况通报制度。开展规范办学示范学校和优质轻负示范教师评比，经自主申报、教师承诺、学校推荐公示，授予绍兴县实验中学等12所学校2010学年规范办学示范学校称号，授予茅娟美等100位教师2010学年优质轻负示范教师称号。

【实施优秀外来人员子女就学“直通车”政策】

2011年，绍兴县出台优秀外来人员子女享受免费义务教育“直通车”政策，除对符合浙江省政府规定的外来人员子女、“新柯桥人”及人才子女继续实施九年免费义务教育之外，另有七类直接服务绍兴县经济社会发展的外来人员子女，同样享受九年免费义务教育就学“直通车”待遇。这些外来人员子女按照就近统筹的原则安排到公办学校就读，外籍人士子女到县实验小学、县实验中学等涉外定点学校随班就读。这一政策的实施，使5000余名外来人员子女得到实惠，全县2.6万余名外来人员子女享受同等免费义务教育，最大限度解决3.6万名外来人员子女就学问题。

·小资料·　七类外来人员子女

七类外来人员子女，是指父母或一方具有大学本科及以上学历，或具有中级及以上专业技术职称，或具有中级及以上技工（师）职业资格，或被评为绍兴县及以上学术、学科带头人的；父母或一方在绍兴县投资创业，所办工厂、企业、公司近3年累计投资额在300万元及以上的，或近3年累计在绍兴县实缴税收在30万元及以上的；父母或一方近3年被授予绍兴县及以上“劳动模范”、“见义勇为”等荣誉称号，或在绍兴县经济社会建设中事迹突出获得县级及以上表彰、立功、嘉奖的，或获得镇（街道）级先进荣誉及在县级及以上的经营管理、岗位比武、安全生产等方面获奖的；父母或一方在绍兴县创业就业，在技术创新、专利发明、推广应用中作出较大贡献，且获得县级及以上技术创新、发明、专利或科技进步奖的；父母或一方热心社会公益事业，近3年累计向绍兴县社会慈善事业捐款3万元及以上的；父母或一方在绍兴县创业就业的港澳台同胞及华侨华人子女；在绍兴县创业就业的外国籍人士子女。　（操梅霞　杜国平）

【新蓝天实验学校建成投用】 2011年8月31日，柯桥最大的外来人员子女学校——新蓝天实验学校落成开学，城区1000多名外来人员子女进入新校园上课。新蓝天实验学校位于山阴路，总投资1300多万元，设42个班级，占地面积从原来的5.25亩扩大到17亩左右，新增塑胶田径场等现代化教育设施。

【首所特殊教育学校开学】 2011年“六一”节前，位于柯岩街道州山村的绍兴县首所特殊教育学校正式招生开学。学校有10名专业教师，招收5个班62名智障孩子。学校对绍兴县籍入学的孩子实行免费教育，免收杂费、书本费、住宿费和伙食费。该校由县教体局主管，主要招收适龄智残少儿入学就读，是集教育、康复于一体的培智类寄宿制九年义务教育学校。学校占地12亩，总投资1000余万元，建筑面积5600平方米，能容纳150名学生，设感觉统合训练室、益智个训室、康复室、音乐室、舞蹈室等12个专用室，每个教室有多媒体教学设备。每套宿舍都有标准卫生间、淋浴房、空调等配套设施。（沈高丰）

【安昌镇校少先队获全国先进】 2011年12月26日，“全国优秀少先队大队”授旗仪式在安昌镇中心小学举行。中国关心下一代工作委员会副秘书长李启民，中国少先队工作学会社区专业委员会副主任傅忠道等出席活动。安昌镇校少先队大队依托千年古镇深厚的文化底蕴，走特色少先队之路，其独具乡土地域文化特色的“四好少年成长馆”获好评，被共青团中央、教育部、全国少工委评为全国优秀少先队大队，并由《人民日报·时代先锋》专刊介绍创建历程。

【王飒获国际书信写作大赛金牌】 2011年8月12日，绍兴县实验中学初一学生王飒获万国邮政联盟第40届青少年国际书信写作大赛金牌，全球仅2人获得金奖。本届国际书信写作大赛主题为“假设你是森林里的一棵树”，从树的视角向收信人解释保护森林的必要性，旨在响应联合国将2011年定为“国际森林年”，共有60多个国家200多万名选手参加。王飒将自己幻想成一棵树，以两个村庄作寓，用书信的形式，讲述保护森林的重要性，构思新颖，文笔灵动，受到评委的高度赞赏。此次获奖为中国参赛者第五次获得冠军。

2011年10月9日，绍兴县实验中学学生王飒，接受国家邮政局副局长徐建洲颁给她的第40届国际青少年书信写作比赛金牌。（县教体局供稿）

【庞菁莹科幻画作品获全国一等奖】 2011年8月，在第26届全国青少年科技创新大赛中，绍兴县鉴湖小学六年级学生庞菁莹科幻画作品《我想我们会没事的》获一等奖。大赛由中国科协、教育部、科技部、环境保护部等部门共同主办，以“创新·体验·成长”为主题，是中国面向在校中小学生开展的规模最大、层次最高的青少年科技教育活动。大赛分青少年和科技辅导员两个板块，活动内容包括竞赛活动和展示活动两个系列。参赛选手来自全国31个省区市及香港、澳门特别行政区和新疆生产建设兵团、军队子女学校。另有奥地利、丹麦、法国等12个国家的青少年参加展示和交流活动。

（操梅霞　杜国平）

普通高中教育

【概况】 2011年，绍兴县推进普通高中优质多样特色发展。柯桥中学成功申报为浙江省普高多样化发展试点学校。鲁迅中学获北大实名推荐资格，鲁迅中学英语特色班开班。中国轻纺城高级中学出国留学预科班开班，德国阿尔名－科纳伯、理查德－罗特中学的师生代表团一行33人到柯桥中学作为期1周的考察交流，日本福井县立金津高等学校访问团一行7人到鲁迅中学城南校区交流。全县在数学、物理、化学、生物、信息学五大学科奥林匹克竞赛中，获全国一等奖11人次、二等奖39人次、三等奖57人次。这年，高中普及率99.0%；高考录取率90.7%，比全省高5.4个百分点，比全市高4.8个百分点。至年底，全县有普通高中6所，其中省一级重点中学3所、省三级重点中学1所；国有民营高中1所，省一级民办高中1所；省级文明单位2个，省文明学校1所；全国绿色学校1所，省绿色学校2所。全县普通高中毕业学生5848人，招收新生6210人，380个教学班，在校学生19366人，在编专任教师1301人。

2011年5月12日，北京大学原校长、中科院院士许智宏在柯桥中学作报告。 （县教体局供稿）

【鲁迅中学获北大实名推荐资格】 2011年10月，北京大学2012年中学校长实名推荐制中学名单正式确定，鲁迅中学名列榜上。这年，全国有300多所高中向北大提交中学校长实名推荐申请，鲁迅中学作为一所办学17年的县级高中，通过北大综合考察，填补绍兴县一项空白。

【轻纺城中学引入剑桥高中课程】 2011年6月3日，绍兴中国轻纺城中学剑桥高中A－Level中心授牌成立。剑桥高中A－Level课程，中文称为“中学高级水平”课程，有近百年的历史，其科学的教育体系、严谨的考评标准、一流的教学质量为世界公认，是全球各大学录取学生的黄金标准，世界上160多个国家和地区的11000所正规大学均认可其成绩，是中国学生进入世界一流大学成功率最高的途径。学习A－Level课程的学生可根据自己的兴趣、能力和发展方向，选择3～4门课程。剑桥大学考试委员会每年举行两次全球统考，评价标准为A、B、C、D、E五个等级和一个未评价等级U。取得E等级以上的学生可申请国际大学，而三科A等级的学生则可以申请牛津、剑桥、哈佛等世界顶尖大学。教育部批准和英国剑桥大学考试委员会授权开办剑桥高中A－Level课程的学校，全国只有两家，一家是北京的人大附中，另一家即绍兴中国轻纺城中学。 （朱月星）

【鲁迅中学英语特色班开班】 2011年9月3日，由鲁迅中学和美国现代教育与文化交流中心等机构联合创办的英语特色班，在鲁迅中学城南校区举行签约暨开班仪式。首届鲁中英语特色班主要面向高一新生招生，在学生自愿选择的基础上根据中考成绩择优编成2个班，共90多人。特色班课程采用部编课程和自选课程相结合的模式，实行小班化教学，聘请外教强化英语阅读、写作和口语交际，满足具有英语特长潜质学生的发展需要。签约仪式后，美国现代教育与文化交流中心、美国肯恩大学终身教授张元林为全体师生作美中文化交流讲座。 （李国权）

2011年9月3日，鲁迅中学举行英语特色班签约暨开班仪式。 （县教体局供稿）

【实施国家助学金政策】 2011年，绍兴县实施国家助学金政策。9月15日前，县普通高中（含民办高中）全日制学籍的家庭经济困难在校学生可向就读的普通高中提出申请，学校根据规定进行等级认定，并在校内进行不少于5个工作日的公示。低保家庭子女、福利机构监护对象、革命烈士子女、五保供养对象、绍兴县户籍残疾学生可申请每人每年2000元的国家助学金，同时还免学费、代管费和住宿费。年人均收入在县低保标准1.5倍以下的城乡经济困难家庭（低保边缘家庭）学生可申请每人每年1000元的国家助学金，同时免收学费。除上述两类资助学生以外，其他家庭经济困难的学生及符合《绍兴县残疾人家庭子女高中和幼儿阶段助学实施办法》中的一、二、三类的对象，可申请每人每年2000元的国家助学金。可享国家助学金资助的人数比例约为全县普通高中在校生总数的6%。至2011年底，全县普通高中生中1022人次享受国家助学金，共获资助84.65万元。（吴立云）

【两学生被提前保送北大清华】 2011年8月，柯桥中学学生陈敏焕在第28届全国青少年信息学奥林匹克竞赛中获银奖，并被当场确定保送北京大学信息科学技术学院。9月底，柯桥中学学生钱洋在省物理竞赛复赛实验赛中获一等奖，并进入省代表队赴西安参加全国物理总决赛，被清华大学保送预录取。

【5名学生获5项国家专利】 2011年8月，由绍兴县鉴湖中学李甜甜、陈丽丽、马黎林、金淼均、寿震宇5位学生自主完成的“一种节能热水器”、“一种多功能学生椅”、“一种多功能黑板”、“多功能课桌杯架”、“多功能360度手拉旋转鸡毛掸”等5项发明获国家专利。这是鉴湖中学学生继2008年俞凌“一种可以利用生活废水的抽水马桶”科技创造发明获国家实用新型专利后，在科技创新领域的又一突破。

【祝含瑶获鲁迅青少年文学奖特等奖】 2011年7月16日，在上海举行的第三届鲁迅青少年文学奖全国总决赛中，鲁迅中学柯桥校区学生祝含瑶获高中组唯一特等奖。7月17日，颁奖典礼在上海图书馆举行，鲁迅长孙周令飞为祝含瑶颁奖。在该项比赛中，鲁中学生还夺得一等奖1人次，二等奖3人次，二等奖2人次。这项比赛由鲁迅的儿子周海婴倡议发起，上海教育报刊总社、上海鲁迅文化发展中心、上海中小学幼儿教师奖励基金、中国少儿报刊协会等联合举办。此届比赛从3月启动后，有150多万名青少年参与，美国、法国、西班牙、澳大利亚、菲律宾等国的华人学生也有作品参赛。高中组总决赛的题目是《我看阿Q》。（朱月星）

职业教育

【概况】 2011年，绍兴县职业教育围绕服务县域经济发展这一中心，紧贴产业所需，密切校企合作，探索创新教学模式，确保职业教育在地方经济发展中的技能培训作用和熟练技工的输送功能。完成全县职校10个专业的设置调整，其中撤销专业4个，新设专业6个。绍兴县被确认为全省中职学校深化工学结合、校企合作改革试点县，校企合作经验在全省介绍。全县有职业学校4所（县职业教育中心、县财经学校、县园艺学校、浙江电子工程学校），其中国家级重点职业学校2所（县职业教育中心、县财经学校）、省二级重点职校1所（浙江电子工程学校）。在校学生14967人，校均规模3741人。专任教师543人，其中专业教师293人，占53.9%；双师型教师263人，占专业教师的91.7%。全县职校校园占地面积528.79亩，建筑面积19.43万平方米。

绍兴县职业学校设置纺织类、建筑类、机电类等专业33个，有服装、染整、电子技术应用、建筑、国际商务、金融事务、机电技术应用、园林等8个省级示范专业，另有外贸、纺织、财务会计等13个市级示范专业。县职业教育中心是省级先进制造业技能型人才培养培训示范基地、省级综合性公共实训基地，县园艺学校是省级现代农业技能型人才培训基地，县财经学校是省级商贸实训基地，浙江电子工程学校是省级机电实训基地。（梁贤林　高　巍）

【职教中心成为国家级改革发展示范建设学校】 2011年1月，国家中等职业教育改革发展示范学校首批立项建设学校名单公布，绍兴县职教中心名列其中。此次获批的学校全国共285所，浙江省共9所，国家级改革发展示范学校是中等职业学校的最高荣誉。县职教中心国家级改革发展示范建设从2011年开始，建设期2年，获中央财政1000万元建设资金支持。（沈高丰）

【职教中心成立外商服务工作室】 2011年12月14日，绍兴县职教中心成立外商服务工作室。在柯桥的常驻外商有5200多人，分别来自40个国家和地区。县职教中心外商服务工作室，免费为这些外商提供政策咨询、资料整理、语言培训、员工招聘等服务。同时邀请外商与外贸专业的学生进行外语交流。

【市纺织职业教育集团成立仪式在县举行】 2011年11月16日，绍兴市纺织职业教育集团成立仪式在县职教中心举行。市纺织职业教育集团由绍兴县职业教育中心牵头，7所中高职院校、20家企业、4个行业协会、1个研究院和1个质检中心共同参与组成，是全省首个纺织专业类中职教育集团。集团各会员单位在专业调整布局、实训基地建设、师资队伍建设、职业技能鉴定、行业人才培训、招生就业等方面实现资源共享、优势互补，为绍兴纺织产业集群发展培养急需的技能型专业人才。成立仪式上，县职教中心还与浙江华联集团、浙江省纺织品与染化料质量检验中心签订合作协议。浙江华联集团、浙江阿凡达服饰有限公司分别捐款5万元设立集团奖励基金。

【实现职教实习与就业一体化】 2011年，绍兴县出台《绍兴县职业学校学生校外实习管理办法》，规范职校学生实习管理。通过校企融合、工学结合、订单实习、顶岗实习的方式，实现实习与就业一体化。9月，教育部专题召开全国职业教育实习管理工作视频会议。县职教中心作为全国中职学校唯一代表向大会作“创新模式，实现实习就业一体化”的经验介绍。

【完成社会培训18617人次】 2011年，绍兴县启动职业学校参与社会培训工作，全年完成培训18617人次。其中为轻纺城市场和原料市场培训经营户2168人，涉及电子商务、织物分析、外贸日韩语、阿拉伯语、外贸单证、电脑绣花和老外学汉语等8个专业。县职校参与社会培训的做法作为全市唯一材料在省会议上作介绍。

（梁贤林 高 巍）

2011年10月12日晚，中国轻纺城经营户素质提升工程第八期培训在绍兴县实验中学开班。

（县教体局供稿）

成人教育

【概况】 2011年，绍兴县成人教育工作紧贴县域经济社会发展需要，为先进制造业和现代服务业培养各类技能型人才，为建设美丽家园、和谐社会开展素质培训。开展一系列农民和企业职工培训，包括农特专业户培训、印染工培训、特种工培训、企业管理人员培训、生产工人培训、家庭工业业主培训等。12月，省委组织部点面结合党员培训现场会在柯桥成教中心进行。深入企业了解用工需求，以“走出去、搞合作、请进来”等多种形式，开展外来劳动力引进培训工作。福全成教中心在引进职高学生的基础上，首次引进高职毕业生进行培训，为企业解决用工荒困难。社区教育网络开通运行，8个社区教育分院成立，学习型社区基本建立。以社区教育为主体的绍兴县老年大学柯桥分校成立并开班。至年底，全县有成教中心8个，成校11所，其中省级示范成校15所。全年按计划完成三大培训任务，完成各类培训115709人次，其中涉农培训36082人次、企业培训28463人、现代家庭工业培训4177人、到绍务工人员培训5767人、社区培训39680人次，850名农村成人获学历、技能双证。

【850名农村成人获双证】 2011年，绍兴县在农村成人“双证制”、预备劳动力培训方面，规范学员报名、授课安排、师资聘请、考试实施、

检查监督等工作。县教育部门多次利用晚上及双休日对各校培训情况进行突击检查，对没按规定开班及学员到课情况不很理想的单位公开通报批评。至年底，850人参加免费培训获学历、技能双证，574名学员参加免费预备劳动力培训。

（梁贤林 高 巍）

【县老年大学柯桥分校开学】 2011年4月14日，绍兴县老年大学柯桥分校在柯桥成人教育中心正式开学。县老年大学设在绍兴市区，柯桥分校的设立便于住在柯桥城区和其他镇（街道）的老年人上学。县老年大学柯桥分校首批开设书法、剪纸、合唱、唱腔与表演及电脑等5个专业，共招生200人。（张菁华 范俊俊）

招生考试

【概况】 2011年，绍兴县有序开展各类招生考试工作，16562名学生进入高一级学校，其中被高中段学校录取10768人，比上年增加913人；被普通高校录取5371人，比上年减少568人；被高职单考单招录取423人，比上年增加52人。高考全省继续采用分类考试、分类录取的方法，绍兴县普通高校共报名5924人，上一类分数线966人、上二类分数线3637人、上三类分数线5491人，按上3类计算，普通高校上线率92.7%。单招单考共451人报考，录取423人，录取率93.8%。成人高考报名554人，比上年减少53人，均为高中起点升专科，其中文史类436人、理工类117人、艺兼文1人；上线495人，上线率89.3%；录取491人，录取率88.6%。经过春季招生及提前招生，参加中考报名共6255人，录取高中段新生10768人，其中普通高中录取6210人、职校录取4558人。自学考试工作平稳发展，自考报考人数1537人。各类非学历等级证书考试规模居全市前列，参加全国计算机等级考试1226人、全国英语等级考试1219人。

【高考北大清华录取数创5年新高】 2011年，绍兴县有5924名考生报考普通高校，其中文史类1658人、艺兼文280人、体兼文32人、理工类3638人、艺兼理231人、体兼理85人，比上年减少480人。普通高校招生三项考试，3月份考试共报考9921人次，其中高考英语听力报考5768人、高考信息技术报考2295人、高考通用技术报考1858人；9月份考试共报考13860人次，其中高考英语听力报考6281人、高考信息技术报考3327人、通用技术报考4252人。普通高校共录取绍兴县新生5371人，占全县报考考生的90.7%，其中被一类录取738人、二类录取2450人、三类录取1824人、体艺类录取359人。8名考生进入全省文理科前100名，22名学生被北京大学、清华大学、复旦大学、中国人民大学等4所名校录取（北大5人，清华7人，复旦7人，人大3人），9人被上海交通大学录取，49人被浙江大学录取，其中鲁迅中学柯桥校区张鉴超被录取为全市第一位清华大学飞行员班学生。被北大清华录取共13人，为近5年最多。

【5名考生被录取为飞行学员】 2011年，绍兴县有5名考生被录取为飞行学员，其中2人为空军飞行学员，分别是鲁迅中学柯桥校区张鉴超、鲁迅中学城南校区陶建平；3人为民航飞行学员，分别是柯桥中学茹承兵、金意超，鲁迅中学柯桥校区周凯波。自1989年实行在高中生中招收飞行学员制度后，全县累计选送空军飞行学员56人，民航飞行学员30人。（任新江）

【两考生获省高职单考单招状元】 2011年，高职单考单招绍兴县共451人报考，录取423人，录取率93.8%，其中县职教中心艺术专业郑丽萍和学前教育专业王梦楠分别获全省同专业单招单考第一名。另有31名考生进入相关类别的前100名，其中马林峰、郑旺斌分别获得艺术类、建筑类第三名，李文文获学前教育类的第十名。有8名考生被中国美院等全国重点高校录取。

（梁贤林 高 巍）

师资管理

【概况】 2011年，绍兴县教育体育系统有教职员工9468人，其中专任教师8367人。专任教师中任教于普通高中1301人、职业学校（含成人学校）580 人、初级中学 2218 人、小学 2807 人、幼儿园 1451 人、特殊教育 10 人。按学历分，普通高中专任教师中研究生 76 人，占 5.84%；本科 1219 人，占 93.7%；专科 6 人，占 0.46%。职业学校专任教师中研究生 14 人，占 2.58%；本科 516 人，占 95.03%；专科 12 人，占 2.21%。初级中学专任教师中研究生 10 人，占 0.45%；本科 1998 人，占 90.08%；专科 208 人，占 9.38%；高中 2 人，占 0.09%。小学专任教师中本科 1520 人，占 54.15%；专科 1141 人，占 40.65%；高中 146 人，占 5.2%。幼儿园专任教师（含园长）中研究生 1 人，占 0.07%；本科 234 人，占 15.23%；专科 930 人，占 60.59%；高中 367 人，占 23.91%；高中以下 3 人，占 0.2%。全县普通高中、职业学校（含成人学校）、初级中学、小学、幼儿园专任教师的学历合格率分别为 99.53%、97.61%、99.91%、100.00%、99.8%。

2011 年，新吸收大中专毕业生 249 人，其中硕士研究生 35 人、本科生 194 人、专科生 20 人。新评定和初定各类职称教师 1091 人，其中评定高级职称 123 人、中级职称 474 人、初级职称 286 人，初定初级职称 208 人。至年底，全县有正高级职称教师 16 人、高级职称教师 947 人、中级职称教师 3926 人、初级职称教师 1723 人。

2011 年，鲁迅中学许吉安获浙江省功勋教师称号，全县有 1 名教师获全国成人教育优秀奖，3 名教师获第 20 届孙越崎家乡教育奖，3 名教师获全国机械职业院校人才培养优秀教师称号，柯桥中学王庆丰、园艺学校林慧、杨汛桥实验学校包林军等 3 人获浙江省教坛新秀称号，稽东镇中心幼儿园安华珍获第二届浙江省农村教师突出贡献奖，平水镇中学沈高丰被评为 2010 浙江教育年度十大影响力人物。有 2 名教师获第三届绍兴市模范教师称号，2 名教师获绍兴市十佳校长称号，1 名教师获绍兴市优秀校长称号，2 名教师被评为绍兴市十佳青年教师标兵，2 名教师被评为绍兴市十佳师德标兵，1 名教师被评为绍兴市十佳模范班主任，2 名教师被评为绍兴市优秀青年教师，1 名教师被评为绍兴市师德优秀教师，2 名教师被评为绍兴市优秀班主任。

【继续实施名师工程】 2011 年，绍兴县继续实施名师工程。全面推进“双十双百双千”培训工程，重点培育 10 名国家级名教师和 10 名省级名校长，100 名市级以上优秀班主任、100 名市级以上学科名教师，每年培训 1000 名高中教师、1000 名初中小学骨干教师，5 年内全体教师轮训 1 遍。7 月，选派 14 名职业教育专业骨干教师赴德国、新加坡进行国际交流培训。面向全国引进名优教师 16 人，其中特级教师 3 人、高中五大学科竞赛金牌教练 3 人、学科带头人 10 人；面向全国引进优秀教练员 11 人，其中国家运动健将 3 人、国家一级运动员 1 人、曾获得全国单项比赛前六名的退役运动员 8 人；面向全国知名高校招聘优秀毕业生，签约录用研究生学历 27 人、本科学历 9 人。重视对引进名师的效用发挥和后续管理，11 月组织举办引进名师才艺展示活动。改革“星级教师”评选机制，共评出三星级教师 40 人、二星级教师 74 人、一星级教师 215 人。（王　康）

【首次组织校长赴海门培训】 2011 年 4 月 19 日，绍兴县首批赴海门校长培训班开班仪式在海门市少年宫影视中心举行。全县 51 位校长或分管德育的副校长参加开班仪式。培训共 10 天，以“文化立魂、智慧管理”为核心内容，通过现场挂职、专题报告、沙龙研讨等形式，学习海门学校管理经验，开阔教育管理视野，探讨智慧管理策略与学校文化发展战略。培训期间，学员们体验一日校长学校管理生活，随校长听课、评课，参加集体备课、教研及各种教育活动，听取学校文化建设报告，观摩完美教室叙事、教师专业发展、学生社团活动等项目展示。（沈高丰）

【改革学校干部选拔任用制度】 2011 年，绍兴县教育部门改革学校干部选拔任用制度，采用“海选”、“推选” + “票决”的“二加一”模式。在明确任职条件基础上，学校教师广泛参与任职人选的推荐即“海选”；学校党组织集体研究提出任职人选即“推选”；对推荐的任职人选进行初步资格审核后，交全县校长书记会议无记名差额推荐即“票决”，票决结果作为选拔任用决策的重要依据。这年，共选拔任用局管学校干部 12 人。县教体局首次组织实施公开选调城区部分学校副职干部工作，共推出城区初中副校长岗位 3 个、小学副校长岗位5个，由有意愿至城区任职的现任学校副职干部自愿报名。通过笔试、面试、全县书记校长会议票决，选拔8名优秀副校长充实到城区中小学校管理岗位。（王　康）

【规范编制外用工管理】　2011年，绍兴县教体局制订实施《绍兴县规范民工子女学校临聘教师收入待遇指导意见（试行）》、《绍兴县规范学校非教师临聘人员收入待遇指导意见（试行）》、《绍兴县幼儿园自聘专任教师收入待遇指导意见（试行）》，对学校编制外用工的岗位控制、资格准入、审批管理、绩效考核、待遇保障等作出详细规定，明确全县公办中小学校在2011年9月后不再保留长期代课教师，至2014年全面清退公办民工子女学校代课教师。

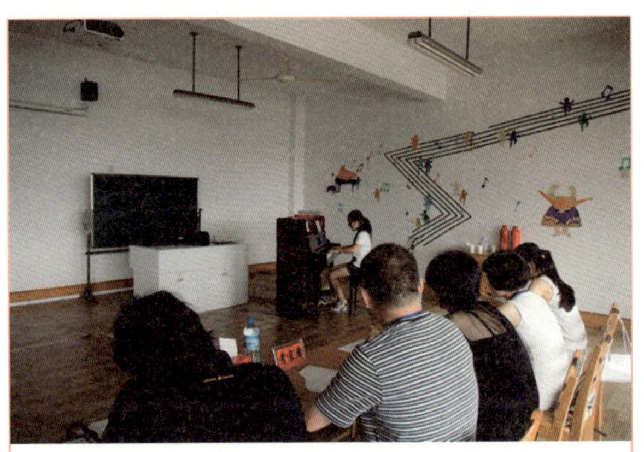

2011年7月14日，绍兴县公办（集体办）幼儿园自聘专任教师招考面试在县实验小学举行。
（县教体局供稿）

【流动教师317人】　2011年，绍兴县新成立8个城乡教育联盟，23名示范学校派出的优秀教师至结对学校支教。另有129名教师参加区域交流，85名教师通过在职教师公开考调实现岗位调动，80名教师交流至民工子女学校任教。（王　康）

【许吉安获省功勋教师称号】　2011年9月9日，浙江省人民政府授予鲁迅中学校长许吉安第五届浙江省功勋教师称号。“浙江省功勋教师”是浙江省授予在教育战线做出杰出贡献教师的最高荣誉。1998年，省政府首次设立“省功勋教师”奖，此后每3年评选1次；第五届共有17人当选。9月23日，纪念鲁迅诞辰130周年座谈会在人民大会堂举行，许吉安应邀赴会，并代表全国众多以鲁迅姓名命名的学校作大会发言。（朱月星）

【8名师生获第20届孙越崎家乡教育奖】　2011年10月17日，以“爱国之士，工矿泰斗”孙越崎命名的孙越崎科技教育基金会第20届颁奖大会在北京举行，大会对获得能源大奖、优秀青年科技奖、家乡教育奖以及优秀学生奖的165人进行表彰和奖励，绍兴县共有8名师生获孙越崎家乡教育奖。他们是越崎中学阮泽浩、鉴湖中学秦伟国、安昌镇中劳建洪等3名教师及孙琳慧、冯杰波、王丛余、朱王涛、宋程瑜等5名学生。（操梅霞　杜国平）

教育研究

【概况】　2011年，绍兴县组织开展“规范办学，内涵提质”主题调研工作，出台《关于加强和改进中小学教育科研工作的实施意见》和《绍兴县教育科研工作评估方案》，全面推进教育研究工作。结合实际多次组织教育研究培训交流活动，召开绍兴县第三届“鉴湖之春”初中课堂教学多样化观摩研讨会，安排教科研骨干教师赴江苏海门、上海、苏州等地学习培训。全年获得批准立项的省级课题15项、市级课题33项、市级教改项目58项目，有1项课题获省基础教育教学成果评比一等奖，1项课题获省第四届教研课题成果评比二等奖，2项课题分别获省师干训中心课题评比一等奖和二等奖；1人获全国优质课展评特等奖，1人获全国技能赛第一名；1所学校被评为浙江省2009~2010年度重视教科研先进集体，3人被评为浙江省2009~2010年度教科研先进个人。全县教师在省级以上教育教学报刊上公开发表论文1491篇，其中获国家一等奖14篇、二等奖9篇、三等奖6篇，省一等奖12篇；公开出版98部教育教学书籍；在省级以上公开发表、获奖、展出音乐、美术、文学作品189件。其中音乐舞蹈作品4件，书画、摄影作品34件，文学作品151件。

表21 2011年绍兴县学生在省级以上学科竞赛中获奖情况

竞赛名称	获奖情况
全国高中数学联赛	全国二等奖7人，省一等奖3人、省二等奖2人
全国高中物理竞赛复赛	全国一等奖2人、全国二等奖9人、全国三等奖8人
全国高中物理竞赛决赛	全国三等奖1人
全国高中化学竞赛（省级赛区）	全国一等奖5人、全国二等奖2人
全国中学生生物学联赛	全国二等奖5人、全国三等奖4人
全国青少年信息学奥林匹克竞赛（浙江省赛区）	全国一等奖5人、全国二等奖15人、全国三等奖28人
全国中职技能竞赛	全国一等奖1人
全国地理科技大赛	全国一等奖9人、全国二等奖12人，3名学生获地球小博士称号，6名教师被授予优秀科技辅导员称号，鉴湖中学获优秀组织奖并被授予全国地理科普教育基地称号
浙江省高中数学竞赛A组	省一等奖2人、省二等奖4人、省三等奖1人
浙江省高中物理竞赛初赛	省一等奖9人、省二等奖6人、省三等奖多人
浙江省高中化学竞赛A组	省一等奖3人、省二等奖6人、省三等奖3人
浙江省高中化学竞赛B组	省一等奖4人、省二等奖2人
浙江省高中生物学竞赛A组	省一等奖1人、省二等奖1人、省三等奖4人
浙江省高中生物学竞赛B组	省一等奖3人、省二等奖7人、省三等奖8人
浙江省中小学美术比赛	省一等奖28项、省二等奖27项、省三等奖26项
浙江省中小学舞蹈节	3所学校获一等奖，2所学校获二等奖，5所学校获优秀创作奖

【15项课题获省级立项】 2011年，绍兴县申报国家级重点课题“基础教育未来发展的新特征研究”子项目研究，确定鲁迅中学、柯桥中学、鲁迅外国语学校、实验小学4所中小学为项目试点学校。申报浙江省教育体制改革试点项目，其中“小班化教学试点”、“中小学教学改革试点”、“素质教育质量监测试点”、“义务教育学校教师流动试点”和“中职深化工学结合、校企合作改革试点”5个项目批准立项。申报“基于备课组建设的教师思想引领实践研究”省级规划课题，确定10所中小学为试点学校。全年获批准立项的省级课题15项、市级课题33项、市级教改项目58项，8篇教学改进主题报告被列入备讲目录，另有县级规划课题213项、县级学科教改项目452项。 （宋 慧）

【吴建锋获全国优质课展评特等奖】 2011年12月3日至6日，全国普通高中信息技术优质课展评活动在安徽省合肥一中举行，全国各地112名高中信息技术优秀教师参加。经过2轮4次比赛，柯桥中学信息技术教师吴建锋以诗意的导入、浓厚的文化氛围、科学的学法指导、全面的课堂教学素质获评委们的一致好评，获特等奖。 （朱月星）

【朱华兴摄影作品入选平遥国际摄影大展】 2011年9月，第十一届中国平遥国际摄影大展在山西省平遥县举行。此届摄影大展的主题是“瞬间·永恒”，来自美国、英国、法国等10多名国际著名策展人和世界40多个国家、地区的摄影家带优秀作品参展。县实验小学美术教师朱华兴以一组黑白艺术作品《逝者》成功入选此届大展艺术类个展。朱华兴以独特的摄影视角、纯朴的摄影语言、浓郁的人文历史背景，历时几年创作这组以《逝者》为主题的黑白艺术作品。

【80多人次获省级以上艺术比赛一等奖】 2011年，绍兴县学生在各类艺术比赛中获全国、省一等奖80多人次。同年，县教育部门开展“童心向党 幸福成长”六一文艺会演、“向建党九十周年献礼——中小学器乐比赛”、“永远跟党走——小学生红歌赛”、“教师之歌——文艺汇演”、“青春旋律 多彩校园——中学生金秋文艺会演”等传统艺术教育活动，推出自创精品节目参加全国省市比赛。11月，在第二届浙江省大中小学生规范汉字书写大赛中，绍兴县有32幅学生书法作品获奖，其中柯桥中学程佳琪、鲁迅外国语学校钱家和、福全镇中心小学劳凯分别获得高中组硬笔、初中组硬笔和小学一组软笔一等奖。同月，参加2011年浙江省中小学生舞蹈节比赛的5个节目全部获奖，其中柯桥小学、轻纺城小学获得小学组一等奖，柯岩中学获得初中组一等奖。 （操梅霞 杜国平）

2011年11月，柯桥小学的《涂·画》在省中小学舞蹈大赛中获一等奖。 （县教体局供稿）

【朱王涛获全国中职技能竞赛一等奖】 2011年6月，全国职业院校技能大赛上，绍兴县职教中心学生朱王涛获全国职业院校技能大赛（中职组）电工电子技术技能制冷与空调设备组装与调试一等奖。该项比赛是中国职业教育规模最大、项目最多、覆盖面最广、规格最高的大赛，被誉为职业院校的“奥林匹克竞赛”。县职教中心数控专业的朱王涛通过层层选拔，最终以非专业身份获得制冷与空调设备组装与调试项目一等奖。

（梁贤林 高 巍）

竞技体育

【概况】 2011年，绍兴县青少年竞技体育在各级各类比赛中获133枚金牌，其中获全国比赛金牌9枚、省比赛金牌21枚、市比赛金牌103枚。谢震业被评为2010年度浙江省十佳运动员，成为继徐东香、范雪飞之后第三位获得“省十佳”荣誉的绍兴县籍运动员。

表22 2011年绍兴县籍运动员获奖情况

姓名	时间	地点	比赛名称	成绩
陆敏佳	2月	上海	全国田径室内锦标赛上海站	女子跳远第一名
	2月	江苏南京	全国田径室内锦标赛南京站	女子跳远第一名
	5月	浙江嘉兴	全国田径大奖赛系列赛嘉兴赛区	女子跳远第一名
	7月	江西南昌	全国田径冠军赛暨大奖总决赛	女子跳远第一名
	9月	安徽合肥	全国田径锦标赛	女子跳远第一名
虞 鑫	3月	四川成都	世界少年田径锦标赛选拔赛	男子110米栏第一名
谢震业	7月	内蒙古包头	第十一届全国中学生田径运动会	男子200米冠军
	10月	江西南昌	第七届全国城市运动会	男子200米冠军
孙新昌	11月	广东广州	全国皮划艇锦标赛	男子200米双人皮艇第一名

2011年10月23日，谢震业获第七届全国城市运动会男子200米冠军，并打破全国青年纪录。
（县教体局供稿）

【在省市竞赛中获金牌124枚】 2011年，绍兴县在省市体育竞赛中获金牌124枚。其中8月12日~18日，在嘉兴市嘉善县汾湖国家水上运动中心举行的2011年浙江省青少年皮划艇、赛艇锦标赛中，绍兴县取得4金4银4铜；1月26日至1月27日，在绍兴一中体育馆举行的浙江省第二届中学生乒乓球联赛绍兴赛区市级赛中，绍兴县柯桥中学男女队双双获得高中男女B组团体冠军；11月25日至27日，在绍兴一中分校举行的ZSBL“动感地带”浙江省第五届中学生篮球联赛绍兴赛区市级赛中，代表绍兴县参赛的高中组鲁迅中学、越崎中学，初中组柯岩中学、孙端镇中学均获前三名，其中鲁迅中学胡栋被评为最有价值球员、刘建华被评为优秀教练员，鲁迅中学男子篮球队代表绍兴市参加省联赛总决赛；12月2日至4日，在县职教中心举行的ZSFL浙江省第三届中小学生校园足球联赛绍兴赛区市级赛（高中、职高组）中，县职教中心获男子组第一名。

【组织6场学校体育竞赛】 2011年，绍兴县组织举办6场学校体育竞赛。3月25日，全县小学生“三棋”比赛开赛，全县24所学校100多名运动员参加，陶堰镇小获中国象棋、围棋两个团体冠军，孙端镇小获得国际象棋团体冠军。4月27日至29日，绍兴县中小学生田径运动会在县职教中心举行，全县55所学校700多名运动员参加，鲁迅中学获高中组团体第一名，孙端镇中获初中组团体第一名，安昌镇小获小学组第一名。10月15日至16日，21日至22日，绍兴县初中生男子、女子篮球比赛先后在鉴湖中学举行，柯岩中学获得男子团体第一名，孙端镇中学获得女子团体第一名。11月10日至12日，22日至23日，全县高中男子、女子篮球比赛先后在鉴湖中学举行，鲁迅中学城南校区获男子冠军，连续三年蝉联冠军；越崎中学获女子冠军，并取得参加浙江省中学生篮球联赛绍兴赛区市级赛的资格。11月25日至26日，绍兴县初中生乒乓球比赛在钱清镇中学举行，全县20所学校80多名运动员参加，平水镇中和实验中学分获男、女团体第一名。12月17日，绍兴县小学生乒乓球比赛在钱清镇校举行，全县48支队伍150多名运动员参加，柯桥小学、福全镇校分获男、女团体第一名。
（黄赛波）

2011年4月27日~29日，绍兴县中小学生田径运动会在县职教中心举行。（县教体局供稿）

全民健身

【概况】 2011年，绍兴县以各种形式开展全民健身活动，举办各类体育活动398次，参加人数38987人次，包括550人参加的首届全民健身运动会暨第二届农民运动会、600多人参加的首届残疾人运动会、150多人参加的首届旅游系统消防运动会等。开展省级体育强县、省级先进体育总会和省级体育强镇创建，实施新农村小康体育工程，改善基层体育设施。至年底，全县19个镇（街道）本级全部建有灯光篮球场和文体活动中心，农村（社区）建有篮球场272片（其中灯光球场45片）、健身路径4729条、乒乓球台658张、门球场15个、网球场8片、排球场（羽毛球场）203个，每个村（社区）建有1处以上体育活动场所，其中社区100%达标，行政村69%达标。全县机关事业单位和百人以上企业单位建有活动场地或活动室，共计篮球场69.5片、乒乓球台142张、网球及其他体育场地200多个。相继成立空竹协会、腰鼓协会、体育舞蹈协会、田径协会、残疾人体育协会和农民体育协会，全县累计成立15个体育协会。开展国民体质监测，掌握全县各类人群的体质状况，引导群众科学健身。开展社会体育指导员培训，至年底，累计有社会体育指导员1075人，其中国家级2人、一级15人、二级260人、三级798人；每万人拥有社会体育指导员14人，其中城区每万人18人。绍兴县成功创建省级体育强县和省级先进体育总会，被国家体育总局授予2011年全民健身活动优秀组织奖。平水、兰亭、马鞍、王坛等4个镇被命名为浙江省体育强镇，45个行政村被命名为浙江省新农村小康体育村，7个村被命名为浙江省农村体育俱乐部。

2011年7月28日，绍兴县首届全民健身运动会暨第二届农民运动会三人制篮球赛在兰亭镇举行。

（黄赛波摄）

【参加省市运动会获17个奖项】 2011年5月24日至27日，浙江省首届海洋运动会在岱山县举行。由兰亭、马鞍、平水、王坛4个镇组成的绍兴县代表队参加沙滩抛蟹笼、沙滩爬船网2个项目的比赛，获沙滩爬船网男团、女团二等奖，获女子个人单项一等奖2个、男子个人单项三等奖1个。5月29日至31日，浙江省首届社团运动会健身气功比赛在上虞市举行，绍兴县有10名运动员参加，获团体二等奖2个、个人单项二等奖2个，绍兴县代表队被省体育局授予体育道德风尚奖。6月23日至26日，浙江省首届社团运动会乒乓球比赛在永康市举行，绍兴县代表队参加男子50岁以上组和女子40岁以上组比赛，以蒋兆兆、赵松泉、诸粹强组成的男团获男子50岁以上组团体第三名，赵松泉获男子单打亚军，蒋兆兆获第四名，周庆获女子40岁以上组第五名。5月13日至14日，绍兴市首届体育系统运动会在诸暨市举行，绍兴县教体局代表队获定点投篮比赛团体第一名、男子单项飞镖第一名、男子单项乒乓球第一名和第二名。

【两场省级桥牌赛在县举行】 2011年10月14日至16日，浙江省第九届“柯桥杯”桥牌赛在柯桥新世界大酒店举行。该桥牌赛由省桥牌协会主办，县教体局、县桥牌协会承办，绍兴、宁波、衢州等地的16支代表队近100名运动员参加比赛。嘉兴良友队、椒江队和衢州择邻队分别获得冠、亚、季军，绍兴中厦队、财通队和喜临门队分别获第四、第六、第八名。10月7日，第六届“中厦杯”名人桥牌邀请赛在平水维多利亚庄园举行，全省政治、经济、文体各界50人参加比赛。比赛由浙江省桥牌协会、中厦建设集团有限公司主办，平水镇人民政府、绍兴县教育体育局、绍兴县桥牌协会承办。比赛以双人赛的形式，分两轮进行，采用第一轮积分和第二轮积分相加产生优胜，分别录取南北组、东西组前8名。卢培贤、包海青以592分获南北组第一名，张小亮、王家伟以575分获东西组第一名。

【参加全国、市健身气功交流】 2011年5月21日，全国百城健身气功交流展示系列活动绍兴县人会暨绍兴市第五届健身气功交流大会在绍兴县鉴湖中学启动。绍兴县武术协会健身气功辅导站的300名运动员集体表演气功传统项目八段锦。展示结束后举行绍兴市第五届健身气功交流大会，绍兴县运动员获团体金牌1枚、铜牌1枚，个人单项银牌1枚、铜牌1枚。

2011年5月21日，绍兴县武术协会的会员在全国百城健身气功交流展示系列活动绍兴县大会上集体表演气功传统项目八段锦。（黄赛波摄）

【蒋兆兆获国际级70岁以上组男单冠军】 2011年，绍兴县老年人体育活动丰富多彩，做到月月有比赛，周周有活动。至年底，全县老年人体协会员突破3.3万人，等级裁判员100多人，社会体育指导员130余人，各类健身辅导员300余人，各项目运动队280多个。经常参加锻炼的老年人达到8万以上，占全县老年人口的58.6%。老年人体育锻炼场地设施日趋多样，有门球场26个、地掷球场5个、老年活动中心21个、汽排球场28个、各类活动室300多间。9月，蒋兆兆、徐金富赴马来西亚参加沙巴国际乒乓宿将锦标赛，蒋兆兆夺得70岁以上组男单冠军，蒋兆兆、徐金富获这个级别的团体第三名。这是绍兴业余级选手在国际乒乓赛事中获得的第一个冠军和团体奖项。

【举行第六届老年人运动会】 2011年5月至9月，绍兴县举行第六届老年人运动会，共设16个大项、31个小项，参加人数超过1000人。与上届相比，大项增加2个、小项增加9个，参赛人数增长30%。为绍兴县历届老年运动会比赛项目最多，参加人数最多，承办、协办单位最广的一届体育盛会。

【创建省小康体育村45个】 2011年，绍兴县有45个行政村被命名为浙江省小康体育村，分别是柯岩街道先锋村、三佳村、高尔夫社区、新风村，华舍街道西蜀阜村、大西庄村、张娄村，湖塘街道陌坞村，杨汛桥镇展望村、园里湖村、合力村，钱清镇联兴村、江墅村、华星村，夏履镇新民村，齐贤镇阳嘉龙村、兴浦村，安昌镇前畈村、安华村、白洋村，马鞍镇国庆村、湖安村、大鱼山村，福全镇梅峰村，漓渚镇黄山畈村、棠一村，兰亭镇金庄村、花街树村、兰渚山村、黄贤村、山下村，陶堰镇陶堰村、南湖村，孙端镇后双盆树村，平水镇祝家村、宋家店村、若耶村、小舜江村，富盛镇夏蔚村、红山村，王坛镇舒村、张蒋村、长岭村、王城村，稽东镇越北村。

·小资料·　2011年浙江省小康体育村建设要求

（一）建设标准

1. 1片篮球场和2张室外乒乓球台；

2. 1片篮球场、1张室外乒乓球台和1张室内乒乓球台；

3. 30件以上室外健身路径和2张室外乒乓球台；

4. 1片灯光篮球场和2张室外乒乓球台。灯光篮球场须保证200天，每天18：00～22：00时段开启灯光，为群众健身提供照明。

以上标准任选其一。2011年小康体育村以建设篮球场和乒乓球台（标准1）为重点，符合此条要求的不能少于总数的70%。标准4的数量不得超过总数的10%。

（二）建设用地必须是公共用地，并建在方便农民和学生使用地带。

【7个村被命名为省农村体育俱乐部】 2011年，绍兴县共有7个村被命名为浙江省农村体育俱乐部，分别是平水镇西湖桥村、兰亭镇阮港村、华舍街道张娄村、马鞍镇宝善桥村、夏履镇新民村、漓渚镇黄山畈村、王坛镇长岭村。

·小资料·　浙江省农村体育俱乐部创建标准

（一）管理规范

有较完善的管理制度，有章程。年初有计划，活动有记录。注重体育宣传，体育档案齐全，俱乐部工作有村干部或社会骨干专管；活动经费有保障，场地器材有专人负责维护。

（二）设施完善

俱乐部应有：1 片标准水泥灯光篮球场，4 张乒乓球台（室内外均可），15 件器材以上的健身路径，1 个 40 平方米以上室内活动室。人均活动面积达到 1.5 平方米以上（活动面积可将村辖区对外开放学校的体育场地统计在内）。

（三）活动普及

俱乐部活动场所对村民开放时间每年不少于 200 天，每年有组织的活动不少于 20 次。有一支特色体育健身队伍（有服装、器材，经常开展训练、比赛活动）；每年至少举办 1 次健身知识培训；俱乐部会员应占村体育人口的 60% 以上，每个会员应该掌握 2 项以上的健身技能。社会体育指导员达俱乐部会员的 3%。（黄赛波）

体育产业

【概况】 2011 年，绍兴县体育产业发展势态良好，县体育中心工程正式开建，中国体育彩票销售 6782.9865 万元。浙江海纳体育旅游用品有限公司被命名为 2011 年浙江省体育用品制造业示范企业，公司生产的幼教产品和瑜伽 TPE 垫类产品入选 2011 年浙江省体育产业联合会“十二五”期间体育产业重点项目（产品）。浙江飞峰体育用品有限公司多次赞助国内重大羽毛球赛事，包括 2011 年全国中学生羽毛球锦标赛、浙江省羽协第二十届“飞峰杯”羽毛球赛等一系列赛事，实现销售 8676 万元，被评为浙江省著名商标。绍兴县健拓五金机械有限公司专业生产健身器材，实现销售 1.3 亿元。（黄赛波）

【县体育中心项目开建】 2011 年 8 月，绍兴县体育中心工程正式开建。该项目位于华齐路以南、329 国道北侧、中国轻纺城会展中心以西地块，计划建设 35000 座的体育场、3500 座的体育馆和可举办国际国内单项赛事的游泳馆各 1 个，项目总占地 300 多亩。由宝业集团、中设建工集团等建设单位分片开建。（夏觉民）

【“顶呱刮”NBA 主题即开型体育彩票首发仪式在县举行】 2011 年 4 月 3 日，“顶呱刮”NBA 主题即开型体育彩票绍兴首发仪式在绍兴县举行。“顶呱刮”NBA 主题即开型体育彩票是国家体育总局体育彩票管理中心经 NBA 中国独家授权，首次在全国发行。球迷和彩民既可以通过购买面值 5 元球队版即开票赢取头奖 10 万元现金的机会，也可以购买面值 10 元球员版即开票赢取头奖 25 万元现金的机会。（裘筱洪 王 剑）

【销售体育彩票 6780 余万元】 2011 年，绍兴县销售中国体育彩票 6782.9865 万元，其中电脑彩票 4620.3733 万元、即开型彩票 1808.34 万元、竞猜 354.2732 万元，较上年有小幅增长。新增电脑彩票站点 18 个、竞猜站点 8 个，全县电脑彩票站点总量达 150 个。（黄赛波）

责任编辑 宋如玲

文化　传媒

专业文化

【概况】　2011年，绍兴县有县级专业表演团体1个，专业培训机构1个，直属演出场馆1个。从业人员86人，其中正高级职称6人、副高级职称13人、中级职称14人。全年演出100余场，并远赴香港、新加坡等国家和地区进行文化交流。吴凤花获得第二十五届中国戏剧梅花奖（二度梅）并获“浙江骄傲——2011年度最具影响力人物”称号；吴素英获第四批浙江省宣传系统五个一批人才；张琳获浙江十大优秀青年称号。

【吴凤花梅开二度】　2011年6月10日，中国文联、中国戏剧家协会主办的第25届中国戏剧梅花奖大赛在山西省太原市举行颁奖晚会，绍兴小百花艺术中心吴凤花凭借在新版《狸猫换太子》中成功塑造陈琳一角获“二度梅”。此次吴凤花摘梅是绍兴小百花艺术中心第四次获得中国戏剧梅花奖，成为全国获得梅花奖人次最多的县级剧团。吴凤花也成为继茅威涛获得三次梅花奖后的首位荣获“二度梅”的越剧演员。

【戏曲电视剧《一钱太守》开拍】　2011年10月14日，由绍兴县小百花艺术中心打造的新编廉政越剧《一钱太守》改编的3集戏曲电视剧《一钱太守》，在东阳市横店影视城开拍，这是绍兴县首次尝试把越剧艺术从舞台搬上电视荧屏，开创绍兴县传统戏曲与现代传媒结合，越剧艺术以电视剧形式表现的先河。该剧于11月3日杀青，12月下旬完成后期配音等制作，并于2012年2月19日在央视11套首播。

【青春版越剧《玉簪记》首演】　2011年9月10日晚，青春版越剧《玉簪记》在绍兴小百花艺术中心百花剧场首次公演，担任该剧主演的是优秀青年演员全国越女争锋金奖得主张琳、董鉴鸿。省文联书记处书记、省剧协主席黄先钢，省剧协秘书长谢丽泓，省戏剧专家顾天高、周冠均、朱为忠等观看首场演出，并进行座谈。

【绍兴小百花开展对外交流演出3次】　2011年6月19日至28日，绍兴小百花艺术中心第三次赴新加坡演出，在新加坡滨海艺术中心献演新版《狸猫换太子》、《一钱太守》等4台大戏，新加坡国家发展部部长许文远上台为演出开锣。9月26日绍兴小百花艺术中心“梅花玉兰、花开香江”演出在香港文化中心大剧院拉开帷幕，这是绍兴小百花第八次赴港演出。9月26日至30日，绍兴小百花艺术中心在香港文化中心大剧院上演经典越剧大戏《狸猫换太子》、《陆文龙》、《情探》、《沉香扇》及明星版《梁祝》，外交部驻港特派员吕新华先后两次到场观看，并给予高度评价。　（何雅娟）

社会文化

【概况】　2011年，绍兴县群众文化工作繁荣发展，推出“欢乐”系列文化活动，承办第七届中国曲艺节，其中“水乡曲韵”——绍兴地方曲艺专场广受关注。继续做强“乐在柯桥”文艺贺新春活动、第七届“鉴湖之春”广场文化月活动、广场文化角活动、“文艺五进”工程（进农村、进学校、进社区、进企业、进养老院）、种文化工程等活动品牌，2011年获省级以上奖项7个。深化绍兴莲花落二次创业，绍兴莲花落《范大夫筑越城》、《四万个鞠躬》分别成为纪念绍兴建城2500周年、纪念建党90周年的献礼作品。

2011 年 10 月 20 日，绍兴莲花落《绍兴名士与绍兴酒》在“水乡曲韵”绍兴地方戏曲专场上演出。
（沈 莹摄）

2011 年，绍兴县图书馆馆舍建筑面积 11000 平方米，阅览座席 1102 个，从业人员 29 人，全部达到大专及以上学历；新购图书 26000 册，有藏书 27 万余册（件），订购报刊 1104 种；新增借阅卡 9682 张，持卡读者总量达到 41328 人；2011 年流通 37 万人次，年外借 32 万册次；实行全开架免费借阅和自动化业务系统管理，配备读者自助查询机读目录。建有乡镇图书分馆 2 个，馆外流通点 10 个。图书流动车全年出车 181 车次，接待读者 11000 多人次，流通图书 9817 册次，基本建成覆盖全县的图书馆服务网络。文化信息资源共享工程实现全县村级基层服务点全覆盖，并提供多样化的基层共享工程服务。积极开展信息服务和信息咨询工作，编辑出版《纺织信息导刊》6 期。县图书馆获浙江省文化信息资源共享工程先进集体称号，信息技术部主任刘平获浙江省文化信息资源共享工程先进个人称号。
（吴颖明 洪水平）

【开展“欢乐”系列文艺活动】 2011 年，绍兴县开展“欢乐”系列文艺活动，繁荣基层文化。7 月 18 日，“欢乐乡村”文艺活动启动仪式在齐贤镇阳嘉龙村举行。“欢乐乡村”文艺活动，采取政府补助，鼓励以自娱自乐为主的业余文艺团队到农村演出，全年开展文艺演出 370 余场次，观众 26 万人次，基本做到文艺演出村村（居委会）全覆盖。开展“欢乐柯桥”文艺活动，设计周末戏曲专场、明珠文化广场专场、社区主题活动等三大板块，全年开展群众文化活动 180 余场次，观众约 16 万人次。（沈琛幸 沈建萍）

【4 个莲花落剧目获第七届中国曲艺节优秀节目奖】 2011 年，绍兴县以第七届中国曲艺节举办为载体、莲花落二次创业为动力，新创和加工绍兴莲花落《绍兴名士与绍兴酒》、《范大夫筑越城》、《绝办法》、《借大衫》、《回娘家》、莲花落小戏《一只红木箱》等。其中《绍兴名士与绍兴酒》、《范大夫筑越城》、《借大衫》、《一只红木箱》获第七届中国曲艺节优秀节目奖，《绍兴名士与绍兴酒》在第七届中国曲艺节开幕式中演出。为纪念辛亥革命 100 周年创作的莲花落《英雄三下跪》完成作曲、排练工作，并拍摄成电视片。绍兴莲花落《19 镇街节诗》完成创作、排练、录制工作，于 12 月 26 日举行首发式。全年举办绍兴莲花落周末剧场 50 余场，同步推进精品创作和文化惠民。

【举办第七届鉴湖之春广场文化月】 2011 年 3 月至 4 月，绍兴县文广局主办，绍兴县文化发展中心承办的第七届鉴湖之春广场文化月活动在柯桥明珠文化广场举行。广场文化月期间，安排各类文艺演出及广场电影，其中开幕式暨“魅力乡村”文艺展演及闭幕式“春天的童话”少儿文艺晚会让柯桥的观众耳目一新。演出每晚吸引上千观众到场观看，莲花落、越剧、鹦哥戏等专场演出更受观众喜爱。（沈建萍）

2011 年 4 月 24 日，第七届“鉴湖之春”广场文化月闭幕式暨“春天的童话”少儿文艺晚会演出现场。
（单 亮摄）

【承办市公共图书馆馆长暨市图书馆学会理事会议】 2011年3月1日，绍兴市公共图书馆馆长暨市图书馆学会理事会议在绍兴县图书馆举行，全市各县区的公共图书馆馆长及市图书馆学会常务理事共16人参加。会议研究在全市开展图书借还“一卡通”工程建设的操作平台、管理系统、借阅规则、物流费用承担等方面的工作。12月31日，全市图书借还“一卡通”进入内部试运营。

【电子阅览室首次免费开放】 2011年7月13日，绍兴县图书馆电子阅览室正式开始免费对读者开放。电子阅览室的免费开放工作走在全省前列。至年底，电子阅览室免费开放后共接待读者查阅数字信息资源5600多人次。 （洪水平）

【举办第七届未成年人读书节】 2011年，绍兴县图书馆配合省第七届未成年人读书节，举办以“我读书，我快乐，我智慧”为主题的未成年人读书节，读书节有“读经典书籍，看经典影片，写真实感受”征文比赛、优秀视频讲座展映、阳光下的书芽儿——少儿阅读姿态摄影大赛作品展、“国学经典、红色经典”读物推介、经典诵读大赛、“麦幼优杯”六一游园活动、“动手动脑 科普探索”互动实物展示、送书进民工子弟学校等系列活动。省文化厅授予绍兴县图书馆第七届浙江省未成年人读书节组织奖。

【开展明珠讲坛48场】 2011年，绍兴县开展明珠讲坛48场。其中开展现场公益讲座6场，内容有“2011年高考备考对策”、书法欣赏与学习、卓越成长集合理财、暑期安全防范知识讲座、“悦纳自己 重拾自信”、“人生安康——从《弟子规》开始”等，听众8000多人次；周末视频公益讲座全年放映42场，内容涉及健康养生、文化历史、哲学社科、红色党建等，观众6000多人次。

【举办明珠展廊公益展览11期】 2011年，绍兴县举办明珠展廊公益展览11期，内容有“阳光下的书伢儿——少儿阅读姿态摄影大赛作品展”、“动手动脑 科普探索”、“光辉的历程 伟大的成就——庆祝中国共产党成立90周年”、“浙江党史90年90事——纪念中国共产党成立90周年”、“请祖国检阅——新中国14次国庆阅兵”、“横眉冷对千夫指 俯首甘为孺子牛——纪念鲁迅诞辰130周年图片展”、“百年辛亥 缅怀先烈——纪念辛亥革命100周年图片展”等，并首次把公益展览送进校园，共有观众2万多人次。 （王 萍）

文物保护

【概况】 2011年，绍兴县文物工作以“保护为主、抢救第一、合理利用、加强管理”为准则，加大文物保护力度，有序推进不可移动文物管理数据库建设，编制完成部分国保、省保单位保护专项规划及保护方案，开展文物保护单位的抢救性保护整修及申报工作。

越国文化博物馆常年免费对外开放，全年接待参观团体130余批次，参观者4.6万人次。推出一系列颇具影响力的临时展览，承办“中国柯桥·宋六陵暨绍兴南宋历史文化学术研讨会”。开展田野考古调查发掘工作，清理战国时期中型土坑墓1座，出土一批具有重要历史、艺术和科学价值的文物。通过多种渠道征集文物藏品50余件，其中有多件珍品。整理利用馆藏资源，编纂出版《宋六陵遗物萃编》、《书苑撷英》等专业图籍。越国文化博物馆申办的越国文物精品展，在省文物局主办的2011年度浙江省博物馆陈列展览精品奖评比中获最佳安全奖。

（祝妍春 周燕儿）

2011年12月，越国文化博物馆征集到2件春秋时期青铜鼎。 （周燕儿摄）

【征集到春秋时期青铜鼎2件】 2011年12月，越国文化博物馆征集到春秋时期青铜鼎2件。此青铜鼎出于越地，属大夫等级的贵族用器。一件通高43厘米，另一件通高35厘米，形制相同，均为平顶盖，中置方形环纽，周边设三扁形立柱，口沿下有对称附耳一对，腹饰蟠虺纹，圜底，兽蹄形足。经浙江省文物鉴定审核办公室专家鉴定，系典型春秋中期器，器形规整且大，保存完整，铸造痕迹明显，较为难得，为国家二级珍贵文物。（周燕儿）

【新出土一方明代墓志铭】 2011年5月6日，绍兴县文化发展中心在平水镇西湖桥村征集到明代万历年间墓志铭一方。这方墓志铭长0.74米，宽0.49米，厚0.14米，正反两面有字，正面是小篆“明故文林郎河南道监察御史贞复董公墓志铭”19个大字，背面楷书1500余字。志文由绍兴先贤、明万历年间大学士、内阁首辅朱赓撰写，详细记述墓主人董贞复家世及为官经历。篆书回锋圆润、对称规整，楷书娟秀端庄、挺拔遒劲，极具艺术和欣赏价值。该墓志铭选用汉白玉制作，石质细腻光滑。（陆菊仙）

【越国文化博物馆原始青瓷在故宫展览】 2011年10月25日，故宫博物院、省文物考古研究所和德清县人民政府主办，德清县博物馆、越国文化博物馆承办的浙江原始青瓷及德清火烧山等窑址考古成果汇报展在故宫博物院延禧宫开展。展览分原始青瓷的功用和浙江原始瓷窑址考古发掘成果两大部分，汇集越国文化博物馆收藏的原始青瓷精品和近年来浙江省文物考古研究所等单位在浙江德清火烧山等商周原始瓷窑址发掘出土的原始青瓷器标本，共105件。其中越国文化博物馆提供的14件战国时期原始青瓷器均为20世纪90年代后绍兴县平水、福全、陶堰、富盛、漓渚等地出土。器型有鼎、甬钟、镇、烤炉、豆、盘、瓿、罐等，既有仿青铜的礼乐器，又有饮食器和盛储器，绝大部分是国家二、三级珍贵文物。展览为期半年，定于2012年4月25日闭幕。

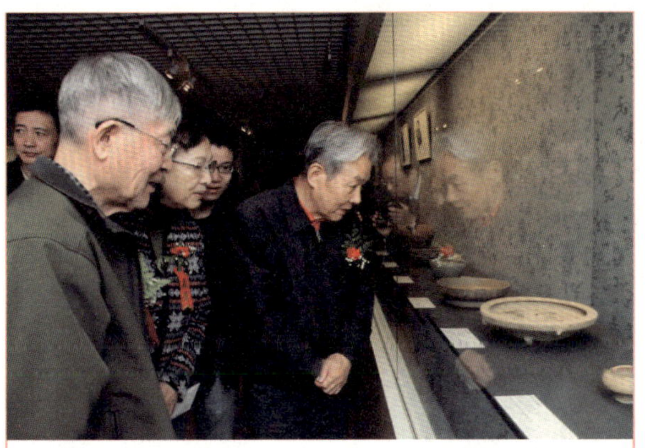

2011年10月25日，越国文化博物馆收藏的原始青瓷在故宫展出。（骆　明摄）

【开展“文化遗产日”系列宣传活动】 2011年，绍兴县为庆祝第六个文化遗产日，以文化遗产与美好生活为主题，创作、设计、编印文物保护宣传画（一套六张）和文物保护宣传手册，分发各镇（街道）、行政村、社区宣传张贴，并在县城主要街道及重点文物保护单位悬挂宣传横幅，在笛扬路上开展文物保护知识咨询、文物鉴定、文保宣传资料发放等活动。（金柏创）

【舜王庙景区安装监控系统】 2011年，绍兴县为确保省级文物保护单位舜王庙的安全，根据舜王庙景区的总体建筑布局要求，在景区安装监控系统。该系统在各路段共安装7台摄像机，其中红外高速球自动跟踪摄像机3台，红外一体枪型摄像机4台。自9月26日起，舜王庙古建筑区域内禁止点烛、烧香，在舜王山下广场设立安全的烧香点烛处。

【新公布县级文物保护点18处】 2011年11月17日，绍兴县公布周氏宗祠等18处历史文化遗产为县级文物保护点，其中包括宗祠11处、古桥6处、名人故居1处。（朱佩雯）

表23　2011年公布的绍兴县级文物保护点名单

名　称	时代	地　点
周氏宗祠	清代	夏履镇双叶村双桥自然村
胡家祠堂	清代	杨汛桥镇江桃村胡家自然村
丰顺桥	明代	钱清镇新甸村东甸自然村
报恩桥	清代	柯桥街道红升居委会
外山桥	明代	柯岩街道丰项村丰二自然村
月德桥	民国	齐贤镇曙光居委会南孙自然村
行二桥	清代	华舍街道兴华社区老街77号民居北侧
倪家祠堂	清代	华舍街道亭西村

续表

名　称	时代	地　点
广济桥	明代	安昌镇清风桥居委会西社庙南侧
岳殿	清代	孙端镇樊浦村
祝家老祠堂	清代	平水镇祝家村张家田畈自然村
潘家祠堂	清代	平水镇小舜江村
俞氏宗祠	清代	稽东镇俞谢骆村俞村自然村
唐氏宗祠	清代	稽东镇石岙村田岙自然村
袁氏新祠堂	清代	稽东镇袁村村
玄坛庙	清代	稽东镇占岙村月华山
陈氏家庙	清代	王坛镇舒村村
曹素民故居	近现代	王坛镇青坛村

【举行王秉璋故居产权捐赠仪式】 2011年11月22日，王秉璋故居产权捐赠仪式在杨汛桥镇仁里王村举行。王秉璋是绍兴县辛亥革命烈士之一，其故居是一处近现代纪念性建筑，有着特定的历史价值和现实意义。王秉璋烈士的孙子王新华，将烈士故居无偿捐献给政府。县文化发展中心接收王秉璋故居。（汪永祥）

【举办宋六陵暨绍兴南宋历史文化学术研讨会】 2011年11月24日至27日，省文物考古研究所、省越国文化研究会、绍兴县文化广电新闻出版局主办，绍兴文理学院越文化研究院、绍兴县文化发展中心、越国文化博物馆承办的“中国柯桥·宋六陵暨绍兴南宋历史文化学术研讨会”在柯桥举行。研讨会围绕宋六陵的历史价值与地位、南宋时期的经济与文化、绍兴南宋文物考古研究、绍兴南宋文化遗产的保护与利用四大主题开展学术讨论，交流当前国内有关宋六陵及绍兴南宋历史研究的学术成果。（骆　明）

【中国轻纺城展区陈列改版】 2011年12月，越国文化博物馆基本陈列之一的“纺织史馆·中国轻纺城”展区进行全面改版，对500平方米展区的环境布局、陈列内容与形式、沙盘模型以及灯光、音响等进行重新设计装修，投入资金60万元。改版后的中国轻纺城展区以全新的展示形式，较为完整地介绍自柯桥轻纺城至中国轻纺城20多年来的发展轨迹。（梁志明）

2011年11月24日至27日，“中国柯桥·宋六陵暨绍兴南宋历史文化学术研讨会”在柯桥举行。（骆　明摄）

【举办沙孟海书法艺术展】 2011年6月1日至26日，“与大师面对面”——沙孟海书法艺术展在越国文化博物馆临时展厅展出。展览展出沙孟海各个时期共48件（组）书法艺术作品，包括书法、篆刻、文稿等内容。其中有《兰亭三序合卷》、《行草毛主席词》、《若榴华屋》、白文方印等精品。展览期间，越国文化博物馆还邀请省博专家举办“书法泰斗——沙孟海书法赏析”专题讲座。（高幸江）

【平水四丰村战国墓抢救性考古清理完成】 2011年12月7日，省文物考古研究所和绍兴县文化发展中心联合组成的考古队，对平水镇四丰村祝家山战国墓进行的抢救性考古发掘完工。平水镇四丰村祝家山战国墓为竖穴土坑墓，该墓长11米，宽4米，墓道、墓室、椁厢、棺木等痕迹较为清晰。出土器物分泥质陶、印纹陶和原始瓷三大类。器形有鼎、坛、豆、碗、盅、罐、甑等，共计49件。此墓的发现，为进一步探索越国丧葬制度、陶瓷烧造技艺提供新的实物佐证。（韩立江）

【《中国柯桥·越国文化高峰论坛文集》出版】 2011年3月，《中国柯桥·越国文化高峰论坛文集》由浙江人民出版社出版。（详见《县人著述·书目提要》）（周燕儿）

【《宋六陵遗物萃编》出版】 2011年7月，绍兴县文化发展中心和越国文化博物馆联合编写的《宋六陵遗物萃编》由西泠印社出版社出版发行。（详见《县人著述·书目提要》）

【查获两起盗掘古墓案】　2011年10月19日，绍兴县公安局平水派出所在四丰村祝家山盗墓现场抓获盗墓贼3人，追缴原始瓷鼎、豆、碗、甑和印纹硬陶坛等文物22件。经省文物鉴定委员会专家鉴定，原始瓷越式鼎定为二级珍贵文物，原始瓷豆和印纹硬陶坛等9件文物定为三级珍贵文物，另有12件定为一般文物。12月3日，县公安局齐贤派出所查获一起盗掘古墓案，抓获盗墓贼5人，追缴青花瓷碗、盘和釉陶壶等文物11件。经省文物鉴定委员会专家鉴定，被盗的5处墓葬系六朝至唐代及明末清初砖室墓和石椁墓，具有一定的历史、艺术和科学价值；追缴的陶瓷器均为明末清初制造，属一般文物。（韩立江）

非物质文化遗产保护

【概况】　2011年，绍兴县非遗保护部门抓住《中华人民共和国非物质文化遗产法》颁布实施的契机，坚持"保护为主、抢救第一、合理利用、传承发展"的方针，努力丰富保护手段、加大保护力度。完成省非遗代表作丛书第二批国遗项目《绍兴宣卷》的编撰。开展对联收集，共收集整理具有价值的楹联1000余条。于伟萍等10人和阮社小学等6家单位被县政府公布为第二批县级代表性传承人和传承（教学）基地，茹圆儿等9人被认定为第四批市级传承人，绍兴县文化发展中心、绍兴县小百花艺术中心被评为市级优秀传承基地，沈宝贤、吴志娟、韩忠意等被评为市级优秀传承人。绍兴三六九伤科、绍兴花边、平水珠茶炒制技艺入选省第四批非物质文化遗产项目名录公示名单，省级传承人吴凤花被推荐为第四批国家级传承人候选对象。

【多渠道宣传《非遗法》】　2011年6月1日，《中华人民共和国非物质文化遗产法》正式颁布实施，绍兴县为宣传、贯彻《非遗法》，提高社会保护意识，在该法生效的第一天在《绍兴县报》全文刊载。同时，在县广播电视总台FM106开设宣传小栏目《非遗60秒》，每日3次介绍《非遗法》条例；在《绍兴县报》上开设《走马观花说非遗》小专栏，周一至周五介绍非遗知识；在全县从事非遗保护的干部中开展读书活动，深入学习贯彻《非遗法》。

【《绍兴县鉴湖民间故事连环画本》出版】　2011年，绍兴县文广局和县非遗中心共同编印的《绍兴县鉴湖民间故事连环画本》（上、下册），由西泠印社出版社正式出版。（详见《县人著述·书目提要》）

【5个非遗项目参展并获奖】　2011年4月20日至23日，绍兴县选送5个非遗项目，参加文化部、省人民政府在义乌举办的2011义乌文博会暨中国（浙江）非物质文化遗产博览会和省传统美术、传统技艺青年作品评选活动以及省"民间巧女"手工技艺大赛。其中安昌扯白糖技艺获中国非物质文化遗产精品项目活态演示特别演示奖；绍兴莲花落《讨饭奇缘》获中国非物质文化遗产精品节目优秀表演奖；铜雕作品《蔡元培》获省非物质文化遗产保护名录传统技艺、传统美术雕镌塑作类青年作品评选系列活动金奖；戏剧脸谱作品《盔帽·九龙相吊》获省"民间巧女"手工技艺大赛银奖；剪纸作品《猫趣》获省"民间巧女"手工技艺大赛优秀参展项目奖。

【县非物质文化遗产馆启动】　2011年，绍兴县非物质文化遗产馆装修布展启动。该项目是政府投资公益性项目，预计投资500万元，实用面积1000平方米，主要包括展览展示区、展演观赏区、传承传习区（临时展厅）、互动体验区和观众休息区五大区域，集保存保护、传承传播、展示展演、教育研究四大功能于一体。（沈　莹）

【首届"国遗·绍兴地方曲艺传承班"开学】　2011年9月，绍兴县首届"国遗·绍兴地方曲艺传承班"开学。传承班从近200名报名考试的学生中筛选20名学生为首届传承班的开门弟子，邀请胡兆海、倪齐全、汪嘉宝、郑关富、宋小青、王玉英等几位曲艺界的国家级非遗传承人担任专业教师。（何雅娟）

【开展绍兴莲花落传承演唱活动】　2011年5月28日，绍兴县非遗保护中心、绍兴县文化发展中心启动绍兴莲花落传承演唱活动，首场晚会在鉴湖镇芳泉村上演，绍兴莲花落国家级传承人胡兆海携弟子潘海良、黑牡丹（施金裕）、白牡丹

（陈祥平）演出传统经典莲花落。（霄　凌）

2011年9月7日，绍兴县首届“国遗·绍兴地方曲艺传承班”开学，邀请胡兆海（左）等担任专业教师。（何雅娟摄）

文化产业

【概况】　2011年，绍兴县有各类文化经营单位676家，其中网吧85家、歌舞娱乐场所（电子游戏）51家、营业性演出场所5家、营业性演出团体3家、音像制品41家、包装装潢印刷90家、其他印刷品印刷63家、打字复印107家、出版物（电子出版物）零售出租212家，企业报19家。

2011年，绍兴县完善文化产业扶持政策，加大对演艺、娱乐等项目的培育力度，做好重点文化产业项目的跟踪服务，新增8个游艺娱乐场所，每个场所的营业面积800平方米以上，游戏（艺）机100台以上。金麦霸娱乐有限公司、万豪娱乐会所等一批投资千万元以上的项目对外营业，全县大型营业性演出日趋活跃。组织企业参加义乌文博会，有8家企业参展，其中3家获创新奖，绍兴县获组织奖。开展农村电影放映“2131”工程，全年在农村放映电影4300场。

2011年，绍兴县深入开展“扫黄打非”，强化演出市场监管，全年出动执法检查428次，出动执法人员1319人次。受理查处市长热线电话12起，取缔非法音像店20家、无证游戏厅19家（涉案游戏机249台），收缴非法音像制品10134张、非法书刊4137本、查扣游戏机电路板219块。与公安、工商部门开展联合执法行动8次，取缔黑网吧16家、涉案电脑132台。绍兴县创建无非法卫星电视接收设施乡镇（街道）领导小组办公室获全省创建无非法卫星电视接收设施乡镇（街道）工作先进集体称号。县文物监察大队获“十一五”期间全省文物行政执法监察工作先进集体及2011年全省文物监察工作成绩显著单位。（李兴浩　封玲玲　朱梅屏）

【蓝天文化影视中心开业】　2011年10月，蓝天文化影视中心开业，该中心包括蓝天大剧院与蓝天国际影城。大剧院占地面积近33亩，总建筑面积为3万平方米，可容纳1208人。国际影城总建筑面积5000平方米，按五星级影院标准设计建造，有绍兴地区首个3D巨幕放映厅。

（李兴浩）

【英豪洲际公馆项目签约并启动建设】　2011年7月12日，总投资近2亿元的英豪洲际公馆正式签约落户柯桥。该项目营业总面积近45000平方米，建成后将成为浙江省内最大的三产集群，内设文化产业和消费性服务产业两大经营模块，其中属文化产业的有环球壹号娱乐会所、江南明珠大剧院和新天地电玩城等3个项目，总面积约8000平方米。（葛国荣）

【首家演出经纪机构成立】　2011年9月，绍兴县蓝天文化影视有限公司经省文化厅发文批准增设演出经营项目，从事演出经纪活动，同时省文化厅还为该公司核发营业性演出许可证。这是绍兴县第一家获得省厅批准的演出经纪机构。

【一家公司获广播电视节目制作经营资格】　2011年11月，绍兴华格纳影视文化有限公司经省广电局批准，取得广播电视节目制作经营许可证。该公司具有专题、专栏、综艺、动画片、广播剧、电视剧等制作、复制、发行等经营资格，是绍兴县首家具有广播电视节目制作经营资格的影视文化公司。（李兴浩）

【放映红色电影120场】　2011年，绍兴县为纪念中国共产党建党90周年，在全县60个行政村及柯桥明珠广场开展“百花放映·红色之旅”百场电影放映活动，放映《建国大业》、《李天佑血战四平》、《鏖兵天府》、《马石山十勇士》等红色电影120场。县电影公司放映队获全国建

党90周年优秀影片展映农村数字电影放映优秀放映队。（封玲玲）

【组建“五老”义务监督员队伍】 2011年7月14日起，绍兴县文化市场管理部门聘任镇（街道）关工委的常务副主任，镇（街道）中有一定威望、热心公益事业、身体健康的老干部、老战士、老教师、老专家、老模范73人，组建“五老”义务监督员队伍，对全县各镇（街道）的文化市场进行义务监管。（周小琴）

【开展演出市场集中整治】 2011年4月19日至25日，文化市场联合检查组在全县范围内开展突击执法行动和文化市场联合执法检查，重点检查文化演出市场。共检查宾馆5家、酒吧4家、浴场5家、文化市场经营单位31家。查获无证演出场所2家（猫人酒吧、海纳百川浴场），无证KTV3家，查扣相关设施设备2套。查获无证游戏机经营单位6家，依法收缴赌博机1台，2名嫌疑人接受调查（由公安部门处理），查扣游戏电路板69块。查获无证出版物摊点1家，收缴盗版音像制品327张、书刊152册。

（朱梅屏）

责任编辑 韩 英

报 纸

【概况】 2011年，绍兴县报社围绕“突出转型升级，致力科学发展”的工作主题，按照融合区域发展、打造一流传媒的工作目标，坚持“贴近决定影响力”的办报理念，着力机制创新、素质提高、业态拓展三大工程建设，服务县委、县政府中心工作和经济发展大局，服务百姓生活，增强舆论引导的针对性和实效性，增强新闻报道的亲和力、吸引力和感染力，为实现县域经济社会发展在更高起点上的新跨越鼓劲造势，提供各种信息服务，各项事业取得新发展。年内头版围绕中心推出“十二五”开局进行时等主题报道专栏，并依据重大事件、结合重点工作推出《红旗飘飘——纪念建党九十周年》、《进企入村访民情 提能增效促转型》等15个主题报道栏目。会同有关部门，策划《美丽乡村行》等工作性报道16个。围绕“十二五”规划、经济发展形势、生态文明创建等重大事件和结点推出10多篇评论员文章，正确分析形势、鼓舞士气。针对医疗保障、养老保险、子女就学等民生问题，以答记者问等形式及时解读；开辟《教育在线》等专版，满足百姓的不同需求。民生题材的系列报道《停水60小时大考》获浙江新闻奖三等奖。开展“走基层、转作风、改文风”活动，广大记者、编辑的工作作风明显改观。开展县报村创建工作，2012年总发行量突破5.2万份，柯桥城区发行量达2.6万份。着力版外创收，全年共举办5个展会，中国轻纺城汽车博览会成为萧绍地区最大的汽车展会。

【系列报道《停水60小时大考》获省级奖】 2011年，绍兴县报社选送的系列报道《停水60小时大考》获2010年度浙江新闻奖三等奖。报道以2条小舜江自来水主干管中的1条将停水60小时进行移位改建施工为主线，从民生视角切入，围绕涉及滨海工业区、柯桥开发区和齐贤、安昌、马鞍、孙端、陶堰等镇的36万人口及工业企业，全县一半人口将停水，县域工业经济一半区域将停水的重大事件，从刊出停水预告消息起，组织策划，专门设计“60小时停水大考”专题，2010年3月8日起进行连续、组合报道。报道采用专题、专栏、文字报道、图片新闻等多种形式，体现党委政府执政为民、保民生、保稳定的主题，新闻关注民生、服务生活的理念。

【开展“走基层、转作风、改文风”活动】 2011年8月下旬开始，绍兴县报社全面开展“走基层、转作风、改文风”活动。报社在原来已经建立记者联系镇街（部门）等制度的基础上，建立报社、编委会成员、记者编辑联系点（村、社区）；在要闻版开设《走基层、转作风、改文风——见闻》专栏，在本地新闻版开设《走基层、转作风、改文风——村里看特色》专栏，在柯桥新闻版开设《走基层、转作风、改文风——亲历》专栏等。编辑、记者到联系点蹲点采访，采写（拍摄）内容新鲜、文风朴实，体现“短、新、实”的新闻报道（图片）或内参。编辑每次蹲点采访至少采写1篇（幅）报道，记者每月至少在相关栏目刊发2篇（幅）报道。

真正让群众新闻成为报纸新闻的主体，使新闻创新从内容到文风有明显的改变。同时，把活动与加强业务培训结合起来，除定期进行内部业务交流、邀请专家作业务讲座、上挂培训外，从9月开始，有计划地下派青年记者、编辑到村（社区、学校、医院）等挂职锻炼，熟悉基层工作，转变作风，改进文风。（孙泉新）

广播电视

【概况】 2011年，绍兴县广播电视履行舆论引导职能，提升广电媒体的竞争力和影响力，推动绍兴县宣传思想文化建设。实施包括真三维虚拟演播室在内的电视播出系统和广播配音室等数字化改造，购置3G广播直播车。开设《光辉90年》等主题栏目，共播发相关红色稿件100多条，介绍党的光辉历程和全县各地各部门开展的纪念建党90周年主题活动。组织《突出转型升级致力科学发展》等30多个主题栏目600余条（篇）重点报道，宣传全县经济发展、城乡统筹、社会管理等工作。开展新闻战线“走基层、转作风、改文风”活动，开设《走基层》栏目，播发绍兴县转型升级、创先争优、清水工程、基层社会管理等重大主题报道近100篇。完成30余场大型活动直录播任务。接听热线3000余个，反馈率保持100%；通过报道为一些群众募集就医、解困资金和爱心款等近30万元，为民工追回拖欠款10多万元，为群众解决许多实际困难。针对日本海啸引发食盐抢购风潮、杨汛桥“血铅风波”等突发事件加强舆论引导。举办行风广播对话32期。进一步落实安全播出的各项制度规定，确保七一、国庆节和第七届中国曲艺节等重大节会期间播出传输安全无事故。与市台、中广有线绍兴分公司多次沟通，为2250余名居住在绍兴市区的离退休老同志率先开通县台信号。至年底，有49件广电作品获2010年度各类奖项，其中省级3件、市级46件。“亚红热线走基层”被评为全县行风建设十大亮点之一，稽东广电站被评为十佳基层站所。

2011年9月29日，绍兴县食品药品监管在身边大型主题对话活动在县广电总台中设演播大厅举行。（县广电总台供稿）

【《“呆头鹅”迷上鹅之后》获省级一等奖】 2011年，绍兴县广播电视总台新闻综合频道电视节目中心选送的专题片《“呆头鹅”迷上鹅之后》获2011年度浙江省广播电视政府奖对农节目一等奖。在绍兴方言中，“呆头鹅”是形容人迟钝、不灵活、糊涂的样子。毕业于中国农业大学遗传育种专业的硕士研究生陈永水也当了回“呆头鹅”：他放弃年薪百万的工作，迷上绍兴本地的“浙东大白鹅”，克服各种困难在老家绍兴县孙端镇创办全国最大的浙东白鹅养殖场，形成繁殖、孵化、养殖一条龙产业，不仅富了自己，也带动周边农户，还实现与东北三省的合作。他创新的“稻—草—鹅”农作模式成为浙江省“千斤粮，万元钱”模式的实践和推广项目。作品用生动的电视语言记录这位创业者的艰辛与梦想。

【投入近400万元改造广电装备】 2011年，绍兴县投入近400万元，实施包括真三维虚拟演播室在内的电视播出系统和广播配音室等数字化改造，购置3G广播直播车。新建的数字化电视播出系统，以国际主流、性能成熟稳定的Omneon（奥蓝）视频服务器为核心，以Harris（哈里斯）视音频设备为主体，应用多重备份方式和冗余技术。主备通路主要设备均配备双电源，对各播出设备状态系统能实时自动监测、自动报警、自动备份切换，有效减轻播出人员的劳动强度，提升播出系统的安全性和可靠性。（李　华）

网络传媒

【概况】　至2011年底，绍兴县有网络媒体424家，各类门户网站较为齐全，其中包括政府性网站绍兴县政务公众信息网，新闻综合门户网站中国柯桥网、鉴湖网，商务网站全球纺织网、网上轻纺城，专题类网站落伍者站长论坛、绍兴莲花落网等。许多机关事业单位、社会团体及学校也建立各自的非营利性网站。许多企业网站不但提供产业信息、行业动态、产品展示平台，还兼具网上交易的功能，为企业拓展产品销售渠道。绍兴县属网站形式包括论坛、博客、微博、视频等，用户以本地网民及商务人士为主。网站页面亮丽、内容丰富、点击率高，较好地宣传县内的政治、经济、文化、社会事业的发展，推介绍兴县人文、地理、历史，推动国际纺织之都、现代商贸之城建设。2011年，绍兴县相继建立网络舆情管理员队伍、网络发言人队伍和网络舆情信息员队伍，及时监测、准确把握网上动态，科学应对和处理网络舆情，为建设和谐绍兴县营造良好的舆论氛围。

【中国柯桥网】　建立开通于2007年9月，是由绍兴县委宣传部主办、绍兴县报社主管的绍兴县唯一综合新闻门户网站。该网站有新闻中心、访谈、轻纺城、房产、汽车、越文化等10多个专业频道和爱心社区、鉴湖论坛等互动版块，注册会员8万多人，网站日发布信息3000多条，日点击量50万以上。先后获浙江省文明办网示范单位、市文化传播创新十佳网站。2011年，中国柯桥网坚持“新闻立网、互动兴网”工作思路，不断推进特色网站建设。在中国共产党成立90周年之际，推出《红旗飘飘——庆祝建党90周年》专题，制作《一名党员一面旗》视频专栏，对社区、农村、学校等最基层普通党员代表6人进行访谈，策划制作《170名孤儿的特殊生日》新闻专题。先后播出《美丽乡村行系列访谈》等20多期《话题》访谈节目，受到广大网友的关注和支持。开通《爱心社区》频道，倡导真善美优良风尚。策划制作《中国轻纺城车博会》等专题节目，提升网站地方特色。策划组织走进工商看工商等活动，集聚网络人气。新闻专题《60小时停水大考》获2010年度浙江省新闻奖二等奖。中国柯桥网获2011年浙江省文化传播创新十佳网站。

（陈　钟）

责任编辑　宋如玲

卫　生

综　述

2011年，绍兴县有医疗卫生机构441个。其中县级公立综合性医院2家，挂牌县级公立综合性医院分院2家，中医院1家，皮肤病专科医院1家，皮肤病防治所1家，民营综合性医院1家，民营口腔医院1家，疾病预防控制机构1个，卫生监督机构1个，妇幼保健机构1个，卫生进修学校1所，镇（街道）社区卫生服务中心19个，社区卫生服务站194个，村卫生室175个，门诊部1个，企事业单位、社团医务室28个，个人诊所11家。全县有床位3087张，每万人拥有医院床位43张；卫生技术人员4459人，其中医生2018人，每万人拥有医生28人。

绍兴县全面推进深化医药卫生体制改革工作，省、市人大调研医改工作情况，给予充分肯定。国家基本药物制度稳步实施，群众看病贵问题逐渐缓解。新型农村合作医疗保障水平不断提高，政策范围内住院费用补偿率70.7%。绩效工资制度全面实施。推进县镇村医疗卫生资源统筹配置试点工作，促进城乡医疗卫生资源优化配置。实施“国家数字卫生”项目样板示范区建设，启动县级公立医院综合改革试点，进一步完善医疗服务体系。省级规范化社区卫生服务中心实现全覆盖，社区卫生服务机构标准化建设三年任务全部完成。全县三大类12项公共卫生服务项目综合达标率99.52%，第三轮农民健康体检率78.33%。完成“十一五”国家重大科技专项传染病综合防治先进示范区任务，开展国家级慢性非传染性疾病综合防治示范区创建。妇幼重大公共卫生服务项目全面落实。全年未发生重大疫情和户籍人口孕产妇死亡。创建1个省级卫生街道、7个省级卫生村（单位）。创建浙江省生活饮用水水质卫生管理示范县，完成500座无害化卫生厕所建设任务。学校食堂“五常法”（常组织、常整顿、常清洁、常规范、常自律）管理覆盖率100%。完成食品卫生安全综合协调职能和餐饮业食品卫生监管职能转换。狠抓职业卫生监管，继续开展粉尘与高毒物品危害治理专项行动。取缔非法行医169家。受理各类投诉举报案件244起，结案率100%。全面开展“三好一满意”活动。绍兴第二医院、绍兴县中心医院通过三级乙等综合医院等级评审，并同时被确定为首批浙江省住院医师规范化临床培训基地。全年受理重大医疗纠纷33起，调处成功率100%。绍兴县中心医院建立1个院士工作站。骨质疏松症诊疗技术协作基地落户绍兴第二医院。绍兴县被评为浙江省唯一一个“十一五”国家重大科技专项传染病综合防治先进示范区。绍兴县卫生局被省卫生厅评为2011年浙江省卫生应急工作先进集体。绍兴县中心医院被确定为“全国院务公开示范点”。“三六九”伤科被列为绍兴县第二批非物质文化遗产项目代表性传承基地。绍兴县疾控中心被评为浙江省2011年度农村改水先进集体。绍兴县卫生局、县疾控中心被评为绍兴市“十一五”社区精防康复工作先进集体，绍兴县中心医院、绍兴县疾控中心被评为绍兴市“十一五”艾滋病防治工作先进单位，绍兴县卫生监督所被评为绍兴市“十一五”职业病防治工作先进单位。

【开展县镇村医疗卫生资源统筹配置改革】 2011年，绍兴县平水镇社区卫生服务中心第一名称变更为绍兴第二医院平水分院，院长由第二医院副院长兼任，并由第二医院下派1名管理人员担任平水分院业务院长；县滨海医院挂牌绍兴县中心医院滨海分院，由中心医院下派1名管理人员担任滨海医院业务院长。第二医院和中心医院分别组建专家团队，根据医疗联合体内各单位需求每周前往开展定期门诊、教学查房、手术示教、病例讨论、业务培训、三基训练、管理拓展等工作，帮助其提高医疗质量，拓展业务范围。绍兴县中心医院临床实践技能培训基地有机结合临床教学道具、模拟化医院和标准化病人，使卫技人员培训更加系统，弥补低年资医生临床实践不足。省级农村适宜技术推广示范基地、网络教育基地及远程会诊中心、远程心电中心、区域影像和诊断中心均建成投入使用。组建社区居民健康管理指导中心，使全县慢性病管理工作得到加强。财务核算中心、药械采购服务中心、卫生信息中心逐步规范和完善，医师多点执业制度、绩效工资考核机制、基本药物购销管理机制均制定实施。

【建设“国家数字卫生”项目样板示范区】 2011年，绍兴县启动“国家数字卫生”项目样板示范区建设。通过该项目的建设，绍兴县建立与省、市卫生信息平台相连接的卫生业务虚拟专网和全县统一的电子健康档案系统及三大传染病管理系统。第二医院、中心医院和中医院接入省级远程诊疗平台，其中第二医院接入全省统一的预约诊疗平台，为病人提供网络预约挂号服务。

2011年3月31日，绍兴县召开“国家数字卫生”项目样板示范区建设动员会。 （县卫生局供稿）

全县社区卫生服务中心均建立门诊输液管理系统和健康体检系统，尝试IP视频电话，在有效提高工作效率的同时，探索实施远距离指导用药、远程看护等医疗服务；推广使用医生工作站系统，实现病人档案信息的实时调阅。社区与医院双向转诊、远程诊疗、远程教育和健康咨询的卫生服务模式逐步实现。

【启动县级公立医院综合改革试点】 2011年12月20日，绍兴县召开县级公立医院综合改革动员大会，浙江省卫生厅副厅长马伟杭，绍兴市副市长丁晓燕，绍兴县委副书记、代县长徐国龙出席会议并讲话。绍兴县出台县级公立医院综合改革试点工作方案，并配套出台政府投入政策、医院内部运行机制改革试点工作实施意见、医疗保险实施意见和医药价格调整方案，明确县级公立医院综合改革以“一减两调一补”（减少药品费用，调整医疗服务价格，调整医疗保险政策，适当增加医院投入）为手段，实行药品零差率销售，调整医疗服务价格，加大财政投入，发挥医疗保险政策调节作用。12月26日，绍兴县中心医院和绍兴县中医院作为第一批综合改革试点单位正式实施该试点工作方案。

【无突发公共卫生事件发生】 2011年，绍兴县卫生局配合处置杨汛桥血铅超标事件，及时开展宣教、引导、检测、救治等工作。及时有效处置甲型流感危重病例、手足口病死亡病例、霍乱协查、学校肺结核等33起传染病聚集性疫情和4起

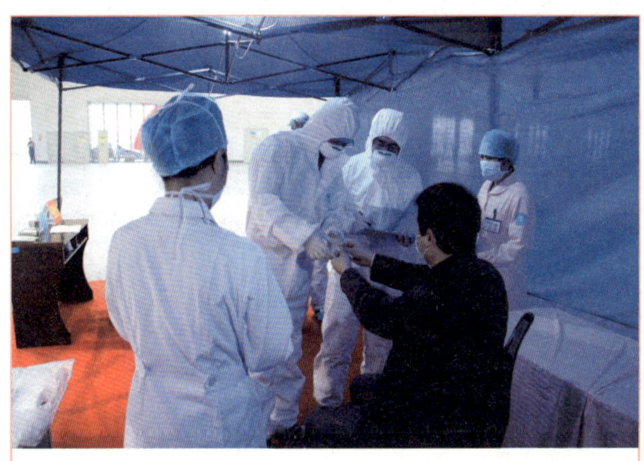
2011年10月13日，绍兴县突发公共卫生事件应急预案暨传染病疫情处置应急演练在中国轻纺城国际会展中心举行。 （县卫生局供稿）

食物中毒事件。开展绍兴县突发公共卫生事件应急预案暨传染病疫情处置应急演练，提升应对突发公共卫生事件的应急处置能力。完成中国第七届曲艺节、中国纺织品博览会等重大活动的卫生保障任务。全年无突发公共卫生事件发生。绍兴县卫生局被省卫生厅评为2011年浙江省卫生应急工作先进集体。

【开展名优医护人员评选】 2011年，绍兴县在医疗卫生系统开展首届“绍兴县名医、绍兴县护理标兵、绍兴县医坛新秀”评选活动，评选对象为各医疗卫生单位在编在职干部职工，重点面向一线卫技人员。先由各单位民主推荐，评选小组办公室进行资格审核，实地考察后确定候选对象并在县报投票公示。经评选产生的30名“绍兴县名医、绍兴县护理标兵、绍兴县医坛新秀”由县政府命名表彰。另有第二医院王芳被评为省优秀护士，中心医院吴志明被命名为绍兴市名医，第二医院杜洪乔、中医院童康尔被命名为绍兴市名中医，中医院童康尔、钱清镇社区卫生服务中心冯伟良被评为市中青年名中医，中心医院胡明娟被评为市级优秀护士，齐贤镇社区卫生服务中心陈小平被评为市级先进护士。

【开展医药回扣专项治理年活动】 2011年，绍兴县卫生系统开展医药回扣专项治理年活动。通过深化廉洁从医承诺制度、深入开展法纪和警示教育、畅通举报投诉渠道、加大自查自纠力度、健全监督制约机制和落实完善商业贿赂案件查办协调机制，进一步加强全县卫生系统反腐纠风工作。这年，全县医务人员共退还回扣红包10万余元，上缴县卫生系统廉政专户金额28万余元。

【启动文明行医承诺活动】 2011年，绍兴县卫生局分医疗卫生单位、窗口（科室）、医务人员3个层面进行文明行医承诺，主动接受社会各界监督和群众质询。承诺内容突出医德医风建设重点，要求医疗卫生单位的承诺与和县卫生局签订的责任书内容相结合，窗口（科室）的承诺与创建文明窗口（科室）的要求相结合，医务人员的承诺与加强医疗卫生职业道德建设相结合。该项活动将持续开展3年，每年为1个周期，力求实现“一年初见成效、两年改进发展、三年整体提升”的目标。（金传芳　朱敏芝）

基层卫生

【概况】 2011年，绍兴县推进社区卫生服务机构规范化建设，柯桥、华舍两家街道医疗单位创建为首批省级示范社区卫生服务中心。全县省级规范化社区卫生服务中心实现全覆盖，社区卫生服务机构标准化建设三年任务完成率104.76%。全县村卫生室（站）一体化管理率基本型达100%，紧密型达70.19%。全县社区卫生服务机构药品让利10024万元。人均基本公共卫生服务经费标准提高到25元，全县三大类12项公共卫生服务项目综合达标率99.52%。完成第三轮（2010年～2011年）农民健康体检，体检率78.33%。建立居民电子健康档案700417份，建档率97.01%。为129名农村贫困白内障患者实施免费复明手术。杨汛桥镇杨江村社区责任医生团队被评为省级优秀责任医生团队。

【全国农村地区基本公共卫生服务工作推进会在县召开】 2011年6月2日，全国农村地区基本公共卫生服务工作推进会在绍兴县召开，卫生部农卫司副司长张朝阳、农卫司基保处处长鄂启顺、疾控局综合处处长苏海军、妇社司社区卫生处副处长刘利群等领导及15个省（市）卫生系统的37位代表参加会议。卫生部妇社司社区卫生处副处长刘利群介绍全国基本公共卫生服务均等化的进展、总体要求及新版规范解读，湖北省

2011年6月2日，全国农村地区基本公共卫生服务工作推进会在绍兴县召开。（县卫生局供稿）

卫生厅、山东省枣庄市卫生局、四川省新津县卫生局和绍兴县卫生局负责人就相关工作经验进行交流，各省（市）代表先后汇报基本公共卫生服务工作进展情况。与会人员还现场参观柯桥街道社区卫生服务中心及下属育才社区卫生服务站和华舍街道兴越社区卫生服务站。

【药品让利10024万元】 2011年，绍兴县抓好基本药物采购、配送、使用等环节，及时根据群众需求调整药品目录。全县社区卫生服务机构药品让利10024万元，门急诊均次费用比上年下降3.8%，住院均次费用比上年下降7.4%，门急诊总人次比上年增加2.8%，住院总人次比上年减少24%。

【省级规范化社区卫生服务中心全覆盖】 2011年，绍兴县柯桥和华舍两个社区卫生服务中心创建为首批省级示范社区卫生服务中心。富盛、稽东、湖塘、陶堰等4个社区卫生服务中心创建为省级规范化社区卫生服务中心，实现省级规范化社区卫生服务中心全覆盖。44个社区卫生服务站完成改扩建，社区卫生服务机构标准化建设三年任务完成率104.76%。新增19个市四星级社区卫生服务站和17个市三星级社区卫生服务站。

【第三轮农民健康体检率78.33%】 2011年，绍兴县完成第三轮（2010年～2011年）农民健康体检，全县440415人参加体检，体检率达78.33%，共发现恶性肿瘤112例、良性肿瘤3954例、高血压48427例、糖尿病5823例、精神疾病1244例。建立居民电子健康档案700417份，建档率97.01%。

【出台村卫生室绩效考核办法】 2011年，绍兴县出台村卫生室公共卫生服务项目绩效考核办法，规划布点全县村卫生室，对批准设立的村卫生室实施财政补助。村卫生室基本公共卫生服务项目考核内容主要由公共卫生服务、公共卫生协管、一般疾病诊治服务等方面组成，考核结果作为评价村级医疗机构和调整乡村医生补助资金的依据。该考核方式实现了村卫生室的工作重点由基本医疗向公共卫生与基本医疗并重转变，评价方式由自主评价向社会评价与专业评价相结合转变，有利于建立村卫生室可持续发展工作机制，健全村级卫生服务网点，提高农村居民健康水平。

【认定曾从事乡村医务人员工作年限2153人】 2011年，绍兴县开展曾从事乡村医务人员工作年限认定，共认定2153人，其中1415人参加城乡居民养老保险，720人参加城镇职工养老保险。至该年底，乡村医生在岗417人，离岗1736人。

【清理核实基层基建债务余额2252万元】 2011年，绍兴县按照制止新债、锁定旧债、明确责任、分类处理、逐步化解的要求，对全县基层医疗卫生机构在实施基本药物制度前业务用房、辅助用房建设维修和医疗设备购置等建设发展过程中形成的债务进行清理核实，共清理核实基层医疗卫生机构债务余额2252万元。

（金传芳　朱敏芝）

新型农村合作医疗

【概况】 2011年，绍兴县新型农村合作医疗统一城镇居民、农民筹资标准和报销待遇，人均筹资509元，筹资标准居全市第一，其中县镇二级财政补助350元。全县519587人参加新型农村合作医疗，其中农业人口参合率97.11%。基层医疗机构门诊报销比例比上年提高5个百分点，在定点医疗机构发生的起付标准以上至最高支付限额部分住院费用可报销80%，住院最高支付限额171000元，达到绍兴县农民人均纯收入的10倍以上。为2506858人次报销医疗费用31436万元，政策范围内住院费用补偿率70.6%，居全省前列。开展提高农村儿童白血病、儿童先天性心脏病医疗保障水平试点工作，为10名儿童补助74469元。

【试点提高农村儿童重大疾病医疗保障水平】 2011年，绍兴县开展提高农村儿童重大疾病医疗保障水平试点工作，从急性白血病和先天性心脏病两类重大疾病入手，对14周岁以下参合儿童患急性淋巴细胞白血病、急性早幼粒细胞白血病、先天性房间隔缺损、先天性室间隔缺损、先天性动脉导管未闭、先天性肺动脉瓣狭窄等6个病种的，经申请、审批，可选择相应的定点救治医院进行住院治疗，其医疗费用实际补偿率

70%。对符合民政医疗救助条件的，可救助至规定费用实际补偿率的90%，每人每年民政医疗最高救助额不超过6万元。全年为10名儿童补助74469元。（金传芳　朱敏芝）

疾病预防控制

【概况】　2011年，绍兴县累计报告甲、乙、丙类传染病5977例，发病率579.84/10万，比上年下降24.52%。其中甲、乙类传染病2482例（甲类0例），发病率240.78/10万，比上年下降15.38%。免疫针对疾病继续保持在低发水平，全年报告麻疹5例，接近麻疹消除水平；报告新确诊艾滋病病毒感染者及病人46例（死亡5例）；报告肺结核433例，登记新发涂阳218例；开展霍乱、疟疾、血吸虫等重大传染病监测，发现1例霍乱和3例疟疾，均为输入性病例。全年无重大疫情发生。全县共实施一类疫苗接种259511剂次，其中流动儿童161728剂次，“五苗”（卡介苗、脊灰疫苗、百白破三联疫苗、麻疹疫苗和乙肝疫苗）全程接种率98.68%。开展第一轮麻疹、脊灰疫苗集中式查漏补种和全县初三、高一学生麻风二联疫苗加强免疫。分级随访管理4303名精神病患者，为738名重性精神病人进行康复效果评估。全年监测报病脑卒中2150例、冠心病急性事件559例、恶性肿瘤2793例、糖尿病9575例。开展碘盐定量监测，合格率98.91%。绍兴县疾控中心计量认证项目达343项。

【接种一类疫苗259511剂次】　2011年，绍兴县依托省级规范化和星级规范化预防接种门诊创建工作，进一步提高服务质量，全县19家镇（街道）社区卫生服务中心接种门诊均实施按日接种，提高接种可及性。继续保持一类疫苗高接种水平，对流动儿童实施“无门槛”接种。全县共实施一类疫苗接种259511剂次，其中流动儿童161728剂次，“五苗”全程接种率98.68%。继续推广狂犬疫苗、流感疫苗、甲肝灭活疫苗、水痘疫苗以及轮状病毒等二类疫苗接种工作。

【控制慢性非传染性疾病】　2011年，绍兴县对1842名居民开展慢性病及其危险因素抽样调查。对所有慢性病人实行信息化管理，对高危人群进行登记造册、建立信息库并定期随访管理。对4303名精神病患者进行分级随访管理，为71名特困精神病人实施住院救助，为738名重性精神病人进行康复效果评估。监测报病脑卒中2150例、冠心病急性事件559例、恶性肿瘤2793例、糖尿病9575例。县级医院监测报告死亡人数604人，社区卫生服务中心死因调查4595例。高血压病人发现率和规范管理率分别达8.84%和78.94%。糖尿病人发现率和规范管理率分别达1.74%和81.03%。

【新增卫生检测计量认证项目47项】　2011年，绍兴县15家单位具备HIV（人类免疫缺陷病毒）筛查实验室资质，绍兴县疾控中心HIV筛查实验室通过省专家组验收，疾控中心检验科成为全县公共卫生检测中心，检测项目覆盖食品、水质、公共场所、工作场所和疾病控制等领域。通过计量认证复评和扩项评审，绍兴县疾控中心计量认证项目由296项增加到343项。

【实施示范区项目和全球基金项目】　2011年，绍兴县作为“十一五”国家重大科技专项——国家重大传染病综合防治示范区，继续承担社区诊断、艾滋病防治、结核病防治、病毒性肝炎防治和综合防治模式评价等全部5个子项目，至年底，完成国家重大传染病综合防治示范区项目“十一五”任务，被评为浙江省唯一一个“十一五”国家重大科技专项传染病综合防治先进示范区。浙江省第二轮艾滋病综合防治示范区项目通过中期督导。国家686项目得到进一步深化。启动国家级慢性非传染性疾病综合防控示范区创建，绍兴县卫生局成立绍兴县社区居民健康管理指导中心。实施并完成2011年全球基金疟疾项目和流动人口结核病及耐多药项目。

（金传芳　朱敏芝）

爱国卫生

【概况】　2011年，绍兴县以净化环境、控制病媒生物、预防和减少疾病、促进和谐社会为目标，贯彻落实《浙江省爱国卫生促进条例》，全面开展环境卫生整治、健康教育、创卫、改水改厕和除“四害”（苍蝇、蚊子、老鼠、蟑螂）等工作。创建省级卫生街道1个、省级卫生村（单位）7个、市级卫生村（单位）19个、县级卫生村（单位）11个，8个省级卫生村（单位）通过复查并重新得到确认。开展城乡环境卫生整洁行动，抓好柯桥城区“路长（河长）制”管理。“四害”密度得到有效控制，全县春季灭鼠活动共投放大隆三合一制剂10余吨、大隆蜡块5000余公斤。加强健康教育和控烟工作，45家单位被评为无烟单位，其中省级2家、市级5家、县级38家。申报创建浙江省生活饮用水水质卫生管理示范县，完成500座无害化卫生厕所建设任务。

2011年9月20日，绍兴县在中国轻纺城小学操场举行大型“爱牙日”主题宣讲和义诊活动。（县卫生局供稿）

【创建省级卫生单位8个】 2011年，绍兴县柯岩街道创建为省级卫生街道。创建省、市、县级卫生村（单位）37个，其中省级卫生村（单位）7个，分别为县实验幼儿园、华舍街道解放居委会、湖塘街道铜井村和型塘村、漓渚镇六峰村和棠一村、平水镇西湖桥村；市级卫生村（单位）19个，分别为华舍街道亭东居委会、亭西居委会、华舍村和蜀阜村，杨汛桥镇河西岸居委会，安昌镇中心小学、社区卫生服务中心、镇中学，齐贤镇镜湖村、兴齐村，陶堰镇邵家溇村，夏履镇莲增村、双叶村，稽东镇官桥村、稽江村、尉村、越北村、俞谢骆村、尉相村；县级卫生村（单位）11个。

【开展省级健康教育与促进综合示范区创建】 2011年，绍兴县开展浙江省健康教育与促进综合示范区建设。漓渚镇创建为全国亿万农民健康促进行动暨浙江省公共卫生项目健康教育示范镇，县实验小学、鉴湖中学、安昌镇中、柯桥小学、齐贤镇中等10所学校创建健康促进项目学校，分别通过省市县考核组验收。参与、开展无烟单位和控烟积极分子评选，共评出省级无烟单位2家、控烟积极分子4个，市级无烟单位5家、控烟积极分子5个，县级无烟单位38家、控烟积极分子25个。创办健康教育栏目，与县广播电视总台协作举办《健康之路》，播放健康教育知识讲座、《健康新视野》电视专题片；在县报上刊登《卫生在线》。组织健康讲师团进农村，开展“百场电影进农村、进社区、进企业”活动，全年累计举办大型宣传咨询活动16场，自制宣教资料32万余份，发放各类宣传资料385343份。

2011年9月1日，绍兴县开展第五个全民健康生活方式日宣传活动。（县卫生局供稿）

【建成500座无害化卫生厕所】 2011年，绍兴县结合清水工程建设，申报创建浙江省生活饮用水水质卫生管理示范县。建设农村无害化卫生厕所，加快农村改厕无害化进程，完成500座无害化卫生厕所建设任务，改善农村环境卫生状况，提高农民健康水平。（金传芳 朱敏芝）

卫生监督

【概况】 2011年12月1日起，绍兴县卫生部门新增综合协调食品安全、组织查处食品安全重大事故的职责，同时将餐饮服务食品安全监督管理和保健食品、化妆品卫生监督管理的职责划给县食品药品监督管理部门。同年，县卫生部门严抓餐饮监管，核发餐饮许可证1165份，培（复）训食品从业人员1.3万余人次。全县1796家餐饮单位均实施食品原料采购索证制度和量化管理，学校食堂“五常法”管理覆盖率达100%。狠抓职业卫生监管，继续开展粉尘与高毒物品危害治理专项行动工作，共治理142家企业。专项整治学校卫生，学校传染病防控、教学、生活设施和饮用水卫生监督检查率96.9%。出动卫生执法人员691人次，取缔非法行医169家。受理各类投诉举报案件244起，结案率100%。2起案件被市卫生局评为绍兴市2011年度卫生行政处罚“十大”案件。

【卫生部考察卫生监督体系建设】 2011年4月22日，卫生部规财司基建装备处处长于世利带领全国部分省卫生厅、卫生监督所领导一行40余人到绍兴县卫生监督所参观并指导卫生监督体系建设工作。于世利一行参观县卫生监督所办公用房、业务用房及各辅助用房，听取基本情况、规范化建设、分所建设、财政保障及近年来所取得的主要工作成效等情况介绍，对绍兴县卫生监督财政保障到位、硬件设施设备完备等工作给予充分肯定。

【规范农村集体聚餐卫生管理】 2011年，绍兴县开展农村土厨师食品卫生知识培训、农村家宴申报、全程监督指导农村家宴等工作，培训、体检农村厨师407人，并建立监管档案。全面建立农村家宴申报管理制度，300人以上的农村集体聚餐现场指导率100%。全县申报并接受实地指导农村家宴2265起，42万余名聚餐者受益。

【开展餐饮环节各类专项整治】 2011年，绍兴县开展餐饮服务环节地沟油整治和餐厨废弃物管理、违法添加非食用物质和滥用食品添加剂专项整治、糕点和米面制品质量安全监管、燕窝产品专项检查、葡萄酒和白酒质量安全专项整治、含罗丹明B火锅底料专项整治、放心年夜饭专项整治等多项整治，共出动卫生监督人员2610人次，监督餐饮单位7241家次。

2011年4月27日，绍兴县卫生监督所突击检查湖塘街道10余家供应馒头的早餐点（摊）。
（县卫生局供稿）

【监管职业卫生】 2011年，绍兴县继续开展粉尘与高毒物品危害治理专项行动，共治理142家企业，网络申报备案率、台账建立率、职工健康体检率均100%。其中139家完成职业病危害因素检测、评价，2家完成职业病危害控制效果评价，1家通过职业病防护设施竣工验收。在全县范围内启动职业病危害严重的“小皮革、小电镀、小熔炼、小化工、小废塑料造粒、小再加工纤维、小家具制造、小涂层（烫金、滴塑、印纸印花）、小复合（植绒）、小黏土砖瓦窑”等“十小”企业行业整治提升工作，淘汰落后产能，整治职业病危害严重企业。

【取缔非法行医169家】 2011年，绍兴县出动卫生执法人员691人次，取缔非法行医169家，扣押药品150箱，折合人民币44950元，其中立案处罚8家，共处罚金3.5万元。共监督检查医疗机构764家次，查处违规单位38家次，立案处罚2家次，共处罚金5500元，其中吊销医疗机构职业许可证1家。

【监管公共场所卫生】 2011年，绍兴县大力宣传新《公共场所卫生管理条例实施细则》。全年审查发证714家。完成从业人员健康体检6842人次，体检率99.8%。出动卫生监督员1119人次，检查各类公共场所831家。查获两家有违法行为的游泳场所，对其中1家给予警告并罚款2000元的行政处罚。对供水单位实施量化分级管理，其中A级1家、C级两家。每季度对41个定点水质监测点的243份水样进行水质监测，合格率为91.77%。学校自备水抽检率和合格率均为100%。完成清水工程60%的农村饮用水监测评价任务。

【受理各类投诉举报案件244起】 2011年，绍兴县卫生部门受理各类投诉举报案件244起，其中食品卫生143起、医疗卫生64起、公共场所15起、职业卫生20起、其他两起，结案率100%。受理行政处罚案件14起，共处罚金4.93万元，其中医疗卫生12起、食品卫生1起、公共场所1起。 （金传芳 朱敏芝）

妇幼保健

【概况】 2011年，绍兴县妇幼重大公共卫生服务项目全面落实。产妇总数4544人，建卡4527人，建卡率99.63%；早孕建卡4427人，早孕建卡率96.85%；孕产妇系统管理4409人，孕产妇系统管理率96.46%；住院分娩4570人，住院分娩率99.98%；围产儿死亡13人，围产儿死亡率2.84‰；未发生户籍人口孕产妇死亡。全县7岁以下儿童33100人，纳入保健管理32025人，保健覆盖率96.75%；3岁以下儿童12840人，系统管理12276人，系统管理率95.61%。5岁以下儿童死亡23人，5岁以下儿童死亡率5.03‰；婴儿死亡14人，婴儿死亡率3.06‰；新生儿死亡8人，新生儿死亡率1.75‰。婚检率98.58%，产前筛查率67.54%，新生儿疾病筛查率99.32%，听力筛查率99.66%。开展托幼机构卫生保健工作年度评审，合格率98.4%。

【落实妇幼卫生重大专项】 2011年，绍兴县推进增补叶酸预防神经管畸形缺陷和农村孕产妇住院分娩补助等国家促进基本公共卫生服务均等化妇幼卫生重大专项实施，落实农村孕产妇住院分娩补助政策，为3451例农村孕产妇提供住院分娩补助，完成省卫生厅下达任务数的144.42%，全县孕产妇住院分娩率99.98%。协助开展免费增补叶酸预防神经管缺陷项目，累计增补叶酸4541人，完成任务数的105.46%。启动预防艾滋病、梅毒和乙肝母婴传播工作，全县孕产妇艾滋病、梅毒和乙肝检测率均100%，共查出艾滋病感染孕产妇5人，均采取干预措施。

【孕产妇死亡率继续保持为零】 2011年，绍兴县11家接产单位共接产8500人，10家开展剖宫产单位共计剖宫产3407例，剖宫产率40.08%。全县共筛选高危孕产妇1752人，高危孕产妇管理率和住院分娩率均100%，成功处置危重孕产妇24例。全县孕产妇死亡率继续保持为零。

【开展预防出生缺陷工作】 2011年，绍兴县共登记结婚8120人，参加免费婚检8005人，婚检率为98.58%，比上年提高14.3个百分点。全县共接产（活产婴儿）8521人，产前筛查5755人，筛查率67.54%，查出高风险孕妇230例，确诊异常胎儿9例。完成新生儿疾病（甲低、苯丙酮尿症）筛查8463人，筛查率99.32%，确诊甲状腺功能低下症5例。完成听力筛查8492人，听力筛查率99.66%，确诊听力异常30例。

【为10263名儿童进行健康体检】 2011年，绍兴县妇幼保健所对县机关幼儿园、各中心幼儿园和城区民营幼儿园的10263名儿童进行健康检查，查出疾病与缺陷8139人次，检出率为7.93%，对查出的疾病与缺陷均进行具体指导。

【完成计划生育手术26806例】 2011年，绍兴县完成各项计划生育手术26806例，其中上环5821例、取环4792例、女扎241例、负压吸引10116例、钳刮553例、药物流产4739例、引产510例、放置和取出皮下埋植34例，未发生并发症和差错事故。 （金传芳 朱敏芝）

【开展打击“两非”专项行动】 2011年，绍兴县开展打击非医学需要的胎儿性别鉴定和选择性别终止妊娠（简称“两非”）专项行动，严格落实各医疗单位相关管理制度和岗位职责，对购买和使用B超设备及其从业人员的情况开展清查摸底、登记审核和建档。全面督查各医疗单位B超机的使用管理、怀孕14周以上定点凭证引产、终止妊娠药品管理、新生儿出生及死亡报告等情况，未发现各级医疗机构存在非医学需要鉴定胎儿性别和选择性别终止妊娠现象。

医政管理

【概况】 2011年，绍兴县卫生局全面开展“三好一满意”活动。绍兴第二医院、绍兴县中心医院通过三级乙等综合医院等级评审，被确定为首批浙江省住院医师规范化临床培训基地。第二医院急诊科护理组被授予“全国巾帼文明岗”称号。第二医院引进西门子1.5T超导型磁共振，绍兴市首台“自动摆药机”在县中心医院投入使用。实行医疗机构不良执业行为记分管理。全年受理重大医疗纠纷33起，调处成功率100%。积极参与和举办医疗竞技活动，61人在县级及以上比赛中获奖。全县有6932人次无偿献血194.24万毫升。绍兴县医疗机构总诊疗6843994人次，其中门急诊6791757人次，入院88653人，出院88772人。

【开展等级医院评审】 2011年，绍兴第二医院、县中心医院相继接受省卫生厅组织的三级乙等综合医院评审，其中绍兴第二医院通过三级乙等综合医院复评，县中心医院创建为三级乙等综合医院，绍兴县成为全省第二个拥有两个三级乙等综合医院的县市。县中医院全面启动二级甲等中医院创建工作。

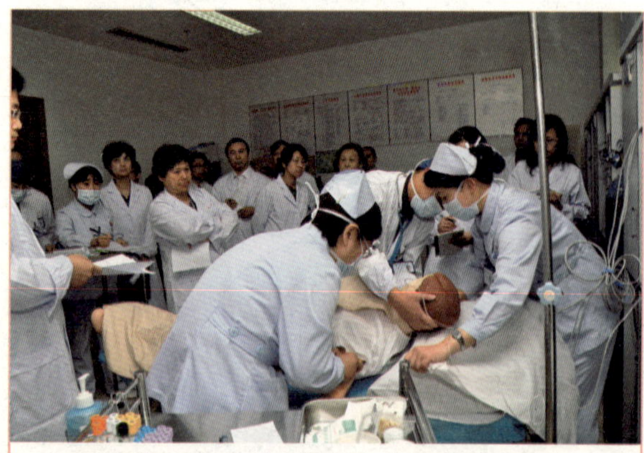

2011年4月24日~26日，浙江省三级综合医院评审专家组对绍兴第二医院进行“三乙”评审。（县卫生局供稿）

【开展住院医师规范化培训试点】 2011年，绍兴第二医院、县中心医院被认定为浙江省第一批住院医师规范化临床培训基地，对新分配的具有本科以上学历拟从事临床工作的医务人员进行为期3年的新模式下住院医师规范化培训。

【实行医疗机构不良执业行为记分管理】 2011年起，绍兴县实行医疗机构不良执业行为计分管理，即对医疗机构在医疗执业活动中违反有关法律、法规、规章和诊疗护理规范、常规以及其他规范性文件的行为实行年度累积计分，积分周期为1个年度。1个积分周期期满后，该周期内的积分分值予以消除，下一年度重新开始计分。医疗机构年度累计记分超过10分（含10分）的，该医疗机构及法定代表人不能参加该年度在医院管理方面的先进或优秀评选；累计记分超过12分（含12分）的，县卫生局将对该医疗机构进行通报批评，督促其对不良执业行为进行整改。同时，根据医疗机构不良执业行为记分情况，对累计记分超过一定标准的，在办理医疗机构校验时给予1个月至6个月的暂缓校验期。医疗机构不良执业行为和记分情况定期向社会公示。

【启动“三好一满意”活动】 2011年，绍兴县卫生系统启动“三好一满意”活动，即通过改善服务态度，优化服务流程，提升服务水平，做到服务好；通过加强质量管理，规范诊疗行为，改进医疗质量，做到质量好；通过加强医德医风教育，弘扬高尚医德，严肃行业纪律，做到医德好；通过深入开展行风评议，主动接受社会监督，做到群众满意。绍兴第二医院、县中心医院开展临床路径管理，涉及专业15个病种29个，实施1487例，同时开展单病种质量控制工作。县中心医院被评为“优质护理示范医院”和“优秀护理品管圈医院”。

【全省县级公立医院综合改革部分试点县市座谈会在县召开】 2011年10月26日，浙江省县级公立医院综合改革部分试点县市座谈会在绍兴县召开，省政府副秘书长马林云、省卫生厅厅长杨敬、省财政厅副厅长魏跃华、省人社厅副厅长朱绍平、省物价局副局长龚源昌等出席会议，乐清市、桐乡市、绍兴县、嵊泗县、遂昌县、龙游县等试点地区政府分管领导及有关部门负责人参加。省卫生厅副厅长马伟杭主持会议。会上，各县市交流公立医院综合改革进展情况，探讨研究下阶段工作。省财政厅、省人社厅、省物价局领导就相关问题进行发言。会议要求各试点县市做好数据测算，控制医疗费用上涨，加强医院内部管理，调动医务人员的积极性，同时做好宣传工作，让群众了解公立医院综合改革的真正意义。

【承办全国县市医院管理高峰论坛】 2011年6月12日，由中国医院协会县市医院管理分会主办，绍兴县中心医院承办的2011年度全国县市医院管理高峰论坛在柯桥召开。全国各地近百名县市级医院院长和医院管理者参加。省卫生厅副厅长徐润龙，省医院协会会长杨泉森，中国医院协会副秘书长王吉善，中国医院协会县市医院管理分会主任委员葛立三，副县长周树森，县卫生局局长王秋珍，县卫生局副局长、县中心医院院长葛孟华，县卫生局副局长马国勇以及县市医院管理分会各副主任委员、秘书长出席会议。会上，教授王吉善作题为《新一轮医院评审标准与实践》的主题发言。徐润龙作题为《新医改语境下县级医院改革与发展》的报告。葛孟华作题为《创新医院管理，建设标杆医院》的演讲。广东廉江市人民医院以及浙江省天台等地医院领导分别上台交流医院管理经验。

【与上海医学专家团开展交流对接】 2011年8月12日，绍兴县举行上海著名医学专家考察团人才交流洽谈暨健康对接活动。市委常委、县委书记何加顺，县人大常委会副主任于庆国，副县长陈德洪，县政协副主席骆学新等出席洽谈对接活动，上海近20位著名医学专家参加。何加顺向各位专家介绍绍兴县经济社会发展和医疗事业发展情况，希望医学专家们定期或不定期到绍兴县开展培训授课、巡诊坐诊、科技研发、学科共建等合作；专家们表示愿意与绍兴县建立长期合作关系，促进两地医学交流。活动中，部分企业家与医学专家开展健康对接活动。13日上午，专家们到绍兴县中医院义诊。

2011年8月12日，绍兴县举行上海著名医学专家考察团人才交流洽谈暨健康对接活动。

（县卫生局供稿）

（金传芳　朱敏芝）

医教科研

【概况】 2011年，绍兴县卫生系统新增1个院士工作站。引进高层次医学专业人才8人，招录卫技人员448人，其中硕士研究生9人，招收定向免费医学生5人。全科医师和社区护士岗位培训率分别达到95.7%和95%，初级卫技人员和中高级卫技人员继续医学教育率分别达到98%和99.77%。培养全科医师138人，社区护士40人。2人由本科提升到研究生学历，117人由专科提升到本科学历。1676人参加“三基”（基本理论、基本知识、基本技能）考试，合格率84.49%。开展乡村医生考核，391人合格。开展学术研讨活动，承办2011年度绍兴市病理学术年会暨病理诊断新进展学习班。绍兴县卫生系统获省医药卫生科技奖三等奖1项、省中医药科学技术三等奖1项、市科学技术奖3项、县科学技术奖8项。2个学科被列入省级医学龙头学科建设单位，3个学科被列入市级医学重点学科建设单位，2个学科被列入首批市县共建重点学科，15个学科被确定为县医学重点学科。24个项目通过省、市、县级评审。5篇论文被SCI收录，在一级杂志发表论文66篇，在中华级杂志发表论文48篇。

【陈洪铎院士工作站落户中心医院】 2011年8月27日，在绍兴市委、市政府主办的2011中国·绍兴“名士之乡”人才峰会开幕式上，著名皮肤病专家、中国工程院院士陈洪铎的院士工作站签约落户绍兴县中心医院，中国科协书记处书记张勤为工作站授牌。该院士工作站成立后，绍兴县中心医院将以此为平台，开展医疗、学术、科研教学工作，全面提高医院和本地区皮肤性病学的诊治水平，让患者享受更多的医学技术发展成果。

2011 年 8 月 27 日，陈洪铎院士工作站落户绍兴县中心医院。（县卫生局供稿）

【5 个项目获市级以上科技奖】 2011 年，绍兴县卫生系统有 24 个项目通过省、市、县级评审。第二医院肝胆胰外科和中心医院泌尿外科被列入省级医学龙头学科建设单位。第二医院耳鼻喉科、中心医院神经外科和普外科被列入市级医学重点学科建设单位，第二医院心血管内科和县中医院中医肿瘤科被列入首批市县共建重点学科。15 个学科被确定为县医学重点学科。安昌镇社区卫生服务中心的"绍兴'三六九'伤科文献整理研究"项目获浙江省中医药科学技术三等奖，第二医院的"绍兴地区耳聋儿童病因学调查与线粒体 DNA12SrRNAA1555G 和 GJB2 235delC 基因突变的检测"项目获省医药卫生科技奖三等奖，中心医院的"腹腔镜下钬激光碎石治疗肝胆管难取性结石临床研究"项目获市科学技术奖二等奖，第二医院的"鲍曼不动杆菌氨基糖苷类修饰酶基因型的研究"、"口腔正畸脱落托槽再次使用的新技术研究及临床应用"项目获市科学技术奖三等奖，"危机管理在现代医院医疗纠纷防范中的应用研究"等 8 个项目获县科学技术奖。

【第二医院成为卫生部骨质疏松症诊疗技术协作基地】 2011 年 4 月 16 日，卫生部医疗质量万里行骨质疏松症诊疗技术协作基地在绍兴第二医院正式挂牌成立。该基地成立后，将通过医师培训、临床观察、高危患者筛查和患者教育等多种方式，加强绍兴地区广大群众防治骨质疏松的意识，并方便骨质疏松患者获得更为专业、规范的诊疗服务。

2011 年 4 月 16 日，由卫生部和中国医师协会联合授予的"骨质疏松症诊疗技术协作基地"在绍兴第二医院正式挂牌。（县卫生局供稿）

【第二医院成立临床听力学中心】 2011 年 8 月 16 日，绍兴第二医院·美国克莱顿大学听力研究中心合作基地暨临床听力学中心在绍兴第二医院成立。该中心计划在开展耳科常见病、多发病的传统诊疗之外，开展临床听力学检测与评估、老年性聋研究、先天性聋儿基因检测、新生儿听力筛查追踪、聋儿康复和遗传咨询、人工耳蜗的前期准备及植入等诊疗工作。

【5 篇医学论文被 SCI 收录】 2011 年，绍兴县中心医院有 5 篇医学论文被美国《科学引文索引》（Science Citation Index，简称 SCI，国际六大著名检索系统之首）收录。这 5 篇论文为屠传建撰写的《The Maximum Thickness of Subarachnoid Blood is Associated with Mortality in Patients with Traumatic Subarachnoid Hemorrhage》（《外伤性蛛网膜下腔出血患者出血最大厚度与其死亡率的相关性研究》）和《Interleukin-11 is Associated with Mortality in Patients with Spontaneous Basal

Ganglia Hemorrhage》(《白介素 -11 与自发性基底节出血患者死亡率的研究》)、叶利洪撰写的《Study on the Autophagy of Prostate Cancer PC-3 Cells Induced by Oridonin》(《冬凌草甲素诱导前列腺癌 PC-3 细胞自噬及机制》)、吴志明撰写的《Reduced Lymph Nodes Harvest after Neoadjuvant Chemotherapy in Gastric Cancer》(《胃癌新辅助化疗对淋巴结分期评估的影响》)、陶水祥撰写的《Primary Extraskeletal Osteosarcoma of Omentum Majus》(《骨外骨肉瘤》)。(金传芳 朱敏芝)

中医中药

【概况】 2011 年，绍兴县发挥中医药在公共卫生服务中的作用，启动低保对象中医药防治哮喘和高血压项目，举办中成药治疗心脑血管疾病学术研讨会。"三六九"伤科被列为绍兴县第二批非物质文化遗产项目代表性传承基地。

【启动低保对象中医药防治哮喘和高血压项目】 2011 年，绍兴县启动低保对象中医药防治哮喘和高血压项目，免费为 25 例低保家庭 3 岁 ~7 岁儿童、25 例 60 岁以上老年哮喘病人进行穴位敷贴冬病夏治治疗，免费为低保家庭 60 岁以上老年高血压病人进行中医药适宜技术防治。

【举办中成药治疗心脑血管疾病学术研讨会】 2011 年 7 月 17 日，绍兴县中医院在绍兴县柯桥金昌开元大酒店举办一场中成药治疗心脑血管疾病学术研讨会。绍兴市人民医院院长、心内科专家郭航远和浙江大学医学院附属第二医院神经内科主任丁美萍分别作题为《医学科技与医学人文》和《脑卒中的标准化治疗》专题讲座。县内各医疗单位的 220 名相关专业医务人员参加研讨会。(金传芳 朱敏芝)

责任编辑 宋如玲

外地人在绍兴

外地人在绍兴

【徽商殷芳举纺城弄潮】 2011年1月，来自安徽省枞阳县的殷芳举被徽商奥斯卡年度评选组织委员会评为十大杰出安徽商会会长。身为浙江创举针纺有限公司董事长和绍兴宜丰纺织品有限公司董事长的他，同时也是绍兴县中国轻纺城安徽商会会长。

1994年春，殷芳举到柯桥创业，在中国轻纺城激烈的市场竞争中，稳扎稳打，逐步开创事业。在自己的事业蒸蒸日上的同时，殷芳举不忘带领更多的徽商共同在柯桥创业。2011年，在会长殷芳举的带领下，绍兴县中国轻纺城安徽商会主编的《绍兴徽商》创刊发行。作为商会会长，殷芳举注重帮助会员维权，及时向商会成员发送培训信息和商务信息，且一直坚持鼓励会员参与各项慈善事业和爱心活动。

殷芳举重视商会队伍建设，2011年，商会会员单位的门市部增加46家经营户、96间营业房，会员增加37人，受表彰会员单位增加18家。

【瑞安人龚式敏柯桥展宏图】 2011年9月8日，绍兴县瑞安商会会长龚式敏被评为“绍兴市十大温商风云人物”，在他的带领下，温州商人逐渐成为绍兴经济发展的一股重要力量。

2011年6月，由瑞安商会牵头引进的深圳中科招商股权投资公司在绍兴落户，由绍兴县人民政府引领组建了1个以瑞安商会投资为主的首期10亿元人民币的大型私募基金，并于10月25日正式挂牌成立绍兴中科轻纺城股权投资合伙企业，使更多的会员企业团结起来，增强瑞安商会的凝聚力。

作为商会会长，龚式敏注重保护女性会员的合法权益，2011年11月6日，瑞安商会开展“健康与我同行”活动，邀请绍兴市妇幼保健医院妇科专家楼艺为商会女性会员讲授妇女卫生及预防和治疗妇科疾病的有关知识。龚式敏多方联系，与各大银行建立合作关系，开辟融资渠道，为会员企业“借鸡下蛋”、“借船下海”创造条件。他要求会员之间要团结协作，积极参与各类社会活动，把商会做大做强，更好地服务第二故乡。

【从普通工人到工会副主席】 2011年，来自安徽省的杨进，成为浙江盛兴企业集团工会副主席。她从一线定型工做起，先后在公司技术部、办公室工作。因为平时喜欢管“闲事”，同事们有事都找她帮忙。担任企业工会副主席后，她的“闲事”管得更宽，劲头也更足。

盛兴企业集团60%的职工是外来人员，有的夫妻二人都在企业打工，并把孩子带在身边。2010年，一些职工的孩子到上学年龄后，希望就读本地的东昌小学。杨进知道情况后，把这些职工的要求与孩子的信息进行汇总，向企业汇报。她多次与学校沟通联系，利用下班时间和中午休息时间，骑着自行车到处奔波，终于让孩子们如愿进入向往的学校上学。

近几年，盛兴集团每年都要招收不少新工人。杨进发现一些新员工刚到企业，由于不熟悉厂部环境，生活和工作比较落寞。为尽快让新员工融入“盛兴”这个大家庭，杨进主动提出新员工培训帮扶计划，并承担起这项工作。每当有新员工进入企业，杨进总是第一个接待他们，引导参观整个厂区，安排新员工到车间、班组与工友们见面，并确定1名老员工作为“师傅”进行帮带。

杨进的热心、诚恳和负责赢得同事们的信任，她被大家推选为企业工会副主席，在绍兴撑起属于自己的一片天空。

【从学徒工到柯岩街道十年影响力人物】 2011年，39岁的桂君在柯岩街道余渚工业区的金隆机械制造有限公司电脑织袜机线切割模具车间工作，并一跃成为该企业技术研发中层干部。1995年他从湖南省祁阳县的小山村到绍兴打工，16年后，桂君从一名学徒工起步，通过勤奋和努力成为公司生产技术部副部长，还被评为柯岩街道十年影响力人物，成为众多外来务工人员中的佼佼者。

最初进厂时桂君对机器一窍不通，通过虚心学习、刻苦钻研，他逐渐精通各种机器的操作，甚至能独立研发出新型科技产品。为攻克袜机上生克吃线装置的生克罩受热容易变形损坏问题，桂君每天在研发室与车间两点一线跑，经过1个月的日夜加班加点，试验10余种材料后，终于找到1种合适的材料，解决了这一难题，提高了生产设备的稳定性。为研制出新产品，他夜以继日地趴在桌上设计图纸，确保零部件的精确度，研制出的新产品1年能为企业节省6万多元。

凭着不怕吃苦的精神，桂君很快在同事中脱颖而出，先后担任车间班组长、车间主任、生产技术部副部长，成长为1名优秀的技术研发中层干部。2009年，已拥有丰富实践经验的桂君，担起生产技术研发的重任。原本只有高中学历的他，一方面虚心向老技术人员学习，另一方面通过上夜校补习机械制造知识，参与国家电脑织袜机设备的行业制造标准的制订，站在行业技术制高点。作为绍兴县数十万外来务工者中的优秀代表，桂君这颗湖南金子在绍兴闪闪发光。

【河南籍老职工义务为企业招工】 2011年2月11日，浙江金蝉家纺服饰有限公司的质监车间主任余峰从老家河南省返回绍兴，跟他一起到绍兴的除了部分老员工，还有30个首次到绍兴打工的河南籍务工人员，他们都是经余峰介绍到“金蝉家纺”打工的。像这样回趟老家就带一批新员工回企业的事，余峰已经做了10多年。

在企业都为“用工荒”发愁时，余峰每年为企业义务招工，“金蝉家纺”董事长杨卫说：“10多年来他总共为企业招工200多个，比我们公司自己的宣传更有效率，更有效果，结果也更好。”“金蝉家纺”800多个一线职工中，河南籍职工占65%，余峰这位“招工大使”功不可没。

【外来人才柯桥欢乐过年】 2011年，越来越多的纺织创意类人才选择在轻纺城发展。他们当中很多人把柯桥当做自己的第二故乡，并打算在柯桥过年。2011年12月底，县广电总台把轻纺城群星演唱会的门票送到一些外来创意人才的手中，为外来人才的柯桥年增添欢乐。

张为海在轻纺城创意产业服务中心名气不小。2006年，张为海到柯桥发展，经过5年的打拼，他的原色数码科技有限公司从开始的2名员工发展到现在的100多名，业务从开始单一的分色制版发展到现在的原创设计、仿数码印花开发等多个领域。事业成功的张为海把妻子和女儿接到柯桥，一家人准备在柯桥过一个快乐新年。“我们在这边，属于新柯桥人。能在这边过年，有这样特别的邀请，非常感谢。”张为海对“轻纺城群星演唱会”充满期待。

今年24岁的温州小伙潘伟锋是艾艺·花型设计公司的一名设计师。小伙子虽年纪轻轻，却展现出了过人的设计才华。在这年第二届纺织面料与花样原创设计大赛上，由他参与设计的花型“海市蜃楼”获花型组的银奖。对于大年初三能在家门口看到的群星演唱会，小伙子特别期待：“让我们新柯桥人有家的感觉，能在柯桥过一个非常精彩、开心的春节，感觉非常好。”

【新柯桥人钟情原创音乐】 2011年8月11日，柯桥两位80后搭档“路程兄弟”音乐组合，在明珠文化广场上演唱，歌声打动不少支持原创音乐的观众，为市民的业余文化生活增添一抹亮色。

“路程兄弟”音乐组合的两位音乐人分别是汪路炜、阿程，他们均是80后的新柯桥人。白天，他们在自己的公司里谈生意做买卖。晚上，搭档组成“路程兄弟”音乐组合，抱着吉他为市民表演。每周二和周四晚上7时，他们会准时出现在明珠文化广场的文化角，给柯桥市民送上精彩的现场演唱。

2011年6月中旬，“路程兄弟”音乐组合发行了1张自己原创的同名音乐专辑《路程》，专辑辑录的10首歌曲全部由两人自己作词作曲，精通多种乐器的阿程还担当音乐制作。专辑中有多首饱含绍兴元素的歌曲，其中《莲花落》用意典雅，旋律优美，在网上赢得不少人气。“我们创作的这个《莲花落》，它不是一个戏曲的形式，但结合了越剧、莲花落等绍兴本土戏曲的元素，比如说乐器、小段子，是朗朗上口的一种流行音乐形式，能让更多人了解绍兴地方特色。”阿程对自己的作品充满信心。

专辑的成功发行，更增加了“路程兄弟”的信心，他们将继续探索自己的音乐之路。“我们初步打算每年出1张原创专辑。在曲风上我们喜欢多元化，摇滚元素、爵士元素、乡村音乐元素，以后都会放进创作的作品中去。”“路程兄弟”将朝着音乐多元化的方向继续发展。

【纳西族妇女养鸽致富】 2011年，云南省纳西族人卢绍芳成为福全镇养鸽专业户，她的养鸽场颇具规模，现有鸽子3000多只，每天能卖出几十只鸽子，并与绍兴市区的许多大酒店签订长期供货合同。

30年前经人介绍，卢绍芳嫁到绍兴县福全镇徐山村。6年前，她毅然辞掉工作，每天赶到朋友的养鸽场学习请教。初步掌握养鸽技术后，卢绍芳赴上海浦东鸽子研究所购买数十只鸽子试养。在她精心饲养下，鸽子长得很快，几个月后即可出售。卢绍芳渐渐大胆，她投入10万元，承租村里的近5亩地，建起鸽舍，扩大养殖规模。由于没有大规模养殖的经验，每天都有数十只鸽子死亡。她四处请教专家，上网查资料，通过电话请教上海浦东鸽子研究所的专家，等找到控制办法，1000多只鸽子已所剩无几。

失败并没有让卢绍芳倒下，她再次购买数百只鸽子，精心培养。“鸽舍要每天清扫，半个月要全场消毒，3个月时要注射疫苗，4个月开始要加强营养，到6个月左右就可以配对繁殖了。”卢绍芳总结出一套自己的“养鸽经”。自己培养种鸽，产幼鸽，卢绍芳的鸽子养殖规模慢慢扩大。通过长期的试验，她自制一种由玉米、蚕豆、小麦等杂粮调制的健康饲料，养的鸽子个大肥嫩，口碑很好。（摘自《绍兴县报》）

关爱外地人

【贵州老人感恩柯桥】 2011年5月，58岁的贵州仡佬族人王珍光发现自己气喘、心悸的病症越来越严重，去当地医院检查后，得知自己患有严重的心脏病。医生建议王珍光去省城大医院手术治疗，但手术费要10万元。由于家里经济困难，高额的手术费用迫使他放弃治疗。下定决心后，王珍光赶到绍兴，希望再看看在柯桥周边打工的两个女儿。

6月8日，王珍光买好回贵州的火车票，但病情加重，他被女儿送进绍兴县中心医院。县中心医院心胸外科主任王长喜诊断出王珍光患有风湿性心脏病——心脏二尖瓣膜狭窄，病情已比较严重，需要马上手术治疗。王主任得知王珍光一家的情况后主动告知他们，县中心医院有一项专门针对心脏病的爱心基金，主要以救助先天性心脏病以及风湿性心脏病等心脏瓣膜病人为主，像王珍光这样的情况，有可能获得最高为2.5万元的捐助。王主任还告知王珍光家人，在中心医院动手术，费用并不需要10万元，只需约五六万元。王珍光的家人迅速办妥各种证明手续，他们找到中心医院事业发展部的吕主任，确认父亲能获得最高2.5万元捐助的消息。6月10日，王珍光顺利住院，几天后即接受手术治疗。

王珍光的心脏手术很成功，虽然以后还需长期吃药，但每个月的费用只需十余元，经济压力并不很大。说起爱心基金和这次成功的手术治疗，王珍光全家人都非常感激。“要是没有爱心基金，说不定我也没那么大的勇气让父亲动手术。绍兴是我们的福地，是绍兴人救了我爸爸。”王小芬对绍兴充满感恩。

【“伟乐服饰”善解职工后顾之忧】 2011年7月，绍兴县兰亭镇伟乐服饰公司又为外来员工子女办起暑期托管班。“伟乐服饰”是一家以服装外贸为主的中美合资企业，有员工460多人，其中外来员工占70%。每年暑假期间，一些外地员工子女都来到绍兴跟父母团聚。为使这些孩子暑假过得开心、安全，伟乐服饰公司专门办起一个暑期托管班。托管班内课桌椅、午休床、空调、电视等设施一应俱全，十几个孩子在老师的带领下做游戏、画图画。周末，在这里的孩子更多，最多的时候有30人，年龄从3岁到12岁不等。伟乐服饰公司这个暑期托管班已经办了3年。公司老总郑伟表示："能为员工解决实际问题，让他们安心工作，这钱花得值。"

江西籍员工汪香玲、陈兴良夫妻俩都在伟乐公司工作，3岁的孩子就带在身边。学校放假后，他们将孩子寄放在托管班，夫妻俩没有后顾之忧地在车间工作。汪香玲说，一放暑假，孩子的看管问题是广大外来员工最操心的事，公司办起这个托管班，使员工们感到安心和贴心。

【"天天田园"情暖离职员工】 2011年11月，"天天田园"员工们集体为离职十多年的外来员工孙尚明捐款，有的甚至不认识孙尚明，但是公司员工仍是一人500元、800元、2000元地向他伸出援助之手。

十多年前，孙尚明离开"天天田园"，开起货车，供两个女儿上学。2010年，孙尚明的妻子被确诊为白血病，使原本就不富裕的家庭遭到前所未有的压力。为给妻子治病，孙尚明抵押掉房子。公司员工孙守忠想找人买土鸡蛋送给孙尚明的妻子，遇到董事长葛云明，随口说到孙尚明的近况。葛云明把这件事记在心上，回去打听孙尚明一家的情况。问明情况后，他立即发起捐款，并为解决孙尚明一家的困难奔波。

当孙尚明得知原公司依旧关心他，在为他的病妻捐款时，特别感动。"这份爱心对我而言特别温暖，作为一名已经离职十来年的员工，即使是一句问候，都能让我觉得感激，何况是一笔笔充满爱心的捐款。"企业为离职多年的员工家属捐款，的确让许多人在感动之余又感到意外。

【"南方控股"职工自己定福利】 2011年末，浙江南方控股集团有限公司向1800多位职工征求意见，询问过年福利的发放问题。最后根据大多数职工的意见，决定向大家发放福利现金。

"去年我们向公司提出改进浴室的建议，公司很快落实。今年我们又提出丰富食堂菜肴品种的一些想法。"员工宋文彩说。以前公司浴室的柜子没有门，一到冬天洗澡的时候，蒸汽会把衣服弄潮，很不舒服。大家提意见以后，公司马上安装柜门。近年来，公司来自云南省、贵州省、四川省、湖南省等的外地员工越来越多，口味也复杂起来，吃不惯绍兴菜，大家就建议公司食堂能在菜肴上多加一些口味。

"这条意见我们已经在落实，特地增加了辣味菜肴。""南方控股"相关部门负责人经常到员工中去搜集意见和建议，每到年底，职工提建议，他们及时改进。为改善员工们的伙食，公司不断增加食堂里荤菜的数量，满足职工不同的口味。向员工征求春节福利发放形式仅仅是南方控股集团尊重员工的一个实例，外地职工表示公司使他们感受到真正的人文关怀。

【"嘉德印染"职工清凉度夏】 2011年7月，位于安昌镇的绍兴县嘉德纺织印染有限公司，20多位职工登上大巴车，前往台湾旅游。来自吉林省的外来务工人员杨亭笑着说："能去游览阿里山，看看日月潭，享受海风的吹拂，想想都惬意。"

由于印染企业生产工艺要求，车间内无法使用空调，工人在酷暑高温下工作辛苦。为此，公司决定在盛夏时节分批组织员工外出旅游避暑，让员工调节身心，恢复体力。这年夏天，公司分五批组织职工到台湾旅游避暑。

夏天一到，公司想到不少办法让车间"降温"。嘉德公司的车间里，每台定型机旁摆放着1台电风扇。公司购入近百台电风扇和排风机，中午时运来冰块降温。同时，公司还注意改善员工的伙食。入夏时节，公司食堂推出"一元面"，只要花1块钱就能吃上原价六七块钱的面条。

嘉德纺织印染有限公司有400多名职工，为了让他们安全舒适度夏，公司还投入100多万元为180间职工宿舍装上空调，职工们对此赞不绝口。

【"昕欣纺织"为职工办起免费幼儿园】 2011年8月，位于安昌镇的昕欣四海幼儿园是昕欣纺织公司一次性投资260多万元，为职工子女建设规范的幼儿园。幼儿园设置三层楼教室、多功能厅、午睡室、食堂、操场等，面积3500多平方米，聘有5名专业幼师。职工子女到幼儿园上学，学费、午餐费等全免。企业还为幼儿提供一年两次体检及意外保险等，每年在职工子女身上花费60多万元。

对企业外来员工来说，小孩的教育管理是个大问题，有些职工因为小孩无人管，只好离开企业，到方便孩子就学的地方就职。浙江昕欣纺织公司拥有职工2000多人，其中65%来自云南、广西等地。为使外来职工更安心地留在企业工作，“昕欣纺织”不仅努力给职工创造良好的工作环境，还把职工子女就学作为企业工会重要事项来抓。

来自河南省的傅华峰夫妇是“昕欣纺织”机修工和挡车工，他们3周岁的儿子傅家轩就在这所幼儿园上小班。傅华峰正是看中儿子能在绍兴上幼儿园，而且不花一分钱，所以他辞掉北京的装修工作，投奔到妻子所在的“昕欣纺织”，学做机修工。企业办起幼儿园，职工子女全部免费上学，成为“昕欣纺织”留住职工、吸引职工的法宝之一。

【四川籍职工感恩绍兴企业】 2011年，四川籍职工魏晓平与妻子林丽华同在位于滨海工业区的“红绿蓝”印花车间从事一线工作。2010年11月21日晚，林丽华在出租房中跌倒昏迷，被确诊为脑部蛛网膜下腔出血，但十多万元的手术费难倒了刚到绍兴打工1年的外来职工家庭。正在魏晓平夫妇一筹莫展时，公司管理层向全体员工发起捐款献爱心倡议。在公司领导陈宇鸣、盛菊芳夫妇带领下，公司全体干部职工慷慨解囊，3天的募捐活动中，全体员工共捐助爱心善款53000元，帮助解决了这个外来职工家庭的燃眉之急。

“现在我妻子手术很成功，身体康复得很不错。”边照顾妻子边努力工作的魏晓平说，“滴水之恩当涌泉相报，我只有更加努力地工作，才是对公司最好的报答。”2011年底，准备回四川老家过年的前一天，魏晓平特意赶到公司，一再感谢公司全体员工及陈宇鸣夫妇，并表示过完年会准时返回企业上班。（摘自《绍兴县报》）

责任编辑　韩兰芳

县人著述

综　述

《县人著述》设篇目选辑、书目提要和获奖作品3个分目。收录对象为绍兴县籍人士和在绍兴县工作、离休、退休的外籍人士所编著、创作、表演的作品。

篇目选辑限收在省级以上报刊发表和在省以上展览中展出的作品。仅收录政治经济、文学艺术两类。教育、卫生等系统的大量业务性学术论文，因数量较多，已在有关编目汇总提及，不予一一收录。同一作者在省以上报刊发表作品较多者，仅收录其部分作品。

2011年书目提要共收录经正式出版社公开发行的书籍12部，另有内部刊行的酌情收录。

2011年，获奖作品限收在省级以上获奖的作品，共收录文学艺术类作品（含新闻、广电作品）28件。

资料主要由绍兴县文联提供，另有少部分由各有关部门报送和绍兴县地方志编纂委员会办公室平时积累汇总而成，遗漏在所难免，敬请见谅。

篇目选辑

【省以上报刊发表专文、论文、文学、艺术作品13篇（件）】

我们的中秋　新闻摄影，作者高洁。2011年9月13日《人民日报》头版。

开学菜场，租地种菜　新闻摄影，作者高洁。2011年4月8日《人民日报》4版。

水上舞龙　新闻摄影，作者高洁。2011年8月15日《浙江日报》头版。

水上舞龙再现绍兴水乡　新闻摄影，作者高洁。2011年8月14日《新华社》中文、外文通稿。2011年8月16日《人民日报》海外版。

绍兴纺博会　新闻摄影，作者高洁。2011年10月27日《新华社》、《经济日版》4版。

救火阿三　绍兴莲花落，潘家富。2011年6月参加由中央文明办、中国文联、省委宣传部主办的“全国道德模范故事汇”基层巡回绍兴站演出。

四万个鞠躬　绍兴莲花落，潘海良。2011年9月由浙江汇源音像出版社出版发行。

百年老曲谱新韵　论文，作者邵洪涛。2011年10月《浙江曲艺》上发表。

小学音乐课堂新探　论文，作者何国平。2011年1月在山西省一级期刊《新课程》上发表。

越窑青瓷制作工序概说　民间工艺论文，作者陈国荣。2011年2月发表于《浙江工艺美术》（2011年第2期）。

快乐音符　油画，作者陈海森。收录于浙江省第二届群星视觉艺术大展作品集中。

绍兴县19镇街节诗　绍兴莲花落CD，绍兴莲花落创作室创作，胡兆海、倪齐全、潘家富、潘海良、施金裕等表演。2011年12月26日举行作品首发式。

笑星陈忠　戏曲DVD，陈忠。2011年12月30日举行首发式。

【省以上展出书画作品10件】

兰　金履恒，入选全国“花样年华”兰花作品大展。

鲁迅　任在山，入选北京“纪念鲁迅之选集130

周年”全国重大题材作品展。

唱支山歌给党听 谢治国，入选建党 90 周年浙江省美术作品大展。

丰年 谢治国，入选浙江省人物画大展。

山水 梅真君，入选浙江省政协建党 90 周年作品展。

高歌一曲 茅斌辉，入选红色经典浙江省美术作品大展。

棕榈 茅斌辉，入选浙江省第五届青年美展。

花鸟 张子良，入选“永乐宫国际书画大展”、浙江省第五届青年美展。

荷花 郭利红，入选红色经典浙江省美术作品大展。

逝者 黑白艺术摄影作品，作者朱华兴。2011 年 8 月入选第十一届中国平遥国际摄影大展艺术类个展。

书目提要

【绍兴县年鉴（2011）】 地方综合性年鉴，2011 年 12 月由中华书局出版。中共绍兴县委员会、绍兴县人民政府主办，绍兴县地方志编纂委员会主持，绍兴县史志办公室组织实施，各有关部门参与撰写，《绍兴县年鉴》编辑部编纂。编纂委员会名誉主任何加顺、徐林土、吴晓，主任孙云耀，副主任孟柏干、陈德洪，主编黄锡云、何鸣雷。该年鉴按事物属性和主次，分总情、经济、政治、文卫、建制镇（街道）、国民经济统计资料选刊和索引 7 块，分类目、分目、条目 3 个层次编辑。全书设 44 个类目、254 个分目、1252 个条目、219 幅彩色照片、63 张表格，全面、系统、客观地记述绍兴县 2010 年度经济、政治、文化和社会生活的基本面貌及发展状况。2011 年 12 月第一次印刷，全彩色精装大 16 开本，75 万字，印数 2000 册，定价 280 元。

【绍兴县鉴湖民间故事连环画本（上下册）】 民间文学，《绍兴县鉴湖民间故事连环画本》编委会编辑，作者王雷、沈莹。西泠印社 2011 年 12 月第 1 版。

【中国柯桥·越国文化高峰论坛文集】 2011 年 3 月由浙江人民出版社出版。该书辑录了 2010 年“中国柯桥·越国文化高峰论坛”学术成果，全书分“越史钩沉”、“越都探索”、“越器诠释”、“吴越情结”、“越中考古”、“越风远扬”、“柯桥新论”、“古越遗风”八部分，共收录论文 44 篇，计 47 万字，夏商周断代工程首席专家、北京大学考古文博学院原院长李伯谦作代序。该书的出版，对进一步推动越国文化的研究水平，提高越国文化博物馆在学术界的地位都具有十分重要的作用。 （周燕儿）

【宋六陵遗物萃编】 全国首部介绍宋六陵出土文物的图书，由绍兴县文化发展中心和越国文化博物馆编写，2011 年 7 月由西泠印社出版发行。该书将宋六陵出土遗物分成石刻、建筑构件、陶瓷器三大类，以图文配套的形式进行详细介绍。书中共收录石刻 6 件，建筑构件 21 件，陶瓷器标本 66 件。石刻中的理宗顶骨碑、皇后陵碑和武士造像，均为近年发现，并收藏入库。

（陆菊仙）

【绍兴县鉴湖民间故事连环画本】 2011 年，由绍兴县文广局和县非遗中心共同编印的《绍兴县鉴湖民间故事连环画本》（上、下册），由西泠印社出版社正式出版。绍兴县于 2010 年底向全社会征集“鉴湖民间故事”，共征集到故事 100 余篇，其中优秀的 14 篇故事传说以连环画的形式予以结集出版。 （沈　莹）

【绍兴县档案志】 该志由绍兴县地方志编纂委员会主持，绍兴县档案志编纂委员会编纂，属《绍兴县志丛书》部门专业志序列。2011 年 1 月由中华书局出版发行。全书 25 万字，16 开本，印数 2000 册，定价 128 元。该志上限为 1949 年 5 月 7 日，记录的最早文献档案为康熙六年（1667）的契约档案，下限为 2009 年底。分章、节、目三级记述，章前及节前设无题小序，共 6 章 22 节，志末附文件辑存。

【绍兴军政分府文件辑存（1911—1912）——纪念辛亥革命 100 周年】 该书由县档案局与浙江大学历史系合作编纂，浙江古籍出版社 2011 年 10 月第 1 次印刷。全书收录县档案馆珍藏的 260 多张珍贵档案资料，内容包括辛亥革命时期，绍兴军政府、省财政部等关于公债、民用粮食、印花税等的往来文件，军政机关有关采购大米、丝绸、南货等物质的情况和庆祝孙中山为临时大总统相关活动等的照会、文件，以及本地部分商会债券纠纷的照会等内容。

【陶氏族谱】 该书由陶堰镇陶堰居委会耄耋老人陶家骏修编完成。全书 14 万字，填补了公元 1903 年至 2011 年 108 年未续的陶氏家谱的空白，其中对辛亥革命先烈陶成章载有专篇。陶堰陶氏祖系出自江西浔阳，为陶渊明后裔，陶成章为陶堰陶氏十九世孙。

【绍兴村落文化全书】 绍兴县大型乡土丛书，该书始编于 2004 年，由县委决策，各乡镇联动实施。共组织 180 多人走乡入村，开展为期 3 年的地毯式普查，此后又组织 30 多位专家和资深学者进行 5 年的编辑总纂工作，于 2011 年 10 月交付出版。全书共 20 卷，以县属 19 个镇（街道）立卷并命名，另加综合卷 1 卷，收录绍兴中心地域流传的有关文献轶稿。

【唐宋诗人咏鉴湖】 该书由绍兴县史志办公室编，编注邹志方。属《绍兴县历史文化普及读本》序列。2011 年 3 月由中华书局出版发行。全书 10 万字，大 32 开本，印数 2000 册，定价 30 元。全书收录唐代诗词 47 篇、宋代诗词 87 篇，共计 134 首，并配注释。既是对鉴湖文化积淀的发掘梳理，也是对鉴湖文化遗产的收集和保护。

【绍兴县军事志】 该志由县地方志编纂委员会主持，县军事志编纂委员会编纂，属《绍兴县志丛书》部门专业志序列。全书设军事环境、军事组织、军事军队建设、后勤装备等 12 篇，共 48 章 165 节；上限为西周成王二十四年（约公元前 11 世纪），讫于 2005 年末。客观、真实地反映绍兴县军事环境和有历史记载以来的主要军事活动，着重记述了近现代绍兴军民反侵略战争、人民革命战争和中华人民共和国成立后人民军队建设及国防建设的重要成果。

【绍兴水利文化丛书】 2011 年，绍兴县出版《绍兴水利文化丛书》，该丛书由《鉴湖史》、《绍兴治水人物》、《绍兴水利诗选》3 册和 4 篇序言、1 篇总论组成，共 100 万字、192 幅插图。其地域范围以绍兴县及其前身历史上的山阴、会稽两县为主体，时间跨度从越国时期到新中国成立后的 2500 年为主线，上溯到良渚文明、河姆渡文明和第四纪海进，内容涉及水利史、水工建筑、水文学、历史地理、古地理、历史学、考古学和文学等众多领域。

获奖作品

【蔡元培】 铝塑雕，民间工艺，作者赵刚。2011 年 4 月获浙江省非物质文化遗产保护名录传统技艺、传统美术雕镌塑作类青年作品评选系列活动金奖（浙江省文化厅主办）。

【猫趣】 剪纸，民间工艺，作者吴志娟。2011 年 4 月获浙江省“民间巧女”手工技艺大赛优秀参展项目奖（浙江省文化厅主办）。

【执壶（注子）】 越窑青瓷，民间工艺，作者陈国荣。2011 年 5 月获中国第七届国际（深圳）文化博览会银奖（文化部主办），2011 年 10 月获第十二届中国工艺美术大师作品暨国籍艺术精品博览会“天工艺苑·百花杯”优秀奖。

【选村长】 绍兴莲花落，绍兴县文化发展中心韩会稽创演。2011 年 5 月在中国文联主办的中国第三届艺术节暨首届“江南曲艺奖”上获表演银奖。

【淋浴晨光】 摄影作品，作者成金元。2011 年 6 月获省生态学会“生态文明　感恩自然”摄影大赛三等奖。

【静静的雪夜】 摄影作品，作者成金元。2011 年 6 月获省生态学会“生态文明　感恩自然”摄影大赛入围奖。

【扶植民间演艺团体　繁荣地方曲艺】 论文，绍兴县文化发展中心韩会稽创作。2011 年 7 月在省文联、省曲艺家协会主办的“浙江曲艺创新及发展”征文中获一等奖，2011 年 10 月获第二届中国曲艺高峰（柯桥）论坛优秀论文奖。

【弄堂记忆】 原创舞蹈，王莉创作，绍兴县中国轻纺城小学沈玉凤、陈颖等表演。2011 年 8 月获浙江省幼少儿舞蹈比赛创作一等奖、表演二等奖（浙江省文化厅），2011 年 11 月获浙江省中小学生舞蹈节比赛优秀创作奖、表演一等奖

（浙江省教育厅）。

【乌毡帽】 原创舞蹈，绍兴县实验幼儿园王英创作。2011年8月获浙江省幼少儿舞蹈比赛创作二等奖、表演二等奖（浙江省文化厅）。

【涂·画】 原创舞蹈，王莉创作，绍兴县柯桥小学沈敏乐、祁芳芳等表演。2011年8月获浙江省幼少儿舞蹈比赛创作二等奖、表演二等奖（浙江省文化厅），2011年11月获浙江省中小学生舞蹈节比赛优秀创作奖、表演一等奖（浙江省教育厅）。

【局长摆宴】 绍兴莲花落，绍兴县文化发展中心潘家富创演。2011年9月在中国曲艺协会主办的首届“中国曲艺之乡”曲艺大赛中获金奖。

【爷爷的心愿】 摄影作品，作者沈昊泽。2011年9月获全国第十三届理光杯“我是中国小记者”摄影大赛银奖。

【红楼梦】 微雕，民间工艺，作者金水芳。2011年10月获第十二届中国工艺美术大师作品暨国籍艺术精品博览会“天工艺苑·百花杯”优秀奖。

【小桥流水江南家】 铜雕，民间工艺，作者赵秀林。2011年10月获第十二届中国工艺美术大师作品暨国籍艺术精品博览会“天工艺苑·百花杯”铜奖。

【鉴湖边上的女人】 原创舞蹈，王莉创作。2011年10月获浙江省大学生舞蹈比赛一等奖（浙江省教育厅）。

【花名宝卷】 绍兴宣卷，余其斌、胡小凤等表演。2011年10月在中国文学艺术节联合会、中国曲艺家协会等单位主办的第七届中国曲艺节全国曲艺节展演中获优秀节目奖。

【绍兴名士绍兴酒】 绍兴群口莲花落，绍兴县文化发展中心陈巍良、韩会稽、潘海良等表演。2011年10月在中国文联、中国曲艺家协会主办的第七届中国曲艺节开幕式上获全国优秀表演奖。

【一只红木箱】 绍兴莲花落小戏，绍兴县文化发展中心陈巍良、韩会稽、章利萍等表演。2011年10月在中国文联、中国曲艺家协会主办的第七届中国曲艺节“水乡曲韵”地方专场上获全国优秀表演奖。

【借大衫】 绍兴莲花落，绍兴县文化发展中心潘海良创演。2011年10月在中国文联、中国曲艺家协会主办的第七届中国曲艺节上获优秀节目奖。

【绝办法】 绍兴莲花落，绍兴县文化发展中心潘家富、绍兴小百花艺术中心徐建航表演。2011年10月在中国文联、中国曲艺家协会主办的第七届中国曲艺节上获优秀节目奖。

【喜临门】 绍兴词调，绍兴县文化发展中心施金裕创演。2011年10月在中国文联、中国曲艺家协会主办的第七届中国曲艺节上获优秀节目奖。

【范大夫筑越城（音乐配器）】 绍兴莲花落，绍兴县文化发展中心施金裕、绍兴小百花艺术中心徐建航表演。2011年10月在中国文联、中国曲艺家协会主办的第七届中国曲艺节上获优秀节目奖。

【紫藤花语】 原创舞蹈，绍兴县实验中学郦亚月创演。2011年11月获浙江省中小学生舞蹈节比赛优秀创作奖、表演二等奖（浙江省教育厅）。

【醉花雕】 原创舞蹈，绍兴县柯桥中学马玲华创演。2011年11月获浙江省中小学生舞蹈节比赛优秀创作奖、表演二等奖（浙江省教育厅）。

【爱心博客】 新闻摄影，作者高洁。2011年获中国县市报新闻摄影一等奖、浙江省县市报新闻摄影二等奖。

【山水】 国画，作者梅真君。获2011年浙江省反腐倡廉作品大展二等奖。

【快乐音符】 油画，作者陈海淼，获浙江省文化厅举办的浙江省第二届群星视觉艺术大展美术铜奖。

【人物】 屠志炜，获2011年浙江省反腐倡廉作品大赛二等奖。

责任编辑　陈飞燕

鉴湖新风

党员风采

【人生最后一笔党费】 2011年，县供销社离休干部赵文余有着66年党龄，在去世前嘱咐家属向党组织缴纳人生最后一笔党费，履行一个共产党员把“一生交给党”的庄严承诺。

赵文余1940年参加新四军，1946年入党，历经抗日游击战、孟良崮战役、淮海战役、渡江战役、剿匪反霸、解放舟山诸岛等重大战斗，身体多处负伤。在转业参加地方工作后，他依然保持革命军人传统。80岁那年，他把用信封装好的2000元钱交给家人，嘱咐他们在其身后把钱交给组织。在他92岁因病医治无效与世长辞后，家属遵其遗愿，将存封十余年的党费上缴给党组织。

【新农村建设的排头兵】 泾口村昔日是一个车路未通、负债过日子的贫困村，如今却成为一个新农村建设的示范村。说起村庄的巨大变迁，村民们都会说：“伢村里的‘老军人’是最大的功臣。”

“老军人”就是村党总支书记陈松木。军人出身的他，给村民的印象是敢作敢为、有胆有识。2003年，陈家、蛇山、堰上、泾口4个村合并成泾口行政村，村内仅有一条狭窄机耕路和一座古泾口大桥与毗邻的104国道相连，拖拉机、汽车无法通过。面对资金紧缺困境，陈松木抵押自家房产，向农村合作银行贷款20万元，又向亲戚朋友借债30余万元，解决资金短缺问题，使泾口大桥在2004年顺利通车。以新泾口大桥建设为起点，陈松木带领村两委班子成员，一方面因地制宜，盘活土地、房屋、设备等资源，发展个私经济、码头经济，另一方面改善村庄环境和配套设施，硬化道路，绿化环境，建设农民休闲公园，设立医疗服务中心，完成河道砌磡，使昔日交通不畅、村容破旧、负债50万元的镇内垫底村，变成富裕和谐、环境优美、村集体年可支配收入70万元的富裕村。在担任村党支部书记30余年间，陈松木一直保持廉洁自律的优良作风，从未到企业报销一张发票，也没有为自己家人谋过半点私利。正是凭借这种无私忘我、甘于奉献的精神，陈松木于2011年成功连任泾口村党支部书记，继续在新农村建设的道路上发挥优秀党员的先锋模范作用。

【12年义务为学生解疑释惑】 2011年6月，家住柯桥育才社区东方花园的党员教师俞和军下班后仍然格外忙碌，许多家长、学生都打电话向他进行心理咨询。

作为华舍实验学校的普通教师，俞和军平时除了开展日常教学外，还要利用业余时间义务帮助学生做心理辅导。他的办公桌旁放着一本本按年度装订的学生、家长来信和他回信的复印件、学生心理辅导记录本。面对学生离家出走、家长无法与子女沟通等诸多问题，俞老师始终认真沟通，耐心解决，坚持接听和回复学生家长来信来电12年。对于这项工作，俞和军觉得因为热爱，所以喜欢，同时始终没有忘记自己是一名共产党员。

【党员争当绿化义工】 2011年3月，柯岩街道河塔村从家门口，到村道边，满眼皆绿。村民们纷纷表示，这归功于党员绿化养护义工。

3年前，河塔村开展绿化工程，但花木后期养护却是一大问题。一次会议中，有人提议党员带头当义工，负责包干区绿化养护。于是，50多名党员走马上任，争当绿化义工。在党员带领下，越来越多的村民成为“护花使者”。通过3年多时间养护，绿色笼罩河塔村。党员石荣江表示，看到自己护养的树开花长叶，心里特别开心。村民高华美说：“现在我们不比谁家门口的轿车高档，而是比谁家门口的绿地漂亮、地面整洁。”

【父子党员热心社区事】 2011年，家住柯桥街道锦湖社区的宋渭川、宋立坚既是一对父子，同时也是助人为乐、热心社区服务的好党员。

61岁的宋渭川无论是社区选举还是开党员会议，都积极参与并带领其他人一起行动。宋渭川说：“身为党员，做事情肯定要带头，不能马虎，小到开会，大到帮助他人，都应该积极参与。”一次，他从电视上看到一位老太太生活十分艰苦，就捐献了2000元。汶川地震发生后，他又积极捐款，并协助社区干部一起组织党员捐款捐物。

宋渭川的儿子宋立坚今年29岁，社区开党员会议，他跟着父亲一道从不落下。宋渭川曾告诫儿子，无论是做人还是做事，都要有人生信条。他让儿子学习党章，并给儿子讲党的故事。受父亲影响，宋立坚在高中时就写下入党申请书，并在大学时成为一名共产党员。入党以后，宋立坚也是小区里一名助人为乐的好党员。在平时党员活动中，他总是主动帮忙组织人员。无论是社区捐款活动，还是帮助社区困难户，他们父子总是义不容辞。 （摘选自《绍兴县报》）

百姓故事

【援疆教师扎根西域献青春】 2011年9月，根据浙江省教育厅部署安排，绍兴县稽东镇中心小学教师尉水华和平水镇教师蒋法军赴新疆阿克苏地区，开展为期两年的“双语”培训工作。两名教师抵达援疆学校后，受到当地学生的热烈欢迎。尽管身处异地、远离家人，但是援疆教师仍然表现出支援西部、奉献青春的极大教育热情。尉水华在自己的援疆日记里写道：“我们的支教团队怀揣着成长的梦想，肩负着援疆支教的神圣使命，决心在这儿抱团扎根绽放，为维吾尔族教师更好地掌握和使用普通话、促进民族的交流与团结，贡献自己的力量。”

【职高生成假山行业领军人】 2011年，杭州萧山花木城大芳亭园林景观公司内顾客络绎不绝。景观石展示场占地面积8000平方米，是华东地区规模最大的景观石生产销售基地，年销售额超过5000万元。而基地“掌舵人”王小伟，15年前是绍兴县园艺学校的一名普通职高生。

王小伟老家在闻名全国的“石头宝库”——衢州常山县。他从小跟着父亲去加工厂工作，对假山产生浓厚兴趣。1993年，王小伟初中毕业报考浙江省唯一专门培养城市风景园林、园林绿化等专业技术人才的中等专业学校——绍兴县园艺学校。园艺学校不仅教会了王小伟知识技术，而且让他懂得如何做人。当时，学校实训设备不完备，很多课程都需要在实践中领悟、完善。王小伟不论冬寒夏暑，冒着风吹日晒在实训场施工实践。几近疯狂的吃苦耐劳精神，培养了他的恒心和毅力，并使他积累了丰富的创业知识。高中毕业后，凭借着在学校练就的过硬本领，王小伟从一开始替别人打工到慢慢自己经营开店，生意越做越大。谈起自己的成功，王小伟非常感谢绍兴县园艺学校对他的培养。他认为，年轻人成功最基本的条件是要有坚定的事业追求，不管什么学历、经历，只要肯吃苦、善钻研，终能开创一片属于自己的天地。

【真情让瘫痪丈夫站起来】 23年时间，有许多事情可以做。对于平水镇平水街村的村民许菊花来说，23年中，她倾注自己真情和心血做的一件事情，就是让丈夫鲁兴冠重新迈开脚步。

1988年8月13日晚，许菊花的丈夫鲁兴冠从田里干活回家后，突然整个人倾倒在床，开始抽搐。许菊花连忙背起丈夫送往医院。经医生诊断，鲁兴冠患的是脑出血，虽然命保住了，但再也无法站立。那年鲁兴冠才46岁，妻子44岁，家里3个孩子都在上学，最大的也仅仅16岁。面对孩子读书、丈夫治疗的沉重家庭担子，许菊花没有半句怨言。为解决生计，她养了4头奶牛和20头猪，每天天不亮就挨家挨户送牛奶。然后回家给丈夫擦身子，背着丈夫下楼晒太阳或乘凉。安顿好丈夫，她又照料家里3亩3分田，喂养牛和猪。一到晚上，只要丈夫发出一点声响，许菊花就起床帮他盖被、翻身。许菊花对丈夫无微不至的关心照顾，让周围邻居们都竖起大拇指。

截至2011年，23年过去了。在许菊花的悉心呵护下，鲁兴冠的病日渐好转。不但身体基本恢复，可以与人交谈，而且能够自己走路散步和上下楼梯。“比起以前的日子，现在真的幸福。”许菊花说每天最开心的事情就是和丈夫一起散步。

【越窑青瓷沉寂数百年“复活”】 2011年，陶堰镇陈国荣喜事不断。由他创作的越窑青瓷作品在国际文化产业博览交易会上获“中国工艺美术文化创意奖”银奖，而他本人被确定为第二批绍兴县级非物质文化遗产项目——越窑青瓷烧制技艺代表性传承人。

20多年前，因为对越窑青瓷特别感兴趣，陈国荣开始钻研越窑青瓷制作工艺，曾多次赴江苏、江西、广东等地瓷作坊求教，并尝试仿制青瓷器。经过多年摸索钻研，陈国荣已能独立完成青瓷烧制的所有工序，并且每一步都做得十分精细。他的越窑青瓷修复技艺得到文物专家肯定，许多博物馆都慕名而来，让他修复一些越窑青瓷文物。2007年，陈国荣受上虞博物馆委托，成功仿制馆藏“青瓷鸳鸯酒注”等十余件国家一、二级文物。2008年，他应邀参与中央电视台《越窑秘事》专题片拍摄。痴迷越窑青瓷烧制工艺20余年，陈国荣用自己的智慧和双手让失传几百年的越窑青瓷重现昔日神采。

【10年资助11名学生上学】 2011年，家住柯桥福东花园的滕金华收到来自资助学生小聂的关心短信，“叔叔，天气忽冷忽热，自己要保重身体……”这位署名小聂的人叫聂芝芯，是滕金华2002年通过《青年时报》“助跑学子”工程资助的第一个大学生。

2002年，小聂作为武义县文科高考状元被北京大学新闻系录取，但是迟迟筹不到学费，只好在《青年时报》上求助。滕金华得知后，立即把6500元学费交到小聂手中，还掏出500元给小聂当生活费。从此，滕金华开始资助学生上学，从北京大学聂芝芯到上海理工大学鲁文君，再到浙江大学刘玲玲等，滕金华10年共资助9名大学生和2名小学生。他像对待自己亲生孩子一样照顾学生，嘘寒问暖，连生日都记得清清楚楚。需要什么，只要力所能及必定全力资助。提及被资助者，滕金华脸上洋溢着幸福的笑容。大小节日，收到孩子们的祝福短信，他都会心一笑，和妻子一起分享快乐。

【感恩学生支教云南】 2011年初，就读于上海外国语大学的袁芳利用暑期报名参加云南支教。袁芳是稽东镇龙溪村人，从小就失去父母，和奶奶相依为命。但孤儿并不孤单，她在社会各界的关爱中长大。考入大学后，她不仅刻苦学习，而且怀着感恩之心报名参加学校公益社团，利用双休日自掏费用赴上海边远学校开展短途支教。2011年7月7日，经过近40个小时车程，作为支教队副队长的袁芳和队员们抵达支教目的地云南昭通市盐津县普洱镇黄坪村。面对艰苦的教学环境，袁芳和队员们克服困难，分头到村里挨家挨户宣传发动来校参加夏令营学习，学生从开始30多人增加到100多人。经过一个月的教学相处，孩子们对袁芳十分亲切和热爱，以至于很多孩子在袁芳结束支教时都依依不舍。

袁芳就自己的事迹在绍兴县关工委等举行的“双结对”汇报交流会上作交流发言。袁芳表示她还会继续支教。不管是学生时代还是以后参加工作，她都会尽其所能，通过各种方式，把公益事业进行到底。（摘选自《绍兴县报》）

袁芳和支教地区的孩子们在一起。

（《绍兴县报》供稿）

城乡新篇

【百姓调解室为居民办舒心事】 2011年，柯桥街道大寺社区成立百姓调解室，由社区干部充当调解员，居民们发生小矛盾，都可以到社区调解室，让社区调解员帮忙解决。

社区调解室成立后，居民遇到问题就会找社区干部帮忙调解。大大小小的事情一个月要调解10多桩。经过调解后，邻里矛盾化解，心里疙瘩也没有了。居民陈香玉表示，虽然楼上漏水、养狗扰邻都是小事，但是如果当面和邻居去说，不好意思开口，怕伤了感情。而通过社区调解，双方都不伤和气。

家住大寺社区西官塘上岸的俞女士和王女士，两人虽然是邻居，却因误会，关系不大融洽，双方都希望社区调解员能够帮忙调解、化解矛盾。得知情况后，社区干部立即从旁调解，了解事情前因后果，耐心做工作，化解双方矛盾。居民们纷纷表示，社区调解室真正为居民办舒心事，社区居民生活因此和谐。

【美丽乡村游方兴未艾】 2011年3月25日，家住柯桥城区的王英女士在QQ群里与几位老同学相约，一起去南部山区乡村游玩，呼吸新鲜空气，感受淳朴农家氛围。

近年来，随着人们出游观念转变，像王女士那样喜欢去乡下游玩的市民越来越多。健康休闲、回归自然的旅游度假方式逐渐成为时尚。绍兴县19个镇（街道）中，超过一半都在开展乡村游。各地借助美丽乡村建设，相继推出旅游节会，如富盛乡村（森林）旅游风情节、柯岩—鲁镇风景区风情旅游节、生态稽东千年香榧节、大香林风景区乡村休闲节、绍兴禹舜文化旅游节、王坛香雪梅海节等等。以农家土味、休闲度假为特色的美丽乡村游不仅是绍兴县旅游经济的一个新亮点，也成为农村发展、农民增收、农业增效的新引擎。

【中国柯桥网开通“爱心社区”频道】 2011年5月31日，中国柯桥网“爱心社区”频道开通。网站以帮助更多需要帮助的人为宗旨，邀请热衷公益事业的爱心人士加入。“爱心社区”版主“夜景”介绍，他们平时都喜欢做慈善，感觉帮助别人很快乐。因为大家都分散在一些论坛和QQ群里，彼此都不怎么认识。而设立“爱心社区”后，他们就可以通过网络相互沟通，了解掌握更多信息，也能鼓励更多爱心人士参与。“爱心社区”频道开通短短50余天，“爱心居民”从最初的5人增加至100余人。“爱心社区”共组织7次爱心活动，帮助30余名贫困学生。

【瓜渚湖社区有支志愿者生力军】 2011年，柯桥街道瓜渚湖社区青年志愿者经常到蓝宝石公寓陈大爷家，为他送去生活用品，并帮助打扫室内卫生，这是社区组织青年志愿者中开展服务社区服务居民爱心活动的一个缩影。

瓜渚湖社区干部介绍，通过青少年服务社区、社区培养青少年的方式，让青少年在社区得到更好的思想教育。家住瓜渚风情小区的张大妈已经80多岁，子女都在外，是位空巢老人。青年志愿者们轮流结对，常常去家里看望她，并帮助打扫卫生，让老人心里感到无比温暖。她说，虽然她叫不出志愿者的名字，但是把他们都看成自己的孩子，有了他们的关爱，晚年增添很多欢乐和幸福。

瓜渚湖社区青年志愿者是社区志愿者队伍中的一支生力军，一直坚持开展为民服务、扶贫帮困、青年文明号服务卡助万家等活动。他们虽来自不同社会阶层，但有着同样爱奉献的心。青年志愿者们表示，社区为他们搭建平台，组织很多爱心活动，让更多居民得到关爱，也让更多居民参与到志愿者队伍中。

【中小学生充当快乐农民】 2011年10月，柯岩中心小学小农场里，一群“小农民”正在田间欢快劳作。他们是该校四（2）班学生，利用中午休息时间，到班级“自留地”干农活。

柯岩中心小学开辟面积近4亩的小农场，由全校3年级以上20个班级承包耕作。在孩子们辛勤劳动下，农场一年四季蔬果飘香。当自己的劳作成果经烹饪后成为“盘中餐”时，孩子们喜悦之情无以言表。

2011年，绍兴县在全县范围内启动开展小农场、小工场、小养殖场“小三场”建设活动，让学生进行传统竹木工艺制作、农业生产、养殖、农副产品加工等实践活动。全县“小三场”数量超过100个。家长对让孩子参与劳动实践、珍惜劳动成果的做法表示积极认可。

【爱心企业家资助家乡公益事业】 绍兴县稽东镇龙东村有一群爱心企业家。他们在离乡创业成功后，不忘家乡发展，无论村里修桥铺路，还是招商引资，都能看到他们的身影。

2001年，龙东村建造村级公路，尽管有政府补助，但作为贫困村，建设资金远远不够。村民企业家陶国兴获悉后，立即捐资10万元。在他的带领下，其他村民企业家慷慨解囊，共出资40万元，资助修建公路。从那时开始，村里企业家开始积极投身村级公益事业，且力度逐年加大。截至2011年，企业家们已先后累计捐助篮球场、老年活动室，资助村里老人和贫困家庭，甚至每年轮流替全村村民缴纳近3万元房屋财产保险金。龙东村党支部书记表示，作为贫困山区村，龙东村的村级收入跟发达富裕村没法比，但村里的建设发展速度却一点都不落后，老百姓需要的生活设施基本都配备了。

【永信村弘扬民主法治新风】 64岁的沈阿六是湖塘街道永信村的普通村民，虽然识字不多，但说起村里普法宣传活动却头头是道。跟很多村民一样，在村里生活一辈子的沈阿六原来很少了解法律知识，“现在村里给我们宣传片放放，法律故事讲讲，自己听得多了，也知道了不少。”

2011年，在绍兴县大力推广普法教育宣传面的背景下，作为省级民主法治村的永信村加强基层民主法制建设，提高村民民主意识和法制观念，抓好农村民主政治类、稳定类、民事经济类和基本国策类等法律知识普及教育。除传统集中学习和议事学法外，村干部和普法联络员还利用黑板报、宣传窗、法制图片、墙头标语、永信村法制学校等途径，定期更新与当前形势及工作息息相关的法律知识，从而提高村民法律素质。村党支部负责人表示，村里很多重大民生事项都交由村民代表负责督促落实，形成“村民个个学法、村事民主决策”的良好氛围。

（摘选自《绍兴县报》）

责任编辑　董思思

外地媒体话绍兴

报道选刊

人民日报 2011年2月26日头版

清流泽万家

——浙江绍兴县治理水环境纪实

本报记者 顾 春

水是绍兴县之魂。

鉴湖水、古纤道、乌篷船、黄酒……浓郁的绍兴味道，其实都是水的味道。但高度发达的印染业，也让该县的水环境不堪重负。“钱多起来了，水脏起来了”，有老百姓曾经这样慨叹过。

2010年开始，绍兴县筹划以5年时间，投入22亿元，彻底治水。这项被命名为“清水工程”计划的提出，最终让绍兴县的水环境得到明显改善，还清水于百姓。

这是一个充满想象力的计划。绍兴市委常委、绍兴县委书记何加顺说：“这是当前我县最大的民生工程。”

“跷跷板”变“平衡木”

走在绍兴县的古镇安昌，冬日阳光煦暖。青瓦白墙，枕河人家，这是一个美丽的水乡小镇，唯一遗憾的是，流水并不清澈。“尤其到下雨天，水会发黑发臭，这真让人发愁。”到河里提水的俞志桓说。在古镇生活了50多年的老俞记得，小时候的河道里都是螺蛳小虾，活脱脱鲁迅笔下的鲁镇风情。但到了20世纪80年代后，经济好了，钱包鼓了，安昌的河水就再也没有清澈过，水黑的时候，到河里去洗个拖把都嫌脏。

绍兴县的水环境恶化，原因是多方面的，有农业面源污染，有生活污水污染，但最大的污染源是随着经济快速发展带来的工业污染。

身处水乡，水资源丰富的优势，使得绍兴县的印染行业率先发展起来，全县年印染面料156亿米，印染产能占了全国的30%，在绍兴县经济中的地位举足轻重。与此同时，2009年，绍兴县工业污水排放达到1.86亿吨，其中印染污水占了重要部分。虽然这些污水已全部接入外排管道输送到绍兴市、县合建的大型污水处理厂进行处理，但难免会出现漏排甚至偷排，直接污染河道。

另一方面，绍兴县地势平坦，河网基本处于同一平面，上下游水位缺少落差，使得污染后的水流动交换颇难。黑色的水，只能尴尬地在内部流淌。

经济持续上升，水质量步步下降，这块不平衡的“跷跷板”，成了绍兴县的一块心病。“老百姓现在的要求，房新，钱多，期待命更长。”何加顺说，“水能不能治理干净，已成为绍兴县政府工作的最大考量。”

前几年绍兴县就开始治理水环境，但历史欠账太多，经过30年的污染和发展，现实的难题摆在眼前：作为支柱产业纺织业的重要组成部分，印染业仍是绍兴县的一块大产业，难以说搬就搬，叫停就停。要治污，必须“壮士断腕”。

绍兴县拿出了决心。

2010年7月9日，实施“清水工程”动员大会召开。清水工程领导小组成立，县委书记和县长同时担任组长，一改以往由水电部门单独抓为水电部门牵头，环保、经信、农业、卫生、交通、建设、农办等多个部门共同参与，举全县之力投入整治。计划5年后，全县印染企业集聚率达80%，河道治理面达80%以上，企业污水透明排放口建设达到100%，生活污水入网处理率城区达到85%以上，农村生活污水无害化处理达到60%以上，城乡生活垃圾集中处理率达到95%以上。

“治水”大幕就此拉开。

铁腕整治污染源

水变清，首先是截断印染污水这个源头。

2011年春节过去，华舍街道党工委书记闻仁水满意地说：“这个年过得特别安稳。”

身处柯桥城郊接合部的华舍街道集聚了10家印染企业。这些企业早年都位于远郊，随着城区的不断拓展，渐渐被“包围”进了城区。印染废水的漏排偷排，让周边的老百姓怨声载道。

“冬天的水流不动，污染问题就更突出。前几年，到了年边，积攒了一年怨气的老百姓甚至来堵门抗议。”闻仁水说。

2010年5月底，县环保局决定对全县45家企业、908套非法和落后设备实施关停和淘汰。6月，正值印染行业生产旺季，企业生意红火得24小时连轴生产都来不及，一些排放不达标企业的染色机却被贴上了封条。9月份起，倒逼减排机制开始实施，主要污染物化学需氧量(COD)浓度排名最高的企业，实行“末位淘汰”，依法关停。

看到政府动了真格的，华舍街道的6家印染企业赶紧签约搬迁。剩下几家本来准备观望观望，现在急得天天找政府。留下，老百姓盯得更紧，政府监管更严，无法生存。等大部分印染企业搬到滨海，所有研发、客户都跟到那里，留下来的生意反而不好做了。“搬出去”，成了印染企业的首选。“估计到明年，华舍街道所有印染企业都会迁走。污染源就彻底控住了。”闻仁水说。

5年内，分散于全县各地的100余家印染企业，逐步集聚至滨海绿色印染基地，政府将拿出30亿元作为配套资金。“集聚不是简单的搬迁，搬迁更不是简单地移个位置，滨海不会变成落后印染的二次生产基地！”何加顺说。县里请来专家把关，首批集聚到滨海绿色印染基地的23家印染企业，哪些设备可以带走，哪些设备必须淘汰，都由他们说了算。

落户滨海工业区的企业，必须和园区签订节能减排协议，承诺每米印染布附加值年均提高10%以上，单位增加值能耗年均下降5%。

春天的脚步近了，站在华舍的双亭河边，静静流淌的小河水质明显变清，两岸干干净净不见一点垃圾，河畔杨柳的芽苞鼓起，等着绽放。“清水工程真的好！这样治下去，我们的生活会越来越美。”看着家门口的变化，居民金锦云笑呵呵地说。“到目前，我们已经实现‘一年有变化’的目标。”何加顺欣慰地说。最新监测结果显示：全县Ⅱ—Ⅲ水质监测点的断面数量从12个增加到16个，Ⅳ类水质断面由14个减少至9个，变化明显。

再现水乡醉人风情

新年来到夏履镇莲增村，红红的春联贴在门上，酱鱼酱肉的香味飘在空中，年味十足。在这个新农村，看到地面整洁，河道清澈，一问，这里家家户户都建成了“三格化污水处理池”。农户家中流出的生活污水，经过生物作用逐步分解后，就能变成可以浇花的干净水。

要彻底干净，还必须管好生活污染源。该县通过“户改厕、村建池、镇入网”管住农村生活污水，生活垃圾实行“户集、村收、镇运、县处理”，现在的绍兴县新农村，正逐步变得和城市一样干净！

水乡纵横交错的河道是畜禽养殖得天独厚的条件，但养殖污染物也弄脏了一河清水。去年开始，绍兴县对河道边规模在50头以上的生猪养殖场，全部实施搬迁；对麻鸭养殖场则进行生态化治理。一张大网将密密麻麻的鸭群与主河道隔开，细细的网格很快会被鸭毛等堵住，形成一个相对独立的空间。网内，养殖户按农业部门指导，大量放养清污的螺蛳、水草，养鸭的污水在这个生物空间内自动循环，不再污染外河环境。“这种沉箱式围网养鸭模式，很好地处理了老百姓既要养鸭又要清水的关系。”县农业局局长陈炳松说。

长长古纤道蜿蜒在碧水当中，是绍兴县一道特有的风景。过去因为污染，绍兴县旅游“水文章”很难书就。现在随着“清水工程”的步步推进，“美丽工程”也随之铺开。绿化带不断延伸，5年内，将有300公里的河道绿化效果展示在世人面前，河岸鲜花青草，河中碧水粼粼，醉人的水乡风情将再现；在古代，每年老百姓会对河道进行一次清淤，淤泥肥田，河水变清。按“清水工程”规划，5年内，柯桥城区河道、浙东古运河、漓渚江、兰亭江等20条重点河道都将清淤整治。他日漫步古纤道，“竹晦南汀色，荷翻北潭影”的浪漫场景将会再现。

“河网处于一个平面上，水体交换难，是绍兴县的特殊难题。”县水电局局长葛美芳介绍，为了让河水“动”起来，绍兴县将实施柯桥城区河道活水工程和安昌古镇活水工程。新建引水泵站、抽水站、节制闸等工程，引入源头活水不断流向绍兴县的河道，水乡的水，将真正变成活水清流……

中国纺织报 2011年3月21日头版头条

绍兴县国资收购全球纺织网

5年20亿元打造网上中国轻纺城

本报讯（记者　肖莹）　在实体市场大规模升级改造之时，中国轻纺城也开始了积极筹建纺织业的“阿里巴巴”——斥巨资打造“网上轻纺城”，打开广大纺织品经营户的网上销售渠道。3月18日，浙江省绍兴县在北京举行新闻发布会，相关负责人进行了“网上轻纺城”主题发布。来自微软、交通银行的高层代表分别与“网上轻纺城”签订了战略合作协议，助推“网上轻纺城”建设。

据悉，绍兴县将在“十二五”期间连续投资20亿元人民币，依托绍兴纺织产业及全球最大的纺织品市场——中国轻纺城的优势行业资源，发挥工商、税务等相关职能部门的作用，通过整合信息流、资金流、物流、客户关系管理等价值链，按照“国内最权威、国际有影响”的目标定位，建设一个集纺织行业资讯、贸易信息数据库、产品及企业大全、网上纺织服装交易、公共信息化服务于一身的纺织服装网上市场。从而有效地实现实体市场和网上市场的互动发展，加快纺织产业的转型升级和中国轻纺城的提升发展。

培育市场核心竞争力，除了实体市场的改造升级，网络市场也已成为各大纺织服装专业市场寻求自我突破的必争之地。这次由国有资本收购全球纺织网，绍兴县意在网络市场争夺上抢占先机，进一步提升中国轻纺城的核心竞争力。

建设全球纺织品电子商务平台，发展纺织品电子商务，用新技术提升传统产业，是绍兴县“十二五”发展规划的重要内容之一。目前，绍兴县已确立了以网上纺织品批发交易和信息交互为核心、以现代物流为依托、以网上市场管理服务为辅助的电子商务大平台建设方案。今年1月，中国轻纺城建设管理委员会下属公司就完成了对中国轻纺城网络有限公司及其构建的全球纺织网的收购工作。本次收购全球纺织网，意味着中国轻纺城打造国内最权威、国际有影响的网上纺织品信息、产品交易和纺织行业资讯平台的战略举措正式启动。

根据计划，中国轻纺城将用1年时间，整合相关资源和专业网站，建立起覆盖轻纺城所有企业和经营户及1万家以上境内外经销商和10万家采购商的纺织品资源库，计划应用微软、谷歌等国际最先进的电脑网络技术和移动等终端技术，建设具有操作性的第三方交易平台，使之成为国内最有权威的纺织品电子商务网站，并利用3~5年时间，将网站打造成全球纺织品信息最集中、交易最便捷、诚信度最高的纺织品电子商务平台，并力争成为中国第一家“网上专业市场”上市公司。

此外，网上轻纺城还将重点投资建设贸易信息中心、行业资讯中心、网上交易中心、社区交流中心、公共信息化服务中心等五大功能中心，帮助纺织企业开通网上商铺、发布经由专人审核的供求信息，实现以基于产品质量检验的现货库存交易和成品批发交易、人工贸易撮合交易为辅助的在线交易，提供权威的诸如行情、趋势、咨询的相关信息，并通过专业的即时沟通工具，促成企业间的低成本沟通。

为实现将线上服务向线下服务的纵深化拓展，网上轻纺城还将为入驻企业提供六项配套服务，包括纺织品仓储物流及检测服务、纺织品样品展示服务、在线金融服务、市场管理服务、移动终端服务、纺织企业网上办公室服务，以此来解决企业的库存产品、成品批发问题，与之配套的是全球样品展示服务及在线支付服务。

据悉，网上轻纺城市场建成后，将服务全球60%以上的纺织企业，成为现代纺织服务业的骨干和重要力量。

浙江日报 2011年12月30日头版头条

看绍兴县纺织业如何转型升级

本报记者 徐峻 陈纪蔚 吴妙丽 周智敏

报道组 冯文华

吸引我们去绍兴县的，是一份“三季报”：绍兴县规模以上纺织业实现产值1221多亿元，同比增长27%；利润52亿多元，增长43.7%，其中化纤、织造、印染行业利润增幅分别高达55.9%、49.6%、28.9%。

在整体疲软的市场环境里，绍兴县纺织产业何以能交出如此漂亮的“成绩单”？

几天的采访，让我们在一组组靓丽数据的背后，看到了更为神奇的一幅幅动人画面。

在这里，纺织业已不仅是纺纱织布。从上游的原材料石油加工算起，PTA、化纤、织布、印染、家纺、服装、纺机、创意设计、专业市场和网上市场、纺织商贸、楼宇经济等，串起了一条既粗又长的产业链。

在这里，先进的数码印花机就像办公室里的彩色打印机，没有污水，没有噪音，设计师在电脑上直接输入图案，白坯布从机器里缓缓吐出，就成了缤纷彩布。它预示着印染技术的革命性变化。

在这里，全球最先进的化纤、纺织、印染、纺机设备，都可以找到。在“中国纺机之乡”齐贤镇，仅“越剑机械”一家研发的小型高速加弹机就占据了全国市场的90%。

在这里，面料创意设计可以每时每刻提供最新样品，零距离对接世界时尚；艾草、竹炭、珍珠、黄泥等天然元素也可以融入纺织纤维，新颖环保的材料、面料陆续面世，传统纺织业与新兴产业在这里融洽对接。

在这里，10年时间就诞生了一座“长在布上”的现代纺织城。100多幢商贸大厦沿金柯桥大道傲然矗立。站在林立大厦旁，仿佛置身于一个“小香港”。这里，不仅成交了全球四分之一的面料，更在向国际纺织贸易中心、国际纺织创意中心奋力转型。

美国著名专栏作家弗里德曼在《世界是平的》一书中这样写道：“如果你需要寻找一个平坦的纺织品世界，那就在柯桥。”

这背后的神奇力量，就是转型升级。而这，恰恰是我们最要寻找的新闻所在。

从“恨布不成衣”到创意面料设计，从纺纱织布到原料化工，产业链的转型升级提供了无穷的产业空间

这是两对引人注目的“姐妹花”。

柯桥，创意大厦八楼，意梦缘设计工作室。董事长王苏芳和总经理殷小红，曾经是轻纺城两位卖布的姑娘，如今合伙创办了这家设计公司。通过一种虚拟速配系统软件，她们把面料设计和成衣转换结合起来，使原来需要十天半月的服装设计周期缩短到一天。

七楼的彩色橡工作室，掌门人盛素琴、盛素英则是一对亲姐妹。这里的每一件衣服、每一样物品都是手绘的。一条原本普通的裙子，因为有了独具匠心的手绘，能卖到上千元。

“恨布不成衣”，曾经是纺织大县的遗憾。如今，这里的服装产业已经悄然崛起，仅衍生的面料创意设计产值就过亿元。中国轻纺城创意产业园活力无限，100多家创意设计机构，各类创意人才1100多人，国内服装设计大赛、时尚峰会、流行趋势发布会都在柯桥登台亮相。

从纺纱织造到创意纺织，产业链的延伸与茁壮，见证的是绍兴县纺织业30年的嬗变。如今，“大纺织”产业链正向微笑曲线两个高端延伸——下游，转向创意设计、服装业；上游，转向化纤、PTA等原材料。

曹娥江口的“远东化纤”，就是独占化纤和PTA两大领域的“巨无霸”。3年前的国际金融危机中，“远东化纤”控股重组了当时省内唯一的PTA生产企业——华联三鑫，如今年产180万吨PTA，依然是浙江老大。PTA是化纤上游产品，旺盛的市场需求让这里的PTA生产线成了不折不扣的“印钞机”，最高时一天的利润高达900万元。如今，企业用3年积累的25亿元利润，正在兴建年产140万吨PTA的新生产线。

华灯初上，“天圣控股”在滨海工业区内的新化纤生产基地的一成品车间内，副总经理冯伟指着白色的FDY（化纤纺丝的一种）说：“公司现在是全国最大的FDY生产基地，一年的化纤产值可达100亿元。”靠3000张织布机起家的“天圣控股”，如今仍在向产业链更上游进军。目前，公司在宁波投资60亿元的化工企业马上可以投产，专做化纤上游产品MED，今后浙江化纤企业可就近买原料。

也因为纺织企业的集聚，当地纺织机械产业也做得风生水起。仅齐贤镇一地的130家纺机企业就提供了全县七成以上的纺织机械。齐贤镇上最大的纺机企业——“越剑机械”的总经理孙剑华，不仅是“富二代”，也是“创二代”。正是他的坚持，在纺织业低迷的2008年、2009年，“越剑”斥资2亿元新上了替代进口的高速加弹机项目，及时赶上了纺机市场爆发性回暖，创造了日赚300万元的坊间“神话”。

从“染缸革命”到“烟囱革命”，从“壮士断腕”到“集聚发展”，印染业转型升级体现了科学发展的神奇力量

“绍兴三大缸，酒缸、酱缸和染缸。”作为起家产业，绍兴县印染业正发生着革命性的变化。

戴着阿玛尼眼镜的陈宇鸣，看上去就是一位潮人。他执掌的“红绿蓝纺织印染”，正在引领一场“染缸革命”。

最潮的是公司正在调试的一台花了680万元引进的数码印花机。这台印花机不用传统的染料，而用由电脑自动配色的8色墨水。白坯布从机器里缓缓吐出，上面就印上了由设计师在电脑上直接输入的花色图案，如同办公室使用的彩色打印机，无非把纸换成了布。这样的数码印花没有污水，没有噪音，一小时起码可以印200米布。

陈宇鸣是国内成功实现数码网格化印花产业化的第一人。传统的印染模式是“来什么、印什么”，客户拿来花样，印染企业按图索骥，挣个加工费；而数码网格技术的应用则是“有什么、印什么”，印染企业可以通过数码设计事先准备上万种花样，让客户自由选择，既挣加工费，又挣创意设计费。如今，“红绿蓝”的印布利润从每米一毛钱提高到了几元钱，废水排放量比传统印染企业降低15%，成为绍兴县印染业“亩产量”数一数二的公司。

染缸的变化，还不仅于此。眼下，绍兴县有十分之一的印染企业把传统染缸变成了“气流缸”，即用高温气流给布“洗桑拿”，完成颜色印染，这样可以大大降低传统印染的废水产出和能耗消费。

绍兴县现有印染企业203家。随着资源、环境等刚性约束的日益增强，印染业节能减排压力巨大。要么被淘汰，要么转型升级，只能二选一。

重压之下，绍兴县打出两张牌：“壮士断腕”——5年内将全县印染企业从200多家减少到100家左右；“集聚生产”——把八成印染企业集聚到滨海工业区，打造“绿色印染”基地。

集聚不是简单的搬迁。记者看到，政府对搬迁的印染企业设置了装备、环保等准入门槛，什么样的设备能搬来，得由国内权威专家组说了算，不是“坛坛缸缸都能拿来就用”。

集聚是为了更好地节能减排。在滨海工业区的不少印染企业，记者都看到了标有“东方能源”的字样，这是一家专门提供余热节能回收的公司。工业区管委会副主任徐忠良告诉记者：搬迁到这里的印染企业，今后将实现统一供热，统一污水处理，“原先散落在各乡各村的大小烟囱，这里都用不上了”。

目前，全县已经有3批共96家印染企业签约搬迁。其中4家企业已经开工，近20家企业进入前期准备，污水处理、水电、道路等基础设施配套建设也同步推进。

绍兴县的目标是：等这些印染企业搬迁完毕，整个县印染产业的用地减少三分之一，落后产能压缩三分之一，减排污水三分之一，而印染每米布的附加值提高十分之一。

从“有县无城”到“布上之城”，从专业市场到“网上市场”，服务业的转型升级提供了持续发展的深厚潜力

10年前，绍兴县摆脱了“有县无城”的历史，从绍兴市区迁至中国轻纺城所在地柯桥，

"就市建城"，开始了这座"布城"的崛起之路。

10年后，百座高楼大厦沿金柯桥大道两侧拔地而起，酒店宾馆、商贸中心、创意大厦鳞次栉比，白天车如流，晚上人如织。全球面料采购商、国内纺织经营业者、物流业者、纺织技术专家，各种语言，各种肤色……信息流、资金流、人流在此汇聚。

市场，是绍兴县纺织业的起家之本。被称为"世界布市"的中国轻纺城专业市场，是亚洲最大的纺织品交易市场。全球四分之一的面料在这里成交，来自世界各地的采购商聚集到这里，拥有市场建筑面积320多万平方米，传统区营业房2万多间，注册经营户及公司2万余家，常驻境外采购商近5000人，境外代表机构近千家。

汇聚全球纺织面料市场信息的轻纺城，已经成为全省乃至全国纺织企业的"信息源"。乐清市虹桥镇人叶阿微，年龄不到40岁，在中国轻纺城开商铺的时间却有15年，凭着对面料市场信息敏锐的把握，她家在10年前开办了毛呢加工厂。夫妻俩分工明确，妻子扎根市场，丈夫后方办厂。记者看到，9平方米的商铺里不时有客商上门，订单电话不断，"几乎每天都能接到订单"。

绍兴县"彩虹庄"印染公司除了在轻纺市场有一个商铺，还在附近的精品广场开设了展示门店。公司设在轻纺市场的营销员告诉记者，每周她都要把市场里客户对产品的评价反馈给公司设计部门，以便公司及时调整或开发新品种新式样。

如今，这座有近30年历史的中国轻纺城，市场硬件设施不断提升，从20年多年前的"马路市场"变成了如今分工齐全的"市场群"，而且整个柯桥乃至周边的钱清等镇，已经基本形成"南部传统交易区、北部市场创新区、中部国际贸易区、西部原料龙头区和东部物流配套区"五大市场区。

正在打造中的网上轻纺城更是雄心勃勃。

在创意大厦13楼的中国轻纺城网络公司，近百名工作人员在紧张工作。海外买家开发组的董行，是一位刚从绍兴越秀外国语学校毕业的小姑娘，正用流利的英语交谈，电话那头是一位意大利客商。董行每天至少要打60多个电话，采集海外采购商的各种信息，输入网上轻纺城的数据库。今后，这个网上轻纺城将有40万个商铺，每天与超过150万户的会员单位进行交易。

董行和她的同事们原本属于总部在杭州的全球纺织网，今年4月才迁址柯桥。收购这家已创办10年、国内最大的纺织行业B2B网站，是绍兴县斥资20亿元打造"网上轻纺城"的第一步。

按照规划，新打造的网上轻纺城，将用1年左右的时间建立起覆盖轻纺城所有企业和经营户及1万家以上境内外经销商和10万家采购商的纺织品资源库，建设基于互联网和移动终端的第三方交易平台，并用3到5年时间成为中国第一家"网上专业市场"上市公司。

中国轻纺城网络公司总经理丁建军说，我最大的梦想是"布通天下"。

网上市场与有形市场的互融互促初显端倪。根据规划，轻纺城将为入驻网上商城的企业提供多种配套服务，包括纺织品仓储物流及检测、样品展示、在线金融、市场管理、移动终端、纺织企业网上办公室等。"明年我们要在世界各地建立分支机构，建设实体展厅并挂样，方便采购商不出国门即可获得最新的纺织服装样品。届时采购商只需在网上输入其在实体展厅中看中的样品编号，就能找到对应的纺织工厂。"丁建军说。

篇目辑要

【《人民日报》刊载3篇】

人民日报 2011年2月26日头版

清流泽万家

——浙江绍兴县治理水环境纪实

人民日报 2011年6月22日17版

绍兴：扩权强镇进行时

人民日报海外版 2011年3月19日8版

绍兴县建网上"轻纺城"

【中央电视台播出2条】

中央电视台 2011年10月22日1套“新闻联播”

第七届中国曲艺节在浙江绍兴闭幕

中央电视台 2011年10月17日13套“朝闻天下”

绍兴纺织业量增价涨利却薄

【其他中央级报刊刊载117篇】

光明日报 2011年3月4日13版

绍兴率先推行免费学前教育

光明日报 2011年4月7日10版

绍兴县到武汉大力吸引人才

光明日报 2011年8月10日12版

和谐家园立坐标

——浙江省绍兴县农村掠影

光明日报 2011年9月20日10版

干部清白 群众满意

农村“三资”管理看绍兴

光明日报 2011年9月21日7版

原创歌剧《祝福》将献演

光明日报 2011年10月20日9版

700多位曲艺家齐聚绍兴

光明日报 2011年10月30日头版

百姓最是赏“花”人

——绍兴小百花盛放奥秘

新华每日电讯 2011年3月4日10版

绍兴：免费学前教育将涵盖农民工子女

新华每日电讯 2011年11月8日7版

浙江绍兴：地方戏曲进校园 十万少年学越剧

检察日报 2011年3月1日第6版

绍兴：平水日铸岭隧道建设创“双优”

检察日报 2011年6月7日第5版

浙江省绍兴县出现新鲜事儿——

行政服务中心有了行贿犯罪档案查询窗口

检察日报 2011年10月15日第2版

绍兴县检察院

法律巡回宣讲进企业

经济日报 2011年2月6日2版

坚守岗位心舒畅

经济日报 2011年3月24日13版

浙江绍兴（县）投入20亿元

打造“网上轻纺城”

经济日报 2011年10月21日4版

浙江绍兴规范管理农村集体“三资”

科技日报 2011年2月25日11版

致力在加快经济转型升级上有新突破

——访绍兴市委常委、绍兴县委书记何加顺

科技日报 2011年3月23日9版

浙江绍兴县20亿打造纺织业B2B平台

科技日报 2011年9月29日3版

绍兴：科技与创意促纺织产业转型升级

工人日报 2011年5月15日第2版

春季纺博会境外采购商增长28.1%

农民日报 2011年10月10日第3版

绍兴将举办第七届中国曲艺节

法制日报 2011年9月20日头版头条

政法委规范化建设的“绍兴样本”

中国教育报 2011年2月12日第2版

绍兴县外来娃坐上入学“直通车”
七类人员享受与本地学生同等免费教育

中国教育报　2011年11月20日头版
校车接送山里娃

中国环境报　2011年3月15日头版
转型升级促减排

中国环境报　2011年5月9日第8版
“丝绸之府”产业在集聚中升级

中国文化报　2011年9月27日头版
歌剧《祝福》首演纪念鲁迅诞辰

中国工业报　2011年3月9日第B3版
国家级开发基地落户浙江绍兴

中国纺织报　2011年1月11日3版
孙忠富：筹谋绍兴县纺织业转型升级

中国纺织报　2011年1月19日6版
绍兴（县）永盛赴韩国储备前沿资讯

中国纺织报　2011年1月19日7版
草根的梦想

中国纺织报　2011年1月24日头版
“大院名校”绍兴（县）技术转移中心落定

中国纺织报　2011年1月26日6版
中国轻纺城商户
应用纺织管理系统

中国纺织报　2011年1月26日7版
绍兴（县）印染
每百米布可节煤25%

中国纺织报　2011年1月31日5版
国家级纺机检验中心工作站落户绍兴（县）

中国纺织报　2011年1月31日6版
绍兴（县）民企开启蓝光印花“新时代”

中国纺织报　2011年2月16日6版
经营模式出现新变化　纺城坯布商迎来机遇

中国纺织报　2011年2月16日6版
中国轻纺城全球纺织品电子商务平台开建

中国纺织报　2011年2月21日8版
超越12亿元
访浙江越剑机械公司董事长孙志祥

中国纺织报　2011年2月24日4版
浙江绍兴（县）推进印染产业优化升级

中国纺织报　2011年3月10日5版
“国家数码印花产品开发基地”落户浙江红绿蓝

中国纺织报　2011年3月10日5版
加强印染后整理　提升产品附加值
第八届全国印染后整理学术研讨会在绍兴（县）举行

中国纺织报　2011年3月10日6版
轻纺城谋划“十二五”市场振兴

中国纺织报　2011年3月10日6版
滨海印染集聚效应显现
产业升级抵御用工荒

中国纺织报　2011年3月10日6版
浙江“两化融合”推进印染业升级

中国纺织报　2011年3月10日8版
中国·柯桥纺织指数发布
春市营销量价齐升　价格指数继续走高

中国纺织报　2011年3月14日7版
华裕气动抬升装置使倍捻无人生产变为现实

中国纺织报 2011年3月14日8版
紧跟纺织市场变化节奏
——访绍兴纺机集团公司总经理谢如炎

中国纺织报 2011年3月15日6版
绍兴（县）华通色纺公司
加强与新疆棉企合作

中国纺织报 2011年3月17日5版
轻纺城设计师协会成立
推动家纺知识产权保护

中国纺织报 2011年3月21日头版头条
绍兴县国资收购全球纺织网
5年20亿元打造网上中国轻纺城

中国纺织报 2011年3月23日5版
网上轻纺城：传统市场新商机
——国资收购助B2B网站扫除诚信阴霾

中国纺织报 2011年3月23日6版
“329”战略提升轻纺城
市场成交额拟增长10%以上

中国纺织报 2011年3月23日6版
绿色印染产业集聚区建设启动

中国纺织报 2011年3月23日6版
绍兴企业加急生产援日物资

中国纺织报 2011年3月23日8版
中国·柯桥纺织指数发布
原料价格振荡下滑　价格指数涨幅趋缓

中国纺织报 2011年3月25日14版
2011中国职业时装设计师创业设计大赛启动
2011中国柯桥国际纺织品博览会新闻发布会同期举行

中国纺织报 2011年3月25日14版
花开两届　集聚市场　产业影响力
2011中国柯桥国际纺织品博览会即将璀璨登场

中国纺织报 2011年3月30日A1版专版
2011中国职业时装设计师创意设计大赛强势启动
2011中国柯桥国际纺织品博览会新闻发布会同期举行

中国纺织报 2011年3月30日A1版专版
2011中国国际面料设计大赛暨柯桥·中国轻纺城推介会举行

中国纺织报 2011年3月30日A9版专版
专业赛事开启创意经济
——写在2011中国职业时装设计师创意设计大赛启动之际

中国纺织报 2011年3月30日A9版专版
会展经济助力轻纺城二次腾飞
——中国轻纺城着力打造国际纺织展贸中心

中国纺织报 2011年3月30日A11版专版
第二个五年　海莎国际踏上十亿元征程
——访绍兴海莎纺织有限公司董事长傅伟庆

中国纺织报 2011年3月31日头版
融合中展现科技环保　提升中凸现品牌之势
第十七届中国国际纺织面料及辅料（春夏）博览会开幕

中国纺织报 2011年4月12日4版
纺织大县绍兴
“征退税一体化”管理见成效

中国纺织报 2011年4月13日6版
绍兴第二届家博会盛装迎宾

中国纺织报 2011年4月13日6版
浙商企业总裁研修班走进中国轻纺城

中国纺织报 2011年4月13日6版
多所名校在绍兴建技术转移中心

中国纺织报 2011年4月13日7版
一浴一步工艺节水三成

中国纺织报 2011年4月13日8版
中国·柯桥纺织指数发布
产销回缩成交不足 价格指数小幅下滑

中国纺织报 2011年4月19日4版
沪绍创意产业成功对接

中国纺织报 2011年4月20日5版
绍兴出状纺织的织纹、后整理工艺优势（图片）

中国纺织报 2011年4月20日6版
展位预定一空 境外展商热情高涨
2011中国柯桥国际纺织品博览会（春季）即将开幕

中国纺织报 2011年4月20日6版
2010年绍兴海关纳税前10名
纺织企业占七席

中国纺织报 2011年4月20日6版
“网上轻纺城”迈出实质性步伐
全球纺织网入驻创意大厦

中国纺织报 2011年4月25日6版
从市场需求出发加大技改力度
越剑机械公司四款设备投入市场
产品突出体现高效、节能、省人三大特点

中国纺织报 2011年5月4日5版
2011中国围巾产业发展论坛将举办

中国纺织报 2011年5月4日6版
轻纺城一季度成交额208.4亿元

中国纺织报 2011年5月4日6版
ITMA2011全球路演到绍兴
品牌运营师赖展照专题讲座获热捧

中国纺织报 2011年5月4日6版
轻纺城旅游购物中心正式运作
省内外200余家旅行社签约产业游

中国纺织报 2011年5月4日7版
节能减排倒逼绍兴印染企业升级

中国纺织报 2011年5月11日头版
柯桥纺博会强化对接功能

中国纺织报 2011年5月11日5版
面料企业与服装设计师亲密接触
2011面料企业与服装设计师对接会在柯桥举办

中国纺织报 2011年5月11日5版
招商首日500余家商户当场签约入驻
网上轻纺城全球首战招商大会举行

中国纺织报 2011年5月11日6版
春天里，纺织热潮涌动柯桥
——2011中国国际柯桥纺织品面料辅料博览会（春季）现场报道

中国纺织报 2011年5月13日头版头条
创意，腾飞之前 请先落地
——中国轻纺城纺织面料企业与设计师零距离对接会思考

中国纺织报 2011年5月16日头版
2011中国·柯桥窗帘窗纱及布艺博览会举行

中国纺织报 2011年5月20日5版

2011 中国围巾产业发展论坛举办

中国纺织报　2011 年 5 月 25 日 6 版
中国轻纺城精细化管理赢得经营户赞誉

中国纺织报　2011 年 5 月 25 日 6 版
绍兴县首届创意作品交易会 6 月举行

中国纺织报　2011 年 5 月 25 日 6 版
绍兴安昌打响技改投入攻坚战

中国纺织报　2011 年 5 月 25 日 7 版
盛兴印染自主研发新助剂

中国纺织报　2011 年 5 月 25 日 7 版
绍兴县政府限期整治定型废弃污染

中国纺织报　2011 年 5 月 27 日头版
“面料王国”发力围巾产业
——中国轻纺城围巾市场开业侧记

中国纺织报　2011 年 6 月 1 日 6 版
彩虹庄：做有责任的对接

中国纺织报　2011 年 6 月 1 日 6 版
绍兴地区建起最大物流公共信息平台
中国绍兴物流网投入运行

中国纺织报　2011 年 6 月 1 日 6 版
绍兴明确今年产能淘汰任务
——印染淘汰 5 亿米，化纤淘汰 10 万吨

中国纺织报　2011 年 6 月 1 日 6 版
常驻轻纺城外商走进轻纺贸易中心

中国纺织报　2011 年 6 月 15 日头版
第二届绍兴纺织面料与花样原创设计大赛开锣

中国纺织报　2011 年 6 月 15 日第 6 版
柯桥创意产业引风筑巢

民企投资 10 亿建创意产业园

中国纺织报　2011 年 6 月 15 日第 6 版
绍兴安昌前五月工业产值增 28.8%

中国纺织报　2011 年 6 月 15 日第 6 版
“越剑机械”
生产出“两头忙”的新品

中国纺织报　2011 年 6 月 15 日第 6 版
2011 中国国际面料设计大赛全国推广全面展开

中国纺织报　2011 年 6 月 16 日头版
“中国产业百强县（市、区）名单公布”
绍兴县全国百强晋前四

中国纺织报　2011 年 9 月 5 日头版头条
绍兴县向全国发出“英雄帖”
300 万元奖金求解印染难题

中国纺织报　2011 年 10 月 12 日第 5 版
浙江省创意纺织产业研究院在柯桥挂牌

中国纺织报　2011 年 10 月 12 日第 6 版
“印染难题”面向全国招标
两剂良方近日接受专家评审

中国纺织报　2011 年 10 月 18 日第 19 版
纺博会与轻纺城：推动之中现反哺

中国纺织报　2011 年 12 月 7 日第 3 版
“绍兴家纺”成绍兴县首个浙江区域名牌

建筑时报　2011 年 1 月 20 日第 2 版
产值突破 800 亿元大关绍兴县建筑业再上新台阶

长三角　2011 年第 4 期
绍兴县在全国率先实施免费学前教育

长三角 2011年第6期
时尚创意激情的春天盛宴
——记2011年中国柯桥春季纺博会

长三角 2011年第7期
绍兴县：构筑“两区”平台 推进农业转型升级

长三角 2011年第8期
“创造美，传递爱”
——2011全球纺织服装供应链大会在柯桥举行

长三角 2011年第9期
安昌镇：发挥统一战线作用 创新社会管理

长三角 2011年第10期
秋季纺博会：激情相约 再续精彩

长三角 2011年第10期
绍兴县举办科技·时尚创意周

【省级报刊刊载61篇】

解放日报 2011年3月7日10版
绍兴免费教育延伸至学前

京华时报 2011年3月22日第56版
绍兴县20亿元打造网上轻纺城

文汇报 2011年3月7日第7版
绍兴县率先推行“免费学前教育”

香港商报 2011年3月24日第A28版
绍兴县纺织业“十二五”产值冲千亿

南方日报 2011年3月24日第A20版
网上轻纺城上线欲打造纺织行业阿里巴巴

浙江日报 2011年1月3日2版
水乡婚礼（图片）

浙江日报 2011年1月10日2版
绍兴县依托企业家协会搭建平台
企业互学强党建

浙江日报 2011年1月11日3版
砖窑打工者（图片）

浙江日报 2011年1月19日4版
人大代表热议转变经济发展方式
结构要优化 创新更关键

浙江日报 2011年1月27日24版
做到最好，财富自然会来

浙江日报 2011年2月7日2版
私家车堵了乡间路

浙江日报 2011年2月8日2版
绍兴（县）：山民走亲 爱送树苗

浙江日报 2011年2月11日16版
平平常常话英烈
——两位辛亥后人的口述故事

浙江日报 2011年2月17日3版
柯桥，各厂都有指导员

浙江日报 2011年2月22日14版
走进绍兴县档案馆
老课本里读辛亥

浙江日报 2011年3月9日15版
阿Q上街送祝福（图片）

浙江日报 2011年3月10日9版
会稽山下播丰年

浙江日报 2011年3月11日10版
春到田头问农事

浙江日报 2011年3月16日19版

绍兴（县）：内陆直通关（图片）

浙江日报　2011 年 4 月 7 日 22 版
绍兴力促纺织印染产业转型

浙江日报　2011 年 4 月 12 日 22 版
民生为先　建管并重

浙江日报　2011 年 4 月 12 日 23 版
绍兴县："清水工程"给力民生

浙江日报　2011 年 4 月 15 日头版
打造全国纺织业 B2B 航母
绍兴县动建网上轻纺城

浙江日报　2011 年 4 月 21 日 3 版
中国轻纺城迈向国际纺织中心

浙江日报　2011 年 5 月 4 日 18 版
春季房交会　楼市晴雨表
柯桥直击：成交萎缩价格依然坚挺

浙江日报　2011 年 5 月 5 日 16 版
智力蓝领告别苦力

浙江日报　2011 年 5 月 7 日 2 版
柯桥春季纺博会开幕

浙江日报　2011 年 5 月 11 日 13 版
神来之笔画图案

浙江日报　2011 年 5 月 12 日 15 版
绍兴：网上轻纺城招商

浙江日报　2011 年 5 月 17 日 15 版
老党员义务疏交通

浙江日报　2011 年 5 月 18 日 16 版
中国轻纺城小学学生参观摄影展（图片）

浙江日报　2011 年 5 月 21 日 7 版
方玲玲："村官"爱管千家事

浙江日报　2011 年 5 月 24 日 8 版
"十大之江先锋"候选人祁友富
特殊党费第一人

浙江日报　2011 年 6 月 22 日 22 版
绍兴：国税党员亮牌上岗

浙江日报　2011 年 6 月 26 日 2 版
绍兴县老党员自办红色藏品展

浙江日报　2011 年 6 月 28 日 6 版
中国轻纺城党员经营户
文明诚信添光彩

浙江日报　2011 年 7 月 14 日 12 版
宜居乐业的幸福水乡　现代开放的魅力新城
绍兴县柯桥

浙江日报　2011 年 7 月 15 日 24 版
网上轻纺城上线开张

浙江日报　2011 年 8 月 20 日 2 版
绍兴县资金技术人才加速流向农田
"两区"前景好　凤凰竞相栖

浙江日报　2011 年 8 月 23 日 18 版
绍兴水缸：汤浦水库

浙江日报　2011 年 8 月 29 日 16 版
业余羽球精英以球会友

浙江日报　2011 年 9 月 19 日 13 版
歌剧《祝福》亮相舞台

浙江日报　2011 年 9 月 26 日头版头条
歌剧《祝福》昨在杭公演

浙江日报　2011 年 9 月 26 日 13 版
深读鲁迅，思考当今

浙江日报 2011年9月26日2版
切实减轻农民负担

浙江日报 2011年9月27日头版
《祝福》感动杭城观众

浙江日报 2011年10月26日4版
柯桥纺博会开幕
张榕明出席

浙江日报 2011年12月5日12版
浙江省小城市培育试点镇 绍兴县钱清镇
书写由镇向城跨越的传奇

浙江日报 2011年12月7日2版
昨早高峰，绍兴县158路公交车感人一幕
司乘合力救孕妇

浙江日报 2011年12月8日头版
赵洪祝在全省小城市培育试点工作现场会上强调
努力探索浙江特色新型城市化路子

浙江日报 2011年12月8日4版
绍兴再现感人事件
瓜渚湖里救母女

浙江日报 2011年12月8日23版
绍兴县实施“路长（河长）”制

浙江日报 2011年12月28日2版
爱乐乐团奏响绍兴（图片）

浙江日报 2011年12月30日头版头条
看绍兴县纺织业如何转型升级

钱江晚报 2011年3月4日A12版
三年内，绍兴县学前教育全免费

钱江晚报 2011年3月15日A12版
对虾“住”大棚

钱江晚报 2011年3月16日A08版
消费教育馆 真假看明白

钱江晚报 2011年3月22日A08版
微软来帮忙 “网上轻纺城”开建
绍兴县将为此大手笔投入20亿

钱江晚报 2011年3月24日B16版
华联三鑫凤凰涅槃

钱江晚报 2011年4月12日B01版
杨汛桥救赎

钱江晚报 2011年5月25日A06版
绍兴试点“智能用电服务系统”

人　物

新闻人物

【傅　超】　男，1966 年 3 月出生，诸暨市人，中共党员，大学本科学历，绍兴县公安局副局长。

傅超一直战斗在打击犯罪的第一线，先后担任县公安局刑侦大队民警、副大队长、大队长和巡特警大队大队长。20 多年来，凭着一股拼劲、一股钻劲、一股韧劲，参与侦破命案 213 起，率队侦破公安部督办的特大持枪抢劫案等一批部、省级重点挂牌案件，摧毁犯罪团伙 147 个，抓获犯罪嫌疑人 1400 多人；在全省首创运用测谎手段突破案件，拓展侦查破案、打击犯罪的新视野。多次被评为全省公安系统优秀共产党员、市级破案能手，曾先后荣获个人三等功 2 次、嘉奖 4 次，2003 年度被评为县劳动模范，同年被推荐为中共绍兴市党代表，2006 年被评为绍兴市劳动模范。2011 年 4 月，获全国五一劳动奖章。

【吴凤花】　女，1970 年 7 月出生，绍兴东浦镇人，中共党员，国家一级演员，中共十七大党代表，浙江省戏剧家协会副主席、绍兴市戏剧家协会主席，绍兴小百花艺术中心党支部书记兼副主任。

吴凤花工小生，师承范瑞娟。从艺近 30 年来，先后主演 20 余出大戏，其英俊潇洒的舞台人物形象，受到广大观众和专家的一致好评，也获中央领导江泽民、李鹏、刘华清、尉健行、李岚清、李长春等接见。在近 30 年的探索与实践中，吴凤花塑造众多性格迥异的舞台形象，逐渐形成独特的表演艺术风格。在越剧舞台上开创的文戏武演、武戏文演的特有风格，得到观众和行家的认可，被誉为越剧界难得的文武女小生。曾获全国文化系统先进工作者、第 13 届中国戏剧梅花奖、浙江省劳模、第四届浙江十大杰出青年、全国“三八”红旗手、2011 浙江骄傲年度最具影响力人物、浙江省优秀共产党员等荣誉。2011 年 6 月，饰演越剧《新狸猫换太子》中“陈琳”一角色，获第 25 届中国戏剧梅花奖大赛暨第三届中国戏剧奖·梅花表演奖二度梅。（何雅娟）

越剧《新狸猫换太子》中饰陈琳的吴凤花

（绍兴小百花艺术中心供稿）

逝世人物

【王志道】　男，1922 年 11 月出生，山东费县人，原绍兴县劳动局副局长。2011 年 4 月 12 日在绍兴逝世，享年 90 岁。

王志道 1947 年 8 月参加革命，同年 10 月加入中国共产党。参加革命后，在山东费县大山区任文书兼做征粮工作，后调费县一区粮库任记账员。1949 年 3 月，进入华东党校学习。后随军南下至绍兴，历任绍兴县财粮科科员，绍兴县粮食局储运股副股长，皋埠区税务所所长，绍兴县纪律检查委员会秘书、副书记、县委委员，钱清区联合乡党总支书记。1958年10月，调绍兴大明电业公司任经理。翌年12月，调绍兴县劳动科任科长。1964年8月，抽调参加“社教”工作队。1968年8月，先后任绍兴县计划委员会负责人，绍兴县面粉厂厂长、书记，绍兴县粮油公司经理、书记，绍兴县粮食局负责人，绍兴县内务局负责人、党支部书记，绍兴县劳动局副局长。历经淮海战役、渡江战役等重大战斗，多次受到上级表扬。1985年5月离休，享受县（处）级政治、生活待遇。

【杜水庭】 男，1928年8月出生，浙江绍兴县人，原绍兴县齐贤粮管所干部。2011年7月22日在绍兴逝世，享年84岁。

杜水庭1949年4月参加革命，1956年7月加入中国共产党。参加革命后，至中国人民解放军33军98师炮兵连任战士，参加解放上海战斗。1951年2月，至上海公安司令部特务营炮兵连任战士、公安45团炮兵连指挥班任班长。1955年，至上海崇明要塞区2营炮兵连任排长，后任上海警备区98师0387部队炮兵营3连副连长。1963年转业，分配到绍兴县安昌供销社任党支部书记。1965年，调任绍兴石灰厂副厂长。1970年，调绍兴县齐贤粮管所工作。曾立四等功1次，被评为绍兴县粮食系统先进工作者。1988年12月离休，享受县（处）级政治、生活待遇。

【邓景伊】 男，1927年5月出生，四川中江人，原绍兴县安昌中学教师。2011年10月31日在绍兴逝世，享年85岁。

邓景伊1948年7月参加革命，在山东潍坊市入伍，至山东华东大学学习。后报名南下，至华东南下干部纵队青年大队第二中队，渡江抵达杭州。1949年5月，分配至杭州市军管会工矿部，参加接管长兴煤矿工作。8月，至浙江省人民政府工矿厅工作。1951年11月，至杭州革命大学学习。1952年6月，分配至绍兴稽山中学任教。1956年2月，调绍兴一中任教。1958年7月，在“反右”运动中被下放到绍兴县安昌乡马回桥村劳动。1978年6月，平反纠错，落实政策，至绍兴县安昌中学任教。1987年4月离休，享受县（处）级政治、生活待遇。

【赵文余】 男，1920年10月出生，安徽来安县人，原绍兴县农资公司仓库主任。2011年11月4日在绍兴逝世，享年92岁。

赵文余1940年9月参加新四军，1946年3月加入中国共产党。参加革命后，在新四军任饲养员、理发员。1942年11月起，在新四军2师11团1营1连先后任战士、班长、副排长。历经抗日游击战、孟良崮战役、淮海战役、渡江战役、剿匪反霸、解放舟山诸岛等重大战斗，腿部负过枪伤。曾立二等功1次、三等功1次。1951年5月转业，任浙江镇海县龙山区人武部部长。1952年7月，至速成中学读书。后调任绍兴攒宫劳改大队砖瓦厂指导员。1954年1月，调绍兴县皋埠粮库任主任。1957年，调绍兴县漓渚粮管所任所长。1959年10月，经宁波干校学习后，先后在绍兴县袍谷供销社、城郊供销社、县农资公司仓库任主任。在县农资公司仓库工作时，工作兢兢业业，以库为家，事迹曾被《浙江日报》报导。1981年退休，1982年改办离休，享受县（处）级政治、生活待遇。

【谭桂安】 男，1922年8月出生，山东省商河县人，原绍兴县人大常委会副主任。2011年11月10日在绍兴逝世，享年90岁。

谭桂安1946年2月加入中国共产党，同期参加革命，任商河县沙河区沙河片负责人兼村党支部书记。1948年9月，任商河县沙河区委组织科长。1949年1月，随军南下。后至绍兴县东关区委任组织委员。1951年1月，至浙江省委党校学习。9月，至绍兴地委“镇反”学校任组织委员。12月，调任绍兴县东浦区委书记。1954年7月，调任绍兴县手工业部部长、县委委员。1956年12月，任绍兴县委组织部部长、县委常委。1960年1月，调任绍兴县马山区委书记。1961年3月，当选为绍兴县副县长。1963年7月后，历任绍兴县“五反”办公室主任、县农业企业党委书记、皋埠区委书记。1966年7月，调绍兴丝绸印花厂任书记。1978年6月，调绍兴县总工会任主席。1982年6月，任绍兴县人大常委会副主任。1983年12月离休，享受县（处）政治、生活待遇。

【陶龙生】 男，1923 年 8 月出生，江苏苏州吴县人，原绍兴建材公司副经理。2011 年 11 月 18 日在绍兴逝世，享年 89 岁。

陶龙生 1942 年 10 月参加新四军，1944 年 5 月加入中国共产党。参加革命后，至新四军 18 旅 25 团先后任战士、副班长、班长。1945 年 9 月，至华东 1 纵队先后任班长、副排长，后至华东 18 旅教导队学习。1948 年 7 月，至中国人民解放军 20 军炮团工兵连先后任副排长、排长。1949 年 9 月，至 20 军炮团警卫排任排长。1950 年 5 月，至 20 军炮团集训队学习。10 月，参加抗美援朝，至志愿军 58 师炮团 2 营 5 连任副连长。1952 年 8 月回国。10 月，至 20 军速成小学学习。1953 年 2 月，至 20 军 58 师炮团 2 营任副连长。历经鲁西南战役、济南战役、孟良崮战役、淮海战役、渡江战役、解放上海、抗美援朝等重大战斗。荣立三等功 2 次。1954 年 3 月转业，在速成中学一分部学习。10 月，分配至绍兴县工作，先后任绍兴县益昌绸厂、齐贤绸厂、华舍绸厂、花边厂党支部书记。1961 年 4 月，抽调参加“社教”工作队。1964 年 10 月，至绍兴华舍绸厂、花边厂任党支部书记。1977 年 4 月，调任绍兴矿业公司副经理、绍兴建材公司副经理。1984 年 6 月离休，享受县（处）级政治、生活待遇。

（郑伟良）

省部级先进个人

【省部级先进个人名录】

傅　超　2011 年 4 月，被中华全国总工会授予全国五一劳动奖章。

祁友富　2011 年 6 月，被中共浙江省委授予省优秀共产党员称号。

陈成松　2011 年 6 月，被中共浙江省委授予省优秀党务工作者称号。

傅　宏　2011 年 6 月，被浙江省委、省人民政府授予省残疾人工作先进个人称号。

许吉安　2011 年 9 月，被浙江省人民政府授予省功勋教师称号。

吴松年　2011 年 11 月，被浙江省人民政府授予省农村公路工作先进个人称号。

金民根　2011 年 11 月，被浙江省人民政府授予省农村公路工作先进个人称号。

钱　伟　2012 年 3 月，被浙江省人民政府授予 2011 年度省铁路建设征迁工作先进个人称号。

（史　旖）

责任编辑　宋如玲

经济开发区

柯桥经济开发区

【概况】 2011年，柯桥经济开发区完成财政收入5.06亿元，比上年增长42.1%；地方财政收入2.65亿元，比上年增长48.6%；国税收入3.25亿元，比上年增长40.3%；销售收入225亿元，比上年增长23.1%；工业性投入18.7亿元，比上年增长34.3%；自营出口5.21亿美元，比上年增长11.8%；实到外资3960.6万美元；农民人均纯收入16618元，比上年增长13%。

这年，柯桥经济开发区陶里田藕园区通过市级现代农业园区考核验收。完成6440吨粮食生产任务，全年完成家庭工业产值10.28亿元。推进生活污水治理村1个，完成省待整治村建设2个。拆除违法违章建筑42起，拆违面积1万平方米。申报省重点项目，争取用地指标，其中柯北二期基础配套工程项目被省重点办正式批准纳入省重点项目。强化用地执法查处，查处24起违法用地、3起违反规划管理案件。

这年，柯桥经济开发区实行开发区直管居委会管理体制，齐贤镇9个居委会由开发区托管。开发区在省级开发区考核列前五位。全面启动实施村（居委会）便民服务中心，完成建设任务并全部投入运行。加强以教育和农民技能培训为主的成人教育。社会保障体系日趋健全，做到应保尽保，应补尽补，全面建立新城乡居民养老保险、职工6项保险网络系统和工作平台，着力做好失土农民养老保险各项业务，新型农村合作医疗参保率100%，年度“双困户”住房全部得到解决。

【完成工业性投入18.7亿元】 2011年，柯桥经济开发区完成工业性投入18.7亿元，比上年增长34.3%。优创光能年产1.6亿片8英寸太阳能多晶硅片生产线项目建成投产，总投资20亿元，被列入省“双千工程”重点项目。“雅德居门窗”等3个项目被列入市级重点项目，项目主体基本建成。

【两个项目达成落户意向】 2011年，金龙客车项目总投资16亿元、亚太生物制品项目总投资10亿元、包装薄膜工业园项目总投资15亿元、触控屏光电等大项目总投资5亿元。光伏光电、汽车汽配、大型装备制造等新兴产业总投资超90亿元，其中高强度紧固件、亚太生物制品项目达成落户意向。

【创建省高端纺织装备研发与制造特色品牌园区】 2011年，柯桥经济开发区成功创建浙江省高端纺织装备研发与制造特色品牌园区。4家企业被评为省级新标准高新技术企业，2家企业被评为省级科技型企业，4家企业被评为市级高新技术企业；5家企业被评为市级研发（技术）中心；3家企业被评为省级专利示范企业。园区有省级以上科技项目8个；申报各类专利500项，授权各类专利260余项；获市级名牌产品7个，市级著名商标2件；制定国家标准2个。

【万元工业增加值能耗下降6%】 2011年，柯桥经济开发区在印染企业中淘汰以传统溢流缸为主的落后产能设备，鼓励企业实施节能项目。大力查处私上锅炉、废塑造粒污染环境企业，印染企业中全面安装废气整治装置，对重点用能企业实施常态监控，企业万元工业增加值能耗比上年下降6%。

【完成商贸投资10.4亿元】 2011年，柯桥经济开发区完成商贸开发投资10.4亿元。宝利置地广场（洲际酒店）、冠南大厦和马自达、斯柯达汽车4S店等项目启动建设，三菱、江淮汽车4S店，二手车市场等项目基本建成，捷豹陆虎4S店、广汽丰田4S店建成开业。汽车4S店全年累计销售汽车6054辆，实现税收1095万元。商务楼宇（市场）共引进商贸企业285家，其中注册资本在200万元以上的企业23家。轻纺贸易中心升格为中国轻纺城柯北贸易中心，在彩虹庄国贸中心新设立中国轻纺城墙纸墙布市场。

【城市建设及非工业性投资3.15亿元】 2011年，柯桥经济开发区完成城市建设及非工业性投资3.15亿元。完成柯北二期启动区8路20桥工程施工图设计，集贤路进场动工，齐陶公路施工图设计完成，陶里小学结构封顶。安华路拓宽段、镜水北路均建成通车，国际汽车城环线道路工程完成施工。

【拆迁房屋10.28万平方米】 2011年，柯桥经济开发区完成房屋拆迁10.28万平方米，完成拆迁交地82.5亩。集贤路建设及齐陶北路拓宽改造拆迁项目第一轮腾空预签约136户，可拆迁房屋建筑面积6.9万平方米。官湖沿一期拆迁项目腾空70户，可拆迁房屋建筑面积3.38万平方米。加快建设安置小区，东贤安置小区多层、高层均结顶；官湖沿安置小区基本完成招投标工作；柯北新社区一期完成总图及套型设计评审。

【创建洁净社区】 2011年，柯北一期园区环境改造工程基本竣工，2500亩河道实行全天候保洁。完成高速公路两侧140亩春季绿化种植计划，占地230亩的高速道口四周绿化工程启动。围绕洁净社居创建，每月对各居进行检查考核，取得实效。

【完成换届选举工作】 2011年，柯桥经济开发区完成县党代表选举和县镇两级人大代表的换届选举工作。完成开发区居委会党支部委员会和居委会换届选举工作，体制调整后居委会班子平稳开展工作。

【5家企业列入县“双强争先”名单】 2011年，柯桥经济开发区开展“进居入企访民情”活动、“解放思想、求真务实”主题教育实践活动和“内强素质、外树形象”专题教育活动。开展企业争强评优活动，营造只争朝夕、创先争优的浓厚氛围。拓展“评星晋级”活动，推进“两新”组织党建工作并实现党建全覆盖，5家企业被列入县“双强争先”名单。 （徐钦军）

滨海工业区

【概况】 2011年，滨海工业区完成财政收入180780万元，比上年增长36.7%，其中国税收入130513万元，比上年增长37.3；地税收入50266万元，比上年增长35.4%；生产总值1246628万元，比上年增长12.5%；人均生产总值321122元，比上年增长12.3%；工业销售收入7792505万元，比上年增长27.7%，其中规模以上企业销售7545349万元，比上年增长29.0%；固定资产投资844034万元，比上年增长36.0%；工业投资788931万元，比上年增长37.3%；城市及非工业性投资55103万元，比上年增长19.3%；出口73207万美元，比上年增长12.3%；实到外资5220万美元，比上年下降43.3%；万元工业增加值能耗比上年下降6.5%。

2011年3月17日，绍兴县绿色印染产业集聚区建设启动暨首批项目落户奠基仪式在滨海工业区举行。 （沈浩根摄）

2011年，滨海工业区深化自主创新，新增市级高新技术企业3家、市级品牌6个、省级名牌1个、市级以上著名商标12件、股权投资企业1家。滨海工业区开展全国第二批循环经济试点工作、“进管达标、处理提标”和环保监管专项行动。2011年2月，中国化纤工业协会授予滨海工业区中国新型化纤研发生产基地称号，这是继2009年获得中国绿色印染研发生产基地之后，滨海工业区在特色产业发展上获得的又一荣誉。

2011年，滨海工业区实施招商选资“一号工程”，11个项目通过县会审、挂牌及拍卖，其中7个签约，5个摘牌落户。滨海工业区被评为2011年度县招商引资优胜单位。

【96家企业签订集聚协议】 2011年，滨海工业区围绕打造国际一流的绿色印染研发生产基地目标，全力推进印染产业集聚区建设。至年底，道路框架规划构筑完毕，“三路两桥”、“六路一泵”、“七路九桥”和职工宿舍建设有序推进。96家企业与县印染集聚办签订集聚协议，首批签约的22家企业中，4家在开工前期准备中，7家基本完成总图设计并开始施工图设计，3家在总图设计中，8家着手总图设计。

【完成工业投入78.9亿元】 2011年，滨海工业区加快项目建设，新增开工工业项目20个、投产工业企业22家，投产工业企业累计163家，规模以上企业150家。同时，引导企业加大技改投入，全年完成工业投入78.9亿元，比上年增长37.3%，其中新兴产业完成投资42.1亿元，比上年增长45.6%。

【实施政府性投资项目33个】 2011年，滨海工业区实施政府性投资项目33个。至年底新二路（滨海大道—中心路）、机电路、滨海人民医院、B2安置小区、童家塔安置小区等5个项目竣工。完成城市建设及非工业性投资5.5亿元。

【投资商贸开发3.1亿元】 2011年，滨海工业区发展现代服务业，推进滨海大酒店、滨海广场、“中泰·华府”、“东厦·颐景园”、滨海C3商住地块及二期北侧商贸服务地块等6个商贸三产项目建设，完成投资3.1亿元。商贸核心区建成高楼13幢，在建高楼30幢。 （郑　江）

责任编辑　韩兰芳

建制镇与街道

2011年绍兴县镇（街道）基本情况快览

表24　2011年绍兴县镇（街道）基本情况快览

镇（街道）名　称	行政区划面积（平方公里）	总人口（户籍）（人）	生产总值（万元）	财政收入（万元）	农民人均纯收入（元）	村委会（个）	居委会（社区）（个）
柯桥街道	14.77	50886	419244	220355	15080		31
柯岩街道	46.48	56511	348712	83504	15668	23	14
华舍街道	23.05	41127	636602	136888	17768	8	13
湖塘街道	66.31	34142	195767	26342	15463	15	2
钱清镇	54.46	60204	1128040	100513	20028	21	4
杨汛桥镇	37.85	34259	502959	51983	16199	12	9
马鞍镇	53.10	38821	1246628	180780	15618	12	11
福全镇	39.83	40721	611058	57812	14505	22	1
安昌镇	24.12	3700	365198	36868	15578	11	7
齐贤镇	32.48	53605	422800	71220	15772	7	4
陶堰镇	25.11	23704	94330	11557	14628	11	1
孙端镇	31.28	39191	90040	12092	13501	16	3
夏履镇	51.04	18779	192107	18716	12850	11	1
漓渚镇	36.62	22153	184831	15101	18046	12	1
兰亭镇	82.85	31749	245022	28677	17128	20	1
平水镇	173.23	53207	179567	32134	12997	28	1
富盛镇	73.90	23661	46513	6790	10505	14	1
王坛镇	137.84	33554	74843	5076	11953	24	1
稽东镇	111.42	32445	54603	3907	11140	24	1

注：该表所有数据均由县统计局提供。

柯桥街道

【概况】 柯桥街道因桥得名，素有“金柯桥”之称。处于绍兴县城核心，东临越城区东浦镇，南及西南接柯岩街道，北及西北与齐贤镇和华舍街道相邻。距绍兴市区10公里、杭州50公里，杭甬铁路、高速公路、104国道横贯东西。面积14.77平方公里，为典型的江南平原水乡，中国轻纺城坐落其中。辖31个社区（居委会），户籍人口50886人，外来人口近15万人。

表25　2011年柯桥街道主要经济指标完成情况

指标名称	单位	全年完成数	比上年±%
生产总值	万元	419244	12.1
人均生产总值	元	82389	10.6
固定资产投资	万元	46232	18.1
工业主营业务收入	万元	304548	12.1
自营出口	万美元	229841	33.9
实到外资	万美元	315	-2.8
财政收入	万元	220355	21.7
农民人均收入	元	15080	10.2

2011年，柯桥街道新增商贸企业5509家，新增注册资本13.88亿元，均创新高。引进深圳天虹百货、万豪娱乐等30多个投资项目，引进资金4.18亿元，注册资本6000万元。喜来登酒店、英豪洲际公馆、如家快捷酒店等商贸项目落户，盘活城区闲置物业面积达23.29万平方米。股权投资企业数量、投资额排名均为绍兴市首位。街道数字产业孵化园被认定为市级孵化器，销售1400余万元，申请220个专利、2个软件著作权。

2011年，拆迁房屋20.13万平方米，交地357亩。征用中梅、红丰、大溇3个居委会259亩土地和中国轻纺城柯东打卷服务中心17亩土地。联合执法整治下市头直街、湖中路、管墅、耶溪路4个马路市场，完成老小区和城区农贸市场升级改造。成立蓝天商圈商贸业协会，有成员54家、理事单位14家。

2011年10月22日，蓝天商贸业协会成立。
（柯桥街道供稿）

2011年，鉴湖园社区建设流动人口均等化服务全国会议现场点。社区便民服务中心办理养老、医疗、工伤、失业、“4050”补贴等各类业务10000多人次。依法平稳有序完成社区（居委会）两委换届选举，选举产生街道县十四届人大代表22人、绍兴县第十三次党代会代表14人，协商产生街道县十一届政协委员6人。被评为2011年全市残疾人工作优胜街道，瓜渚湖、百福园等10个社区创建为五星级“温馨、宜居”社区。瓜渚湖、百福园、福年、港越等12个社区创建为县五星级社区，下市头社区创建为县四星级社区。获2011年度绍兴县人口计生工作“双优”街道称号。

【柯桥街道成立10周年】 2011年，柯桥街道成立10周年。10年来，完成17个城中村撤村建居和拆迁改造，新建25个安置小区，2.3万农民就地成为市民，为新县城发展腾出5100亩建设用地。这年，三产增加值增长到354695万元，占地区生产总值的84.60%，财政收入突破22亿元，农民人均纯收入增长到15362元。（韩赵娜）

柯岩街道

【概况】 柯岩街道因石得名，地处绍兴县城柯南新区，东接越城区东浦镇，南连福全镇，西邻湖塘街道，北界柯桥街道和钱清镇。杭甬铁路、

104国道靠境而过。以平原水乡为主，北部为古鉴湖流域，南部系山地，有柯岩风景区等多处旅游景点。面积46.48平方公里。

辖23个村、14个居委会，户籍人口56511万人，外来人口8.1万人。

表26　2011年柯岩街道主要经济指标完成情况

指标名称	单位	全年完成数	比上年±%
生产总值	万元	348712	10.5
人均生产总值	元	61707	9.0
固定资产投资	万元	112588	17.2
工业主营业务收入	万元	1159937	20.1
自营出口	万美元	65488	29.8
实到外资	万美元	881	-2.7
财政收入	万元	83504	15.2
农民人均收入	元	15668	9.59

2011年，柯岩街道粮食播种面积23529亩，总产11490吨，粮食作物复种指数195%，1562亩粮食生产功能区通过考核验收。先锋果蔬基地创建为市级现代农业园区，赤江商标农产品通过县级品牌认定，秋湖莲藕和唐宋黄酒通过市级农产品品牌认定。阿金花卉投资300余万元开辟花卉培育基地，种植培育杜鹃。6个村新增农村土地流转面积758亩，土地流转率69%。完成非纺产业销售46亿元，机械（汽配）行业销售和利润比上年分别增长25.5%和19.8%，其中索密克汽配、三力士橡胶、新风热电和金昊机械等企业完成销售收入32亿元，占规模以上企业的43.1%。兴达化纤实施零增地技改，上半年产高档针织面料5000吨生产线项目；骏马机械掌握数控成型砂轮磨齿机的制造技术，启动年产20台数控成型砂轮磨齿机项目。引进宏日基业、富厚投资、红磐基业等4家注册资本在5000万元以上的股权投资企业。普乐迪文化传播公司、夏威夷风情园、联盛国际、F2赛车场、若航直升机场等项目落户。联众光电公司的高光效片式发光二极管项目列入第一批国家级创新基金项目；金昊机械获国家级高新技术企业称号，“GD-H122SA型电脑横机”项目获省装备制造业重点领域首台（套）科技项目。创建国家火炬计划重点高新技术企业1家（金昊机械）、省科技型企业1家（汉翔机械）；申请专利216个，其中发明专利4个；参加制订、颁布行业标准1个，列入国家创新基金项目1个、国家级新产品1个、国家火炬计划项目4个；列入省级新产品试制计划项目13个，其中通过鉴定10个。三力士公司获市长质量奖，索密克汽配获省长质量奖。

2011年，投入1500万元，建设以河塔、州山、里庄为核心的“美丽乡村”精品区。39户“双困户”及120户农村宅基地置换城镇房屋的农户做好择房签约准备。投入2000万元，专项整治河道环境，清理渔业设施和畜禽养殖。新增绿化280亩，人均公共绿地面积超过12平方米。完成上市头、柯桥、堰东、堰西、丁巷等居委会“城中村”拆迁改造及柯岩中心幼儿园项目拆迁，拆迁34.65万平方米，征地3200亩。

2011年，投入80多万元，走访慰问1300户弱势群体。发放低保金、孤儿补助、重度残疾人补助费133万元，困难群众基本生活价格补贴16万元。为195名重度残疾人办理经济补贴扩面申报手续。580多家企业职工参保11509人，职工医疗保险扩面934人，完成比例105%；工伤保险扩面1171人，完成比例99%；生育保险11475人，失业保险扩面7638人。“欢乐柯岩”文艺巡回演出25场。受理各类案件47起，办结47件，纠纷调处成功率100%。受理市长及县长热线259件，报结254件，报结率98%。受理来信89件，报结89件，报结率100%，群众来访193批次。

【开展庆祝建街10周年系列活动】　2011年，柯岩街道组织开展庆祝建街10周年系列活动，举办“魅力柯岩”书画大赛，印刷宣传画册《大美柯岩》，制作专题片《魅力柯岩》、《和谐柯岩》。

【河塔村“四率”100%】　2011年，柯岩街道河塔村集体收入469万元，农民人均纯收入15200元，拥有集体资产2319万元，有文化活动中心、村社区服务中心、星光老年之家、医疗

站、农民公园等，道路硬化率、路灯安装率、自来水入户率、户厕率均为100%，是绍兴县新农村建设的典范。 （周国尧）

柯岩街道河塔会元公园 （柯岩街道供稿）

华舍街道

【概况】 华舍街道地处柯桥新县城北部，东连齐贤镇，南靠柯桥街道，西依钱清镇，北接安昌镇。329国道、杭甬运河、柯袍快速干线、杭金衢连接线、杭甬高速铁路客运专线在此汇集，104国道、杭甬铁路擦境而过，距杭州市区45公里、杭州萧山国际机场15公里。区域面积23.05平方公里。辖8个行政村、8个居委会、5个社区，户籍人口41127人，外来人口7.2万人。

表27　2011年华舍街道主要经济指标完成情况

指标名称	单位	全年完成数	比上年±%
生产总值	万元	636602	11.1
人均生产总值	元	154789	9.4
固定资产投资	万元	68144	21.7
工业主营业务收入	万元	2253209	16.5
自营出口	万美元	118207	26.1
实到外资	万美元	595	-2
财政收入	万元	136888	19.1
农民人均收入	元	17768	29.1

2011年，华舍街道有规模以上企业92家，其中年销售20亿元以上2家、10亿元以上3家、5亿元以上7家、亿元以上25家、上市企业2家。有国家级高新技术企业1家、省级高新技术企业5家、国家级研发中心1个、省级研发中心2个、国家级博士后科研工作站1家。会稽山绍兴酒成立省级农业企业科技研发中心，墙煌建材获批省级高新技术企业研究开发中心。宝业住宅产业化有限公司建立首个国家级住宅产业研究院，精工太阳能光伏装备制造技改项目列入省“双千工程”。引进内资项目12个，完成内资注册资本1.26亿元，引进鹏程电器、越府足韵、美国“速8”、汉庭商务酒店等项目并开业。协助上海银行等金融企业试营业。新兴产业产值26.5亿元，增长65.7%，新兴产业比重提高2.4个百分点。

2011年，完成拆迁建筑面积50万平方米，完成交地600亩。湖门200套解困房具备交房条件，完成涉及住房困难户解困安置交房。通过租赁补助、提供免费居所、提前拆迁、敬老院集中供养和房屋修缮等措施安置49户“双困户”，完成55户提前拆迁户择房签约。投入资金170余万元，改建垃圾箱400个、水冲式公厕20座。完成华舍福利院打桩施工。投资150万元建设街道便民中心和文化活动中心。投资500万元建设街道各类配套设施。

华舍街道解困安置房华齐小区 （华舍街道供稿）

2011年，受理和办理市长热线电话207个，接待来访群众47批次750人次。调处都市春天淘宝城经营户租房纠纷、金地浩和公司劳务纠纷、小赭村财务信访等。调处各类拆迁纠纷25起，涉及拆迁户44户，各级调委会共调解处理纠纷261起，涉及金额共计1319万元。对318户低保户发放低保金147万元、春节慰问金70万元。创办绍兴县青少年射击训练基地和男子排球训练基地。16个村（居委会）设立村级便民服务中心，其中8个村（居委会）被评为示范型村级便民服务中心，8个村（居委会）为标准型村级便民服务中心。投入5万元，统一制作近16000份服务手册、96块上墙制度牌和100本工作台账等配套资料，分发到村（居委会）。

（梁　丽）

湖塘街道

【概况】　湖塘原名吴塘，相传句践使吴人筑塘而得名，后马臻筑鉴湖塘堤十里而改名湖塘。位于绍兴县城西南部，东接柯岩街道，南连福全镇、漓渚镇和诸暨市店口镇，西邻夏履镇，北临华舍街道、钱清镇。距柯桥中国轻纺城4公里、绍兴市区15公里、杭州40公里、萧山国际机场15公里，104国道南复线、鉴湖水道、柯湖公路、杭甬铁路、104国道、萧绍运河六大水陆交通线东西向纵贯境内。面积66.31平方公里，南部低山丘陵，北部水网平原。辖15个行政村、2个居委会，户籍人口34142人。

表28　2011年湖塘街道主要经济指标完成情况

指标名称	单位	全年完成数	比上年±%
生产总值	万元	195767	10.5
人均生产总值	元	57339	9.8
固定资产投资	万元	55048	27.7
工业主营业务收入	万元	789177	20.2
自营出口	万美元	48567	24.9
实到外资	万美元	250	7.8
财政收入	万元	26342	21.6
农民人均收入	元	15463	10.8

2011年，湖塘街道播种粮食2.04万亩，总产量0.97万吨。投入1400万元，河道砌磡917米，加固6座病害水库。流转农田6033亩，流转率44.5%。香湖山庄、永乐梅苑申报创建三星级农庄，金水池农庄申报创建市级农家乐示范点。3个招商引资优势项目达成初步落户意向。越隆集团引进海外人才4人（包括国家千人计划人才1人），海澡纤维、量子显微镜、医疗机械3个高科技项目签约。成功申报省级新产品6个、省级以上科技项目1个、省级高新技术研发中心3家。扎实推进节能节地减排，万元能耗同比下降58%。通过建设标准厂房、出租营业房、盘活村级资产等途径，行政村村级经常性收入1356.83万元，比上年增加13.6%。

2011年，完成104国道南复线改造工程，拆迁房屋10.3万平方米。投资2.3亿元，推进湖塘拆迁安置小区、集镇“二路”改造、湖塘中学迁建等八大实事工程。投入800万元，建设美丽乡村。取缔和搬迁重度污染和高危企业3家。投入2000余万元，建设农村基础设施，绿化17万平方米，硬化道路2万平方米。

2011年，湖塘街道完成104国道南复线改造工程。（俞　蕾摄）

2011年，启动农民集中居住区建设1个，置换宅基地120户，“双困户”住房解困90户。发放低保、残保、临救、大病、助学等各类救助金300余万元。民间纠纷调处率、市长公开电话回复率、民主法制村达标率、归正人员帮教安置率均为100%。村级组织开展“评星晋级”活动，建成五星级村3个、四星级村5个。

（俞　蕾）

钱清镇

【概况】　相传东汉年间，会稽郡太守刘宠因政绩显著而受皇帝褒奖，在奉调任时，当地父老持钱赠至西小江边，刘宠执意不收，只示意取一枚投入江中，江水顿时清澈见底，钱清镇因此而得名，至今还留存乾隆皇帝为此题写的《钱清镇偶题》御碑。地处杭州湾南岸，位于宁绍平原西部，东接柯桥轻纺城，西邻杭州萧山区。杭甬铁路、104国道和杭甬运河横贯镇中部，杭甬、杭金衢高速公路近在咫尺，距离萧山国际机场10公里。镇域面积54.46平方公里，辖21个行政村和4个居委会，常住人口60204人，外来人口10万人。

表29　2011年钱清镇主要经济指标完成情况

指标名称	单位	全年完成数	比上年%
生产总值	万元	1128040	11.1
人均生产总值	元	187370	10.4
固定资产投资	万元	184964	18.0
工业主营业务收入	万元	5500488	24.6
自营出口	万美元	86425	16.4
实到外资	万美元	1960	636.8
财政收入	万元	100513	27.9
农民人均纯收入	元	20028	11.6

2011年，钱清镇有企业2078家，其中出口企业258家，年产值2000万元以上规模企业160家。申报省级新产品17个，其中鉴定7个。永通丝绸印染企业被认定为省科技型企业、市级高新技术企业。申请专利353项，授权专利24项。“永通新能源”、“精宝机械”的国家发明专利产品实现产业化和规模化生产。5家企业通过清洁化审核，15家企业完成“三同时”生产验收，40家印染企业建成污水预处理设施，日均处理污水量9.8万吨以上。

2011年，编制并实施《小城市培育试点三年行动计划》，建设“大钱门”城市核心区，18幢商务住宅高楼28万平方米全部竣工；在建40幢高楼80万平方米。用地371.5公顷、投资114.3亿元的小城市公共服务配套区建设项目获批省重点项目。回收南部园区土地1258亩，调剂盘活原永庆热电厂土地125亩。钱门住宅小区6幢安置高层和联合国际广场121996平方米主体完工，完成西小江老桥改建、蜀安公路拓宽。推进西小江清水园、钱清火车货运站扩建工程、群贤路西延工程、110千伏丁家输变电工程、104南复线钱清段改建工程、虹桥农民公寓等项目，总投资11亿元。启动钱门学府、前梅东江安置房工程、盛世钱门、钱江世纪大酒店项目，总面积22万平方米。拆迁萧甬铁路城区段改造工程、“大钱门”国贸西区地块、梅盛地块、前梅地块等工程8万平方米，拆除违章建筑121处23667平方米。

2011年，钱清镇中学被评为浙江省体育特色学校。镇武术队参加浙江省国际武术比赛，获金牌3枚、铜牌4枚。9月承办“钱清杯”太极拳（剑）比赛，承办浙江省电视台“流动大舞台”——走进钱清文艺演出，通过浙江省体育强镇复评。绍兴县行政服务中心钱清分中心和钱清镇城市综合执法中心成立。21224人参加职工养老保险，15573名职工参加职工医疗保险，19227人参加失土农民养老保险，44107人参加新型农村合作医疗保险，32427名职工参加工伤保险，21448人参加生育保险，20908人参加失业保险，3804名企业未参保城镇居民一次性补缴养老保险。计划生育符合率96.8%。

2011年，创建省文化示范村3个、省体育小康村3个、省森林村1个、市环境卫生整治示范村1个、市森林村庄1个。钱清镇被授予全国人口和计划生育依法行政示范镇、市“十一五”人口计生工作先进集体、市纪检监察系统先进集体、市水利工作先进乡镇、市发展和谐劳动关系先进乡镇、市法制宣传教育先进单位等称号。

【列入浙江省现代新型小城市培育试点单位】

2011年1月，在浙江省小城市培育试点中，钱清镇被列为浙江省27个现代新型小城市培育试点单位。钱清镇作为全省首批中心镇之一，以产业现代化为依托，以体制机制改革为动力，高起点规划，大手笔建设，至年底，钱清镇建成区面积10.26平方公里，城市化率50%。

【钱清镇召开第十二届党代会第一次会议】 2011年9月26日~27日，中共钱清镇第十二届代表大会第一次会议在钱清镇召开，差额选举孙忠富、朱建刚、郦满峰、车建成、沈海涛、陈立军、孟文刚、钱智芬、缪建军9人为新一届党委委员。各代表小组推选万爱法、王郎水、李海林、金柏林、童金根5人为编外委员。

【钱清镇召开第十六届人大一次会议】 2011年9月29日，钱清镇第十六届人大一次会议召开，选举周天祥为镇人大主席，方丽美、夏妙荣为人大副主席；选举朱建刚为镇人民政府镇长，陈立军、缪建军、高群杰、王关海为副镇长。

【梅东村农民人均年收入32587元】 2011年，钱清镇梅东村三大产业总产值17亿元，村级总经济收入907万元，可支配资金880万元，农民人均年收入32587元。梅东村位于绍兴县钱清镇西部北面，东临杭甬铁路复线和104国道，与中国轻纺城钱清原料城一河之隔，距离县城12公里，离萧山国际机场10公里，329公路、104南复线纵横村内。村域面积4.1平方公里，农户776户，人口2598人。 （胡李川）

钱清镇梅东村文化活动中心 （钱清镇供稿）

杨汛桥镇

【概况】 杨汛桥镇因内有杨汛桥而得名，位于绍兴县西部，东与钱清镇相连，南靠夏履镇，西北以西小江为界与萧山区所前、衙前等镇毗邻。距县城柯桥20公里，离杭州30公里，杭金衢高速公路、104国道南复线穿境而过，是绍兴接轨杭州的“桥头堡”。面积37.85平方公里，处于丘陵向平原过渡区。辖12个村、9个居委会（社区），户籍人口34259人，外来人口5.5万人。杨汛桥镇是全国小城镇综合改革试点镇、全国发展改革试点小城镇、国家可持续发展实验区、中国窗帘窗纱名镇、全省首批省级中心镇。

表30 2011年杨汛桥镇主要经济指标完成情况

指标名称	单位	全年完成数	比上年±%
生产总值	万元	502959	11.0
人均生产总值	元	146811	10.5
固定资产投资	万元	54295	15.3
工业主营业务收入	万元	1796816	24.3
自营出口	万美元	30740	14.3
实到外资	万美元	100	-92.3
财政收入	万元	51983	20.0
农民人均收入	元	16199	5.07

2011年，杨汛桥镇承办全国经编产业发展研讨会暨全国针织工业协会经编分会年会，举办第二届中国柯桥窗帘窗纱及布艺博览会，被中国针织工业协会授予中国针织行业超百亿元重点集群企业。有10家企业入选全县五大战略性新兴产业企业，股权投资类企业增至7家。永利小额贷款公司成立并运行，注册资金2亿元；世纪联华物流配送基地项目总投资超8亿元，列入省重点项目。阻燃、永隆2家重组企业税收大幅增长；“远征化纤”缴税收2456万元，比上年增长334.06%；“永隆实业”缴税收1974.42万元，

比上年增长328.53%。

2011年，拆除违章建筑98处6051平方米，拆除应拆旧房5000余平方米。完成拆迁7万平方米。镇村两级投入资金1700多万元，绿化695.8亩。杭金衢连接线旁建起绿化带，种上2100棵香樟，南畈工业园区建起3000米长、40米宽景观绿带。开展“洁净城镇，美丽乡村”环境整治大行动，推进清水工程建设。永利印染、展望印染等7家企业签约进驻滨海。依法取缔辖区内的25家非法锡箔作坊。

2011年，完成第七届中国曲艺节分会场的工作，承办全省青少年拉丁舞比赛绍兴萧山赛区海选比赛。被授予省级文化强镇称号，并通过省体育强镇复评。新型农村合作医疗参合率98.9%，创建为市药品安全示范镇。计划生育符合率99.2%，355户家庭享受独生子女家庭户花甲之年祝寿金奖励，并举办祝寿金奖励首发仪式。有省级示范学校4所，实验学校的游泳队和镇中学的跆拳道队在省、市比赛中获奖。成为绍兴县首批学前教育先进镇。被市政府、市军分区授予全市征兵工作先进单位称号。

【举办第二届中国·柯桥窗帘窗纱及布艺博览会】 2011年5月11日～13日，杨汛桥镇联合海宁市许村镇在中国柯桥轻纺城国际会展中心举办“2011第二届中国·柯桥窗帘窗纱及布艺博览会”，向海内外客商展示最具专业性和特色性的家纺产品。展览面积1.3万平方米，国际标准展位616个，121家企业参展，入场专业采购商6235人，现场成交2.47亿元。

【杨汛桥镇召开第十三届党代会第一次会议】 2011年9月28日～29日，中共杨汛桥镇第十三届代表大会第一次会议隆重召开，差额选举孙爱保、张伟江、王其龙、朱国庆、于国伟、王新华、金家良、胡倡华、丁春锋等9人为新一届党委委员。各代表小组推选金吉祥、濮朝阳、邵宝明、陈阿坤等4人为编外委员。

【成立“新杨汛桥人”联谊会】 2011年11月8日，杨汛桥镇成立“新杨汛桥人”联谊会。在各村（居委会）设立分会，秉着“联谊联合，融入杨汛；共享共荣，建设杨汛”宗旨，通过组织共建、资源共享、活动共搞、村事共商、环境共创，进一步增强“新杨汛桥人”的认同感、归属感和责任感。杨汛桥镇有5.5万名来自全国各地的创业务工人员。 （孙 莹）

2011年11月8日，杨汛桥镇成立“新杨汛桥人”联谊会。 （杨汛桥镇供稿）

马鞍镇

【概况】 马鞍镇因境内有一山丘形似马鞍而得名，位于绍兴县东北部，东临曹娥江，南至越城区斗门镇，西邻杭州萧山区益农镇、党湾镇，钱塘江南岸。距县城柯桥15公里，与杭甬高速公路柯桥道口和绍兴道口均相距2.5公里，离萧山国际机场20公里，柯海快速干线穿境而过。面积53.10平方公里，大部分系滩涂围垦而成，属平原水乡。辖12个行政村、11个居委会，户籍人口38821人。

表31　2011年马鞍镇主要经济指标完成情况

指标名称	单位	全年完成数	同比±%
生产总值	万元	1246628	12.5
人均生产总值	元	321122	12.3
固定资产投资	万元	844034	36.0
工业主营业务收入	万元	7792505	27.7
出口	万美元	73207	12.3
实到外资	万美元	5220	-43.3
财政收入	万元	180780	36.7
农民人均纯收入	元	15618	19.8

2011年，马鞍镇有粮食、蔬菜、农机等农业专业合作社38家，粮食种植面积19700亩。诗瑜无纺布1个在建项目和天马实业等7个技改项目完成投资8195万元，其中技改投资5035万元。中设建工集团实现产值115亿元，居中国民营企业500强第271位。家庭工业完成产值20.8亿元，比上年增长19.5%。

2011年，完成远东老厂房商住地块的拆迁工作和赐富老厂区一期房屋的拆迁评估工作，完成春晓路工程设计招标工作，完成安滨路塘下桥80%的桩基。拆迁房屋18.5万平方米，童家塔安置小区工程竣工，B2安置小区完成交房，B4安置小区工程完成施工图设计，国庆村、山外村的农民公寓竣工。为村民办理契税免税58户62套，提前安置37户4200平方米。拆除违章建筑41处5120平方米。完成道路硬化3800米、绿化1548亩、河道清淤4.5万立方米、河道砌磡800米，常年保洁河道1.2万亩，修缮危桥1座。湖安村成功创建市生态村，国庆村、寺桥村成功创建县森林村庄，山外村成功创建县水利示范村。

2011年，马鞍镇中学风雨操场投入使用，投资1150万元启动建设滨海小学分校。国庆村、镜海社区创建为县先进文化示范村（社区），大鱼山村文艺队被评为市优秀十佳文艺团队。社区卫生服务机构标准化创建率100%，完成第三轮参合农民健康体检；启动市级药品安全示范镇创建，全年无重大食品药品安全事故。王红娣被评为第六次全国人口普查省级先进个人，计划生育率99.2%。被征地农民技能培训1221人次，为“4050”灵活就业人员办理社会保险补贴申请426人。为65户种粮承包大户投保农业保险2891.5亩，第八轮新型农村合作医疗保险覆盖率97.8%。解决38户“双困户”住房困难，创建为县残疾人爱心镇。创建为绍兴市勤廉双优示范乡镇，被命名为绍兴市信访“三无”乡镇和绍兴市平安乡镇。

2011年9月，滨海工业区（马鞍镇）举行“欢乐乡村”文艺晚会。（孙水根摄）

【成立绍兴县首家流动人口查孕查环工作站】 2011年5月，绍兴县首家镇级流动人口查孕查环工作站——马鞍镇流动人口查孕查环工作站成立。工作站配备计生专用B超机2台和RT-800查孕查环等设备，增配5名流动人口专管员。

【马鞍镇召开第十三届党代会第一次会议】 2011年10月9日~10日，中共马鞍镇第十三届代表大会第一次会议在马鞍镇召开，差额选举高新华、任宏亮、虞伟强、钱钧、余春花、章松命、王传海等7人为新一届党委委员。12月17日，第二次会议补选闻仁水同志为新一届党委委员。各代表小组推选徐茂根、陈永根、赵张夫、蒋张水、程树堂、丁松盛、徐阿羊等7人为编外委员。

【马鞍镇被评为省体育强镇】 2011年，马鞍镇被评为浙江省体育强镇。镇、村两级投资500多万元，完善滨海工业区（马鞍镇）体育公园和集镇文化休闲公园内部设施，新建村级文体活动中心2个、全民健身广场4个、灯光篮球场1个、门球场1个、健身路径11条。举办滨海工业区（马鞍镇）全民运动会，参赛运动员600余人。近百名运动员参加县级以上比赛，其中在浙江省首届海洋运动会上获得女子个人沙滩爬船网金奖和团体银奖。

【马鞍镇党校被评为省先进基层党校】 2011年，马鞍镇党校被评为浙江省先进基层党校。马鞍镇党校探索农村基层党校办学规律，创“六动式”（责任推动、课堂联动、基地促动、技术拉动、学员互动、典型鼓动）流动党校，设“二册一证”制度，筑“三有一会”（有思想、有文化、有技能、会经营）工程，党员干部教育培训实现全员、全程、全覆盖。（郑　江）

福全镇

【概况】 福全镇因境内有福全山而得名，位于绍兴县西南部，东与越城区鉴湖镇相邻，南接兰亭镇、漓渚镇，西、北分别与柯岩街道、柯桥街道相连。距绍兴市区4公里、绍兴县城柯桥11公里，104国道南复线穿境而过，素有“金三角”之美称。面积39.83平方公里，以平原水乡为主。辖22个行政村、1个居委会，户籍人口40721人，登记外来流动人口3.7万人。鉴湖女侠秋瑾、著名教育家许寿裳的故乡。

表32 2011年福全镇主要经济指标完成情况

指标名称	单位	全年完成数	同比±%
生产总值	万元	611058	11.0
人均生产总值	元	150060	10.4
固定资产投资	万元	118617	16.4
工业主营业务收入	万元	2928671	17.9
自营出口	万美元	36234	3.8
实到外资	万美元	2	
财政总收入	万元	57812	27.5
农民人均收入	元	14505	8.9

2011年，福全镇有企业1380余家，其中规模以上企业49家、国家大型企业12家、国家级高新技术企业3家、上市公司2家；销售超亿元以上企业23家，其中超10亿元企业10家。拥有中国名牌产品6个、中国驰名商标3件、国家免检产品7个、省级名牌产品11个、省级著名商标10件，其中“明牌”首饰、“金皇后”人造革、“花为媒”床垫等商标在省内外具有较高知名度。金银首饰、皮革塑料等销售146亿元，占全镇工业总销售额的48%。股权投资缴税7292万元。中国轻纺城化工市场和花为媒二手车市场实现营业额15亿元，比上年增长20%。新增家庭工业户50户，产值13亿元，比上年增长20%。

2011年，投资10.37亿元，建设商贸中心核心区块内6个住商和房产项目，总建筑面积23万平方米。其中20层的大厦28幢，完成建筑面积144000平方米，包括22层的无名大厦、25层的嘉丰大厦和23层的伯乐商务大厦。镇政府启用新办公大楼。镇村两级惠民实事工程投资1.5亿元。迁拆屋房81815平方米，供地147.78亩。拆除违法违章建筑近10000平方米。建成农民公寓15幢232套，在建5幢164套，总面积7万平方米，解决35户农村“双困户”住房问题。投资400多万元清除漓渚江淤泥10万立方米；治理5家规模养鸭场沉箱式生态围网。福漓公路福全段通道绿化工程总投资800余万元，基本完成租地工作，部分地段开始动工，平原绿化715亩。

2011年，90%城镇职工参加养老保险，农村社会养老保险参保率60%，新型农村合作医疗参合率98.2%，被征地农民养老保险做到即征即保，星光老年之家建成率100%，农村“五保”和城镇“三无”对象全部集中供养。创建省级新农村小康体育村1个、市级森林村庄1个、市级农村（社区）俱乐部1个、市环境整治示范村1个。福全镇被授予市级平安先进镇（街道）、市级信访“三无”乡镇称号。

福全镇省级小康示范村尹家坂村 （福全镇供稿）

【成立绍兴市首个少数民族联谊会】 2011年5月31日，福全镇成立少数民族联谊会，举行少数民族低收入家庭结对捐助仪式，13名少数民族同胞每人受助1000元捐助金。这是绍兴市首个成立少数民族联谊会的乡镇。福全镇有少数民族286户350人，包括纳西族、苗族、彝族、壮族等21个少数民族，分布在22个行政村和1个居委会。

【福全镇召开第十二届党代会第一次会议】

2011年9月29日~30日，中共福全镇第十二届代表大会第一次会议在福全镇召开，差额选举周建鑫、陈刚、王月娟、王永祥、赵阳泉、徐传宏、鲁水土、裘红萍8人为新一届党委委员。各代表小组推选虞阿五、秋国良、叶水根、金关良、何国俊等4人为编外委员。

【明牌珠宝在深交所上市】 2011年，明牌珠宝在深交所上市交易，成为福全镇在A股市场上市的第一只股票。明牌珠宝主营业务为生产、加工、批发明牌系列首饰（黄金、铂金、k金、贵金属镶嵌饰品）50000多种产品，以成色足、工艺精、款式新、色泽美四大特点入驻市场。注册商标“明”牌为中国驰名商标，“明”牌黄金首饰、贵金属镶嵌饰品系中国名牌产品。（王晓云）

安昌镇

【概况】 安昌镇因钱镠平董昌之乱而得名，位于绍兴县北部，东、南、西分别与齐贤镇、华舍街道、钱清镇接壤，北邻萧山区瓜沥镇，与杭州都市经济圈紧密相连。距县城柯桥7公里、杭甬高速公路道口1.5公里，离萧山机场10公里。面积24.12平方公里，系平原水乡。辖11个村、7个居委会，户籍人口37000人，外来人口6万余人。系第二批中国历史文化名镇、中央电视台中国魅力名镇和中国师爷文化之乡。

表33 2011年安昌镇主要经济指标完成情况

指标名称	单位	全年完成数	比上年±%
生产总值	万元	365198	10.5
人均生产总值	元	98702	8.6
固定资产投资	万元	97569	39.4
工业主营业务收入	万元	2361080	21.5
自营出口	万美元	56082	18.7
实到外资	万美元	370	7.2
财政收入	万元	36868	4.3
农民人均收入	元	15578	8

2011年，安昌镇建设蛋鸭产业示范区4000平方米。平原绿化建设719亩，创建县级森林村庄2个。河道砌磡900米，清淤8500立方米。技改项目47个，开工31个，投入8.6亿元。限额以上商贸企业28家，销售收入突破32亿元，增加值2.56亿元，比上年增长28%。引进10家股权投资企业，注册资金5.2亿元。

2011年，融资3000万元，完成中街廊亭、古镇戏台、广场亮化照明等工程。举办第十三届古镇腊月风情节。完成钱安公路等改建、镇中南路和镇西北路延伸等新建工程；推进集镇生活污水收集三期、城镇燃气管网、大和山废弃矿山整治等配套工程建设。承担全县农村环境综合整治试点工作，在绍兴县率先建成地埋升降式垃圾中转站。

2011年1月1日，第十二届安昌古镇腊月风情节暨2011年海峡两岸春节传统节日文化高峰论坛在安昌镇开幕。（沈浩根摄）

2011年，城镇居民医疗保险、新型农村合作医疗保险、低保、优抚对象大病救助、失地农民养老保险、老年居民生活保障和生活补助、城镇和农村最低生活保障受益人数增多。“红十字博爱基金”和镇村两级慈善基金正常运作。完成2793名未参保集体企业退休人员及其他相关人员基本养老保障。投资770万元，建成涂山幼儿园并开学；投资600万元，建造吉生小学（盛陵小学扩建工程）竣工；原九墩小学创办为镇第二所民工子弟学校。

2011年，受理各类案件596件，接待群众来信来访187（件）次756人次，比上年减少

13%和7.0%，办结率98%以上，第四年被评为信访“三无乡镇”。成立“安昌·天南地北绍兴人联谊会”等20余个社会团体。获绍兴市勤廉双优示范乡镇和绍兴市基层组织建设先进乡镇（街道）等称号。

【安昌镇召开第十三届党代会第一次会议】 2011年9月26日~27日，中共安昌镇第十三届代表大会第一次会议在安昌镇召开，差额选举丁生产、李学彪、陈建定、柳凤香、赵丹、赵建兴、徐卫东、徐志连、徐建娣、徐锦钩、濮淼鑫为新一届党委委员。各代表小组推选徐关浩、濮黎明、胡柏成、张勤良、徐美灿5人为编外委员。

【服装设计师和专家走进安昌企业】 2011年9月，前来参加“2011绍兴科技·时尚创意周”的部分服装设计师和高校专家到安昌镇，与40多家纺织企业零距离接触，就纺织面料和服装上下游产业链进行互动和对接。

【建4座村级地埋式垃圾中转站】 2011年12月，安昌镇前畈村、九鼎村、国际村、安华村相继建成4座地埋升降式垃圾中转站，并投入使用。这种地埋升降式垃圾中转站在绍兴县农村是首次出现，建造垃圾地埋式压缩机，改变垃圾对环境的第二次污染。（杨 桦）

齐贤镇

表34 2011年齐贤镇主要经济指标完成情况

指标名称	单位	全年完成数	比上年±%
生产总值	万元	422800	12.8
人均生产总值	元	78873	12.1
固定资产投资	万元	126960	15.2
工业主营业务收入	万元	2331023	24.3
自营出口	万美元	39846	4.1
实到外资	万美元	220	0.0
财政收入	万元	71220	31.0
农民人均收入	元	15772	8.30

【概况】 齐贤镇因贤人集聚而得名，位于绍兴北部，东临马鞍镇、越城区斗门镇，南接柯桥街道、越城区东浦镇，西连安昌镇、华舍街道，北与萧山区党山镇为界。距县城柯桥8公里，杭甬高速、杭甬客运专线、钱江三通道、杭甬运河穿境而过，有陶渊明故居、隋唐羊山石佛、羊山石城等古迹。面积32.48平方公里，属平原水乡。辖7个村、4个居委会，户籍人口53605人，流动人口超过6.2万人。

2011年，齐贤镇粮食播种16845亩，总产7740吨。市“千亩示范，万亩连片”粮食高产功能区和省粮食功能区初现规模。市级设施农业发展资金项目和市级现代农业园区创建通过验收。城郊型蔬菜示范园高温蒲子试种成功；投资80万元建设50亩南美白对虾大棚设施养殖项目。以装备制造、汽车汽配、金属制品和生物医药四大新兴产业为支柱的临城发展带初步形成；成功申报省级产业示范基地；以越剑机械和梅轮电扶梯为拳头产品的装备制造业稳步发展，其中越剑机械的高档数字化纺织装备项目被列入绍兴县“十二五”重大工业项目规划。投资1亿元，建设齐贤大酒店（四星级）；投资8000万元，建设越建大厦；投资8830万元，建设斯柯达、雪佛兰汽车4S店。

2011年，开工建设齐贤新区二期，完成羊山华庭安置小区主体建筑，石城“百佛园”工程一期工程竣工，启动绍齐公路羊山段改造工程，推进杭甬运河兴浦安置地块配套道路和禹降路新建工程。集镇村庄绿化266.6亩；投资75.15万元，河道砌磡1670米。完成5条河道清淤5730米98600立方米。查处违法违章建筑166处，拆除14505.8平方米，拆除围墙117米。

2011年，举办齐贤镇纪念建党90周年红歌晚会，承办中国曲艺家协会第七届曲艺节“送欢笑到基层”慰问演出，参加县第六届老运会、农运会和残运会。对未成年人中富裕家庭子女和外来人员子女这两大特殊群体分别实施“阳光培育计划”和“阳光关爱计划”。新农合参保率99.5%，组织农民两年一次健康体检。

2011 年 10 月 20 日，第七届中国曲艺节“送欢笑到基层”慰问演出在齐贤镇中学举行。

（齐贤镇供稿）

【成立绍兴县首个镇级农民负担举报受理中心】 2011 年 7 月 19 日，齐贤镇成立绍兴县农民负担举报受理中心齐贤镇分中心。中心受理农民负担案的举报，组织、指导、协调、监督减轻农民负担及农民权益保护工作，提供减轻农民负担及惠农支农政策咨询、培训等服务，应急处置突发性、紧急性的农民负担案件、事件，并做好有关统计分析、汇总上报和通报工作。在各个村设定 1 名农民为信息员，负责搜集各项加重农民负担的信息，向上级农民负担监督管理部门反映相关问题。这是绍兴县首个镇级农民负担举报受理中心。

【齐贤镇召开第十三届党代会第一次会议】 2011 年 9 月 29 日 ~30 日，中共齐贤镇第十三届代表大会第一次会议在齐贤镇召开，差额选举何坚刚、俞园娟、沈悦兴、胡金祥、赵卫刚、戴月华、骆红祥、王钦良等 8 人为新一届党委委员。各代表小组推选韩文元、费存良、寿建国、沈建利、王家祥、赵增强等 6 人为编外委员。

（谢琦鑫）

陶堰镇

【概况】 陶堰镇因东汉陶姓家族居住堰下而得名，位于绍兴县东部，东与上虞东关镇、道墟镇接壤，南靠富盛镇，西临越城区皋埠镇。距绍兴市区 13 公里、县城柯桥 28 公里，浙东运河、萧甬铁路、104 国道穿越全境。面积 25.11 平方公里，系江南平原水乡，陶成章、陶行知、邵力子的故乡。辖 11 个行政村、1 个居委会，户籍人口 23704 人。

表 35　2011 年陶堰镇主要经济指标完成情况

指标名称	单位	全年完成数	比上年±%
生产总值	万元	94330	12.0
人均生产总值	元	39795	11.9
固定资产投资	万元	45471	21.7
工业主营业务收入	万元	305557	22.7
自营出口	万美元	10428	13.9
实到外资	万美元	29	-82.1
财政收入	万元	11557	-4.2
农民人均收入	元	14628	11.0

2011 年，陶堰镇新建设施农业园区 3000 亩，浙江绿味等 3 个现代农业园区被列为省级创建点，建成 1.3 万亩粮食生产功能区，虾稻轮作、稻鸭共育、鱼鳖混养等被列入县级以上农作制度创新推广项目，创建为市级粮食生产先进镇。推进大西洋车业等重点工业项目建设，新引进企业总部和建筑公司各 1 家，华夏电源集团成为绍兴市 100 家战略性新兴产业培育企业，浙江宇泰精密机械实施并购，成为县“金种子”企业。新增规模以上企业 1 家、省级新产品 6 个。参加国家标准颁布 2 个，省级科技型企业 2 家，获县级科技强镇称号。东方汽车城新增地区总代理商 3 个，营业额 4 亿元。推进水产品贸易市场商住楼、名爵府、东方商贸城等房地产项目建设。

2011 年，组织编制白塔洋生态旅游专项规划，启动白塔洋、百家湖区域开发。绍诸高速全线通车，完成陶堰互通立交主线连接工程施工，市直街大桥横跨集镇南北，集镇建设开始向白塔洋区块迈进。实施环境卫生市场化长效保洁，完善垃圾收集和外运，完成 104 国道、浔阳路、田芦公路、329 省道等镇辖主要道路立面及绿化改

2011 年 1 月，陶堰镇名爵府开盘。

（陶堰镇供稿）

造。河道砌磡护岸 4300 米，河道清淤 6.45 万立方米，平原绿化 377 亩。完成集镇污水处理外排和管道天然气工程施工图设计。完成 3 个村 740 户生活污水收集处理工程。启动集镇区块、浙东古运河综合整治等工程。完成张家岙、茅洋 2 个农民公寓，安置住房困难户 104 户，启动南湖大型农民集中居住区建设。征用绍诸高速互通工程及浔阳、南湖 2 个村土地约 220 亩，拆迁 3 万平方米。11 个行政村的经营性纯收入增加，2 个村走出欠发达村行列。

2011 年，新建标准灯光篮球场 1 个，创建省级新农村小康体育村 2 个、县级先进文化示范村 1 个，村村建立农家书屋。制作乌毡帽，仿制越窑青瓷。镇中心幼儿园完成招标并启动建设，茅洋幼儿园建成投用。计划生育符合率 96%，新农合参保率 96%。成立 1 家残疾人庇护中心，成功创建扶残助残爱心镇，约 2980 名老人按月领取养老金。再次被评为绍兴市平安镇街、绍兴市信访“三无”乡镇。镇村便民服务中心实现全覆盖，瑞丰银行陶堰支行在全县各镇（街道）率先推行村级银行卡助农取款服务点。（金惠芳）

【陶堰镇召开第十四届党代会第一次会议】 2011 年 9 月 29 日 ~30 日，中共陶堰镇第十四届代表大会第一次会议在陶堰镇召开，差额选举冯华林、李鲁旗、袁继红、王宝新、蔡关忠、董世江、沈关顺 7 人为新一届党委委员。各代表小组推选王金范、陶海良、陈松木、钟苞竹、王维君 5 人为编外委员。（朱小花）

孙端镇

【概况】 孙端镇相传因著名军事家孙武后人孙端曾居于此而得名，鲁迅先生外婆家所在地，绍兴市首批小康镇。位于绍兴县东北部，东临上虞市道墟镇，南、西接越城区皋埠镇、马山镇，北濒曹娥江。距县城柯桥 20 公里，329 省道、杭甬高速公路一南一北横贯而过。面积 31.28 平方公里，系平原水乡。辖 16 个村、3 个居委会，户籍人口 39191 人。

表 36　2011 年孙端镇主要经济指标完成情况

指标名称	单位	全年完成数	比上年 ±%
生产总值	万元	90040	10.5
人均生产总值	元	22975	10.3
固定资产投资	万元	38202	26.3
工业主营业务收入	万元	254362	24.5
自营出口	万美元	9709	30.9
实到外资	万美元	226	
财政收入	万元	12092	21.3
农民人均收入	元	13501	7.66

2011 年，孙端镇粮食种植 27819 亩，产量 13970 吨，皇甫畈 6101 亩和沿塘畈 6074 亩被列入县粮食功能区。新成立农民专业合作社 3 家，成立农业“二区”建设合作会，新增国家级无公害农产品 4 个，大畈水产合作社、贺家池渔场创建为农业部水产健康养殖示范场，天鸿鹅业承办全国鹅业大会。完成河道砌磡 3371 米，清淤 27701 立方米，平原绿化 957 亩，皇甫庄村、安桥头村创建县级森林村庄。500 万元以上工业项目 27 个，其中投产 16 个。新增出口企业 6 家，顺兴金属设立境外公司。4 个产品列入省级新产品计划，申请专利 167 项，同怡公司的汽车仪表信息化关键技术列入省重点高新技术产品开发项目。绍兴中新电器有限公司温控器产量 4360 万

只，产值5730万元。启动成发豪庭、金瓯苑、碧波苑等房产项目，投资2.08亿元。完成农贸市场异地新建的前期准备，集镇改造二期拆迁15000平方米。

2011年，完成见龙路、又新路、上亭路等三条现有道路的升级改造工程和上亭路向西延伸段养鱼墩桥工程，道路总长1600米，总投资1600万元。通海路到329省道连接线建设启动，集镇中兴路北入口景观广场建设完工，生活污水收集处理系统完成一期建设，电网改造完成开关站建设，宅基地置换集中居住区完成规划设计。完成44户“双困户”住房解困，通过32户农村宅基地置换申请对象审核，3个村建成农民公寓5幢88套，8个村改建水冲式公厕55座，4个村实施污水处理改造1059户，张家沥村通过省级待整治村创建验收，许家埭村家庭工业集聚点完成前期规划，樊浦社区启动建设文体活动中心。

2011年底，孙端镇总投资1600万元的改造道路工程完工。（詹　瑾摄）

2011年，皇甫小学一期投资1200多万元，9月份投入使用，并通过省标准化学校考核验收。新开办3所“春泥计划”社会学校。协助创办民办“天天”养老院，民办养老院增加至4所。新建镇级灯光篮球场，新置3副篮球架，16个行政村创建农家书屋，开展“欢乐乡村”文艺巡演。计划生育符合率99.14%，31007人参加新型农村合作医疗保险，落实各类救助经费240余万元。榆林、皇甫庄2村被评为五星级党组织，村头村被评为四星级党组织。

【孙端镇召开第十四届党代会第一次会议】 2011年9月29日~30日，中共孙端镇第十四届代表大会第一次会议召开，差额选举蒋国洪、郑雪奎、丁伟林、朱晓燕、张俊牯、郑小坚、陶志军等7人为新一届党委委员。各代表小组推选陈成松、赵正富、鲁月明、屠德忠、单国庆等5人为编外委员。（詹　瑾）

夏履镇

【概况】 夏履镇由大禹治水途经此地“履遗不蹑”而得名，因1997年被联合国授予生态环境“全球500佳”称号而闻名。地处绍兴县西北部，东连湖塘街道，西南毗邻萧山进化镇、诸暨店口镇，北与钱清、杨汛桥两镇为邻，距杭金衢高速杨汛桥道口6公里。面积51.04平方公里，素有“九山一田”之称，越王峥位于镇北。辖11个行政村、1个居委会，户籍人口18779人，外来人口1.3万。

表37　2011年夏履镇主要经济指标完成情况

指标名称	单位	全年完成数	比上年±%
生产总值	万元	192107	10.7
人均生产总值	元	102299	10.5
固定资产投资	万元	40874	23.3
工业主营业务收入	万元	900650	20.0
自营出口	万美元	16799	40.8
实到外资	万美元	300	
财政收入	万元	18716	13.5
农民人均收入	元	12850	7.07

2011年，夏履镇继续推进竹笋、茶叶、杨梅等八大现代农林基地上规模上档次，其中“莲东肉鸽”养殖规模扩大到6000对。非织造布、SP有机玻璃、铝复木门窗、喷水（气）织机等11个转型升级工业项目完成投入38308万元；非织造布产业销售12亿元，比上年增长20%；

获省级新产品3个、省创新型企业和高新技术企业各1家、省技术创新团队1个、各类专利33个，列入国家科技支撑计划2项，4家企业获国家和省级创新基金奖励共1847万元；承办中国产业用纺织品集群创新发展论坛，并获中国非织造布名镇技术创新先进集群称号；实施“强盛”企业重组方案。和中合纤有限公司实现产能3.8万吨，销售7.98亿元，自营出口3700万美元，在同行中居亚洲第一。新组建富邦小额贷款公司，实现金融企业零突破；推进4个生态房产项目，在建面积15万平方米；加快集镇市场综合改造工程建设；编制“夏禹世纪坞”生态产业园建设规划；三产销售81200万元。

夏履镇水刺非织造布生产车间一角（夏履镇供稿）

2011年，投资1.37亿元，开工建设西南通道夏履集镇段公路、小商品市场综合改造、夏履桥重建、育才桥新建、外来人口公寓等五大工程；投资750万元，完成越王峥景区环山路北坞段拓宽和工业园区兴工路建设；投资1350万元，完成集镇路面、立面、绿化等环境综合整治项目41个、工业废水进管网工程、农村生活污水无害化治理2286户、“十里银杏大道”和“百里生态长廊”绿化一期工程。新批农民私人建房100户计27000平方米和“双困户”住房解困7户；投资1300多万元，完成欠发达村基础设施等新农村建设项目31个和小流域治理等农林水项目14个。

2011年，通过省级文明镇和省体育强镇复查验收，创建为全国文明镇，获省综治工作先进集体和县美丽乡村建设先进镇称号，省级农家书屋、省体育小康示范村、市级卫生村、县级充分就业村、县级春泥计划五个全覆盖。6496人参加各类社会保险，2450人次享受各类社会救助和优抚，256人享受最低生活保障金；新型农村合作医疗保险参保率97%。修缮县文保点芝佑房，出版《夏履镇志》、《夏履遗珍》。连续七年保持绍兴市平安乡镇和信访“三无”乡镇称号。

【夏履镇召开第十二届党代会第一次会议】 2011年9月28日~29日，中共夏履镇第十二届代表大会第一次会议在夏履镇召开，差额选举金晓明、赵凯、单崇军、李洪根、姚伟方、蒋志芬等6人为新一届党委委员。各代表小组推选柯夏鸣、张水华、王建华等3人为编外委员。

【开展绍兴县农村社会管理创新试点】 2011年，夏履镇按照“网格化管理，组团式服务”的要求，深化“夏履民主程序”，在绍兴县率先探索“一站二室三中心”村级社会管理创新模式，一站即综治工作站，二室即司法行政工作室和代表接访室，三中心即便民服务中心、村民议事中心和党员服务中心。（盛继舟）

漓渚镇

【概况】 漓渚镇因域内漓江中有“渚”而得名，以中国花木之乡闻名。位于绍兴县西南部，东临福全镇，南连兰亭镇，西接诸暨市店口镇，北与湖塘街道、福全镇接壤。距绍兴市区约12公里、县城柯桥18公里。面积36.62平方公里，为低山丘陵河谷区，鉴湖水系源头之一。辖12个行政村、1个居委会，户籍人口22153人。

2011年，漓渚镇推进省级花木主导产业示范区建设，新发展名优花木1200亩，外拓花木基地2500亩，总面积3.1万亩，花木销售10.5亿元。利用数控针织7万平方米标准厂房招商，引进加弹、针织、服装等企业20家，其中2家投资5000万元以上。内资招商8800万元。推进10家印染企业集聚滨海；新引进高科技智能假肢项目1个，一期投资5000万元，年产值2.5亿元。机械、塑胶、汽配等6个非纺项目在园区内先后建成投产，非纺产业占比提高。新建家庭工业集聚点1个，新增针织圆机500多台，累计4000多台，销售额25亿元。

2011年，按照“美丽乡村”总体规划，投资210万元建设福漓公路漓渚段，亮化兴业路；投资800万元，硬化鸡头山路，漓头公路“白改黑”；投资150万元，开展星辰大桥和九板桥大修及村道安保工程；启动福漓公路两侧“十里绿色长廊”建设。基本完成集镇改造3万平方米拆迁；启动集中居住区第一期110户1.6万平方米农民公寓建设；大步社区旧村改造安置房工程基本完工。拆除违法违章建筑1.1万平方米。

2011年，解决8户农村“双困户”住房问题，投资950万元推进3500平方米中心幼儿园建设，投资350万元建成1500平方米广电站大楼。

表38　2011年漓渚镇主要经济指标完成情况

指标名称	单位	全年完成数	比上年±%
生产总值	万元	184831	10.5
人均生产总值	元	83434	10.7
固定资产投资	万元	41599	21.1
工业主营业务收入	万元	845692	22.3
自营出口	万美元	25047	23.6
实到外资	万美元	120	
财政收入	万元	15101	12.9
农民人均收入	元	18046	10.0

【漓渚镇召开第十四届党代会第一次会议】 2011年9月28日～29日，中共漓渚镇第十四届代表大会第一次会议在漓渚镇召开，差额选举，李国兴、王叶刚、邹丰、孙凯敏、宋彦扬、陈立华、陈洪江、喻光苗8人为新一届党委委员。各代表小组推选朱建敏、王炎富、金立成、王志祥、陈欢强等5人为编外委员。

【大步社区安置房拆迁工程竣工】 2011年，漓渚镇大步社区安置房拆迁工程竣工并完成择房。该工程系漓渚镇首个农民集中居住区，位于大步村福漓公路南侧，总拆迁房屋建筑面积4万多平方米。工程总投资6000余万元，于2009年10月在拆迁地块开工建设，用地面积18286平方米，总建筑面积33070平方米，共10幢6层住宅254户，并配套建有1500平方米服务用房及3400平方米商业用房。

【棠一村“六率”均为100%】 2011年，棠一村实现总产值9850万元，村级集体可支配收入280余万元，农民人均收入20436元，居漓渚镇首位。这年，村主干道路硬化率、路灯安装率、自来水安装率、生活垃圾处理和卫生厕所净化率均为100%，村庄绿化覆盖率40%，计划生育率和义务教育普及率均为100%。 （吕富君）

2011年度绍兴县美丽乡村建设先进镇漓渚镇乡村一角 （漓渚镇供稿）

兰亭镇

【概况】 兰亭镇因句践种兰兰渚山得名，以境内书法圣地闻名。位于绍兴县西南部，东邻越城区鉴湖镇，西连漓渚镇和福全镇，南接诸暨枫桥镇，北依越城区亭山。距绍兴市区5公里，离县城柯桥17公里，绍大线纵贯南北，绍诸高速设有出入口。面积82.85万平方公里，南为山地，北为平原，系兰亭江发源地。辖20个行政村、1个居委会，户籍人口31749人。

表 39　2011 年兰亭镇主要经济指标完成情况

指标名称	单位	全年完成数	比上年±%
生产总值	万元	245022	11.5
人均生产总值	元	77175	11.2
固定资产投资	万元	82352	23.1
工业主营业务收入	万元	1344420	22.8
自营出口	万美元	32842	9.9
实到外资	万美元	660	10.6
财政收入	万元	28677	26.9
农民人均收入	元	17128	10.17

2011 年，兰亭镇粮食总产量 15718.4 吨，粮食直补面积 11071.69 亩，涉及 5614 户农户。土地流转 12346.9 亩，占土地总面积的 63.91%，涉及 6718 户农户，占总农户数的 62%。举办农民技能培训 70 期 5534 人。建设以“三园三基地”为重点的农业精品园区，建成浙江海峡两岸兰花科技园智能温控大棚，完成兰文化博物园主体工程和兰花大棚一期建设。专项整治定型机废气、重金属业、锡箔加工等，关停“五小”作坊 30 余家。兰亭高科申报国家级重点实验室，CA 砂浆项目获得市级科学技术二等奖，麒龙起重和荣盛建设被认定为市级企业技术中心，新增市级著名商标 1 件，市、县名牌产品各 1 个。

2011 年，启动书法文化创意产业园建设，计划投资 1.2 亿元，建筑面积 1.6 万平方米；签约国家级文化团体和创业企业 3 家。体育健身馆投入运行，文化艺术馆和文化广场工程在建。完成中心幼儿园、兰亭派出所新建方案设计。拆迁娄宫二期等 7 万平方米，启动安置小区建设。出台《兰亭镇村级公益性、基础性、集体物业项目建设补助意见》，补助村级资金 500 余万元。上兰亭综合市场建成并投运。阮港集中居住小区一期开工建设，建筑面积 23000 平方米，投资 6000 多万元。锦绣兰庭、鹭鸣山庄一期竣工，秀竹园、兰亭公寓二期主体结顶。实施“五路二桥”等政府性投资项目 30 个，完成娄张公路、谢庆公路一标、兰亭湖大道、小舜江供水扩面等工程。完成宅基地置换 148 户，“双困户”住房解困 43 户，困难户危旧房改造 11 户。完成兰亭江和娄宫江综合整治一期、绍大线路灯亮化改造、城镇主干道绿化提档一期等工程。

2011 年，参加职工养老保险 7369 人、失业保险 7204 人、工伤保险 11975 人、职工医疗保险 6238 人、生育保险 7406 人、失地农民养老保险 3338 人。24176 人参加新型农村合作医疗，参保率 96% 以上，其中有 69193 人因病享受新型农村合作医疗，报销 436 万元。计划生育率 98.1%。孤寡老人供养率 100%。建立由 142 名调解员组成的镇、村、企三级大调解网络。安全生产各项指标保持零增长。

【获浙江省森林城镇称号】　2011 年 5 月，兰亭镇获浙江省森林城镇称号。该镇有生态公益林面积 21449 亩，占有林地面积的 29.4%。林业用地面积 77168 亩，森林蓄积总量 141649 立方米，林地面积 72893 亩，森林覆盖率为 61.9%。主要交通干道宜林地绿化率 92%，河道宜林地平均绿化率 90%，人均公共绿地 7.6 平方米。

【兰亭镇召开第十五届党代会第一次会议】　2011 年 9 月 28 日～29 日，中共兰亭镇第十五届代表大会第一次会议在兰亭镇召开，差额选举陈学军、张咸良、董江兴、李菲、沈月岗、施关根、高鑫祥、鲁麓树等 8 人为新一届党委委员。各代表小组推选张国兴、俞志刚、潘吉荣、金兴祥、杨林江、张宝康、张长松等 7 人为编外委员。

【获浙江省体育强镇称号】　2011 年 11 月，兰亭镇获浙江省体育强镇称号。该镇有 25 个文体活动室、2000 余平方米室内文体活动场地，有 23 个室外篮球场、16 个羽毛球场、21 个乒乓球室、19 条健身路径、5 个农民休闲公园、26200 平方米室外文体活动场地，有 4 个省体育小康村、2 个县体育小康村、12 个体育特色村。

（徐秋佳）

2011 年 6 月，兰亭镇举行第二届全民运动会。
（兰亭镇供稿）

平水镇

【概况】 平水镇因相传潮水至此而平取名。位于绍兴县南部，东连富盛镇、上虞市汤浦镇，南依王坛镇、稽东镇，西邻诸暨市赵家镇，北接越城区鉴湖镇。距绍兴县城柯桥 30 公里，离绍兴市区 15 公里，绍甘线穿境而过。面积 173.23 平方公里，丘陵山区，若耶溪发源地，内有刻石山、秦望山和云门寺、平阳寺。辖 28 个行政村、1 个居委会，户籍人口 53207 人。

表 40 2011 年平水镇主要经济指标完成情况

指标名称	单位	全年完成数	比上年 ±%
生产总值	万元	179567	11.0
人均生产总值	元	33749	11.0
固定资产投资	万元	165752	21.4
工业主营业务收入	万元	967488	23.3
自营出口	万美元	19173	19.9
实到外资	万美元	1013	140.6
财政收入	万元	32134	25.3
农民人均收入	元	12997	7.2

2011 年，平水镇农业总投入 1.5 亿元，完成农（林）业各类立项项目。工业总投资 9.4 亿元，3 个项目投产运行，4 个项目通过综合验收，13 个项目在建。引入工业项目 5 个，计划投资 4.85 亿元。成交各类住商用地 9 宗，计划总投资 13 亿元。引入股权投资类企业及各类贸易公司 7 家，实现增加值 4.8 亿元，占 GDP 比重较上年增长 0.8 个百分点，三大产业比重调整到 15.6 ∶ 57.6 ∶ 26.8。新增国家级、省级高新技术企业各 1 家；新增省级研发中心 1 个、省级名牌产品 1 件；新增市级高新技术企业、市级名牌产品各 2 家（个）；新增发明专利 26 项。万元生产总值综合能耗下降 17.22%，关闭 32 家锡箔加工厂、小冶炼企业和 1 家砖瓦厂，3 家企业污水接入外排管网。

2011 年，平水镇日铸岭隧道及连接线工程通车，完成平水大道、绍甘线沿线景观设计及建设。完成政府性投入 3.3 亿元，建设一批公共建筑和基础配套设施。征用土地 1214.9 亩，拆迁 5 万平方米。整治违章建筑 90 多起，拆除违章建筑 900 余平方米。

2011 年 2 月 21 日，平水镇日铸岭隧道及接线工程通车。
（平水镇供稿）

2011 年，启动镇中学地块等拆迁安置建设，平水镇中、镇中心幼儿园异地新建。调处劳资纠纷 32 件、工伤理赔 47 件。新型农村合作医疗参保率 100%。举办镇第二届全民运动会，农家书屋全覆盖。发放各类低保、医疗救助、残保金 235.2 万元，完成 55 户“双困户”住房解困。通过全国食品安全示范县复评和省文明县创建验收，创建为省体育强镇和省级气象防灾减灾标准乡镇，被命名为市基层组织建设先进单位，被评为市级平安镇街、市森林防火先进单位、市“十小”行业质量安全示范乡镇等。若耶村等4个村创建为省级体育小康村，会稽村、西湖桥村创建为县先进文化示范村。

【平水镇召开第十三届党代会第一次会议】 2011年9月28日~29日，中共平水镇第十二届代表大会第一次会议在平水镇召开，差额选举，魏阳林、阮建康、张爱武、丁建军、潘胜强、徐伟海、潘建华、孙国森等8人为新一届党委委员。各代表小组推选唐勤江、徐晓耿、宋兴隆、张国康、杨学夫、袁启森、葛云明等7人为编外委员。（徐德宝）

富盛镇

【概况】 富盛镇因地处绍兴、上虞和嵊州三地交界，物产丰富，商贸兴盛而得名。位于绍兴县东南部，东接上虞市汤浦镇，西连越城区皋埠镇，南邻平水镇，北界陶堰镇。距绍兴市区10公里，离县城柯桥36公里。面积73.90平方公里，北部为平原，南部为山区，诸葛山为境内最高峰。辖14个行政村、1个居委会、5个农村新社区，户籍人口23661人。

表41 2011年富盛镇主要经济指标完成情况

指标名称	单位	全年完成数	比上年±%
生产总值	万元	46513	8.4
人均生产总值	元	19658	8.6
固定资产投资	万元	7388	-30.8
工业主营业务收入	万元	115364	19.3
自营出口	万美元	4148	45.0
实到外资	万美元	15	-25.0
财政收入	万元	6790	32.3
农民人均收入	元	10505	12.7

2011年，富盛镇完成早稻订单任务159万公斤，建设省级四季笋精品园区和名优茶基地，建设山河畈国家级农业综合开发项目和省级粮食生产功能区。4个村建立土地股份制并实现土地流转，红山村试点土地经营权登记。引进碧波现代化野育鳖项目，投资200万元。御茶村茶业收购平水“日铸茶”品牌。开工建设彼洋得纺织、鼎益材料等5个招商落地项目，完成恒之陆二期扩建工程。引进1家建筑公司、1家建材装饰公司、1家广告公司和2家外贸公司。完成平绒产业技改投入3119万元，年产量560万米，占全国年产量的22.4%。兆丰绒织全涤平绒申报省级新产品试制计划，恒之陆混纺纱、越州兆丰平绒2个产品获市级名牌产品，“兆丰绒织”申报1个发明专利和1个实用专利。

2011年，举办2011春季乡村（森林）旅游风情节和秋季诸葛山登山节系列活动，其中“兆丰杯”环富盛自行车邀请赛是全国第一家镇级举办的业余国际赛。诸葛仙山创建为国家AA级景区，倪家溇村成为省级旅游特色村，上旺村成为省级农家乐特色村。由由嘉园一期开园；托斯卡那风情园项目投资1亿余元，一期开工建设。富盛镇接待游客10万余人次，比上年增长80%。

2011年，出让集镇经营性土地68亩，110千伏富盛变主体工程完成。丰盛苑移民小区二期完成建设。完成西上线镇区段改造和白富公路改建工程，投资2213.4万元。平陶公路富盛段配套投资586.76万元；绍诸高速富盛段建成通车，富盛道口启用。完成复垦面积15.4亩，拆迁1万平方米，宅基地置换100户，解困7户住房“双困户”。

2011年，新增城乡居民养老保险623人，发放生活保障金和补助金498.2万元，各类低保金222.34万元，各类医疗、救助金35.2万元。慈善救助金8.6万元，慈善助学金19.3万元。14个行政村建成省级农家书屋，倪家溇村创建为全国文明村。开展第四轮农民体检和“欢乐乡村”文艺演出，完成镇中学塑胶跑道、中心小学教学楼扩建和有线电视数字化转换及全覆盖工程。

2011年，创建为中国名茶之乡、中国美丽乡村、中国最佳文化休闲名镇、中国最佳生态休闲名镇、中国平绒产业基地、省级农业特色优势产业乡镇、省级优势产业茶叶强镇、省级教育现代化强镇、省森林城镇、省农机安全示范镇。

【“富盛杯”风筝表演赛在由由嘉园举行】 2011年3月27日，以“放飞风筝、放飞梦想”为主题的“富盛杯”绍兴市风筝表演赛在由由嘉园举行，包括绍兴市风筝协会在内的100多位风筝爱好者参加。

【举办2011“兆丰杯”环富盛国际自行车赛】 2011年4月10日，“兆丰杯”环富盛国际自行车邀请赛在富盛镇举行，设公路车团体计时赛和山地车越野赛两个项目，来自中国、美国、澳大利亚、俄罗斯等国的40支车队200多名车手参加比赛，上海链轮单车、中国闪电队、浙江贝欧车队分获公路计时赛（TT赛）前三名。现场车友、市民总数突破600人。“兆丰杯”环富盛自行车邀请赛是全国第一个镇级举办的业余国际赛，是绍兴举办的最大规模的自行车赛事。

2011年4月10日，“兆丰杯”环富盛国际自行车邀请赛在富盛镇举行。（高　洁摄）

【富盛镇召开第十四届党代会第一次会议】 2011年9月27日~28日，中共富盛镇第十四届代表大会第一次会议在富盛镇召开，差额选举章金尧、孟雁凤、骆华军、杨俊、王国根、盛瑜6人为新一届党委委员。各代表小组推选倪宝根、董圆法、罗国庆、屠伟峰4人为编外委员。

（崔立文）

王坛镇

【概况】 王坛镇因镇上有黄檀古树硕大盈围而得名，为绍兴县南部山区镇。地处小舜江水库源头、会稽山纵深腹地，东邻上虞市汤浦镇，西接稽东镇，南毗嵊州市谷来镇，北靠平水镇。距绍兴市区35公里、县城柯桥50公里，绍甘线西进南出。面积137.84平方公里，系丘陵山区。辖24个行政村、1个居委会，户籍人口33554人。

表42　2011年王坛镇主要经济指标完成情况

指标名称	单位	全年完成数	比上年±%
生产总值	万元	74843	8.0
人均生产总值	元	22305	8.2
固定资产投资	万元	3741	-52.5
工业主营业务收入	万元	121605	6.9
自营出口	万美元	5207	25.5
实到外资	万美元	8	-77.1
财政收入	万元	5076	34.2
农民人均收入	元	11953	10.0

2011年，王坛镇农作物播种面积51499亩，其中粮食26453亩。青梅12810亩，产量2000吨，产值1000万元；茶叶23312亩，产量2105吨，产值3250万元；竹笋25186亩，产量1764吨，产值2116万元；蔬菜11167亩，产值1800万元；养殖丹家家鸡45.5万羽，产值4659万元；启动万亩玫瑰园建设，移栽成活30000棵玫瑰母本种苗，形成种苗培育基地220亩，种植示范基地300亩。18个农民专业合作社，社员622人。有企业269家，从业人员8700人，其中工业企业72家，规模以上建筑市政防腐企业9家（一级资质1家、二级3家、三级5家），规模以上工业企业9家，外资企业3家。个体工商户731户。获得中国驰名商标1件、省级著名商标2个、国家免检产品1个、省级名牌产品2个、

省级高新技术企业1家、省级农业科技企业2家。建设并推出香雪梅海、舜湖探源、青陶峡谷、深山竹海、陶元岭古道等“王坛十景”，举办梅花旅游节和虞舜文化旅游节。香雪梅海景区创建为AAA级景区。有1个省级森林公园、3个省级特色旅游村、1个省级林业观光园、1个市级林业观光园、1个市级十佳森林休闲观光园。

2011年10月20日，绍兴虞舜文化旅游节在舜王庙开幕。（王坛镇供稿）

2011年，连片整治南岸、新华、青坛等5个村，确定10个项目，总投资1000万元，初现美丽山村形象。宅基地置换106户，解困21户住房“双困户”，拆迁113户1万多平方米。完成舜皇、新联及孙岙三村的污水处理工程，21个村实施农村生活污水处理，处理率87.5%。完成绿化800亩。有1个社区卫生服务中心、12个社区医务站、8个村级卫生服务室。有1个敬老院，收养15人。农村合作医疗参保率96.62%，城乡居民养老保险参保8050人，职工养老保险参保2280人。有1个省级文明村、1个市级文明村、2个市级文明单位、1个市级文化村、5个省级卫生村、10个市级卫生村、11个省级新农村小康体育示范村、1处省级文保单位。被市委、市政府评为信访“二无”乡镇、平安镇、综治工作先进镇。

【王坛镇召开第十四届党代会第一次会议】 2011年4月19日~20日，中共王坛镇第十四届代表大会第一次会议在王坛镇召开，差额选举卢宝良、金秀芳、孟国兴、孙胃、单宇然、孟建权、蒋国强7人为新一届党委委员。各代表小组推选张国良、孙节林、陶国强、孙秋根、陈建新5人为编外委员。

【全国第二届虞舜文化研讨会在王坛举行】 2011年10月，全国第二届虞舜文化研讨会在王坛会稽山藏书楼举行，国内外60多位教授、学者就舜帝陵在王坛的考证与论述、如何开发以舜文化为核心的王坛旅游业等进行研讨。虞舜是中华民族的祖先，是古之贤君，虞舜文化是中华民族传统文化的重要组成部分，是中国文化的根。

【漂流项目落户王坛】 2011年，王坛镇绍兴县小舜江生态观光有限公司投资2000余万元，建设一个集水上漂流、观光、娱乐、餐饮、住宿于一体的项目。7条游船、2条自划船和1条游艇投入试营业；整治5公里长的漂流溪河。预计2012年4月实现全线漂流。（金　丹）

稽东镇

表43　2011年稽东镇主要经济指标完成情况

指标名称	单位	全年完成数	同比±%
生产总值	万元	54603	8.2
人均生产总值	元	16830	8.5
固定资产投资	万元	310	-83.0
工业主营业务收入	万元	120251	10.4
自营出口	万美元	4799	91.7
实到外资	万美元		
财政收入	万元	3907	28.1
农民人均纯收入	元	11140	11.6

【概况】 稽东镇因地处会稽山东麓而得名，位于绍兴县南部山区最南端，南、西分别与嵊州谷来镇、诸暨赵家镇接壤，东、北毗邻王坛、平水两镇。距绍兴市区32公里、县城柯桥47公里，

32省道经过。面积111.42平方公里，系丘陵山区，有县境最高峰骆家尖。辖24个行政村、1个居委会，户籍人口32445人。

2011年，稽东镇发展香榧基地2000亩，建设名茶基地150亩，发展林特基地2500亩，引进浙江裕田、民华农业、禾田肉鸽3个农业项目。万亩红豆杉基地项目落户龙东村，并完成一期1000亩林地流转。新引进企业10家。发展以建筑、防腐、绿化等为主的总部经济，其中九州建设工程有限公司实缴税收首超千万元。双月汽配、晨骏汽配投产，春祥汽配落户。自营出口突破4000万美元，增幅列全县第一。

2011年，投资354万元综合改造集镇道路、管线、路灯、绿化等。同时加强集镇道路及两旁街面的环境卫生保洁工作，对集镇范围内乱搭乱建、马路市场、占道经营、无序停车等现象进行专项整治。投资350万元完成镇派出所异地新建工程，投资350万元异地新建镇敬老院。投资1031万元，完成老车竹线、上金山村道等6条道路建设。建设车头等5个村的村庄道路硬化、路灯亮化、自来水蓄水池等，建设40座公厕。开发土地590亩，整治4座山塘，除险加固10座面上山塘水库，清淤治理1210米小流域，“幸福水库”省级千库保安工程通过验收。

2011年，整治后的稽东镇道路一角　（稽东镇供稿）

2011年，投资450万元建设镇中心幼儿园并投入使用，13个村实施“春泥计划”，新型农村合作医疗参保率96.56%，惠及全镇近3万农民；开展20场农民种文化下村巡回演出活动，创建1个县级先进文化示范村、1个省级小康体育村、6个市级卫生村和3个“春泥计划”示范村；通过扶残助残爱心镇验收，750名残疾人得到关爱；完成车头、稽江等村失地农民保障工作，为391户720余人发放低保金202.27万元，发放独生子女养老保险补贴及独生子女父母奖励43.99万元。

【稽东镇召开第十四届党代会第一次会议】 2011年9月29日~30日，中共稽东镇第十四届代表大会第一次会议在稽东镇召开，差额选举缪智勇、朱力望、沈百尧、金国校、张韩松、祝志华、胡伟炎等7人为新一届党委委员。各代表小组推选李朝斌、沈关梁、范信子、相位民等4人为编外委员。

【昌祥茶叶有限公司自营出口2000万美元】 2011年，浙江昌祥茶叶有限公司自营出口突破2000万美元。该公司位于稽东镇车头，创建于2000年11月，专业加工经销红、绿茶叶，下辖1个分厂、2个基地及珠茶、眉茶和小包装3个车间，设财务、质检、国际贸易、仓保、厂办等6个职能科室。

【会稽山千年香榧林景区创建为AA级景区】 2011年，投资300万元建设千年香榧林景区，完成省级森林（香榧）公园规划设计评审，并创建为AA级景区。该景区位于稽东镇占岙村，以千年香榧树和四季常绿生态林为特色，是融登山、攀岩、采摘等为一体的休闲旅游度假好去处。

（胡华杰）

责任编辑　徐炳荣

2011年绍兴县国民经济统计资料选刊

2011年统计表

表44 2011年绍兴县概况

	计量单位	2011年	2010年
一、行政区划面积	平方公里	1202	1202
二、行政组织			
镇人民政府	个	15	15
街道办事处	个	4	4
居民委员会	个	86	86
社区	个	30	30
村民委员会	个	291	291
三、人口			
1. 年末总户数	户	254266	255377
2. 年末总人口（户籍）	人	725764	721955
男性	人	358016	356297
女性	人	367748	365658
农业人口	人	410557	417872
非农业人口	人	315207	304083
3. 暂住人口	人	853000	785900
4. 全年出生人口	人	4950	4915
出生率	‰	6.82	6.81
5. 全年死亡人口	人	4575	4795
死亡率	‰	6.30	6.64
6. 自然增长人口	人	375	120
自然增长率（公安）	‰	0.52	0.18

表45　2011年绍兴县国民经济主要指标

	计量单位	2011年	2010年	同比增长（±)%
地区生产总值	亿元	920	776.1	10.7
第一产业	亿元	33.27	28.7	4.1
第二产业	亿元	555.96	476.13	10.3
第三产业	亿元	330.77	271.27	12.3
工业总产值	亿元	3463.67	2818.17	22.9
建筑业产值	亿元	1157.07	843.6	37.2
农业总产值	亿元	49.42	42.63	15.9
工业产品主营业务收入	亿元	3410.03	2781.3	22.6
工业企业应缴税金	亿元	90.89	74.22	22.5
工业利润总额	亿元	155.46	128.61	20.9
全县农村经济总收入	亿元	2596.5	2217.75	17.1
全社会劳动者人数	万人	69.61	69.23	0.5
全年粮食总产值	万吨	20.68	20.61	0.4
全年生猪饲养量	万头	73.76	68.39	7.9
淡水产品产量	吨	25338	24432	3.7
全年货运量	万吨	3168	2828	12.0
全年客运量	万人	5414	4834	12.0
固定资产投资	亿元	356.80	296.87	20.2
其中：工业投资	亿元	183.22	154.64	18.5
社会消费品零售额	亿元	142.23	119.40	19.1
出口额	亿美元	96.49	79.23	21.8
实际利用外资	亿美元	1.50	2.20	-31.8
财政总收入	亿元	117.03	93.50	25.2
其中：地方财政收入	亿元	63.77	51.76	23.2
财政支出	亿元	58.64	51.87	13.1
金融系统年末存款余额	亿元	1232.01	1140.63	8.0
其中：储蓄存款	亿元	513.72	466.73	10.1
金融系统年末贷款余额	亿元	1000.13	893.18	12.0
中学生在校学生数	人	46624	49178	-5.2
小学生在校学生数	人	58413	59677	-2.1
卫生技术人员数	人	4437	3986	11.3
卫生机构实有床位数	张	3087	3032	1.8
各类专业技术人员	人	90422	78575	15.1

注：地区生产总值是经市统计局计算的初步核算数，增长速度按可比价计算。

表46 2011年绍兴县国民经济主要结构比例

指标名称	2011年	2010年
一、三次产业结构		
一产：二产：三产	3.6 ：60.4 ：36.0	3.7 ：61.3 ：35.0
二、人口结构		
农业：非农业	56.6 ：43.4	57.9 ：42.1
女性：男性	50.7 ：49.3	50.6 ：49.4
三、人民生活水平结构		
城镇居民恩格尔系数（%）	35.60	35.80
城镇居民基尼系数	0.30	0.29
农村居民恩格尔系数（%）	35.1	36.2
农村居民基尼系数	0.32	0.26
城乡居民收入比	1.87	1.93
四、农业结构		
粮经面积比	59.6 ：40.4	60.0 ：40.0
粮经产值比	19.5 ：80.5	20.1 ：79.9
种养产值比	62.7 ：37.3	64.4 ：35.6
五、工业结构		
纺织业（大）与非纺比重	58.5 ：41.5	59.6 ：40.4
规模以上与规模以下比重	85.0 ：15.0	81.0 ：19.0
六、投资结构		
一产：二产：三产	0.5 ：51.3 ：48.1	0.4 ：52.1 ：47.5
纺织业（大）与非纺比重	41.0 ：59.0	49.4 ：50.6
七、出口结构		
纺织品出口占出口比重（%）	92.6	92.5
八、主要指标与GDP关系		
财政收入占GDP比重（%）	12.7	12.0
地方财政收入占GDP比重（%）	6.9	6.7
出口依存度（%）	69.4	71.4
外贸依存度（%）	95.6	98.1

表47　2011年绍兴县国民经济主要比例关系

	计量单位	2011年	2010年
一、生产总值中三次产业比例	%		
第一产业	%	3.6	3.7
第二产业	%	60.4	61.3
第三产业	%	36.0	35.0
二、工业总产值中纺织工业比例	%		
纺织工业（大）	%	60.2	59.6
非纺工业	%	39.8	40.4
三、农业总产值中各业比例	%		
农业	%	57.7	59.2
林业	%	7.5	7.6
牧业	%	22.9	20.7
渔业	%	11.4	12.0
农林牧渔服务业	%	0.5	0.5
四、农作物播种面积比例	%		
粮食作物	%	56.1	56.3
经济作物	%	38.0	37.5
其他作物	%	5.9	6.2
五、农业结构调整情况	%		
粮经产值比	%	19.5 ∶ 80.5	20.1 ∶ 79.9
粮经面积比	%	59.6 ∶ 40.4	60.0 ∶ 40.0
种养产值比	%	62.7 ∶ 37.3	64.4 ∶ 35.6
六、全县固定资产投资中三次产业比例	%		
第一产业	%	0.5	0.4
第二产业	%	51.3	52.3
第三产业	%	48.1	47.3
七、城乡居民收入比例	%	1.87	1.93

注：纺织工业（大）包括纺织业、纺织服装、服饰业、化学纤维制造业，比例为占全部工业企业的比重。

表48　2011年绍兴县平均每天主要社会经济活动

	计量单位	2011年	2010年	同比增长（±%）
一、全县每天创造的财富				
生产总值（现价）	万元	25205	21263	10.7
农业总产值	万元	1354	1168	15.9
工业总产值	万元	94895	77210	22.9
财政收入	万元	3206	2562	25.1
粮食	吨	567	565	0.3
肉类	吨	109	101	7.8
淡水产品	吨	69	67	3.6
布及丝织品	万米	1637	1588	3.1
二、全县每天投入和工业经济效益				
完成固定资产投资	万元	9775	8538	14.5
新增固定资产投资	万元	5382	2834	89.9
工业产品销售收入	万元	93426	76200	22.6
工业应缴税金	万元	2490	2033	22.5
工业利润总额	万元	4259	3524	20.9
三、全县每天人口变动和婚姻情况				
出生人数	人	14	13	4.3
死亡人数	人	13	13	-3.6
结婚对数	对	10	13	-22.4

表49　2011年绍兴县国民经济主要平均指标

	计量单位	2011年	2010年	同比增长（±%）
每平方公里人口密度	人	604	599	0.8
平均每人生产总值	元	126757	107807	10.1
平均每人粮食产量	公斤	285	286	-0.4
平均每人社会消费品零售额	元	19596	16585	18.2
平均每人创财政收入	元	16124	12988	24.1
平均每人储蓄存款（本外币）	元	70588	64838	8.9
农民人均居住面积	平方米	59.00	59.77	-1.3
城镇在岗职工年平均工资（含私营）	元	35241	30945	13.9
农民人均纯收入	元	19527	16685	17.0
城镇居民人均可支配收入	元	36547	32223	13.4
工业人均创利税	元	63217	53144	19.0
工业人均净资产	元	218290	191418	14.0
每万人拥有中学在校学生数	人	857	891	-3.8
每万人拥有小学在校学生数	人	805	829	-2.9
每万人拥有各类专业技术人员数	人	1246	1091	14.2
每万人拥有卫生技术人员数	人	61	56	9.2

表50　2011年绍兴县农林牧渔业总产值

	计量单位	2011年	2010年	同比增长（±%）
一、农林牧渔业总产值	万元	494222	426344	15.9
农业产值	万元	285385	252405	13.1
林业产值	万元	36860	32402	13.8
牧业产值	万元	113165	88348	28.1
渔业产值	万元	56402	51158	10.3
农林牧渔服务业产值	万元	2410	2031	18.7

表 51　2011 年绍兴县主要农产品产量

	计量单位	2011 年	2010 年	同比增长（±%）
粮食	吨	206811	206073	0.4
其中：稻谷	吨	176683	178656	-1.1
油菜籽	吨	6333	5995	5.6
蔬菜	吨	448265	455488	-1.6
茶叶	吨	8844	8432	4.9
水果	吨	75549	72322	4.5
肉类	吨	39739	36693	8.3
淡水产品	吨	25338	24432	3.7

表 52　2011 年绍兴县全县工业总产值（现价）

	计量单位	2011 年	2010 年	同比增长（±%）
合计	万元	34636737	28181737	22.9
一、按规模分				
2000 万元以上	万元	29431019	22829400	28.9
其中：大中型企业	万元	20786499	16323458	27.3
2000 万元以下	万元	5205718	5352337	-2.7
其中：个体工业户	万元	2973573	2693700	10.4
二、按经济类型分				
国有及国有控股工业	万元	178285	175666	1.5
集体及集体控（参）股工业	万元	125102	112973	10.7
股份制、有限责任公司	万元	22873041	18299777	25.0
外商及港澳台资企业	万元	7762294	6245305	24.3
其他经济类型	万元	3698015	3348016	10.5
其中：个体工业户	万元	2973573	2693700	10.4
三、按工业主要行业分				
非金属矿采选业	万元	7384	6300	17.2
农副食品加工业	万元	369441	339814	8.7
食品制造业	万元	58470	28301	106.6
饮料制造业	万元	285767	261381	9.3

续表

	计量单位	2011 年	2010 年	同比增长（±%）
其中：黄酒制造业	万元	166442	150673	10.5
纺织业	万元	14778745	13125491	12.6
其中：印染业	万元	5097780	4067338	25.3
纺织服装、服饰业	万元	602730	562312	7.2
皮革、毛皮、羽绒及其他制品和制鞋业	万元	98831	84848	16.5
木材加工及竹藤棕草制品业	万元	42050	38156	10.2
家具制造业	万元	161479	158423	1.9
造纸及纸制品业	万元	292266	233683	25.1
印刷业、记录媒介的复制	万元	32252	28681	12.4
文教、工美、体育和娱乐用品制造业	万元	1366384	1062507	28.6
化学原料和化学制品制造业	万元	3906136	3074719	27.0
医药制造业	万元	70329	71839	-2.1
化学纤维制造业	万元	4882220	3096241	57.7
橡胶和塑料制品业	万元	1290495	1141083	13.1
非金属矿物制品业	万元	964469	774269	24.6
黑色金属冶炼及压延加工业	万元	590765	213151	177.2
有色金属冶炼及压延加工业	万元	952741	685993	38.9
金属制品业	万元	892979	844161	5.8
通用设备制造业	万元	394253	362119	8.9
专用设备制造业	万元	589188	447437	31.7
汽车制造业	万元	410972	387121	6.2
铁路、船舶、航空航天和其他运输设备制造业	万元	18010	13250	35.9
电气机械及器材制造业	万元	311952	374035	-16.6
计算机、通信和其他电子设备制造业	万元	100016	65187	53.4
仪器仪表制造业	万元	81784	85206	-4.0
电力、热力生产和供应业	万元	430696	523346	-17.7
燃气生产和供应业	万元	4977	3835	29.8
水的生产和供应业	万元	76042	88846	-14.4

表53 2011年绍兴县全部工业主要经济指标

	计量单位	2011年	2010年	同比增长（±%）
企业单位数	个	16245	15786	2.9
亏损企业数	个	109	155	-29.7
全部职工平均人数	人	389678	381651	2.1
主营业务收入	亿元	3410.03	2781.30	22.6
税金	亿元	90.89	74.22	22.5
其中：应缴增值税	亿元	74.60	61.44	21.4
利润总额	亿元	155.46	128.61	20.9
亏损企业亏损额	亿元	3.25	1.27	155.6
年末固定资产原值	亿元	1078.59	960.67	12.3
年末固定资产净值	亿元	662.66	606.60	9.2
固定资产净值平均余额	亿元	642.52	601.30	6.9
年末流动资产余额	亿元	1558.61	1357.67	14.8
流动资产年平均余额	亿元	1477.87	1283.62	15.1
固定资产投资完成额	亿元	183.22	154.64	18.5
资产总额	亿元	2563.18	2269.80	12.9
负债总额	亿元	1712.55	1539.24	11.3
所有者权益	亿元	850.63	730.55	16.4

表54 2011年绍兴县全部工业主要产品产量

产品名称	计量单位	2011年	2010年	同比增长（±%）
发电量	亿千瓦时	36.75	35.81	2.6
混、配合饲料	万吨	60.40	64.04	-5.7
黄酒	万吨	21.30	20.00	6.5
精制茶	万吨	10.10	9.28	8.8
纱	万吨	5.78	5.48	5.5
布及丝织品	亿米	59.75	57.96	3.1
印染布	亿米	190.10	180.76	5.2
化学纤维	万吨	305.49	255.80	19.4
服装	万件	23900	23600	1.3
塑料制品	万吨	51.60	49.20	4.9
其中：塑料薄膜	万吨	36.84	35.28	4.4
水泥	万吨	394.36	375.32	5.1
平板玻璃	万重量箱	2080	2193	-5.2
聚酯	万吨	79.86	58.33	36.9
精对苯二甲酸（PTA）	万吨	187.77	187.52	0.1

表 55　2011 年绍兴县建筑业主要经济指标

	计量单位	2011 年	2010 年	同比增长（±%）
资质企业个数	个	119	114	4.4
建筑业总产值	亿元	1157.07	843.6	37.2
其中：在外省完成的产值	亿元	784	597.11	31.3
竣工产值	亿元	822.17	584.07	40.8
房屋建筑施工面积	万平方米	10923	8414	29.8
其中：房屋竣工面积	万平方米	6136	4112	49.2
自有机械设备年末净值	亿元	25.5	17.55	45.3
计算劳动生产率的平均人数	万人	41.58	36.36	14.4
全员劳动生产率	元/人	278276	232013	19.9
主营业务收入	万元	9045213	6835293	32.3
主营业务成本	万元	8325866	6280546	32.6
主营业务税金及附加	万元	311151	237292	31.1
营业利润	万元	227633	184869	23.1
营业利润占主营业务收入比重	%	2.52	2.70	
利润总额	万元	238982	187004	27.8
年末固定资产原值	万元	655659	507760	29.1
流动资产小计	万元	2626874	2030500	29.4
资产合计	万元	3405704	2616007	30.2
负债合计	万元	2040942	1431864	42.5
所有者权益	万元	1364762	1184142	15.3
应付职工薪酬	万元	1482364	1110524	33.5
建筑企业增加值	万元	2081179	1575082	32.1

注：建筑企业增加值按收入法计算。

表56 2011年绍兴县全社会固定资产投资

	计量单位	2011年	2010年	同比增长（±%）
一、固定资产投资额	万元	3568042	2968749	20.2
其中：非工业投资	万元	1735856	1422339	22.0
基础设施投资	万元	539568	523927	3.0
工业投资	万元	1832186	1546410	18.5
房地产开发投资	万元	1243297	966942	28.6
二、按三次产业构成分				
1. 第一产业	万元	19203	10680	79.8
2. 第二产业	万元	1832186	1546410	18.5
3. 第三产业	万元	1716653	1411659	21.6
三、项目个数				
1. 施工项目个数	个	677	707	-4.2
其中：本年新开工	个	294	374	-21.4
2. 投产项目个数	个	329	372	-11.6
四、新增固定资产	万元	1964530	1034556	89.9
其中：工业	万元	1058755	874723	21.0

表57 2011年绍兴县国内外贸易

	计量单位	2011年	2010年	同比增长（±%）
一、国内贸易				
社会消费品零售总额	亿元	142.23	119.4	19.1
其中：批发业	亿元	9.34	7.66	21.9
零售业	亿元	120.12	100.62	19.4
住宿餐饮业	亿元	12.77	11.12	14.8
各类市场个数	个	86	85	1.2
商品市场成交额	亿元	930.75	830.5	12.1
其中：中国轻纺城成交额	亿元	488.43	438.64	11.4
钱清轻纺面料市场成交额	亿元	400.86	355.06	12.9
化纤布成交量	亿米	47.53	44.95	5.7
二、对外贸易				
进出口总额	万美元	1329443	1088225	22.2
进口总额	万美元	364524	295965	23.2

续表

	计量单位	2011 年	2010 年	同比增长（±%）
出口总额	万美元	964919	792260	21.8
其中：加工贸易	万美元	38956	34347	13.4
主要出口商品				
纺织面料	万美元	854470	695104	22.9
服装	万美元	39514	38081	3.8
非纺织产品	万美元	70935	59075	20.1

表 58　2011 年绍兴县利用外资

	单位	2011 年	2010 年	同比增长（±%）
一、三资企业基本情况				
新批准三资企业	家	84	50	68.0
总投资	万美元	36607	24610	48.7
注册资本	万美元	22682	14595	55.4
合同外资	万美元	15465	9570	61.6
实际到位外资	万美元	15015	22001	-31.8

注：本表由商务局提供。

表 59　2011 年绍兴县旅游人数和收入

	单位	2011 年	2010 年	同比增长（±%）
国内外旅游人数	万人次	856.04	717.89	19.2
其中：入境旅游人数	万人次	18.20	15.60	16.7
其中：外国人	万人次	16.05	13.50	18.9
港澳同胞	万人次	1.32	1.25	5.6
台湾同胞	万人次	0.83	0.85	-2.8
国内旅游人数	万人次	837.84	701.68	19.4
旅游总收入	亿元	86.29	72.26	19.4
其中：国际旅游收入	万美元	7204	6696	7.6
国内旅游收入	亿元	81.64	67.71	20.6

表60 2011年绍兴县交通运输业

	计量单位	2011年	2010年	同比增长（±%）
公路通车里程	公里	1599	1574	1.6
内河航道净里程	公里	336	320	—
民用汽车拥有量	辆	108763	89997	20.9
其中：私人汽车	辆	81393	65894	23.5
1. 载客汽车	辆	89622	61869	44.9
其中：公交车	辆	436	444	-1.8
出租车	辆	444	439	1.1
2. 载货汽车	辆	13958	12709	9.8
全社会客运量	万人	5414	4833.9	12.0
全社会货运量	万吨	3168	2828	12.0

表61 2011年绍兴县财政收支

	单位	2011年	2010年	同比增长（±%）
一、财政总收入	万元	1170265	935035	25.2
其中：地方财政收入	万元	637690	517568	23.2
其中：营业税	万元	152741	135613	12.6
农业税	万元	61712	59036	4.5
企业所得税	万元	100431	67148	49.6
个人所得税	万元	26012	19676	32.2
地方上划中央收入	万元	532575	417467	27.6
二、财政支出	万元	586443	518692	13.1
其中：一般公共服务	万元	76796	64962	18.2
科学技术	万元	30429	25105	21.2
教育	万元	110353	87980	25.4
文化体育与传媒	万元	11477	10818	6.1
社会保障和就业	万元	43884	38555	13.8
医疗卫生	万元	37827	31925	18.5
节能环保	万元	10555	8426	25.3
城乡社区事务	万元	59216	57027	3.8
交通运输	万元	15181	18620	-18.5

表62　2011年绍兴县金融机构存款贷款年末余额（本外币）

	单位	2011年	2010年	同比增长（±%）
一、各项存款余额（本外币）	亿元	1232.01	1140.64	8.0
其中：各项存款余额（本币）	亿元	1224.89	1133.11	8.1
城乡储蓄存款	亿元	512.33	464.99	10.2
企事业单位存款	亿元	697.69	665.16	4.9
二、各项贷款余额（本外币）	亿元	1000.13	893.21	12.0
其中：各项贷款余额（本币）	亿元	976.54	878.50	11.2
1. 短期贷款	亿元	795.45	688.82	15.5
其中：个人贷款及透支	亿元	117.51	100.94	16.4
单位贷款及透支	亿元	654.62	570.43	14.8
贸易融资	亿元	23.32	17.46	33.6
2. 中长期贷款	亿元	173.21	184.50	-6.1
其中：个人贷款	亿元	85.60	72.19	18.6
单位贷款	亿元	83.32	106.02	-21.4
银团贷款	亿元	2.89	6.29	-54.1
三、存贷比率（本外币）	%	81.18	78.31	—

注：本表不包括小额贷款公司和邮政储蓄的存贷款。

表63　2011年绍兴县城镇居民人均收支情况

	计量单位	2011年	2010年	同比增长（±%）
一、城镇居民家庭基本情况				
1. 调查户数	户	200	200	—
2. 平均每户家庭人口	人	3	2.99	0.3
3. 平均每户家庭就业人数	人	1.87	1.87	0.0
4. 平均每一就业者负担人数	人	1.6	1.6	0.0
5. 年末人均住房建筑面积	平方米	39.03	38.97	0.2
6. 年末人均住房使用面积	平方米	29.28	29.23	0.2
二、家庭总收入	元	38834.19	34154.1	13.7

续表

	计量单位	2011年	2010年	同比增长（±%）
其中：可支配收入	元	36546.66	32223	13.4
1. 工薪收入	元	26135.76	23883.04	9.4
2. 经营净收入	元	6430.27	5164.46	24.5
3. 财产性收入	元	2565.78	2034.78	26.1
4. 转移性收入	元	3702.38	3071.83	20.5
三、家庭总支出	元	26680.47	23171.84	15.1
1. 生活消费支出	元	21140.45	18868.79	12.0
其中：食品	元	7524.78	6762.65	11.3
衣着	元	2335.52	2080.05	12.3
家庭设备、用品及服务	元	754.61	837.61	-9.9
医疗保健	元	726.06	571.22	27.1
交通和通信	元	4925.16	4115.23	19.7
教育、文化、娱乐服务	元	2688.89	2693.49	-0.2
居住	元	1651.68	1421.7	16.2
杂项商品和服务	元	533.76	386.84	38.0
2. 购房与建房支出	元	1775.74	503.64	252.6
3. 转移性支出	元	1548.85	2007.08	-22.8
4. 财产性支出	元	227.27	211.7	7.4
5. 社会保障支出	元	1988.16	1580.64	25.8
恩格尔系数（%）	元	35.59	35.8	-0.6

表64 2011年绍兴县农村住户人均纯收入及生活指标

	计量单位	2011年	2010年	同比增长（±%）
一、农村住户家庭基本情况				
1. 调查户数	户	500	500	—
2. 平均每户家庭人口	人	3.45	3.65	-5.5
3. 平均每户整半劳动力	人	2.49	2.57	-3.2
4. 平均每户从事非农劳动力	人	1.68	2.31	-27.3
5. 平均每人住房面积	平方米	59	59.77	-1.3
二、全年农民人均纯收入	元	19527	16685	17.0
其中：生产性纯收入	元	18363	15577	17.9
1. 工资性收入	元	12907	11591	11.4
2. 家庭经营收入	元	5456	3986	36.9
3. 财产性收入	元	515	603	-14.6
4. 转移性收入	元	649	505	28.5
三、全年人均总支出	元	16877.22	12731.98	32.6
1. 生活消费支出	元	12715.75	11427.71	11.3
其中：食品	元	4461.85	4134.61	7.9
衣着	元	766.06	831.39	-7.9
居住	元	3152.30	2841.11	11.0
家庭设备、用品及服务	元	461.97	384.3	20.2
医疗保健	元	742.44	621.56	19.4
交通和通信	元	2038.96	1342.69	51.9
文教娱乐用品及服务	元	814.84	1012.67	-19.5
其他商品和服务	元	277.32	259.37	6.9
2. 转移性支出	元	812.97	600.5	35.4
四、恩格尔系数	%	35.1	36.2	—
基尼系数	%	0.322	0.262	—
服务消费支出比重	%	21.8	24.2	—

（蔡周策）

责任编辑　韩兰芳

索 引

说 明

1. 索引分正文索引、图表索引和正文照索引三部分。采用主题分析法，按标引词第一字汉语拼音（同音词按声调）顺序排列；同声同调按笔画顺序排列；第一字相同，按第二字音序排列；阿拉伯数字按顺序排列。以下据此类推。

2. 因类目、分目页码已在《目录》中标出，故本索引仅限条目。条目标引词一般采用该条目的主题词、中心词或简称。单位和事件一般用简称，不冠以“绍兴”、“绍兴县”等字样。

3. 标引字后的阿拉伯数字表示内容所在页码，页码后的拉丁字母（a、b）分别表示该页的左右栏。标引词后的多个页码，表示此内容在其他书页的位置。

4. 特载、专辑、大事记、机构、民主党派和工商联、外地人在绍兴、县人著述、鉴湖新风、外地媒体话绍兴和彩色插页未编索引。

正文索引

0－9

A

B

C

D

E

F

G

K

L

M

N

P

Q

R

T

W

Z

正文图表索引

A

C

F

G

H

J

K

L

M

N

P

Q

正文照片索引

X

Y

Z

马鞍镇国庆村

中央和省文明办领导考察国庆村新农村建设

村民新居

国庆村个私工业园区

国庆村健身广场

国庆村灯光球场

国庆村农民公园一角

国庆村地处绍兴县北部的马鞍镇，东邻绍兴市的袍江开发区，南靠越城区斗门镇，西连本县齐贤镇，北与本镇山外村、亭山桥村相邻，是马鞍镇最西南的一个村。杭甬高速公路穿村而过。2003年6月由原国庆村、安义村、沙地洋村三村合并而成，村域面积2.63平方公里，耕地面积1140亩，山林689亩，户籍人口2409人，总户数800户。村党委下设四个党支部，总党员人数121名。

全村共有79家工业企业，初步形成了以印染为龙头，针纺织、五金机械、化工等多业并举的工业发展格局。村内工业企业安排本村劳动力就业岗位1000余个，约占总劳动力的75%。2011年村级集体可支配收入583万元，农民人均纯收入17530元。

近年来村党委、村委坚持以经济建设为中心，从提高村民收入、提升村庄品位、增强村民民主法制意识等多方面着手，围绕生产发展、生活宽裕、乡风文明、村容整洁、管理民主的建设目标，着力推进社会主义新农村建设。在全村干部群众的共同努力下，在上级相关部门的支持帮助下，已形成村容村貌整洁美化、村民生活文明富裕、党风正、民风顺局面。村党委、村委多次被县、市委（政府）授予先进党组织、先进单位等荣誉称号。1999年被省委、省政府命名为省级文明村，2002年命名为省级卫生村，2004年命名为省级全面小康示范村，2005年命名为省级绿化示范村，2011年命名为浙江省森林村庄。村党委在2012年1月被县委命名为“五星级”村（居）党组织。

国庆村文化活动中心

柯岩街道州山村

州山村石碑

柯岩街道州山村位于柯岩街道南部，104国道穿村而过,距绍兴县行政中心5公里，村域面积2.73平方公里。全村有2个自然村，21个村民小组，2个居民组，总户数1180户，在册人口3347人，流动人口1600人，有党员134名。2011年村级集体经济收入170万元，农民人均纯收入18570余元，到2011年底村级集体资产达3638万元。村内公共设施齐全，主要有社区服务中心、村文化活动中心、农民休闲公园、医疗站、便民超市等；全村道路硬化率、路灯安装率、自来水入户率、村民户厕入户率均为100%；计划生育合格率、义务教育普及率100%；以社会养老保险和合作医疗保险为主的多种保障体系也已

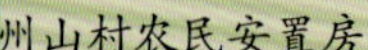
州山村农民安置房

州山农民公园1

州山农民公园2

基本形成，同时全村治安系统完善，治安状况良好。

近年来，州山村积极落实科学发展观，扎实加强新农村建设和精神文明建设，取得了显著成效。村党总支、村委多次被评为先进党组织、先进集体，州山村先后荣获省级卫生村、省级绿化示范村、省级小康体育村、省级历史文化名村、市级文明村、市级生育文化特色村、市级环境整治村、市级体育特色村、市级绿色生态村、市级农村新社区先进村、市级远程教育示范村、市级生态村、市级消防安全示范村、市级小康示范村、县级文化村、县级科普示范村、县级无邪社区、县级无毒社区、县级档案规范示范村、县级先进文化村、县级示范综治工作室、星光老年之家、党风廉政建设示范村示范点、村务公开民主管理示范村、“三资”规范化管理示范村、“五星级”党组织等荣誉称号。

2011年州山村更是在县委县府、街道党工委办事处的领导和支持下，积极开展美丽乡村建设，为建设美丽新州山而不断努力。

州山农民公园3

州山社区综合服务中心

华舍街道西蜀阜村

西蜀阜村位于绍兴县华舍街道西部，329国道与稽山路交叉处，东至蜀阜村，西邻大西庄村，南依柯西工业华舍园区，环境整洁，东接稽山路，北接329国道杭甬运河，出行便利。

本村地域面积1.5平方公里，分为5个村民小组，户籍人口1415人，共511户，外来人口2868人。本村设有党总支部一个，党员65名。村内设有医疗站一个，方便村民就医看病；老年活动室一个，内部健身器材齐全，大大改善了老年人的业余文化生活；农民公园2000余平方米，绿化面积高达80%，是村民晚间休闲娱乐的好场所；2011年6月份西蜀阜村还新建了一个篮球场，占地500平方米，大大丰富农民的活动和锻炼场所，农家书屋藏书15000册，充实了农民的精神生活。

2011年村级可支配收入180余万元，村民人均收入19074元。实现了家家通公路、道路硬化到各家的目标，户户通宽带、高速网络进每户的梦想。电话安装率达99%以上，自来水入户率达100%，有线电视安装率100%。

关注村级建设的同时，西蜀阜村也不忘关注民生。2011年全年完成农民健康体检613人，覆盖率达98%。企业职工养老保险扩面明显，新型农村合作医疗参保率再创新高。党员自愿与西蜀阜村生活困难户结成对子，从生活、工作、精神上给予帮助。关注青少年成长，本村设立社会学校，实施“春泥计划”活动，为青少年的健康成长尽力。

近年来经过全村村民的共同努力，西蜀阜村先后荣获省全面小康建设示范村、省级文明村、省级卫生村、市级“五好”党组织、市级文明村、市级全面小康建设示范村、市级卫生村、市级生态村、市级奔小康百强村、市级科普村等称号。

1 农民新居
2 村篮球场
3 整洁的村貌
4 优美的环境
5 村内一角
6 村民别墅

钱清镇新甸村

新甸村地处绍兴县西北部，与杭州市萧山区瓜沥镇连接，东面与华舍接壤，南面与凤仪村相连，西面紧接劳动村，紧靠329国道，钱新公路从村内通过，距中国轻纺城6公里，交通十分方便。

全村共有1165户，总人口3914人，耕地面积1914亩，水域面积222亩，河流总长8000米，村域面积2.97平方公里。

2011年拥有私营企业28家，其中规模企业11家，全县50强企业2家，工农业总产值26.5亿元，村级可支配收入531.18多万元，村民人均收入20163元。全村绿树成林，绿化面积5600平方米，村内环境优雅，硬化道路3万平方米，安装工艺杆路灯285盏。河道砌坎近万米，村内有新甸分校，幼儿园，有两个封闭型综合市场，有大型超市三家，村民安居乐业。

近年来，村先后荣获县级文化村、县级文明村、市级卫生村、市级绿色生态村，信息资源共享优胜单位等称号。

整洁的村貌

农民新居

村健身中心

村委办公楼

杨汛桥镇河西岸居委会

河西岸居委会位于杨汛桥镇东片，镇经编园区中心，杭金衢高速公路杨汛桥出口3公里，距萧山市区15公里，绍兴市区30公里，临近沪甬铁路和104国道，交通十分方便。

居委会区域面积0.45平方公里，132户，总人口532人，外籍暂住人口2000多人，全居有个私企业60余家，劳动力分布为个私企业经营，外出经商，企业上班为主。2011年创产值1亿多，居委会集体级收入580万元，居民人均收入达15200元。

近年来，为进一步促进经济社会跨越式发展，以加快城镇化建设为载体，以改善和美化居容居貌为主线，以提高居民生活质量为目标，在经济发展、居容整洁、乡风文明、管理民主上进行了深入的探索。居委会先后获得了绍兴市卫生单位、县科普先进单位、县平安创建先进单位、县水利示范单位、县先进民兵连、镇级先进集体等荣誉称号。

居民新居

居委会会议室

居委会办公楼门口

居民健身活动区

杨汛桥镇联社村

村口标志

联社村位于杨汛桥镇西部，村域面积约4.46平方公里。东与萧山区所前镇夏山埭相隔；南与萧山区所前镇钱群村为界；西以西小江与萧山区金临湖、董家桥相望；北与和门程毗连。接近杭金衢高速公路出口处，地理位置十分优越。联社村由四个行政村（联众、上坂、渔林关、马社）2003年合并而成，是现全镇境内最大的行政村。目前，村有1280户，4177人，耕地面积1621亩，林地面积2640亩，水域面积312亩。全村共有党员160名，村民代表50名。

村内学伟小学

农民新居

整洁的环境

夏履镇越王峥村

山村美景

越王峥村地处全球生态环境“500佳”的夏履镇内，村域面积4.97平方公里，辖北坞、南坞、埠头三个自然村，全村现有农户744户，人口2622人，设14个村民小组。现有耕地面积913.8亩，山林面积6608亩。

近年来，村级经济逐步发展壮大，相继创办了绍兴县永盛纺织有限公司、浙江迷帅服饰有限公司、绍兴县超特合纤有限公司，还创办了特种灯泡、机械制造、纸箱、刺绣、茶叶等加工企业。越王峥生态休闲旅游区坐落在本村之内，乃昔日越王勾践栖兵之地。村内有越王人家、山顶斋饭等10余家农家乐饭店，年接待游客7.5万人次。2011年村级集体可支配收入125.5万元，村民人均收入11880元。

村先后获得荣誉：省级卫生村、省级文明村、省旅游特色村、省农村信息化示范村；市级卫生村、市级文明村、市级体育特色村、市级环境整治村、市级生育文化特色村、市级森林村庄；县级卫生村、县级文化村、县科普示范村、县文明村、县绿色生态村、县环境优美村、县新农村建设先进村、县示范农村新社区、县先进文化示范村、县“五星级”村党组织、县农村基层党风廉政建设示范村等荣誉称号。

越王峥村口

越王峥

新建农居

越王峥村休闲公园

平水镇东桃村

平水镇东桃村，于2003年6月2日由原东桃、桃源、杨滩、东南四村合并而成。村位于平水新城城区，全村区域面积6.85平方公里，816户家庭，总人口2312人，设10个村民小组，现有党员106名，设村党总支。全村拥有水田570亩,茶园450亩,山林4300亩,毛竹150亩,资源较为丰富，环境优美；31省道和平水大道贯穿全村，交通便利，区位优越，堪称绍兴后花园，也是有识之士投资创业的好地方。

近年来，村两委会解放思想，整合资源，发挥后发优势，集体经济快速发展；强化为民意识，规范村级自治，已建成基本设施完善、公共服务配套、乐居创业的新社区，形成了齐心协力建家园的良好氛围，特别是2010年8月成立了村便民服务中心后，干群关系更亲，社会和谐更顺，幸福指数更高，村两委正带领村民不断向建设“物质富裕、精神富有”的新农村目标迈进。

1 村便民服务中心
2 村委荣誉
3 村篮球场，休闲公园
4 农民公寓
5 村委办公楼
6 整洁优美的环境
7 整洁的办公场所
8 村委会议室

齐贤镇兴浦村

村委门口

兴浦村位于齐贤镇西南，村域面积1.72平方公里，总户数1118户，总人口2848人，现有耕地面积618亩。

近年来，兴浦村两委会紧紧围绕“村村优美、家家创业、处处和谐、人人幸福”为目标的美丽乡村建设方针，着重“四个文明”建设，全面落实科学发展观，团结和带领全村村民积极探索新的发展道路，积极推进美丽乡村建设，以“规范高效、服务群众、便民利民、共创和谐”为宗旨，形成上下合力，使全村的各项事业又好又快全面发展。

整洁的村貌

农民新居

村篮球场

村内道路

村健身区一角

齐贤镇高泽居委会

领导视察

阅览室

居民新居

高泽居委会位于齐贤镇南部，毗邻绍兴县城，地理位置十分优越。辖区面积1.8平方公里，总户数313户，在册人口830人，居委会设立党总支部，有正式党员34名，居民小组3个，居民代表30名。辖区内法人企业单位10家，个体工商户70余家。集体年可支配收入115万元，居民人均收入达到1.5万元。居委会在发展集体经济的同时，全面推进城市化建设，努力改善居住环境，提高居民生活质量，通过近几年的工作，使农村新社区建设迈上了一个新台阶。高泽居委会先后取得了省级体育小康村、市级平安农机示范村、市级绿色生态村、县级卫生村、县级文明村、县级三资管理示范村、县级洁净乡村优胜村等荣誉称号。区域内道路硬化率、绿化率、亮化率均达到100%，生活垃圾处理率到达100%。居委会集体连续数年被有关部门授予先进单位。

村内通道

农民公园

居民小院一角

亭台楼阁

荣誉

孙端镇 新河村

新河村位于孙端镇政府北侧，东临马山大闸江，南临孙皇公路，西临抢险路，北临杭甬高速公路，水陆交通便捷。新河村于2003年6月经行政村调整，由原新河村、畈里周村合并成立新河村，全村现有7个自然村，村域面积1.61平方公里。全村现有1025户，2818人，设16个村民小组。村内现有个私企业8家，工业企业以文教、机械制造为主，农业以畈里周蔬菜基地带动其他农业发展。2011年村级集体经济总收入89.80万元，村民人均纯收入14431元。

宜居美丽环境

村休闲区

农民新居

水产养殖基地

蔬菜基地

花木基地

唯尔福集团新建设项目厂区

至味酱文化博物馆开馆仪式

浙江绍兴华通商贸集团

浙江绍兴华通商贸集团股份有限公司（原绍兴县华通集团有限责任公司）作为全省供销系统本级企业股份化的改革试点单位，成立于2004年3月，由绍兴县供销社、浙江省兴合集团及经营者共同投资组建。注册资本1.5亿元，下辖11家参控股公司，员工5200余人，现有资产总额38亿元。

集团主要经营生活资料、生产资料、棉花收储、实业投资、房地产开发及生活用纸、食品、药品、棉纱等生产销售业务，拥有超市、医药、农资三大经营网络的2300余家连锁网点，并拥有大型商厦、农庄、钢材市场和遍布绍兴县各主要集镇的农副产品综合市场等。

华通医药现代物流基地外景

集团自成立以来,经济效益保持高速增长，年年荣列全省县级供销社第一、绍兴县商贸服务企业五强(十强)，被绍兴县委、县政府纳入首批“131”行业龙头企业，并先后荣获“全国供销社系统百强企业”、“绍兴市商贸流通骨干企业二十强”等称号。

集团参控公司有浙江供销超市有限公司、浙江华通医药股份有限公司、绍兴华通市场有限公司、绍兴供销大厦有限公司、唯尔福集团、绍兴至味食品有限公司、绍兴华通色纺有限公司、绍兴县华通实业投资有限公司、绍兴县华都房地产开发有限公司、绍兴县农业生产资料有限公司、绍兴县夏履生态农庄有限公司。

华药物流内景

唯尔福集团参加展销会

华通市场所属中国轻纺城综合市场

中国轻纺城综合市场内景

中广有线
CHINA CABLE
绍兴县分公司
高清电视+点播功能+3D频道
拥有高清互动一步实现
详询中广有线各营业厅或拨打客服热线：85569123

天津滨海农村商业银行
绍兴支行

天津滨海农村商业银行成立于2007年12月，是国内首家总部坐落于天津滨海新区的股份制商业银行，是国家推进滨海新区金融开发开放的重大成果。先后获得金龙奖年度“最佳农村商业银行”、“最具创新能力银行”、“最佳企业社会责任奖”，2011年9月，荣获“首届全国十佳农村商业银行”，并位居榜首。天津滨海银行坚持理念创新、体制创新、机制创新、产品创新、发展模式创新，坚持事业部制发展模式和流程银行管理构架，正在成为国内银行业一颗冉冉上升的新星，现上市筹备工作全面启动。

绍兴支行是天津滨海银行在东部设立的第一家直辖支行，也是东部发展事业部（按一级分行模式运作）辖下的第一家支行。支行将按照总行提出的积极培育“诚信自律、团队合作、客户为先、平等沟通、风险控制”的核心价值观,秉承总行“诚信、创新、服务、务实、和睦”的企业精神，融合绍兴特有的人文文化，始终坚持服务“三农”的经营方向，牢固树立“社区型零售银行”的市场定位，扎根绍兴，面向中小微企业、服务社区大众，为客户提供最佳服务，助推地方经济发展。在风险可控的前提下，努力保持可持续发展，打造稳健经营的“特色精品银行”和“现代化流程银行”。

银行大门口

办事大厅

业务接待

银行全景

ICBC 中国工商银行 绍兴支行

中国工商银行股份有限公司绍兴支行现辖1个营业部、15个二级支行、3个分理处，拥有员工286人，是30家工商总行级重点县支行之一，是省工行系统内的重点支行、省级文明单位，已连续八年进入全省工行系统县（市）支行经营绩效综合排名前十强。

近年来，工行绍兴支行以建设区域最盈利、最优秀、最受欢迎的零售银行为愿景，在支持地方经济社会不断发展的同时努力实现自身经营规模的壮大。截至2011年末，支行本外币存款余额为130.06亿元，比年初新增13.11亿元，本外币贷款余额为129.76亿元，比年初新增14.82亿元，存贷款增量均位居四行首位，各项经营指标位列全省工行系统前列，先后被省工行评为：全省信贷资产质量管理优秀支行、全省国际业务发展先进行处、全省网上银行突出贡献支行、全省优秀理财中心、省级安保综合治理先进单位，被中华全国妇女联合会评为“全国三八红旗集体”，被中共绍兴县委、县人民政府授予“县级先进单位”、“县级治安保卫重点单位先进集体”、“十佳小企业专营机构”、“服务经济优胜银行”和“优质服务先进单位”，被县总工会评为绍兴县工会工作先进集体，被县财贸工会评为绍兴县文明服务示范单位。党总支书记、行长俞美霞同志被省工行评选为“浙江工行骄傲”人物、“优秀党务工作者”，被市工行评为“十佳高级管理人员”。

支行党总支书记、行长俞美霞

成立商友俱乐部，签订战略合作协议

开展金融宣传活动，普及金融业务知识

积极走访中小企业，加大金融服务支持力度

举行投资理财会，回报中高端客户

参加全国三八红旗集体颁奖典礼并领奖

红歌嘹亮迎七一

中国农业银行绍兴县支行

王金春行长

中国农业银行绍兴县支行成立于1979年，拥有目前绍兴县四大行中最多的服务网点、最大的电子化网络和最广泛的客户群体。全行共有27家网点，以及遍布城乡的ATM和自助银行设施。

自2002年从绍兴市区迁址柯桥的十年间，该行各项存款从42.32亿元增加到188亿元，增幅344%；各项贷款从29.25亿元增加到138亿元，增幅372%，存贷款总量始终保持四大行首位，各项主要业务经营指标一直位居农行系统前茅，多次获得全国农行百强支行、全省农行十佳支行、纳税大户、服务经济优胜银行等荣誉称号。

2011年，该行在国家货币政策趋紧的情况下，继续加大了对绍兴县经济的支持力度，当年人民币各项贷款增量10.78亿元，占四大行当年贷款总增量的40.55%。同时，该行还充分利用农行跨境贸易人民币结算、内保外贷、跨境融易通等一系列新产品，为一大批外贸型企业解决了融资难问题。

下阶段，绍兴县农行将继续紧扣绍兴县“十二五”规划要求，全面细化落实相关配套的支持举措，继续以与时俱进的服务和经营理念，精心搭建金融服务经济的桥梁，积极发挥县域金融主渠道作用，不遗余力地推动绍兴县经济发展。

“公众金融教育服务”宣传

客户联谊会

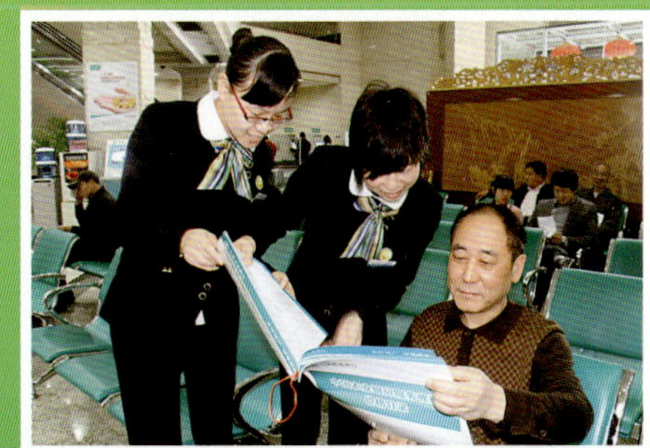
贴心服务客户

学习雷锋感恩社会千人签名活动

员工野外拓展

走访企业

绍兴银行 轻纺城支行

BANK OF SHAOXING

央视采访

营业大厅

近年来，绍兴银行轻纺城支行坚持服务地方经济，服务中小企业的经营理念，进一步发挥区域优势，正确处理好规模、质量、效益三者关系，各项业务取得了长足的发展。截至2011年底，各项存款余额为37.95亿元，比上年末增加5.78亿元，日均存款34.34亿元，比上年末增加6.02亿元，增幅21%，圆满完成总行下达的34亿元的日均目标；各项贷款余额为33.49亿元，比去年增加4.07亿元，增幅13.85%；不良贷款余额为251万元，比上年末下降了26314万元，不良率0.07%，全年实现账面利润8532万元。支行被绍兴县人民政府评为优胜银行，支行党支部被总行党委评为五好党支部。

物芳志远 信诚行健

中小客户金融服务专家

绍兴银行 您的银行
BANK OF SHAOXING YOUR BANK
客服热线 0575-96528
网址：www.sxccb.com

中国轻纺城围巾市场

围巾产品展示

中国轻纺城围巾市场是政府全资打造的专业批发市场，坐落于全球纺织品交易中心浙江省绍兴县柯桥。市场距杭甬高速柯桥出口和轻纺城传统面料交易区分别仅4公里和1.5公里；万国中心、时代广场、世贸中心等外贸交易区隔路相望；周边还集聚了中国轻纺城国际会展中心、轻纺城坯布市场、仓储物流中心、万达广场等主要商业配套设施，市场地理位置十分优越。

围巾市场是轻纺城“二次创业”的新兴市场。中国轻纺城拥有注册经营户（公司）2万余家，常驻国（境）外采购商近7000人，国（境）外代表机构近千家，全球每年有1/4的面料在此成交。围巾作为轻纺产业链上的一部分，在轻纺城的发展有着无可比拟的优势，轻纺城成熟的贸易平台给入驻经营户提供了稳定的境（内）外采购商及良好的物流、产业上下游配套服务。市场规划总营业用房1400余间，凭借优越的软硬件环境及良好的发展前景，自2010年12月份招商启动后立刻吸引了义乌、桐庐、临平、临安等地的大批围巾经销商与生产商，“义乌鑫兴服饰”、“桐庐华艺围巾”、“桐乡格霏服饰”、“湖州厉华服饰”、“新昌保罗思黛”、“临安亚宏围巾”等知名经销商、生产企业纷纷抢滩入驻。市场一期300余间营业房已于2011年5月6日盛大开业，产品涵盖真丝、羊绒、合成纤维、人造纤维多种质地的围巾、头巾和披肩等各类品种。

招商服务热线：0575—85528008　85687888
地址：中国浙江绍兴金柯桥大道1639号（金柯桥大道与钱陶公路交叉口）

新昌保罗思黛服饰有限公司

各式围巾

临安亚宏丝织厂门市部

杭州华威围巾

浙江春夏秋冬纺织品有限公司

浙江春夏秋冬纺织品有限公司位于亚洲最大的纺织品集散地——中国轻纺城绍兴柯桥。企业创建于1998年，是一家以纺织产业为主业，集对外投资、房地产开发、资源矿山开发等行业为一体的综合性、成长型集团企业，其中，万禾纺织是大型的纺织生产基地，配有意大利织机及一整套纺织先进设备，专业生产高档T/R面料和各种化纤面料，年产量3000万米。公司拥有独立的纺织品研发中心，配有纺织、印染等高级专业技术人员15人，强化了自主研发能力，充分挖掘和应用大专院校及科研机构的先进成果、国际的最新流行面料，并将其转化成为具有商品价值和满足国内外需求的适销产品，年开发新产品约1000只，均被国内外客户的广泛认同和青睐。春夏秋冬公司拥有外贸进出口经营权，配有一支高素质的营销精英团队、坚持“客户获利、企业获益”的经营理念，凭借完整的销售网络，优良的品牌以及满意、周到的服务，文明的经营，产品畅销全国各地并远销欧洲、香港、东南亚、中东、非洲等二十多个国家和地区，受到了国内外客户的一致好评，2007年出口额3000余万美元，并以每年50%左右递增速度持续发展……

短短10年的发展历程，浙江春夏秋冬企业创造了“共享真诚、共创价值”的春夏秋冬精神，始终坚持“信誉第一、品质第一、客户获利、企业获益”的经营宗旨，使“春夏秋冬”品牌远播四方。

目前，浙江春夏秋冬企业已通过了IS09001-2000质量管理体系认证和IS014001-2004环境管理体系认证，2004年度AAA级资信企业,2005年被评为“2005年上海国际服装纺织品贸易博览会优秀展品入围企业”,2006年被评为“绍兴市对外贸易诚信企业”,2007年被评为“中国流行面料入围企业”,2007最具价值品牌,2010年被绍兴县柯桥经济开发区评定为“和谐企业”,纳税十强单位,A级守合同重信用单位等。

当前，面对新的全球化竞争条件，春夏秋冬企业不断提炼品牌的核心价值，确立全球化品牌战略，秉承“共享真诚、共创价值”的企业精神和“认真、快、坚守承诺”的工作作风，挑战自我、挑战明天，携手全体员工，努力奋进，为社会创造更大的价值。

宽敞的办公大厅

西服面料展示

产品陈列室

风衣面料系列

公司大厅接待处

业务洽谈室

公司休息室

高档面料分布区

浙江凤凰庄纺织品有限公司

浙江凤凰庄纺织品有限公司是一家以科学化管理为先导，以庞大的国内外销售网络为支持，以领先的开发能力为依托的纺织品专业贸易企业。2011年公司的营销总部、形象中心、培训中心——凤凰庄工业园区已经正式投入使用，占地面积上百亩。

公司坚持“重塑行业标准，铸就民族品牌，帮助客户提升”为己任的发展战略，同时开展“产品创新化、品质标准化、服务个性化、管理规范化”的四化建设，到2010年已取得了产品研发、品管管理、营销渠道建设方面的阶段性胜利，并提出“要在三年内建设达到上市标准”的口号，从公司形象、品牌含金量、人才转型三方面实现再次提升。

生产开发办公室

仓储中心

凤凰庄产品发布会现场1

凤凰庄产品发布会现场2

凤凰庄国家面料检测中心

办公室

公司积极响应“创新发展”的号召，整合日本东丽设计师团队、澳大利亚艺术家团队、深圳一流服装设计团队、轻纺城实力开发工程师团队，并引进西北纺院、成都纺院等纺织名校的绩优生，成立了针织项目组、牛仔项目组、印花项目组等系列产品开发团队，技术力量雄厚，信息渠道广泛，开发出了众多市场畅销产品，计划从2012年开始，每月注册专利产品50件以上。

公司全力建设轻纺城市场上最科学最完善的质量管理系统，将于2011年底建设成的凤凰庄检测实验室和检验车间，投入300万元配置国标检测仪器，并全部使用全自动检验设备和产品等级管理模式，将每匹产品详细信息录入数据库管理，全面提升产品品质。目前，公司的“凤凰庄”“天衣阁”“百变”“环影”品牌已经在各自领域取得了不小的成绩。

公司现阶段柯桥设有4家门市、国内拥有13家分公司，其中包括：沈阳、西柳、北京、石家庄、郑州、武汉、株洲、杭州、广州、新塘、深圳、成都、重庆。计划到2015年公司销售网点深入到各省二、三级城市。

凤凰庄工业园

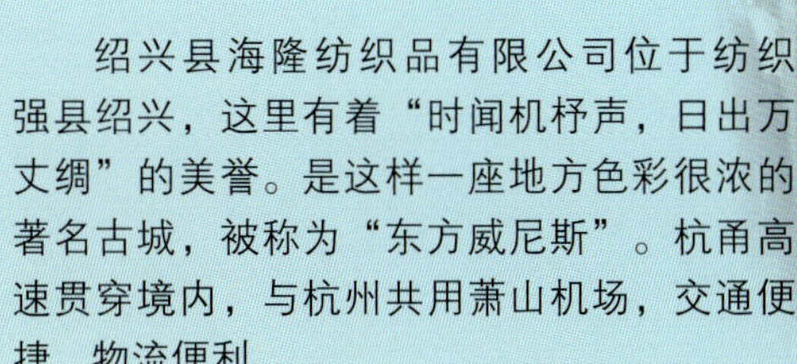

绍兴县海隆纺织品有限公司位于纺织强县绍兴，这里有着“时闻机杼声，日出万丈绸”的美誉。是这样一座地方色彩很浓的著名古城，被称为“东方威尼斯”。杭甬高速贯穿境内，与杭州共用萧山机场，交通便捷，物流便利。

海隆纺织品有限公司主要经营全涤面料、化纤面料、雪纺印花、罗马布印花、FDY染色、罗马染色、FDY烫金、色丁印花烫金、针织抽条布、针织抽条布等。

绍兴县海隆纺织品有限公司

公司正厅

产品系列

公司业务洽谈处

客户的需求就是我们的原动力。我们本着诚信、务实、双赢的企业理念，坚持“以质为本，以服务取胜”的经营原则，追求高起点发展，努力打造互利的合作平台，积极拓展商贸新领域，真诚希望与您携手合作，互利共赢。

浙江新风集团

浙江新风集团，创立于1988年，坐落在绍兴县柯岩街道新风村，现有职工共1500余人，固定资产10.5亿元，为绍兴县重点工业企业。集团以热电为基础，逐步发展成为一家集热电、塑业、印染、运输和物资、房地产开发、餐饮、旅游等多行业发展的民营集团公司，下属绍兴县新风印染有限公司、浙江新风热电有限公司、浙江新风塑业有限公司、华越房地产有限公司和兰亭国家森林公园（旅游度假区）。新风热电有限公司拥有2.4万kW发电机组，年为附近60余家企业、事业单位供热80万吨，向电网供电1.5亿度。新风塑业有限公司从德国、日本引进多条BOPP高速生产线，年产能达6.7万吨，主要生产12-60μ规格不等的印刷膜、制袋膜、镀铝膜、消光膜等，产品被广泛应用在食品、农业、医药、化工、电子、环保等各个领域。新风印染有限公司为集团下属骨干企业，拥有员工1202人，总资产达5.3亿元，拥有日本的平网印花机，德国的圆网印花机，年加工高档印花、染色产品8000余万米，产品远销二十多个国家和地区。集团连续被命名为绍兴县五十强企业，绍兴县自营出口十佳企业。

公司以睿智的目光，突出“人才战略”，进一步确立“人才就是效益，人才就是竞争力，人才就是发展后劲”的理念，坚持走集约发展、创新发展和谐发展之路，全面落实科学发展观，积极推进有效投入，为实现“十二五”规划作出新贡献。

1　新风商贸
2　新风大酒店
3　新风热电办公楼
4　新风房地产开发楼盘
5　新风印染车间
6　新风热电数控室
7　下属企业——兰亭国家森林公园度假区

浙江亚太药业股份有限公司

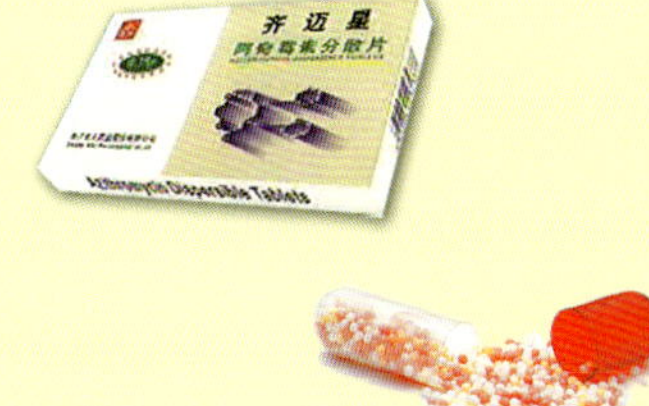

技术人员在药物检测现场

浙江亚太药业股份有限公司创办于1989年12月，2010年3月16日在深交所正式挂牌上市（股票代码为002370），公司是一家以化学制剂的科研、生产、销售于一体的专业化、规模化的高新技术企业。公司始终以“关爱生命、为人类健康事业而奋斗”的历史使命，以“品质、品牌、品格”为企业核心价值理念，不断推出疗效显著、切合医生和病人需要的药品。通过20多年的不懈努力，目前公司已发展成为厂房总占地面积8.9万余平方米，总资产4.5亿元，员工900余人（其中大专及以上学历300余人）的大中型化学制剂龙头企业。目前公司拥有片剂（含青霉素类）、硬胶囊剂（含头孢菌素类、青霉素类）、透皮贴剂（激素类）、冻干粉针剂、粉针剂（头孢菌素类）等7个符合国家GMP标准的现代化制药生产车间，已有近20项技术获国家专利，公司先后被评为“国家火炬计划高新技术企业”、“浙江省高新技术企业”、“绍兴市技术创新示范企业”、“绍兴市成长型工业企业二十优企业”，亚太技术研发中心被评为“浙江省省级高新技术研究开发中心”，“雅泰”商标被评为“浙江省著名商标”，公司连续4年被评为绍兴市诚信企业，并被浙江省工商行政管理总局评为“重合同，守信用”单位。

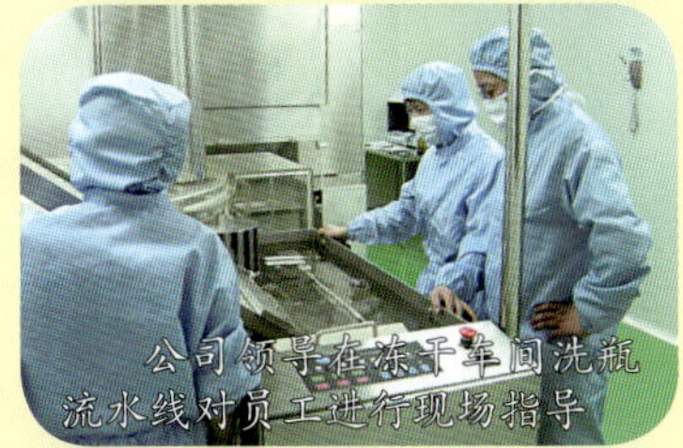
公司领导在冻干车间洗瓶流水线对员工进行现场指导

公司领导在冻干车间包装流水线培训员工

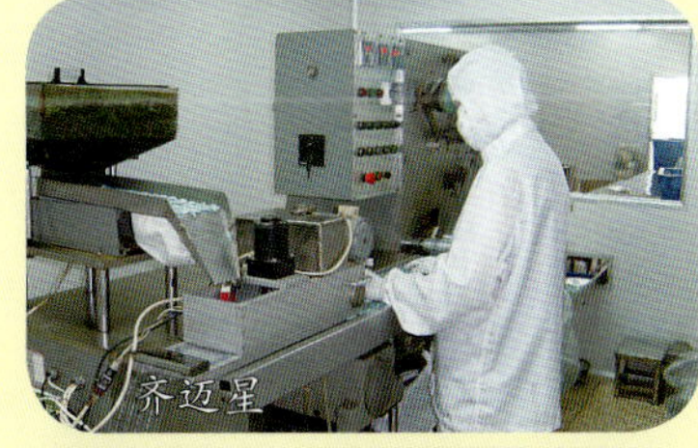
齐迈星

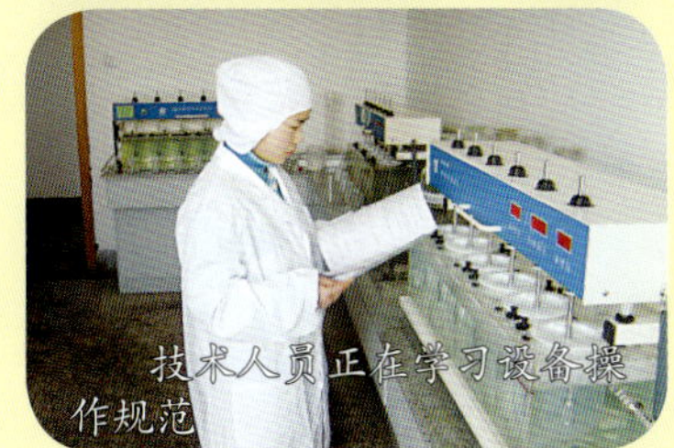
技术人员正在学习设备操作规范

目前公司下属化学制剂、原料药、诊断试剂等三大块业务，生产的有5种剂型共63种药品品种、89个药品规格，治疗领域涉及抗生素、抗病毒、心血管、消化系统、解热镇痛等五大类，产品已经覆盖国内24个省、市、自治区，在全国各省设有50多个办事处。

今后，公司将不断提升产品结构、强化市场，发挥科研优势，走高科技创新发展之路，树立企业品牌形象，把自身发展成为具有一流竞争力的制药企业，创亚太药业知名品牌。以一流的经营理念，一流的生产管理，造就一流的产品，铸造大众信赖的著名药企品牌，成就人类健康。

浙江高强度紧固件有限公司

浙江高强度紧固件有限公司创建于1987年，是集研发、生产、销售于一体的专业制造通用零部件及新能源专用级高强度紧固件企业。为全国紧固件标准化技术委员会委员单位、全国管路附件标准化技术委员会委员单位、全国压力容器标准化技术委员会压力管道安全分会委员单位、全国船用机械标准化技术委员会管系附件分委员会委员单位。

公司建有漓渚工厂和柯桥工厂，总共占地面积76705平米，厂房面积39900多平方米，企业管理人员106人、生产人员367人、QA/QC人员45人，拥有各类先进生产及检测设备三百余台（套），生产各类标准——（GB、ANSI、DIN、EN、RCCM-2007、JIS、ISO）及国内行业标准（SH、HG、JB、GD、GJB）的各类高强度螺栓、螺母、螺柱（丝棒）及非标特殊紧固件。产品共分6大类产品：(1)石油化工用系列紧固件产品；(2)核电专用系列紧固件产品；(3)航空项目、军工项目系列紧固件产品；(4)国家轨道交通——高速铁路、地铁建设用紧固件产品；(5)风电建设用紧固件产品；(6)钢结构建设用系列紧固件产品。

公司技术力量雄厚，设备齐全精良，产品质量上乘，售后服务周到，已通过ISO9001：2008质量管理体系认证、GJB9001B-2009军工产品质量管理体系认证、ISO14001：2004环境管理体系认证、OHSAS18000认证。

公司是国家高新技术企业、拥有特种设备制造许可证，是浙江省工商企业信用AA级“守合同、重信用”单位，“高强”牌紧固件被评为浙江省著名商标。公司独立开发出12种高强度核电专用系列紧固件、耐低温抗腐蚀石油化工用系列紧固件、高强度抗腐蚀船舶机械用系列紧固件和高强度航天机械用系列紧固件，并于2010年获得发明专利“特种紧固件”的生产方法。

PICC 中国人保财险

绍兴人保财险

公司外立面

中国人民财产保险股份有限公司绍兴支公司是中国人保财险绍兴市分公司下属规模最大的县支公司，是县内最大的财产保险公司，自2001年落户以来，经过多年的发展，以雄厚的经济实力、高素质的人才队伍和领先的技术优势，在绍兴财产险市场发挥着主导作用。公司营业网点遍布全县各主要乡镇（街道），下设柯桥、钱清、齐贤、漓渚、杨汛桥、安昌、平水等11个营业部、营销服务部。现有员工100多人。已开办财产、车辆、货运、各类责任等财产损失保险、短期人身意外伤害保险、政策性农村住房保险、政策性农业保险、短期健康保险业务，业务范围覆盖绍兴县非寿险所有领域，保险服务获得各界人士好评。公司先后被绍兴县委、县人民政府授予“文明单位”称号，多次被评为系统省、市级“先进基层党组织”，系统省、市级“双文明”建设先进集体，获省市系统“经营管理先进单位”等荣誉，连续三年被绍兴市劳动和社会保障局评为2006、2007、2008年度市级“劳动保障诚信单位”，近年来，又获总公司“先进基层党组织”、“先进集体”、“全国农村保险示范县”，连续两年获总公司系统“全国标杆县区支公司”。

公司承保大厅

近年来，公司业务规模、经营效益、市场份额、上缴税收等主要经营指标均位居全市同类公司第一。2011年，实现保费收入2.28亿元，同比增长24%；市场份额55.85%，同比上升0.46个百分点；是2011年绍兴县实缴地税排名前100强企业中唯一的保险企业。保险作为经济发展的“稳定器”，在化解企业的经营风险、防灾减损方面起着重要作用，公司全年承担财产险风险额600多亿元，共承保车辆5万多辆，承担车辆险风险额近300亿。自2006年政策性农房险在我司开办以来，实现了连续七年100%承保面；政策性农业险在2007年试点成功后，连续5年来为全县水稻、蔬菜大棚、生猪、能繁母猪、鸡、鸭、露地西瓜、公益林火灾等系上了“安全带”。2011年公司共计赔款近亿元，为全县出险企业、家庭、农户和机动车辆客户提供了强有力的保险保障，为绍兴县域的经济发展起到了保驾护航的作用，为绍兴县的繁荣和稳定做出了一定的贡献。

公司严格遵守《车险行业自律公约》与《企财险行业自律规定》，特别是把规范经营交强险、农业保险等强制性、政策性保险业务放在首要位置，严格执行交强险费率浮动办法、手续费支付标准等业务管理规定。公司与各营业部、营销服务部、职能部门等负责人签订了《依法合规经营承诺书》，共促公司依法合规经营，推动公司健康、合规、向前发展。

优质服务是公司可持续发展的动力。2011年来，配合上级公司完成理赔事业部改革；加强理赔队伍建设，提高理赔人员素质，加快案件处理速度，切实履行“万元以下车损案，一小时通知赔付承诺”，要求当天案件，当天接案，当天定损，当天完成系统操作；规范职场建设，扎实做好窗口“规范服务达标”；积极开展“拜访重要客户”活动；认真部署客户节活动，集中服务资源优势，加大节假日特别是“十一”黄金周期间承保出单、查勘定损的值班力度，规范职场礼仪，做好行车导航、故障救助等服务保障工作，提高客户满意度。

公司将继续充分发挥保险的“助推器”和“稳定器”作用，在确保绍兴县区域市场主导地位的同时，积极优化服务举措，提升优质服务能力，确保公司各项工作又好又快发展。

公司理赔大厅

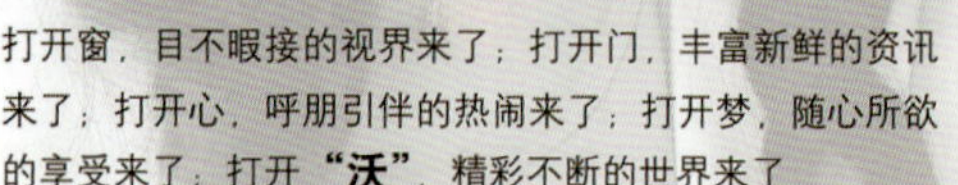

中国联通绍兴县分公司

2011年中国联通绍兴县分公司全年GSM\WCDMA用户累计新增9.9万户，住宅宽带入网量同比增长17%。新建移动基站12个，覆盖高铁沿线，柯桥城区及滨海工业园区；新建OLT机房16个，新增PON（OUN）设备600多套，室分系统35个，网络覆盖与网络质量得到大幅改善。

为普及3G，中国联通绍兴县分公司推出多款千元智能机。其中多款手机带有安卓操作系统，WIFI、蓝牙等不同功能的3G移动互联网手机。这些手机具有高速全网页浏览、互联网应用丰富、扩展性强、W+G双网双待等不同特点，同时推出“预存话费送手机”与“购手机送话费”的合约计划，合约价均在1000元左右。

绍兴秀之秀针纺有限公司

绍兴秀之秀针纺有限公司是一家集针织产品研发、生产、销售于一体的综合性企业，公司位于绍兴孙端工业园区，距亚洲最大的轻纺产品集散地中国轻纺城以东20公里，紧靠329国道、萧甬铁路、古纤道运河，交通十分便利，地理位置得天独厚，公司占地面积60000多平方米，员工400多人，总资产2亿元，工业总产值达5亿元。

公司经过10多年的稳健发展，已具备以涤丝加弹、坯布织造、印染加工、拉绒、摇粒到家纺的一整套现代化生产设备，公司年生产摇粒绒和双面绒2万吨，毛毯500万条，单面汗布和三线卫衣5000吨，产品畅销欧美、东南亚、南美、非洲、大洋洲等30多个国家和地区。

公司一直秉承“产品质量为企业的第一生命的创业信条”，始终坚持走多元化、个性化生产之路，努力为国内外客户提供高品质的产品，同时随着企业的不断壮大，为绍兴的地方工业经济作出应有的贡献。

董事长王国权

总经理致辞

热忱欢迎每位加盟绍兴秀之秀团队的员工和朋友！公司将尊重、关心、爱护每位员工，为有志者提供发展的机会，为有为者提供创业的平台，让大家人尽其能，各尽其才，人才荟萃，永远生机勃勃！

在这个充满机遇与挑战的时代，唯有广纳人才，不断创新，超越自我，公司才具备永恒的活力，生存和发展的空间才会更加广阔。

市场的需求就是我们奋斗的目标，客户的满意就是我们最终的目标，建设一流团队，创建一流的企业是我们永恒的追求，我们将以宽广的胸怀，大海般的挚爱，真诚地与所有有识之士共创辉煌的明天！

公司全景

生产车间

定型车间

蒸汽车间

车间

产品陈列室

产品展示

公司会议室

浙江省工商企业信用
A 级
守合同重信用单位
绍兴县工商行政管理局
二〇〇四年三月

绍兴县
远大轻纺原料有限公司

2008年度工业奥林匹克竞赛
市场经营户创税二十优
中共钱清镇委员
钱清镇人民政
二〇〇九年一月

绍兴县远大轻纺原料公司是一家经销轻纺织品原材料的商贸企业，其品种齐全，价格优惠，以诚为本对待所有业务单位。多年来受到省内外关系户的一致好评，2002年公司获得县工商行政管理局颁的“光彩之星”称号，2003年获得浙江省工商行政管理局授予的“诚信企业”称号，2004年获得县委宣传部、县工商行政管理局等四部门联合颁发的“诚信企业”称号。2010年再次获得县委宣传部等四部门颁发的“诚信企业”称号，连续多年获镇委、镇政府的表彰和嘉奖！2010年、2011年获县商贸企业纳税（市场内）前十名表彰。2005年获农业银行浙江省分行AAA级企业。

本公司响应国家方针政策——“发展第三产业在整个国民经济中的比重”！在商贸企业中，2010年获绍兴县实缴税费列第十三位。

成绩并不代表未来，公司将继续保持谦虚、低调、诚信等优良作风，努力为社会作出更大的贡献！

中设建工集团有限公司

中设建工集团有限公司是一家拥有房屋建筑施工总承包特级资质，市政、装饰、机电设备、地基与基础一级资质的大型施工企业，能独立承揽各类大型、复合型工业与民用建筑工程和市政公用工程的施工任务。公司设备精良，技术力量雄厚，率先通过了Q/E/O三合一管理体系认证，早在1999年取得对外经营承包权并迈入了全国百强最大经营规模和最佳经济效益的建筑企业行列。

多年以来，公司坚持“创名牌、出精品、规模经营、开拓发展”的方针，奉行“质量求生存、实力拓市场、信誉求发展”经营理念，立足浙江市场，巩固上海市场，拓展全国市场，打开国际市场，业务份额逐年递增。先后承建了多项具有较大影响力的国家重点工程和地方重点工程，累计创建“鲁班奖”、建设部优质样板工程、国优银奖工程、全国用户满意工程、詹天佑大奖优秀住宅小区金奖工程、老挝国家优质工程、上海市“白玉兰杯”、浙江省“钱江杯”等国家、省、市级优质工程100余项。

公司十分注重科技创新，编制了国家级行业标准3项、国家级工法5项，省级以上工法20多项，拥有发明和实用专利41项，创建国家级和省级“QC”成果50多项，创建市级以上节能示范工程20多项。

公司先后荣获全国优秀建筑施工企业、全国质量安全管理先进单位、全国安康杯优胜企业、中国建筑业AAA级信誉单位、全国用户满意企业、全国百家安全文明施工先进单位、全国创新发展企业等称号，连年被评为省级资金管理（特级信用）AAA企业、浙江省先进施工企业、浙江省建筑业诚信企业、浙江省建筑重点骨干企业、浙江省“重质量、守诚信”示范单位和浙江省公众满意质量单位等。

彩虹名家图

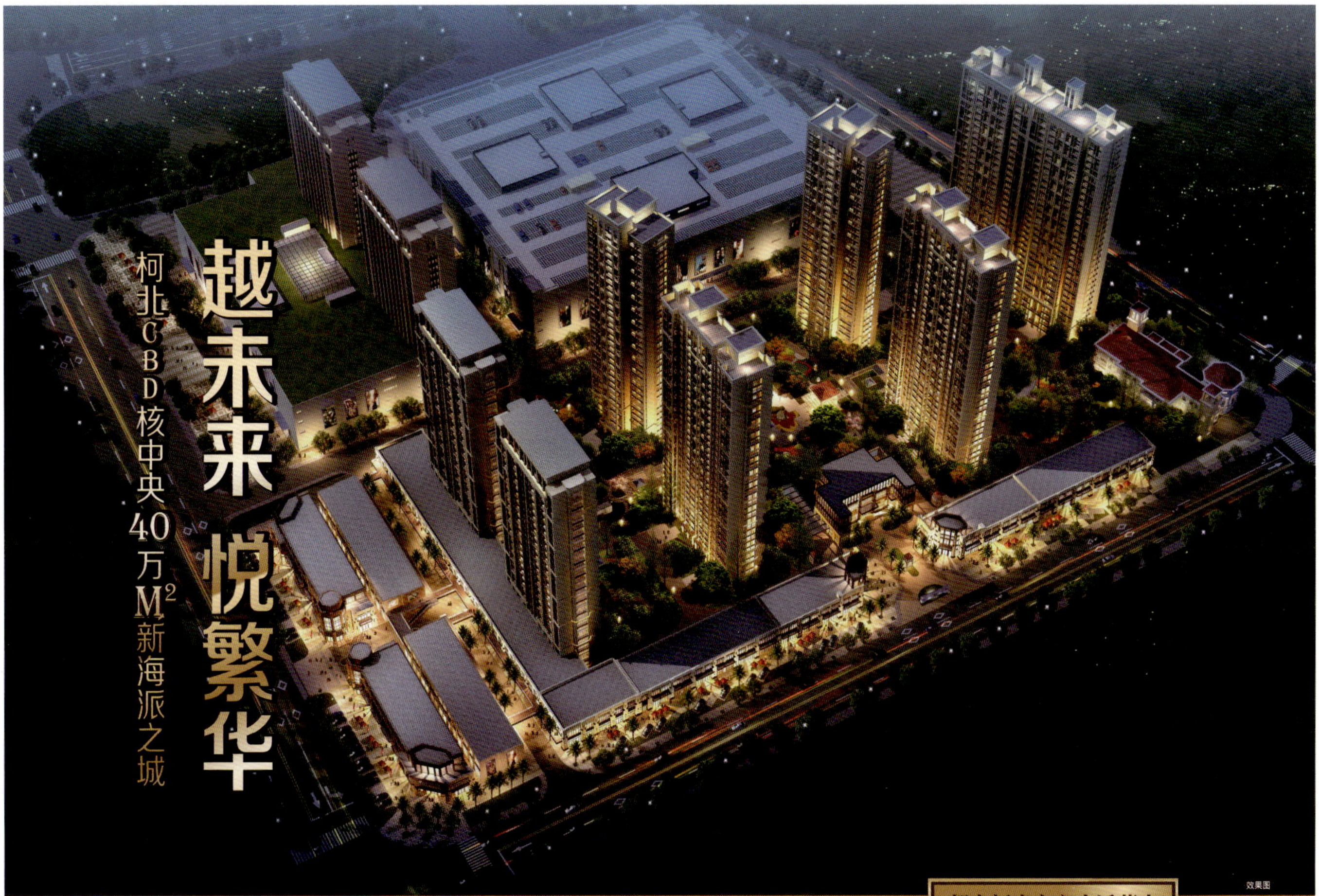

都市新贵主义生活蓝本

长江联合发展集团适值20年华诞之际，以再造一座中心的气魄，礼献柯桥！
集聚众多知名项目（浦江国际金融广场、长发虹桥公寓、世纪飞凡锦城、泊仕郡等）开发经验，
2011年长江于绍兴开启新的航线——长江越领。
联手家居行业龙头红星美凯龙，联袂为绍兴新贵打造这一40万M²摩登之都 新海派大宅，彰显发展商的高瞻远瞩和强劲实力！
本项目位于柯桥CBD核心，紧邻地铁7号线及高铁等，超百万商圈环伺！携红星美凯龙，邻万达，
集高尚住宅、酒店式公寓、红星美凯龙、大型商贸城、家居生活体验馆、时尚商业街区为一体，
以40万M²的姿态，引领柯桥进入新海派生活时代！

最优的资源，最佳的地段，最精心的规划，最专业的团队……
巨匠出品，必属臻品！

Control northward expansion trend, multi-center: CBD, living centers, regional central, business center, cultural and sports center ...with Meikailong, nearby Wanda, aloof the first city of JinKeqiao!
400,000 square meters of urban complex, creating a new life blueprint for urban upstart!

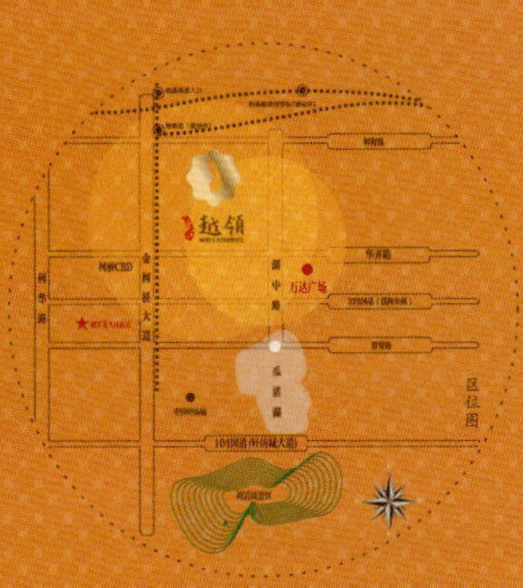

绝版地段 | 钻石配套 | 立体交通 | 欧式浪漫 | 文化大宅 | 品牌地产 | 尊崇服务

VIP LINE
0575-8998 3333

销售展示中心
柯桥兴越路1490号现代大厦（近湖西路）

发展商／绍兴世纪长江房地产有限公司　营销代理／上海华燕置业发展有限公司

越領
NOBLE RESIDENCE

北海森海豪庭酒店

金帝海曼城

浙江众立建设集团有限公司

丽晶国际效果图

宁波郡原广场工程

沈阳凤城亿丰国际商贸城工程

浙江众立建设集团有限公司前身为浙江建筑工程有限公司，成立于1978年，历经三十余年发展，已成长为一家集房屋建筑、装修装饰、地基与基础、金属门窗、机电设备安装、钢结构、市政公用工程为一体的综合性国家一级施工总承包企业，能独立承建各种高、大、难、尖的工程项目。公司注册资本11880万元，固定资产12980万元，拥有员工2000余名，其中各类专业技术人员500多名，一、二级注册建造师60余名。下设区域分公司7家，年施工能力超过500万平方米，年产值近60亿元。

公司始终坚持“以质量求发展，以品牌创声誉，以诚信拓市场”的战略方针，奉行“团结务实，开拓创新”的企业精神，秉承“建一项工程，树一座丰碑，拓一方市场，交一批朋友”的企业信念，施工足迹遍布浙江、上海、安徽、江苏、广西、山东、辽宁、山西、河南等省（市、自治区），并保持良好的发展势头。公司历年来创建 “钱江杯”、“白玉兰杯”、“黄山杯”、“南珠杯”、“西湖杯”、“珠城杯”、“迎泽杯”、“东方杯”、“兰花杯”等省（市、自治区）级优质工程30余项，并获得国家AAA级安全文明标准化诚信工地等荣誉。连续11年公司被评为“重合同、守信用单位”和AAA级信用企业。大音希声、大方无隅。浙江众立执着创造更多精品工程的精神永不停息，携手各界同仁共创辉煌的使命仍将延续。

舟山新湖保亿御景国际一期

上海香伦大酒店

马鞍山名仕苑

翡翠公馆全景鸟瞰图

翡翠公馆中央公园近景

翡翠公馆全景透视图

栋升置业
以翡翠品质构筑优越生活

浙江栋升置业有限公司隶属于浙江炎中控股集团，公司成立于2007年6月，主要致力于房地产开发与经营。公司坚持“创造精品，奉献社会”的经营理念，积极引进现代化管理制度，不断提升企业的整体素质和实力。

翡翠公馆是浙江栋升置业在柯桥开发的首个房地产项目，也是公司重点打造的项目。因此，公司选择了与泛亚国际、雅克设计、戴德梁行等国内外知名公司一起合作，力争使之成为柯桥楼市的一块“翡翠”。翡翠公馆自面世以来，一直受到外界的关注和支持。从2010年7月精美样板生活区开放、8月5号楼火爆热销、9月“印象瓜渚”摄影大赛、12月5、6号楼盛大结顶仪式到2011年1月3号楼开盘签约70%，翡翠公馆无疑创造了柯桥楼盘开发的新速度和新高度。

从浙江栋升置业的发展战略来讲，翡翠公馆不是目的，只是开始，栋升置业的未来依然会恪守严于律己的态度，继续对高品质的不懈追求。

翡翠公馆阳台远眺瓜渚湖

精装修客厅

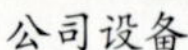
公司设备

浙江兴华利化纤有限公司全景图

浙江兴华利化纤有限公司

公司位于绍兴县华舍工业园区，交通方便，地理优越。公司拥有德国巴马格及国内先进的加弹设备40余台，拥有空气包覆、机器包覆近百台，年产涤纶DTY、包覆丝6万余吨，深受广大客户认可。

主要规格有：

1 涤纶半光DTY：50D/36F、50D/72轻网、75D/36F、75D/48F、75/72轻网、75/144轻网、100D/36F、100D/48F、100D/72F、100D/96F轻网、100D/144F轻网、108D/72F、118D/72F、150D/48F/96F、150D/48F重网、150D/144F轻网、150D/288F轻网、200D/384F轻网、200D/96F、250D/96F、300D/288F、300D/96F重网；

2 大有光DTY：200D/96F轻网、250D/96F 轻网、300D/96F轻网、300D/144F轻网、450D/192F轻网；

3 阳离子DTY：75D/36F、100D/48F、150D/48F、200D/72F；

4 氨纶包覆纱（空包+机包）：70锦纶+40D氨纶、75DDTY+40D氨纶、100DDTY+40D氨纶、150DDTY+40D氨纶、200DDTY+40D氨纶、100D阳DTY+40D氨纶、150D阳DTY+40D氨纶；

5 其他产品：现公司还专营广东新会美达锦纶DTY：40D、70D、100D、140D、210D；FDY：20D、30D、40D、70D、100D等。

公司网址：www.xinghuali88.com

公司秉承“质量第一、信誉至上”的信念，多年来保持着高质量的产品品质，取得了良好的行内口碑，谒诚欢迎新老客户的光临合作！

产品

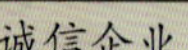
诚信企业

AAA企业

诚信民营企业

菲逊 MD.FUSION

绍兴菲逊纺织发展有限公司

业务洽谈

模特展示

本公司是一家专业从事设计、开发、销售高档印花面料为一体的综合性企业。本着良好的声誉，"以人为本"的产品理念，严格的质量标准，几乎落实到了每一个细小的生产环节。我们希望与各知名品牌企业携手并进，在“合作共赢”的基础上共同来拓展服装面料的新趋势。

面料展厅

本公司主营：化纤面料、针织面料、棉类系列、功能性面料、锦纶提花蕾丝、锦纶氨纶网布、强捻素色针织布，春、夏、秋的梭织、针织、功能性面料等产品.

强势产品：经过近20年的发展，铸造出本公司的强档产品——印花雪纺。产品具有轻薄、柔软、飘逸、滑爽、透气、易洗的优点外，更具舒适性,悬垂性更好。可以达到真丝的效果。面料既可染色、印花, 又可绣花、烫金、褶皱等。上市面料以多种浅彩色调和浅素色泽为主导产品，兼具淡汝素雅之美感。是制作春夏高端时尚女装的理想面料。

宽敞的办公室

我们的员工队伍的结构是；十年以上、五年以上和三年以下的各占三分之一。参与技术开发、设计的人员占三分之一。专科及本科以上学历占三分之一。

产品风格有印花、压皱、提花、烧花及各种素色的高档休闲面料。同时还引进法国、意大利、日本、韩国、台湾等国家和地区的经典时尚的花型再融入菲逊的创意，使“菲逊”的产品一直处于时尚的前沿。成为诸多知名女装品牌的首选面料。

承蒙各合作企业的厚爱，愿绚丽的“菲逊”，给你以美的享受、利益的呵护。用智慧和激情共创美好未来!

总经理办公室

模特展示

公司会议室

业务洽谈室

宽敞整洁的办公楼

绍兴县金冠纺织品有限公司

绍兴县金冠纺织品有限公司坐落在纺织强县绍兴，杭甬高速贯穿境内，与杭州共用萧山机场，交通便捷，物流便利。

公司主要经营全涤面料、化纤面料、雪纺印花、罗马布印花、FDY染色、罗马染色、FDY烫金、色丁印花烫金、针织抽条布、针织抽条布等。产品畅销全国各地并远销欧洲、中国香港、东南亚、中东、非洲等二十多个国家和地区，受到了国内外客户的一致好评。

客户的需求就是我们的原动力。我们本着诚信、务实、双赢的企业理念，坚持“以质为本，以服务取胜”的经营原则，追求高起点发展，努力打造互利的合作平台，积极拓展商贸新领域，真诚希望与您携手合作，互利共赢。

设计室

样品成列室

成品仓库

绍兴鸿鑫印花有限公司

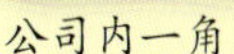
公司内一角

公司大门口

生产车间

绍兴鸿鑫印花有限公司成立于1990年，经历了几十年的发展，公司已经形成实业与外贸一体经营的规模。公司拥有1.6米转移印花机、2.8米转移印花机、1.6米—3.2米的转移印纸机，可生产加工高档床上用品，卷帘，浴帘，服装，风景人物工艺品等图案的印花纸及印花加工。公司还拥有绣花机、1.6米—2.8米的复合机和干洗两用的大型磨毛机，能为广大客户提供各种面料磨毛。公司还兼营外贸业务。公司本着诚信经营的原则深受客户的好评，我们将竭诚为您提供最优质的服务。

董事长为绍兴县第十四届人民代表大会代表

印花新花样

绍兴县永通丝绸印染有限公司

公司大门口

数码印花丝绸产品系列

数码印花高速机工作现场

绍兴县永通丝绸印染有限公司始建于2002年7月，坐落于素有酒乡、桥乡之称的浙江绍兴，全国500经济强镇钱清镇凤仪村珠墅。公司占地25亩，建筑面积25000平方米，拥有圆网印花机四台、韩国进口定型机、蒸化机各一台等较先进的染整、印花设备，现有职工418名。

公司是一家专业生产人造棉印花布、T/C、T/R印花布、全棉印花布、亚麻棉印花布、苎麻棉印花布，成衣台板系列、植绒雕印系列、金银片（粉）系列、数码印花系列、真丝、仿真丝围巾系列等品种的生产厂家，其中生产的人造棉印花布在中东地区是抢手货。

2010年数码印花产品《梦茧绸》丝绸面料及《世博梦巾》和《世纪之光》数码印花丝绸画轴已荣获浙江省新产品，以及在上海世博会上展出的二卷合一的《富春山居图》数码印花丝绸画轴等，荣获上海世博会全球华人设计大赛“特殊贡献奖”。2010年3月“二会”中央电视台小萌《见证履职》走进浙江代表团专题报道中，作为浙江和绍兴企业节能减排、转型升级题材，在我公司数码印花车间进行了现场连线直播，以及2010年7月浙江卫视新闻联播中《数码印花的诱惑》，对我公司高科技数码印花研发和创新带来的节能减排等经济效益和社会效益，进行了跟踪报道，受到了全社会的广泛关注。《真丝与仿真丝数码印花工艺》获得国家专利局发明专利。公司已成为浙江省科技型企业、绍兴市专利示范企业、绍兴市高新技术企业、绍兴县创新型企业、钱清镇自营出口二十强。

公司荣誉

绍兴县阳嘉龙羽绒厂

绍兴县阳嘉龙羽绒厂成立于1991年，系中国羽绒工业协会常任理事，公司目前拥有“越兴”注册商标，企业连年被评为重合同、守信誉和出口创汇先进单位，2007年通过ISO9001-2000国际质量管理体系认证。

本厂专业开发、产销各档规格的鹅绒、鸭绒、毛片原料及羽绒制品，拥有自营进出口权。设备先进，有分毛、水洗、打包一条龙生产线，具备来料加工制造的能力，产品质地优良，出口远销欧、美、日及东南亚地区，深受国内外客户的青睐。工厂本着“质量第一、诚信为本”的经营理念，视质量为企业生命，视服务为前进桥梁，发展科技，重视环保，完善质量管理体系，不断引进先进的生产、检测设备，使阳加龙羽绒制品在国内、国际市场赢得较好的声誉。目前为了开拓客源，愿向广大厂家提供最好的价格和最好的服务。

本厂地处中国文化名城——绍兴市北端，南与329国道线相接，北临杭甬高速公路，水陆交通及通讯十分便捷。

本厂愿以一流的产品，优质的服务，良好的信誉，恭候国内外各界人士垂询惠顾。

污水处理

办公区

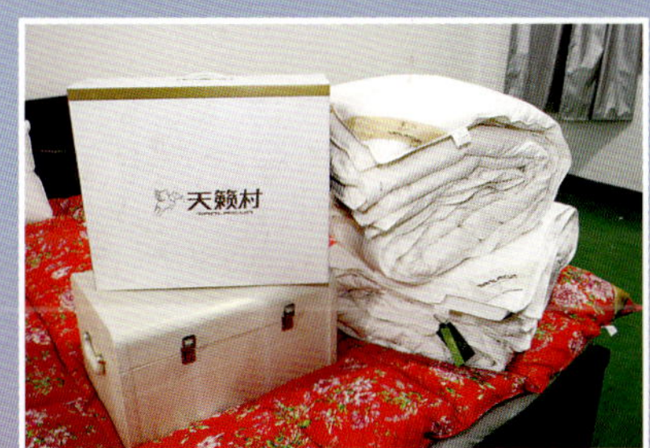

羽绒制品

地址：浙江省绍兴县齐贤镇勤俭村
电话：0575-85572568/0575-85705268
传真：0575-85181874
邮编：312066
WEB：http://www.sxyjldown.cn
EMAL：shgxh@mail.sxptt.zj.cn
mh310@163.com
联系人：成海明

厂区大门口

浙江红绿蓝纺织印染有限公司

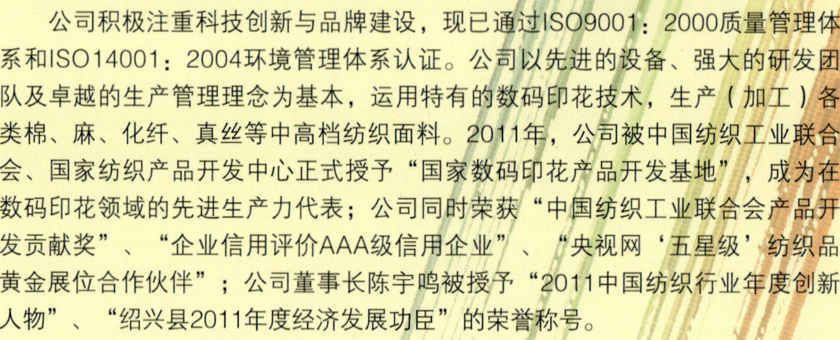
产品陈列室

公司位于中国绿色印染研发生产基地——省级工业园区绍兴县滨海工业区，毗邻亚洲规模最大的纺织品集散研发中心——中国轻纺城，系一家集研发、生产、加工和销售于一体的科技型、环保型印染企业。公司总资产3.2亿元人民币，总占地9.2万平方米。

公司积极注重科技创新与品牌建设，现已通过ISO9001：2000质量管理体系和ISO14001：2004环境管理体系认证。公司以先进的设备、强大的研发团队及卓越的生产管理理念为基本，运用特有的数码印花技术，生产（加工）各类棉、麻、化纤、真丝等中高档纺织面料。2011年，公司被中国纺织工业联合会、国家纺织产品开发中心正式授予“国家数码印花产品开发基地”，成为在数码印花领域的先进生产力代表；公司同时荣获“中国纺织工业联合会产品开发贡献奖”、“企业信用评价AAA级信用企业”、“央视网‘五星级’纺织品黄金展位合作伙伴”；公司董事长陈宇鸣被授予“2011中国纺织行业年度创新人物”、“绍兴县2011年度经济发展功臣”的荣誉称号。

公司以“追求完美、勇于创新”为企业精神，奉行“诚信为本、品质为先、合作共赢”的经营理念，致力于打造成为中国优秀印花面料供应商，我们真诚期待与国内外客商携手并进，共创辉煌！

主要产品：红绿蓝主要开发、生产、销售棉、麻、化纤、真丝等各类服装数码印花面料和化纤染色、阿拉伯黑面料，以及各种绣花、串片、烫金、烫钻等各种装饰或服装面料。

公司产品展示

ADD:No.1636,Xingbin Road,Binhai Industiral Zone,Shaoxing,Zhejiang,P.R.China

地址：浙江绍兴滨海工业区兴滨路1636号 邮编(P.C.):312071

Tel:86-575-85620029

Fax:86-575-85626381

E-mail: rgb@rgbtex.com

http://www.rgbtex.com

绍兴曙光机械有限公司

曙光厂区全景

董事长：阮新伟

绍兴曙光机械有限公司（简称曙光机械）始建于1996年，是国家级高新技术企业,绍兴市战略性新兴产业骨干企业，浙江省创新型示范中小企业，劳动关系和谐企业。公司主要从事有色冶炼炉高效长寿冷却设备，炼铁高炉长寿铸铜冷却壁，镍铁冶炼炉铸铜冷却设备，褐煤清洁转化利用系统冷却设备，高端铜合金铸件等高新技术产品的科研开发、生产制造、经营销售和技术服务。公司已通过ISO9001-2008；ISO14001-2004；GB/T28001-2001体系认证和CCS、ABS、DNV、LR船级社认可。公司连续几年来一直被评为AAA级信用企业和守合同重信用单位。

曙光机械下设一个省级埋管式铜冷却设备研发中心，汇聚了一大批专业技术人才，拥有冶金与生态工程、材料科学、热加工、模具成型、机械设计、自动化控制等专业科研人员36人，其中1人享受国务院特殊津贴。在技术开发、新产品研制等方面有着坚强的技术后盾。自主研发的埋纯铜管铸铜技术已达到世界同行业领先水平。目前获得授权专利23项，其中发明专利2项、实用新型专利21项。公司与北京科技大学、中冶赛迪、中冶南方、中冶京诚、中冶华天、中冶东方、中国恩菲、中国瑞林、长沙有色冶金设计研究等合作，承担并完成了上百项国家和地方重点工程建设铸铜冷却设备的制造，填补了国内多项技术空白、取代了昂贵的进口产品，为国家冶金工业冶炼设备的更新换代和新工艺的开发提供条件和节省了外汇。

省财政朱厅长来厂考察

绍兴市常委、县委书记何加顺来公司视察

加工车间

公司主办的大型冶金炉（铜水套、铜冷却壁）新技术研究与应用研讨会专家留影

面对未来，曙光机械将继续以企业文化为统领，以“合作共赢，同兴共荣”为宗旨，以建设国际一流的冶金配套设备制造企业为目标，以市场需求和重大装备国产化为方向，以科技创新为先导，全面打造企业持续健康快速发展。同时切实承担起应尽的社会责任，努力为股东、顾客、员工创造价值，实现企业、社会、生态的和谐发展。

衷心感谢各级领导、伙伴、朋友长期的支持！我们愿与社会各界仁人志士携手并进，竭诚合作，共创美好未来！

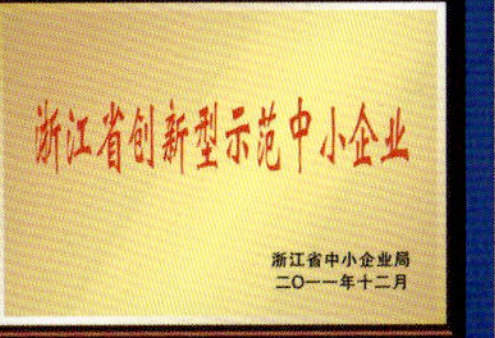

公司获得的荣誉

意大利FONI公司来公司考察留念

公司最新产品1

公司全景

浙江长泰机械有限公司

浙江长泰机械有限公司位于绍兴县华舍街道。公司占地面积81400平方米，建筑面积55655平方米，现有员工386名，拥有各类专业技术人员115名，设有技术中心和研发机构，技术力量雄厚，拥有开发设计、生产汽车变速器、分动器、大型农机传动箱、各类减速器总成产品及零部件的能力。拥有各种设备800余台，固定资产价值1.2亿元。公司已通过了ISO9001—2000国际质量体系认证、ISO14001—2004环境体系认证、ISO/TS16949质量管理体系认证，先后获得省级“高新技术企业”、“市文明单位”、“安全生产标准化企业”、“重信用、守合同企业”、绍兴县“纳税100强企业”等称号。主导产品汽车变速器、齿轮已获得市名牌产品证书和省高新技术产品证书。公司拥有的“绍齿”商标已于2008年度被认定为浙江省著名商标。

公司荣誉

公司主要产品汽车变速器，年产量5万台,同时还生产重型汽车、工程机械、船用、纺织机械等齿轴类零部件,年产量达260万件。汽车变速器、分动器总成产品为一汽解放公司、湖北三环十通、东风随州专汽、徐工集团、云南力帆骏马、四川王牌等汽车主机厂配套；齿轮、轴类零部件为上海汽车齿轮总厂、杭州前进齿轮箱集团有限公司、意大利COMER公司、美国INGERSOLL RAND生产配套。

公司大门口

公司内整洁的环境

公司最新产品2

浙江益泉控股集团

鸿运轩

公司始创于1990年，是一家集资本投资、贸易经营、房地产开发、酒店管理、饮料生产及物业管理为一体的民营企业集团。总部位于绍兴袍江国家级经济技术开发区。企业经过20余年的潜心经营，总资产近22亿元，员工总数700余人，目前下辖浙江世源投资有限公司、浙江溢源贸易有限公司、绍兴益泉房地产有限公司、绍兴益泉大酒店有限公司、绍兴益泉矿泉饮料有限公司及绍兴市鸿源物业服务有限公司、绍兴润丰物业管理有限公司等八大全资公司及绍兴金绿泉置业有限公司、绍兴合鑫置业有限公司、美国安维安防集团、深圳丰泰瑞达实业有限公司、北京雅酷时空信息交换有限公司、银川中金国际大厦项目公司、绍兴通元担保有限公司七个参股公司。

益泉大酒店

绍兴益泉大酒店是益泉集团按五星级标准投资建造的精品商务会议酒店，位于古城绍兴袍江中央商务区,具有优越的区位优势。酒店楼高22层，总建筑面积5万余平方米，总投资2.1亿元。

酒店拥有各档客房288间，商务客房、豪华套房、总统套房等各款房间均温馨典雅，气度不凡。此外还同时拥有能容纳1200人就餐的中西餐厅，以及精装典雅的豪华包厢46个，一流的环境，人性化的服务，让每位宾客尽享美食精华。此外9间不同规格的会议室，融汇了最新科技的会务设备，能够满足高档会议的各种所需。完善的康体配套设施一应俱全，能满足现代时尚人士健康养生所需，也必将带给您身心愉悦，前所未有的欢畅感受。

玉兰花园

绍兴益泉房地产有限公司成立于2002年5月，位于绍兴高速出口处的袍江新城，注册资金1.128亿元，国家二级房地产开发资质。

公司开发的袍江世纪广场总建筑面积38万平方米，集多层、高层居住区、大型超市、特色商业街区、高档写字楼、星级酒店于一体，分七期开发建设，目前一期多层安置房、二期、四期多层商品房、三期绍兴益泉大酒店、五期百合花园高层公寓已竣工并交付使用，在建的六期工程是袍江首座LOFT酒店式公寓，七期的36层超五星级酒店也将根据规划逐步实施。

益泉・世纪广场

益泉集团长期秉承"完善自我，不断超越"的企业口号、"务实、精业、谦虚"的企业精神，以及"以人为本，合适的才是最好的"用人理念，不断完善企业规范化建设，致力于培养复合型管理人才。明天的益泉，将努力把企业建成多元化、开放型的现代化企业集团，为区域开发建设和构建和谐社会不断作出新的更大贡献！

贵宾厅

益泉・世纪城

绍兴县海洪布业有限公司

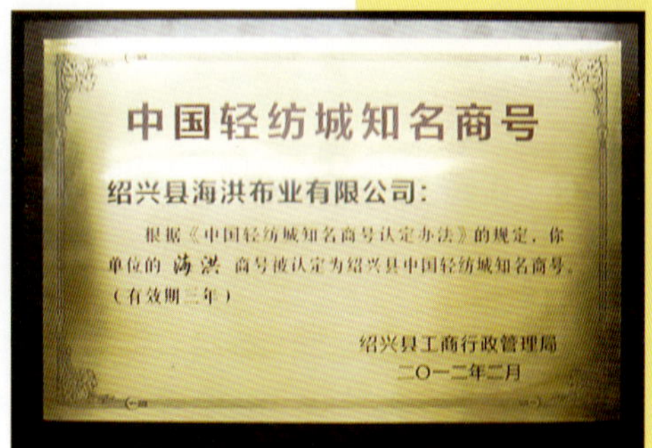

中国轻纺城知名商号

绍兴县海洪布业有限公司：

根据《中国轻纺城知名商号认定办法》的规定，你单位的 海洪 商号被认定为绍兴县中国轻纺城知名商号。（有效期三年）

绍兴县工商行政管理局
二〇一二年二月

中国轻纺城知名商号

公司门口

样品陈列室

产品展示

公司总经理茹庆海

公司成立于2003年，位于亚洲最大的纺织品交易中心——中国轻纺城的CBD商务中心，交通便捷。

公司是一家专业生产经营各类针纺服装面料的工贸型企业，产品包括各类针织、染色、印花、烫金、冲片、压胶布，各类梭织、染色、印花、绣花、烂花布，各类粗纺（腈纶、毛呢）布以及各类提花布等。各种面料经多道工序加工出口到欧美等10多个国家和地区。

公司以“诚信”为宗旨，以质量和信誉博得国内外客户的好评。竭诚欢迎海内外客商来人来电洽谈业务，携手共创辉煌的明天！

绍兴县威佳纺织品有限公司

SHAOXING COUNTY GREAT TEXTILES CO., LTD

中国轻纺城知名商号

绍兴县威佳纺织品有限公司：

根据《中国轻纺城知名商号认定办法》的规定，你单位的 威佳 商号被认定为绍兴县中国轻纺城知名商号（有效期三年）

绍兴县工商行政管理局
二〇一二年二月

SHAOXING COUNTY GREAT TEXTILES CO., LTD SPECIALIZED ON THE POLYESTER BASIC WOVEN FABRICS, WE HAVE 280 SETS WATER JET MACHINES, OUTPUT PER DAY ABT 110,000 M GREY FABRIC, THE MAIN ITEMS ARE LIKE : MINI MAT , POLY SATIN, MICRO FIBER, CHIFFON, TISSUE FAILE, PONGGEE, TAFFETA LINING, WE HAVE GOOD CONNECTION WITH BOTH DYEING AND PRINTING FACTORIES, WHICH CAN REDUCE THE COST, AND MAKE FAST DELIVERY, AND OUR WAREHOUSE STRICT INSPECTION SYSTEM GUARANTTEED ONLY A GRADE FABRIC SHIPMENT. OUR GOODS WELL SELLING ALL OF THE WORLD, LIKE AFRICA, CENTRAL AMERICA,ASIA.

BEST PRICE, GOOD QUALITY, HEART SERVICE WILL MAKE YOU SATISFIED. YOUR RIGHT CHOICE OF CHINA FABRIC SUPPLIER!

绍兴县威佳纺织品有限公司专营各类纺织服装面料，拥有喷水织机280台，常规品种主要有平纹呢、色丁、桃皮绒、雪纺、高丝宝、佐织麻系列。与印花、染色、深加工单位有较好的合作关系，能使产品成本降低，交货快。仓库的严格检验制度确保了只有一等品才能出库。优质低价，诚信服务是我们一直坚持的原则，与我公司合作是您正确的选择。

TEL: 0086-575-85589792 81160776 FAX:0086-575-85589162 MOBILE: 0086-13858465255
ADD: ROOM 1904-1906, DIAMOND PLAZA, KEQIAO, SHAOXING, ZHEJIANG, CHINA.
E-mail: frankcloth@gmail.com frankcloth@yahoo.com.cn frankcloth@hotmail.com

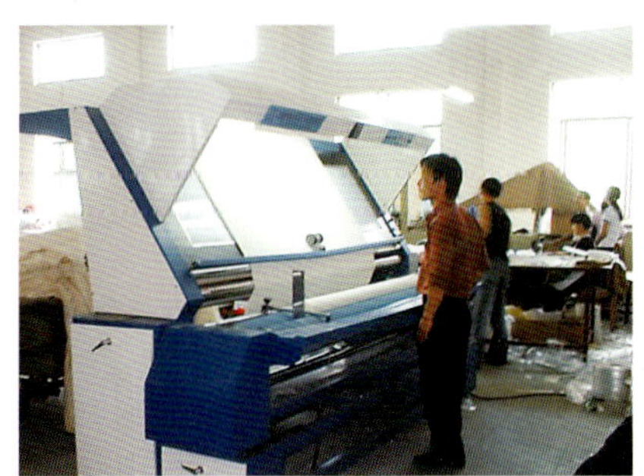

MINI MAT, POLY SATIN, PONGGEE, MICRO , POLY SUITING

绍兴县舜源茶业有限公司

产品陈列室

制茶车间

休闲品茶室

产品陈列室

绍兴县舜源茶业有限公司位于绍兴县南部山区稽东镇尉村。公司从2007年引进种植安吉白茶300亩，公司专业生产万年湾牌平水日铸茶、白茶、龙井。2011年经农业部农产品质量安全中心审定，获得无公害农产品证。

本公司秉承“顾客至上，锐意进取”的经营理念，坚持“客户第一”的原则为广大客户提供优质的服务。欢迎广大客户惠顾！

无公害茶山
公司大门口

平水日铸茶产于常年云雾缭绕之日铸岭一带的无公害、绿色食品基地茶园，采用一芽二叶至一芽三叶初展的茶树嫩芽为原料精心制作而成，外形绿润鲜活，盘花卷曲，颗粒重实，汤色绿明亮，滋味醇厚回甘，栗香持久，叶底嫩绿，完整成朵。

平水日铸茶是由绍兴县茶叶产业协会注册、管理的名茶主导品牌。近年来，绍兴县茶叶产业协会在政府的重视和支持下，积极发挥行业自身优势，优服务、扶基地、强龙头、拓市场、打品牌，为全县茶叶特别是名茶产业的稳定发展作出了成绩。为了打响打好平水日铸茶品牌，2011年协会成立了“绍兴县平水日铸茶品牌管理服务中心”，以平水日铸茶产品质量管理为重点，实行统一商标(双商标)、统一质量标准、统一生产技术、统一产品包装，对企业生产的中、高档平水日铸茶由服务中心进行质量评审、统一包装后交企业销售，保证产品的质量和信誉。

绍兴县玉龙茶业有限公司

制茶

越红茶

绍兴县玉龙茶业有限公司，为私营有限责任公司，位于绍兴县稽东镇车头村，是山清水秀，小舜江源头，省道绍甘线旁，交通方便。有专业茶园1200余亩，联结农户茶园3500余亩。以此基地为中心的茶业加工基地，已列入稽东镇“一镇一品”特色农产品加工基地。2011年公司生产加工能力达到13000吨，产值6300万元，销售额达5400万元，实现税利470万元。公司以生产加工初制青叶为主，精致加工红茶、绿茶为辅，以“重合同、守信用”宗旨，全面解决了当地农民卖茶难的问题，做到了企业增效，茶农增收。企业2006年被省人民政府任命为浙江省示范茶厂，2007年被绍兴县人民政府认定为优秀成长型农业龙头企业，AAA级信用企业，2008年稽东镇银牌企业，2009年、2010年、2011年再次被认定为稽东镇银牌企业和优秀成长型农业龙头企业。

浙江省示范茶厂

浙江省农业厅

二00七年五月

省示范茶厂

茶园

公司仓库

包装车间

绍兴县铝材厂

绍兴县铝材厂，创建于1988年，坐落于钱清镇新甸村，毗邻329国道，交通十分便利。现有直径40厘米，长90厘米的轧机3台，100—150吨冲床6台，2.5米、1.2米剪板机各2台，员工100余人，其中中高级技术人员20余人，产值丰厚，产品远销国内外，深受广大客户一致好评。

本厂遵循“求真、务实、创新、拼搏”的企业精神，以不断超越自我的经营理念，牢牢把握“提品位、扩外贸、讲实效”的经营方针，积极运用高新技术改造现有产业，争取以优良的业绩回报党和政府的关怀，回报社会各界对本公司的支持和厚爱，

生产车间

厂区大门口

成品车间

绍兴县电力设备有限公司

公司全景

绍兴县电力设备有限公司创建于1996年，是一家具有生产特高压输电线路铁塔、大截面架空导线和各种电线电缆资质的专业厂家，是全国城乡电网改造所需产品的定点生产单位。公司占地面积10万多平方米，建筑面积5万平方米，现有职工400人，各类专业技术人员80人，其中具有中、高级职称者20人。

公司的电缆产品品种主要有聚氯乙烯绝缘、交联聚乙烯绝缘的电力电缆、控制电缆、绝缘架空电缆、平行集束绝缘架空电缆和平行集束型光纤复合低压绝缘架空电缆等。

公司多年来连续被评为AAA级信用单位、质量诚信企业及浙江省重质量守承诺首批公众三满意单位，是浙江省高新技术企业、绍兴市质量管理四星级企业、绍兴县科学发展重点示范企业、绍兴县纳税百强企业、绍兴县“双强”先进企业、绍兴县劳动关系和谐企业。

公司将一如既往，把高品质的产品和超一流的服务奉献给广大用户，为我国电力事业的发展作出应有的贡献！

中华全国工商业联合会 会员单位

2009年度绍兴县节约集约用地 亩均销售示范工业企业

二〇〇九年度 创新型企业

2009年度绍兴县工业企业 纳税100强

特高压及特种导线产品 省级高新技术企业研究开发中心 浙江省科学技术厅 二〇〇八年十二月

公司获得的荣誉

浙江世宇实业有限公司

浙江世宇实业有限公司成立于2001年，公司坐落于中国经济十强县之一的绍兴县，毗邻宁波港和上海港，距萧山国际机场仅20公里，交通十分便捷，市场环境及地理位置得天独厚。公司有雄厚的经济基础，强大的关系网络，完备的技术和人员配置。在改革开放的推动下，深化企业内部改革，积极探索适应以社会发展的需要，在激烈的市场竞争环境中自我发展，创出了良性循环的企业发展之路。

公司专业从事煤炭、焦炭、钢材、生铁等矿产资源的贸易，在激烈的信息化社会中公司抓住机遇不断向外扩展，扩大企业品牌效应，实现跨越是发展。经过多年的发展成为一家以煤炭为主，以纺织品、休闲农业、投资和贸易并举的多元化大型综合性企业。作为现代化的企业，我们不断在技术上和应用进行创新和突破。

亲切、开放、严谨的公司文化和科学规范的管理，凝聚着大量的优秀人才，世宇企业拥有优秀的管理精神和积极拼搏的员工精神，在产品推广、制作和服务方面默契合作，深刻理解"以客户为中心"的含义，将"服务"贯穿于公司运作和管理的每一个细节。

我们有很广泛的商品信息网络，合作伙伴遍及世界各地，已经成为欧美许多贸易商在中国的最佳选择。我们在"创造最佳服务"的经营理念指导下，经过全体员工的不懈努力，已经取得了令人瞩目的成绩。

地址：浙江省绍兴县柯桥
财智国际大厦六楼东区
联系电话：
0575-85755555
0575-85753888
0575-85696888
传真：
0575-84387688
0575-84816222

旗下公司包括：浙江世宇能源实业有限公司、绍兴新世宇进出口有限公司、绍兴县世宇针织绣品有限公司等
主要经营范围：煤炭、纺织、外贸进出口

绍兴县大申纺织有限公司

公司大门口

绍兴县大申纺织有限公司成立于2006年6月，位于山清水秀的夏履镇新民村，占地面积54亩，建筑面积约4万平方米。公司生产设备先进，科技力量雄厚，主要有300多台大剑杆织机、数百台倍捻机、100多台相关配套设施，主要生产纺织面料。优越的品质是客户的信赖，精益求精是公司的目标，服务用户是我们的宗旨。

生产车间

公司内一角

浙江意梦缘科技有限公司

女排出征奥运的黑色礼服

为女排礼服设计的数码印花方巾

主攻手王一梅服装衣领上“女排精神”印章

浙江意梦缘科技有限公司是（原名：绍兴县意梦缘纺织工艺设计有限公司），位于绍兴县柯桥创意大厦8楼8008—8013号，2010年4月注册成立，公司原注册资本60万元，至2010年10月增资到500万元，改名浙江意梦缘科技有限公司,办公面积为500多平方米)，是一家集研发生产销售和服务应用于一体的科技创意企业。公司专业从事原创数码花型设计，纺织服装速配，平网数码印花系统等业务，公司拥有一支专业性强，创造能力突出的高端研发队伍和优秀的设计团队。

公司坚持以知识为基础，以客户需求和技术发展及国际流行趋势为导向，长期跟踪柯桥纺织品经营的流程化、管理化、网络化、品牌化的发展趋势，利用公司强大的自主研发力量，致力于将高新技术、高端设计及国际纺织服装最新流行引入到柯桥纺织经营中，为柯桥纺织经营企业提供“准确、先进、快速、适用、前沿”的产品和整体营销解决方案。公司坚持在为客户提供增强开拓新业务能力、提升品牌形象等方面做出努力，愿意与广大客户一道在不断创新、不断进取中实现共同进步！

思慕的流云（华型设计）

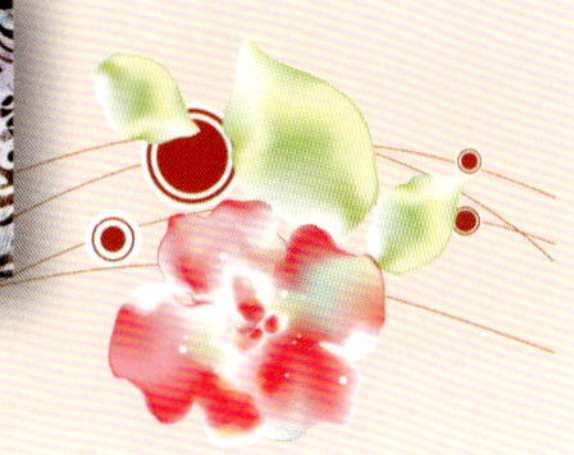
虹（创意设计）

玄胧

鸟鸣谷山庄

山庄位于稽东镇尧郭村，是集餐饮、住宿、娱乐、休闲、会务于一体的多功能农庄。住宿是山庄的特色，客房区是一幢单独的房子，位于山顶之上，可眺整个山庄，每两个房间又可组成一个套房阁楼，分上下两层，楼下有客厅和一个棋牌室，楼上南北各一个房间，分双人间和单人间，红色的床单干净整洁，给人家的温馨。山庄会议室外可容纳40人，气派十足。热忱欢迎社会各界朋友来山庄观光、度假！

餐厅包厢

会议室

优美环境

休闲长廊

鸟鸣谷入口处

浙江舒美特纺织有限公司

市县领导来公司考察

浙江舒美特纺织有限公司是浙江越隆控股集团有限公司和中伟香港投资有限公司合作组建的中外合资企业。前身为中国轻纺城舒美特纺织有限公司，成立于2001年3月，同年10月建成投产，企业占地面积超过15万平方米，现有在职职工1000多名。公司位于亚洲最大的纺织品集散地——中国轻纺城柯北工业区，毗邻杭甬高速公路和金柯桥大道，交通十分便捷，地理位置得天独厚。

公司专业生产各种化纤、混纺、纯棉、弹力、军品、针织等系列纺织面料，尤其专长于各类宽幅强捻面料、弹性面料、短纤织物的生产，年生产各类纺织面料达6000余万米、针织面料1万吨。公司拥有国际先进水平的喷水、喷气、剑杆织机、针织圆机520余台及一大批相配套的法国、比利时、日本、韩国产标准辅助设备。公司被中国人民解放军总后勤部和公安部确定为军需面料定点生产单位。

公司先后接待过习近平、曾庆红、张德江、吴仪等一大批党和国家领导人，和来自国内外的各级各类参观团三百余批次。

公司配有一支素质高、实力强的专业产品研发队伍和一整套的试样、开发、检测系统，可根据市场需求迅速作出反应，并及时推出适销对路的新面料。产品不仅在中东地区打响了品牌，还远销美国、西欧、东南亚、韩国和非洲等30多个国家和地区。

公司全景

车间全景

生产车间

绍兴县后马纺织品有限公司

公司门市部

绍兴县后马纺织品有限公司是一家专业生产印花面料的企业，面料有全棉印花布、人造棉印花布、富春纺印花布、丝丽绸印花布、麻棉印花布等。产品出口海外，获得一致肯定和称赞。不断创新，提高质量是本公司永恒的目标。欢迎国内外客商来电洽谈！

产品展示

工作人员整理产品

印花布系列

绍兴县宝昌鸭场蛋厂是一家以加工生产为一体的市级农业龙头企业，其出品的"沈宝昌"牌真空咸蛋、松花蛋系列，以独特的品牌优势、区域优势、科技优势、良好的品质深受广大消费者的喜欢。企业"沈宝昌"商标被评为浙江省著名商标，产品认定为绍兴市名牌产品、十大农产品著名品牌，各项经济指标在浙江省同行业中处于领先地位。

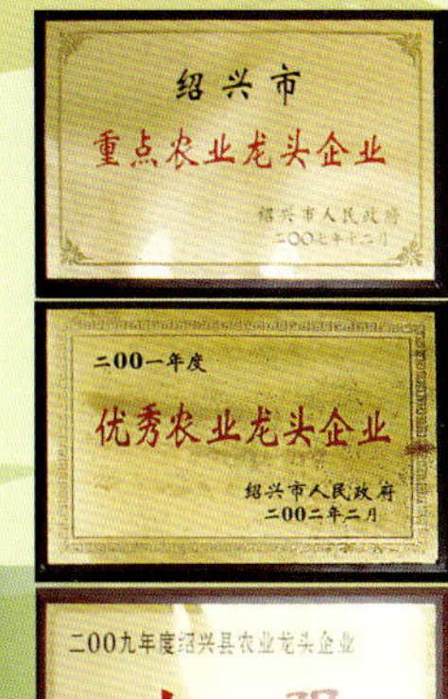

绍兴县宝昌鸭场蛋厂

着力打造品牌农业，企业把蛋品深加工当作品牌工程来抓，请蛋品行业的专家作为技术顾问，来提高产品的技术含量，改进、降低各项损耗，从而提高质量和附加值，提升了产品在市场知名度。

"质量第一、客户第一、安全第一"是本厂座右铭，客户、员工合成一体，公司充满生机。

企业获得的荣誉

厂区门口

整洁的厂区

产品系列

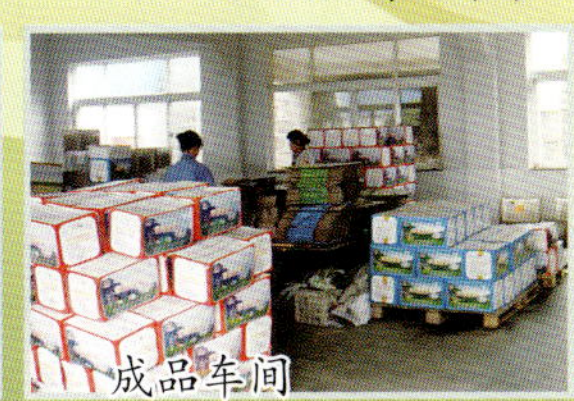

成品车间

浙江嘉德金属薄板有限公司

浙江嘉德金属薄板有限公司成立于2005年6月，坐落在绍兴滨海工业园区。公司总投资1亿元，其中一期投入5000万元，占地面积50亩，有标准厂房10000余平方米。企业首期年产5万吨冷轧带钢、薄板已于2006年4月开始生产。目前企业拥有连续酸洗生产线、连轧机组、开坯、可逆、平整、强对流罩式天然气（或煤气）发生炉，采用自动厚度显示控制，以及英国欧路公司的全数字直流传动装置及PLC控制和高精度弧型辊磨床等设备，形成从酸洗、冷轧、退火、平整、分剪、包装等一条龙生产，是目前绍兴地区规模大、档次高、设备齐全的新型企业。

成品仓库

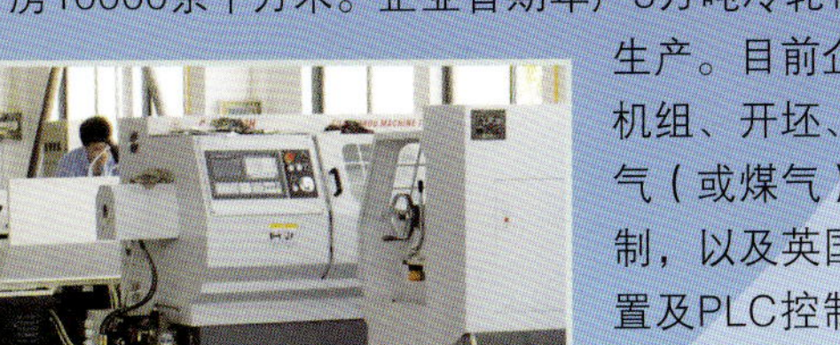

数控车间

车间一角

公司大门口

绍兴县晨鸿纺织品有限公司

公司大门口

公司荣誉

产品展示

公司一角

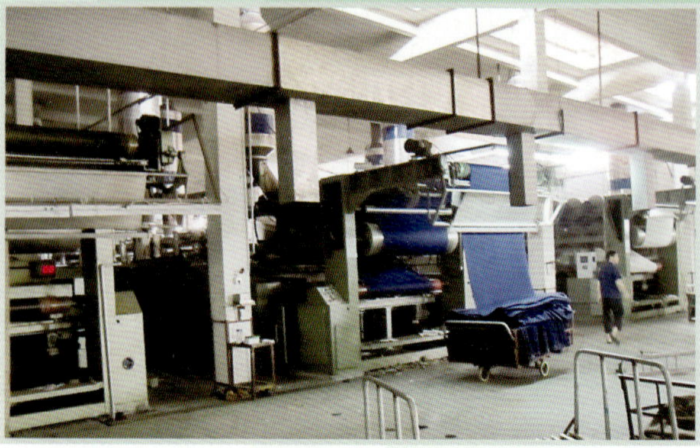

生产车间

绍兴县晨鸿纺织品有限公司成立于2005年6月3日，注册资本300万元，公司位于绍兴县安昌镇畈里王村，公司占地面积近3万平方米，拥有标准厂房4万多平方米。公司有定型机4台、拉毛机40台、剪毛机30台、烫光机30台、下水机4台、水洗机10台、蒸呢机5台。现有员工200多人，配有专业技术师付22人，专业技术厂长2人。

公司主要经营纺织品后整理加工：拉毛、剪毛、烫光、定型、水洗、蒸呢等，品种有薄型的（花布起毛等）、厚型的（羊绒布、仿羊绒布、格子布、双面绒等）、针织布起毛（不倒绒、珊瑚绒等）。

“质量第一、客户第一、安全第一”是绍兴县晨鸿纺织品有限公司座右铭，在这个座右铭下，客户、员工、公司合成了一体，使公司充满了生机。